Monopter
Blindenінst
Damenst
Bibliothek
SCHÖNFELD
Englischer
Paradiesg.
Pal. d. Pr. Carl
Gallerie Str.
Winter Str.
Hofgarten
Inf. Leib R.
Hofgarten Strasse
K. Residenz
Minist.
Allerh. K.
Reitsch.
Marstall
Max Jos. Platz
Post
Münz
Zeughaus
Kloster
Hofküchen Garten
K. Holzgarten
Bogenhauser Str.
Aeusser Isar Str.
FLUSS
Haupt Pl.
Thal
A.V.
Isarth.
Zweibrücken Strasse
Praters
Haidhausen
Gasteig
Wiener Strasse
Preysing Strasse
Milit. Holz-Garten
Keller Str.
Insel
Ludw. Brücke
Rosenheimer Str.
VORST.
ISAR
Wasser Strasse
Reichenbach Brücke
Schiessst.
Franzisk.
Neuberghausen
Brunthal
Abkürzungen
1. Bank
2. Erzb. Palais
3. Hoftheater
4. Jesuiter kirche
12. Stadtkomand.
13. Ständehaus
14. Theatiner kirche
15. Dultgasse

Lola Montez – oder eine Revolution in München

Thomas Weidner

Lola Montez

oder eine Revolution in München

Münchner Stadtmuseum
Edition Minerva

Inhalt

Vorwort

Die Fallhöhe im Leben der Lola Montez hat durch ihr exorbitantes Ausmaß etwas Tragisches, ja Gespentisches. Ein umhimmelter Star der europäischen Hoftheater verkommt zur knalligen Zirkusnummer im amerikanischen Barnum-Stil. Ein Leben, das sich in immer nobleren Räumen und in der allerbesten Gesellschaft abspielt, endet in einer Absteige. Die »schönste Frau der Welt« altert nach ihren Münchner Abenteuern ganz rasch, die letzten photographischen Aufnahmen zeigen ihren dramatischen Verfall. Paßt jetzt dazu die Bauchlandung in einem Stadtmuseum, einer Institution von ausgesprochen bürgerlicher, wenn nicht bescheidener Prägung? Hätte sie nicht irgendwo zwischen Residenz und Lustheim ihre Rückkehr feiern sollen?
Aber für diese neuerliche Affäre mit Lola gibt es Gründe. Sie hat zu ihren Lebzeiten schwer gebüßt für all die Missetaten, die sie begangen hat oder die ihr vielleicht nur nachgesagt wurden. Ihrem Freund, dem König, ist dieses Schicksal weitestgehend erspart geblieben. Na ja, der Thron ging verloren, aber schon die Tatsache, daß der Kronprinz sein Nachfolger wurde (und nicht etwa gleich die Monarchie zusammenbrach), interpretierten Zeitgenossen als ein Ereignis, das man Lola zurechnen muß. »Wir alle in Bayern sind der Lola wohl viel Dank schuldig, denn ohne sie wäre es noch nicht zum Bruche gekommen; nur Schade, daß alles aus einer so schmutzigen Quelle kömmt«, sagte Herzog Max in Bayern, wohlwissend, daß es mit zunehmender Regierungszeit zu ganz anderen, viel blutigeren und folgenreicheren Ausschreitungen hätte kommen müssen.
So blieb es aber beim einzig sichtbaren Ausbruch öffentlicher Gewalt im März 1848, als nämlich

das bürgerliche Zeughaus in München von aufgebrachten Demonstranten erstürmt wurde. Dieser Aufstand endete jedoch nicht nur unblutig, sondern erlebte noch am selben Tag die vollständige Rückgabe der erbeuteten Waffen. Einzige Folge: Das städtische Zeughaus wird zu einer Deponie historischer Altertümer und somit zum Vorläufer unseres heutigen Hauses, dem Historischen Museum der Stadt München.
Die eigentliche Spur zum jetzigen Lola-Montez-Projekt beginnt erst 1987 mit der großen Ausstellung »Biedermeiers Glück und Ende«, die den Skandal um König und Tänzerin mit einem eigenen Kapitel thematisierte, und mit dem Ankauf des großen Kaulbach-Porträts der Lola in »Queen-size«.
Die Geschichte schien bis zum Überdruß ausgereizt, doch die Herausgabe der Briefe Lolas und Ludwigs (durch Reinhold Rauh und Bruce Seymour) und Seymours große Biographie haben bewiesen, wieviel »Saft noch in der Zitrone« steckt. Klenzes Memorabilien, uns dank des Einsatzes von Prof. Dr. Winfried Nerdinger bekannt geworden, kamen als unerwartet farbige Quelle hinzu.
Aber entscheidend für das Bild der Ausstellung sind ihre reizvollen Exponate. Ausgerechnet das Münchner Stadtmuseum bewahrt den völlig aufgetragenen Morgenmantel Ludwigs auf, der wie kein anderes Dokument den krankhaften Geiz dieses Herrn vor Augen führt und so das Unverständnis seines Volkes über den Luxus einer Mätresse deutlich macht. Und da ist Lolas letzte Zigarette, die sie in München rauchen durfte. Die Existenz dieses Stummels belegt, wie skandalös ihr Auftritt als rauchender Vamp damals in München empfunden wurde. Und war das Rauchen, von Goethe und den Alten noch zutiefst verabscheut, nicht *die* wahre Errungenschaft der 48er?
Der Name Lola / Lolitta wurde zum literarischen Programm, zum Markennamen für weibliche Erotik, gesteigert erst durch Wedekinds Lulu, die für das 20. Jahrhundert konzipierte Verführerin. Eine Frage bewegt uns natürlich zur Zeit besonders: Darf der mächtigste Mann »in puncto sexto« mehr, gleich viel, oder sogar weniger als der Normalsterbliche? Bei Ludwig I. fand – zu dessen größtem Erstaunen und komplettem Unverständnis – diese Diskussion zum ersten Mal öffentlich, mit aller Vehemenz und mit Konsequenzen für den Betroffenen statt.
Das Jahr 1848 hat die Museen und Ausstellungsmacher in Deutschland zu regen Aktivitäten veranlaßt. Ob aber durch museumspädagogischen Barrikadenbau mehr historisches Bewußtsein, mehr politische Bildung erzeugt wurde, wird wohl eine unbeantwortete Frage bleiben. Mit unserer Ausstellung verbindet sich kein solcher Ehrgeiz – dafür aber der, die mit Abstand beste Geschichte zum Thema 1848 erzählen zu können. Thomas Weidner und seinem kleinen Team danke ich für die Passion, mit der man sich dem Thema angenommen hat, Hermann Farnung und der Edition Minerva für die souveräne verlegerische Betreuung des Katalogbuchs. Und an besonderer, nämlich letzter Stelle, Dank an die Leihgeber, Autoren und allen, die der Ausstellung zu ihrem Aussehen verholfen haben.
»Lola Montez Finis Bavariae – Lola Montez Bayerns Untergang« soll ihr der Verfasser des bayerischen Wörterbuches Johann Andreas Schmeller hinterher gerufen haben. Dem wollen wir uns gar nicht anschließen. Lola, olé! *Wolfgang Till*

»Wir alle in Bayern sind der Lola wohl viel Dank schuldig ...«
Ein Münchner Skandal und seine Folgen

Richard Bauer

Der 1916 im 92. Lebensjahr verstorbene Feldmochinger Wirtsknecht Karl Kuttner war einer der letzten Zeitzeugen der 1848er Revolution in München. Er hatte alles selbst miterlebt und hatte an den wesentlichen Ereignissen sogar mitgewirkt, wie er kurz vor seinem Tod dem örtlichen Oberlehrer und Heimatforscher Josef Schmidhuber erzählte. Auch die Hauptperson der Münchner Unruhen, Lola Montez, durfte er damals kennenlernen. Er bewahrte ihr keine gute Erinnerung: »Dös wüaste Luada. Wenn's do was Schön's gwen waar. Aber Haar hat's im G'sicht g'habt. A so a wüast's Weibsbild.« Kuttner wußte, wovon er redete. Denn die so ungalant charakterisierte Dame hatte ihn doch tatsächlich aus nichtigem Anlaß – eigentlich handelte es sich um einen Konflikt unter Hunden – einmal am Rockkragen gepackt und seinen Begleiter sogar mit derben Ohrfeigen traktiert. Kein Wunder, daß Kuttner daraufhin immer tiefer in den Strudel der Zeitereignisse hineingezogen wurde und folgerichtig bei den Umstürzlern landete, die am 4. März 1848 das Münchner Zeughaus leer räumten. Aber mit allen anderen Insurgenten sei auch er von Prinz Karl (dem Bruder König Ludwigs) schließlich besänftigt worden, der versprach, »daß alles wieder gut würde«. Kuttner kam im Rückblick auf die Jahrzehnte zurückliegenden Ereignisse zu dem zusammenfassenden Urteil: die Revolution von 1848 sei im Grunde nichts anderes gewesen, als eine große Sauferei. Beim Bäcker, beim Wirt habe man alles umsonst erhalten – »aus Furcht« – wie er nicht versäumte anzumerken.

So lebte also in der Erinnerung des Karl Kuttner aus Feldmoching die berüchtigte Kurtisane seines Königs als abstoßende Person weiter und alle gewalttätigen Äußerungen der kochenden Volksseele verkürzten sich im Zeitabstand von fast 70 Jahren zu einer ins Gigantische gesteigerten Fortsetzung des bekannten Bierkrawalls vom Mai 1844.

Wir akzeptieren heute, daß es neben der hochoffiziellen Geschichtsschreibung auch eine durchaus beachtenswerte Überlieferung subjektiver Eindrücke und Erinnerungen gibt, die ungeachtet vieler Unschärfen den Wesenskern von Ereignissen und Entwicklungen besonders deutlich hervortreten läßt (Stichwort *oral history*). Sie soll hier nicht unberücksichtigt bleiben. Wie schon gesagt: Für den Wirtsknecht Karl Kuttner war das Jahr 1848 der erotische Mißgriff König Ludwigs, der Straßentumult, das geplünderte Zeughaus, der gesteigerte Bierkonsum und eben die allgemeine Furcht.

In einem Punkt können wir Karl Kuttner schon jetzt widersprechen: Lola Montez war kein wüstes Weibsbild. Doch öffentliche Haßobjekte können eben nicht als »schön« wahrgenommen werden. Obendrein dürften der genannten Dame bei ihrer Attacke auf unseren Gewährsmann die Gesichtszüge einigermaßen außer Kontrolle geraten sein; nur so ist dieses Fehlurteil zu erklären. Ob wir andererseits dem von Hofmaler Stieler für die Augen des verliebten Königs gemalten berühmten Porträt in der Schönheiten-Galerie so ganz trauen dürfen, ist eine ganz andere Frage. Zeitgenössische Photographien lassen diesbezüglich durchaus Zweifel aufkommen. Zweifelsohne war Lola Montez jedoch eine aparte Erscheinung, deren Attraktivität vornehmlich auf dem Gegensatz der hellblauen Augen und der pechschwarzen Haare beruhte. Ob sie auch Haare im Gesicht hatte, kann leider nicht mehr eruiert werden; auf den Zähnen hatte sie davon jedenfalls genug, wie wir im weiteren erfahren werden.

Die aufsehenerregende Affäre des gealterten Königs Ludwig mit der in die Rolle einer Andalusierin geschlüpften irischen Hochstaplerin steht

1 Gedenkblatt zur Münchner Volksbewegung vom 9. bis 12. Februar 1848; 1848; Lithographie von Gustav Kraus; 39 x 49; MStM, Graphiksammlung; KAT.NR. 11.4

ohne Zweifel im Zentrum der Ereignisse der Jahre 1847/48. Nicht ohne Grund hat das Münchner Stadtmuseum seine Ausstellung über das Revolutionsjahr 1848 hauptsächlich ihrer Person gewidmet. Ich kann mir also hier die Ausleuchtung der bemerkenswerten Liaison ersparen. Im übrigen ist die königliche Romanze ja seit 150 Jahren Gegenstand publizistischer Spekulationen, und die Zahl der Flugschriften, Broschüren und Bücher kann nur noch schwer überblickt werden. Erstaunlicherweise hat es bis zum Jahr 1995 gedauert, bis der in der Bayerischen Staatsbibliothek erhaltene Briefwechsel zwischen Ludwig I. und Lola Montez komplett veröffentlicht werden konnte, wobei die inhaltliche Banalität dieser von Reinhold Rauh und Bruce Seymour edierten Korrespondenz eigentlich verblüffend ist und allen bisherigen Apologeten eines nur schöngeistigen Engagements des bayerischen Königs ein für allemal den Boden entzieht. Der Erotomane Ludwig und die ebenso macht- wie geldgierige Tänzerin entwerfen in ihrem trivialen »Briefroman« ein in jeder Hinsicht trauriges Bild moralischer und politischer Oberflächlichkeit.

Anläßlich einer am 3. März 1998 im Alten Rathaus abgehaltenen Feierstunde zum 150. Jubiläum der von der Münchner Einwohnerschaft eingeforderten Grundrechte (Rathaus-Adresse) wurde dieser Beitrag als Festvortrag gehalten. Er trug den Titel »Lola Montez und die Folgen«.

Von den benützten Quellen und Beiträgen sind hervorzuheben: Anton von Chroust, Gesandtschaftsberichte aus München 1814-1848, Abt. II: Die Berichte der Österreichischen Gesandten, Bd. III, München 1942; Hermann Nehlsen, Fürst Karl zu Leiningen (1804-1856), in: Gerhard Köbler und Hermann Nehlsen (Hrsg.), Wirkungen europäischer Rechtskultur. Festschrift für Karl Kroeschell, München 1997; Joseph Schmidhuber, Blätter zur Geschichte der Pfarrei und Gemeinde Feldmoching 1938-1941 (Maschinenschriftliches Ms. im Stadtarchiv München); Eberhard Weiß, Hof und Hofgesellschaft in Bayern unter König Max I., in: Karl Möckl (Hrsg.), Hof und Hofgesellschaft in den deutschen Staaten im 19. und beginnenden 20. Jahrhundert, Boppard am Rhein 1990; Ralf Zerback, München und sein Stadtbürgertum. Eine Residenzstadt als Bürgergemeinde. 1780-1870, München 1997; Der Bericht des österreichischen Agenten Hieneis ist veröffentlicht von August Fournier, Lola Montez.
Ein geheimer Bericht über Bayern im Jahre 1847, in: Deutsche Revue 27/1902, S.214-230.

Eine Abneigung der Münchner Stadtbevölkerung gegen die »dahergelaufene« Tänzerin und deren Techtelmechtel mit König Ludwig war keineswegs von vorneherein gegeben; sie entwickelte sich eher schrittweise. Denn die im Lande althergebrachte Ehrfurcht vor der Person des Herrschers schloß seit dem Ancien régime das Verständnis für allerlei amouröse Extravaganzen durchaus ein. Wir werden hier an Karl Kuttners Einschränkung erinnert »wenn's do was Schön's gwen waar«! Daß es gerade am Münchner Hof von Ludwigs Vater, Max I. Joseph, in Sachen ehelicher Treue notorisch schlecht bestellt war, hat Eberhard Weiß in einem lesenswerten Aufsatz über die Münchner Hofgesellschaft dargelegt. Der Autokrat Ludwig hat diese dem allgemeinen Zeitgeist schon längst widersprechende höfische Libertinage zu paschahaften Allüren weiterentwickelt – ohne, daß an dieser unstillbaren Vorliebe des Königs für das schöne Geschlecht irgendjemand Anstoß genommen hätte. Die Sonderrolle der Lola Montez liegt darin, daß sich die gänzlich mittellose Person ungewisser Herkunft natürlich nie zur höfisch qualifizierten und akzeptierten klassischen *maitresse en titre* erheben konnte – andererseits aber auch nicht mit der bescheidenen Rolle der ob gelegentlich allerhöchster Aufmerksamkeit tief beglückten Schauspieldebütantin oder Bürgertochter zufriedenzustellen war. Lola Montez war eine auf der internationalen Bühne der Eleganz agierende Frau, deren Chance im bewußt herbeigeführten wohltemperierten Skandal lag, darin den Filmstars unseres Jahrhunderts nicht unähnlich. Ihr Ruf gründete auf ihrer besonderen Leidenschaftlichkeit, die Unberechenbarkeit und Gefährlichkeit selbstverständlich mit einschloß. Exzentrik, Intriganz, Indiskretion und ein schier unstillbarer Luxusbedarf mußten jeden Partner über kurz oder lang gesellschaftlich und finanziell ruinieren. Der dem erwähnten Briefwechsel zufolge in seiner erotischen Abhängigkeit stets hilflos agierende König Ludwig hat diese Grundkonstellation erst nach dem verhängnisvollen Jahr 1848 begriffen und seine späte Einsicht in einem ebenso hilflosen Gedicht zu Papier gebracht, dessen erste Strophe ich Ihnen nicht vorenthalten will:

»An Lola

Die Krone habe ich durch Dich verloren, Ich grolle aber Dir darum doch nicht,
Die Du zu meinem Unglück bist geboren,
Du warst ein ganz verblendend, sengend Licht!«

Das Münchner Publikum begriff die ungewöhnliche Ausgangslage der Affäre schneller. Lolas sich von Tag zu Tag steigerndes freches und pöbelhaftes Benehmen, ja die Vulgarität und Skrupellosigkeit mit der sie bei jedem sich bietenden Anlaß die königliche Gunst ausspielte, dies alles vertrug sich nicht mit den bisherigen Erfahrungen königlicher Liebschaften und mußte zwangsläufig zu seriellen öffentlichen Kontroversen führen.

Dieses den König und die Dynastie erniedrigende Betragen muß natürlich auch gesehen werden vor dem Hintergrund einer damals hochoffiziell von Kanzel und Katheder betriebenen religiös-sittlichen Erneuerung Bayerns und der damit verbundenen scharfen moralischen Disziplinierung gerade von Mittelstand und Unterschichten. Auffallender konnte der Kontrast zwischen Schein und Sein und die Heuchelei des patriarchalisch verbrämten monarchischen Systems nicht empfunden werden. Verhängnisvoll wurde, daß der verblendete Monarch bis zuletzt davon überzeugt war, die öffentliche Meinung negieren zu können. Doch war gerade im »Vor-

2 Gedenkblatt zur Münchner Volkserhebung vom 2. bis 6. März 1848; 1848; Lithographie von Gustav Kraus; 43,4 x 53,6; MStM, Graphiksammlung; KAT.NR.11.5

märz« die emotionale Beteiligung aller Klassen der Bevölkerung an der Befindlichkeit der ersten Familie des Landes zu einer durch die gelenkte Presse stilisierten Tugend erhoben worden. Mußte die Volksseele jetzt nicht Partei ergreifen für die heroisch duldende Königin Therese, deren Reputation von Lola und Ludwig täglich mit Füßen getreten wurde? Bald kam es zu unerhörten Szenen in der Öffentlichkeit: Von Pfiffen begleitete Mißfallensäußerungen gegen die Favoritin galten auch dem königlichen Begleiter, wenn er sich mit ihr auf der Straße zeigte.

Eine eisige Ablehnungsfront ging von dem an einen Ehrenkodex gebundenen Offizierskorps aus und mancher nahm lieber seinen Abschied, als sich zum Dienst bei Lola kommandieren zu lassen. Auch das von Besitz und Bildung geprägte Stadtbürgertum versuchte jeden Kontakt mit der um gesellschaftliche Anerkennung buhlenden Geliebten Ludwigs zu vermeiden. Mannhaft widersetzten sich die renommierten bürgerschaftlichen Versammlungen »Museum« und »Kunstverein« der vom König sogar schriftlich empfohlenen Aufnahme Lolas und bereiteten damit dem Monarchen eine schmerzhafte Blamage. Nur wenige handverlesene Karrieristen aus Adel und Bürokratie und das unter unrühmlichen Umständen neugegründete lolafreundliche studentische Korps »Alemannia« bildeten schließlich die Entourage der Favoritin. Als »Lolomannen« oder »Lolamannen« waren letztere von der übrigen Studentenschaft gemieden, doch machten sie diese Zurücksetzung durch ein herausforderndes, die königliche Protektion jederzeit ausspielendes Benehmen wett.

Unbeirrt hielt Ludwig an seiner neuen Herzensverbindung fest: ja man konnte den Eindruck gewinnen, daß die wachsende öffentliche Ablehnung des Verhältnisses seiner autokratischen und menschenverachtenden Überzeugung neue Kräfte verlieh. Nachgiebigkeit, Einlenken, Rücksicht oder Rückzug blieben für Ludwig Fremdwörter. Man mußte fürchten, daß es bei ihm nicht aufs Biegen, sondern aufs Brechen gehen würde.

Zwei Ministerien wurden von Ludwig der politischen Ranküne der Kurtisane geopfert. Im Frühjahr 1847 demissionierte das seit 1838 in der Verantwortung stehende Kabinett Abel, nicht ohne in einem durch bewußte Indiskretion in die Öffentlichkeit gelangten Memorandum die von Ludwig rechtswidrig anbefohlene Erteilung des bayerischen Indigenats (also die Einbürgerung) für Lola Montez anzuprangern. Das Ende des mit der Person Abels verknüpften langjährigen reaktionären Systems wurde von den gebildeten Ständen in München und Bayern mit Erleichterung und von der öffentlichen Meinung in Deutschland mit überwiegender Genugtuung aufgenommen. Ungeachtet der peinlichen Zusammenhänge erschien Lola Montez manchem jetzt als ein Werkzeug der Vorsehung gegen die nach der Pariser Juli-Revolution 1830 von Ludwig praktizierte Fortschrittsfeindlichkeit und gegen die als besonders drückend empfundene Verbindung von fürstlichem Absolutismus und politischem Katholizismus. Geschickt griff die Kokotte die vorübergehende positive Stimmungslage auf und empfahl sich Ludwig auch in der Korrespondenz immer wieder als engangierte Vorkämpferin gegen den »Jesuitismus«, mit welchem provozierenden Begriff der damals in Europa um sich greifende politische Ultramontanismus gerne belegt wurde. Das neue, in provisorischer Eigenschaft bestellte Ministerium Maurer trug den Sympatiebonus eines »Ministeriums der Morgenröte« und übte sich in einer Wendung hin zu antiklerikalen, ja liberalen Grundsätzen. So wurden unter anderem der ehemalige Würzburger Bürgermeister Behr und der Publizist Eisenmann aus unwürdiger Festungs- und Kerkerhaft entlassen und der bei der Münchner Bevölkerung besonders verhaßte Regierungspräsident Hörmann von seinem Posten abberufen. Angemerkt werden darf, daß damals auch das auf allen Straßen und Plätzen von Ludwigs »Isarathen« geltende berechtigte Rauchverbot aufgehoben wurde, was vor 150 Jahren die Münchner noch freute! Doch immer deutlicher zeigte sich, daß Lolas Ziel nicht Bayerns politische Erneuerung, sondern ausschließlich der persönliche materielle Nutzen war. Falsch hatten »Louis« und »Lolitta« – dies war die vertrauliche Anrede in ihrer beidseitig holprigen spanischen Korrespondenz – auch das tatsächliche Machtpotential des abgetretenen Ministers Abel eingeschätzt. Die rücksichtslose Gegnerschaft seiner Parteigänger und die subtile Agitation der Geistlichkeit wurden zu einem wichtigen Faktor der weiteren Entwicklung.

Bereits im Sommer 1847 zeichnete sich ein neuer Skandal ab: Ludwig forderte die Erhebung Lolas zur Gräfin. Justiz- und Außenminister Maurer geriet jetzt in Gewissenskonflikte, denn eine Unterlassung des königlichen Auftrags wäre Amtspflichtverletzung gewesen, der Vollzug aber mußte ihn zwangsläufig dem Spott und der öffentlichen Verachtung preisgeben. Maurer pokerte mit dem König um seine Haltung. Vollzug ja, aber dafür die Ernennung zum Reichsrat der Krone Bayerns und für seinen Sohn die Berufung zum Universitätsprofessor. Zähneknirschend gab der König der Erpressung zumindest teilweise nach, und Maurer junior wurde als außerordentlicher Professor der Rechte an die Ludwig-

3 Der Odeonsplatz in München mit Feldherrnhalle und Theatinerkirche; um 1856; Photographie von Franz Hanfstaengl; 29,9 x 37,1; MStM, Graphiksammlung; KAT.NR.11.23

Maximilians-Universität geholt. Doch war der Sturz des plumpen Erpressers jetzt nur noch eine Frage der Zeit. Im Dezember 1847 trat – natürlich nicht ohne Zutun der frischgebackenen Gräfin Landsfeld, bisher Lola Montez – an die Stelle des ungnädig entlassenen Kabinetts Maurer das Ministerium des besonders anpassungsfähigen und liberalen Fürsten Oettingen-Wallerstein, der vom König selbst als ein »Napoleon der Phrasen« charakterisiert wurde, während die gesamte neue Ministerrunde vom Volksmund schnell als »Lola-Ministerium« abqualifiziert war. Das Innenministerium versah der bisherige Reisekavalier der königlichen Favoritin, ein gewisser Herr von Berks. So stand Lola Montez an der Wende 1847/48 auf der Höhe ihres Einflusses, und auch die von ihr in einem Haushaltsjahr verausgabten Unterstützungszahlungen des Königs hatten die schwindelnde Höhe von über 100 000 Gulden erreicht, eine bemerkenswerte Summe, wenn man dagegenhält, daß ein Staatsminister jährlich 6 000 Gulden und ein Münchner Universitätsprofessor jährlich 2 000 Gulden Besoldung bezogen.

Es kann nicht verwundern, daß die Affäre zwischen König und Tänzerin nicht allein den Gang der bayerischen Innenpolitik beeinflußte, sondern zugleich an allen Höfen Europas für diskrete Aufmerksamkeit sorgte. Besonders der österreichische Staatskanzler Fürst Metternich, der Initiator und Garant eines kunstvoll über beinah ganz Europa gezogenen Netzes der politischen Reaktion, hatte die Entwicklung in Bayern von Anfang an als höchst beunruhigend eingeschätzt. Schon Ende des Jahres 1846 hatte der österreichische Gesandte in München die »Fortdauer des königlichen Liebesrausches« hervorgehoben und gegenüber Metternich bedeutungsvoll geäußert: »Möge ein solches Verhängnis abgewendet werden von einer Regierung, die dem monarchischen Prinzip in so mancher Beziehung eine so bedeutende Stütze bot«. Der österreichische Staatskanzler, der stets und überall nach den Vorzeichen der europäischen Revolution fahndete, stellte deshalb sogleich die bei allen polizeilichen Untersuchungen unabdingbare Grundsatzfrage: »Ist dem Skandal irgendein Plan zu Grunde gelegen, oder ist das, was nun aus demselben erfließt, nur ein Produkt?« Der eigens von Wien nach Bayern abgesendete Agent Hieneis lieferte Metternich bereits im Frühjahr 1847 einen detaillierten Bericht über die Münchner Entwicklung und über die allgemeine Volksstimmung im Königreich. Eine internationale politische Verschwörung, als deren Exponentin Lola Montez agierte, konnte er nicht ausmachen. Interessant an seinem Rapport aber ist die differenzierende Beurteilung der verschiedenen Gesellschaftsschichten in bezug auf die königliche Affäre, die sich gerade zu einer Staatsaffäre entwickelte: »Wie sehr sich der Bayer in seinem Nationalstolze durch das Verhältnis dieser Person zum König gekränkt fühlt, beweist der in München für die Lola allgemein geltende Spitzname: ›Die Gouvernante vom Lande‹. Eine politische Aufregung habe ich bei der Volksmasse in Bayern nicht wahrgenommen, noch ein Verständnis oder Interesse an den gegenwärtigen politischen Wirren des Landes vorgefunden, und nur der Lolahass, bigottische Hetzereien oder die Bierpreise scheinen die Handhaben zur Bewegung des gemeinen Volkes in Bayern zu sein. Der Bauer spricht über teuere Zeiten, über Getreidepreise, Auswintern der Saaten, über die vom König erteilte Bewilligung zur Getreideausfuhr in die Schweiz und nach Frankreich [...] Der Münchner Bürger und das Volk redet über die Lola und die hierauf bezügliche Verirrung des Königs, über die Bierpreise, Lokalangelegenheiten und Vorfälle, über den Getreidehandel und Viktualienpreise, Ausfuhr des Getreides, Gewerbe- und Handelsangelegenheiten, und klagt auch darum über den König, dass er die Münchner Bürger und Kommune zu so vielen Bauten gezwungen und veranlaßt habe, die ihr bedeutendes Kommunalvermögen gänzlich verschlagen, so dass die Stadt gegenwärtig schon 800 000 Gulden Schulden zu machen gezwungen war [...] Unter dem Militär erregt das Verhältnis zu der Lola ein grosses Aergernis und Abscheu und wird auf die skandalöseste Weise besprochen. Da dieses zu den Ohren des Königs gelangen musste, so wurde den Offizieren der Wille des Königs im geeigneten Wege bekannt gegeben, sich über dieses Verhältnis aller Gespräche und Bemerkungen zu enthalten. Seitdem reden die Offiziere zwar nichts mehr vom König und der Lola, sondern von einem gewissen ›Herrn Maier‹ und der ›Pepi‹ [...]«.

Zu Anfang des Jahres 1848 war die Einschätzung der Münchner Verhältnisse durch Österreichs Diplomaten schon dramatischer. Ein Bericht der Münchner Gesandtschaft an Metternich vom 30. Januar 1848 umreißt die Lage wie folgt: »Alles, was hier täglich vorgeht, sieht wohl einer schlechten Farce ähnlich. Aber, wenn man bedenkt, wie an allen Ecken und Enden Europas, im Norden wie im Süden, dunkle Wetter aufsteigen und die Throne wanken und vielleicht von Ferne schon eiserne Würfel rasseln, so macht die königliche Posse, die man hier in idyllischer Sorglosigkeit spielt, einen wahrhaft tragischen Eindruck auf den ernsten Beobachter und Freund der Monarchie. Zudem wird die Stimmung hier immer schlechter und durchdringt die obersten, wie die untersten Schichten der Bevölkerung. Fast möchte man befürchten, es bedürfte nur eines zufälligen Anstoßes, einer geringfügigen Veranlassung und aus dem unterwühlten Boden werden verderbliche Elemente hervorbrechen«.

Der befürchtete Anstoß ließ nicht lange auf sich warten. Ende Januar 1848 verstarb der allseits hochverehrte katholische Vordenker und Publizist Joseph von Görres, den König Ludwig ausdrücklich von den »Epurationen«, das heißt den Dienstenthebungen ultramontaner Parteigänger im akademischen Bereich ausgenommen hatte. Dennoch versagte man jetzt in kleinlicher Weise konservativen Gruppierungen der Studentenschaft einen geplanten Fackelzug zum Grab, weil man dies als eine politische Demonstration gegen das neue System verstehen wollte. Darüber kam es in den Tagen zwischen dem 7. und dem 10. Februar 1848 zu öffentlichen Auseinandersetzungen zwischen dem triumphierenden lolafreundlichen Korps »Alemannia« und dem düpierten Gros der Studentenschaft. Kronprinz Maximilian hat in seinen Erinnerungen Fürst Oettingen-Wallerstein für diese krisenhafte Zuspitzung persönlich verantwortlich gemacht. Denn Lola Montez habe zu dieser Zeit heftig an seinem Sturz gearbeitet, weshalb er umgekehrt die von ihm bereits enttarnte Hochstaplerin durch öffentlichen Tumult in ihrer Position zu destabilisieren suchte. Die Zusammenrottungen und Prügeleien erreichten ein vom Universitätsrektorat nicht mehr zu steuerndes Ausmaß: erstmals floß Blut. Als sich Lola Montez am 9. Februar in der Innenstadt zeigte, entstand sofort Aufruhr. Angesichts bevorstehender Handgreiflichkeiten mußte sie sich in die Theatinerkirche flüchten und wurde anschließend unter Gendarmeriedeckung in die Residenz eskortiert. Auch ihr Palais in der Barer Straße wurde zum Ziel tätlicher Angriffe und mußte von Gendarmerie und Militär geschützt werden. Am 10. Februar kam es in der Neuhauser Gasse zu einem Zusammenstoß zwischen Gendarmerie und Studenten, wobei ein junger Mann durch einen Bajonettstich verletzt wurde, was eine ungeheuere Aufregung in der Stadt verursachte.

Die Antwort König Ludwigs auf die öffentlichen Auseinandersetzungen und den Angriff gegen Lola Montez entsprach seinem heftigen Naturell: Er ließ mit sofortiger Wirkung die Münchner Universität bis zum Wintersemester 1848/49 schließen und alle nicht in München beheimateten Studenten auffordern, binnen zwei Tagen die Stadt zu verlassen. Dies war eine harte Maßnahme gegen das akademische München, aber es war zugleich auch ein Angriff auf den Nahrungserwerb vieler vom Universitätsleben existenziell abhängigen Bürger. So kam eine unvorhersehbare Aktionseinheit zwischen der Studentenschaft und dem Stadtbürgertum zustande. Man forderte die Wiedereröffnung der Universität und die Ausweisung der Lola Montez. Ralf Zerback hat in seiner 1997 erschienenen umfangreichen Untersuchung über die Entwicklung des Münchner Stadtbürgertums bis 1870 unterstrichen, daß die so geäußerten gemeinsamen Ziele gewiß nicht revolutionär waren, daß aber die entstandene Einheitsfront, die sich erstmals gegenüber der königlichen Willkür gruppierte, auch eine Neudefinition des gewohnten Verhältnisses Monarch/Untertan beinhaltete. Interessant ist dabei, daß das Vorgehen der Münchner Bürger sich in historischen Formen abspielte. Man erinnerte und berief sich jetzt auf das in der Montgelas-Zeit ausgelöschte uralte Selbstbestimmungsrecht der Kommune, das in Extremsituationen einen korporativen Zusammentritt aller Bürger vorsah. In den spektakulären Aktionen der unzufriedenen Münchner Bürgerschaft während der Regierungsperiode des Kurfürsten Karl Theodor hatte sich

in den 80er und 90er Jahren des vorausgehenden Jahrhunderts dieses stadtbürgerliche Widerstandsrecht zuletzt eindrucksvoll artikuliert. Ohne Zutun, ja zunächst gegen den Willen von Magistrat und Gemeindebevollmächtigten, versammelten sich am 10. Februar 1848 »weit über Tausend der achtbarsten Bürger« auf dem großen Rathaussaal, also an jener Stätte, an der vor dem Ende der priviligierten Selbständigkeit Münchens 1802 seit altersher alle wichtigen Belange der Gesamtgemeinde beschlossen worden waren und wo sich schon (allerdings in einem Vorgängerbau des jetzigen Alten Rathauses) Ende des 14. Jahrhunderts der revolutionäre »Große Rat« zusammengefunden hatte.
1 000 Bürger entsprachen 1848 immerhin einem Viertel der mit dem vollen Bürgerrecht begabten Einwohner der Stadt, was eine Marginalisierung des öffentlichen Protestes unmöglich machte. Eine im Stadtarchiv hinterlegte Denkschrift des damaligen Zweiten Bürgermeisters Steinsdorf schildert gewissenhaft den Ablauf des bürgerschaftlichen Vorgehens. Unter Steinsdorfs Führung wurde eine sechsköpfige städtische Deputation an Ludwig I. abgeordnet, mit der Zielsetzung, die verfügte Universitätsschließung rückgängig zu machen. Es war dies die traditionelle Reaktionsform einer bedrückten Bürgerschaft, die nicht dem bayerischen König galt, sondern dem Münchner Stadtherrn und ihn an seine besondere Verantwortung für das Wohl und Wehe der hauptstädtischen Bevölkerung erinnern wollte.
In mustergültiger Ordnung begleiteten die auf dem Rathaussaal versammelten Bürger die Deputation zur Residenz; schweigend nahmen sie in langen Reihen auf dem Max-Joseph-Platz Aufstellung. Kürassiere und Infanterie sicherten die Residenzzugänge, doch war ihr Verhalten gegenüber der Volksmenge zurückhaltend, ja »rücksichtsvoll«, wie der Stadtchronist ausdrücklich vermerkte. Die Sympatien der Offiziere und wohl auch der Mannschaft waren deutlich bei den Münchner Bürgern. Ludwig weigerte sich lange standhaft, die Deputation zu empfangen, da er die wartende Menge als eine Bedrohung ansah und nicht unter Druck verhandeln wollte. Erst die Intervention seiner Söhne Adalbert und Luitpold und ein Fußfall von Luitpolds Gattin stimmten ihn um. Er überhäufte die Deputation mit Vorwürfen und schlug ihr die Bitte nach Wiedereröffnung der Universität rundweg ab. Als die Deputation und mit ihr die auf dem Platz versammelte Bürgerschaft aber schweigend abgezogen waren, lenkte er ein und ließ der Bürgerversammlung auf dem Rathaus ausrichten, er wolle die Universität bereits zum Sommersemester 1848 wieder öffnen.
Doch jetzt ist diese Geste der Bürgerschaft zu wenig: Dem Abgesandten des Königs erklärt man, daß die Hochschule sogleich wieder zu eröffnen sei – und daß Lola Montez die Stadt zu verlassen habe, »oder wir stürmen ihr Haus und erzwingen's mit Gewalt«.
Jetzt fallen die Würfel. Ludwig, der nie ein Freund des Militärs war und die Armee finanziell stark vernachlässigt hatte, weiß, daß er sich bei einem öffentlichen Aufruhr, in deren Mittelpunkt seine verhaßte Liebschaft steht, auf die Soldaten nicht verlassen kann. Am folgenden Tag signalisiert Fürst Karl zu Leiningen, der hochangesehene Präsident der Kammer der Reichsräte (in ihr nehmen die königlichen Prinzen, die adeligen Standesherren und der hohe Klerus einen festen Platz ein) sein Verständnis für die Forderungen der Münchner Bürger. So darf schließlich an eben diesem Tag, es ist der 11. Februar 1848, gegen 10 Uhr vormittags Fürst Oettingen-Wallerstein auf dem Rathaus der Bürgerschaft eröffnen, daß ihre Forderungen akzep-

4 *»Erinnerungsblatt an die Ereignisse am 9., 10. und 11. Februar 1848 in München. Lola Montez und ihr Anhang«; 1848; Lithographie; 45,5 x 31; MStM, Graphiksammlung; KAT.NR.11.29*

tiert seien und er schließt mit den denkwürdigen Worten »Nichts befindet sich mehr zwischen dem König und dem Volk«.
Unter dem Gejohle einer ständig wachsenden Menschenmenge rüstet inzwischen in der Barer Straße Lola Montez zur Flucht. Auf Umwegen versucht sie zunächst, in die Residenz zu gelangen, doch bleiben ihr alle Tore verschlossen. Inzwischen beginnt in der Barer Straße der Pöbel ihr Haus zu demolieren, nur Ludwigs persönliches Erscheinen und sein Hinweis, daß es sich hier um sein Eigentum handle, vermag das Werk der Zerstörung zu verhindern. Im allgemeinen Tumult trifft den König sogar ein Stein.
Die aus der Stadt gejagte Lola Montez flüchtet erst nach Großhesselohe, geht am nächsten Tag als Mann verkleidet nach München zurück, bekommt aber wieder keinen persönlichen Kontakt mit Ludwig, fährt daraufhin mit einem Wagen zur Blutenburg, wo sie mit einigen ihr noch getreuen »Alemannen« übernachtet. Am nächsten Tag bringt man sie unter Polizeibegleitung nach Pasing, wo sie in den Zug nach Lindau gesteckt wird. Von dort geht sie in die Schweiz.
An Metternich wird unter'm 14. Februar aus München berichtet: »Lola ist einstweilen aus der Stadt und aus Bayern, aber keineswegs aus dem Herzen des Königs. Er gab nach im letzten Augenblick aus Furcht vor den Demonstrationen der Bürgerschaft und Reichsräte, aus Besorgnis für Lolas Leben [...]«. Und der österreichische Gesandte resümiert am selben Tag: »Die Krone hat eine Niederlage erlitten, deren ernste Folgen sich vielleicht erst später in ihrem vollen Umfange zeigen werden. Der Nimbus unbeugsamer Willenskraft, der den König bisher umgab, ist für immer verloren. Das Volk hat über die königliche Gewalt triumphiert und ist sich des unblutig erfochtenen Sieges vollständig bewußt. Es hat die Kraft seines eigenen Willens kennengelernt und die Art, sie mit Erfolg zu gebrauchen«.
Wir verlassen an dieser Stelle die Wirkungsgeschichte der Lola Montez und wollen den Faden auch nicht mehr aufgreifen, als sie am 9. März 1848 noch einmal heimlich nach München zurückkehrt, um ihr Schicksal in einem letzten, ebenso verzweifelten, wie vergeblichen Akt zu wenden. Ihre offizielle Rolle ist ausgespielt.
Blicken wir auf König Ludwig. Dem Urteil des österreichischen Geschäftsträgers ist eigentlich nichts hinzuzufügen. Auch Ludwig hat erkannt, daß sein so kunstvoll stilisiertes Autokratentum in sich zusammengebrochen ist – und dies auf unspektakuläre, ja schmähliche Weise. Doch noch will er an der Krone festhalten. Nichts charakterisiert den Monarchen Ludwig treffender, als die zweite Aussage seiner königlichen Devise: »Gerecht und beharrlich«. Doch auch Ludwigs Beharrlichkeit sind Grenzen gesetzt.
Am 27. und 28. Februar 1848 treffen in München die ersten Nachrichten vom Sturz des Bürgerkönigtums in Paris ein. Die von Metternich befürchtete allgemeine europäische Revolution nimmt ihren Lauf. Nach und nach geraten fast alle deutschen Staaten und Regierungen in den Sog dieser Ereignisse. Schon am 27. Februar fordert auch im badischen Mannheim eine Volksversammlung Pressefreiheit, Schwurgerichte, Vereinsrecht, Volksbewaffnung und ein deutsches Parlament. Vor dem aktuellen Hintergrund der dem König abgetrotzten Konzession und im Hinblick auf die eingetretene Schwächung der monarchischen Gewalt in Bayern steigt die politische Erregung in München von Tag zu Tag. »Die Politik bemeisterte sich aller Schichten der Einwohnerschaft, von der obersten zu der untersten; vor ihr trat alles andere in den Hintergrund«, so berichtete der Stadtchronist über die Situation in der Stadt zu Beginn des Monats März.

Die allgemeine Spannung löst sich zuerst in einem öffentlichen Tumult, der zunächst noch als Nachtrag zur Vertreibung der Lola Montez angesehen werden kann. Am Morgen des 2. März 1848 ermuntern in vielen Straßen der Stadt und der Vorstädte Kohle- und Kreideaufschriften zu einer Katzenmusik für den noch immer amtierenden Ministerverweser des Inneren, Berks, den besonderen Vertrauten der königlichen Favoritin. Dabei tauchen erstmals auch politische Parolen auf, die über die leidige Affäre hinausweisen: »Freie Republik«, »Zu den Waffen«, »Macht's den Franzosen nach«.

Die lautstarke Demonstration vor der Wohnung Berks' in der Ludwigstraße (Damenstiftsgebäude) endete mit einem zertrümmerten Haustor und zerschlagenen Fensterscheiben – ohne daß die Gendarmerie eingriff. Mehrere Rotten der Demonstranten, unter denen sich Studenten und wohlsituierte Bürger, in der Mehrzahl aber einfache Menschen aus dem Handwerkerstand und Dienstboten befanden, zogen in der Folge durch die Innenstadt, wobei es zu weiteren Sachschäden an verschiedenen Staatsgebäuden und zur Plünderung eines Waffengeschäftes kam. Im Innenministerium, im Regierungsgebäude am Schrannenplatz (heute Marienplatz) und sogar in der Residenz gingen Fensterscheiben zu Bruch. Die pfeifende und gröhlende Menschenmenge ließ die Republik hochleben und forderte in ihrem Namen Freiheit und politische Reformen. Gegen 11 Uhr abends wurde in der Stadt der Generalmarsch geschlagen, worauf die bürgerschaftliche Landwehr zu den Sammelplätzen eilte und gemeinsam mit der Gendamerie die Ordnung wiederherzustellen trachtete. Dennoch kam es in dieser Nacht zu weiteren Zerstörungen und Plünderungen und sogar zum Sturm auf zwei Gendameriestationen. Der beurlaubte Berks verließ am nächsten Morgen München. Mit diesen zunächst auf Berks bezogenen, plötzlich aber in revolutionäre Tumulte umschlagenden Unruhen trat die Stadt München in die Phase der »Märzstürme«. Die Analyse der Vorgänge vom 2. März zeigt, daß unter dem Einfluß, der Pariser Ereignisse und revolutionären Volksversammlungen im deutschen Südwesten auch in München eine völlig neue Situation entstanden war, in der die bisherige bürgerschaftlich-studentische Aktionseinheit durch unterbürgerliche Gruppierungen erweitert und auf neue, das heißt politische Ziele festgelegt wurde. Ralf Zerback hat in seiner Untersuchung die Schlüsselfrage gestellt, ob das Stadtbürgertum jetzt überhaupt noch Herr des Geschehens blieb, oder von der eintretenden Entwicklung überrannt wurde.

Ein zeitgenössischer demokratischer Publizist stellte jedenfalls den Münchner Bürgern ein schlechtes Zeugnis aus: »Aus Verzweiflung bekamen sie Muth, den Muth der Todesangst, und weil nun doch einmal nicht anders Ruhe zurückkehren zu wollen schien, so schrieben sie in Gottes Namen die von anderen Spießbürgern in Adressen bereits geltend gemachten Forderungen ab, als da sind: Pressefreiheit, deren Mangel neunundvierzig Fünfzigstel der Münchner Spießbürger noch niemals empfunden; Öffentlichkeit und Mündlichkeit in der Rechtspflege mit Geschworenen, ein Institut, von dessen totaler Unzweckmäßigkeit und Schädlichkeit sie vor drei Tagen, auf Befehl ihrer Pfaffen und Bureaukraten, noch die tiefste Überzeugung hatten; Verantwortlichkeit der Minister, während sie sich bisher unter der unverantwortlichsten Regierung am wohlsten gefühlt haben«. Diese Karikatur der Münchner Verhältnisse schießt natürlich weit über das Ziel hinaus, doch war die plötzlich spürbare Resonanz auf die republikanische Konspiration ein Phänomen, das

5 *»Der Genius der Sittsamkeit verläßt das gelobte Land«; 1848; Lithographie von Wilhelm Starck; 30,5 x 23; MStM, Graphiksammlung; KAT.NR.11.36*

viele Kenner der Münchner Gemütslagen zunächst tatsächlich verwunderte.

Demgegenüber kann geltend gemacht werden, daß unter dem Eindruck der bereits aufkeimenden Deutschen Revolution vor allem die in der Universitätsstadt zahlreichen bildungsorientierten Kreise den ungeheueren Erfolg des vorausgehenden Monats festzuhalten und politisch fortzuschreiben trachteten und bei dieser Gelegenheit mit durchaus unterschiedlichen Interessensschwerpunkten überfällige staatliche und gesellschaftliche Reformen einforderten. Es steht außer Frage, daß sich die Münchner Einwohnerschaft auch Extremforderungen zumindest verbal nicht verschloß, doch war der Straßenexzeß vom 2. März nicht nach dem Geschmack des Besitzbürgertums. Man suchte nach einem anderen Weg.

Wieder wurde der große Rathaussaal zum Zentrum der allgemeinen Opposition, der Opposition gegen die vorenthaltenen Entwicklungsmöglichkeiten des Konstitutionalismus. Am 3. März 1848 unterzeichneten hier mehr als 15 000 Einwohner Münchens eine an den König gerichtete Adresse, die den Umbau des Staates mittels Pressefreiheit, Geschworenengerichte, Abschaffung des Zensuswahlrechtes, Ministerverantwortlichkeit, Vereidigung des Militärs auf die Verfassung, ein neues Polizeigesetz und die sofortige Einberufung der Kammern forderte. München hatte damals circa 90 000 Einwohner, die den unterschiedlichsten sozialen Schichten angehörten; rechnet man von dieser Zahl die Frauen und Kinder und die Militärpersonen ab, so setzten sich wahrscheinlich rund 30 Prozent aller Münchner für die genannten Reformen ein. Erstmals war das Münchner Rathaus nicht das Aktionszentrum der mit dem Bürgerrecht ausgestatteten Individuen (das waren ja nur rund 4 000), sondern der politische Mittelpunkt der gesamten Münchner Einwohnerschaft im modernen, demokratischen Sinn. Und dieses demokratisch legitimierte Münchner Rathaus war erstmals in der neueren Geschichte dieser Stadt zum Gegenspieler der Residenz geworden.

Um jeden Anschein der Ungesetzlichkeit zu vermeiden, nahmen es Magistrat und Gemeindebevollmächtigte erneut auf sich, die Adresse der Münchner Bevölkerung dem König persönlich zu übergeben. Die auf dem Rathaussaal versammelte egalitäre Volksmenge ließ es sich aber nicht nehmen, der amtlichen Abordnung zwei besondere Vertrauenspersonen beizuordnen. König Ludwig empfing die Delegation der Münchner

Einwohnerschaft nicht ungnädig, machte aber keine konkreten Zusagen und spielte auf Zeit. Doch die zunehmende Angst vor möglichen radikalen Entwicklungen und der gewichtige Einfluß des Präsidenten der Reichsratskammer nötigten Ludwig am folgenden Tag erneut zu einem schrittweisen Einlenken. Hermann Nehlsen hat in seiner 1997 erschienenen Biographie des Fürsten Karl zu Leiningen ein Handschreiben des Kammerpräsidenten zitiert, das am 3. März 1848 bei König Ludwig einlief. Darin führt der fränkische Aristrokrat dem König in erstaunlich freimütigen Worten die Aussichtslosigkeit seines Widerstandes gegen den Zeitgeist vor Augen: »Empfangen Ew.M. daher jetzt die feierlichste Versicherung, daß wenn Ew.M. unabänderlich auf Ihrer Willensmeinung bestehen, Sie, nachdem vielleicht Ströme Blutes geflossen sind, sich in Kurzem genötigt sehen werden, von dem Throne Ihrer Väter herabzusteigen«. Der politisch völlig destabilisierte Monarch willigte in die Einberufung des Landtags ein, suchte sie aber zunächst möglichst lange hinauszuschieben. Begleitet von seinen Ministerkollegen begab sich Fürst Oettingen-Wallerstein am 4. März 1848 persönlich auf das Rathaus und verkündete im Namen des Königs die Auflösung des gegenwärtigen Abgeordnetenhauses und Neuwahlen für den 31. Mai 1848. Heimlich ordnete der König aber die sofortige Verlegung der Freisinger Kürassierdivision nach München an.

Inzwischen hatte die Versammlung auf dem Rathaussaal durch eine sich radikalisierende Diskussion weiteres Selbstvertrauen gewonnen und beschloß, die Entsendung einer weiteren Deputation, die jetzt die sofortige Einberufung der Kammern fordern sollte.

Während man darüber noch verhandelt, wird erneut der Generalmarsch geschlagen. Es heißt, der König habe alles zurückgenommen. Das Ge-

6 »Gedenkblatt an die ewig denkwürdigen Tage in München am 4. und 6. März 1848«; 1848; Lithographie; 46,9 x 40,5; MStM, Graphiksammlung; KAT.NR. 11.46

rücht von anrückender Kavallerie scheint diese Besorgnis zu bestätigen. Zugleich fliegt die Nachricht von Mund zu Mund, daß sich widerstandsbereite Gruppen vor dem Karlstor versammeln und radikale Kräfte einen Anschlag auf das bürgerliche Zeughaus vorbereiten. Jetzt geschieht etwas sehr Merkwürdiges. Die auf dem Rathaus tagende Volksmenge zieht zum Zeughaus und übernimmt selbst die Plünderung des städtischen Waffenarsenals. Man wollte die Waffen unter Kontrolle bringen, deren – wie es in einer zeitgenössischen Beschreibung heißt – sich sonst »das Proletariat gänzlich bemächtigt haben würde«. Mit überwiegend untauglichem Gerät (Schwertern, Hellebarden, Morgensternen und dergleichen) ziehen Bürger, Studenten, Handwerker, Künstler und Dienstboten unter den alten zerfetzten Bürgerfahnen gemeinsam zum Dultplatz (heute Maximilians- und Lenbachplatz), der von Militär besetzt ist. Dort sind auch Kanonen aufgefahren. Am benachbarten Promenadeplatz hat schon die unentschlossene und deshalb militärisch höchst unzuverlässige bürgerliche Landwehr Aufstellung genommen. Die bewaffnete Menge fordert die Vereinigung mit der Landwehr, ein Wunsch, dem ein kommandierender Landwehroffizier nachkommt. Er reiht einen Teil der Insurgenten geschickt unter die auf dem Promenadeplatz versammelten Landwehrmänner ein, so daß jetzt zwar die Fronten zwischen den Soldaten und der bewaffneten Bevölkerung vollends unklar werden, im bürgerlichen Lager jedoch eine Kontrolle über potentielle Desperados möglich ist. Diese Situation ist bezeichnend: Die neue Aktionseinheit aller Bevölkerungsschichten ist äußerst labil, die sozialen Gruppierungen mißtrauen sich gegenseitig. Karl Kuttner erinnerte sich richtig, daß das Miteinander nicht von gemeinsamer Begeisterung, sondern vielmehr von gegenseitiger Furcht gekennzeichnet war.

Der Zusammenstoß zwischen der bewaffneten Staatsmacht und der Einwohnerschaft Münchens blieb jedoch aus. Karl Theodor Fürst von Wrede, der Sohn des 1838 verstorbenen Feldmarschalls, riet dem König zu hartem militärischem Durchgreifen, doch hatte zuletzt eine weitere Bürgerdeputation ungeachtet ihrer Abweisung an den Residenztoren mit gelinder Gewalt den Weg zum König gefunden und ihm den bevorstehenden Bürgerkrieg und die Folgen für Thron und Dynastie vor Augen gestellt.

Bewegt und geängstigt, zugleich auch zermürbt von dem nun schon Wochen dauernden Auf und Ab der Münchner Unruhen verzichtete Ludwig auf den Einsatz der Waffen und gab damit den Weg frei zur Besänftigung der Aufrührer. Am Promenadeplatz erschien sein Bruder, Prinz Karl, und versicherte den Münchnern auf Ehrenwort, daß ihre Forderungen akzeptiert und die Ständeversammlung bereits zum 16. März 1848 einberufen würde. Diesmal hatte nicht die von einer königlichen Favoritin bedrückte Bürgerschaft gesiegt, sondern das politische Reformen einfordernde Volk hatte den reformunwilligen König in die Knie gezwungen. Angeleitet von der Landwehr legten nun auch die Aufrührer ihre geraubten Waffen nieder oder gaben sie sogar ordentlich im städtischen Zeughaus ab, und der zum Anger geeilte Fürst Oettingen-Wallerstein soll bei dieser Gelegenheit den Münchnern versichert haben: »Wäre ich nicht Minister, so würde ich in Ihren Reihen stehen«.

Die Volksversammlung auf dem Rathaussaal blieb auch an den folgenden Tagen Motor der Entwicklung. Die Volkswünsche wurden immer detaillierter vorgetragen und diskutiert; auch die Deutsche Frage, die Judenemanzipation und die Freiheit der Polen wurden auf die Tagesordnung gesetzt.

Am 5./6. März drohte die positive Grundstimmung allerdings schon wieder zu kippen; neues Mißtrauen gegen die Regierung und gegen den König machte sich breit, immer häufiger tauchten im Straßenbild schwarz-rot-goldene Kokarden auf. Man kolportierte, daß Militär zusammengezogen würde und die Entwaffnung der unzuverlässigen Landwehr bevorstehe. Auch in der Residenz waren Verwirrung und Ratlosigkeit über das weitere konkrete Vorgehen auf ein Höchstmaß gestiegen. Ein Krisenstab, bestehend aus der Ministerrunde und den wichtigsten Mitgliedern der königlichen Familie, darunter auch dem auf Veranlassung des Fürsten zu

Leiningen von Würzburg herbeigeeilten Kronprinz Maximilian, beriet einen von Fürst Oettingen-Wallerstein konzipierten Proklamationsentwurf, der den Wünschen der Bürger weit entgegen kam. König Ludwig äußerte nach den Erinnerungen des späteren Königs Maximilian II. zwar expressis verbis, daß eigentlich den Aufrührern »die Köpfe vor die Füße gelegt werden« müßten, setzte aber schließlich der Vorlage des Ministerratsvorsitzenden keinen Widerstand entgegen.

Die königliche Proklamation vom 6. März 1848, die zuallererst auf dem Rathaus bekannt gegeben wurde, besiegelte endgültig den Durchbruch der Märzbewegung in Bayern. Der Landtag sollte zum 16. März einberufen werden und sich in der Folge mit den zu Gesetzesentwürfen weiterentwickelten Volkswünschen beschäftigen. Ludwig schloß die Proklamation mit einem heuchlerischen Appell zur Zusammenarbeit: »Bayern! Euer Vertrauen wird erwiedert, es wird gerechtfertigt werden! Schaaret Euch um den Thron. Mit Euerem Herrscher vereint, vertreten durch Euere verfassungsmässigen Organe, lasst Uns erwägen, was Uns, was dem gemeinsamen Vaterlande Noth thut. Alles für mein Volk! Alles für Teutschland!« Als sichtbares Zeichen der Nachgiebigkeit findet noch am 6. März auf dem Dultplatz die Vereidigung der Münchner Garnison auf die Verfassung statt.

Der auf die königliche Proklamation und den geleisteten Verfassungseid des Heeres folgende Jubel in der Stadt steigerte sich, als bekannt wurde, daß der allgemein beliebte und als reformfreudig eingestufte Regensburger Bürgermeister Thon-Dittmer als neuer Innenminister vorgesehen war. Überall wurden die schwarz-rot-goldenen Kokarden gegen weiß-blaue ausgetauscht. Der nachmalige König Maximilian II. macht freilich in seinen erst 1997 veröffentlichten Lebenserinnerungen deutlich, daß Ludwig und mit ihm das gesamte Königshaus nicht aus Versöhnungswillen in die Entwicklung eingewilligt hatten, sondern »in Folge von moralischem Zwang und Gewalt«. König und Kronprinz nahmen die von der Bevölkerung nun veranstalteten Huldigungen zwar mit Freundlichkeit und Gelassenheit entgegen, doch waren beide tief enttäuscht und verbittert. Niemand wußte, was die nächsten Tage bringen würden, ein weiterer Fortgang der radikalen Konspiration mußte Krone und Dynastie unmittelbar berühren.

Die am 6. März ausgelöste weißblaue Begeisterung ließ das bürgerschaftliche Aktionsbündnis mit den Unterschichten sogleich wieder zerbrökkeln. Dafür verstärkte sich die Kooperation mit den akademischen Kreisen. Von der Regierung tolerierte Freikorps der Studenten und Künstler unterstützten fortan die bürgerliche Landwehr und die Gendarmerie bei der Aufrechterhaltung von Ruhe und Ordnung in loyalster Weise. Innen- und Kriegsministerium konnten im nachhinein den akademischen Freikorps bestätigen, daß sie in schwieriger Zeit für die Sicherheit der Personen und des Eigentums in der Stadt eine eminent wichtige Rolle gespielt hatten. Diese gemeinsame Interessenslage des Besitzbürgertums und jenes Teils des akademischen Nachwuchses, der von Herkunft und Ausrichtung dem Besitzbürgertum nahestand, konnte freilich den Befürwortern radikaler Veränderungen von Staat und Gesellschaft nicht gefallen, also all jenen, die den 6. März 1848 als Beginn einer demokratischen Entwicklung und nicht als deren Resultat auffassen wollten. Das Potential der Unzufriedenheit war vornehmlich im Bereich der Handwerker und Kleinhändler angesiedelt und ergänzte sich durch Gesellen, Arbeiter, Studenten, Polytechniker und Schüler. Wortführer dieser schlecht oder gar nicht etablierten Bevölke-

Königliche Proklamation.

Ich habe Mich entschlossen die Stände Meines Reiches um Mich zu versammeln; dieselben sind auf den 16. d. Mts. in die Hauptstadt berufen.

Die Wünsche Meines Volkes haben in Meinem Herzen jederzeit vollen Wiederhall gefunden.

An die Staende des Reiches werden ungesaeumt Gesetzes-Vorlagen gelangen, unter anderen:

über die verfassungsmaessige Verantwortlichkeit der Minister;
über vollstaendige Pressfreiheit;
über Verbesserung der Staende-Wahl-Ordnung;
über Einführung der Oeffentlichkeit und Mündlichkeit in der Rechtspflege mit Schwur-Gerichten;
über die in de IX. Verfassungs-Beilage angedeutete umfassendere Fürsorge für die Staatsdiener und deren Relicten; dann deren Ausdehnung auf die übrigen Angestellten des Staates;
über Verbesserung der Verhältnisse der Israeliten.

Ferner ordne Ich in diesem Augenblicke die schleunige Abfassung eines Polizei-Gesetz-Buches an; ebenso befehle Ich die unverzügliche Beeidigung Meines Heeres auf die Verfassung, und lasse Ich von heute an die Censur über aeussere wie innere Angelegenheiten ausser Anwendung treten.

Ein grosser Augenblick ist in der Entwicklung der Staaten eingetreten. Ernst ist die Lage Teutschlands. Wie Ich für die teutsche Sache denke und fühle, davon zeugt Mein ganzes Leben. Teutschlands Einheit durch wirksame Maassnahmen zu stärken, dem Mittelpunkte des vereinten Vaterlandes neue Kraft und nationale Bedeutsamkeit mit einer Vertretung der teutschen Nation am Bunde zu sichern, und zu dem Ende die schleunige Revision der Bundes-Verfassung in Gemässheit der gerechten Erwartungen Teutschlands herbeizuführen, wird Mir ein theuerer Gedanke, wird Ziel Meines Strebens bleiben.

Bayerns Koenig ist stolz darauf, ein teutscher Mann zu sein.

Bayern! Euer Vertrauen wird erwiedert, es wird gerechtfertigt werden! Schaaret Euch um den Thron. Mit Euerem Herrscher vereint, vertreten durch Euere verfassungsmässigen Organe, lasst Uns erwägen, was Uns, was dem gemeinsamen Vaterlande Noth thut.

Alles für mein Volk! Alles für Teutschland!

München, den 6. März 1848.

Ludwig.

Maximilian, Kronprinz. **Luitpold**, Prinz v. Bayern. **Adalbert**, Prinz v. Bayern. **Karl**, Prinz v. Bayern.

Fürst v. Oettingen-Wallerstein. **v. Beisler.** **v. Heres.** **v. der Mark.**

v. Volz.

7 Bekanntmachung der königlichen Proklamation vom 6. März 1848; 1848; Buchdruck; 44 x 34; MStM, Graphiksammlung; KAT.NR.11.82

rungsschichten, für die vereinzelt der Modename »Proletarier« zur Anwendung kam, waren Publizisten, Verleger und Buchhändler. Die immer wieder behauptete Führungsrolle von Juden kann von der die Sozialgliederung der politischen Gruppierungen erfassenden Forschung nicht nachvollzogen werden.

Obendrein erfuhr die am 6. März aufgekeimte liberale und demokratische Erwartungshaltung eine herbe Enttäuschung, als der verbitterte König Ludwig am 11. März dem ihm inzwischen mehr als verdächtigen Fürsten Oettingen-Wallerstein das Vertrauen entzog. Einem vorhersehbaren Regieeinfall ähnlich, wurde daraufhin von interessierter Seite die schon abgeflaute Lola-Hysterie wieder angefacht, denn allein mit ihr war die im revolutionären Erfolg scheinbar schon gesättigte Bürgerseele erneut in Wallung zu bringen. Das mehrfach ausgestreute Gerücht, die Gräfin Landsfeld befinde sich wieder heimlich in der Stadt, führte prompt zu Aufläufen: Verdächtige Personen wurden von der Menge arretiert, öffentliche Gebäude belagert und schließlich (am 16. März) der König durch eine Massendemonstration vor der Residenz bedroht. Angesichts dieser neuerlich krisenhaften Zuspitzung entzog der erst ernannte Innenminister Thon-Dittmer durch öffentliche Bekanntmachung vom 17. März der Gräfin Landsfeld das bayerische Indigenat und schrieb sie gleichzeitig zur polizeilichen Fahndung aus. Ludwig mußte die Maßregel nachträglich sanktionieren. Das ministerielle Vorgehen demütigte jetzt nicht allein den Monarchen in ihm, sondern mußte ihn auch als Ehrenmann herabwürdigen, da er ja mit der geflohenen Favoritin noch in regem und höchst freundschaftlichem Briefwechsel stand. Für denselben Tag notierte er in sein Tagebuch: »Da war's mir unausstehlich, länger auf dem Thron zu sein.« Am Morgen des 20. März 1848 verkündete ein über Nacht überall in der Stadt angeschlagenes königliches Patent Ludwigs Thronentsagung und den Regierungsantritt seines Sohnes Maximilian. Kurz und prägnant stellte Ludwig die Gründe seiner Abdankung der kargen Mitteilung voraus: »Bayern! Eine neue Richtung hat begonnen, eine andere als die in der Verfassungs-Urkunde enthaltene, in welcher Ich nun im 23. Jahre geherrscht«. Obwohl dieser Schritt Ludwigs zuletzt zu erwarten war, war die Bestürzung darüber in der Stadt ungeheuer.

Ludwigs Abdankung kann unter verschiedenen Blickwinkeln gesehen werden: für die junge deutsche Demokratiebewegung verschwand ein verstockter süddeutscher Despot von der politischen Bühne, für die Bürger- und Einwohnerschaft der bayerischen Haupt- und Residenzstadt verabschiedete sich ein schwieriger, doch fraglos großer Monarch, dem das moderne München so gut wie alles zu verdanken hatte.

Der noch von König Ludwig einberufene Reformlandtag, der bis Ende Mai 1848 tagte, brachte alle in den sogenannten Märzforderungen angesprochenen politischen Veränderungen zum Abschluß und wagte sich darüber hinaus an weitere geradezu revolutionäre Maßnahmen, die den Adel und die privilegierten Klassen wesentlicher Vorrechte beraubten; zu nennen sind hier insbesondere die Gesetze über die Aufhebung der standes- und gutsherrlichen Gerichtsbarkeit, beziehungsweise über die Aufhebung, Fixierung und Ablösung der Grundlasten.

Es würde zu weit führen, an dieser Stelle hier noch die Entwicklung der folgenden Monate auszubreiten. Ein weiter Bogen wäre zu spannen – soweit es noch das Jahr 1848 betrifft – von den auch das Münchner Publikum aufwühlenden dramatischen Märzereignissen in Berlin und Wien, von der republikanischen Erhebung in Baden und der Eröffnung der Frankfurter Natio-

nalversammlung bis hin zu den Aufständen in Prag und Wien und deren Niederwerfung durch Fürst Windischgräz, dem Thronwechsel in Österreich und schließlich dem Krieg gegen Dänemark.
Nicht minder packend für die Münchner war 1849 das Zustandekommen der Reichsverfassung, die vergebliche Kaiserwahl Friedrich Wilhelms IV. von Preußen, die militärische Unterdrückung der republikanischen Aufstände in Dresden, Baden und der bayerischen Pfalz mit Hilfe preußischer Truppen, die Niederschlagung des ungarischen Aufstandes durch Rußland und die Auflösung der Frankfurter Nationalversammlung und des ihm folgenden Stuttgarter »Rumpfparlamentes«.
Die in Bayern und darüber hinaus in ganz Europa in Bewegung geratene politische Szene, ließ auch das Münchner Publikum nicht mehr zur Ruhe kommen. Anders gesagt, mit dem Thronwechsel vom 20. März 1848 trat die Revolution in München von ihrer praktischen in die theoretische Phase. Ralf Zerback, den ich auch in diesem Zusammenhang als den besten Gewährsmann anführen kann, faßt die angesprochene Periode unter dem Begriff »Professionalisierung der Revolution« zusammen. Denn erst jetzt werden in hitzigen Diskussionen, scharfzüngigen Pamphleten und umständlichen Adressen die Konturen der sich gliedernden politischen Landschaft sichtbar, deren Entwicklung durch ein liberales Vereins- und Versammlungsrecht ermöglicht wurde. Die auf den bevorstehenden Zusammentritt der Frankfurter Nationalversammlung hin ausgerichteten »Wahlclubs« und die ihnen folgenden »Vereine« konstitutionell-monarchischer beziehungsweise radikaldemokratischer Ausrichtung definierten immer prägnanter die unterschiedlichen politischen und gesellschaftlichen Standpunkte und Ziele. Die Agitation dieser Gruppierungen kulminierte 1849, als es um die Anerkennung der Reichsverfassung ging. Treffend charakterisierte damals der Stadtchronist die publizistischen Begleiterscheinungen der schwierigen Willensbildung: »Keine Zeit hat in München auf solche wirren, solche Partheyen, solche Aufregungen geschaut. Die Straßen-Ecken waren überfüllt von Placaten, welche Einladungen zu Versammlungen, Ansprachen, Aufrufe und Addressen enthielten, ja wäre es möglich gewesen, man hätte in dieser Zeit auch an die Engel im Himmel und an die Teufel in der Hölle Addressen gerichtet«.
Es wird niemand überraschen, daß nach dem unrühmlichen Ende der Frankfurter Nationalversammlung und dem Zusammenbruch aller politischen Befreiungsbewegungen sich auch das Gros der Münchner Einwohnerschaft nach und nach von den großen Idealen und den radikaldemokratischen Zielen verabschiedete, wobei besonders die vom Magistrat vertretene Bürgerschaft erleichtert wieder zu den bewährten legitimistisch-sozialkonservativen Grundanschauungen zurückkehrte. Die 1848 zwar wirkungsvolle und doch zugleich so furchtbesetzte gemeinsame Interessensbasis aller Schichten war den Münchner Bürgern bald eine eher peinliche Erinnerung. Doch der 1848 eingeleitete Emanzipationsprozeß des Rathauses von der Residenz setzte sich fort. Immer mehr begann die Stadt aus sich selbst, das heißt aus der eigenen Wirtschaftskraft heraus zu planen und zu gestalten. Auch die überfällige Revision der Gemeindeordnung wurde jetzt angegangen; es begann der Abbau der Staatskuratel, die 1869 endgültig fiel.
Auch der neue Monarch, König Maximilian II., konnte nach Monaten der bangen Ungewißheit um den Bestand von Krone und Dynastie nach

1850 vorsichtig auf einen Reaktionskurs zurücklenken, der freilich den politischen und sozialen Neuansätzen von 1848 die Eigendynamik beließ und dadurch in der Folge die Infrastruktur, die Wirtschaftskraft, das Kulturbewußtsein, die soziale Verantwortung und die behördliche Effizienz des Königreiches erheblich steigerte.
So gesehen bedeutete das Jahr 1848 kein »Scheitern«. München kann in diesem 150. Jubiläumsjahr der bürgerlichen Revolution im Kontext anderer Städte und Regionen nicht auf heroische Aktionen, auf Barrikadenkämpfe und auf ein blutiges Ringen um Freiheit und Deutsche Einheit verweisen. Doch die Geschichte seiner eher »sanften« Revolution kann uns aus heutiger Sicht nicht unsympathisch sein.
Auch Lola Montez hat daran Anteil. Sie war verantwortlich für den Sturz des reaktionären Systems Abels 1847, und die zu ihrer Vertreibung führenden Unruhen vom Februar 1848 bereiteten durch die eingetretene Zermürbung König Ludwigs einer unblutigen März-Revolution den Weg. Herzog Max in Bayern, der Vater der nachmaligen österreichischen Kaiserin Elisabeth, hatte also so Unrecht nicht, als er – ich folge hier dem schon zitierten Bericht des Agenten Hieneis – eine Art Ehrenrettung der verhaßten königlichen Favoritin riskierte: »Wir alle in Bayern sind der Lola wohl viel Dank schuldig, denn ohne sie wäre es noch nicht zum Bruche gekommen; nur Schade, daß alles aus einer so schmutzigen Quelle kömmt«.
Kehren wir abschließend nochmals zu Karl Kuttner zurück. Seine Einschätzung der Münchner Revolution von 1848 als »große Sauferei« können wir im Hinblick auf das eben Vorgetragene zurückweisen. Doch seine getrübte Erinnerung ist nicht ganz falsch. Der Wirtschaftshistoriker Wolfgang Behringer begründet in seiner 1991 erschienenen Geschichte der Löwenbrauerei die Beobachtung, daß in den Unruhejahren 1848/49 die Bierproduktion anstieg, mit dem Satz: »Weil auch Revolutionäre zum Bierkrug greifen«. Und er faßt nüchtern zusammen: »So trug die Revolution von 1848 zum Aufstieg des Löwenbräus bei«. Kein Wunder, daß die durstigen Alt-Revolutionäre bei einer Bierpreiserhöhung im Oktober 1848 dem Brauer Pschorr das Haus stürmten und das ganze Inventar samt Klavier auf die Straße warfen. Dies war 1848 der letzte, aber zugleich der lokaltypischste Exzeß der Volkswut.
Auch Karl Kuttners Ausscheiden aus dem Kreis der »Achtundvierziger« entsprach der Mentalität vieler »Mitläufer« aus den Vorstädten und dem Münchner Umland. Heilfroh sei er gewesen, so räumt er in seinen Erinnerungen ein, als er nach der denkwürdigen Ansprache von Prinz Karl auf dem Münchner Promenadeplatz seinen Karabiner und seinen Säbel wegwerfen und zu seinem Dienstherren und den geliebten Pferden zurückkehren konnte.
Im hohen Alter erfuhr der Revolutionär von 1848 noch eine ganz besondere Ehrung. 1914, er war damals im Alter von 90 Jahren, wurde er als sogenannter Apostel bei der vom bayerischen Monarchen alljährlich am Gründonnerstag in der Residenz vorgenommenen Fußwaschung zugelassen. König Ludwig III., der älteste Enkel Ludwigs I., wusch dem in schwarzer Pilgertracht gekleideten Greis feierlich die Füße. So können bayerische Revolutionsgeschichten enden.

König, Dame, Bürger
Eine Münchner Dreiecksbeziehung

Ralf Zerback

Das alles ist tausendundeinmal erzählt worden:[1] die erste Audienz beim König, das Vortanzen in spanischer Tracht, das Rauchen in der Öffentlichkeit, die Ohrfeigen, die Pistolen, die Peitsche, der gefährliche erste März 1847, der zweimalige Regierungswechsel, der Kampf gegen die Jesuiten, die Gründung der »Lolamannen«, das pathetische »Wollt ihr mein Leben da nehmt es!« im Angesicht der wütenden Menge, die Nacht in der Blutenburg, der hastige Aufbruch, Gerüchte, Revolution, wieder Gerüchte, Schweiz, England, Amerika, Australien, das Ende.

Und doch haben sich die Historiker schwergetan mit Lola Montez in München – zu *yellow-press*-artig, zu viel Ereignis und zu wenig »Struktur«, zu simpel-banal, kitschig-sentimental, ein »Trauerspiel« (Heinz Gollwitzer). Es sind bezeichnenderweise Romanciers, die nicht müde werden, eine Geschichte um »die Mätresse des Königs« zu erdichten.[2] Nur in einem sind sich alle einig, Zeitgenossen, Historiker, Schriftsteller: Lola Montez hat bayerische und Münchner Geschichte gemacht. Alles andere ist strittig, und ein Zeitgenosse, der fränkische Demokrat Gustav Diezel, hat ihr sogar noch das abgesprochen, von dem so viele schwärmten, und andere nicht immer wohlwollend meinten, es sei ihr »hauptsächlichstes Kapital«[3] gewesen: die Schönheit.[4]

Als Eliza Gilbert alias Lola Montez am 5. Oktober 1846 in München eintraf, hatte die 25jährige bereits eine »Vergangenheit« und durfte sich eines Namens in ganz Europa rühmen. Aufgewachsen auf den Britischen Inseln und in Indien, begann sie 1843, nach einer gescheiterten Ehe und einem Londoner Engagement als Tänzerin, den Kontinent zu durchstreifen. Sie hatte sich eine spanische Identität zurechtgebastelt, die sich nicht allein auf ihren Namen beschränkte, sondern auch eine erfundene Biografie und die Bevorzugung spanischer Kleidung und Haartracht umfaßte. Ihre Aufenthaltsorte erwählte sie aus den zahlreichen Haupt- und Residenzstädten, in deren höfischem Strahlkreis sich jene extensiv geförderten Kulturbezirke fanden, die »Talenten« aller Art rasche Aufstiegschancen boten. Auch in den Badeorten ließen sich Anknüpfungspunkte an dieses Mäzenatenmilieu aufspüren. Lola setzte also ganz auf Protektion, und da sie halbe Sachen nicht besonders mochte, suchte sie den Kontakt wo immer möglich gleich zum Monarchen. Ebersdorf, Berlin, Warschau, Dresden, Paris, Bonn, Baden-Baden sind die halbwegs sicher bezeugten Stationen ihrer *chronique scandaleuse*. An jedem Ort hatte sie Aufruhr verursacht, der, bei aller Variation im Detail, eines gewissen fast schon einförmigen Musters nicht entbehrte: Auftritt, Sensation, Skandal, Ausweisung.

Nun also München, die »Königliche Haupt- und Residenzstadt«, nicht eigentlich eine Stadt, sondern viele Städte. Was sie zusammenhielt, war ein großstädtisch abgemilderter, aber noch sehr virulenter Katholizismus, ein durch König Ludwig wiederbelebter monarchischer Gedanke autokratischen Zuschnitts und die sich allmählich verbreitende Idee, Angehörige aus allen Ständen sollten sich unter dem Signum bürgerlicher Gleichheit, etwa in den Vereinen, begegnen. Was sie trennte, waren die Überbleibsel ebenjener ständischen Vorstellungen, die teils durch Tradition, teils durch Funktion generiert, die Einwohnerschaft gleichsam in Parzellen aufsplittete. Neben die Welten des Hofes und des Adels trat eine Stadt der Staatsbeamten, eine Künstlerstadt, eine Stadt des Militärs, eine Stadt des Klerus, eine der Universität, eine Stadt der wirtschaftenden Bürger.

So sehr der Katholizismus noch integrierende Wirkung entfaltete – Mitte der 1840er Jahre rechnete nur etwa ein Zehntel der Einwohner zur protestantischen oder jüdischen Minderheit –, kultivierte doch jede Gruppe darüber hinaus eine Art eigene Religion. Der Adel glaubte an das Geburtsprivileg. Der Geistlichkeit kann man Anhänglichkeit an die katholische Lehrmeinung nicht abstreiten; das Bayern der Biedermeier-Ära war nicht das Frankreich Stendhals. Die staatliche Beamtenschaft zeigte sich noch tief erfüllt vom Dogma einer rationalen Verwaltungseffizienz; ein Erbe Montgelas', der wie vielleicht nirgends in Deutschland der Staatsdienerschaft diesen Geist eingepflanzt hat. Die Münchner Bürger, denen der Revolutionshistoriker Veit Valentin das Überwiegen eines »Messer- und Gabelinteresses« bescheinigt hat, sahen im wirtschaftlichen Erfolg zunehmend eine Basis ihrer politischen und kulturellen Vorstellungen.

Diese Einwohnerschaft, gespalten und separiert, wurde von Lola Montez mit frischem Kitt versorgt. Es »gelang« ihr binnen weniger Monate, die verschiedenen Gruppen durch das zu einen, was Historiker in anderem Zusammenhang als »negative Integration« bezeichnet haben: die Einheit in der Gegnerschaft. Lola Montez wurde gehaßt von fast allen Münchnern, und fast alle Münchner auch gingen auf Distanz zum König. Ihre Beziehung zu Ludwig entwickelte sich wieder einmal zum Skandal, wie nahezu alles, was sie zuvor in Szene gesetzt hatte. Warum dies so war, ließe sich leicht erklären: das Verhältnis zwischen dem König und der Tänzerin widersprach den religiösen Grundüberzeugungen der Bevölkerung und es widersprach bürgerlichen Sittlichkeitsvorstellungen. Was im 18. Jahrhundert einem Fürsten noch nachgesehen werden konnte, so ließe sich argumentieren, mutierte im Zuge einer in den vierziger Jahren wiedererweckten katholischen Frömmigkeit und einer sich ausbildenden ständeübergreifenden Moralnorm bürgerlicher Provenienz zum Skandalon. Tatsächlich mußte sich der König von Bayern peinlichste Nachfragen hoher Kirchenautoritäten gefallen lassen, und in einem unerquicklichen Briefwechsel mit dem Fürstbischof von Breslau, dem Sailer-Schüler Melchior von Diepenbrock, sah er sich zu Auskünften über sein Intimleben genötigt.[5]

Die Vermutung, die Münchner Bevölkerung sei von denselben Gewissensnöten geplagt worden wie der Breslauer Bischof, führt gleichwohl in die Irre. Der König war längst als großer Frauenfreund bekannt, und in der Regel konnte er sich auf die Toleranz seiner Untertanen verlassen. Im verratschten München dürfte es sich bald herumgesprochen haben, daß Ludwig den Sohn der Helene Sedelmayer, die sich verdächtig rasch mit einem Hofbeamten verheiratete, mit Geschenken überhäufte oder daß er die Patenschaft für den kleinen Ludovico übernahm, den die Marchesa Florenzi ein knappes Jahr nach einer Karnevalsbegegnung mit dem damaligen Kronprinzen zur Welt brachte. Das alles konnte das Ansehen des Königs nicht ernstlich beschädigen. Die jungen Münchnerinnen nahmen die königliche Liebhaberei locker-spielerisch und positionierten sich in der Oper in Sichtweite des augenhungrigen Monarchen.

Was die Münchner gegen Lola und mehr und mehr auch gegen Ludwig aufbrachte, lag in zwei anderen Dingen begründet. Zum einen verstanden sich die beiden darauf, die genannten Sonderreligionen zu verletzen. Es mußte den Adel verbittern, wenn der König Lola Montez den Titel einer »Gräfin Landsfeld« verlieh. Minister und Beamtenschaft witterten überall den politischen Einfluß der Geliebten, was sich ihnen als krasser Gegensatz zum Ideal einer rationalen Verwaltung offenbaren mußte. Der Klerus sah

1 Die besten Biographien sind gegenwärtig: Reinhold Rauh, Lola Montez. Die königliche Mätresse, München ²1996; Bruce Seymour, Lola Montez. A Life, New Haven/London 1996

2 Einige Beispiele: Conte Costello, Lola Montez und Ludwig von Bayern, Wiesbaden o.J.; Oskar Gluth, Der Löwe und die Tänzerin, München 1950; Friedrich Wencker-Wildberg, Skandal um Lolita, Bad Pyrmont 1954; Norman Holland, Lola Montez. Der König und die Tänzerin, München 1988; Marianne Wintersteiner, Lola Montez, Frankfurt/Berlin 1993; Catherine Hermary-Vieille, Der König und die Tänzerin, Bergisch Gladbach 1996

3 KRISTL 1979, S.11

4 Gustav Diezel, Baiern und die Revolution, Zürich 1849, S.55

5 S.: GOLLWITZER ²1987, S.674f.

seine Funktion als Hüter von Moral und Sitte gefährdet. Das bürgerliche »Messer und Gabel-Interesse« erfuhr empfindliche Einbußen, als der König die Universität wegen lolafeindlicher Unruhen schließen ließ und die zugereisten Studenten als Wirtschaftsfaktor zu verschwinden drohten. In Militär und Gendarmerie, die immer öfter zum Schutz Lolas aktiviert werden mußten, steigerte sich der Unmut über die »Hurenwache«.[6] Auf gleichsam dialektische Weise erwuchs aus der Verletzung ständischen Sondergeistes ein bürgerlicher Gemeingeist.

Ein zweites kam hinzu: Lolas Lust am Anstößigen. Sie besaß eine unerschöpfliche Phantasie im Kreieren aufsehenerregender Aktionen im öffentlichen Raum. Lola provozierte. Sie provozierte bewußt, sie genoß den *choc* ihrer Opfer und versuchte wieder und wieder noch eins draufzusetzen. Als am 1. März 1847 etwa zweitausend wütende Menschen vor ihrem Hotel eine gefährliche Situation heraufbeschworen, betrat sie den Balkon und prostetete der Menge mit Champagner zu.[7] Manche ihrer Einfälle erinnern an Aktionskunst. Im Januar 1848 war Joseph von Görres verstorben, der große alte Mann des intellektuellen Katholizismus. Lola hatte zu diesem Anlaß ein möglichst auffälliges Kleid angelegt und durchquerte geradewegs den Trauerzug.[8]

Sie beschränkte sich nicht auf die Aggressivität ihrer Symbol- und Zeichensprache. Immer wieder schockierte sie ihre Umwelt mit verbalen Ausfällen. Und sie wurde handgreiflich. In den fürstlichen Gartenanlagen von Ebersdorf hatte sie die Blumen mit ihrer Reitpeitsche geköpft. Berühmt wurden ihre Ohrfeigen, mit denen sie Männer bevorzugt in der Öffentlichkeit bedachte. Häufig war sie bewaffnet: mit einem Hund, mit einer Peitsche oder mit Pistolen.

Lola Montez lehrte die Münchner Bürger, daß sie sich, bei allen Verwerfungen, bei allen ihnen eigenen Sonderreligionen, als Gleiche fühlen konnten. Und indem die Einwohner nicht allein gegen Lola standen, sondern auch gegen den König, verlagerte sich die ganze Affäre von der anekdotischen in die politische Sphäre. Ein gemeinsames Bürgerbewußtsein der Einwohner gegen monarchische Autokratie begann sich zu formieren. Aber auch der König besaß eine Art Religion. Begierig hat er zahlreiche geistige Strömungen seiner Zeit in sich aufgesogen: Liberalismus, Nationalpatriotismus und Erwekkungs-Katholizismus, klassizistische Altertums- und romantische Mittelalterverehrung, Spanienmode, Italiensehnsucht, Griechenbegeisterung, er verteidigte die bayerische Souveränität mit Zähnen und Klauen und schwelgte zugleich in Teutschpatriotismus. Ludwig hat sich ein umfangreiches Bildungsprogramm geschmiedet.[9] Doch letztlich glaubte er nur an eines – an sich selbst. Er glaubte es sich als König, vielleicht noch mehr als Person, schuldig zu sein, jeglichen Widerstand, so er sich zeigte, zu ignorieren oder zu brechen. »Nachgeben kann ich nicht, vermöchte mich nicht mehr zu achten« – aus dieser psychologischen Selbsterkenntnis erwuchs sein politisches Credo. Ob der heimliche Herrscher im Deutschen Bund, Fürst Metternich, oder der Bürgermeister Münchens, Jakob Bauer: Sie konnten ein Lied vom königlichen Starrsinn singen. Hierin verbirgt sich vielleicht ein Grund für die mentale Attraktion zwischen Ludwig und Lola. Beide waren radikale Egomanen. Was die Zeitgenossen als »öffentliche Meinung« bezeichneten und feierten (und auch schon kritisierten), schienen sie zu ignorieren.

»Die öffentliche Meinung steht da als eine Gewalt, als ein Richterstuhl für die Regierungen, die Völker und die Einzelnen, dessen Aussprüche nicht unbeachtet mehr gelassen werden dürfen.«[10] Mit dieser 1831 publizierten Ansicht stand der herzoglich-braunschweigische Staatsrat von Amsberg nicht allein. Endlich, so schien es vielen Liberalen, gab es eine Macht, gegen die kein noch so bornierter Autokrat auf Dauer ankäme. Den Konservativen war das alles unheimlich und flatterhaft, aber auch sie rechneten mit der neuen Gewalt. Selbst Metternich, von dem der britische Politiker Palmerston einmal sagte, er tauge als Minister allenfalls für den Kaiser von China, nicht aber für Europa[11], sah die öffentliche Meinung, sofern gewonnen, als »mächtigen Alliierten«[12]. Und in einer unbeachtet gebliebenen Satire beschrieb Joseph von Eichendorff 1834 die »öffentliche Meinung« als eine leichtbekleidete Dame auf einem Altar im Gasthaus »Zum Goldenen Zeitgeist«, um die sich in einer Walpurgisfeier Redakteure, Professoren, Studenten, Doktoren und »liberale weißgekleidete Mädchen« unablässig drängen und versuchen, den Saum ihres Gewandes zu küssen. Schließlich entscheidet sie scheinbar willkürlich und verschwindet mit einem Studenten.[13] Gleichzeitig mit ihrer Anerkennung als Machtfaktor etablierte sich die Verachtung der öffentlichen Meinung.

Was ehedem Stadtgespräch war oder Volkstratsch, »Geschwätze der Menge« und fama popularis mutierte durch die mediale Verdichtung und Konzentration zu »der« machtgebietenden öffentlichen Meinung: Von Beginn wurde von ihr, auch wenn sie als Pluralitätsgarant gedacht war, im Singular gesprochen. Wieso kooperierten Ludwig und Lola nicht mit dieser neuen Macht? Wollten sie nicht oder gelang es ihnen nicht? War es ihnen gleichgültig, wenn das Volk sich in Tratsch erging? Oder war es sogar eine Art Lebenselixier, gegen die Massen zu stehen, ein Macht-Aphrodisiakum, das Auskosten des Gefühls, nur sich selbst Rechenschaft ablegen zu müssen? Oder vielleicht doch die biedere Variante, dem alten Sinnspruch geschuldet »Geh deinen Weg und laß die andern reden«?

Die Fakten liefern keine eindeutige Antwort. Der beste Ludwig-Kenner, Heinz Gollwitzer, steuert in seinem »Versuch eines Psychogramms« die Beobachtung bei, Ludwig sei sehnsüchtig nach Anerkennung und Beliebtheit gewesen.[14] Andererseits war ihm Massenbegeisterung nicht besonders sympathisch, und als ihn die Menge nach der Märzproklamation vor der Residenz feierte, soll er das lediglich mit: »Erniedrigt!« kommentiert haben. Auch Lola verhielt sich widersprüchlich: Sie beschwerte sich darüber, daß das »Ministerium der Morgenröte« unter Wallerstein im Dezember 1847 die Pressezensur zurückschraubte. Denn diese Politik, an sich eine Folge des neuen antijesuitischen und damit Lola-freundlichen Kurses, hatte natürlich lediglich eine neue Schwemme höhnischer Artikel und Flugschriften provoziert.[15] Dann wieder schien es die irische Spanierin zu genießen, wenn sie mit heroischem Gestus allein gegen die wütenden Massen stand, und sie spielte diese Rolle mit großem persönlichem Mut. – Was eigentlich war *ihr* Glaube, *ihre* Religion?

In ihren Memoiren entwickelte sie ein starkes Bedürfnis, normative Bekenntnisse abzulegen: Gleich zu Beginn wettert sie gegen »stumpfen, ideenlosen, ohnmächtigen und gottlosen Materialismus«[16]. Das klingt leidenschaftlich und war doch eher floskelhaft und einem allgemeinen Zeitbedürfnis geschuldet. Gönnerhafte Urteile nach dem Muster, sie sei eine »hochintelligente Frau« gewesen, sind wenig hilfreich. Es fällt schwer, sie den großen Frauengestalten ihrer Zeit an die Seite zu stellen. Sie besaß nicht den revolutionären Horizont einer – wenn auch seelenverwandten – George Sand, nicht das politische Feuer einer Louise Otto, nicht die Integrität einer Mathilda Franziska Anneke[17], nicht die

6 RAUH ^{2}1996, S.112
7 RAUH ^{2}1996, S.109
8 RAUH ^{2}1996, S.129
9 S.: GOLLWITZER ^{2}1987, S.103ff.
10 A. von Amsberg, Ueber die Einigung der Handels-Interessen Deutschlands. Braunschweig 1831, S.23
11 Bericht Omptedas an Alten, London, 29. 6. 1832; Hannover, Hauptstaatsarchiv, Hannover Des. 91 von Ompteda I Nr. 2
12 Fürst Metternich, Über die Frage der Publizität der Bundestagsverhandlungen. Denkschrift Wien, 31.12.1831; Wien, Haus-, Hof- und Staatsarchiv, Staatskanzlei, Deutsche Akten Kart. 139, Fasz. 60 (alt)
13 Eichendorffs Phantasie »Auch ich war in Arkadien!« wurde erst 1866 veröffentlicht.
14 GOLLWITZER ^{2}1987, S.252
15 S.: RAUH ^{2}1996, S. 125
16 MONTEZ 1986, Bd.1, S.7. Nach Angaben Bruce Seymours stammen lediglich die ersten 51 der insgesamt 177 Kapitel von der Feder Lola Montez'.

Bildung einer Marchesa Florenzi, Ludwigs Geliebter vor Lola, die Schelling ins Italienische übertrug und deren Liaison mit dem Münchner Autokraten ihre anarchistischen Grundüberzeugungen mitnichten tangiert hatte. Lolas Stärke verbarg sich nicht im Intellekt, sondern im Kult der Unabhängigkeit. Ihr – freilich durchaus reflektiertes und nicht einfach »spontanes«[18] – Lebensideal gipfelte in einer radikalen Individualfreiheit, in der Verklärung der natürlichen Bedürfnisse, der »natürlichen Moral«[19], in der Verurteilung aller beengenden und die persönliche Freiheit beschränkenden Mechanismen. Mit der Praktizierung eines »freien Lebens« und des »Abenteuers« berührte sie Motive, die von der Romantik als vielrezipierte Fluchtwelten inszeniert, kaum aber von den Zeitgenossen gelebt wurden. Ihr Glaube war die Ausweitung des Lebenshorizontes. Sie beschränkte sich nicht darauf, sogenannte weibliche Macht auszuspielen, den eigenen Körper zu instrumentalisieren. Sie beschränkte sich aber auch nicht darauf, die männlichen Freiheiten ihrer Epoche zu leben, seien es Tabakkonsum oder Promiskuität. Sie verband beides und sie übersteigerte beides: sie sprengte den zeitgenössischen weiblichen *und* männlichen Horizont des Legitimen und Legalen, zumal in ihrer permanenten Gewaltbereitschaft.

Aus dieser Lebenshaltung ergaben sich zuweilen Berührungspunkte zu politischen und gesellschaftlichen Vorstellungen. Als erste Konstante in dieser Hinsicht fungierte ihre ausgeprägte Jesuitenfeindschaft und im Gefolge die Ablehnung des Katholizismus überhaupt. Sie, die Anglikanerin, hatte während ihres Paris-Aufenthalts 1844 Kontakt mit Félicité de Lamennais aufgenommen, dem leidenschaftlichen Gegner der offiziellen Kirchenpolitik. Bald darauf wollten jesuitische Kreise einen ihrer Liebhaber, den russischen Grafen Medern, zum Katholizismus bekehren; den angeblichen Versuch, sich dabei ihrer Dienste zu versichern, soll sie mit Empörung zurückgewiesen haben.[20] Eine mehrfach aufflackernde Affinität zum politischen Liberalismus ist unverkennbar, aber letztlich konnten politische Strömungen nicht den Kern dessen tangieren, was ihrer Lebensauffassung entsprach. Es waren die ungebundenen Künstlerkreise und nicht die politischen Ideologien, von denen sie sich bannen ließ, es waren die Welten Balzacs, Dumas', Gautiers, eines Franz Liszt, dessen Geliebte sie war, einer George Sand, mit der sie Freundschaft hielt.

Ob sich Lola Montez in erster Linie von den spezifischen Zwängen der Frau oder den allgemeinen Zwängen des Individuums lösen wollte, ist eine akademische Frage. Aber in ihren Memoiren bezieht sie eindeutig Position: Sie sieht sich selbst im Kampf der Geschlechter. Sie habe »dem starken Geschlechte überall den Fehdehandschuh hingeworfen«, sie rät den Frauen, »die Schwäche der Männer zu nützen« und konsequenterweise verfaßte sie einen Schönheitsratgeber[21]. Mit großem Pathos kündigt sie an, gegen »euch«, die Männer, zu kämpfen, »so lange ich lebe«, zu kämpfen »gegen eure Anmaßung, gegen eure Uebertreibung, gegen eure Unverschämtheit [...] bis zu meinem letzten Athemzuge«.[22] Am Ende ihrer Memoiren huldigt sie den Werten »Wahrheit und Liebe«. Das ist recht zynisch angesichts der über weite Strekken erdichteten Biografie und im Hinblick auf die haßerfüllten Tiraden gegen die Männerwelt. Möglicherweise aber hat sie diesen Zynismus in ebendieser Männerwelt erst kennengelernt, einer Welt, die ihr geläufig war wie kaum einer Frau ihrer Epoche.

Vier Monate nach Lolas Ankunft in München stürzte das Ministerium Abel. Nach weiteren sie-

17 S.: Susanne Kill, Mathilda Franziska Anneke: Die Vernunft gebietet uns frei zu sein, in: Sabine Freitag (Hrsg.), Die Achtundvierziger. Lebensbilder aus der deutschen Revolution, München 1998, S.214-224
18 So jedenfalls in ihren Memoiren
19 MONTEZ 1986, Bd. 2, S.1318
20 RAUH ^{2}1996, S.67
21 Lola Montez, Countess of Landsfeld, The Arts of Beauty; or, Secrets of a Lady's Toilet. With Hints to Gentlemen on the Art of Fascinating. New York 1858
22 MONTEZ 1986, Bd. 2, S.1798f.

Vaterunser der Lola Montez selber.

Vater unser, an den ich mein Leben lang nicht geglaubt habe, der du bist in einem gewissen Himmel oder wie er heißt, der Ort, mir ist Alles recht. Meinetwegen werde sogar geheiligt dein Name, mir ist ja Jeder gut und recht, wenn er nur zu mir hält! Zukomme mir dein Reich, wenn darunter verstanden sind meine geschliffenen Diamanten, meine Geldsäcke und meine ungeschliffenen Alemannen. Gern laß ich all das Geld und Gut, was ich noch nicht hab', ich werd schon schauen, wie ich die Andern draußen aussäckle, denn an List, Betrug und Unverschämtheit fehlt's mir nicht und ich will gern Alles anwenden, mich darin noch zu vervollkommnen! Dein Wille geschehe, wenn du meine Feinde vernichten willst, wenn du ihnen statt der Freiheit den blauen Teufel hinaufsetzest, wenn du sie gütigst durcheinander zwiebeln willst, da ich's nicht mehr thun kann, ich thu aber gewiß mein Möglichstes, sei versichert, glaub mir's, an mir solls nicht fehlen. Und todtschießen können sie mich vorläufig nicht, weil ich, wie du weißt, verdammt kugelfest bin und eine kuriose Ladung ertragen kann, denn ich bin mit dem Teufel im Bund, das kann dir nicht unbekannt sein! Wenn du Halbpart machen willst, ein besseres Geschäft giebts nicht! Gieb mir heute einen braunen und morgen einen blonden, übermorgen einen schwarzen Alemanen oder meinetwegen einen Haiducken, mir ist jeder recht, heißt er wie er will, wenn er nur ein Mann ist! Gieb mir Champagner und Trüffelpasteten, Fasan und was es Guts und Theures giebt, ich hab einen verflucht guten Magen und kann viel Speis und Trank vertragen, Weihrauch will ich dir dafür streuen, so viel du magst, ich blas dir den ganzen Himmel voll spanischer Cigarren! Gieb aber meinen Feinden Hunger und Noth oder hartes Brod, was brauchen sie mehr, schlag drein mit Donner und Blitz, wenn ich jetzt nimmer selber drein hauen kann mit Fäusten, denn umsonst laß ich mich nicht hetzen, wie ein wildes Thier! Vergieb mir alle meine Schulden, in dem Maaß, wie ich nicht vergieb meinen Schuldnern, wer meine andern Schulden bezahlt, das geht mich nicht an, ich wollt' ich wär noch zweimal so viel schuldig! Weh thuts mir, daß ichs noch nicht dahin gebracht habe, dieß Volk zu verdummen, indem ich dergleichen that, als wollt ich Licht und Freiheit bringen! Vergieb mir, daß ich nicht die Treue des bayerischen Volkes in den Grundvesten erschüttert habe, für mein Leben gern hätt' ichs gethan, denn nichts ist mir zuwiderer, als daß ich etwa in der Ferne sehen muß, daß sie ihren König wieder aus vollem Herzen lieben, wie vorher! Verzeih mir sag' ich, hätt' ichs können, hätt' ichs früher gethan! Führe mich nicht in Versuchung, wieder in das Land herein zu kommen, denn wenn ich auch kugelfest bin, sie könnten mich packen, in einen Käfig setzen und für 6 kr. Entré sehen lassen! Ich hab mich stets gern gezeigt, aber auf diese Manier mag ich nicht! Also mach nun, daß ich jetzt gut davon fahr, denn mir fangt an, verteufelt zu schwindeln, ich bin im Grund meiner Seele unverschämt; aber jetzt fällt mir die Courage doch in die Hose. — Also thu, was du kannst, erlöse die Bayern nur von keinem einzigen Uebel, ich kümmere mich jetzt nur um meine noch nicht genug gegerbte Haut. Amen!

8 »Vaterunser der Lola Montez selber«; 1848; Typendruck; 26,5 x 21,5; MStM, Graphiksammlung; KAT.NR.1.16 ben Monaten war auch das »Ministerium der Morgenröte« verschlissen. Wiederum vier Monate später war Ludwig nicht mehr König. Die rasende Beschleunigung der Ereignisse stand unbestritten in direktem Zusammenhang mit dem Strudel der Lola-Affäre. Wie groß war Lolas Einfluß auf die politischen Geschäfte? War sie die wichtigste Ratgeberin des Königs? Oder war sie gar zur Herrscherin Bayerns geworden? Wollte sie nur »gegen Männer kämpfen« oder selbst die Macht ausüben?

Alle Verwicklungen in die politischen Geschäfte, in die sich Lola Montez in München oder andernorts begeben hat, zeigen dasselbe Muster: sie erzielte große Wirkung bei geringer Steuerung. So unberechenbar sie für ihre Umgebung war, so wenig konnte (oder wollte) sie selbst die Folgen ihres eigenen Handelns berechnen; ihre echte oder auch inszenierte Spontanität ließ hierfür wenig Raum. Gleichwohl errang Lola beachtliche Erfolge, sofern es um überschaubare, rasch erreichbare Ziele ging. Sie setzte ihr Indigenat gegen den Widerstand des bayerischen Staatsrats durch, und es gelang ihr, Ludwig die Erhebung zur Gräfin Landsfeld abzuringen. Die Ernennung ihres Günstlings Franz von Berks zunächst zum Staatsrat, dann zum »Ministerverweser« war eine ganz persönlich von ihr gewünschte Personalie. Andererseits stieß sie doch auch überall an Grenzen. Ludwig selbst hat bei weitem nicht allen ihren Vorstellungen entsprochen; etwa ihrem Wunsch, mit Ministern selbst Beratungen durchzuführen oder komplette Ministerlisten in Vorschlag zu bringen. Wenn der Übergang von Abel zu Maurer auch einem vielbeachteten politisch-ideologischen Regimewechsel gleichkam, von einem konservativ-katholischen zu einem liberalen Ministerium, war damit noch nicht ein gesteigerter direkter Einfluß Lolas garantiert. Im übrigen war ihr Interesse nicht genuin politischer Art; vielmehr war sie zu sehr der Lust am »Leben« zugetan, dem immer wieder von neuem auftauchenden Begehren, etwas anderes zu machen. Sie war bereit, die Münchner Stellung zu verlassen und bat einmal Ludwig darum, er möge abdanken und mit ihr durch Spanien ziehen. Das wichtigste Hindernis aber für eine Lola-Herrschaft war das, was man die Dialektik ihres Erfolges nennen könnte: je mehr sie gegenüber Ludwig durchsetzte, desto größer wurden die Widerstände. Immer kleiner wurde der Kreis der Ludwig Ergebenen, und seine Versuche, Lola in die gesellschaftlichen Kreise einzuführen, schlugen regelmäßig fehl. Zugleich kursierten mit jeder neuen, Lolas Einfluß geschuldeten Entscheidung immer abstrusere Gerüchte über ihre Macht und ihren Hintergrund. Das Volk sah sie als Agentin Lord Palmerstons, der mit ihrer Hilfe Bayern in liberales Fahrwasser steuern wolle.[23]

Wie die ganze Affäre vereinte auch ihr Ende das Banale mit dem Bedeutungsschweren. Die Beerdigung Görres' wurde zu einer Kundgebung der katholischen Bewegung gegen die politische Tendenz der bayerischen Regierung genutzt. Im Februar 1848 stabilisierte sich jene bizarre Verdrehung der Fronten, die im unmittelbaren Vorfeld der Märzrevolution die Münchner politische Szenerie charakterisierte: die Gegnerschaft breiter Kreise gegen den mit einem Lola-Regiment identifizierten politischen Liberalismus des Königs und der Regierung. Ein tieferes Interesse der wirtschaftenden Bürgerschaft wurde erst im Gefolge der universitären Konflikte geweckt. Damit aber wandelte sich das Kräftegleichgewicht schlagartig. Denn hinter der Autorität des Monarchen flimmerte diaphan eine zweite lokalpolitische Autorität: die Bürgerschaft. Ihre Macht gründete auf zwei Faktoren: Autonomie und Moderation. Die wirtschaften-

23 SEYMOUR 1996, S.107
24 In Wahrheit unterstützte der preußische König seinen bayerischen Standesgenossen in der Affäre; s.: RAUH ²1996, S.120.
25 Heinrich Heine, Sämtliche Schriften, 2. Aufl. München/Wien 1975-1995, Bd. 6/2, S.714

den Bürger handelten autonomer als die von der Gunst des Königs abhängige Beamtenschaft, in gewisser Hinsicht auch autonomer als der Adel, dessen Position auf Gedeih und Verderb mit den Interessen der Dynastie verknüpft blieb. Die unterbürgerlichen Schichten wie Taglöhner oder Gesellen, aber auch etwa die Studentenschaft konnten nicht auf jenen Status wirtschaftlicher Selbständigkeit bauen, der das Selbstbild der Stadtbürger bestimmte. Zum zweiten wuchs einem Protest der »biederen« Bürger wegen ihrer prinzipiell moderat-revolutionsfernen Haltung besonderes Gewicht zu.
Wenn sich am 10. Februar 1848 über tausend protestierende Bürger im Rathaussaal versammelten, nahmen sie damit das althergebrachte Recht wahr, als Herrschaftsträger der Gemeinde nicht nur in Wahlen, sondern auch in spontan anberaumten Zusammenkünften Position zu beziehen. An diese Erfahrung konnte in der Münchner Märzrevolution angeknüpft werden, obwohl sie kein genuin stadtbürgerliches Ereignis mehr war. Denn in der traditionellen Idee der politischen Versammlung verbarg sich zugleich eine moderne Vorstellung von Bürgerpartizipation, die auch jenseits des stadtbürgerlichen Horizonts Attraktion entfaltete.
Die Aktionsgemeinschaft von Studenten und Bürgern erzielte rasche Erfolge. Lola Montez wurde ausgewiesen, kehrte als Mann verkleidet zurück, wurde erneut ausgewiesen. Wenn sie binnen kurzer Frist von einer Anekdote zum Politikum geworden war, mutierte sie nunmehr im Bewußtsein der Münchner zu einem flirrenden, realitätsfernen Mythos. Denn die entscheidende Folge der Februarproteste war die Neudefinition des Verhältnisses von Königtum und Bürgerschaft: der König gab nach und agierte fortan in einem Herrschaftsvakuum, eine Erfahrung, die seinem monarchischem Selbstbild diametral entgegengesetzt war. Die ihm in der Märzrevolution aufgezwungene Rolle als populärer Volkskönig war eine eklatante Fehlbesetzung, die, fürderhin gespielt, nur in Selbsthaß hätte enden müssen. Der Rücktritt war unvermeidlich, so unvermeidlich wie die sukzessive Machtreduktion des Königtums der folgenden Jahrzehnte. Ludwig war nicht der letzte bayerische König, aber er war der letzte bayerische Herrscher, und Lola Montez hatte unfreiwillig jene katalytische Kraft entfaltet, die das Münchner Machtgefüge lange vor dem nominellen Untergang der Monarchie umgebildet hat.
Ein klassisches Drama könnte es nicht besser schildern: die beiden Hauptdarsteller bestrikken einander und verstricken sich zugleich mit jeder kleinen Bewegung immer tiefer in die Ausweglosigkeit. Das Publikum staunte über das scheinbar eselhafte Anrennen seines Königs gegen eine Mauer von Widerständen: so wurde er von einem zeitgenössischen Karikaturisten gezeichnet. Mit Faszination und Fassungslosigkeit wurde die allmähliche Preisgabe des Thrones verfolgt. Aber auch die immer beliebter werdende Romantisierung der Affäre war nicht erst ein Werk der Nachwelt. Als Heinrich Heine sich bereits 1846 Gedanken darüber machte, wie wohl ein Brief Ludwigs I. an den preußischen König und vermeintlichen Moralisierer[24] Friedrich Wilhelm IV. zu formulieren wäre, da fand sich der begnadete Spötter, romantisch affiziert, ganz auf der Seite des Bayern, dem er sonst zeit seines Lebens nur in lyrisch veredeltem Haß verbunden war:
Du tadelst Lola Montez / Du, der du nie gekonnt es! / Und du willst die Dolores / und Ludwig lehren Mores? / Nie Aehnliches Erlebter, / Nie Liebedurchgebebter, / Dich hasz ich gleich der Spinne, / Fest stehts in Ludwigs Sinne: / Die Wittelsbacher Minne / Hört nur im Tode auf.[25]

Ludwig I. zwischen Hispanismus und Spanienmode

Karin Hellwig

Deutscher Hispanismus nach 1800

Im Verlauf des 19. Jahrhunderts kann man in ganz Europa ein wachsendes Interesse an Spanien feststellen, was sich in einer vermehrten literarischen und gelehrten Beschäftigung mit dem Land wie auch in einer weit verbreiteten Spanienmode äußerte.[1] Die geringe ökonomische und politische Bedeutung Spaniens im 18. Jahrhundert hatte dazu geführt, daß das Land mehr und mehr aus dem Bewußtsein der europäischen Öffentlichkeit verschwand. Die wenigen Kenntnisse, die man von dem Land hatte, waren vom negativen Spanienbild der französischen Aufklärer geprägt. Dieses hatte zweifellos seine Wurzeln in der *leyenda negra* – der Schwarzen Legende des 16. und 17. Jahrhunderts –, war aber noch in düstereren Farben gezeichnet. Man kritisierte die pervertierte Religiosität, die klerikale Hörigkeit eines unerschütterlich katholischen und autoritätsgläubigen Volkes sowie die damit zusammenhängende Rückständigkeit in Philosophie und Wissenschaft. Spanien galt als ein von der Inquisition beherrschtes und jedwelchem Fortschritt unzugängliches Land, an dem die Aufklärung spurlos vorübergegangen war. Jene Gebiete, die die Iberia auszeichneten, wie die Literatur oder Malerei des *Siglo de Oro*, übersah man geflissentlich. Voltaire setzte Spanien mit Inquisition, Ausbeutung Amerikas und dem despotischen Regime unter Philipp II. gleich. Demonstrativ fand Masson de Morvilliers in dem Artikel »Espagne« der »Encyclopédie méthodique« (1782) keine Antwort auf die Frage: »Was verdankt man Spanien? Was hat Spanien seit zwei, seit vier, seit zehn Jahrhunderten für Europa geleistet?«[2] Tatsächlich hatte sich die Aufklärung mit ihrer Forderung nach größerer Freiheit des Individuums und ihrer Hinwendung zu den modernen Naturwissenschaften in Spanien nicht durchsetzen können, denn ihrer Förderung durch die Reformpolitik der seit 1700 an der Macht befindlichen Bourbonen stand der übermächtige Einfluß eines konservativen Klerus entgegen.[3]

Als erste haben die Engländer am Ende des 18. Jahrhunderts einen Wandel in der Bewertung der spanischen Kultur bewirkt.[4] Die romantische Suche nach fremden Kulturen und der eigenen mittelalterlichen Geschichte brachte ein großes Interesse an der arabischen Kultur mit sich. Zahlreiche englische Reisende besuchten vor allem die Kunstdenkmäler Andalusiens in Córdoba, Granada und Sevilla. Besondere Beachtung brachten die Engländer den arabischen Elementen in der Kultur Spaniens auch deshalb entgegen, weil man annahm, die Gotik sei durch die Araber in Europa eingeführt worden. Zu dieser These hatten das Nebeneinander von maurischer und gotischer Architektur in Spanien sowie das Fortleben arabischer Formvorstellungen unter christlicher Herrschaft im Mudéjar-Stil geführt.

Zusammen mit den Engländern haben zunächst deutsche Literaten an der Aufwertung Spaniens gearbeitet. Nachdem im Deutschland der Aufklärung die *leyenda negra* in Schillers »Don Carlos« (1787) und Goethes »Egmont« (1788) ihren deutlichsten Niederschlag gefunden hatte, setzte während der Romantik geradezu eine Spanienverklärung ein. Anders als das Italienbild der deutschen Romantiker, das primär von der Kunsterfahrung beeinflußt war, wurde das Spanienbild hauptsächlich von der spanischen Literatur, insbesondere von Cervantes und Calderón, bestimmt. Johann Gottfried Herder (1744–1803), der sich mit Studien zur Romanzendichtung und deren Darstellung der ritterlichen Mauren beschäftigte, hat wesentlich zum

Für Anregungen und Kritik möchte ich Dr. Anne-S. Domm-Mauer und Dr. Angelika Schaser danken.

1 Zum Spanienbild s.: die folgende Literatur: BRÜGGEMANN 1956; Hans Hinterhäuser, Einleitung, in: HINTERHÄUSER 1979, S.9-28; Carmen Bravo Villasante, La imagen romántica de España en Alemania, in: Ausst.Kat. »Imagen romántica de España«, Madrid 1981, S.39-44; SCHOLZ-HÄNSEL 1989; María de los Santos García Felguera, Viajeros, eruditos y artistas. Los europeos ante la pintura española del Siglo de Oro, Madrid 1991; WEICH 1991; Friedrich Wolfzettel, Einleitung, in: WOLFZETTEL 1991, S.9-22; die Aufsätze in: TIETZ 1989; Andreas Ruppert, Historische und Reiseliteratur zur Iberia in der fürstlichen Bibliothek zu Corvey, in: Corvey Journal 4/1992, S.35-43; die Beiträge in: NOEHLES-DOERK 1996; BRIESEMEISTER 1996

2 Zit.n.: SCHOLZ-HÄNSEL 1989, S.368.

3 S.: Hartmut Heine, Geschichte Spaniens in der frühen Neuzeit 1400–1800, München 1984

4 S.: BRIESEMEISTER 1996, S.22f. und Ute Engel, »A Magic Ground« – Engländer entdecken die maurische Architektur im 18. und 19. Jahrhundert, in: NOEHLES–DOERK 1996, S.131-152

9 *Wilhelm Gail: Die Puerta de Justicia in der Alhambra in Granada; um 1840/1850; Aquarell; 45,2 x 36,5; Potsdam, Stiftung Schlösser und Gärten Potsdam-Sanssouci, Inv.Nr.: Aqu.Slg. 783 (Photo: Handrick)*

Wandel des deutschen Spanienverständnisses beigetragen[5] und bereits den romantischen Begriff des »Zauberlandes« Spanien verwendet. Herder schätzte die spanische Kultur vor allem wegen ihrer Vermittlerrolle zwischen der arabischen und der transpyrenäischen Kultur. Er war Anhänger der »Arabertheorie«, derzufolge die Araber die »Lehrer Europas« in allen Wissenschaften sowie in der Dichtung gewesen sind. Spanien wurde für den Aufklärer durch die Berührung mit dem Orient zur »Wiege einer aus anderen Voraussetzungen als die antike Kunst sich bildenden Kultur«.

Herders Einfluß wirkte auf die Dichter der Romantik, die sich für die spanische Kultur begeisterten.[6] Am Eigenen leidend, suchten diese das Andere in der Ferne, und zwar in historischer, sozialer wie geographischer Hinsicht, im wiederentdeckten Mittelalter, im »Volk« und dessen Kultur wie auch im Orient.[7] In der frühen spanischen Poesie fanden die Romantiker das Mittelalter, das für sie gerade dort am längsten fortdauerte, dem Orient begegneten sie im Erbe der maurischen Kultur. Zudem waren sie von dem Nationalgefühl beeindruckt, das nach ihrer Auffassung die spanische Literatur durchdrang. Insbesondere die Originalität des spanischen Theaters reizte die Romantiker. In Spanien sahen sie alles ohne Nachahmung eines fremden Vorbilds, ganz ursprünglich, ohne äußere Einflüsse entstanden. Die Spanier hätten weder die italienischen noch die französischen Autoren gekannt, es bestünde auch kein Zusammenhang mit den englischen Dichtern. Zudem hätten sie sich nicht um die Nachahmung der antiken Klassiker bemüht. Die Romantiker nahmen Spanien auch gegen die verschiedenen Varianten der *leyenda negra* in Schutz.[8]

Die Begeisterung der Romantiker äußerte sich in Übersetzungen und vielerlei Publikationen.[9] Ludwig Tieck übersetzte Cervantes' »Don Quijote« (1799–1801), August Wilhelm Schlegel übertrug fünf Stücke von Calderón (1803 bis 1809), wobei er im Werk dieses für ihn katholischsten aller Dichter einen Gipfel poetischer Schöpfungskraft erblickte. Von den über Spanien erschienenen Abhandlungen sind Schlegels »Über das Spanische Theater« (1803) zu erwähnen, ferner Friedrich Bouterweks »Geschichte der spanischen Poesie und Beredsamkeit« (1804); A.W. Schlegel hielt in Berlin (1801–1804) und Wien (1808) Vorlesungen über die spanische Kultur, Friedrich Schlegel trug – ebenfalls in Wien (1812) – zum gleichen Thema vor.

Spanien gehörte nicht zur Grand Tour, welche die Bildungsreisenden vor allem nach Frankreich und Italien führte, so daß die Iberia um 1800 nahezu *terra incognita* war.[10] Die Neuentdeckung der reizvollen Landschaft wird den englischen Reisenden zugeschrieben. Dem Beispiel der Engländer und Franzosen folgten die Deutschen. Spanienreisen kamen in Mode. Das Interesse galt der pittoresken Landschaft, der Kultur, dem Volksleben und der Kunst. Anstelle des von den dunklen Machenschaften der Inquisition und der Grausamkeit der Conquistadores beherrschten Spanienbildes trat allmählich eine aktuellere Beurteilung des Landes. Auch die Gerüchte um die Wildheit der spanischen Räuberhorden, die ungastlichen Wirtshäuser und das schlechte Essen, wie wir sie beispielsweise noch bei Bourgoing (1788) finden, schreckten die Reisenden nicht mehr ab.[11] Spanien wurde für die nach Exotik Suchenden als Brücke zum Orient, als Morgenland im Abendland jenseits der Pyrenäen attraktiv. Dies hatte seinen Grund auch darin, daß der Orient im 19. Jahrhundert seine einstige machtpolitische Stellung verlor und somit unvoreingenommen

5 S.: HINTERHÄUSER 1979, S.103f., S.16
6 Zu den Dichtern und ihrem Interesse für die spanische Literatur s.: HOFFMEISTER 1976
7 S.: WEICH 1991, S.132
8 S.: HINTERHÄUSER 1979, S.9-28
9 S.: HOFFMEISTER 1976, S.53ff.
10 Zu deutschen Reisenden und Militärs in Spanien s.: BRÜGGEMANN 1956 und die Beiträge in: NOEHLES-DOERK 1976
11 S.: Jean François de Bourgoing, Nouveau voyage en Espagne. Tableau de l'etat actuel de cette Monarchie, 3 Bde., Paris 1788
12 S.: WOLFZETTEL 1991, S.12
13 Siehe dazu ausführlich BRÜGGEMANN 1956, S.47ff.
14 S.: Christian August Fischer, Reise von Amsterdam über Madrid und Cádiz nach Genua in den Jahren 1797 und 1798, Berlin 1799, S.332
15 Erschienen in Frankfurt a.M.
16 S.: BRÜGGEMANN 1956, S.85ff.
17 Zu Huber s.: BRÜGGEMANN 1956, S.94ff. und Christoph Rodiek, Die hispanistischen Forschungsschwerpunkte Victor Aimé Hubers, in: TIETZ 1989, S.79-92

10 »Corrida de Toros en la plaza de Sevilla«; aus: »Erinnerungen aus Spanien von Wilhelm Gail«, München [1837]; MStM, Graphiksammlung

betrachtet werden konnte, wobei er zum Gegenstand eines vorwiegend ethnologischen und ästhetischen Interesses wurde.[12]

Bereits im letzten Jahrzehnt des 18. Jahrhunderts waren deutsche Reisende wie Leopold Anton Kaufhold (1790–1792), der Dresdner Privatgelehrte Christian August Fischer, der Mineraloge und Botaniker Heinrich Friedrich Link (1798) sowie Wilhelm und Karoline von Humboldt (1799–1800) in Spanien unterwegs. Manche hielten ihre Erlebnisse in Reisebeschreibungen fest.[13] Die ersten deutschen Reisenden waren zwar noch weitgehend von den Vorurteilen der *leyenda negra* geleitet, zeigten sich aber doch in Ansätzen offener. So stellte Fischer wohl einen »Mangel an Cultur« fest, konstatierte aber auch sichtbare »Fortschritte des Geschmacks« und forderte auf: »Reiset ruhig nach Spanien, die Zeiten der Finsterniß sind vorüber«.[14] In der ersten Hälfte des 19. Jahrhunderts nahm die Zahl der Deutschen, die Spanien bereisten, merklich zu, wovon indes nur wenige Reisebeschreibungen zeugen. Philipp Joseph Rehfues' Werk »Spanien nach eigener Ansicht im Jahre 1808« (1813) blieb für lange Zeit die einzige umfassende Landesbeschreibung eines Deutschen.[15] Rehfues beschäftigte sich auch mit der Kunst und versuchte aus ihr eine Deutung des spanischen Wesens abzuleiten.[16] Zu erwähnen sind noch die dreibändigen »Skizzen aus Spanien« des Historikers Viktor Aimé Huber (1800–1869), die dieser 1828–1833 als Ergebnis eines längeren Aufenthaltes auf der Halbinsel publizierte.[17] In Hubers Bericht spielen politische Aspekte eine wesentliche Rolle, wobei er das Bild einer tragischen Geschichte Spaniens ver-

18 Zu Quandt s.: BRÜGGEMANN 1956, S.111ff.
19 Zu Schmeller s.: Allgemeine Deutsche Biographie Bd. 31, Leipzig 1890, S.786-792 und die Einleitung von Reinhard Bauer und Ursula Münchhoff, in: dies. (Hrsg.), »Lauter gemähte Wiesen für die Reaktion«. Die erste Hälfte des 19. Jahrhunderts in den Tagebüchern Johann Andreas Schmellers, München/Zürich 1990, S.7-14
20 Zu Heideck s.: Neue Deutsche Biographie Bd. 8, Berlin 1969, S.243 und KRISTL 1979
21 Zu Gail s.: GEBAUER 1996, S.189-196
22 Zu Bamberger s.: GEBAUER 1996, S.196-200
23 Ludwig I. traf nach der Reise auf Gärtner und unterhielt sich mit ihm auf Spanisch. S.: Ludwig I. an Lola Montez, 28. 12. 1848; BW 1995, S.275.
24 S.: SCHOLZ-HÄNSEL 1989, S.378f.
25 Zu Schack s.: Christoph Rodiek, Die hispanistischen Arbeiten des Grafen von Schack, in: AUSST.KAT. MÜNCHEN 1994, S.85-93
26 Seit 1845 erschien die dreibändige »Geschichte der dramatischen Literatur und Kunst in Spanien« (Frankfurt a.M.), die Schacks Ruf als Hispanist begründete.

11 »Corrida de Toros en la plaza de Sevilla«; aus: »Erinnerungen aus Spanien von Wilhelm Gail«, München [1837]; MStM, Graphiksammlung

mittelt. Er versuchte die Darstellung von Landschaft, Geschichte und Sage mit den Geschehnissen und Gestalten der Gegenwart zu verbinden und als Fazit eine Art Physiognomie des spanischen Wesens zu geben. Nach einer Spanienreise 1846 bis 1847 erschienen die »Beobachtungen und Phantasien über Menschen, Natur und Kunst auf einer Reise durch Spanien« (1850), in denen der Kunstsammler Johann Gottlob von Quandt (1787–1859) den Schwerpunkt auf die Untersuchung von Volksbräuchen und Sitten der Spanier legt.[18] Nicht nur die reizvolle Landschaft und die Kultur Spaniens beeindruckten die Reisenden, auch politisch wuchs das Ansehen des Landes, denn sein Kampf gegen die bonapartistische Besatzungsarmee erregte die Bewunderung ganz Europas. So wurden der Freiheitswille der Spanier und der erbitterte Widerstand, den sie Napoleon und den französischen Invasoren entgegensetzten, auch zum Vorbild für die deutsche nationale Bewegung. Mehrere Deutsche kämpften auf Seiten der Spanier gegen die napoleonischen Eroberer. Aus Bayern ließ sich der spätere Münchner Philologe und Universitätsprofessor, Kustos der Handschriftenabteilung der Hof- und Staatsbibliothek Johann Andreas Schmeller (1785–1852)[19] im Jahre 1804 als Soldat für das spanische Heer anwerben und verbrachte vier Jahre in Spanien. Karl Wilhelm Freiherr von Heideck (1788 bis 1861), der sowohl die Militärakademie in München besucht als auch Malerei studiert hatte, stieß zunächst 1810–1813 als Freiwilliger zum französischen Heer nach Spanien, um dann 1813–1815 auf spanischer Seite im Befreiungskrieg zu kämpfen.[20] Heideck schlug anschließend in Bayern mit Erfolg die militärische Laufbahn ein, machte sich aber auch als Maler mit seinen in Spanien entstandenen Landschaftsbildern einen Namen [KAT.NR. 3.32 und 3.33].
Gleichzeitig entdeckten auch andere deutsche Maler Spanien, wobei exemplarisch Gail, Bam-

12 »Corrida de Toros en la plaza de Sevilla«; aus: »Erinnerungen aus Spanien von Wilhelm Gail«, München [1837]; MStM, Graphiksammlung

berger, Gärtner und Gerhardt genannt seien. Das Augenmerk dieser Künstler galt besonders Andalusien, wo sie sowohl Veduten der maurischen Kunstdenkmäler als auch pittoreske Landschaftsdarstellungen schufen. Der Münchner Wilhelm Gail (1804–1890) brach im Herbst 1832 nach Spanien auf und bereiste das Land bis September 1833.[21] Seine Reise wurde in den »Bayerischen Annalen« (1833) bewundernd kommentiert. Die Reiseskizzen waren in seinem Atelier zu besichtigen und erregten ebenfalls große Begeisterung. Der Kommentator von Gails Reise schlug vor, die Skizzen als prachtvolles Sammelwerk, ähnlich wie das des Franzosen Alexandre de Laborde, herauszugeben. Dazu kam es zwar nicht, aber 1837 publizierte Gail die graphische Mappe »Erinnerungen aus Spanien«, die 30 Lithographien nach den Reiseskizzen mit Genreszenen, Architekturansichten und Stierkampfszenen in der Arena von Sevilla enthält [KAT.NR. 3.5; ABB. 10 bis 13]. Die Darstellungen werden in einem beigefügten Text erläutert. Gails Erfolg zeugt von dem Interesse, das man in den dreißiger Jahren in München für Spanien, und zwar vor allem für Andalusien, aufbrachte. Ein Jahrzehnt später sollte der aus Würzburg stammende Maler Fritz Bamberger (1814 bis 1873), der sich in den 1840er Jahren endgültig in München niederließ, mehrere Reisen nach Spanien unternehmen (1846, 1849–1850, 1857, 1868) und dort eine Reihe von Landschaftsbildern schaffen [KAT.NR. 3.6 bis 3.10; ABB. 14 bis 16].[22] Auch der Münchner Architektur- und Landschaftsmaler Friedrich Gärtner (1824 bis 1905), Sohn des Hofarchitekten Ludwigs I., hielt seine während eines neunmonatigen Spanienaufenthaltes gewonnenen Eindrücke in zahlreichen Veduten fest.[23] Ein weiterer Münchner Maler, Eduard Gerhardt (1813–1888), schuf auf Reisen in Spanien und Portugal Aquarelle und Ölbilder mit Darstellungen der maurischen Bauten in Córdoba und Granada [KAT.NR. 3.12].[24]

Auch seine reichen Kunstsammlungen machten Spanien allmählich attraktiv. Zu erwähnen ist der Literat und Sammler Adolf Friedrich Graf von Schack (1815–1894), der sich ebenso wie die Dichter der Romantik zunächst mit der Literatur Spaniens beschäftigte [KAT.NR. 3.11].[25] Schack ist Verfasser mehrerer Werke über das spanische Theater.[26] Die erste seiner vielen Reisen nach Spanien fällt in die Jahre 1839–1840. Seit seiner Berufung nach München durch Maximilian II. 1856 betätigte er sich verstärkt als Kunstsammler. Schacks Sammlung umfaßt neben Werken zeitgenössischer deutscher Künstler wie Schwind, Böcklin und Feuerbach auch 85 Kopien nach Tizian, Tintoretto, Veronese, Bellini, Giorgione, Michelangelo, Raffael, Palma Vecchio, Velázquez, Murillo und anderen Künstlern des 16. und 17. Jahrhunderts. Eine besondere Vorliebe zeigte Schack für die spanischen Maler des *Siglo de Oro*. Zwischen 1864 und 1881 beauftragte er mehrere Maler, darunter Franz von Lenbach und Ernst von Liphardt, im Madrider Prado für ihn Kopien nicht nur nach Tizian, Tintoretto und Raffael, sondern auch nach Velázquez und Murillo anzufertigen.[27] Lenbach und Liphart bereisten zusammen mit Schack mehrere Wochen Andalusien (1867) und schufen dort Ansichten von Granada und stimmungsvolle Landschaftsbilder. Schack erwarb für seine Sammlung auch sieben Gemälde mit spanischen Motiven von Fritz Bamberger.

Die spanische Kunst wurde von der deutschen Kunstwissenschaft erst spät entdeckt, noch lange galt die negative Bewertung der französischen Aufklärer, es gebe in Spanien keine oder zumindest keine gute Kunst.[28] Ein frühes Zeugnis einer Begegnung mit der spanischen Malerei lieferte Karoline von Humboldt mit circa 250 – großenteils verlorenen – Gemäldebeschreibungen, die sie auf ihrer Spanienreise von Oktober 1799 bis April 1800, einer brieflichen Anregung Goethes folgend, verfaßte.[29] Zunächst wurde die spanische Kunst in den zu dieser Zeit erstmals entstehenden Gesamtdarstellungen der Geschichte der Kunst berücksichtigt. Johann Dominicus Fiorillo (1748–1821) widmete zu Beginn des Jahrhunderts den vierten Band der »Geschichte der zeichnenden Künste« (1806) der spanischen Malerei.[30] Desgleichen behandelte Franz Kugler (1800–1858) in seinem »Handbuch für Kunstgeschichte« (1842) die spanische Kunst in all ihren Epochen, wenn die Beiträge teilweise auch recht kurz ausfielen. Nach der Eröffnung des Prado in Madrid (1819) und des Musée Espagnol in Paris (1838) galt das Interesse vorwiegend diesen Sammlungen spanischer Kunst. Der Historiker Victor Aimé Huber berichtete 1822 im »Schornschen Kunstblatt« über den Prado. Eduard Koloff, der in Paris im Cabinet des dessins des Louvre tätig war, ist Autor mehrerer Beiträge über diese beiden damals größten Sammlungen spanischer Gemälde (1836, 1839). Wie die romantischen Dichter haben sich auch die Kunsthistoriker für das arabische Kunsterbe in Andalusien begeistert. Ludwig Schorn, der Herausgeber des »Kunstblattes«, verfaßte eine Reihe von Beiträgen »Über einige Bauwerke der Araber und Mauren in Spanien« (1831). Der Blick fiel schließlich auch auf einzelne herausragende Malerpersönlichkeiten, so daß einigen im »Kunstblatt« gesonderte Artikel gewidmet wurden, nämlich Velázquez (1830) und Goya (1842). Erste Ansätze, die Geschichte der Kunst mit der Landesgeschichte in Verbindung zu bringen, zeigen Andreas D. Schepelers »Beyträge zu der Geschichte Spaniens, enthaltend Ideen und Notizen über Künste und spanische Maler«.[31]

Diese frühen Autoren, die sich zur spanischen Kunst äußerten, waren – abgesehen von Huber

27 Zur Kopiensammlung Schacks, s.: Andrea Pophanken, Die Kopiensammlung des Grafen von Schack, in: AUSST.KAT. MÜNCHEN 1994, S.27-44

28 Zu den Anfängen der Forschung zur spanischen Kunst in Deutschland s.: Karin Hellwig, Carl Justi y los comienzos de la investigación sobre el arte español en Alemania, in: Historiografía del arte español en los siglos XIX y XX, Madrid 1995, S.309-321

29 S.: Gisela Noehles-Doerk, Spanien und Weimar – Caroline und Wilhelm von Humboldt 1799/1800 in Spanien, in: NOEHLES-DOERK 1996, S.153-170

30 S.: Johann Dominicus Fiorillo, Geschichte der Mahlerey in Spanien, Göttingen 1806

31 Schepeler, königlich-preußischer Oberst und Diplomat, der mit einer Spanierin verheiratet war und zwischen 1810 und 1823 in Spanien lebte, erwarb dort zahlreiche Kunstwerke. Er verfaßte auch eine »Geschichte der Revolution Spaniens und Portugals und besonders des daraus entstandenen Krieges« (Berlin, Posen, Bromberg 1826-1827). Die »Beiträge« erschienen in Aachen und Leipzig 1828. Zu Schepeler s.: Andreas Ruprecht, Zum Spanienbild in der deutschen Unterhaltungsliteratur 1800–1850, in: Corvey Journal 4/1992, S.5-15, hier S.14, Anm.14

13 »Corrida de Toros en la plaza de Sevilla«; aus: »Erinnerungen aus Spanien von Wilhelm Gail«, München [1837]; MStM, Graphiksammlung

und Schepeler – nicht in Spanien gewesen und hatten deshalb die Kunstwerke nicht vor Ort kennengelernt. Lediglich die Sammlung in Paris war ihnen vertraut, zudem rezipierten sie die Schriften der Spanier Antonio Palomino, Antonio Ponz und Juan Agustín Ceán Bermúdez. Johann David Passavant und Gustav Friedrich Waagen sind die ersten deutschen Kunsthistoriker, die aufgrund eigener Beobachtung über die Kunst Spaniens schrieben. Passavant (1787 bis 1861) publizierte nach einer Spanienreise im Jahre 1852 »Die christliche Kunst in Spanien« (1853), die er für stark von ausländischen Einflüssen geprägt hielt: im 14. Jahrhundert von deutscher und italienischer Kunst, im 15. Jahrhundert von der niederländischen und im 16. Jahrhundert von der italienischen Kunst. Allein im 17. Jahrhundert entdeckte Passavant Ansätze einer autonomen spanischen Kunst. Waagen (1794–1868) begab sich 1866 für zwei Monate nach Spanien und besuchte dort die großen Sammlungen, die ihn insbesondere wegen der vielen Werke der italienischen und niederländischen Schulen begeisterten. Waagen verfaßte anschließend eine Serie von Aufsätzen mit dem Titel »Über in Spanien vorhandene Gemälde und Zeichnungen« für die »Jahrbücher für Kunstgeschichte« (1868–1869).

Wesentlich intensiver als Passavant und Waagen widmete sich schließlich Carl Justi (1832 bis 1912) der Erforschung der Kunst Spaniens.[32] Zwischen 1872 und 1892 unternahm Justi zehn Reisen in das Land. Seine Beschäftigung mit der spanischen Kunst beschränkte sich nicht – wie jene seiner Vorläufer – auf die reine Anschauung, denn darüber hinaus betrieb er in Archiven und Bibliotheken ein intensives Quellenstudium. Während seiner ersten Reisen sammelte der

Gelehrte Material für eine allgemeine Geschichte der spanischen Kunst, änderte jedoch allmählich seine Pläne. So veröffentlichte Justi zunächst mehrere kleinere Beiträge zur spanischen Kunst in Fachzeitschriften, bis 1888 schließlich die monumentale Monographie »Diego Velázquez und sein Jahrhundert« erschien.[33] Justi, dessen Forschungen sich auf die spanische Malerei des Siglo de Oro konzentrierten, traf auf seinen Reisen mehrfach mit Wilhelm von Bode zusammen, der als Leiter der Berliner Museen unterwegs war, um spanische Kunstwerke für die von ihm betreuten Sammlungen zu erwerben.[34]

Lola Montez und die Spanienmode

Die Rolle der spanischen Tänzerin, in die Lola Montez (1821–1861) im Jahre 1842 schlüpfte, stand in Zusammenhang mit der Spanienmode, die sich – als populäres Begleitphänomen des Hispanismus der Dichter, Literaten und Kunsthistoriker – zunächst in Frankreich verbreitet hatte. Ein bestimmtes Spanienbild wurde sowohl durch fiktionale Literatur, als auch durch Reiseberichte und Feuilletonbeiträge in illustrierten Zeitungen vermittelt.[35] Das Etikett »lo espagnol« garantierte im Frankreich der dreißiger Jahre des 19. Jahrhunderts große Aufmerksamkeit. Man bediente sich vieler spanischer Wörter, trank spanischen Wein, rauchte *papelitos*, begeisterte sich für spanische Tänze und kühlte sich mit spanischen Fächern (*abanicos*). Tänzerinnen führten vor einem begeisterten Publikum Cachuchas, Boleros und Fandangos auf. Es waren vor allem die romantischen Schriftsteller Victor Hugo, Prosper Mérimée, Honoré de Balzac, Théophile Gautier und Alexandre Dumas der Ältere, die nach dem Unabhängigkeitskrieg immer wieder Spanien bereisten und sich von dessen pittoresk-exotischer Atmosphäre faszinieren ließen.[36] Ihr Enthusiasmus schlug sich in einer Anzahl von Reisebeschreibungen und Erzählungen mit Spanien als Schauplatz nieder, die die Spanienmode nicht unwesentlich beeinflußten. Das Bild der »Spanierin« wurde durch Prosper Mérimées Erzählung »Carmen« mitgeprägt, die erstmals 1845 in Paris in der »Revue des Deux Mondes« erschien. Carmen ist eine rätselhafte Schönheit, eine wollüstige, grausame, andalusische Zigeunerin, die sich als gute Tänzerin und zugleich erfahren im Gebrauch des Dolches zeigt.[37] An der »spanischen Zigeunerin« waren vor allem die von Carmen verkörperte Wildheit, die Exotik und die Erotik reizvoll, die man in der eigenen Zivilisation nicht zu finden vermochte und vermißte.[38]

Die Vorstellung von der »Spanierin« war in Frankreich zumeist wenig schmeichelhaft.[39] Die »Spanierin« verkörperte das Stereotyp der sinnlich-verführerischen, sexuell freizügigen, aktiven, zuweilen mit maskulinen Zügen versehenen Frau.[40] Ein Grund für die Entstehung dieses Stereotyps lag in den Ereignissen der neuesten Geschichte. Denn die Partisanenkämpferinnen im Unabhängigkeitskrieg gegen die Franzosen hatten sich als tatkräftige, aggressive Frauen gezeigt. Desgleichen gab es von 1840 an in Paris immer häufiger gastierende spanische Tänzerinnen wie Petra Camora, Adela Guerrero und Lola Valencia, die in Gegensatz zu dem literarischen Topos von der untätigen, sich allein der Liebe widmenden Spanierin standen. Die Erfolgreicheren unter ihnen bewegten sich mit einem Selbstbewußtsein in der französischen Öffentlichkeit, die diese ansonsten nur von den Kurtisanen kannte, weshalb »Spanierin« zum Synonym für Kurtisane wurde.[41]

Lola Montez sollte durch ihre Doppelrolle als

32 Zu Justis Spanienreisen und seinen Projekten s.: Karin Hellwig, Neu und unerforscht: Carl Justi entdeckt Spanien für die deutsche Kunstgeschichte 1872–1892, in: NOEHLES-DOERK 1996, S.201-219
33 S.: Carl Justi, Diego Velázquez und sein Jahrhundert, 2 Bde., Bonn 1888
34 S.: Carl Justi, Spanische Reisebriefe, Bonn 1923, S.151
35 S.: WEICH 1991, S.129ff.
36 S.: WEICH 1991, S.129ff.; GARCÍA FELGUERA 1991, S.35ff.
37 S.: WOLFZETTEL 1991, S.9ff.; WEICH 1991, S.129ff.
38 S.: WEICH 1991, S.138
39 S.: WILKENS 1994; Birgit Thiemann, Carmen in der Malerei von Sargent und Zuloaga. Funktionalisierte Weiblichkeits-Imaginationen und Spanien-Mythos, in: kritische berichte 24/1996, S.37-48
40 S.: WILKENS 1994, S.9ff.
41 S.: Birgit Thiemann, »Die Spanierin, die Fremde«, Rezension von WILKENS 1994, in: Tranvía. Revue der Iberischen Halbinsel 37/1995, S.49f.
42 Zu Lola Montez s.: PULZ 1982; WILHELMS 1986; BW 1995; RAUH ^{2}1996; SEYMOUR 1996
43 S.: BW 1995, S.13

14 Fritz Bamberger: Die Felsenküste von Gibraltar; 1850; Aquarell; 17,6 x 26,1; MStM, Graphiksammlung

Tänzerin und Mätresse Ludwig I. dieses Klischee bestätigen.[42] Als Elisabeth Rosanna Gilbert, Kind einer Gutbesitzerstochter und eines Offiziers in englischem Dienst, 1821 in Irland geboren, begab sie sich nach ihrer Scheidung von Captain James im Jahre 1842 zunächst nach Spanien, wo sie die damals modischen Tänze erlernte. Gleich zu Beginn ihrer Karriere deklarierte sie sich als Spanierin und behauptete, ihr Name sei Maria de los Dolores Porris y Montez, sie entstamme dem spanischen Adelsgeschlecht der »Porris y Montez«. Im Jahre 1843 trat sie im Royal Theatre in London erstmals als spanische Tänzerin »Donna Lola Montez vom Teatro Real, Sevilla« auf.[43] Danach gab sie Vorstellungen in vielen anderen europäischen Großstädten wie Dresden, Berlin, Warschau, Sankt Petersburg und Paris. Im Oktober 1846 kam sie nach München, erlangte die Gunst des Königs nach einer Audienz und hatte dort nur wenige Auftritte im Hoftheater. Bis zu ihrer Ausweisung am 11. Februar 1848 führte sie ein gesellschaftliches Leben als Mätresse Ludwigs I.

Inwiefern gelang es nun Lola Montez, in München als Spanierin zu gelten? Zunächst behauptete sie von sich, gebürtige Spanierin zu sein und führte spanische Tänze auf. Sie sprach die Sprache und schrieb sie auch, letzteres allerdings

44 S.: BW 1995, S.373
45 S.: BW 1995, S.304
46 S.: KRISTL 1979, S.48.
47 S.: KRISTL 1979, S.47.
48 S.: KRISTL 1979, S.56.
49 S.: RAUH ²1996, S.216, KRISTL 1979, S.63
50 Siehe die zahlreichen Schmähschriften und Darstellungen im AUSST.KAT. MÜNCHEN 1986, S.718-725
51 S.: SCHMELLER 1990, S.254
52 S.: GOLLWITZER ²1987, S.127-133
53 S.: GOLLWITZER ²1987, S.132
54 S.: GOLLWITZER ²1987, S.133
55 Zur Sammeltätigkeit Ludwigs s.: die Beiträge in »Ihm, welcher der Andacht Tempel baut ...«. Ludwig I. und die Alte Pinakothek. Festschrift zum Jubiläumsjahr 1986, München 1986 und Ausst.Kat. »Ludwig I. Eine Darstellung seiner Sammeltätigkeit«, München 1986
56 S.: NOEHLES-DOERK 1996, S.156
57 S.: SOEHNER 1963, Bd.1, S.15, 34, 51
58 S.: Dillis an Ludwig I., 15. 8. 1850, in: Messerer, 1966, S.437. Dillis bezieht sich dabei auf das Werk in einem Brief an den Kronprinzen, der sich damals in Paris aufhielt, in dem er diesem für das zugesandte Verzeichnis der erworbenen Gemälde dankt.
59 Dillis traf Anfang September in Paris ein. S.: Ludwig I. an Dillis, 29. 8. 1815 (MESSERER 1966, S.441, Anm.b); s.a.: SOEHNER 1963, Bd.1, S.133

fehlerhaft, denn ihr Spanisch war stark vom Englischen und Französischen geprägt und sogar schlechter als das Ludwigs I. [44] Zudem richtete sie sich in ihrem Haus in der Barer Straße ein Zimmer im »spanischen Stil« ein, gewissermaßen als Zeugnis ihrer Herkunft.[45] Spanische Gesellschaft war im damaligen München allerdings nicht leicht zu finden. Der König bemühte sich, Gesellschafter für die Tänzerin aufzutreiben und arrangierte Treffen mit seinem langjährigen Vertrauten Karl Wilhelm Freiherr von Heideck, der sich über fünf Jahre in Spanien aufgehalten hatte.[46] Dieser war zunächst von der »Spanierin« ganz angetan und fand sie »hübsch, geistreich, gutmütig«,[47] mit der Zeit jedoch stieß ihn ihre »Heftigkeit, leidenschaftliche[n] Ausbrüche, wilde Art«[48] ab, schließlich war Heideck so verstimmt, daß er ihr seine Dienste als Finanzverwalter verweigerte, weshalb es zum Bruch zwischen ihm und Ludwig I. kam.
Lola Montez war Tänzerin und Kurtisane in einer Person. Durch die Annahme einer falschen Identität hatte sie zudem den Ruf einer Kriminellen. Zigarillos rauchend, den Dolch im Strumpfband, die Pistole immer dabei, wies sie die »typischen« Attribute einer Spanierin auf. Auch ihre Charaktereigenschaften – Heftigkeit, Hemmungslosigkeit und Jähzorn – entsprachen dem zeitgenössischen Klischee der »Spanierin«. Ständig war Lola Montez in Streitigkeiten, ja sogar in Duelle verwickelt, auch mit der Polizei stand sie mehrfach in Konflikt. Ihr Lebenswandel war somit vielen Angriffen ausgesetzt. Aufgrund ihrer falschen Identität als »Spanierin« wurde sie in mehreren Zeitungsartikeln in London, Paris und auch in München als Verbrecherin und Hochstaplerin beschimpft. Als »Hexe«, »Hure« und als »raffinierte Lustdirne« betitelten sie die Münchner Bürger, die als Zeitgenossen des Biedermeier wenig Verständis für ihre Extravaganzen hatten.[49] Lola Montez erschien ihren Kritikern als teuflische Femme fatale, in der sich Wonne und Verderben, Reiz und Bedrohung, höchste Liebesfreuden und Tod vereinen. In zahllosen Spottgedichten und Karikaturen wurde sie aufs derbste verhöhnt. Aus einer Frau wird ein Unglück bringender, diabolischer Vamp, der sogar ein ganzes Volk ins Elend stürzen kann.[50] Der Altphilologe Johann Andreas Schmeller, der als Jugendlicher von 1804 an vier Jahre in Spanien als Soldat verbrachte hatte, kommentierte in seinen Tagebüchern die politische Krise, in der sich Bayern in den Jahren 1847/48 befand, mit den Worten »Lola Montez finis Bavariae« und wünschte, der König möge von dieser »hispanischen Monomanie« genesen.[51]

Das Interesse Ludwigs I. an Spanien

Die Begeisterung Ludwigs I. für Spanien bewegte sich zwischen Hispanismus und Spanienmode. Die Tatsache, daß die Tänzerin sich als Spanierin präsentierte, bleibt ein nicht zu unterschätzendes Motiv, das zur Hinwendung des Königs zu Lola Montez beigetragen haben dürfte. Ludwig interessierte sich zwar bereits als Kronprinz für Spanien, worauf aber sein lebenslanger Enthusiasmus für ein Land, das er nie betreten sollte, zurückzuführen ist, läßt sich bislang nicht befriedigend klären. Schon an der Göttinger Universität, wo er im Wintersemester 1803/04 das in Landshut begonnene Studium generale fortsetzte, könnte die Neugierde des Kronprinzen für Spanien geweckt worden sein, denn dort hatte Johann Andreas Dieze, einer der Begründer der deutschen Hispanistik, eine Bibliothek spanischer Autoren angesammelt.
Ähnlich wie die »Hispanomanie« der Engländer

15 Fritz Bamberger: Der Puente de Alcantara in Toledo; 1850; Graphit; 17,8 x 26,4; MStM, Graphiksammlung

heute als Konsequenz der politischen Rivalität mit Frankreich gesehen wird, dürfte auch Ludwigs schwärmerisches Verhältnis zu Spanien ein Stück weit mit seiner antifranzösischen Gesinnung zusammenhängen. Er mußte sich als Kronprinz der frankreichfreundlichen Politik seines Hauses fügen, doch auch ein halbjähriger Parisaufenthalt am Hof Napoleons zwischen Februar und September 1806 sollte seine feindliche Haltung nicht ändern.[52] Nach seinem Aufenthalt in Paris brach Ludwig zu einer Reise nach Spanien auf.[53] Zunächst besuchte er seine Schwester Charlotte in Mailand, anschließend führte der Weg nach Südfrankreich, von wo man nur noch die Pyrenäen zu überqueren hatte, um nach Spanien zu gelangen. Dazu sollte es jedoch nicht kommen, denn inzwischen war zwischen Frankreich, Rußland und Preußen Krieg ausgebrochen. Nachdem Napoleon das Fernbleiben Bayerns vom Kriegsschauplatz monierte, berief Maximilian I. Joseph seinen Sohn schleunigst zurück und wies ihn an, sich in Berlin Napoleon zur Verfügung zu stellen.[54] Nach dem Abbruch dieser Reise sollte es Ludwig Zeit seines Lebens nicht mehr schaffen, nach Spanien zu kommen. Was Ludwig in Spanien besonders interessiert hätte, das können wir heute nur vermuten. Ein Blick auf seine Sammeltätigkeit zeigt jedoch, daß es mit Sicherheit nicht die Kunst war. Der König war als Kunstsammler anerkannt.[55] Sein

60 S.: SOEHNER 1963, Bd.1, S.90
61 »Jeden Tag bin ich mit der schönen spanischen Sprache beschäftigt, aber ich kann sie nur mit meinem Sohn Adalbert sprechen.« Ludwig I. an Lola Montez, 23. 12. 1849; zit.n.: BW 1995, S.350
62 S.: GOLLWITZER ²1987, S.107
63 S.: BW 1995, S.373. In einem Brief an Lola Montez erwähnt Ludwig 1848, daß er ihr ein Gedicht zuschicke, das Adalbert in Spanisch geschrieben habe. S.: BW 1995, S.201 (16. 6. 1848)
64 S.: GOLLWITZER ²1987, S.671
65 KRISTL 1979, S.46
66 S.: BW 1995, S.52 (5. 8. 1847), S.68 (28. 8. 1847), S.275 (18. 10. 1848)
67 »Mein Sohn Adalbert schreibt mir Spanisch, und ich antworte ihm in dieser Sprache. Ich lerne immer noch spanische Worte auf meinen einsamen Spaziergängen und sage sie laut auf«; Ludwig I. an Lola Montez, 15. 7. 1849; zit.n.: BW 1995, S.330; s.a. Anm. 59.
68 S.: Ludwig an Lola Montez, 29. 4. 1849; zit. n.: BW 1995, S.317
69 S.: BW 1995, S.373-376
70 Lola Montez an Ludwig, 8. 6. 1848; zit.n.: BW 1995, S.200
71 Ludwig I. an Lola Montez, 16. 6. 1848; zit.n.: BW 1995, S.201
72 CORTI 1979, S.302
73 S.: GOLLWITZER ²1987, S.108. In einem Brief an Lola Montez erwähnt Ludwig, daß ihn die Geschichte mit der Geisel, die aus Algerien zurückgekehrt sei, interessiere; s.: BW 1995, S.257 (17. 10. 1848). Auch in einem anderen Brief erwähnt er, daß er jeden Tag »Don Quichotte, dieses unvergleichliche Buch« lese; zit.n.: BW 1995, S.327 (4. 7. 1849).

16 Fritz Bamberger: Figurenstudien aus Madrid; 1849; Graphit; 14 x 19; MStM, Graphiksammlung

Ziel war es, nach dem Vorbild des Pariser Louvre München mit einer vorbildlichen Gemäldesammlung auszustatten. Die bedeutendsten Objekte erwarb Ludwig bereits während seiner Kronprinzenzeit, allerdings sind kaum Werke spanischer Meister darunter. Daß er keine besondere Vorliebe für die spanische Kunst zeigte, darf allerdings nicht erstaunen, denn um 1800 schätzte man nicht einmal die großen Meister des *Siglo de Oro*, die damals außerhalb der iberischen Halbinsel kaum bekannt waren, gebührend. Erst mit der Eröffnung des Musée Espagnol in Paris 1838 – mit 460 Exponaten die größte Sammlung spanischer Kunst außerhalb Spaniens –, das allerdings nach nur zehnjährigem Bestehen schon wieder geschlossen wurde, begegneten viele Europäer, darunter auch Deutsche, erstmals der Malerei Spaniens. Der Schwerpunkt der Sammlung Ludwigs I. lag auf Antiken und Werken italienischer Meister vom Trecento bis Raffael, mit dem Erwerb der Sammlung Boisserée waren auch niederrheinische Meister und frühe Niederländer gut vertreten. Generell galt das Interesse der Deutschen in dieser Zeit vor allem der italienischen Kunst der Renaissance, die den Normen und Idealen der Weimarer Klassik entsprach, weil man in ihr die griechische Kunst der Antike wieder erreicht sah. Von diesem Schönheitsideal wich die spanische Kunst durch ihre realitätsnahe Auffassung vom Menschen deutlich ab.[56] Vor diesem Hintergrund wird denn auch verständlich, warum un-

ter Ludwig I. nur sechs Gemälde spanischer und katalanischer Meister erworben wurden – eine recht kleine Zahl im Verhältnis zu dem enormen Zuwachs, den die Sammlung während seiner Kronprinzen- und Regierungszeit erfuhr.
Auf Anraten Johann Georg von Dillis', der sich von 1805 an bis zu seinem Tod 1841 als äußerst kompetenter Berater des Königs in Kunstsachen betätigte, erwarb Ludwig zunächst vier Gemälde spanischer Meister für die königliche Sammlung. Es handelt sich dabei um zwei Werke des 17. Jahrhunderts aus dem Nachlaß Joséphine de Beauharnais' – der Gemahlin Napoleons I. –, die bei der Versteigerung ihrer Sammlung in Malmaison im Herbst des Jahres 1815 in Paris erstanden wurden, und zwar Alonso Canos »Der heilige Antonius von Padua mit Jesus und der heilige Jungfrau« und Claudio Coellos »Der heilige Petrus von Alcantara schreitet mit seiner Gesellschaft über das Meer«.[57] 1815 kam, ebenfalls aus Paris, Antonio del Castillos »Maria und Johannes vom Kalvarienberg heimkehrend« hinzu. Zur Zeit des Ankaufs schrieb man das Gemälde allerdings noch Zurbarán zu. Dillis bemerkte zu Ludwigs Neuerwerbung: »Die Künstler der spanischen Schule sind mir größtenteils bekannt – von dem berühmten Zurbarán haben wir hier noch nichts, auch keinen Begriff, wie nahe er der Manier des Guido Reni gekommen ist.«[58]
Im September des gleichen Jahres 1815 kaufte der Berater Ludwigs I. in Paris aus der Sammlung des Generals Sebastiani das monumentale Gemälde »Der heilige Thomas von Villanueva heilt einen Lahmen« von Bartolomé Esteban Murillo für die königliche Sammlung an.[59] Mehr als ein Jahrzehnt später, im Jahre 1832, wurden noch zwei Gemälde katalanischer Schule um 1500 in Neapel als Werke Andrea Solarios erworben.[60] Ludwigs Ankäufe für die Sammlung gehen demnach keineswegs auf seine besondere

17 Der Palast der Herzöge del Infantado in Guadalajara; 1862; Photographie von Charles Clifford; 34 x 26; MStM, Fotomuseum, Inv.Nr.: 96/210-15a

Vorliebe für spanische Malerei, sondern auf die Kennerschaft Dillis' zurück. Die Bereitschaft, spanische Gemälde zu einer Zeit erwerben, als die spanischen Künstler in Europa noch weitgehend unbekannt waren, zeugt allerdings von der Aufgeschlossenheit Ludwigs I. gegenüber nichtetablierten Kunstrichtungen.
Das eigentliche Interesse des Königs an Spanien galt nicht der dortigen Kunst, sondern der »schönen spanischen Sprache«.[61] Nachdem Ludwig als Kronprinz 1806 gezwungen war, die geplante

Spanienreise abzubrechen, begann er gleich nach der Rückkehr von seinem militärischen Einsatz, inzwischen 21jährig, mit einem Sprachlehrer Spanisch- und Italienischunterricht zu nehmen.[62] Das Spanische scheint ihn allerdings nicht nur vorübergehend interessiert zu haben, sondern zeit seines Lebens für ihn eine wichtige Sprache geblieben zu sein. Er beherrschte diese auch wohl besser als Lola Montez, hatte allerdings bis zu ihrem Zusammentreffen kaum eine Möglichkeit gehabt, seine Kenntnisse anzuwenden, was er mehrfach beklagte. Vor der Affäre mit der Tänzerin hatte sich Ludwig I. lediglich mit seinem Sohn Adalbert (1828–1875), der schon als Jugendlicher Sprachunterricht erhielt, gelegentlich auf Spanisch unterhalten.[63]
Das Verhältnis mit Lola Montez bot dem König endlich die Gelegenheit, seine Spanischkenntnisse intensiv anzuwenden. Die Tänzerin beherrschte kein Deutsch, weshalb die beiden miteinander spanisch sprachen und korrespondierten.[64] Bei den gemeinsamen Treffen mit anderen des Spanischen kundigen Münchnern, wie General Karl von Heideck, unterhielt man sich ebenfalls spanisch, auch wenn letzterer bemerkt, daß er viel vergessen habe.[65] Ludwig I. lag einiges daran, seine Spanischkenntnisse zu verbessern. Er las – wie wir seinen Briefen an Lola Montez entnehmen können – mehrfach in einer spanischen Grammatik und eignete sich neue Wörter aus einem Lexikon an, beides für ihn wichtige Bücher, denn er hatte sie sogar auf Reisen dabei.[66]
Auch nachdem die Tänzerin München verlassen hatte, gab der König seine Beschäftigung mit der spanischen Sprache nicht auf. Er erweiterte seinen Wortschatz ständig, sprach und korrespondierte mit seinem jüngsten Sohn Adalbert in Spanisch.[67] Zeitweise besuchte er die in München lebende Gräfin Quadagni wöchentlich, um mit der geborenen Spanierin in deren Sprache zu parlieren.[68]
Von der tatsächlichen Qualität der Spanischkenntnisse Ludwigs zeugt sein Briefwechsel mit Lola Montez. Auffällig sind die zahlreichen englischen und französischen Wörter und sprachlichen Neuschöpfungen, die Spanisch klingen sollten, die es aber weder im Spanischen noch in einer anderen Sprache gibt, und die vielen grammatikalischen Fehler. Das Spanische wurde für das Paar zu einer Art Geheimsprache und war mit vielen Zweideutigkeiten und Anspielungen auf gemeinsame Erlebnisse verbunden.[69] Lola Montez lobte das Spanisch des Königs in gönnerhaftem Ton: »Ich bin froh, daß Du den Don Quijote liest. Damit übst Du Dein Spanisch, auch wenn Du es schon perfekt schreiben und lesen kannst.«[70] Ludwig scheint allerdings recht selbstbewußt gewesen zu sein: »Ich übertreibe nicht, daß ich gut Spanisch spreche, ich lese viel und schreibe Dir viel, obwohl ich es nie studiert habe.«[71] Von Selbstbewußtsein zeugt zudem, wenn der König sich im Jahre 1859 an die Arbeit machte, Schillers »Don Carlos« ins Spanische zu übersetzen [KAT.NR. 3.28].[72] Ludwig I. hat sich wohl vor allem für die spanische Sprache interessiert und weniger für die Literatur. Er besaß zwar eine gewisse Bildung und war mit der Weltliteratur vertraut, scheint aber kein passionierter Leser gewesen zu sein. Von den spanischen Dichtern kannte Ludwig schon seit frühen Jahren Calderón und Cervantes und amüsierte sich mehrfach bei der Lektüre des »Don Quijote« [KAT.NR. 3.29].[73] Desgleichen las er gelegentlich spanische Gebetbücher und spanische Lyrik.[74]
Bemerkenswert bleibt, daß Ludwig, der sich oft nach Italien begab, auch Frankreich und England wiederholt bereiste und sogar die Abenteuer einer mit viel Mühen verbundenen Reise in

74 Der König forderte das Gebetbuch mehrfach von ihr zurück, bat sie, es ihm unbedingt zuzuschicken. Es sei ihm sehr nützlich, »weil ich mit niemandem Spanisch sprechen kann«. Zit.n.: BW 1995, S.52 (5. 8. 1847). Lola Montez schrieb für ihn aus einem Buch mit alten spanischen Gedichten die schönsten ab; s.: BW 1995, S.297 (24. 2. 1849). Lola Montez bot ihm an, »ein Buch mit spanischer Dichtkunst und eines mit Prosa« zuzuschikken; zit. n.: BW 1995, S.323 (6. 6. 1849).
75 Ludwig I. an Lola Montez, 27. 3. 1849; BW 1995, S.311
76 »Zu Zeiten von Napoleon wäre ich sehr gerne nach Spanien gegangen, um für die spanische Sache zu kämpfen«; Ludwig I. an Lola Montez, 16. 9. 1848; zit.n.: BW 1995, S.236.
77 S.: KRISTL 1979, S.82f.
78 »Deine Ahnen, Lolitta, müssen sicherlich maurisch gewesen sein, die Eroberer von Spanien. Deine Schönheit, Deine große, unvergleichliche Schönheit Deiner Augen, Nase und Gesichtszüge drückt es aus«; Ludwig I. an Lola Montez, 24. 6. 1849; zit.n.: BW 1995, S.326.
79 S.: KRISTL 1979, S.71
80 Als Lola Montez ihn aus London bat, ihr zu helfen, einen Paß zu bekommen, fragte der König wiederholt nach: »Ich will, daß Du mir erklärst, warum Du keinen Paß von der spanischen Botschaft bekommen kannst, wo Du doch Spanierin bist«; Ludwig I. an Lola Montez, 16. 6. 1849; zit.n.: BW 1995, S.325.

18 *Der Patio del León im Alcázar von Sevilla; 1862; Photographie von Charles Clifford; 34 x 26; MStM, Fotomuseum, Inv.Nr.: 96/210-15b*

das viel weiter entfernte Griechenland nicht scheute, es weder als Kronprinz noch während seiner Regierungszeit oder nach seiner Abdankung 1848 schaffte, nach Spanien zu reisen. Der König rühmt in seinen Briefen an Lola Montez mehrfach begeistert das »glorreiche Spanien« als »kraftvolles Land«[75] und äußert sich voller Enthusiasmus über die Befreiungskämpfe gegen Napoleon.[76] Zudem galt seine Bewunderung dem maurischen Spanien. Die Schönheit der Lola Montez, die er in dem Gedicht »Die Andalusierin«[77] feierte, führte er auf ihre Abstammung von den maurischen Eroberern zurück.[78]
Vielleicht ging es Ludwig unbewußt darum, sich Spanien als »Land der Träume« zu erhalten, Träume, die eine Reise und die mit ihr verbundene Konfrontation mit der Realität hätte zerstören müssen. Immerhin konnte sich der König ein Stück dieses Traumes in der Beziehung zu Lola Montez erfüllen. Ludwig I. hatte den Eindruck, in dieser Verbindung ein Stück »spanische Kultur« zu leben: durch die Unterhaltung in spanischer Sprache, durch die Lektüre spanischer Literatur, durch die spanischen Tänze, durch das Trinken spanischen Weines und überhaupt durch die »spanische« Lebensweise, die ihm Lola Montez vorführte. Als »Spanierin« verkörperte sie für den König vornehmlich die positiven Aspekte, die man mit dem Klischee zusammenbrachte, nämlich Leidenschaft, Wildheit und impulsives Temperament. Lola Montez war für ihn eine unberechenbare, nur von Emotionen gesteuerte Frau. Ihre Zornesausbrüche erklärte er mit der »natürlichen und nationalen Reizbarkeit«, die man damals einer »Spanierin« zugestand.[79] Ludwig I. verschloß sich trotz der zahlreichen »Enthüllungen« in der Presse und der Hinweise von wohlmeinenden Zeitgenossen zeit seines Lebens jedwelchen Zweifeln an dem »Spaniertum« der Lola Montez.[80]

Spanien näherte sich den Wittelsbachern und damit Bayern ein Stück weit, als zwischen den beiden Königshäusern eine enge dynastische Verbindung geknüpft wurde. Der jüngste Sohn Ludwigs I., Adalbert, erlernte nicht nur begeistert die Sprache und bereiste mehrfach das Land, sondern heiratete zudem 1856 die Prinzessin Amalie Felipe Pilar (1834–1905), eine Kusine der spanischen Königin Isabel II. von Bourbon.[81]

81 Zwischen November 1848 und März 1849 hielt sich Adalbert vor allem in Südspanien auf, aber auch in Madrid und dem Escorial; s.: BW 1995, S.259 (20. 11. 1848), S.304 (14. 3. 1849).

Falsches für die Falsche

Raimund Wünsche

Gewandet in der Tunika, darüber ein Manteltuch, von dem ein Zipfel über den Kopf gezogen ist; streng gescheiteltes Haar, das in sorgsam frisierten Wellen bis über die Ohren fließt; das ebenmäßige Gesicht ohne jegliche Mimik, die großen Augen leicht nach oben gerichtet, kurzum: hoheitsvoll und streng, wie eine antike Heroine, aber auch ziemlich leblos wirkt die Marmorbüste, auf deren Sockel man liest – Maria Gräfin von Landsfeld [ABB. 161; KAT.NR. 10.1]. Wer könnte dem Ausdruck dieses Bildnisses entnehmen, daß die dargestellte 27jährige Gräfin, alias Lola Montez, zu dieser Zeit schon ein so bewegtes, »männermordendes« Leben hinter sich hatte, wie es damals kaum in Romanen zu lesen und für die meisten Münchner Bürger nicht einmal vorstellbar war? Das Bildnis ist bar allen Liebreizes und jeglicher Sinnlichkeit. Man ahnt nichts von der Energie und Ausstrahlung der Lola Montez – Eigenschaften, die auch ihre ärgsten Feinde ihr zubilligen mußten. Das liegt zum Teil am Schöpfer des Werkes: Johann Leeb war ein drittklassiger Bildhauer, eher ein Steinmetz, der sich »Minerva zum Trotz« – wie Klenze in seinen »Memorabilien« höhnt – zum Künstler berufen fühlte.[1] Leebs begrenzte Fähigkeiten waren König Ludwig bekannt, dennoch bekam Leeb den Auftrag zu diesem Porträt, denn er war ein Freund und Verehrer Lolas, und davon gab es damals in München nur wenige.

Die unverkennbare Anlehnung des Lolabildnisses an antike Vorbilder ist sicher Programm gewesen: Damit sollte die »fesche Lola«, die sich in München als feurige andalusische Tänzerin eingeführt hatte, zur edlen Gräfin stilisiert werden. Es ist nun gleichgültig, ob die Idee zu dieser antikischen Stilisierung von Ludwig, Leeb oder Lola Montez stammte. Jedenfalls in heutiger Sicht wirkt diese Darstellung der Lola Montez eher belustigend: Das über den Kopf gezogene Gewand – wohl inspiriert von Lolas Neigung, wie eine Spanierin ein schwarzes Schleiertuch auf dem Kopf zu tragen – galt in der Antike als Zeichen der tugendsamen, züchtigen Frau. Und die Haarbildung der Büste mit den weichen, das Gesicht rahmenden Locken – sie frisierte sich, wie zeitgenössische Darstellungen und Photographien zeigen, wirklich so – erinnert stark an die Haartracht der römischen Kaiserin Faustina der Jüngeren.[2] In Verbindung mit der antiken Büstenform, antiken Kleidung und der klassisch-ebenmäßigen Gesichtsbildung bekommt das Lolabildnis eine gewisse Ähnlichkeit mit dem Bildnis dieser Kaiserin. So erklären sich die antiken Assoziationen, die sich beim Betrachten der Lola-Büste sofort einstellen. Sicherlich war eine direkte Ähnlichkeit der beiden Frauenbildnisse von Ludwig und Leeb nicht bewußt angestrebt worden, denn die Identität der damals vorhandenen antiken Faustinabildnisse war noch nicht erkannt.

Eine direkte Angleichung von Lola an Faustina wäre nun auch wirklich des Guten zuviel gewesen: Faustina war die Gemahlin des Kaisers Marc Aurel, des Philosophen auf dem Herrscherthron – ein Anspruch, den Ludwig nie für sich erhoben hätte. Und Faustina war für ihren herrscherlichen Gemahl wahrlich nicht furchtbar, wie Lola für Ludwig, sondern fruchtbar: Sie gebar dem Kaiser dreizehn Kinder. Als sie, übrigens fast im gleichen Alter wie Lola, mit 42 Jahren starb, erhob der römische Senat, auf Bitten des Kaisers, die Tote zur Göttin. Und Marc Aurel dankte in seinen »Selbstbetrachtungen« den Göttern dafür, »daß sie solch eine Frau war, so gehorsam, so liebevoll, so bescheiden«. Diese Worte wären Ludwig, selbst zur Zeit des größten Liebestaumels, zu Lola nicht eingefallen. Aber er erfreute sich fast täglich an Leebs »edlem« Bildnis der Lola Montez, lobte die große Ähnlichkeit

1 KLENZE I/6, fol.24. Dieses wie auch die folgendenen Zitate aus den »Memorabilien« Klenzes in der Bayerischen Staatsbibliothek München folgen einer Abschrift des Verfassers.

2 S.: Bildnisbüsten in Rom, Museo Capitolino, oder in Paris, Musée du Louvre; einen vergleichbaren Bildnistypus mit etwas voluminöserem Haar konnte Leeb im Antiquarium der Münchner Residenz studieren (heute verschollen), abgebildet in: Klaus Fittschen, Die Bildnistypen der Faustina minor und die Fecunditas Augustae, Abhandlungen der Akademie der Wissenschaften Göttingen, Philosophisch-historische Klasse 126/1982, Tf.30 und 35. In der Augenbildung der Lola Montez orientierte sich Leeb an frühkaiserzeitlichen Vorbildern.

3 KLENZE I/5, fol.74-76 und I/6, fol.24; daraus auch die folgenden Zitate.

19 Vasensaal in der Alten Pinakothek; um 1880; in: Hans Reidelbach, Ludwig I. König von Bayern, München 1888 (Photo: Staatliche Antikensammlungen München)

mit der Porträtierten und ihre Schönheit. Sein verliebtes Auge sah es so.

Leeb hatte wenig zuvor mit einer geradezu kuriosen Arbeit die Zuneigung Ludwigs gewonnen: Er bildete, wie Leo von Klenze in seinen »Memorabilien« schreibt, für Ludwig einen Fuß der Lola Montez – ihre Füße hatte sie selbst »für wunderschön erklärt« –, in Marmor nach.[3] Das »Götterwerk«, aus Carrara-Marmor gehauen und auf einen schönen gelben Marmorsockel gestellt, wird Ludwig präsentiert: »Das Entzücken der Hellenen«, spottet Klenze, »vor dem Bilde des Zeus von Olympia [...], ohne dessen Anblick man nicht glücklich sein konnte, war aber nichts gegen die Seeligkeit des Königs Ludwig von Bayern beim Anblick dieses Fußes.« Klenze fährt dann fort: Leeb, von Ludwig sonst das »Vieh« oder der »Esel« genannt, »ward jetzt der Verkannte, bis dahin nicht hinreichend Gewürdigte genannt, und schwebte in den Augen des entzückten Podenthusiasten [Fußschwärmers] plötzlich auf die höchste Stufe des Ruhmes empor«. Leebs so erfolgreiche Arbeit ist leider nicht mehr erhalten. Aber offensichtlich galt Ludwigs Begeisterung für Lolas Marmorfuß einer schönen Form. Denn der clevere Leeb hatte, wie er Klenze später gestand, den Fuß der Tänzerin, der durch enges Schuhwerk deformiert und von Hühneraugen übersäht gewesen sei, durch seine »Künstlerhand« verschönt. Er gestaltete ihn nach dem Vorbild der »göttlichen« Venus von Milo. Demnach hatte also, wenn Klenzes Geschichte stimmt, der von Ludwig wie eine Reliquie verehrte und so oft von ihm mit Tausenden von Küssen bedeckte Marmorfuß der Lola Montez ebenfalls ein falsches Aussehen. Aber wie sollte es auch anders sein – es war ja fast alles falsch, was Lola ihrem »innigst geliebten« Ludwig sagte oder schrieb: ihr Namen, ihre Herkunft, die Geschichte ihres Lebens, ihre Aussagen über andere, ihre zahllosen Beteuerungen und Treueschwüre und wohl auch ihre Empfindungen für Ludwig, die zum großen Teil gespielt waren und mehr seiner Macht und seinem Geld als seiner Person galten.

Andererseits machte auch Ludwig, als sich sein Verhältnis zu Lola allmählich zum Skandal entwickelte, fast alles falsch und ließ sich, obwohl es an wohlmeinendem Rat von Freunden nicht fehlte, in seinen fatalen Fehlentscheidungen solange nicht beirren, bis die Lage für ihn aussichtslos war. Der über 60jährige König, der zu dieser Zeit seinen dritten Frühling erlebte, war Lola Montez, einer Liebe wie er sie zuvor nie erlebt hatte, völlig verfallen. Daß der König wegen dieser Frau mit fast all seinen Freunden brach, Minister und hohe Regierungsbeamte entließ und so fort, war damals und ist heute schwer begreiflich – die Affäre Lola ist ein einziges Trauerspiel.

Zwei dominante Eigenschaften wurden Ludwig zum Verhängnis: seine große Begeisterungsfähigkeit für alles Schöne, ob nun Frauen oder Kunstwerke, und seine oft bis ans Starrsinnige grenzende Hartnäckigkeit – »Vergessen, Vergeben, aber nie Nachgeben« war einer seiner Wahlsprüche. Widerspruch duldete er, ein Autokrat reinsten Wassers, nicht. Der breite und heftige Widerstand gegen seine Verbindung mit der schönen Lola schweißte ihn noch mehr an sie.

Man kann kaum verstehen, wie bedenkenlos der sonst so haushälterische Ludwig, der jeden Kreuzer dreimal umdrehte, bevor er ihn ausgab, für Lola, wie auch für seine anderen Liebschaften, so große Summen verschwenden konnte. Aber das ist nur die eine Seite der gleichen Medaille – andererseits war er, der seinen Kunstberatern sogar die Portokosten nachrechnete, ebenso bereit, für schöne Kunstwerke hohe Preise zu zahlen. Ohne diese Begeisterung, ohne diesen »Schwung«, wie es Ludwig nannte, gäbe es vieles, was wir heute in München bewundern, nicht.

Und noch eines darf man nicht vergessen: All diese Ausgaben für schöne Kunst und schöne Frauen zahlte er aus seiner Privatschatulle, das heißt aus der ihm zugebilligten Civilliste beziehungsweise Apanage, die, entsprechend seiner Stellung, zuerst als Kronprinz, dann als regierender und schließlich als entthronter König, festgelegt war. Über dieses Geld konnte er frei und ohne Rechenschaft ablegen zu müssen, verfügen.

Am Staatsvermögen hingegen hat sich Ludwig nie vergriffen, auch wenn dies damals viele glaubten. So wird im August 1848 in München das Gerücht verbreitet, Ludwig habe die Pretiosen der königlichen Schatzkammer Lola Montez geschenkt. Das führt zu einem regelrechten Volksaufstand. Militär muß eingesetzt werden, Schüsse fallen. Die Menge beruhigt sich erst, als bei der Wiedereröffnung der damals kurzfristig geschlossenen Schatzsammlung jeder sich mit eigenen Augen überzeugen kann, daß nichts fehlt. Als Ludwig, damals in Berchtesgaden, von dem Grund für diese Unruhen hört, ist er über diese Unterstellung zurecht entsetzt und fühlt sich tief getroffen: »Dein Luis ein Dieb!!« schreibt er fassungslos seiner Lolita.[4] Ludwigs Betroffenheit wird diese eher belustigt haben. Sie kannte solche Empfindungen nicht: Nach einem Besuch beim König in Bad Brückenau (Juli 1847), wo sie ihre Erhöhung zur Gräfin durchsetzen konnte, fehlte nach ihrer Abreise ein Stuhl. Der König, inzwischen in Aschaffenburg, mahnt in einem Schreiben vom 18. August seine Lola:

4 Ludwig I. an Lola Montez, 28. 4. 1848; zit.n.: BW 1995, S.224

20 Christoph Heinrich Kniep: Sir und Lady Hamilton bei der Aufdeckung eines Grabes bei Nola (Detail); 1790; lavierte Federzeichnung; zerstört, ehemals Anatomisches Institut der Universität Göttingen (Photo: Rom, Deutsches Archäologisches Institut)

21 *Hydria aus dem Besitz der Lola Montez, Fälschung; um 1847; Höhe ca. 40 cm; Genf, Musée d'art et d'histoire, Inv.Nr.: 15006 (Photo: Musée d'art et d'histoire)*

22 *Hydria; um 510 v.Chr; München, Staatliche Antikensammlungen, Inv.Nr.: WAF 2423 (Photo: Staatliche Antikensammlungen)*

»Ich habe aus Bad Brückenau erfahren, daß ein kleiner Stuhl fehlt. Er soll von Dir nach München mitgenommen worden sein. Wie konnte das geschehen. Ich will, daß Du das wieder gut machst.«[5] Wie so oft – von Lola keine Antwort! Fünf Tage später moniert Ludwig: »Warum antwortest Du nicht, was den kleinen Hocker aus Brückenau betrifft?«[6] Wir wissen nicht, ob der Hocker wieder nach Brückenau zurückkam. Die Anfragen beweisen jedoch, daß es Ludwig auch bei dieser relativ unbedeutenden Sache mit den Eigentumsverhältnissen sehr genau nahm. Um so mehr verwundert die Vorstellung, wie jüngst wieder geschrieben wurde,[7] daß Lola sich für die Einrichtung ihres Hauses aus den königlichen Sammlungen und der Hof- und Staatsbibliothek bedienen konnte: Zweifellos gab Ludwig aus seiner Privatkasse für Umbau und Einrichtung des Palais Montez in der Barer Straße enorme Summen aus, die General von Heideck, der im Auftrag Ludwigs die Ausgaben überwachen sollte, genau auflistete, aber die schönen Bücher aus der Hofbibliothek, die Lola in ihr Haus bringen ließ, sind ihr vom König offensichtlich nur als Leihgaben zur Verfügung gestellt worden. Denn nur so erklärt sich, daß Ludwig, nach der Flucht Lolas aus München, bei der Inspektion ihres Hauses das Fehlen zweier Bücher monieren konnte. In einem Brief vom 11. Mai 1848 heißt es: »Sag mir, ob Du ›Viel Castel: Familles historiques‹ und ›Perce: Reliques of Ancient English Poetry‹ hast, die in der Bibliothek ausgeliehen, aber nicht unter den Büchern in Deinem Haus sind«.[8] Von Lola gibt es keine Antwort. Man staunt jedoch, welch anspruchsvolle Literatur die »Bordellhure«, wie sie Klenze zu bezeichnen pflegte, las. Auch die Einrichtung ihres Hauses war offensichtlich nicht bloß teuer, sondern auch

5 Ludwig I. an Lola Montez, 23. 8. 1848; zit.n.: BW 1995, S.58
6 BW 1995, S.64
7 RAUH ²1996, S.114
8 Ludwig I. an Lola Montez, 11. 5. 1848; zit.n.: BW 1995, S.187
9 Lola Montez an Ludwig I., 24. 3. 1848; zit.n.: BW 1995, S.166
10 Zit.n.: BW 1995. S.175
11 Klenze an Ludwig I., 29. 12. 1823; München, Bayerisches Hauptstaatsarchiv, Geheimes Hausarchiv
12 Zur Ankaufsgeschichte der Vasensammlung s.: Raimund Wünsche, »Göttliche, paßliche, wünschenswerte und erforderliche Antiken«. Leo von Klenze und die Antikenerwerbungen Ludwigs I., in: AUSST.KAT. 1985, S.9-115, hier S.67ff.

23 Hydria aus dem Besitz der Lola Montez, Fälschung; um 1847; Höhe 56 cm; Genf, Musée d'art et d'histoire, Inv.Nr.: 14991 (Photo: Musée d'art et d'histoire)

24 Hydria aus dem Besitz der Lola Montez, Fälschung; um 1847; Höhe 56 cm; Genf, Musée d'art et d'histoire, Inv.Nr.: 14991 (Photo: Musée d'art et d'histoire)

geschmackvoll. Die Wände des Salons schmückten Malereien im pompejanischen Stil. Im Salon stand auch eine »hetrurische«, das heißt griechische Vase – eine im damaligen München sicherlich ungewohnte Zierde einer Privatwohnung. Gekauft hat sie Lola nicht. Denn in einem Brief aus Bern (vom 24. März 1848), in dem sie Ludwig die von ihm geforderte Indigenat-Urkunde zurückschickt, stellt sie selbst Forderungen: »Ich will [...] die Vase und die anderen Kleinigkeiten, die Du mir aus der Pinakothek gegeben hast«.[9] Sie bekommt sie auch. Ende Dezember 1848 fragt Ludwig bei Lola an: »Was hast Du [...] mit deinen Antiken« gemacht?[10] Jetzt ist es klar: Ludwig gab Lola Montez griechische Vasen, denn nur die und keine anderen Antiken befanden sich damals in der Alten Pinakothek. Wie der Plural »Antiken« besagt, müssen es zumindest zwei gewesen sein, obwohl das Inventar des Palais Montez, nur eine einzige »alte griechische Vase« anführt [INVENTAR 328; KAT.NR. 5.24].
Ludwigs Vasensammlung wurde im Erdgeschoß der Pinakothek nahe des Haupteinganges an der Barer Strasse gezeigt [ABB. 19]. Sie sollte den Auftakt zur abendländischen Malerei geben: Und welch ein glänzender Auftakt wurde dem Besucher der Pinakothek geboten! Nachdem Klenze 1824, auf einer gemeinsamen Sizilienreise mit Ludwig, ihn auf diese »wahre Lücke im kunstreichen München« aufmerksam gemacht hatte,[11] gelang es Ludwig in kurzer Zeit, durch Ankäufe italienischer Privatsammlungen eine prachtvolle Kollektion griechischer Vasen nach München zu bringen.[12] Sie wurden von Klenze in eigens dafür mit »Facsimiles« etruskischer Wandmalerei geschmückten Räumen auf Regalen und Tischen frei aufgestellt. Kaum waren die Säle eingerichtet, kaufte der König die wertvoll-

13 Ludwig I. an Abel; Bayerische Staatsgemädesammlungen, Archiv, XXIII, Fach XI, Abschrift
14 Ludwig I. an Dillis, 16. 7. 1840; Bayerische Staatsgemäldesammlungen, Archiv, XXIII, Fach XI
15 KLENZE I/4, fol.107
16 KLENZE I/6, fol.83; daraus auch die weiteren Zitate.
17 SIGNATE 1994 Bd. 6, S.429
18 Zu Hamilton s.: Brian Fothergill, Sir William Hamilton. Diplomat, Naturforscher, Kunstsammler, München 1971; Ausst.Kat. »Vases and Volcanoes. Sir William Hamilton and his Collection«, hrsg. von Ian Jenkins und Kim Sloan, London 1996

sten Vasen aus dem Nachlaß Lucien Bonapartes, des Fürsten von Canino. München hatte damit die damals sicherlich größte und schönste Sammlung griechischer Meistervasen in der Welt – ein Rang, den auch heute nur der Louvre den Münchnern streitig machen kann. Ludwig zeigte seine Vasensammlung der Öffentlichkeit, »in Absicht auf Verbreitung der Kenntnisse der Antike«.[13] Er war jedoch überzeugt, daß sie nicht »für die Masse des Volkes zum Vorzeigen geeignet ist«.[14] Deshalb benötigte man für den Einlaß zu den Räumen eine spezielle Zutrittskarte, die zwar kostenlos abgegeben wurde, aber beim Galeriedirektor oder den beiden Galeriekonservatoren erbeten werden mußte. Diese Einschränkungen waren sicherlich auch eine Folge der von Klenze gewählten freien Aufstellung der Vasen, die bei starkem Besucherstrom die Objekte enorm gefährdet hätte. Unabhängig davon nahm Ludwig in den vierziger Jahren eine stark restriktive, oft geradezu kleinliche Haltung ein gegenüber allen Anfragen und Bitten zur Benützung und wissenschaftlichen Auswertung der Sammlung.

Der Grund für Ludwigs Zurückhaltung gegenüber jeder Publikation und weiteren Öffnung seiner Vasensammlung dürfte wohl die allgemeine innenpolitische Tendenz Bayerns zu dieser Zeit gewesen sein: Ludwig blieb nicht unbeeinflußt von der seit 1837 durch den Minister Karl August von Abel bestimmten konservativen, erzkatholischen Richtung der bayerischen Innenpolitik. Klenze behauptet in seinen »Memorabilien«: »In der Kunst hatten diese steigenden pfäffischen Tendenzen zunächst den Einfluß, daß alle Nuditäten in Bildern und Statuen entfernt wurden.«[15] Das stimmt natürlich in dieser Form nicht, denn beispielsweise erhielten die »nackten« Skulpturen der Glyptothek nicht zu Ludwigs Zeiten ihre Feigenblätter, sondern erst viel später – auf Anweisung König Maximilians II. Und die Vasensammlung mit ihren freizügigen Bildern wurde nie dem Publikum gesperrt.

Übertreibungen und Ungenauigkeiten findet man sehr häufig in Klenzes »Memorabilien«. Sie sind kein Tagebuch, sondern wurden von Klenze oft in großem zeitlichen Abstand zu den Geschehnissen geschrieben: Die »Memorabilien« sind eine für die Nachwelt bestimmte Erinnerungs- bezeihungsweise Rechtfertigungsschrift Klenzes über sein Verhältnis zu Ludwig, in der Klenze, wie beim Vergleich mit originalen Quellen oft nachzuweisen ist, vor bewußten Verdrehungen und Unwahrheiten nicht zurückschreckte. So sind viele, wie auch die folgenden Ausführungen Klenzes über Ludwig und seine Vasensammlung mit gewisser Vorsicht zu genießen. Klenze erzählt nämlich: Als er 1846, im Namen des französischen Gelehrten Denis Raul-Rochette, den König um Erlaubnis bat, einige Vasen mit erotischen Darstellungen zeichnen zu lassen, da dieser Gelehrte ein Buch »über die Pornographie der Alten vorbereite«, da wurde ihm, Klenze, dies mit folgender Begründung abgeschlagen: »Nein! das darf nicht sein, Klenze, denn sonst würde man ja allgemein erfahren, daß solche Abscheulichkeiten in meinem Besitze sind!«[16] Klenze fand diese Argumentation besonders heuchlerisch, da zu dieser Zeit schon die Affäre Lola kochte. Er setzt seinen Ausführungen noch eine Geschichte hinzu, die er nur vom Hörensagen kennen konnte und die seine Gehässigkeit gegenüber dem König offenbahrt: Ludwig habe einmal gemeinsam mit Lola die Vasensammlung besichtigt und einen Schrank öffnen lassen, in denen Vasen mit erotischen Motiven unter Verschluß gehalten wurden – ein »Ausstellungskonzept«, das noch heute in manchen Museen Italiens üblich und in Pompeji den jederzeit bereitwillig öffnenden Kustoden viel Trinkgeld einbringt. Klenze empfand aber die Vorstellung »eines 61jährigen Greises und einer Hure bei solch archäologisch-pornographischen Betrachtungen« als geradezu »eckelerregend«. Ob nun diese Geschichte stimmt oder nicht: Auf jeden Fall, so darf man bei heutiger Kenntnis der Sammlung sagen, kann Ludwig seiner Lola nicht viel an »Pornographie« geboten haben, denn die so reiche Münchner Sammlung ist, im Vergleich zu anderen Museen, an krassen erotischen Darstellungen, wie sie sich auf griechischen Vasen nicht selten finden, erstaunlich arm. Nun könnte ein Böswilliger annehmen, daß gerade deshalb solch erotische Vasen heute der Münchner Sammlung fehlen, da dies die bestimmten »Kleinigkeiten aus der Pinakothek« waren, die Lola bekam. Für diese These gibt es aber nicht den geringsten Hinweis. So gibt es ein Signat des Königs, vom 29. April 1847, wo es heißt: »An den Gallerie Central Direktor. Ich erlaube der Senora Lola Montez eine hetruskische Vase mittlerer Größe für sich auszuwählen. Sollte auf eine in archäologischer Bedeutenheit besonders ausgezeichnete ihre Wahl fallen, so ist ihr bemerklich zu machen, die keine solche sie zu haben wünsche.«[17]

Das spricht nicht für eine heimliche Abgabe erotischer Vasen. Aber, trotz der von Ludwig gegebenen Einschränkung, ist man sehr verwundert, wie der König, der sonst seine Vasensammlung wie seinen Augapfel hütete, sich zu solch einer Anweisung hatte hinreißen lassen können.

Unwillkürlich erinnert man sich an einen anderen großen Sammler griechischer Vasen, der auch, wie Ludwig, eine Zeitlang von einer Frau regiert und deshalb zum Gespött seiner Zeit wurde – Sir William Hamilton (1730–1803), Botschafter Englands am Königshof von Neapel, Naturforscher und Kunstsammler.[18] Hamilton war überhaupt der erste, der griechische Vasen in

25 Bild einer Amphora, Sankt Petersburg, Eremitage; in: Eduard Gerhard, Auserlesene Vasenbilder, Berlin 1840, Taf.193 (Photo: Staatliche Antikensammlungen München)

großem Stil sammelte, sozusagen der »Begründer« dieser Leidenschaft. Die in aufwendigen Druckwerken veröffentlichten Bilder seiner Vasen hatten einen bestimmenden Einfluß auf das Kunstschaffen des Klassizismus. Von Hamiltons Leistungen auf diesem Gebiet weiß heute kaum einer etwas, sein Name wird in unserer Zeit nur noch verbunden mit seiner skandalträchtigen Lady, deren Lebensgeschichte – wie das Leben der Lola Montez – die Phantasie der Menschen noch heute beflügelt.

Als »Vorläuferin« Lolas hat die Lady Hamilton in diesem Zusammenhang ein paar Worte verdient: Über ihre Jugend weiß man, wie bei Lola, wenig. Geboren als Emily Lyon, änderte sie bald ihren Namen in Emma Hart. Sie arbeitete eine Zeitlang im »Gesundheitstempel« eines medizinischen Schwindlers und mußte dort mit zwei anderen Mädchen zur Animation der Kranken in dürftiger Kleidung die Göttinnen der Gesundheit, der Weisheit und der Schönheit mimen. Dabei lernte Emma, ein ausnehmend schönes Mädchen, das

26 Schulterbild der antiken Hydria (Abb. 22; Photo: Staatliche Antikensammlungen München)

anmutige Posieren – damit wurde sie später berühmt – und einen Baron kennen, von dem sie ein Kind bekam, das sie sofort ihrer Mutter übergab. Die glückliche Liaison mit einem Mann aus gutem Hause endete, als dieser sich um eine gesellschaftlich passendere und wohlhabendere Partie umsehen wollte und deshalb die 20jährige Emma als Haushälterin zu seinem 56jährigen verwitweten Onkel, Sir William Hamilton, nach Neapel abschob. Emma mußte dies akzeptieren und reagierte klug: Mit Gelehrigkeit, Treue und Bescheidenheit bestrickte sie Hamilton, der sie schließlich zur Geliebten nahm. Sie verfeinerte nun, unter Anleitung Hamiltons, ihr Benehmen, lernte Fremdsprachen, nahm Gesangsunterricht usf. Sie begleitete ihn auf seinen Reisen durch Unteritalien und teilte seine Begeisterung für griechische Vasen. Eine Zeichnung von Christoph Heinrich Kniep zeigt Emma Hart mit William Hamilton beim Öffnen eines Grabes in der Nähe von Nola [ABB. 20]: Emma mit prachtvollem Hut und einem griechischen Salbgefäß (Lekythos) in der Hand; Sir William, von Kniep zum strahlenden Jüngling idealisiert, bewundert ein großes Mischgefäß (Krater).

Besonders entzückte Emma ihren schon etwas ältlichen Liebhaber mit ihrem vielgerühmten Geschick, »klassische« Posen nachzustellen. Als Goethe 1787 nach Neapel kam und Hamilton besuchte, war auch er von Emma und ihren pantomimischen Vorstellungen begeistert: »Der Ritter Hamilton«, schreibt er in seiner »Italienischen Reise«, »der noch immer als englischer Gesandter hier lebt, hat nun nach so langer Kunstliebhaberei, nach so langem Naturstudium den Gipfel aller Natur- und Kunstfreude in einem schönen Mädchen gefunden. Er hat sie bei sich, eine Engländerin von etwa zwanzig Jahren. Sie ist sehr schön und wohl gebaut.

Er hat ihr ein griechisch Gewand machen lassen, das sie trefflich kleidet, dazu löst sie ihre Haare auf, nimmt ein paar Schals und macht eine Abwechslung von Stellungen, Gebärden, Mienen etc., daß man zuletzt wirklich meint, man träume. [...] Der alte Ritter hält das Licht dazu und hat mit ganzer Seele sich diesem Gegenstand ergeben. Er findet in ihr alle Antiken, alle schönen Profile der sizilianischen Münzen, ja den Belvederschen Apoll selbst. So viel ist gewiß, der Spaß ist einzig!«[19]

Der alte Hamilton und der alte Ludwig waren sich also ähnlich: Beide verehrten die Schönheiten der Kunst und der Natur, vor allem der weiblichen. Aber wie wohltuend souverän ist Goethes Charakterisierung des alten Hamilton und seiner Mätresse gegenüber dem Straßentratsch und moralinsauren Gewäsch, das der so prüde, geradezu verklemmte Klenze in seinen »Memorabilien« über Ludwig ununterbrochen auftischt. Wie Ludwig hatte jedoch auch Hamilton mit seiner späten Liebe Pech. Emma Hart wollte sich nicht begnügen, nur die »pantomimische Mätresse« Hamiltons zu bleiben. Sie strebte – wie Lola – nach Rangerhöhung: Sie wollte »Lady Hamilton« werden. Dafür ließ sie nichts unversucht. Der gütige Hamilton, ganz betört von ihr, gab schließlich nach. Da er ein

19 Caserta, 16. 3. 1787

27 Schulterbild der gefälschten Hydria (Abb. 23/24; Photo: Genf, Musée d'art et d'histoire)

»Milchbruder« Georgs III. war – das heißt, er hatte dieselbe Amme wie der englische König –, segnete Georg die Mesalliance seines ältesten Freundes etwas kopfschüttelnd mit einem freundlichen Scherz ab.
Die Rangerhöhung tat jedoch Emma Hart nicht gut. Sie versuchte sich nun als große Dame aufzuspielen und mischte sich in die hohe Politik ein. Auf diesem gefährlichen Pflaster konnte sie sich nicht so sicher bewegen, denn die Zeiten waren turbulent: Napoleons siegreiche Armeen störten die Idylle der Hamiltons in Neapel. Im Dezember 1796 bringt eine englische Flotte unter Admiral Horatio Nelson den Bourbonenkönig samt seiner Familie und die in Neapel ansässigen Engländer nach Palermo in Sicherheit. Die Hamiltons müssen alles zurücklassen, außer ihren schönsten Bildern und ihren geliebten Vasen. In Palermo gewinnt Lady Hamilton das Herz Nelsons. Ganz ungeniert führt sie ihre »Eroberung« vor, an Nelsons Seite wird ihr politischer Einfluß noch größer. Um all die vielen Anfeindungen und all den Tratsch, den ihr Verhältnis mit dem verheirateten Nelson erregte, mußte sie sich nicht kümmern: Sir William schwieg bekümmert, Nelson liebte sie abgöttisch, und er war unangreifbar – die englische Nation brauchte den Seehelden.
Im Juni 1800 wird Hamilton, nicht zuletzt wegen seiner umtriebigen Lady, von seinem Gesandtschaftsposten abberufen. Er kehrt mit Emma nach England zurück. Nelson bleibt, wann im-

mer er Zeit hat, an ihrer Seite und auch Sir Hamilton freundschaftlich verbunden. Im Jahr darauf gebiert Emma, unbemerkt von der skandalsüchtigen englischen Öffentlichkeit, ihrem Helden eine Tochter: Horatia. Der alte Sir William sieht darüber hinweg, Nelson ist außer sich vor Freude. Aber sie dauert nur kurz: Im April 1803 stirbt Sir William in den Armen seiner Frau, während Nelson dem Sterbenden die Hand hält. Wenige Wochen später kommt es zwischen England und Frankreich wieder zum Krieg: Nelson, der das Oberkommando der Mittelmeerflotte führt, sieht Emma jetzt selten. Er fällt in der Stunde des Sieges über die französisch-spanische Flotte bei Trafalgar, am 21. Oktober 1805.

Obwohl Sir William und Lord Nelson Emma testamentarisch reichlich bedacht hatten, war sie infolge ihrer Spiel- und Verschwendungssucht bald ruiniert. 1813 saß sie im Schuldgefängnis, das Jahr darauf floh sie vor ihren Gläubigern nach Frankreich, wo sie in Calais am 15. Januar 1815 in großer Armut starb.

Das Schicksal der Lady Hamilton, das mit dem abenteuerlichen Leben der Lola Montez gut vergleichbar ist, verdeckt auch deshalb so stark die Erinnerung an Sir William Hamilton, da sein »Monument«, von dem er fest glaubte, es würde ihn in den Augen der Nachwelt unsterblich machen, im wörtlichen Sinne »unterging«. Seine geliebte Vasensammlung, die er in den glücklichen Jahren mit Emma in Neapel aufgebaut hatte, war im Dezember 1798 beim Transport nach England mit dem Schiff »Colossus« vor den Scilly-Inseln im Meer versunken. Ein Freund William Hamiltons kommentierte diese Hiobsbotschaft mit den Worten: »Es wird ihm wohl fast das Herz brechen«. Und das stimmte auch: Der Verlust der Vasen hat Hamilton wohl mehr geschmerzt, als der »Verlust« seiner Emma an Nelson.

Das Schicksal der Hamilton-Vasen ist geklärt. Was ist nun aus Ludwigs griechischen Vasen geworden, die er seiner »Lady Lola« gab? Aus dem Briefwechsel der beiden geht hervor, daß Ludwig Ende April ihren ganzen Hausstand, nämlich Pferde, Kutschen, Möbel, Bilder, Porzellan und auch die Vasen nach Genf bringen läßt, wo Lola mit Dienerschaft zuerst in einem feudalen Hotel, dann in einem eigenen Haus residiert. Im September werden ihr der Schmuck und die Diamanten, alles frühere Geschenke Ludwigs, überbracht. Lolas Geldforderungen werden jetzt immer unverschämter. Ludwig stöhnt, aber er zahlt schließlich, wenn auch immer widerwilliger, enorme Summen. Dennoch ist Lola nach kurzer Zeit wieder so verschuldet, daß die Pfändung ihres Besitzes droht. Jetzt spricht sie vom Verkauf ihrer Wertsachen. Im Dezember zieht sie nach London. Sie erwähnt in den Briefen an Ludwig, was sie dort hinbringen läßt: Die Vasen werden nicht genannt. Am 28. Dezember fragt Ludwig nach ihnen – keine Antwort. In Briefen vom 19. und 22. März 1849 führt sie an, was sie alles in London verkauft: Pferde, Kutschen, Porzellan und ihre Bilder, die sie einzeln und mit den erlösten Preisen aufzählt. Antike Vasen werden nicht erwähnt. Also hat sie diese schon in Genf weggegeben.

Und dort, im Musée d'art et d'histoire befinden sie sich noch heute: zwei Vasen mit der Herkunftsangabe »1847, aus Sammlung Lola Montez« [ABB. 21, 23 und 24; KAT.NR. 5.24 und 5.25]. Gustave Revilliod, ein reicher Genfer Kunstsammler, hat sie direkt von Lola Montez für das von ihm gegründete Musée Ariana erworben, von wo sie 1937 in das Musée d'art et d'histoire kamen.[20] Auch die von Leeb gefertigte bronzene Brunnengruppe – darstellend einen krokodilwürgenden Knaben –, die einst im Garten ihres Hauses in der Barer Straße stand, fand

20 Den Hinweis auf diese Vasen verdanke ich Jacques Chamay.
21 S.: George Sidler, Catalogue officiel du Musée de l«Ariana, 1905, S.49; Waldemar Deonna, Chars antiques au Musée d'art et d'histoire de Genève, Pro Arte 1959, März, S.70ff.
22 S.: Jacques Chamay, Faux vases grecs devenus documents historiques, in: Geneva, N.F. Bd.29/1981, S.101ff; Dietrich von Bothmer, Forgeries of greek vases, in: Minerva, März-April/ 1998, S.1f.
23 Schon 1840 publiziert in: Eduard Gerhard, Auserlesene griechische Vasenbilder, Berlin 1840, Tf.103.

28 Friedrich von Gärtner: Entwurf für eine Prunkvase mit Bildnis Ludwigs I.; Bleistift, Feder; 64,0 x 78,5; München, Architekturmuseum der Technischen Universität, Inv.Nr.: GS 3.9 (Photo: Architekturmuseum)

so den Weg ins Genfer Museum [ABB. 111 bis 113; KAT.NR. 5.26 bis 5.28]. Aber der Verbleib dieses Brunnens ist nur historisch interessant. Die Sensation sind die beiden Vasen. Sie geben dem Verhältnis »Ludwig und Lola« einen neuen Akzent und uns heute ein nicht mehr sicher zu lösendes Rätsel auf: Beide Vasen sind nicht antik, sondern moderne Fälschungen.

Sie sind so geschickt gemacht, daß die Vasen noch 1905 im offiziellen Katalog des Museums für echt gehalten und sogar noch nach dem Zweiten Weltkrieg von einem bedeutenden französischen Archäologen wissenschaftlich behandelt wurden.[21]

Es braucht hier nicht ausgeführt werden, aufgrund welcher Mängel in der Herstellungstechnik, an welchen Fehlern in Formgebung und Zeichnung sich für einen heutigen Kenner die Vasen als Fälschung verraten, denn dies ist schon dargestellt worden.[22] Interessant ist nur, daß der Dekor beider Vasen relativ getreu nach bestimmten antiken Vorbildern kopiert ist. Dieser Umstand allein würde aber die Vasen nicht als Fälschungen demaskieren, denn solche »Kopien« von Vasenbildern sind schon von den antiken Vasenmalern gemacht worden. Seit dem 19. Jahrhundert und bis heute nützen geschickte neuzeitliche Fälscher dieses ihnen bekannte Phänomen der antiken Vasenmalerei für sich aus, indem sie ihrerseits derartige »Wiederholungen« herstellen. Solch modern kopierte Vasenbilder sind natürlich ikonographisch und stilistisch weitgehend korrekt, und dies erklärt, warum die Montez-Vasen über 100 Jahre lang für echt gehalten werden konnten.

Das Wassergefäß [ABB. 21], von den Griechen Hydria genannt, ist nach einer der schönsten griechischen Vasen der Münchner Sammlung kopiert worden [ABB. 22].[23] Indem der Fälscher die Vasenform etwas veränderte – der Gefäßkörper ist schlanker und die Henkel etwas anders gebildet –, und er, ganz geschickt, eine andere antike Maltechnik wählte, konnte er seinem Produkt einen eigenständigen Charakter geben. Das Vorbild, die Münchner Hydria, ist in der sogenannten rotfigurigen Technik bemalt: Dabei wird der Gefäßgrund mit einem Tonschlicker bedeckt, der sich im Brand in ein glänzendes Schwarz verfärbt. Von diesem »Schwarz« bleiben Ornament und Figur ausgespart und sie erscheinen in der roten Farbe des gebrannten Tongrundes. Die Fälschung zeigt nun die umgekehrte Technik: Der Bildgrund ist rot, Dekor und Figuren sind mit dem bestimmten Tonschlicker aufgemalt worden, der sich durch den Brand schwarz verfärbt. Während bei der rotfigurigen Technik die Binnenzeichnung der Figuren gemalt wird, muß sie bei der schwarzfigurigen Technik geritzt werden. Im 6. Jahrhundert v. Chr. war in Athen, dem Zentrum dieser Vasenkunst, die schwarzfigurige Technik üblich, die erst am Ende des 6. Jahrhunderts von der rotfigurigen Technik abgelöst wurde, die für das 5. Jahrhundert typisch ist. Da die Münchner Hydria um 510 v. Chr. entstand, ist die vom Fälscher durchgeführte Umsetzung eines frührotfigurigen Bildes in die nur wenig ältere schwarzfigurige Technik sehr überzeugend gewesen.

Die andere Fälschung ist ebenfalls eine Hydria [ABB.23 und 24]. Ihr Vasenbild ist sehr exakt und ohne Wechsel der Maltechnik kopiert worden. Nur ist das als Vorbild dienende Vasenbild [ABB. 25] nicht einer Hydria, sondern einer Amphora aufgemalt, die sich damals in Rom befand und heute in der Eremitage von Sankt Petersburg aufbewahrt wird.[24] Durch das Übertragen des genau kopierten Vasenbildes auf eine andere Gefäßform bekommt auch diese Fälschung aus dem Besitz der Lola Montez einen originellen Charakter. Kurzum: Die Lola-Vasen sind keine bloßen Nachbildungen, wie sie zur damaligen Zeit häufig und ohne jede Fälschungsabsicht für Liebhaber hergestellt wurden, und auch keine naiven Fälschungen.[25] Im Gegenteil: Sie sind für ihre Entstehungszeit geradezu fälschungstechnische Meisterleistungen.[26]

Noch erstaunlicher ist aber, daß die Darstellungen auf beiden Vasen thematisch bestens zu dem Bild passen, das sich die Zeitgenossen von Lola Montez machten: Ein Vasenbild zeigt nämlich drei sich rüstende Amazonen [ABB. 21 und 22]. Eine von ihnen hat die langstielige Kriegstrompete an den Mund gesetzt und versucht, das Instrument nach unten haltend, den richtigen Ton zu finden, der zum Aufbruch des Heeres erschallen soll. Dargestellt sind also die »männergleichen« Frauen – so nennt sie Homer – aus dem kriegerischen, in einem fernen Land gedachten Weiberstaat, gegen die, neben Herakles, einmal auch der athenische Held Theseus und später Achill in den Kampf gezogen sind. In beide Helden verlieben sich, der Sage nach, die Amazonenköniginnen.

Der antike Vasenmaler hat die Amazonen einzeln benannt, auf der Fälschung sind die Namen gleichfalls beigeschrieben. Neben der Amazone in der Mitte liest man »Antiope«, es ist der Name einer der berühmtesten Amazonenfürstinnen; die Amazone vor ihr trägt den Namen »Andromache«, so hieß auch die »edle« Frau des Hektor, und neben der dritten Amazone steht geschrieben: »Hypsopyle«.

Das Bild auf der anderen Hydria [ABB. 24 und 25] zeigt die Göttin Athena, wie sie Enkelados, einen der Anführer der Giganten, die sich gegen die Herrschaft der Olympischen Götter auflehnten, niedersticht.

Die Amazonen beziehungsweise die kämpferische Athena, das sind Gestalten der antiken Götter- und Heldensagen, die das verliebte Auge Ludwigs wohl leicht mit Lola Montez in Verbindung bringen konnte. Daß diese thematische Verknüpfung keine waghalsige Überinterpretation aus heutiger Sicht ist, beweist ein Detail: Lola, die »spanische« Tänzerin, hatte nämlich nicht nur flotte Beine, sondern auch ein »lockere« Hand. Sie bemerkt in ihren Memoiren dazu unbekümmert: »Ich habe allerdings so manche Ohrfeige in meinem Leben ausgetheilt, aber ich habe niemals ein Tagebuch darüber geführt, auch habe ich es versäumt, mir Quittungen über den Empfang geben zu lassen«.[27] Lola scheute sich auch nicht, zur Reitpeitsche zu greifen, um die ihr nicht Willfährigen zu züchtigen: Davon

24 Das Vasenbild wiedergegeben in: GERHARD 1840, Tf.193.
25 Berühmte Kopisten antiker Vasen waren zu dieser Zeit z.B. Vincenzo Fiorini und Antonio Scapini in Tarquinia. Sie signierten häufig ihre Werke.
26 Noch geschickter gefälscht als die Lola-Montez-Vasen ist eine Hydria in Bloomfield Hills, Michigan, bei der Form und Ornamentdekor von der berühmten Vivenzio-Hydria (in Neapel) und die Darstellung von einer Schale (heute in Sankt Petersburg) übernommen sind. Das Werk dürfte um 1820 entstanden sein, wurde mit offizieller Exporterlaubnis des Königreichs Neapel ins Ausland verkauft und konnte erst 1972 als Fälschung erkannt werden. Hierzu BOTHMER 1998, S.9f.
27 MONTEZ 1986, Bd.2, S.1317
28 Das Tagebuch Ludwigs, das darüber Auskunft geben könnte, war mir nicht zugänglich.

konnten unter anderem ein Gendarm in Berlin und die Wirtsleute »Zum Goldenen Hirschen« in München ein Lied singen. »Lola mit der Reitpeitsche in der Hand« war geradezu eine feste Bildformel der damaligen Anti-Lola-Karikaturen. Ludwig dürfte dies nicht gefallen haben.
Nun sind gerade auf dem Schulterbild der Münchner Hydria zwei jugendliche Reiter mit Peitschen in den Händen dargestellt [ABB. 26]. Sie sind im Aufbruch zu sportlichen Wettkämpfen, vor ihnen fährt ein Wagenlenker auf seinem Viergespann zur Rennbahn. Offensichtlich war Ludwig schon der Anblick von Peitschen unangenehm, denn auf der Fälschung [ABB. 27], die ansonsten das Vasenbild genau kopiert, sind die Peitschen der jugendlichen Reiter von dem Maler durch Speere ersetzt worden – was den Sinn der Darstellung entstellt.
Aus dem Gesagten wird klar, daß nur Ludwig der Auftraggeber zu diesen Fälschungen gewesen sein konnte. Die Auswahl der Bildthemen und diese Abänderung in der Darstellung schließen die Möglichkeit aus, daß Ludwigs Kunstberater, ohne Wissen der Majestät, an Lola Montez falsche Vasen ausgeliefert hätten.
Wußte Lola, daß die von Ludwig ihr geschenkten Vasen nicht antik sind? Die wenigen Quellen, die wir besitzen, sprechen gegen diese Annahme:[28] So wird im Inventar ihres Hausrates ausdrücklich vermerkt, daß eine »alte griechische Vase« vorhanden sei [INVENTAR 328], und ebenso sprechen Ludwig und Lola in ihrem Briefwechsel immer nur von »Antiken« aus der Pinakothek. Die Wortwahl ist deshalb so aussagekräftig, da bei einem Raffaelbild [ABB. 108], das Ludwig ihr ebenfalls geschenkt hat, stets hinzugesetzt wird, daß es eine Kopie sei.
Wo hat Ludwig die Fälschungen machen lassen? Bei der Qualität dieser Produkte würde man am ehesten an eine Werkstatt in Italien denken. In diesem Fall müßte eigentlich Ludwigs bewährter Kunstagent in Rom, Martin von Wagner, miteingeschaltet gewesen sein. In dem Briefwechsel Ludwig – Wagner findet sich aber kein Hinweis darauf. So ist es gut möglich, daß die Fälschungen in München entstanden. Zu dieser Zeit waren in der Pinakothek mehrere Vasenrestauratoren tätig, die Fehlstellen an den antiken Vasen stilsicher und täuschend »echt« ergänzen konnten. Ihnen wären auch solche »Schöpfungen« zuzutrauen. Außerdem war die Nymphenburger Porzellanmanufaktur unter der Leitung Friedrich von Gärtners schon seit Jahrzehnten geübt, »antikische« Vasen herzustellen. Es mag Zufall sein, aber in der Henkelform weichen die beiden Lola-Montez-Vasen von ihren antiken Vorbildern ab und ähneln sehr Produkten aus der Nymphenburger Fabrikation [ABB. 28].
Wie dem auch sei, eines steht fest: Als Lola von Ludwig griechische Vasen zur Dekoration ihres Hauses wünschte und glaubte, aus den königlichen Sammlungen auswählen zu dürfen, behielt Ludwig einen klaren Kopf – antike Meistervasen wurden nicht abgegeben, weder als Leihgabe noch als Schenkung. Da aber Lola anscheinend mit antiken Vasen zweiter Wahl nicht zufrieden war, ließ er passende, repräsentative Werke für sie herstellen. Ob dies Lola wußte oder sie im Glauben war, es seien Antiken, ist nicht zu entscheiden: Auf jeden Fall empfand König Ludwig auch im größten Liebestaumel die Schönheiten griechischer Vasenkunst als noch zu schön für seine Lola Montez: er gab Falsches für die Falsche.

»Der revolutionäre Fürst« Fürst Ludwig von Oettingen-Wallerstein

Christof Metzger

»Glänzend war der Morgen dieses Lebens. Von jubelnden Eltern, Canonensalven und Vivats begrüßt, trat der Knabe in die Welt, Erbe eines ruhmvollen Namens und eines reichsunmittelbaren Gebietes« – so oder so ähnlich trat Ludwig Kraft Ernst Karl von Oettingen-Wallerstein, Oettingen-Oettingen und Oettingen-Baldern (im folgenden kurz »Wallerstein« oder »der Fürst« genannt) am 31. Januar 1791 auf dem Stammsitz Wallerstein bei Nördlingen ins Leben, und mit diesen Worten kommentiert Wallerstein später selbst den ersten glänzenden Tag seiner schillernden Biographie.[1] Der Jubel der Eltern war berechtigt, hatte doch das junge Fürstentum gleich mit dem Erstgeborenen (von 11 weiteren Geschwistern) einen Erbprinzen. Daß der Stammhalter aber später, in einem »Köngreich Bayern« an der Seite seines Königs Ludwig (des Ersten – im folgenden kurz »Ludwig I.« oder »der König« genannt) als zweimaliger Minister eine der wichtigsten politischen Rollen spielen würde, daß sein ganzer Lebensweg im Mittelpunkt politischer und gesellschaftlicher Geschehnisse, stehen würde, die das ganze Königreich in seinen Bann zogen, damit hatte damals in Wallerstein wohl niemand gerechnet. Unabhängig aller spektakulären Höhen und Tiefen seiner Biographie, war es vor allem sein politisches Kalkül, das ihn bei seinen Zeitgenossen ebenso geachtet wie gefürchtet machte. Einem demokratischen Flugblatt von 1837 war er ein zweiter Herzog von Alba »so fein wußt' er die Fäden der von ihm geschaffenen politischen Inquisition auszuspinnen«[2]. Einen »Fuchs« oder »Mephistopheles« titulierte gelegentlich Ludwig I. seinen Minister und Vertrauten.[3] Seiner späteren Intimfeindin schließlich, der Gräfin von Landsfeld alias Lola Montez, war der Fürst – und zwar schon vor den Ereignissen des Februar/März 1848 »der gefährlichste Mensch auf der Welt«[4], dem sie einen »Kampf auf Leben und Tod«[5] erklärte, den schließlich beide verlieren sollten.

Zurück ins Wallerstein des Jahres 1791: Der Ausgangspunkt für eine Zukunft als regierender Fürst konnte günstiger nicht sein. Der Vater Kraft Ernst (1748–1802) war 1774 in den Reichsfürstenstand erhoben worden.[6] Über Erbgänge war bis 1800 zwischen Kurbayern, dem Herzogtum Württemberg und der Markgrafschaft Brandenburg-Ansbach ein ansehnliches Territorium angewachsen, dem ein glänzender Hofstaat in Wallerstein auch nach außen Glanz verlieh.[7] Kraft Ernst war ein besonderer Förderer der Musen und machte seinen Hof zum Anziehungspunkt von Musik- und Kunstliebhabern aus halb Europa. Über die Mutter Ludwigs, Wilhelmine Friedericke (1764–1817), eine Tochter des Herzogs Ludwig Eugen von Württemberg, war die fürstliche Familie mit dem späteren württembergischen Königshaus verschwägert und weiters mit dem Hochadel in Deutschland, Frankreich und Rußland.

Doch sollte Wallerstein nicht mehr unabhängiger Reichsfürst wie noch sein Vater werden. Seine Kindheit fiel zusammen mit dem Höhepunkt und der Ausbreitung der Revolution in Frankreich. Zweimal, 1796 und 1800 mußte die fürstliche Familie vor den durchziehenden französischen Truppen fliehen. Im Jahre 1802 starb plötzlich der Vater am Nervenfieber. Das Ende der Unabhängigkeit des ererbten Territoriums war angebrochen. Durch den Reichsdeputationshauptschluß von 1803 war das Fürstentum für seine linksrheinischen Gebietsverluste zwar noch mit den säkularisierten Klöstern Sankt Mang in Füssen und Heilig Kreuz in Donauwörth entschädigt worden; der Frieden von Preßburg aber erklärte Bayern am 1. Januar 1806 zum Königreich und die Mediatisierung setzte unter

1 Wallerstein im Januar 1841 an Eduard von Schenk (zit.n.: ZUBER 1983, S.289)
2 Zit.n.: ZUBER 1983, S.288.
3 S.: ZUBER 1983, S.300.
4 Lola Montez an Ludwig I., 27. 2. 1848; zit.n.: BW 1995, S.128f.
Lola Montez widmet dem Fürsten in ihren Briefen an Ludwig I. kaum mehr als wenige verächtliche Bemerkungen. Ihre »Memoiren« enthalten keine Informationen über ihr persönliches Verhältnis zu Wallerstein; siehe MONTEZ 1986. Eine der wenigen authentischen Äußerungen Wallersteins zu den Ereignissen von 1848/49 und Lola Montez liegt in einem Brief an Karl von Bayern vom 1. Mai 1862 vor, in dem – allein wegen der zeitlichen Distanz – er ein sicher ebenso verklärtes wie verunklärendes Bild überliefert. Der Brief im Fürstlich Oettingen-Wallersteinschen Archiv Harburg, VIII.15.6c-8, fol. 189-190 ist im Anhang veröffentlicht; siehe KAT.NR.11.84. Es scheint fast, als habe es Wallerstein in seinem Schriftverkehr genauso wie im persönlichen Umgang mit Lola Montez gehalten: sich durch Ablehnen jeder Berührung mit der Gräfin Landsfeld alias Lola Montez nicht zu desavouieren.
5 ZUBER 1978, S.236, Anm.18
6 Zu Fürst Kraft Ernst s.: Volker von Volckamer, Kraft Ernst Fürst zu Oettingen-Wallerstein 1748–1802: Landesfürst im Alten Reich, in: VOLCKAMER 1995, S.105ff

29 Eduard von Heuß: Ludwig Fürst von Oettingen-Wallerstein; 1848; Öl auf Leinwand; 110 x 100 mit Rahmen; Schloß Wallerstein; KAT.NR. 11.77

die Souveränität des Fürstentums einen Schlußstrich. Im Mai 1806 unternahm die Mutter einen letzten Versuch, den Verlust der Reichsunmittelbarkeit abzuwenden. Sie reiste mit ihrem 15jährigen Ältesten nach Paris, um in einer – schließlich gnädig gewährten – Audienz bei Napoleon vorstellig zu werden. Ohne Erfolg, nicht zuletzt deswegen, weil der junge Erbprinz aus tiefster »teutsche(r) Gesinnung«[8] den Eintritt ins französische Heer verweigerte. Mit dem Rheinbund vom Juli 1806 war das Schicksal des Fürstentums schließlich besiegelt. Der Besuch in Paris wäre nur Episode geblieben, wäre Ludwig dort nicht dem frisch gekürten bayerischen Kronprinzen Ludwig begegnet, der später sein Leben wesentlich bestimmen sollte. Dieser erste, frühe Kontakt war über die bloße physische Begegnung hinaus verbindend: Die beiden namensgleichen Prinzen trafen sich auch in einer gemeinsamen Anti-Frankreich-Haltung.

Die Folgen der Mediatisierung wurden für den weiteren Lebensweg des Fürsten richtungweisend. An der Spitze eines fürstlichen Hauses zu stehen bedeutete künftig, sich in juristischen Haarspaltereien mit der neuen bayerischen Ministerialverwaltung zu ergehen. 1808–1810 studierte Wallerstein auf der Universität Landshut bei Johann Michael Sailer und Carl von Savigny die Rechte. Für den Verlust seiner Feudalrechte wurde der Hochadel mit neu geschaffenen Kronämtern entschädigt, die den Inhabern nicht nur eine glänzende gesellschaftliche Stellung, sondern auch politische Mitbestimmung in der Ständeversammlung sicherten. Als zukünftiger Chef des größten standesherrlichen Hauses in Bayern wurde Wallerstein 1808 zum Kronoberhofmeister ernannt, der höchste Rang nach der königlichen Familie, der vergeben werden konnte. Verbunden war damit die Mitgliedschaft in der 1818 geschaffenen Ersten Kammer der Reichsräte, eine Verpflichtung, die der früh politisch interessierte Wallerstein nur zu gern wahrnahm. Schon allein aus seiner Position als einer der größten Grundherren fühlte er sich verpflichtet, dem Staatswesen zu dienen. Als 19jähriger bat er König Maximilian I. Joseph, ihn künftig als Diplomaten »auch in den Geschäften des Reichs zu gebrauchen«.[9] Seine politische Feuertaufe endete freilich in einem Debakel: 1810 reiste Wallerstein nach München, um im Finanzministerium persönlich die Verhandlungen um die Schuldenausscheidung des Fürstentums zu führen. Währenddessen richtete er sich – seinem Stande gemäß, wie er glaubte – in der Gesellschaft der Residenzstadt ein. Angesichts seines luxuriösen Lebenswandels und der chronisch leeren Kassen in Wallerstein mußte die Fürstin sogar ihren Schmuck veräußern und ließ schließlich ohne Umschweife ihren Sohn nach Wallerstein holen. In München war unterdessen der Ruf Wallersteins nachhaltig geschädigt: er galt als unbesonnen und ausschweifend.

Nach seinem 21. Geburtstag konnte Wallerstein am 1. Februar 1812 die deutlich eingeschränkten »Regierungsgeschäfte« seines einstigen Fürstentums übernehmen. In dieser Zeit reifte der Plan für seine großartigen Kunstsammlungen. Seinen ganzen Ehrgeiz legte er darein, die Sammlungen seines Vaters zu reorganisieren und die aus den aufgelösten Klöstern herbeigeschafften Bücher, Gemälde und anderen Kunstschätze zu ordnen. Im August 1811 unterzeichnete der junge Fürst die Gründungsurkunde des »Fürstlichen Musäums«, das die Bibliothek mit den wissenschaftlichen Sammlungen im Westflügel des Wallersteiner Schlosses, dem sogenannten Galeriebau vereinigen und zur »Bildung des Geistes« auch öffentlich zugänglich machen sollte.[10] Wallerstein scheute weder Kosten noch Mühen, um Meisterwerke der mittel-

7 1731 war mit dem Erlöschen der Fürstenfamilie Oettingen-Oettingen ein Großteil des alten Fürstentums an die Wallersteiner Linie gefallen; 1798 schließlich starb die gräfliche Linie Oettingen-Baldern aus, die wiederum von den Wallersteinern beerbt wurde.
8 Zit.n.: VOLCKAMER 1995, S.224
9 »Memoire« Wallersteins vom 12. 6. 1810; zit.n.: ZUBER 1983, S.290
10 VOLCKAMER 1995, S.231. Zu den Kunstsammlungen Wallersteins s.a.: Georg Grupp, Fürst Ludwig von Oettingen-Wallerstein als Museumsgründer, in: Jahrbuch des Historischen Vereins für Nördlingen und Umgebung 6/1915, S.73-110
11 S.: ZUBER 1983, S.53
12 Ludwigs Bruder Karl meinte einmal, daß einem bei der ganzen Geschichte »die Sinne vergehen« würden; s.: VOLCKAMER 1995, S.235
13 Zit.n.: VOLCKAMER 1983, S.247

alterlichen »altteutschen« Kunst zu erwerben, und 1817 nannte Goethe die Wallersteiner Galerie mit Fug und Recht in einem Atemzug mit den Sammlungen der Brüder Boisserée und Wallrafs. Der Aufwand für das Museum und andere Repräsentationsaufgaben führten schließlich zu derart desolaten finanziellen Zuständen der Hauptkasse, daß Wallersteins Brüder ihm 1821 die alleinige Verfügungsgewalt über das Fideikommiß entzogen und unter gemeinsame Verwaltung stellten. Mit dem Familienbesitz mußte Wallerstein auch seine Galerie an den nächstälteren Bruder abtreten, der sie dann bekanntlich 1828 an Ludwig I. verkauft hat.

Jenseits solcher Ambitionen auf fürstliche Repräsentation richtete sich das Handeln des Fürsten mehr und mehr auf sein politisches Engagement. In enger Verbindung mit Kronprinz Ludwig beteiligte er sich 1813 am Aufbau einer bayerischen Nationalgarde und erhielt selbst die Stellung eines Kreiskommandanten der Landwehr, die er erst 1831 niederlegte. Seit 1815 trat er als versierter politischer Taktiker im Stuttgarter Landtag auf, da er für die westlichen Gebiete seines Fürstentums auch Untertan des Königs von Württemberg war. Uneingeschränktes Lob seiner Standesgenossen erwarb er auch auf den ersten beiden bayerischen Landtagen von 1819 und 1822. 1822 wurde er denn auch zum Zweiten Präsidenten der Reichsrätekammer gewählt.

Die Karriere Wallersteins hätte also glänzend verlaufen können. Eine standesgemäße Heirat sollte seinen weiteren Aufstieg auch gesellschaftlich absichern. Schon 1812, kurz vor seiner Großjährigkeit, hatte er sich mit Amalia Gräfin von Hochberg, einer Tochter aus der zweiten (morganatischen) Verbindung des Großherzogs Karl Friedrich von Baden, verlobt. Die Hochzeit war für den August 1812 festgelegt, als die fürstlichen Kassen unter staatliche Zwangsverwaltung gestellt wurden. Im Januar 1813 erhielt Wallerstein in Karlsruhe das Großkreuz des badischen Ordens der Treue, bald wurde dort Unmut wegen seiner Untreue hinsichtlich des Heiratsversprechens laut. Er verwies auf seine nach wie vor mißliche finanzielle Lage, bis ihn der Bruder der Braut ultimativ mit einem Duell drohte – die Hochzeit kam schließlich nicht zustande.[11] 1819 fragte der Fürst bei seinen Brüdern an, ob sie eine nach Hausgesetzen unzulässige Eheverbindung dulden würden. Die Antwort blieben diese schuldig. Ganz unerwartet heiratete Wallerstein am 7. Juli 1823 Crescentia Bourgin (1806–1853), die 17jährige Tochter eines französischen Emigranten, der im fürstlichen Schloß Baldern als Hofgärtner angestellt war[12] – ein unerhörter Eklat im bayerischen Hochadel.

Die skandalöse Ehe zwang Wallerstein zum Verzicht auf alle Rechte des Familienfideikommisses zugunsten seines Bruders Friedrich (1793–1842). Schließlich verlor er seinen Sitz in der Kammer der Reichsräte und sein Amt als Kronobersthofmeister. In den folgenden Jahren lebte er zurückgezogen im Kloster Heilig Kreuz in Donauwörth, wo im August 1824 auch die Tochter Karoline geboren wurde. Königin Karoline von Bayern erklärte sich persönlich bereit, die Patenschaft zu übernehmen. »So glücklich war ich in meinem Leben noch nicht«[13] soll Wallerstein über die Zusage aus München gejubelt haben, hatte er doch infolge seiner Heirat nicht wenige Kränkungen seitens seiner Standesgenossen ertragen müssen. Im Herbst des Jahres erwarb Wallerstein das ehemalige Deutschordensschloß Reimlingen bei Nördlingen, dem bevorzugten Sitz der fürstlichen Familie.

Wallersteins leidige Lebenssituation änderte sich schon im folgenden Jahr. Am 13. Oktober 1825 starb König Maximilian I. Joseph, und noch

14 Zit.n.: ZUBER 1983, S.294
15 Zit.n.: VOLCKAMER 1995, S.243
16 S.: ZUBER 1983, S.296
17 Das Palais wurde 1861 zwangsversteigert und war von da an bis zum Abbruch in den 1920er Jahren im Besitz der Familie Maffei. 1929 wurde auf dem Grundstück (heute Meiserstraße 13) das Dienstgebäude der Evangelisch-Lutherischen Landeskirche erbaut; s.: VOLCKAMER 1995, S.247f.
18 Wallerstein hat Leutstetten 1843 seiner Tochter Karoline, als diese den Grafen Hugo Waldbott von Bassenheim heiratete, als Heiratsgut überlassen. Mit dem Zusammenbruch des Bassenheimschen Vermögens in den 1860er Jahren ging Leutstetten verloren; s.: VOLCKAMER 1995, S.251.
19 Zit.n.: VOLCKAMER 1995, S.244
20 Zit.n.: VOLCKAMER 1995, S.244
21 Zum Duell Wallerstein–Abel ausführlich: ZUBER 1978, S.193ff.
22 So jedenfalls kolportierte es der österreichische Gesandte; s.: ZUBER 1978, S.196, Anm.13.

am letzten Tag des Jahres erhielt Wallerstein von Ludwig I. das Kronamt zurück. Seine neuen Lebensumstände führten auch zu einem grundlegenden Wandel seiner politischen Wertvorstellungen. Loyalität gegenüber dem Monarchen und öffentliches Wirken für das Gemeinwohl wurden Wallerstein nun zum Ausgleich für die verspielte Stellung als Regent eines Fürstentums; eine ständische Verfassung sollte beide Leitbilder umsetzen helfen. Bei der Eröffnung des Landtages von 1827 erhielt Wallerstein wieder seinen Sitz in der Reichsrätekammer, und er zögerte nicht, seine politische Überzeugung und seine Königstreue öffentlich zu demonstrieren und Ludwigs liberale Reformvorschläge zu verfechten. Ludwig I. zeigte sich generös und ernannte Wallerstein 1828 »in Hinsicht auf seine guten Grundsätze, Kenntnisse und treue Anhänglichkeit an unsere Person«[14] zum Regierungspräsidenten des Oberdonaukreises mit Sitz in Augsburg. Über Ansätze einer erfolgreichen Politik kam Wallerstein in dieser Stellung nicht hinaus, denn schon zum Jahreswechsel 1831/32 berief ihn Ludwig I. zum Minister des Inneren. An Silvester 1831 erhielt er seine Ernennungsurkunde; »Ich bete zu Gott um Schutz für uns, für unsern König, für Bayern, für die Welt«, schrieb er noch in der Neujahrsnacht an seine Frau.[15]

Der König verwirklichte mit der Ernennung Wallersteins einen schon länger gehegten Plan. Im Kreise der übrigen vier Minister war der Fürst sicher die herausragende Persönlichkeit – nicht nur aufgrund seiner sozialen Stellung und seines Bekanntheitsgrades, sondern besonders im Hinblick auf seine parlamentarische Erfahrung und seine persönliche Nähe zum König. Wallersteins Eintritt in die bayerischen Regierungsgeschäfte fiel in eine Phase des Übergangs von liberalen Reformen zu einer konservativen Wende. Ausgelöst durch die Julirevolution des Jahres 1830 in Paris sah sich Ludwig I. ständiger umstürzlerischer Bedrohung ausgesetzt und zog sich ganz auf die aristokratische Komponente seines Königtums zurück und entwickelte sich schließlich zu dem berüchtigten autokratischen Pedanten. Wallerstein schien Ludwig in dieser Situation der richtige Mann, hatte jener doch sein monarchisches Denken und seine Loyalität gegenüber dem König mehrfach bewiesen.

Vor dem Hintergrund der konservativen Wende Ludwigs konnte Wallerstein seine Regierungszeit durchaus vorwärtsgewandt gestalten. In seine Amtszeit fielen die Verhandlungen für eine große Nord-Süd-Bahn von Leipzig nach Salzburg, der Baubeginn des Ludwig-Donau-Main-Kanals, das Bemühen um eine bayerisch-württembergische Gesellschaft für die Einführung der Dampfschiffahrt auf der Donau und nicht zuletzt der weitere Ausbau der Ludwigstraße.

Sein Regierungsprogramm legte Wallerstein in Form eines »politischen Glaubensbekenntnisses«[16] dar. Der Hauptgedanke war die Idee des »gemäßigten Fortschritts«. Der Staatsmann Wallerstein wollte Radikalen und Demokraten ebenso beherzt entgegentreten wie vorgeblichen »Freunden des Thrones und des Altares« auf der äußersten Rechten. Innenpolitische Schwierigkeiten begegneten dem Fürsten gleich in den ersten Monaten seiner Amtstätigkeit. Ende Mai 1832 versammelten sich in der bayerischen Rheinpfalz auf dem »Hambacher Fest« 30 000 Menschen, um die demokratische Umgestaltung Deutschlands zu initialisieren. Wallerstein mußte – um seines Amtes nicht verlustig zu gehen – Ludwigs Kurswechsel zu restriktiven Maßnahmen mit vollziehen. Dennoch gelang es ihm, indem er sich auf eine liberale Interpretation der bayerischen Verfassung berief, in dieser Lage einen »Weg der Mitte« zu beschreiten.

In seiner neuen Stellung als Minister fand der

Fürst endlich auch – nach langen Jahren der Verachtung durch seine Standesgenossen – gesellschaftliche Anerkennung. Seine Frau Crescentia war mittlerweile bei Hofe eingeführt und erfreute sich der besonderen Wertschätzung des Königs, der sie von Joseph Stieler für seine Schönheitsgalerie porträtieren ließ. In den dreißiger Jahren gelang der Erwerb eines ansehnlichen, direkt an den Königsplatz angrenzenden Palais in der Arcisstraße, das vormals Wohnsitz eines englischen Lords war.[17] 1834 konnte Fürst Ludwig Schloß Leutstetten oberhalb des Starnberger Sees erwerben, also ganz in der Nähe von Schloß Berg, das der König im Sommer bewohnte.[18]

Wallersteins anfänglich gutes Verhältnis zu Ludwig I. war bald erheblichen Schwankungen unterworfen. Seinen vorläufigen Tiefpunkt erreichte der sich anbahnende Konflikt während des Landtages von 1837, der für Wallerstein zur Nagelprobe zwischen seinem Verständnis einer idealen, nämlich liberalen Auslegung der Verfassung und seiner Treuebindung an den Monarchen werden sollte. Die beiden Ludwige entzweiten sich schließlich an der Frage, ob das Parlament über die Bewilligung von Steuern hinaus ein Recht auf Mitwirkung beim Staatshaushalt haben sollte. Der Minister stand auf seiten des Parlaments und damit gegen seine eigene Regierung und den König. »Zwingen lasse ich mich nicht«[19], schrieb der König und entließ am 4. November 1837, noch vor Ende des Landtages, Wallerstein kurzerhand aus dem Amt und degradierte ihn zum Staatsrat im außerordentlichen Dienst.

Damit war mit einem Schlag das mühsam aufgebaute Gebäude der Lebensverhältnisse des Fürsten erneut eingestürzt. Am 10. März 1838 wurde Wallerstein dann »in Folge administrativer Erwägungen« für immer aus dem Staatsdienst entlassen, man beließ ihm allein Standesgehalt und Titel. Nie zuvor war die Entlassung eines Ministers auf derart kompromittierende Art und Weise erfolgt, und selbst Wallersteins politische Gegner verübelten dies dem König. Wallerstein reagierte auf die demütigende Behandlung entsprechend. Der Generaladjudant des Königs, Konstantin Prinz zu Löwenstein-Wertheim, berichtete am 22. März seinem Neffen: »Louis Wallerstein, dessen Entlassung auf eine unerhörte Art stattfand, hat gestern zu unserer allgemeinen Freude dem König die Generalleutnantsuniform und die Pension von 3000 Gulden zu Füßen gelegt«.[20] Für den Wegfall seiner Bezüge erhielt die Haushaltskasse der Fürstin einen Zuschuß von immerhin 2000 Gulden von Prinz Karl, dem Bruder des Königs.

Wallersteins Nachfolger im Amt und als Vertrauter König Ludwigs, Karl August von Abel, ließ unterdessen die vorgeblich unregelmäßigen Finanzgebaren seines Vorgängers untersuchen und streute gezielt Gerüchte über große Fehlbestände in der Kasse. Wallerstein strebte verständlicherweise nach einer Entlastung von den unbewiesenen Vorwürfen der unlauteren Amtsführung. Als sich Abel am letzten Tag des Landtages von 1840 schließlich zu persönlichen Beleidigungen seines Vorgängers hinreißen ließ, forderte ihn Wallerstein zum Duell. Am Nachmittag des 11. April fand es unter höchst theatralischen Umständen beim Aumeister im Englischen Garten statt. Der Kriegsminister Anton Freiherr von Gumppenberg sekundierte Wallerstein, der Appellationsgerichtspräsident August Graf Rechberg dem Minister Abel.[21] Freilich hatte der König zur ausdrücklichen Vorbedingung gemacht, daß das Leben des Gegners nicht »zu gefährden oder zu vernichten« sei.[22] Abel selbst behauptete später einmal gegenüber dem König, daß die Pistolen vorsorglich nur mit

Papierpropfen geladen gewesen seien. Eine »beinahe komische Episode« resümierte denn treffend ein badischer Gesandter.[23] Jedenfalls war dem Ehrenkodex Genüge getan, ohne sich politischer Unannehmlichkeiten aussetzen zu müssen. Abel gab eine Ehrenerklärung für den Fürsten ab und entschuldigte sich mit den Anspannungen in den letzten Tagen des Landtags. Wallerstein zeigte sich gerührt, doch sollte er letztlich nicht vollständig rehabilitiert werden. Vor der Öffentlichkeit wurde er zum eigentlichen Antagonisten des Ministers Abel, »des Mannes, dessen furchtbare Hand zehn Jahre als wahre Verfolgungsgeißel auf mir gelastet«, wie Wallerstein an den König schrieb.[24]

Trotz aller politischer und persönlicher Diskrepanzen kam Wallerstein nicht umhin, immer wieder beim König um eine Wiederanstellung zu sondieren. Tatsächlich traten sie in konkrete Verhandlungen, bot sich für Ludwig I. doch damit eine Möglichkeit, Wallerstein längerfristig aus München zu entfernen.[25] Auf dem Landtag von 1843 gelang endlich wieder eine Annäherung zwischen dem König und seinem ehemaligen Innenminister. Ludwig nahm Wallerstein in Gnaden auf und ernannte ihn zum außerordentlichen Gesandten in London und Paris. Ein neuerlicher Eklat ereignete sich aber schon auf dem Landtag von 1846 – Wallerstein exponierte sich etwas zu sehr gegen die seiner Meinung nach einseitige katholisch-konservative Kirchenpolitik –, und Ludwig I. zögerte nun nicht länger, den Fürsten auf Dauer aus München zu verbannen. Im Juni erhielt er auf königlichen Befehl den Posten eines Gesandten in Paris. Am 1. Oktober 1846 trat Wallerstein sein hochdotiertes Amt an; im Frühjahr 1847 erreichte ihn in Paris dann auch die Nachricht von der Entlassung Abels.

Der Grund für Abels Sturz war bekanntermaßen die Weigerung, der skandalumwitterten Lola Montez das Indigenat zu gewähren, dem die Standeserhöhung in den Grafenstand folgen sollte. Die Affäre um die Tänzerin Lola Montez hatte sich seit jener denkwürdigen Audienz vom 7. Oktober 1846 längst von einer privaten Laune des Königs zu einer tiefen Vertrauenskrise in das monarchische Regierungssystem gewandelt. Nach wiederholter Weigerung des Staatsrats, Lola Montez das Indigenat zu verleihen, gab Ludwig kurzerhand die Anweisung. Karl von Abel, mit Recht konsterniert, bat um seine Entlassung, die Ludwig gerne gewährte. Mit Abel wechselte er in einem Anfall absolutistischen Monarchentums die gesamte politische Führungsspitze aus. Freilich war mit dem jesuitenfreundlichen Abel nicht nur der erbittertste Feind der Lola Montez aus dem Amt gedrängt – in ganz Bayern sollte eine neue liberale Zeit anbrechen. Das Ministerium, das auf Abel folgte, wurde von allen liberal Gesinnten als ein »Ministerium der Morgenröte« begrüßt, und das Kabinett des Protestanten Maurer und des erwiesenen Antiklerikalen Zu Rhein begann auch bald liberale Reformen in die Wege zu leiten, die unverhofft auf jene Maßnahmen hinführten, die bald als die »Märzerrungenschaften« des Revolutionsjahres 1848 gefeiert werden sollten. Der König verfolgte solche Initiativen freilich eher argwöhnisch. Am meisten sah er sich aber kompromittiert durch die Haltung Maurers hinsichtlich der Indigenatsverleihung an Lola Montez.[26]

Überglücklich über den Sturz des Rivalen Abel und angesichts des neuerlich liberalen Umschwungs in Bayern hielt es Wallerstein nicht länger in Paris. Mit Hilfe eines ärztlichen Attests erlistete er sich einen Kuraufenthalt in Kissingen und am Tegernsee. Er werde dort auch »nur dem Gesundheitszwecke leben«, setzte er seinem Antrag vorsorglich hinzu.[27] Mitte Sep-

23 Zit.n.: GOLLWITZER 1993, S.285, Anm.117
24 Zit.n.: VOLCKAMER 1995, S.255.
25 Wallerstein selbst glaubte später, der König wollte ihn durch den teuren Paris-Aufenthalt in den finanziellen Ruin treiben, um ihm die Teilnahme an den Landtagen in München unmöglich zu machen; Wallerstein an Karl von Bayern, 1.5.1862, fol. 189; s.: KAT. NR.11.84.
26 Maurer machte für seine Unterschrift unter die Urkunde zur Standeserhebung der Lola Montez zur Bedingung, künftig nicht mit der Gräfin Landsfeld verkehren zu müssen; s.: RAUH ^{2}1996, S.122.
27 Wallerstein trat seinen »Urlaub« am 2. August 1847 an; s.: ZUBER 1978, S.229.

tember erreichte den Fürsten die Einberufung zu einem außerordentlichen Landtag. Während seines Kuraufenthalts war Wallerstein schon mit Ludwig I. in Aschaffenburg zusammengetroffen und der Fürst reiste sicher nicht ohne mehr oder weniger konkrete Zusagen nach München. Gemeinsam mit seinem Vertrauten Franz von Berks soll er beim König auch kräftig gegen den längst in Ungnade gefallenen Maurer intrigiert haben.[28] Tatsächlich ging seiner Ankunft das Gerücht eines neuerlichen Ministerpostens voraus, und schon am 19. September, einen Tag vor Eröffnung des Landtags, berichtete der österreichische Gesandte dem Fürsten Metternich nach Wien, der in München eingetroffene Fürst sei zum neuen Außenminister bestimmt.[29] Lola Montez ahnte unterdessen Böses – vier Tage später schrieb sie an Ludwig, der Fürst erkläre bereits öffentlich, der König würde ihn zum Minister machen, und warnte ihn eindringlich vor den Intrigen Wallersteins.[30]

Die Gerüchte sollten recht behalten. Mit dem Schluß des Landtags waren die Tage des alten Kabinetts gezählt. Am 1. Dezember wurde dem Fürsten in einer neuen provisorischen Regierung das Ministerium des königlichen Hauses und des Äußeren sowie das vom Innenministerium abgetrennte Ministerium für Kirchen- und Schulangelegenheiten übertragen.[31] Er nahm als faktischer Ministerpräsident den ersten Rang vor seinen Kollegen von Beisler (Justiz), von Hohenhausen (Krieg), Heres (Finanzen) und Berks (Inneres) ein. Diese waren erfahrene Verwaltungsbeamte, aber auch nicht mehr. Wallerstein konnte seine Mitarbeiter zwar selbst wählen, doch war »der unvermeidliche« Berks unabänderlich vorgegeben.[32] Beide waren an sich ein eingespieltes Team, denn bis 1837 diente Berks dem damaligen Innenminister Wallerstein als engster Vertrauter. Innenminister Berks war aber bekanntermaßen längst ein Günstling der Lola Montez und bald machte die Rede vom »Lola-Ministerium«[33] die Runde.

Ludwig versprach sich von der Berufung Wallersteins durch dessen diplomatische Gewandtheit einen Ausweg aus seinen jüngsten Verstrickungen, auch wenn das persönliche Verhältnis beider nach wie vor getrübt war. Wallerstein war sich der prekären Situation durchaus bewußt und sagte selbst, es gleiche einem »politischen Selbstmorde«[34], in ein solches Kabinett einzutreten – eine Einschätzung, mit der er recht behalten sollte –, doch stellte er die Übernahme seines neuen Amtes als den selbstlosen Versuch dar, das Königtum zu retten.

Der Fürst hatte in seiner zweiten Amtszeit kaum zu mehr Gelegenheit, als den Grundstein zu einem Regierungsprogramm zu legen. So knüpfte er an die erfolgreiche Politik des Ausgleichs der Jahre 1832 bis 1837 an: Er stellte nach 17 Jahren strikter Zensur die Pressefreiheit in inneren Angelegenheiten her,[35] führte die Liberalisierung der Universität fort, forderte in der Mischehenfrage den Ausgleich mit Rom. Eine geschickt vertretene, energische Politik sollte nach dem Willen Wallersteins Bayern innerlich zur Ruhe kommen lassen, um ihm gleichzeitig nach außen, im deutschen Bund, neuen Einfluß zu gewinnen. Dazu sollten die 1847 begonnenen konstitutionellen Reformen fortgesetzt und neue Initiativen zu einer Umgestaltung der Bundesversammlung ergriffen werden. Insgesamt sollte die Politik des Kabinetts Wallerstein nationale Aspekte betonen, aber – unter den Zeichen des Vormärz – einen deutlichen Akzent auf eine föderative, großdeutsch orientierte Form des Zusammenschlusses legen.[36]

Hinsichtlich der Affäre Lola Montez war Wallerstein zunächst offenbar eher auf Schadensbegrenzung bedacht. Entschlossen wollte er

28 S.: RAUH ²1996, S.124
29 S.: ZUBER 1978, S.230 und VOLCKAMER 1995, S.255
30 S.:BW 1995, S.78 (23. 9. 1847) und S.82 (1. 10. 1847)
31 Die Abkoppelung war am 1. Januar 1847 wohl auf Drängen von Lola Montez erfolgt; s.: RAUH ²1996, S.99.
32 Wallerstein an Karl von Bayern, 1.5.1862. fol. 190; s.: KAT.NR.11.84
33 Zit.n.: VOLCKAMER 1995, S.256
34 Wallerstein in einem Brief an Cotta, 2.7.1862; zit.n.: ZUBER 1978, S.233 und ZUBER 1983, S.302
35 Lola Montez beklagte sich darüber heftig beim König; Nutznießer der neuen Politik sollten nämlich ihre Gegner werden, die jetzt gänzlich ungeniert auf die mit ihr verbundenen Mißstände hinweisen konnten. Lola Montez an Ludwig I., 15. 2. 1848; zit.n.: BW 1995, S.104f.
36 Zum Regierungsprogramm Wallersteins siehe ausführlich: ZUBER 1978, S.232ff. und zusammengefaßt ZUBER 1983, S.302

den König vor Erörterungen in Schutz nehmen, denen dieser aus einem »höchst zarten Motive« – dem Verhältnis zu Lola Montez – aus dem Weg gehen wollte.[37] Wallerstein selbst versuchte sich als Edelmann (wie viele andere bessere Münchner) nicht durch den Verkehr mit der Gräfin Landsfeld zu kompromittieren, ohne dabei freilich den überempfindlichen König zu brüskieren.[38] Selbst einer Einladung zum Festkommers »ihrer« Studentenkorporation, den Alemannen, versuchte er erfolgreich durch eine vorgeschützte Krankheit zu entgehen.[39] Höchst prekär mußte da das Verhalten des Innenministers Berks erscheinen. Dieser verkehrte öffentlich und regelmäßig mit Lola Montez und hatte sich so längst vor aller Augen diskreditiert und zum Gegenstand des tiefsten Volkszorns gemacht. Unbeirrbar trat Wallerstein gegen die Launen der Freundin des Königs auf. Den französischen Gesandten nahm er ebenso vor ihren Eskapaden in Schutz, wie er die Ausweisung eines polnischen Grafen aus ihrem Gefolge verfügte, bevor dieser weiteres Unheil stiften konnte.[40] Bald holte Wallerstein auch in England die nötigen Informationen über die wahre Identität der Lola Montez ein, um – mit Rücksicht auf Ludwig I. – die Indigenatsverleihung als juristisch unwirksam darstellen zu können.[41] Ihren emotionalen Höhepunkt erreichte die Lola-Krise, als die Hartnäckigkeit des Königs Wallerstein im Ministerrat – zum allgemeinen Befremden – in Tränen ausbrechen ließ.[42]

Zum vorläufigen Fanal der allgemeinen Unruhe in München wurden die Begräbnisfeierlichkeiten für Joseph von Görres, dem am 31. Januar 1848 verstorbenen Vordenker der ultramontanen Gesinnung. Mit einem Fackelzug wollten katholisch gesinnte Studenten den Verstorbenen ehren. Vom Rektor und der Polizei zunächst erlaubt, wurde er drei Tage später wieder verboten. Die Konservativen sahen sich an einer politischer Manifestation gehindert. Die Studenten protestierten gegen die ständigen Provokationen der Lola-treuen »Alemannen«, einem Häufchen von kaum mehr als 20 Studenten, gegen den König und seine Mätressenwirtschaft; der Aufruhr innerhalb der Universität übertrug sich auf die Stadt. Das Bürgertum machte seinem Unmut über willkürliche Polizeimaßnahmen dadurch Luft, daß es sich den Anliegen der Studentenschaft anschloß und der Gräfin Landsfeld alias Lola Montez jeglichen Aufenthalt in der Öffentlichkeit durch sofortige Zusammenrottung verleidete. So verflossen in den ersten Februartagen des Jahres 1848 die Grenzen zwischen konservativer Zielsetzung und liberalen Forderungen, zwischen moralischer Entrüstung und politischer Unzufriedenheit.[43] Rektor Friedrich Thiersch und Minister Wallerstein versuchten die aufgebrachte Studentenschaft zu beschwichtigen, doch gab sich Ludwig I. damit nicht zufrieden. Der König drohte die Schließung der Universität an und befahl für alle Unruhestifter drakonische Strafen.

Am 9. Februar, abends um 18.30 Uhr machte Ludwig I. seine Drohung wahr und ließ die Universität schließen. Wallerstein sollte den Schließungsbefehl vollziehen, sah aber einen Punkt erreicht, wo er der Willkür seines Monarchen den Gehorsam verweigern mußte. Er sagte ihm unverblümt die Meinung über Lola Montez und das Unheil, in das sie den König und das ganze Land stürzen würde und bat schlußendlich mit den bekannten Worten um seine Entlassung: »Die von Ewp[Euer Königlichen Majestät] beschlossene Vorkehrung ist so furchtbar ernst, sie wälzt so namenloses Unglück über Tausend biedere Familien, sie greift so tief in die ganze Zukunft von 1600 Jünglingen, so verwundend in

37 Schriftwechsel zwischen dem 14. Oktober und 14. November 1847; s.: ZUBER 1978, S.231
38 Wallerstein an Karl von Bayern, 1.5.1862, fol. 190; s.: KAT.NR.11.84
39 S.: ZUBER 1978, S.236
40 Zu dem »famosen Polen«, wohl einem Eustach Karwawski, s.a.: Wallerstein an Karl von Bayern, 1.5.1862, fol. 190; s.: KAT.NR.11.84
41 Schon öfter waren Zweifel an der spanischen Herkunft der Lola Montez laut geworden; s.: RAUH ²1996, S.112f.
42 S.: ZUBER 1978, S.241, Anm.30
43 S.: ZUBER 1978, S.240
44 Zu diesem Brief s.a.: ZUBER 1978, S.241
45 Zit.n.: RAUH ²1996, S.132f.
46 In einem anonymen Handschreiben an Wallerstein; s.: ZUBER 1978, S.242
47 Zit.n.: ZUBER 1978, S.242
48 In diesem Wortlaut überliefert in: DESCHLER 1848; danach auch MONTEZ 1986, Bd.2, S.1635 und RAUH ²1996, S.134

den ohnehin arg erschütterten Erwerb der hiesigen Bürgerschaft, sie vermengt überdieß in so unglaublichen Grad Schuldige mit Schuldlosen daß käme sie wirklich zum Vollzuge ich an sie und an ihre Folgen namentlich gegenüber des nächsten Landtages nicht ohne Schauder denken könnte. [...] Ich vermochte Ewp zu nützen solange es galt zu beschwichtigen u[nd] Bahnen des Friedens zu ebnen. Mein Arm wird leider unbrauchbar gegenüber des Verhängnisses, welches Ewp zu erfassen u[nd] von Gewaltschritt zu Gewaltschritt zu drängen scheint« [KAT.NR. 11.39].[44]

Am folgenden Tag, dem 10. Februar, einem Donnerstag, sollten sich die Ereignisse überstürzen: morgens um 9 Uhr erfuhren die Studenten von Ludwigs Order. Fassunglos marschierten sie zum Haus des Rektors Thiersch, der sie in einer Rede ermahnte, Ruhe zu bewahren. Dann ging es in die Neuhauser Gasse, vor das Ministerium Wallersteins. Dort kam es zu einer Sympathiekundgebung für den Fürsten, die von der Gendarmerie unter Blutvergießen auseinandergetrieben wurde. Ein Zeitzeuge berichtete: »So ging es über den Karlsplatz durch die Neuhausergasse bis vor das Gebäude der Akademie (das ehemalige Jesuitencollegium), wo sich das Amtslokal des Cultusministeriums befindet, um die gleiche Ehre, wie dem Rektor [Thiersch], auch dem Fürsten von Wallerstein zu erweisen. Etwa 800 Studenten und ungefähr die gleiche Zahl Zuschauer (unter diesen auch der Referent) mochten sich hier versammelt haben. Kaum war das erste Vivat erschollen, niemanden war das mindeste Leid geschehen, die öffentliche Ordnung nicht im Mindesten gestört, oder eine Störung auch nur in Aussicht gestellt, als Hauptmann Bauer von Breitenfeld (dessen Name in Bayern, wie in der Pfalz ›Melac‹ und in Hamburg ›Davoust‹, vielleicht einst noch als Hundsname in der Geschichte fortleben wird), an der Spitze von 20 bis 25 Gendarmen, zwischen der Sankt Michaelskirche und dem Mauthgebäude hervorstürzte, sogleich einem der seinigen die Pike aus der Hand riß und einem harmlos in dem Vorplatz des Gebäudes, wohin er sich zurückgezogen, stehenden jungen Manne mit derselben (wir konnten nicht unterscheiden, ob in den Hals oder Kopf) stach, so daß er besinnungslos niederstürzte und weggetragen werden mußte.«[45]

In den folgenden Stunden entwickelte sich ein Machtkampf zwischen dem König, seinem Herrscheranspruch und der Stadt; nachmittags versammelten sich über 1000 Bürger und Studenten im Rathaus. Man beschloß, eine Deputation zum König zu schicken, um die Wiederöffnung der Universität zu erwirken. Abends zog die Delegation in Begleitung von 2000 Bürgern zur Residenz. Ludwig lehnte einen Empfang der Abordnung brüsk ab. Eine Dame von Adel, die nicht genannt werden wollte, regte bei Wallerstein an, die Aristokratie solle jetzt nicht beiseite stehen und sich ebenfalls bei Hofe einfinden.[46] Reichsrat Karl Fürst zu Leiningen hielt es für geraten, Gerüchte von einem Rücktritt Wallersteins und der baldigen Abreise der Lola Montez zu verbreiten. Im Einvernehmen mit Wallerstein wirkte er auf Berks ein, dem einzigen, der beim König noch Gehör fand, bei Ludwig »einen bestimmten Entschluß herbeyzuführen« [47]. Ludwig gab noch am Abend des 10. ein bißchen nach, am 11., nach der Stürmung des Palais Montez ganz: Lola mußte München verlassen, der Schließungsbefehl der Universität wurde aufgehoben, die »Alemannia« war aufzulösen. Der Bürgermeister verkündete den jubelnden Bürgern »Niemand ist mehr zwischen König und Volk!«[48] und Wallerstein, der der Bürgerschaft die Nachricht überbrachte, wurde unter großem

30 Ludwig Fürst von Oettingen-Wallerstein; 1830; Lithographie von Franz Hanfstaengl; 38 x 26,5; MStM, Graphiksammlung, Inv.Nr.: M II 1726

Jubel auf Händen aus dem Rathaus getragen. Die ungemeine Popularität des Fürsten in den Februartagen des Jahres 1848 belegt das bekannte Flugblatt mit dem »Engelssturz« der Lola Montez, denn der Erzengel, der Lola samt ihrer »Alemannen« in den Höllenschlund stürzt, trägt unverkennbar die Züge Wallersteins [KAT.NR. 11.38; ABB. 30 und 31].

Der Fürst wollte sich unterdessen nicht im Beifall der Öffentlichkeit sonnen, denn schon machte sich auch ängstliche Besorgnis über seine Zukunft breit. »Wie er sich freilich mit dem König stellen wird ist freilich eine andere Frage. Ich glaube nicht an seine lange Dauer«, meldete der österreichische Gesandte.[49] Ludwig I. ließ sich zwar nichts anmerken, schob Wallerstein aber die Schuld an seiner Erniedrigung zu. Lola Montez agitierte zwischenzeitlich aus ihrem Lindauer Exil kräftig gegen Wallerstein, warnte Ludwig aber eindringlich vor einer Entlassung des Fürsten. Statt dessen schlug sie vor, ihren Günstling, den Grafen von Poninsky als Mittelsmann bei Wallerstein einzuschleusen.[50] Doch an Ludwigs Entschluß war nicht mehr zu rütteln – am 14. Februar teilte er Lola quasi als Geburtstagsgabe mit, er werde den Fürsten entlassen.[51]

Lola Montez war vertrieben, da richteten sich die weiteren Aktivitäten des Fürsten auf ihren Günstling Berks. In der Öffentlichkeit stellte Wallerstein sich schützend vor seinen Kollegen; Bischof Richarz aus Augsburg ermunterte ihn sogar, darin fortzufahren, um den König nicht noch weiter zu irritieren. Ganz anderer Meinung war da Fürst Leiningen, der sich in einem Brief an Wallerstein auf den Volkswillen berief: »Minister V(erweser) v. Berks ist so unwiederruflich von der öffentlichen Meynung gebrandmarkt, seine Handlungsweise vor, während und nach der Katastrophe vom 11ten so zweydeutig und verwerflich, daß ich es nach meiner Ansicht für bedenklich, ja unthunlich halte, daß Ehrenmänner wie Du und Deine Collegen irgend länger mit ihm zusammen in einem Ministerium dienen können«.[52]

In der Öffentlichkeit artikulierte sich unterdessen die Diskussion um die Beseitigung der Hinterlassenschaften der Lolazeit in einer Flut von Flugschriften, wo nach den üblen Erfahrungen mit der Gendarmerie Polizeireformen gefordert wurden, gegen Berks polemisiert wurde, politische Garantien gefordert wurden, die ähnliche Vorgänge wie die eben überstandenen verhindern konnten. Da verbreiteten sich Anfang März in München die Nachrichten von der Februarrevolution in Paris. Eine Wiederholung der Situation vom Februar schien unausweichlich, nun aber unter politischem Vorzeichen. Die Erregung in München steigerte sich mehr und

mehr, man beriet, angeregt durch die Pariser Ereignisse, in Versammlungen Petitionen für ein konstitutionelles System und zögerte auch nicht, diesen Forderungen durch bewaffnete Demonstrationen Nachdruck zu verleihen.
Wallerstein war überzeugt, nun seine Position festigen zu müssen, um dem gemäßigten Fortschritt den Weg ebnen zu können. Unter der Studentenschaft und den Künstlern förderte er den Willen, sich in Freikorps zu sammeln, und tatsächlich entwickelten sich beide in den Märztagen zu einer wirkungsvollen Ordnungsmacht.[53] Jetzt distanzierte er sich auch öffentlich von Berks, den der König schließlich am 2. März als Innenminister entließ. Zusammen mit Leiningen setzte Wallerstein seine Unterschrift unter die Forderung der über 15 000 Münchner vom 3. März, doch was er am 4. März bekannt geben konnte, waren nur halbe Maßnahmen: Einberufung der Stände auf den 31. Mai und Neuwahl der Abgeordneten ohne das Ausschließungsrecht der Krone. Die Enttäuschung der Bürger war verständlich und machte sich im Zeughaussturm Luft. Die vor dem Zeughaus versammelte Menge sprach Wallerstein mit den Worten an: »Wäre ich nicht Minister, ich würde in ihren Reihen stehen«.[54]
Angesichts der angespannten Lage in Bayern ging Wallerstein am 5. März aufs Ganze. »Der extreme Augenblick ist gekommen« leitete er sein Schreiben an den König zum Entwurf der Märzprokalamtion ein. »Ganz Teutschland durchzieht eine Bewegung, deren riesenhafter Gewalt sich keine menschliche Kraft zu widerstehen vermag. In diesem ungeheuern Momente hängt Bayerns Wohl, ja die Existenz der Dynastie von einem raschen grosartigen Entschluße ab« [KAT.NR .11.80].[55]
Wallerstein unterbreitete dem König den Entwurf zu einer Proklamation, in der versprochen

31 »Der Engelsturz 11 Febr. 1848«; 1848; Lithographie von Franz Seitz; 39,2 x 34,3; MStM, Graphiksammlung

wurde, den Bürgerwillen aufzugreifen und Bayern zu einer modernen konstitutionellen Monarchie auszubauen. Der Entwurf Wallersteins wurde am folgenden Tag vom Kronrat angenommen und sofort publiziert [KAT.NR. 11.82]. Wallerstein war sich sicher, mit der Proklamation »den Nachhall der Lolaperiode mit Einem Schlage zu Grabe« getragen zu haben und seinen König »mit einer weit über Bayerns Gränzen hinaus stralenden Glorie zu umgeben, ohne das jungfräuliche Wechselverhältniß zwischen dem bayerischen Volke und seiner bald tausendjährigen Herrscherfamilie ganz unnöthigerweise duch eine Blutlache zu besudeln«.[56] Tatsächlich schlug mit Bekanntwerden der Märzproklamation die Stimmung in allgemeine Begeisterung für Ludwig I. um. Der König aber sah vor allem, daß er zu Zugeständnissen gedrängt wurde, die seiner Auffassung vom Königtum widersprachen, und

49 Zit. VOLCKAMER 1995, S.256.
50 Lola Montez an Ludwig I., 23. 2. und 25. 2. 1848; zit.n.: BW 1995, S.120 und 122
51 Lola Montez an Ludwig I., 14. 2. 1848; zit.n.: BW 1995, S.101; Ludwig kündigt die Entlassung an, nachdem die Studenten in den Ferien seien, um neuerlichen Aufruhren vorzubeugen.
52 Zit.n.: ZUBER 1978, S.243
53 S.: ZUBER 1978, S.246; s.a.: MONTEZ 1996, S.1657
54 Zit.n.: ZUBER 1978, S.245
55 Fürstlich Oettingen-Wallersteinisches Archiv Harburg VIII.15.6c-11, fol. 8-10
56 Wallerstein an Karl von Bayern, 1.5.1862, fol. 190; s.: KAT.NR.11.84

er war alles andere als willens, die zugestandenen Verpflichtungen auch einzulösen.
Mit der Märzproklamation war das Schicksal Wallersteins, von dem sich der König so verraten fühlte, besiegelt: »Am 11. März früh 9¼ Uhr wurde ich aus dem Ministerio buchstäblich mit dem Befehle fortgejagt, binnen 7/4 Stunden meine beiden Bureaux geräumt zu haben«, schrieb Wallerstein Jahre später über seine Entlassung [KAT.NR.11.84].[57] Mit ebenso großer Bitterkeit ließ sich Ludwig I. anderntags über Wallerstein aus. Er sei der Hauptschuldige unter den Ratgebern, die ihn zur Unterschrift der Proklamation quasi gezwungen hätten, der Rädelsführer unter den »schlimmen Aristokraten«, die ihm den Thron verleideten[58]. Wallersteins Besuch beim Kronprinzen in Würzburg Ende 1847 sah er als Indiz für dessen Pläne, ihn, den König, abzusetzen. Lola Montez bestärkte ihn in dieser Ansicht. Der Fürst sei Ludwigs Verderben und wolle Maximilian zum König machen, da er auf diesen noch größeren Einfluß ausüben könne – »Unter ihm würde Wallerstein der wirkliche König werden, der wirkliche Metternich«[59]. Insgeheim, so glaubte Ludwig, habe Wallerstein die Volksbewegung sogar begünstigt und geleitet.[60]
Am 10. März konnte er Lola nicht ohne Behagen mitteilen: »Prinz Wallerstein ist nicht mehr Premierminister. Sein Fall kam genau einen Monat nach der Katastrophe, die Dir passiert ist. Es war der 11. Februar«.[61]
Noch am Tag vor seiner Entlassung beklagte sich Wallerstein in einem Gespräch mit dem Staatsrechtler Johann Kaspar Bluntschli, Ludwig könne in seiner »Monomanie« nicht einsehen, »daß in der alten Form und mit der alten Willkür nichts mehr geht«.[62] In einer Erklärung vom 24. März rechtfertigte Wallerstein sein Verhalten mit dem schwierigen Mittleramt, das er zwischen der uneinsichtigen Haltung des Königs – dessen mittlerweile erfolgte Abdankung habe diese offengelegt – und den so weit divergierenden Ansichten des Landes hätte wahrnehmen müssen. Jetzt kämen Vorwürfe von allen politischen Lagern: die einen beklagten, Wallerstein habe durch seine Beschwichtigungsversuche die Staatsmacht geschwächt, die anderen bemängelten, er sei nicht energisch genug vorgegangen. Wallerstein hatte sich zwischen alle Stühle gesetzt und selbst sein früherer Parteigänger Leiningen distanzierte sich jetzt von ihm. Der Fürst war sich bewußt, daß allein ihm das Verdienst gebührte, zu einem Zustandekommen der Konzessionen beigetragen zu haben, »ohne daß auch nur ein Tropfen Blut vergossen, ohne daß auch nur der geringste Gewalt-Akt gegenüber der oft mehr als ungestümen Volksmassen verübt worden wäre«.[63] Allein die Schüsse von Berlin und Wien bestätigten seine Worte.
Anteilnahme für seine Entlassung wie 1837 oder Verständnis für seine Ausgleichspolitik konnte der Fürst diesmal freilich nicht erwarten. Argwöhnisch wurde registriert, das Wallerstein nach seiner Entlassung weiterhin im Außenministerium verkehrte. Schließlich beschuldigte man ihn, als Anstifter hinter den neuerlichen Unruhen vom 16. und 17. März zu stehen, die den König schließlich zwangen, das Indigenat für die Gräfin Landsfeld zurückzunehmen. Ausgerechnet der Reichsrat Karl Fürst von Wrede, ein alter Erzfeind Wallersteins, beschuldigte den Fürsten in einem Zeitungsartikel, den Schießbefehl vom 4. März erteilt zu haben.[64] Attacken gegen Wallerstein häuften sich, bis schließlich der völlig überraschende Thronverzicht Ludwigs am 20. März die Aufmerksamkeit auf sich zog.
Nochmals zurück zur Entlassung Wallersteins am 11. März: Den Tag nach seinem Sturz verbrachte Wallerstein mit Bluntschli. Dieser fand ihn »tief verwundet« über die Art und Weise, wie

57 Wallerstein an Karl von Bayern, 1.5.1862, fol. 190; s.: KAT.NR.11.84
58 Zit.n.: ZUBER 1978, S.248
59 Lola Montez an Ludwig I., 27. 2. 1848; zit.n.: BW 1995, S.128f.
60 Den Aufruhr habe Wallerstein bewußt, so berichtete der preußische Gesandte, in seine Taktik um die Entfernung der Gräfin Landsfeld eingesetzt; s.: ZUBER 1978, S.249.
61 Zit.n.: BW 1995, S.139
62 Zit.n. ZUBER 1978, S.249
63 Erklärung vom 24. 3. 1848; zit.n.: ZUBER 1978, S.249

er tags zuvor aus dem Ministerium gejagt worden sei. »Seine sehr schöne Frau [...] machte ihm Vorwürfe über seine Gutmütigkeit, seinen Eifer den Anderen zu raten. Sie empfahl ihm, doch endlich diese undankbare Politik fahren zu lassen und in ruhigem Behagen zu leben«.[65] Doch es war nicht Wallersteins Sache, sich grollend zurückzuziehen. Zunächst schien es, er fände bei König Maximilian II. ein offenes Ohr. Der neue König holte ernstliche Erkundigungen ein, ob Wallerstein als Minister weiterhin tragbar wäre. Wallerstein wurde von Maximilian zu verschiedenen politischen Gutachten konsultiert, bis der neue Innenminister Thon-Dittmer diese Art von »unverantwortlicher Nebenregierung« unterband.[66]

Sein neues Wirkungsfeld fand Wallerstein im Frühjahr 1848 in der Publizistik. In Zeitungen und Flugschriften suchte er weitere Kreise für seine Vorstellungen eines großdeutschen Bundesstaats unter Österreichs Führung zu interessieren. Am 23. März 1848, dem Tag, als Bruder Karl, auf die letzten Feudalrechte verzichten mußte,[67] verfaßte Wallerstein als sein neues »Glaubensbekenntnis« die Verse »Deutschlands Erwachen«, in dem er das Recht Deutschlands einforderte, »Ein Volk zu sein« [KAT.NR. 11.93].[68] Unterdessen engagierte er sich auch bei der Gründung einer »liberal-konservativen Partei«, die unter der Federführung Bluntschlis und mit anderen gleichgesinnten, fortschrittlichen Standesherren wie den Fürsten Leiningen, Hohenlohe und Schönborn sowie Wallersteins Schwiegersohn, dem Grafen Hugo von Bassenheim, entstehen sollte. Über rein organisatorische Anfänge kam Wallersteins politische Gruppierung aber nie hinaus.[69]

Als sich am letzten Augustwochenende 1848 in Nördlingen mehr als 12000 Teilnehmer bayerischer und württembergischer Volksvereine trafen, kam auch Fürst Ludwig aus Reimlingen dazu – nicht ohne sich vorher ausbedungen zu haben, den Grundsatz der konstitutionellen Monarchie ins Programm aufzunehmen.[70] Der Innenminister meinte, daß nach diesem Auftritt den Räten der Krone jeglicher Umgang mit Wallerstein unmöglich gemacht worden wäre.[71] Im November 1848 trat Wallerstein dem Nördlinger Volksverein bei. Im Juni des folgenden Jahres setzte er den Schlußstrich unter sein bisheriges Wirken und seine Herkunft, indem er sein Kronamt niederlegte. Die Reichsrätekammer brach daraufhin von sich aus jeglichen Kontakt zu dem »revolutionären Fürsten« ab.[72] Bei den Wahlen im Herbst 1849 wurde er als Kandidat der Demokraten aufgestellt und als Abgeordneter für das oberfränkische Lichtenfels in den Landtag gewählt, dem er bis 1856 angehörte.

»Man nennt mich ›Fürsten Proletarier‹, verkündete er bei einer Wahlversammlung in Neuburg am 24. Juli 1849. »Ich bin stolz auf diesen Titel, denn wer kennt besser die Not des Volkes als der Proletarier?«[73] Politisch näherte sich Wallerstein dem Lager der »gemäßigten Demokratie«, die eine Volkssouveränität nur bedingt zulassen wollte und eine republikanische Staatsform ablehnte. Gesellschaftspolitisch machte er sich zum »Anwalt des vierten Standes und der Proletarier« und kämpfte für eine liberale Reform der Sozialverhältnisse.[74] Freilich hatte schon allein wegen der Mehrheitsverhältnisse im Landtag der Einsatz der linken Fraktion Wallersteins keinerlei Erfolgsaussichten.

»Schande auf seinen Namen«[75] war der letzte Kommentar der Lola Montez zu Wallerstein – in der Tat waren denn die letzten Lebensjahrzehnte Wallersteins gezeichnet von Erniedrigungen und Schicksalsschlägen. Die prekäre Finanzlage, in der sich der Fürst seit 1823 chronisch befand, führte schließlich zur Kata-

64 S.: ZUBER 1978, S.251
65 Zit.n.: ZUBER 1978, S.250
66 S.: ZUBER 1983, S.303
67 S.: KESSLER 1939, S.38ff. Karl von Oettingen-Wallerstein (1796–1871) hatte seit 1842 die Vormundschaft über die Kinder seines verstorbenen Bruders Friedrich.
68 Fürstlich Oettingen-Wallersteinische Kunstsammlungen Harburg, Vitrine zu Ludwig von Oettingen-Wallerstein
69 Zu der geplanten Parteigründung s.: ZUBER 1978, S.258ff. und ZUBER 1983, S.304
70 Am 13. September 1848 berichtete Ludwig aus Berchtesgaden Lola Montez darüber: »Prinz Wallerstein hat aktiv an einer öffentlichen Versammlung in Nördlingen teilgenommen und wie ein Demagoge gesprochen. Ich bin froh, daß ich ihn aus dem Ministerium geworfen habe, bevor ich abgedankt habe«; zit.n.: BW 1995, S.234.
71 S.: VOLCKAMER 1995, S.259
72 Zit.n.: ZUBER 1978, S.283
73 Zit.n.: KESSLER, S.286
74 S.: ZUBER 1983, S.304f.
75 Lola Montez aus London an Ludwig I., 6. 6. 1849; zit.n.: BW 1995, S.324 – oder meinte Lola in einem Verhör in New York 1858 mit der »Strohpuppe von einem Premierminister« (zit.n.: RAUH ^{2}1996, S.205) den Fürsten Wallerstein?

strophe. 1853 starb plötzlich seine Frau. 1857 schloß er eine zweite Ehe mit Albertine von Larisch-Münich (1819–1900). Die vermögende Albertine sollte sein finanzieller Rettungsanker sein; wohlweislich konnte diese aber nicht ohne Genehmigung ihres Bruders über ihr Vermögen verfügen. 1861 war der Konkurs unvermeidbar. Der 71jährige Fürst wurde in Schuldhaft genommen. Nach einem Jahr wurde ihm ein Kuraufenthalt gewährt, den er schließlich nutzte, sich ins Ausland, zu seiner Tochter Karoline von Waldbott-Bassenheim nach Luzern, abzusetzen. Deren Familie hatte bereits 1860, nach dem Bassenheimschen Konkurs, in die Schweiz ins Exil gehen müssen. In Luzern sollte es zu einer letzten, höchst merkwürdigen Begegnung des alten Fürsten kommen. Durch seine Tochter Karoline bekam Wallerstein bald Zugang zum Kreis um Richard und Cosima Wagner, die seit 1866 (Cosima seit 1868) ein Landhaus in Triebschen bei Luzern bewohnten. Karoline erschien Richard Wagner »ehrwürdig und heilig«, da sie 1870 seiner Trauung beiwohnte und, neben Ludwig II., Patin seines Sohnes Siegfried war.[76] Dem alten Fürsten schrieb Cosima Wagner zu seinem letzten Geburtstag 1870 ein Gedicht, das ihre Tochter Daniela vortrug und das ihn zu Tränen gerührt haben soll.[77] Beide, Wallerstein und Wagner, verband aber auch eine eigentümliche Treue zu einem bayerischen König, die ihr ganzes Leben ausgefüllt hatte – Wallerstein zum ersten Ludwig, Wagner zu dessen Enkel, dem zweiten Ludwig. Und noch mehr: Alle drei, Wallerstein, Cosima und Richard, waren in ihrem Leben einmal mit Lola Montez in Berührung getreten – Wallerstein in München als einer ihrer erbittertsten Feinde; Cosimas Vater, Franz Liszt, 1844 in Dresden als einer ihrer stürmischen Verehrer; Richard, der in Dresden weit weniger von Lola Montez angetan war als sein späterer Schwiegervater, als ihr legitimer Sukzessor bei Ludwigs Enkel – ganz München kannte denjenigen, der Ludwig II. in den Ruin zu stürzen drohte, nur als »Lolus« oder »Lolotte«.[78] Die letzten Jahre des Fürsten waren nicht nur erfüllt von wenigen Zerstreuungen gesellschaftlicher Natur oder der Sorge für seine Angehörigen. Zwecks »Verjüngung durch erneute geistige Tätigkeit« beschloß er, seine Memoiren in Angriff zu nehmen.[79] Von Luzern aus betätigte sich Wallerstein auch weiter als Publizist der großdeutschen Sache, und von Luzern aus mußte er auch den preußischen Weg zur kleindeutschen Lösung mitansehen. Mit 79 Jahren, am 22. Juni 1870, verstarb Wallerstein in Luzern, übrigens auf den Tag 17 Jahre nach seiner ersten Frau und weniger als ein Jahr vor der Kaiserproklamation von Versailles.

76 Peter P. Pachl, Siegfried Wagner, Genie im Schatten, München 1988, S.20
77 S.: VOLCKAMER 1995, S.252
78 Zit.n.: RAUH ²1996, S.61
79 ZUBER 1978, S.330. Die Memoiren des Fürsten kamen aber kaum über das Projektstadium hinaus (vereinzelte Aufzeichnungen im Fürstlich Oettingen-Wallersteinischen Archiv Harburg VIII.15.6c-8).

»So standen damals die Dinge.« Die Revolution in den Memoiren Maximilians II.

Achim Sing

»So stehe ich dem täglich wachsendem Ungewitter gegenüber; ein unerfahrener Pilot mit lekkem Schiffe auf stürmischer See.«[1] Mit dieser Metapher umreißt Maximilian II. in seinen Memoiren die politische Lage im März 1848. Charakteristisch für den autobiographischen Rückblick ist der Hinweis auf das lecke Staatsschiff: Wenn er auch persönliche Schwächen eingesteht, schiebt Maximilian II. einen erheblichen Teil der Schuld für eigene Fehlentscheidungen auf ungünstige Rahmenbedingungen. Er neigt dazu, sich als Opfer nicht selbst verschuldeter Zeitumstände darzustellen. Bevor der Autobiograph auf die Revolution eingeht, schickt er eine kurze Bestandsaufnahme der Regierungszeit Ludwigs I. voraus. Maximilian II. sah die Ursachen für die Bedrohung der Monarchie im Jahr 1848 auch in schweren Versäumnissen seines Vaters – und dies nicht nur wegen des Skandals um die Tänzerin Lola Montez, sondern auch wegen politischer Unterlassungen.

Gerade im Kontrast zu den lobenden Passagen über Maximilian I. Joseph fällt das Urteil über Ludwig I. mit bezeichnenden Relativierungen aus. Maximilian II. versetzt seinem Vater manchen Seitenhieb. Von Ludwig I. habe er Erblasten übernommen, deren Folgen er auszubaden gehabt hätte: »Mein Vater hat aufrichtig und mit ungewöhnlicher Willenskraft dazu mit fortgesetzter seltener Thätigkeit seines Volkes Wohlfarth angestrebt. Großes hat er geschaffen, vorzüglich im Reiche der Kunst; wohl noch nie dagewesenes mit so geringen Mitteln, und in dem kurzen Zeitraume von nicht ganz 23 Jahren. Manches Nützliche, ja wohl dringend Nöthige, blieb seinem Nachfolger überlassen.«[2]

Maximilian II. preist zwar in seiner Bilanz die väterliche »Thatkraft«[3] bei der Regierung, kreidet Ludwig I. aber gleichzeitig Unterlassungen an. Die rigide Sparpolitik sei zu Lasten notwendiger Investitionen gegangen: »Er gieng dabey, wie in Allem energisch zu Werke, um nicht, wie er zu sagen pflegte, den Pelz waschen zu wollen, ohne ihn naß zu machen. In wie ferne mein Vater zu weit darin gegangen, überlasse ich dem Urtheile Anderer.«[4] Unter den drastischen finanziellen Einschnitten habe die militärische Einsatzbereitschaft und die Effizienz des Beamtenapparates gelitten. Das einseitige Beharren auf die Sanierung der Staatsfinanzen habe dazu geführt, daß wichtige Staatsaufgaben sträflich mißachtet worden seien. Maximilian II. zieht daraus lapidar den Schluß: »Ich hatte die Folgen zu tragen.«[5]

Nach Auffassung seines Sohnes hinterließ Ludwig I. keineswegs ein gefestigtes monarchisches System. Maximilian markiert schwere Risse im vermeintlich stabilen Fundament des ludovizianischen Königtums. Die Ruhe vor dem Sturm der 1848er Revolution empfand er als trügerisch. Bereits während der Amtszeit des energisch agierenden Innenministers Karl von Abel sei eine »dumpfe Unzufriedenheit«[6] spürbar gewesen. Nach Maximilians Beobachtung gärte es bereits während der Restaurationszeit bedrohlich unter dem Deckel harter Repressionsmaßnahmen. Maximilian interpretierte die Revolution nicht als überraschende Eruption, sondern als Folge weit zurückreichender Entwicklungsstränge. Seine Ausführungen zum Vormärz sollten zeigen, wie vorbelastet der Regierungsantritt war, unter welchen ungünstigen Vorzeichen die Thronbesteigung stattfand und welche Bürden ihm auferlegt wurden.

Maximilian II. macht aus seiner Unzufriedenheit mit vielen Entscheidungen Ludwigs I. keinen Hehl, mit konkreter Kritik hält er sich jedoch zurück. Der Autobiograph ringt sichtlich um ausgleichende Objektivität. Er will in seiner Charakterskizze der markanten Persönlichkeit

1 Zit.n.: Achim Sing, Die Memoiren König Maximilians II. von Bayern 1848-1864, München 1997 (Schriftenreihe zur Bayerischen Landesgeschichte Band 112), S.153
2 Zit.n.: SING 1997, S.151
3 Zit.n.: SING 1997, S.120
4 Zit.n.: SING 1997, S.142
5 Zit.n.: SING 1997, S.147
6 Zit.n.: SING 1997, S.147

Ludwigs I. gerecht werden und fällt keine Pauschalurteile. Licht- und Schattenseiten sollten in gleicher Weise berücksichtigt werden, um sie in ein Gesamtbild zu fügen, das die Leistungen und die Unterlassungen Ludwigs I. angemessen wiedergibt. In einem Fazit zur Würdigung der Regierungszeit seines Vorgängers äußerte Maximilian mit Blick auf den Ansehensverlust durch die Montez-Affäre die Hoffnung, daß langfristig die Verdienste Ludwigs die schädliche Öffentlichkeitswirkung der Zeit von 1847 bis 1848 überdauern würden: »Alles dieß wird einen dichten Schleier werfen über die unglücklichen menschlichen Verirrungen der letzten Jahre.«[7]

Den Skandal um Lola Montez handelt Maximilian II. dezent ab, wobei er Spekulationen meidet. Er spricht distanziert von »inneren Vorgängen und Regungen« in Ludwigs »Seele«, die »näher anzudeuten dem Sohne nicht geziemt«.[8] Maximilian läßt sich nicht näher über das prekäre Verhältnis zu Lola Montez aus, um das Andenken an den Vater nicht zu verletzen. In nüchternem Ton schildert er, wie der alternde Monarch hemmungslos der Tänzerin verfiel. Der kürzlich edierte Briefwechsel zwischen Lola und Ludwig[9] bestätigt Maximilians Einschätzung: »Mein Vater verliebte sich in sie; er gestattet ihr gegen seine bisherige Gewohnheit und seine Grundsätze Einfluß auf Personalangelegenheiten. Sie gewinnt eine nicht dagewesene Macht über sein Gemüth. Man sagt, daß ältere Männer bisweilen einer förmlichen Liebeskrankheit verfallen.«[10]

Das Auftreten der Tänzerin in München kennzeichnet Maximilian als wichtigen Einschnitt. Das provozierende Verhalten der Lola Montez habe das Faß zum Überlaufen gebracht: »Durch ihre Stellung und ihr Betragen wußte sie alle Klassen gegen sich aufzubringen, von der königlichen Familie bis zum Bürger herab.«[11] Die Liebschaft von Ludwig I. und Lola Montez wirkte demnach als permanente Bedrohung für den Thron, die sich schließlich in München vor dem Hintergrund einer aggressiven Revolutionsatmosphäre entlud. Maximilian schlägt sich in den Memoiren ganz auf die Seite der Lola-Gegner. Er unterstützte den Inhalt des von Abel 1847 verfaßten Memorandums gegen die Indigenatsverleihung an die Tänzerin, das auch von anderen Ministern unterzeichnet worden war und an die Öffentlichkeit geriet. Abel verwies darin auf das erschütterte Ansehen des Königs und die damit einhergehende Gefährdung der Monarchie [KAT.NR. 10.6].[12] Maximilian II. folgt in den Memoiren der Argumentationslinie von Abels Denkschrift und empfindet sie als »im Allgemeinen begründet«[13]. Allerdings beklagt er deren Publikation, weil Ludwig I. dadurch bloßgestellt worden sei. Als bitterste Folge dieser Affäre interpretiert Maximilian die Entlassung des Innenministers und weiterer routinierter konservativer Minister, die Ludwig gerade in schwerer Zeit benötigt hätte. Mit Abel habe Ludwig I. ausgerechnet den Mann entlassen, der »seine Macht gestützt hatte«.[14]

Der Skandal um Lola Montez beschädigte das Prestige Ludwigs: »Das moralische Ansehen des Königs war geschwächt.«[15] Ludwig I. hatte sich selbst diskreditiert und die königliche Würde empfindlich verletzt, so daß die Hemmschwelle zur Kritik am Herrscher sank. Das Ansehen der Person Ludwigs schwand ebenso wie der Respekt vor der Monarchie, die als Regierungsform an Glaubwürdigkeit, Legitimation und Autorität verlor. Darin sieht Maximilian II. einen schweren Fehler: »Schmähung der Regierungsgewalt ist das größte Uebel. Wie eine Jungfrau ihre Unschuld, soll eine Regierung ihr Ansehen wahren; wenn es einmal verloren, ist es gar nicht mehr oder doch nur schwer wieder herzustellen.«[16]

7 Zit.n.: SING 1997, S.151
8 Zit.n.: SING 1997, S.150
9 Reinhold Rauh und Bruce Seymour, Ludwig I. und Lola Montez. Der Briefwechsel, München 1995
10 Zit.n.: SING 1997, S.148
11 Zit.n.: SING 1997, S.148. Eine andere Position bezog der Statistiker, Nationalökonom, Ministerialrat und Professor Friedrich Benedikt Wilhelm von Hermann in einem von Maximilian II. angeforderten Gutachten. Hermann betonte, daß weniger die Tänzerin, sondern soziale und politische Ursachen den Ausbruch der Revolution 1848 verursacht hätten; s.: München, Bayerisches Hauptstaatsarchiv, GHA NL Maximilian II. 76/5/33 (28/1/175), Gutachten Hermann, »Einfluß der Lola Montez auf die Revolution im Jahre 1848«, 23.6.1857.
12 S.: HUMMEL 1987, S.526 bis 528; GOLLWITZER ²1987, S.676f., 692f.; GOLLWITZER 1993, S.538-545
13 Zit.n.: SING 1997, S.148
14 Zit.n.: SING 1997, S.149
15 Zit.n.: SING 1997, S.149
16 Zit.n.: SING 1997, S.148; s.: Manfred Hanisch, Für Fürst und Vaterland. Legitimitätsstiftung in Bayern zwischen Revolution 1848 und deutscher Einheit, München 1991, S.83f.; HUMMEL 1987 S.25-30

32 Maximilian II. König von Bayern im Krönungsornat; 1850; Lithographie; 59 x 44,5; MStM, Graphiksammlung, Inv.Nr.: Ia/88b

Mit Verwunderung registriert Maximilian, daß sein ansonsten so energisch auftretender Vater angesichts der Unruhen um Lola Montez nur zögerlich agierte und die »Ungesetzlichkeiten nicht mit Gewalt zu unterdrücken suchte.«[17] Maximilian spielt damit auf den ihm angemessen erscheinenden Einsatz militärischer Mittel an und kritisiert die unentschlossene Haltung Ludwigs I.: »Er gebrauchte die Macht nicht, die er besaß.«[18]

In sämtlichen Passagen der Memoiren spiegelt sich Maximilians Herrschaftsauffassung wider, die ganz vom monarchischen Prinzip durchdrungen war. Die Bezeichnung »von Gottes Gnaden« war für Maximilian keine ausdruckslose Floskel, sondern erschien ihm als essentielle Legitimation seiner Herrschaft. Den königlichen Machterhalt verstand er als Hauptleitlinie seines Handelns. Verfassungsmäßige Einschränkungen monarchischer Herrschaft galten dabei als lästiges Hindernis. Der Einsatz militärischer Gewalt zur Sicherung der königlichen Alleinherrschaft wurde kühl erwogen. So äußerte sich Maximilian verwundert darüber, daß das Anfang April 1848 tagende Frankfurter Vorparlament nicht gewaltsam zerschlagen wurde: »Ein paar österreichische oder preussische Bataillone aus dem nahen Mainz hätten genügt, diesen weitführenden Versuch in Keime zu ersticken – es geschah nicht.«[19]

Diese Aussagen in den Memoiren konterkarieren das auf den ersten Blick weich gezeichnete Bild eines kompromißbereit erscheinenden Herrschers, der sich bei seiner Thronbesteigung als konstitutioneller Monarch zu präsentieren versuchte. Auch wegen des vielzitierten Ausspruches von 1859 »Ich will Frieden haben mit meinem Volke«[20] wurde Maximilian II. häufig zum konstitutionellen König stilisiert. Er hing jedoch während seiner gesamten Regierungszeit »einer vergangenen Königsherrlichkeit an«.[21] Fast in ähnlicher Weise wie sein Vater betonte Maximilian das monarchische Prinzip. Die Wahrung der bayerischen Souveränität und der Erhalt der wittelsbachischen Dynastie besaßen absoluten Vorrang. Die Memoiren belegen, in welchem Maß sich Maximilian zunächst 1848/49 konsequent um die Konsolidierung der monarchischen Herrschaft und die schrittweise Machterweiterung im Zug der Reaktionszeit bemühte. Auf der Basis intensiver Gespräche mit Gelehrten und mit Hilfe zahlreicher Gutachten reflektierte Maximilian in persönlichen Notizen immer wieder die Bedeutung der Monarchie als Staatsform. Als Ziel formulierte er dabei Leitsätze zur »Befestigung Meiner Persönlichen Königlichen Gewalt« oder grundsätzliche Erwägungen über die »Hebung des Königthums«.[22] Diese Gedanken flossen in die Memoiren ein.

Die Niederschrift der Memoiren, die zwischen 1854 und 1861 anzusiedeln ist, stand unter dem Zeichen einer tiefgreifenden Revolutionsfurcht. Bei allen Entscheidungen seiner Regierungszeit achtete Maximilian II. penibel darauf, eine Wiederholung der traumatisch empfundenen Revolution von vornherein zu verhindern. Die Angst vor einem neuerlichen Umbruch brachte ihn dazu, die Ereignisse von 1848 kritisch Revue passieren zu lassen, damit er daraus Lehren ableiten konnte.[23]

Maximilian II. zeigt sich in den Erinnerungen mit dem Selbstverständnis eines reaktionären Herrschers, der bitter beklagt, daß im Vormärz nicht schärfere Präventionsmaßnahmen gegen die Revolution unternommen worden waren. Die Revolution in München setzt er in europäische Zusammenhänge. Die Vorkommnisse vom Februar 1848 in Frankreich mit der Abdankung von Louis Philippe hätten in Deutschland wie ein »elektrischer Funke«[24] gezündet.

17 Zit.n.: SING 1997, S.150
18 Zit.n.: SING 1997, S.151
19 Zit.n.: SING 1997, S.131
20 S.: DOEBERL 1931, S.285
21 HANISCH 1991, S.81, s.a.: S.79-85
22 München, Bayerisches Hauptstaatsarchiv, GHA NL Maximilian II. 76/6/37, »Zu Betreibendes III.« und »Zu Betreibendes I., Anhang«; s.: SING, 1997, S. 37-39.
23 S.: GHA NL Maximilian II. 77/1/49 (1/1/20), »Lehren die Ich aus den Ereignissen während Meiner bisherigen Regierung gezogen«, 20.3.1859; s.a.: 76/6/42 (22/3/13); 76/6/36 (21/2/48)
24 Zit.n.: SING 1997, S.130
25 S.: HUMMEL 1987, S.68, 71-77, 82-86; SEITZ 1953, S. 18-41; GOLLWITZER ²1987, S.658-688
26 Vgl. SING 1997, S. 84-87; SEITZ 1953, S. 53-56; HUMMEL 1987, S. 379f.; GOLLWITZER ²1987, S.710f.
27 Zit.n.: SING 1997, S.132
28 Zit.n.: SING 1997, S.132
29 Zit.n.: SING 1997, S.132
30 Zit.n.: SING 1997, S.132
31 GOLLWITZER ²1987, S.710

Eine zusätzliche gefährliche Lunte legte nach Maximilians Ansicht Lola Montez durch ihr provozierendes Verhalten. Selbst nach ihrer Vertreibung aus München habe sie als ständige Gefahr gewirkt, da die Gerüchte über ihre Wiederkehr die öffentliche Stimmung anheizten. Als gravierenden Fehler bewertet er die Schließung der Münchner Universität. Ludwig I. ordnete sie am 9. Februar 1848 an, um die Unruhen der Studentenschaft gegen die Verbindung »Alemannia« einzudämmen, die sich als eine Art Ehrengarde für die Tänzerin gebärdet hatte. Dieser Entschluß provozierte den entschiedenen spontanen Widerstand der Münchner Bürgerschaft. Da der König die auswärtigen Studenten ultimativ zum Verlassen der Hauptstadt aufgefordert hatte, fürchteten die Münchner erhebliche wirtschaftliche Einbußen. Ludwig I. geriet durch die Proteste in die Enge. Bereits zwei Tage später mußte er seine Weisung revidieren und die sofortige Wiederöffnung der Hochschule zugestehen. Außerdem wurde Lola Montez gezwungen, München zu verlassen.[25]

Während sich die Ereignisse überstürzten, war Kronprinz Maximilian weit weg von München. Weil ihn sein Vater bewußt von den Regierungsgeschäften fern hielt, konnte der Kronprinz das Geschehen nur passiv aus der ihm zugewiesenen Würzburger Residenz beobachten. In München kursierten bereits Gerüchte über einen bevorstehenden Thronwechsel. Nur wegen der drängenden Appelle von außen sei er nach München geeilt, schreibt Maximilian in seinen Memoiren. Aus der Residenzstadt habe er immer bedrohlichere Nachrichten über die Unruhen gehört: Das nur widerwillige Eingehen Ludwigs I. auf die liberalen Reformforderungen, wie Pressefreiheit, Öffentlichkeit der Gerichtsverfahren, ein Wahlgesetz und die Ministerverantwortlichkeit, sorgte für eine dauerhaft aggressive Stimmung in der Bürgerschaft. Am 4. März 1848 ertönte der Generalmarsch, der die Landwehr alarmierte. Aufgebrachte Massen stürmten das Zeughaus.[26] Einen Tag später traf der tief beunruhigte Kronprinz in München ein. Trotz der Hiobsbotschaften versuchte er, sein »Gemüth ruhig und den Blick klar zu erhalten«.[27] Maximilian registrierte ein Detail, das die nervöse Stimmung am Hof symbolisierte: »Am Residenzgebäude angekommen, fand ich die Thore geschlossen, die es sonst nie zu dieser Stunde waren.«[28]

Erst nachdem sich der Kronprinz einen Überblick über die aktuellen Lage verschafft hatte, wagte er es, das Gespräch mit dem Vater zu suchen. Allerdings reagierte Ludwig I. weitaus gelassener, als dies sein Sohn erwartet hatte. Maximilian II. erwähnt, daß Ludwig die Frage, weshalb er ohne väterliche Aufforderung oder Erlaubnis nach München gekommen sei, »in ruhigem Tone«[29] gestellt habe. Zur Überraschung Maximilians hörte Ludwig ihn an und gestattete sogar, eigene Vorschläge zu formulieren: »Dinge, welche ich früher kaum anzudeuten gewagt hätte, nahm mein Vater mit ungewohnter Ruhe hin; er fühlte die Gefahr seiner Lage.«[30]

Es herrschte hektische Betriebsamkeit in der Residenz. Die unterschiedlichsten Ratgeber – Gelehrte, Minister, Vertraute und Bürger – wurden von der königlichen Familie gehört. Selbst die Gestalt des »ideologischen Quacksalbers«,[31] der mit dem Staatsrechtler Johann Kaspar Bluntschli befreundete Publizist Friedrich Rohmer, fand beim Kronprinzen und beim König Gehör. Er riet, die liberalen Forderungen offensiv aufzugreifen, um den Thron zu retten. Außerdem machte Rohmer den Vorschlag, »bedeutende Summen, es war die Rede von einer Million, unter die Arbeiter zu vertheilen. Man glaubte damals nach Allem greifen zu müssen, was beschwichtigend auf die Krisis, in der wir uns befanden, einwirken könnte.«[32] In der Residenz bestand allgemeine Ratlosigkeit. Maximilian II. moniert im Rückblick das unsichere Lavieren des Vaters: »Ich hatte die Ueberzeugung, daß ein entschiedenes und rasches Handeln von Nöthen. In Augenblicken dringender Krisis ist ein solches gewiß angezeigt; richtige Ueberlegung und Einsicht aber muß mit dem entschlossenen Handeln Hand in Hand gehen; das eine ohne das andere kann und wird in der Regel in unrettbares Verderben stürzen.«[33]

Wegen der ungewöhnlichen Lage berief Ludwig I. am 6. März 1848 als Krisenstab einen »Familien-Ministerrath«[34] ein, der aus dem König, Kronprinz Maximilian, dessen Brüdern, den Prinzen Luitpold und Adalbert, dessen Onkel, dem Prinzen Karl, und sämtlichen Ministern bestand. Diese Runde diskutierte über den Proklamationsentwurf des Außenministers Ludwig Fürst von Oettingen-Wallerstein, der den Forderungen der Bürger weit entgegenkam [KAT.NR. 11.80]. Maximilian streicht in seinen Memoiren heraus, wie sehr die Beratungen in der Residenz unter dem Druck der Straße gestanden hätten. Ein Bote habe die Nachricht einer Bürgerversammlung im Rathaus gebracht, die ultimativ auf eine Beantwortung ihrer Wünsche wartete: »Auf des Fürsten Wallerstein Zügen nahte sich eine ungewohnte Blässe; der Allsehende allein weiß, was in seinem Innern vorgegangen ist.«[35] Diese Episode illustriert, daß die Teilnehmer des Thronrates zwar das monarchische Prinzip unbedingt aufrechterhalten wollten, sich letztlich aber dem revolutionären Diktat beugen mußten.

Auch wenn Ludwig I. bei diesem Treffen äußerte, »wir wären im Zustande der Revolution, den Ruhestörern gehörte eigentlich, daß ihnen die Köpfe vor die Füße gelegt würden«[36], wurde eine nachgiebige Proklamation verabschiedet, die auf die bürgerlichen Forderungen einging [KAT. NR. 11.82].

Die von allen Teilnehmern des Thronrates unterzeichnete Proklamation vom 6. März 1848 besiegelte den »Durchbruch der Märzbewegung in Bayern« und gab den Weg frei zu einer »weitergehenden Konstitutionalisierung«.[37] Der König sicherte in der Proklamation die sofortige Einberufung des Landtages zu, dem zahlreiche Reformgesetze vorgelegt werden sollten: die Verantwortlichkeit der Minister, die Pressefreiheit, ein neues Wahlrecht, die Öffentlichkeit und Mündlichkeit der Gerichtsverfahren mit Schwurgerichten, die großzügigere Versorgung von Staatsdienern, die »Verbesserung der Verhältnisse der Israeliten« und die Abfassung eines »Polizei-Gesetz-Buches«.[38] Darüber hinaus gestand Ludwig I. die Vereidigung des Heeres auf die Verfassung zu und hob mit sofortiger Wirkung die Zensur auf. Er versprach mit Blick auf die deutsche Nationalbewegung, die deutsche Einheit zu stärken und eine Reform der Bundesverfassung einzuleiten. Die Proklamation schloß mit einem Kooperationsappell an die Bevölkerung: »Bayern! Euer Vertrauen wird erwiedert, es wird gerechtfertigt werden! Schaaret Euch um den Thron. Mit Euerem Herrscher vereint, vertreten durch Euere verfassungsmässigen Organe, lasst Uns erwägen, was Uns, was dem gemeinsamen Vaterlande Noth thut. Alles für mein Volk! Alles für Teutschland!«[39]

Da die Proklamation eine Wende zu größerer Offenheit einzuleiten schien, entspannte sich das aufgeladene Klima. Verstärkt durch das Bekanntwerden der Berufung des liberalen Regensburger Bürgermeisters Gottlieb Freiherr von Thon-Dittmer zum Innenminister, hoffte die Öffentlichkeit auf eine Wende und hielt die Zugeständnisse Ludwigs für ehrliche Reformbereitschaft. Allerdings war das Königshaus

32 Zit.n.: SING 1997, S.135, vgl. 133f. Dieser Sachverhalt wird bestätigt bei: BLUNTSCHLI 1884, S.39-46; Alfred Otto Stolze, »Der vierte Stand und die Monarchie«. Die Politik des Rohmer-Bluntschlikreises während der Frühjahrsrevolution in Bayern 1848, in: Zeitschrift für bayerische Landesgeschichte 8/1935, S.27-83, hier S.41-51
33 Zit.n.: SING 1997, S.134
34 Zit.n.: SING 1997, S.134
35 Zit.n.: SING 1997, S.135
36 Zit.n.: SING 1997, S.135
37 GOLLWITZER ²1987, S.711f.
38 S.: Gedruckte Proklamation vom 6. 3. 1848 aus: GHA NL Maximilian II. 79/3/207; auch in: Regierungsblatt für das Königreich Bayern Nr. 8, 6. 3. 1848, S.105-108; SING 1997, Anhang 1, S.165
39 SING 1997, Anhang 1, S.165
40 Zit.n.: SING 1997, S.135
41 Zit.n.: SING 1997, S.135
42 Zit.n.: SING 1997, S.136
43 Zit.n.: SING 1997, S.136
44 Zit.n.: SING 1997, S.152
45 Ludwig I. an Lola Montez, 14. 3. 1848; zit.n.: BW 1995, S. 139
46 Ludwig I. an Lola Montez, 12. 3. 1848; zit.n.: BW 1995, S. 139; s.: GOLLWITZER ²1987, S.715

keineswegs zu einschneidenden Neuerungen bereit. Die Wittelsbacher rangen sich die Zugeständnisse unter großen Schmerzen aus Angst vor einem Verlust der Krone ab. »Nicht aus Ueberzeugung« lenkte nach Maximilians Darstellung die Residenz ein, »sondern in Folge von moralischem Zwang und von Gewalt. Wir waren Alle tief ergriffen und fühlten, das alte monarchische Bayern sey zu Grabe getragen.«[40]

Nur aufgrund einer existenzbedrohenden Krisensituation habe das Königshaus nachgegeben, um vom monarchischen System noch zu retten, was zu retten war. Maximilian illustriert die tiefsitzende Furcht am Hof mit Hilfe einer kleinen Szene: Ludwig I. bat nach den Beratungen zur Proklamation die Anwesenden, »nicht in die Nähe der Fenster zu treten, die Aufmerksamkeit der Leute nicht zu erregen; so sehr glaubte man damals, selbst auf Geringes achten zu müssen.«[41]

Überhaupt war die königliche Familie in dieser angespannten Phase sorgfältig auf symbolische Signale bedacht: Als versöhnliches Zeichen der Zustimmung für die nachgiebige Haltung des Königshauses legten viele Bürger weißblaue Farben an. Die Prinzen folgten diesem Beispiel. Luitpold und Maximilian gingen mit weißblauen Kokarden im Knopfloch geschmückt durch die Straßen, »was freudigen Zuruf der Menge veranlaßte.«[42] Maximilian widerstrebte dieses Symbol, hielt es aber wegen der Revolutionsatmosphäre für angebracht: »Das Anlegen derselben mag damals ganz zweckmäßig gewesen seyn; es galt einer Kundgabe der patriotisch-bayerischen Gesinnung gegenüber der damals unter der schwarzrothgelben Kokarde versteckten revolutionären Tendenz. Dennoch hatte es nach meinem Gefühle für das Wittelsbachische Königshaus etwas Unnatürliches, Theatralisches, auf solche ungewohnte Weise Farben zur Schau zu tragen, die uns ohnehin im Herzen ruhen; Farben, unter welchen wir mit unserem Volke seit Jahrhunderten Leid und Freud, Kampf und Sieg getheilt haben!«[43]

Zeigte Maximilian auch nach außen gute Miene, so verfolgte er die politische Entwicklung mit größtem innerem Widerwillen, so etwa die Vereidigung der Truppen auf die Verfassung, welche die einseitige Bindung des Militärs an den Herrscher aufweichte. Auch in der Schilderung der umjubelten Umfahrt der königlichen Familie durch das festlich beleuchtete München am 13. März 1848 deutet sich an, in welchem Maß Maximilian die fordernde Haltung der Bevölkerung als schweren Treuebruch ungehorsamer Untertanen interpretierte. Der plötzliche Jubel für das Königshaus wurde vor dem Hintergrund der vorausgegangenen Proteste wie Hohn empfunden. Maximilian schreibt: »Mein Vater äußerte, daß dieser Weihrauch, nach dem was vorgefallen, ihm wahren Ekel verursache.«[44] Ähnlich schilderte Ludwig I. seine Eindrücke in einem Brief an Lola Montez: »Wir fuhren in einer Kutsche durch die illuminierte Stadt mit demselben Beifall, praktisch ununterbrochenen Beifall. Ich sagte zur Königin, daß Jesus Christus innerhalb einiger Tage erst Hosiannah gehört hat und dann von denselben Leuten gekreuzigt wurde. Als wir aus dem Palast kamen, wollten die Studenten die Pferde ausspannen und uns selbst ziehen.«[45]

Ludwig erlebte die Ereignisse von Februar und März als tiefe persönliche Demütigung. Ihm wurde nun drastisch vor Augen geführt, daß der bislang von ihm praktizierte autokratische Führungsstil an Grenzen stieß. Die mühselig abgetrotzten Eingeständnisse des Königs signalisierten eine Wende, die Ludwig I. als Schmach seines Königtums registrierte: »Die Revolution hat gesiegt mit dem Ergebnis, daß ich erniedrigt bin«.[46] Die vermeintlich liberale Wandlung Ludwigs hielt nicht lange. Der alte König zeigte sich in keiner Weise bereit, weiter auf demokratische Reformvorschläge einzugehen. Mit dem neuen Innenminister Thon-Dittmer zeichneten sich schwere Meinungsverschiedenheiten ab.

Den Auslöser für öffentliche Ausschreitungen bildete wiederum Lola Montez. Es kursierten ständig Gerüchte über ihre Rückkehr nach München. Am 16. März flammten neuerliche Massendemonstrationen auf, während derer Thon-Dittmer durch einen Steinwurf im Gesicht leicht verletzt wurde. In diesem Zusammenhang erwähnt Maximilian II. damalige Ängste vor gewalttätigen Übergriffen auf die Residenz: »Vertrauliche Winke fielen, daß man die Residenz stürmen wolle; Bürger boten meiner Schwägerin Auguste [der Gemahlin des späteren Prinzregenten Luitpold] an, die Kinder in Sicherheit bringen zu wollen.«[47]

Unter dem Eindruck dieser Eskalation entzog Thon-Dittmer ohne Rücksprache mit Ludwig I. der Tänzerin das Indigenat und ließ öffentlich die Fahndung nach ihr ausschreiben [KAT.NR. 10.15]. Nachträglich mußte der König diese Maßnahmen sanktionieren. Maximilian II. rechtfertigt zwar im Rückblick die Notwendigkeit von Thon-Dittmers Vorgehen gegen Lola Montez, kritisiert jedoch, daß sein Vater dadurch gedemütigt worden sei. In der Tat war Ludwig I. zutiefst verärgert: »da war mir's unausstehlich, länger auf dem Thron zu sein.«[48] Ludwig I. trug sich mit ernsthaften Abdankungsplänen, von denen sein Sohn erst einen Tag vor dem Thronverzicht Wind bekam.

Am 19. März 1848 wurde Maximilian um 13 Uhr zu seinem Vater gerufen: »Mir ahnte, um was es sich handelte; ich fühlte, daß ein entscheidender wichtiger Augenblick für mein Leben herannahte. [...] Im Thronzimmer meines Vaters fand ich meine Brüder Luitpold und Adalbert, Prinzen Karl und den Herzog Max in Bayern. Gleich mir mochten sie eine Ahnung dessen haben, was bevorbestand; eine gedrückte, erwartungsvolle Stimmung lag auf uns allen. Nicht lange, so wurden wir in des Königs Kabinet gerufen. Dort begrüßte uns mein Vater mit ernster, ruhiger Miene; den zunächst Stehenden gab er mit der Hand ein Zeichen, etwas zurückzutreten. Hierauf las er mit fester, aber etwas erregter Stimme seinen Entschluß, unter Bedingungen die Krone zu meinen Gunsten niederzulegen; es war der Inhalt seiner später veröffentlichten Thronentsagungsakte. Mein Bruder Adalbert umarmte mich mit theilnehmender Herzlichkeit.«[49]

Mit nüchternen Worten schildert Maximilian II. die angespannte Atmosphäre im Thronsaal. Vor allem Herzog Max und Prinz Karl baten Ludwig I., seinen Entschluß zurückzunehmen. Prinz Karl argwöhnte, sein Neffe Maximilian könne sich als König nicht durchsetzen und solle daher lediglich zum Mitregenten ausgerufen werden. Zusammen mit seinem Vater wies Maximilian dieses Ansinnen mit dem Hinweis auf die Verfassung und die unteilbare Macht des Königtums zurück. Die schwankende Stimmung zwischen Hoffnung und Furcht vor den bevorstehenden Herausforderungen fängt Maximilian mit einem symbolischen Motiv ein: »Während wir noch beisammen waren, brach die bisher versteckte Sonne aus den Wolken; mein Vater, dieses gewahrend, sagte zu mir, das sey ein gutes Vorzeichen für meine Regierung.«[50]

Maximilian II. beschreibt persönliche Empfindungen nur andeutungsweise und betont etwa sein Bedürfnis nach Nähe zu den Eltern: Mit deutlichem Seitenhieb gegen den ehebrecherischen Vater lobt er die zurückhaltende Art seiner Mutter Therese, die »ohne Veranlassung von ihrer Seite mit vom Throne stieg.«[51] Im gleichen

47 Zit.n.: SING 1997, S.138
48 Tagebuchnotiz Ludwigs I., 15. 5. 1848; zit.n: GOLLWITZER ^{2}1987, S.717
49 Zit.n.: SING 1997, S.139f.
50 Zit.n.: SING 1997, S.141
51 Zit.n.: SING 1997, S.141
52 Zit.n.: SING 1997, S.141
53 Zit.n.: SING 1997, S.134
54 Zit.n.: SING 1997, S.141
55 Ludwig I. an Otto, 28. 3. 1848; zit.n.: Ludwig Trost (Hrsg.), König Ludwig I. in seinen Briefen an seinen Sohn, den König Otto von Griechenland, Bamberg 1891, S.24
56 Zit.n.: SING 1997, S.135
57 S.: BW 1995, S.139, 144, 155
58 Zit.n.: SING 1997, S.153
59 Zit.n.: SING 1997, S.153
60 Zit.n.: SING 1997, S.154

Zug nennt Maximilian zum einzigen Mal, und selbst da nur beiläufig, seine Ehefrau: Er erwähnt nur ganz kurz ihre Anwesenheit, ohne auf Einzelheiten einzugehen. Erstaunlicherweise ignorierte der ansonsten bei der Charakterisierung von Personen so sehr um Einfühlsamkeit bemühte Autor völlig die Schwangerschaft von Marie, die einen Monat nach Maximilians Thronbesteigung ihren zweiten Sohn Otto zur Welt brachte. Überhaupt hält sich Maximilian mit der Schilderung seiner Gefühle beim Thronwechsel zurück. Als beiläufige Beobachtung notiert er lediglich, daß es ihm vorkam, »als wenn mich die Leute tiefer grüßten wie bisher.«[52]

Sichtlich irritiert schildert Maximilian die heitere Gelassenheit seines Vaters während der turbulenten Märzereignisse. An mehreren Stellen der Memoiren bemerkt er, daß Ludwig I. nicht so ergriffen schien, »wie es der Ernst des Tages erwarten ließ.«[53] Nach dem Rücktritt beobachtete Maximilian den Vorgänger, der sich mit seiner fröhlich-aufgeräumten Stimmung in krassen Kontrast zur gedrückten Atmosphäre in der Residenz stellte. Maximilian notiert dazu: »er erschien zufrieden und heiter wie einer, der froh ist, einer drückenden Last los zu seyn; mir war nicht so zu Muthe.«[54] In einem Brief an seinen Sohn Otto von Griechenland schrieb Ludwig I., obwohl er gerne regiert habe, sei er in München »jetzo der fröhlichste Mensch«[55]. Diese anfänglich entspannte Gemütslage dürfte, wie Maximilian vermutet, nicht eine »Folge stoischer Grundsätze«, sondern »anderer Ursachen«[56] gewesen sein: die Fröhlichkeit des alten Monarchen lag vor allem in der Sehnsucht nach der abgereisten Tänzerin begründet. Ludwig I. hoffte, Lola Montez baldmöglichst zu treffen. Eifrig schmiedete er in seinen Briefen an die Gespielin Terminpläne, um längere Zeit mit ihr allein zu verbringen.[57]

Maximilian II. stellt seine Thronbesteigung vor den Hintergrund schwerer politischer Versäumnisse seines Vaters. Die Memoiren zeichnen ein bedrohliches Szenario der zahlreichen auf den neuen König wirkenden Zwänge. Maximilian arbeitet heraus, daß er nicht so handeln konnte, wie er es eigentlich gewollt hätte. Er fühlte sich eingeengt in ein Korsett von Vorbelastungen der väterlichen Regierungszeit und gegängelt vom Widerspruchsgeist der Revolutionszeit. In der verfahrenen Situation des Jahres 1848 sei keine andere Möglichkeit geblieben, als dem vereinten Druck von Öffentlichkeit und liberalen Politikern nachzugeben. Bitter bilanziert Maximilian den Machtverlust der Monarchie: »Das Ansehen der Regierung und des Königthumes geschwächt, das Volk gewöhnt an ungesetzlichen Widerstand, das Heer in ungenügender Verfassung«.[58] Ludwigs planloses Schwanken zwischen unflexiblem Beharren und nachgiebigem Lavieren habe den revolutionären Protest provoziert. Obwohl er selbst an ihrer Entstehung beteiligt war, kritisiert Maximilian die Proklamation vom 6. März 1848 als großes Hemmnis, weil sie »das monarchische Prinzip erschüttert«, und den »Keim zu noch größerer Schwächung derselben«[59] in sich getragen habe. Darüber hinaus bedauert er den Mangel an konservativen Ministern. Unvermittelt sah sich der junge Monarch schweren Herausforderungen ausgesetzt, denen er zunächst nicht gewachsen war.

Der Thronwechsel stieß in der Münchner Bevölkerung auf erhebliches Mißtrauen: »Man sprach von einer Palastrevolution, von Gewalt, die meinem Vater angethan worden sey; man konnte nicht begreifen, weßhalb er erst jetzt diesen Schritt thue, da er ihn nicht gethan bey Gelegenheit der Proklamation vom 6ten März.«[60] In enger Verbindung zu solchen Spekulationen über einen möglichen Putsch am Hof stand das geringe

Vertrauen in die Fähigkeiten des unbeliebten, hölzern auftretenden Thronfolgers.[61] Maximilian spürte diese angespannte Atmosphäre und registrierte die skeptische Haltung der Bevölkerung bei seinem ersten öffentlichen Auftritt am 22. März, bei der Fahrt zum Gottesdienst in der Münchner Michaelskirche aus Anlaß der Eröffnung der Abgeordnetenversammlung: »Ernst, düster waren die Gesichter, schwül die Stimmung; peinlich für mich das Gefühl, daß solche Vorgänge meine Thronbesteigung veranlaßt, peinlich die gemischten Empfindungen, welche ich bey der versammelten Menge voraussetzte.«[62]

Das Gefühl machtloser Einsamkeit drückt der Autobiograph mit seiner Fahrt ins Ständehaus aus. Sein Vater habe ihm zuvor noch die Worte »Du gehst einen schweren Gang«[63] zugerufen. Den Weg legte er allein in einer gläsernen Kutsche zurück. Maximilian sah darin ein charakteristisches Bild der konstitutionellen Monarchie – ein König, der völlig der öffentlichen Kontrolle ausgeliefert war: »Der Glaswagen, allen Blicken durchsichtig, ist das Bild des modernen Thrones, keine Purpurdecken verhüllen ihn mehr der argwöhnische forschenden Menge; mögen die ihn inne haben, dieß nie vergessen, so handeln, daß sie diesen Blick nicht zu scheuen brauchen.«[64]

In der Thronrede vom 22. März 1848 bemühte sich der neue Herrscher, die Bedenken gegen seinen Regierungsantritt zu zerstreuen, indem er die Rechtmäßigkeit dieses Vorganges unterstrich und auf den freien Willen des väterlichen Rücktrittes hinwies. Die öffentlichen Bedenken gegen den jungen Herrscher konnten zerstreut werden, da er die in der Proklamation vom 6. März versprochenen Reformen nochmals ausdrücklich in Aussicht stellte. Maximilian II. präsentierte sich in der Rede als aufgeschlossener Monarch, der einen tatkräftigen Reformkurs ansteuerte und ernsthaft die Reformgesetze ausarbeiten wollte. Dieser Neuerungswille zugunsten verfassungsrechtlicher Grundsätze manifestierte sich in seinem Ausspruch: »Ich bin stolz, Mich einen constitutionellen König zu nennen.«[65]

Dagegen distanziert sich Maximilian in seinen Erinnerungen von den liberalen und konstitutionellen Aussagen seiner Rede. Besonders vom Schlußwort der Ansprache rückt er ab: »Lassen Sie Uns vorleuchten allen seinen Stämmen! Unser Wahlspruch sei: Freiheit und Gesetzmäßigkeit!«[66] Maximilians Memoiren weisen die Interpretation zurück, dies sei sein persönliches, im Pluralis majestatis gesprochenes Motto gewesen; vielmehr habe er auf die Gemeinschaft aller Anwesenden gezielt.[67] Der Reformkurs habe keineswegs seiner Überzeugung entsprochen, sondern sei aus der Not geboren worden, um die öffentlichen Forderungen nach Veränderungen möglichst weich aufzufangen. Allen nachträglichen Distanzierungsversuchen zum Trotz, bleibt der Gesamttenor der Thronrede reformfreundlich. Das mit der Rede gesetzte Signal eines zu Neuerungen verpflichteten Monarchen untermauerte Maximilian personell mit der Wahl liberaler Minister. Oppositionelle Leitfiguren wurden bewußt als Minister in die Pflicht genommen, damit eine vor der Abgeordnetenkammer mehrheitsfähige Regierung zustande kam. Drei prominente Liberale des Vormärz bildeten die Hauptstütze für die Reformgesetze des Märzministeriums, das allerdings nur einige Monate amtierte: der bereits von Ludwig I. berufene Innenminister Gottlieb Freiherr von Thon-Dittmer, Justizminister Karl Friedrich Heintz und Finanzminister Gustav Freiherr von Lerchenfeld. Somit kamen im März 1848 ehemalige liberale Oppositionsvertreter an wichtige Positionen und setzten alles daran, ihre Reform-

61 S.: SEITZ 1953, S.88f.; BLUNTSCHLI 1884, S. 64; GESANDTSCHAFTSBERICHTE 1941, S.556f.
62 Zit.n.: SING 1997, S.155
63 Zit.n.: SING 1997, S.155
64 Zit.n.: SING 1997, S.155
65 Thronrede Maximilians II., 22. 3. 1848, Verhandlungen der Kammer der Abgeordneten des Königreiches Bayern im Jahre 1848. Amtlich bekannt gemacht. Erster Band, München 1848, S.31
66 THRONREDE 1848, S.33
67 S.: SING 1997, S.94f., 155f.
68 Zit.n.: SING 1997, S.161
69 Vgl. FINKEN 1990, S.283-286; ZUBER 1978, S.255-257, 336f.

vorstellungen zu Lasten königlicher Vorrechte zu realisieren.

Maximilian II. wirft in den Memoiren seinen liberalen Ministern vor, ihn zu verhängnisvollen Fehlentscheidungen gedrängt zu haben, die der Monarchie schweren Schaden zugefügt hätten. Er habe die Reformansätze zwar abgelehnt, jedoch erkannt, daß seine Vorstellungen eines monarchischen Prinzipes 1848 nicht durchzusetzen gewesen wären. Zwangsläufig fügte sich der junge Monarch in den konstitutionellen Kurs. Er tat dies aus Opportunismus, da er befürchtete, daß ein striktes Beharren auf der königlichen Prärogative die Herrschaft seiner Dynastie insgesamt hätte gefährden können: »Das ist der Fluch des in seinen Konsequenzen zur Wahrheit gewordenen konstitutionellen Prinzipes, daß der Monarch genöthigt wird, oft gegen seine bessere, heilige Ueberzeugung zu handeln, um noch größeren Uebeln vorzubeugen!«[68]

Die Formulierung der einzelnen Reformgesetze ging zäh voran, da Maximilian sich hartnäckig den liberalen Neuerungsforderungen widersetzte. In langen Staatsratssitzungen wurden Kompromisse ausgehandelt, wobei die liberalen Minister den Monarchen zur Erfüllung zentraler Forderungen der Märzbewegung drängten. Maximilian verfolgte die Taktik, zunächst die Reformvorstellungen aus den Reihen des Landtages und der Öffentlichkeit ostentativ aufzugreifen. Entgegen aller Lippenbekenntnisse in seinen ersten Verlautbarungen zeigte sich Maximilian II. in den Verhandlungen des Staatsrates keineswegs konstitutionellen Prinzipien verpflichtet, sondern kämpfte verbissen um seine monarchischen Privilegien. Dabei stützte er sich auf die Argumente eines reaktionären Beraterkreises, an dessen Spitze Karl von Abel stand.

Allerdings hatten die konservativen Bremser mit dem enormen Erwartungsdruck der demokratischen Mitglieder der Abgeordnetenkammer und einer wegen der Pressefreiheit gestärkt auftretenden Öffentlichkeit zu kämpfen. Die liberale Ministerriege geriet bald in einen Zwiespalt zwischen dem ehrgeizig auf seinen Machterhalt beharrenden Monarchen und der auf die Erfüllung der königlichen Märzversprechungen pochenden Politiker.[69]

Noch im nachhinein erschaudert Maximilian II., wenn er in seinen Memoiren betont, wie sehr er unter dem Druck von zwei Seiten gestanden sei, der Minister und einer selbstbewußt fordernden Öffentlichkeit. Über die Verhandlungen im Staatsrat schreibt er: »Wir hatten viele und trostlos lange Sitzungen, unter anderem eine von acht, Tags darauf eine andere von sieben Stunden, wobei ich meinen Armstuhl nicht verließ. Ich suchte mit den wenigen streng konservativen Staatsräthen, die nachtheiligen Entwürfe möglichst zu mildern, leider mit geringem oder keinem Erfolge. Unter den letzteren waren ein paar ultrakirchliche Männer, die mit damals seltener Unerschrockenheit den liberalen Ministern Widerpart hielten, so daß diese augenblicklich verblüfft schienen, doch ohne Erfolg. Von der Freyheit der Beschlußfassung nach innerer Ueberzeugung war keine Rede. Als ich mich über die subversiven Einwürfe beschwerte, antwortete mir ein Minister, indem sie hier beriethen, wären sie vielleicht schon von der öffentlichen Meinung überflügelt.«[70]

Zu den einzelnen Reformvorhaben zählte die Ministerverantwortlichkeit: Waren Minister bislang allein gegenüber dem König verantwortlich, sollten sie nun vor dem Parlament zur Rechenschaft gezogen werden können. Dies setzte der bisherigen Kabinettspolitik Ludwigs I. parlamentarische Schranken und brachte den Abgeordneten bessere Kontrollmöglichkeiten. Einen weiteren Reformkomplex bildete die Beseitigung der adeligen Grundherrschaft, nachdem nach der Aufhebung der Leibeigenschaft 1808 die Adelsprivilegien noch weiterbestanden hatten. Mit großem Mißfallen betrachtete Maximilian das Gesetz zur Pressefreiheit, das zu »verderblichen Mißdeutungen Anlaß gegeben«, und der »Preßfrechheit«[71] Vorschub geleistet habe. Allerdings wurde die Pressefreiheit bereits 1850 wieder rigoros eingeschnürt. Ein indirektes Wahlrecht mit Wahlmännern löste das bisherige ständische Wahlsystem ab. Der Weg für eine umfassende Justizreform wurde bereitet, so daß die Trennung der Justiz von der Verwaltung ihren Anfang fand. Die Öffentlichkeit und Mündlichkeit der Verfahren im Zivilprozeß wurde ebenso eingeführt wie die Unabsetzbarkeit von Richtern und die Aufhebung privilegierter Gerichtsstände.[72]

Wie einen Kampf auf verlorenem Posten schildert Maximilian die Verhandlungen über die Reformgesetze, da ihm verläßliche konservative Bündnispartner gegen den Druck der Straße gefehlt hätten. Mit teilweise unverhohlenen Warnungen vor dem Erwartungsdruck der Bürger und der Gefahr neuerlicher Unruhen hätten ihn die liberalen Minister erpreßt und ihm immer neue Reformvorhaben abgerungen: »Zwang wurde mir angetan, bitterer Zwang; zeigte ich Bedenken, auf die verderblichen Vorschläge einzugehen, so drohten sie, ihre Entlassung zu nehmen; bey einer Gelegenheit dieser Art äußerte Minister Thon-Dittmer, ihr Ausscheiden wäre ein Unglück, es wäre eine dynastische Frage!!! Wie konnte man da noch von Freiheit der Beschlußfassung sprechen?!«[73]

Die monarchisch gesinnten Kräfte seien »von dem Sturm der sogenannten öffentlichen Meinung«[74] eingeschüchtert worden: »Peinlich meine Lage; die Frage nicht, was gut, was nöthig, sondern nur, was ist möglich abzuwenden.«[75]

Maximilian II. sah daher 1848 keinen anderen Ausweg, als sich in die Situation zu fügen und die Reformgesetze zu sanktionieren. Stets bestand eine virulente Furcht vor dem erneuten Auflodern revolutionärer Ausschreitungen. Sämtliche Maßnahmen sollten nicht zuletzt dazu dienen, weitere Unruhen zu verhindern. Mit den Reformgesetzen seien »die wichtigsten Bollwerke der Monarchie«[76] gefallen und die »monarchische Staatsordnung schutzlos der Demokratie preisgegeben«[77] worden.

Nach der Stabilisierung des monarchischen Systems in den 1850er Jahren strebte Maximilian II. mit zunehmendem Selbstbewußtsein nach königlicher Dominanz und erwog durchaus, die Verfassung zu ignorieren oder bewußt zu übergehen. In der Folgezeit versuchte er permanent, die unterschiedlichen Zeitströmungen und alle Bedrohungen seines Thrones möglichst differenziert zu erfassen und revolutionäres Potential frühzeitig bereits im Ansatz zu bekämpfen. Zur Prävention von Unruhen sollte die Stiftung eines spezifischen bayerischen Nationalgefühls mit enger Bindung an die wittelsbachische Dynastie ebenso beitragen wie die Verbesserung der materiellen Situation der Bevölkerung, etwa durch die Ansätze einer Sozialpolitik oder die Schaffung günstiger Rahmenbedingungen für Landwirtschaft, Industrie und Gewerbe.[78] Im Zuge eines konsequent verfolgten Reaktionskurses ergriff Maximilian II. in den 1850er Jahren scharfe Repressionen gegen Presse, Vereine und Versammlungen, um liberale Ansichten in der Öffentlichkeit zu unterdrücken. Die in den Memoiren so stark beklagten Reformgesetze wurden auf diese Weise entweder ausgehöhlt oder – wie die Pressefreiheit – Stück für Stück beschnitten.

Diese Phase seiner Regierung thematisierte der Monarch nicht mehr: die Memoiren brechen mit-

70 Zit.n.: SING 1997, S.159f.
71 Zit.n.: SING 1997, S.159
72 S.: SING 1997, S.97-99, 158-162; DOEBERL 1931, S.175-178, 184-189, 193f.; FINKEN 1990, S.286-315
73 Zit.n.: SING 1997, S.160
74 Zit.n.: SING 1997, S.160
75 Zit.n.: SING 1997, S.162
76 Zit.n.: SING 1997, S.161
77 Zit.n.: SING 1997, S.162
78 S.: HANISCH 1991, S.84, 92-97, 109-113, 124-132
79 Zit.n.: SING 1997, S.130

ten im Geschehen des Jahres 1848 ab. Ursprünglich plante Maximilian die Darstellung seines gesamten Lebens und wollte, wie es in einer Kapitelüberschrift heißt, seine Erinnerungen »bis zur Gegenwart«[79] fortsetzen. Somit blieben die Memoiren ein Torso, der jedoch in seinen beiden Hauptteilen, der Darstellung der Kindheit Maximilians und der Schilderung der Revolution von 1848, sorgfältig ausformuliert ist. Maximilian pflegte keinen munteren Plauderton, der Ereignisse oder gar Anekdoten locker dahinplätschern läßt, sondern er mühte sich um eine gewissenhafte und nüchtern-sachliche Darlegung ihm wichtig erscheinender Begebenheiten und Personen. Der Autobiograph reflektierte sein Leben intensiv und war sichtlich darauf bedacht, möglichst abgeklärt und behutsam zu urteilen.

Hierbei schwankte Maximilian zwischen introvertierter Beichte und einer positiven Selbstdarstellung. Kritische Passagen, die persönliche Fehlentscheidungen offen bekennen, wechseln mit Abschnitten, in denen sich Maximilian II. als Opfer unverschuldeter Umstände stilisierte. Insgesamt bleibt der verteidigende Grundtenor in den Memoiren bestimmend. Trotz aller eingehenden kritischen Gewissenserforschung strebte der König letztlich nach Selbstbehauptung, um sich und sein Handeln zu bestätigen. Dem Leser der Memoiren bieten sich interessante Einblicke in die Wahrnehmungsweise und die Gedankenwelt eines Herrschers des 19. Jahrhunderts. Dies ist umso ungewöhnlicher, weil von den Monarchen dieser Zeit, ganz im Gegensatz zu Staatsmännern, die häufig ihre Erinnerungen publizierten, kaum Memoiren bekannt sind.

»What I did in the Revolution« oder die Lügen der Lola Montez

Bruce Seymour

Am Abend des 25. Mai 1852 strömten Tausende von New Yorkern ins Broadway Theatre, um ein Novum der Bühnengeschichte mitzuerleben. Auf dem Programm stand nicht nur das Schauspieldebüt von Lola Montez, der berühmten spanischen Tänzerin – sie sollte darüber hinaus in der Welturaufführung von »Lola Montez in Bavaria« zu sehen sein, einem Stück, das angeblich die Wahrheit über ihre Liaison mit König Ludwig I. und die revolutionären Turbulenzen von 1848 enthüllte, die zu ihrem Exil und zur Abdankung des Königs führten. Die Reklame für das Stück verkündete gar, Lola hätte mit Charles Ware, dem Autor des Stücks, zusammengearbeitet, um sicherzugehen, daß der Dialog die Äußerungen der an den Münchner Vorfällen beteiligten Personen getreu wiedergab. Dies war nicht das erste Mal, daß Ereignisse der Zeitgeschichte auf die Bühne gebracht wurden, aber wohl niemals zuvor hat sich eine an historischen Ereignissen maßgeblich beteiligte Persönlichkeit in einem biographischen Stück selbst gespielt.

Mit seinen mehr als 30 Sprechrollen war das Stück eine recht aufwendige Produktion, die in fünf »eras« unterteilt war: die Danseuse, die Politikerin, die Gräfin, die Revolutionärin und die Flüchtende. Das Bühnenbild für die vierte »Ära« soll eine vollkommen getreue Nachbildung des prachtvollen Interieurs von Lolas Münchner Palais gewesen sein. Man war aufs äußerste gespannt, die Vorstellung ausverkauft. Kein Stehplatz war mehr frei, als sich der Vorhang hob und den Blick freigab auf Besucher des Münchner Hoftheaters, die sich angeregt und mit Kennermiene über das wunderbare Debüt der berühmten und schönen spanischen Tänzerin Señorita Lola Montez unterhielten.

Sodann tritt König Louis, wie er im Stück genannt wird, mit Baron D'Abel, seinem üblen jesuitischen Minister, auf. Auch der König ist von der spanischen Tänzerin hingerissen und fest entschlossen, ihre Bekanntschaft zu machen. D'Abel rät entschieden davon ab, ihr eine Audienz zu gewähren und versucht, den König mit Staatsgeschäften auf andere Gedanken zu bringen. Louis besteht jedoch darauf, die schöne junge Frau kennenzulernen, und so ergeht eine entsprechende Einladung an sie.

Das Bühnenbild wechselt, und als sich der Vorhang wieder hebt, begegnen wir Lola, weiß-blau gekleidet und von einem Kreis bewundernder Studenten, Künstler und aufgeklärter Münchner Bürger umgeben, denen sie ihre Ansichten über Politik, Kunst, Etikette und Gesellschaft darlegt. Während sie die Bayern mit ihren offenherzigen und geistreichen, einer zutiefst liberalen Gesinnung entspringenden Bemerkungen verzaubert, erreicht sie die königliche Einladung und sie verläßt den Kreis neugewonnener Verehrer, um König Louis zu treffen.

Die Audienz findet im Arbeitszimmer des Königs statt, wo Louis ihr gesteht, daß er von ihrem Tanz vollkommen hingerissen war. Des Königs Bewunderung gibt Lola den Mut, die Zustände in Bayern unverblümt anzusprechen, von denen der König keine oder nur geringe Kenntnis besitzt. »Eure Minister hintergehen Euch«, teilt sie ihm mit, »und Ihr habt Euch zu einem willigen Werkzeug der Jesuiten machen lassen.« Der Vorsitzende in diesem Kabinett der Verräter, Baron D'Abel, stehe heimlich in Diensten des Fürsten Metternich, des schurkischen Genies aus Österreich. Das bayerische Volk stöhne unter dem Joch der ultramontanen Jesuitenverschwörung, eröffnet sie Louis, und er werde durch die Machenschaften D'Abels und seiner Handlanger über das Elend des Volkes in Unkenntnis gehalten. Sie fleht den König an, seinem Volk die Freiheit zu schenken und seiner Knechtung durch die Jesuiten ein Ende zu machen. Louis ist von ihrer Offenheit und ihrer Kenntnis der bayerischen Zustände beeindruckt und schlägt umgehend vor, sie zur Gräfin zu machen. Sie solle auch in sein Palais ziehen, um ihm in Staatsdingen zur Seite zu stehen. Lola lehnt die Übersiedlung in die Residenz ab, da sie einen Skandal befürchtet. Sie erlaubt dem König aber, ganz in der Nähe ein Palais für sie zu errichten.

König Louis versucht, ihre Hand zu küssen, was ihm Lola jedoch verwehrt. Zuerst müsse er veranlassen, daß der zu Unrecht inhaftierte Maler Schootenbottom freigelassen wird. Als der »arme, liebe, alte Louis« eine entsprechende Anordnung unterzeichnet, gestattet ihm Lola den Handkuß.

Um dem König die Untreue seiner Minister zu beweisen, versteckt Lola ihn hinter einem Vorhang, während Baron Malthus, einer von D'Abels Helfern, der Tänzerin eine gewaltige Geldsumme und den Titel der Prinzessin verspricht, wenn sie Bayern umgehend verläßt, damit D'Abel und die Jesuiten das Land weiterhin ungestört regieren können. Lola weist das Angebot stolz zurück und wird zur unversöhnlichen Feindin der Ultramontanen. Der arme König Louis, der zwar gutmütig, aber viel zu sehr mit Kunst und Architektur beschäftigt ist, um die geringste Ahnung davon zu haben, was in seinem Königreich vor sich geht, ist nun restlos von Lolas Loyalität und von D'Abels Verrätertum überzeugt. Nachdem der Versuch, die standhafte spanische Tänzerin und Politikerin zu bestechen, gescheitert ist, greifen die Ultramontanen zu drastischeren Mitteln und versuchen, Lola mittels Arsen zu vergiften. Auch dies mißlingt. Daraufhin setzen sie alles daran, Lolas Einfluß durch Rufmord zu zerstören. Wenn die frischgebackene Gräfin Landsfeld nun bei Hofe erscheint, flüstern sich die Damen zu, wie die schamlose »maurische Tänzerin« dem König durch ihre Sinnlichkeit den Kopf verdreht habe. Aber alle Anstrengungen, dem Ruf der Gräfin zu schaden, schlagen vollends fehl, als sie der Königin Therese bei einem Ohnmachtsanfall zu Hilfe eilt. Die beiden umarmen sich und sind ab sofort Freundinnen. Mit dem Hauptstrang der Handlung sind diverse komische Episoden verflochten, die das Stück punktuell etwas auflockern. Eine davon zeigt den albernen und aufgeblasenen Baron Poppenheim, der ein komisches Duell mit Baron Newsbaumer, einem von Lolas Verbündeten, austrägt, wobei sich die komische Figur des Malers Schootenbottom immer wieder ins Geschehen einmischt.

Nun, da König und Königin zu ihren ergebenen Bewunderern zählen, gelingt es Lola, den König zur Entlassung des durchtriebenen D'Abel sowie des gesamten Kabinetts zu bewegen, während sie de facto zu des Königs Premierministerin wird. Auf ihr Drängen hin gestattet der König dem gemeinen Volk, die neuen Minister aus den eigenen Reihen zu wählen, womit das Monopol des Adels auf Regierungsämter durchbrochen und eine neue, aufgeklärte Epoche für die Regierung Bayerns eingeläutet wäre. Die Universitätsstudenten gründen eine Verbindung namens »Alemannia«, die Lola in ihrem Bemühen unterstützt, die Fackel freiheitlicher Reform in König Louis' hinterwäldlerisches Königreich zu tragen. Aber D'Abel und Komplizen geben sich nicht geschlagen und arbeiten unermüdlich am Sturz Lolas. Mit Hilfe des korrupten Adels, der ihr den Verlust seines Machtmonopols nicht verziehen hat, bestechen die Jesuiten den Münchner Pöbel und die reaktionäre Studentenschaft, die einen blutigen Aufstand in den Straßen der Hauptstadt inszenieren sollen. Die »Alemannia« schlägt sich in vorderster Linie mit den ruchlosen Kräften der Reaktion, und Lola erklimmt die

Barrikaden, um Seite an Seite mit ihren getreuen Studenten zu kämpfen. Als aber die Knechte des Jesuitentums die Kräfte der Aufklärung überrennen, ist Lola gezwungen, als stumme Bauerndirne verkleidet aus München zu fliehen. Sie kehrt aber heimlich in die Hauptstadt zurück, um ihre Truppen erneut um sich zu scharen und den König zur Abdankung zu bewegen, sollten die Reaktionäre am Ende triumphieren. Als die Entscheidungsschlacht unter jeder Menge Getöse, Schießen, allgemeiner Verwirrung, Hin- und Hergerenne und dem hingebungsvollen Schmettern der Marseillaise durch eine Bühnenkapelle geschlagen wird, senkt sich der Vorhang vor Lola, die nun endgültig aus München flieht. Das Publikum des Broadway Theatre brachte seine Begeisterung über die neue Schauspielerin, das neue Stück und die neue Idee der autobiographischen Schaupielerei lautstark zum Ausdruck. Auch die Zeitungskritiker waren im großen und ganzen beeindruckt, wenngleich weniger vom Stück selbst als von der Spontaneität und Natürlichkeit von Lolas Darstellung ihrer selbst. Nach vier ausverkauften Vorstellungen in New York ging Lola mit »Lola Montez in Bavaria« unverzüglich auf Tournee. Während der folgenden fünf Jahre sollte sie wiederholt in den gesamten Vereinigten Staaten und Australien damit auftreten.

Einer der scharfsinnigsten Kritiker von Stück und Lolas Vorstellung schrieb anonym im deutschsprachigen Blatt »Der Deutsche Republikaner« aus Cincinnatti: »Es war uns bisher immer noch etwas unbegreiflich, wie es ihr möglich geworden ist über einen Menschen, wie König Ludwig, der sonst keineswegs zahm und gefügig gewesen, einen unumschränkten Einfluß zu erringen. Jetzt, nachdem sie uns die Hexerei auf der Bühne vorgemacht hat, glauben wir gern, daß dem armen Louis kein Wiederstreben [sic!] möglich war.«[1] Andere Kritiker waren von »Lola Montez in Bavaria« und Lola weniger hingerissen: »Die Aufführung ist eine langatmige Angelegenheit voller nichtigem Geschnaufe, die sich bemüht, das alte Motto ›Selbstlob ist noch keine Empfehlung‹ außer Kraft zu setzen und die Heldin in schwindelnde Höhen der öffentlichen Wertschätzung zu heben. Es ist eine dramatisierte Autobiographie, und die Umstände, unter denen sie dargeboten wird, berechtigen zu der Überzeugung, daß es auch eine *verlogene* sei. Gegen eine Entweihung der Bühne, wie sie sich mit diesem Stück abgespielt hat, muß jeder Freund des Schauspiels protestieren.«[2]

Auch wenn die Verurteilung des Stücks vielleicht ein wenig überzogen ist, erkennt der Kritiker doch ganz richtig, daß »Lola Montez in Bavaria« neben seiner Funktion als Sprungbrett zu Ruhm und Reichtum auch als Propagandastück gedacht war, das seine Heldin in den Augen der Öffentlichkeit rehabilitieren sollte. Diese Rehabilitation war notwendig, weil Lolas bayerisches Abenteuer sie weniger berühmt als vielmehr berüchtigt gemacht hatte. Schon vor ihrer Ankunft in den Vereinigten Staaten wurde sie in den Zeitungen angeschwärzt: »Sie besitzt keinen besonderen Ruf als Tänzerin. Die Welt kennt sie nur als schamlose und verkommene Frau.«[3] Und gleich nach ihrer Ankunft sah sie sich gezwungen, ihren Ruf zu verteidigen: »Wenn ich die Art von Frau wäre, als die man mich hinstellt, müßte ich dann mein Geld auf der Bühne verdienen?«[4] Lola Montez war in mancher Hinisicht eine sehr moderne Frau, was sich unter anderem an ihrem sicheren Gespür für erfolgreiche Öffentlichkeitsarbeit zeigte. Seit Beginn ihrer Karriere als Tänzerin wußte sie, wie wichtig gute Beziehungen zu den »Medien« sind. Sie erkannte sehr früh, wie sie die öffentliche Meinung mittels eines gut formulierten Leserbriefes an ein ihr

1 Der Deutsche Republikaner, 2. 3. 1852, S.3, Sp.2

2 Sunday Dispatch (Philadelphia), 6. 6. 1852, S.2, Sp.7: »The production is a windy current of unsubstantial puffs, which endeavors to invalidate the force of the old motto that ›self praise is no recommendation‹, and to elevate the heroine to a dizzying height in public esteem. It is an acted autobiography, and the circumstances under which it is represented authorise the belief that it is a lying one. Against such a desecration of the stage as has been made in this piece, it is the duty of every friend of drama to protest.«

3 New York Times, 26. 9. 1851, S.2, Sp.3: »She has no special reputation as a dancer. She is known to the world only as a shameless and abandoned woman.«

4 New York Herald, 6. 12. 1851, S.2, Sp.3: »If I was a woman of that description which I am presented, would I be compelled to go on the stage to earn a livelihood?«

5 S.: Lola Montez an Ludwig I.,10. 2. 1848; München, Bayerische Staatsbibliothek, Ludwig I.-Archiv

33 »Lola Coming! Europe Farewell! America I Come«; um 1852; Lithographie eines New Yorker Karikaturisten. Aus: »Um Lola Montez. Blätter aus dem Kieler Theatermuseum«, Kiel 1930. München, Deutsches Theatermuseum, 4°933, Clara Ziegler Stiftung I/13050-3

wohlgesonnenes Blatt manipulieren konnte. Selbst während ihrer Zeit in Bayern, als die Erwähnung ihres Namens in den Zeitungen verboten war und ihr Mangel an deutschen Sprachkenntnissen es ihr praktisch unmöglich machte, die öffentliche Meinung zu ihren Gunsten zu beeinflussen, schrieb sie unermüdlich Briefe an die größeren britischen und französischen Blätter, um sie wegen unvorteilhafter Berichterstattung abzumahnen und ihnen ihre eigene Version der Ereignisse zu übermitteln. Es ist typisch für ihre intensive Imagepflege, daß sie unmittelbar, nachdem sie am Odeonsplatz beinahe von der wütenden Menge umgebracht worden wäre, einen Brief an einen ihr bekannten englischen Journalisten schrieb, um ihm ihre Version des Vorfalls zu liefern.[5]

Lolas Bild in der amerikanischen Öffentlichkeit hatte also bereits vor ihrer Ankunft Flecken. Schon nach wenigen Tagen in New York führten einige sehr öffentliche Auseinandersetzungen mit Herren von teilweise eher zweifelhaftem Ruf zu einer akuten Image-Krise. Um nicht vollends ins gesellschaftliche Abseits zu geraten, griff Lola am 15. Januar 1852, also nur sechs Wochen nach ihrer Ankunft in New York, zu einem bewährten Mittel aus ihrer PR-Trickkiste, nämlich einem offenen Brief an ein ihr wohlgesonnenes Blatt, in diesem Fall den »New York Herald«. Dieser recht umfangreiche Brief, der ihre Version der Ereignisse in Bayern wiedergab, wurde in der amerikanischen Presse vielfach nachgedruckt. Wir wollen anhand einiger Auszüge aus dieser ausgedehnten Verteidigungsschrift prüfen, ob die oben zitierte Anschuldigung des Theaterkritikers, Lolas autobiographisches Drama sei eine einzige Lüge, tatsächlich zutrifft. Der Brief beginnt in typischer Lola-Manier, näm-

6 New York Herald, 15. 1. 1852, S.4, Sp.5-6:
»Since childhood, when I first came to know of America, my heart yearned to visit it [...] I studied your institutions, and all my dreams of romance were connected with your happy country [...] I consented to stay a few days, and renewed my conversations with the king several times on these visits to him, at his insistence. These visits were unceremonious. I talked to the king of errors and abuses in his govermnent. I told him of the perfidy of his ministers. Honest and unsuspecting, he did not believe it, but I proved it to him. His queen was my friend. I exposed to him especially the art, duplicity, and villainy of his prime minister, Baron D'Abel, a Jesuit, who had wormed himself into his confidence. What had I to gain by all this, but the Establishment of right, and the protection of an honest man from rogues? King Louis was convinced, in spite of all the scandalous fabrications that were circulated, that I was his friend, as I was most truly. For a long time, his profligate and faithless councilors could not imagine from whence their betrayed and abused master learned the facts of their conduct. When they did, what a torrent of scandal and falsehood was opened upon poor me! I was everything that was bad and vile. But they could not injure me with the good old king. The king defended and justified me, and denounced their aspersions and calumnies. One day he told D'Abel, in reply to some observations denouncing me, that ›She is right, she told me the

lich mit schamlosen Schmeicheleien: »Schon seit meiner Kindheit, als ich zum ersten Mal von Amerika hörte, sehnte sich mein Herz danach, es zu besuchen [...] Ich beschäftigte mich mit Eurem Gemeinwesen, und alle meine Träume von Ferne und Abenteuer waren mit Eurem glücklichen Land verbunden.« Doch schon bald kommt sie ausführlich auf ihren Aufenthalt in Bayern zu sprechen. Sie behauptet, der König hätte sie nach der Einladung zu einer Audienz gedrängt, in München zu bleiben: »Ich willigte ein, einige Tage in München zu verweilen und nahm meine Unterhaltungen mit dem König bei meinen Besuchen des öfteren wieder auf, jedoch nur, weil der König darauf bestand. Ich berichtete ihm von der Niedertracht seiner Minister. Rechtschaffen und nichtsahnend wie er war, schenkte er mir keinen Glauben; ich erbrachte jedoch den Beweis. Seine Gemahlin war mir herzlich zugetan. Ich enthüllte dem König im besonderen die Durchtriebenheit, das doppelte Spiel und die Gemeinheit seines Premierministers Baron D'Abel – eines Jesuiten, der sich das Vertrauen des Königs erschlichen hatte. Was hatte ich anderes bei all dem zu gewinnen als die Herstellung rechtmäßiger Zustände und den Schutz eines ehrenhaften Mannes vor solchen Schurken? Trotz aller ehrenrührigen Erfindungen, die über mich im Umlauf waren, war König Louis davon überzeugt, daß ich ihm treu ergeben war, was ich auch aus tiefstem Herzen war. Lange Zeit konnten sich seine verworfenen und treulosen Ratgeber nicht vorstellen, woher ihr betrogener und verhöhnter Herr von ihrem wahren Gebaren erfuhr. Welcher Sturzbach von Lügen und Intrigen ergoß sich aber über mich, als sie es schließlich herausfanden! Ich war der Inbegriff der Schlechtigkeit und Verkommenheit. Aber bei dem guten alten König konnten sie meinem Ruf keinen Schaden zufügen. Der König verteidigte und rechtfertigte mich und verurteilte ihre abfälligen Bemerkungen und Verleumdungen. Als Antwort auf einige abschätzige Bemerkungen D'Abels über mich sagte er eines Tages zu diesem: ›Sie hat recht; sie hat mir die Wahrheit gesagt. Ich werde tun, was sie sagt.‹ D'Abel antwortete: ›Dann ist sie also König.‹ ›Ja‹, sprach der gute alte Louis, ›sie ist König.‹ Und diese hier gefallene Bemerkung wurde verzerrt an die Öffentlichkeit getragen und damit zum Gegenstand Tausender lachhafter Skandalgeschichten.
In meinem Verhalten dem König gegenüber ließ ich mich nur von dem Wunsch leiten, ihm und seinen guten Untertanen, die beide vom verkommenen Ministerrat betrogen und getäuscht wurden, Gutes zu tun. Das Volk wurde von schurkischen Ministern unterdrückt, die ihre eigenen Schandtaten dem König anlasteten. Ich fand heraus, daß der Ministerrat eine Ausgabe der Staatszeitung nur für den König drucken ließ und eine andere Ausgabe für das Volk, die der König nie zu Gesicht bekam. Ich deckte diese niederträchtige Täuschung auf. Ich deckte auch andere verruchte Machenschaften und Verhaltensweisen von Ministern und Hofleuten auf. Sie verleumdeten mich nicht nur als Inbegriff aller Schlechtigkeit und Verkommenheit, sie sagten auch, ich sei eine Demokratin, eine Revolutionärin, und dergleichen mehr, so etwa, daß ich eine ›maurische Gräfin‹ sei, eine spanische Spionin, und eine französische Spionin. Der König sagte, er würde mich zu einer ›bayerischen‹ Gräfin machen, und machte mich dann zur ›Gräfin Landsfeld‹ und beschenkte mich großzügig. Der eigenen Rechtschaffenheit treu, war er nicht geneigt, sich von den Schurken in seiner Umgebung dazu drängen zu lassen, mir Unrecht zu tun. Diese bezeichneten mich weiterhin als ›maurische Gräfin‹, sie sprachen von ›spanischer Hüftwackel-Politik‹ und nannten meine

34 *»Lola has Come! Enthusiastic Reception of Lola by an American Audience«; 1852; Lithographie eines New Yorker Karikaturisten. Aus: »Um Lola Montez. Blätter aus dem Kieler Theatermuseum«, Kiel 1930. München, Deutsches Theatermuseum, 4°933, Clara Ziegler Stiftung I/13050-4*

Freunde die ›Lola-montane‹ Partei, im Gegensatz zur ›ultramontanen‹ oder ministeriellen Partei. Ich besaß damals liberale Ansichten und trat für liberale Maßnahmen ein, und das ist auch heute noch so; jedoch bin ich keine Sozialistin noch eine eingefleischte politische Revolutionärin. Der Premierminister D'Abel war entschlossen, mich zu vertreiben und so intrigierte er gegen mich und verbreitete allerlei Skandalgeschichten, er sandte gar nach Frankreich, England, Indien und Spanien, um falsches Zeugnis über meine Person einzuholen. Er stellte dem Volk vor, ich stifte den König zu allerlei Schlechtigkeiten an, und lastete dabei das eigene unfreiheitliche Regieren dem König und mir an. Alle diese schurkischen Pläne schlugen fehl, bis er schließlich die Hilfe des österreichischen Premierministers Metternich für sich gewann. Sie versuchten, mich milde zu stimmen und zu beruhigen, und mich vermittels Bestechung für ihre Zwecke zu gewinnen. Man bot mir vier Millionen Francs und den Titel einer Prinzessin, wenn ich zustimmte, den König zu beeinflussen und ihre Pläne zu befördern. Jedoch wies ich dies Ansinnen empört zurück und unterrichtete den König umgehend von ihrem Angebot. Dieser war verblüfft und rief aus: ›Das kann nicht sein!‹ Ich beschloß, den Beweis zu erbringen. Ich stimmte einer Unterredung mit Baron Milizhin, dem Vertreter Metternichs und D'Abels, zu – in einem Raum, in dem der König sich verborgen hielt und somit den Ereignissen folgen konnte. Er hörte alles. Er war nun von dem Betrug derer in seiner Umgebung überzeugt und entließ seine Minister ohne Verzug. Der Nachfolger D'Abels war Liberaler und Protestant. Meine Handlungs-

truth. I will do as she told me.‹ D'Abel replied, ›She is king then‹, ›Yes‹, said the good old Louis, ›she is king‹, and this remark, so made, was distorted, reported to the public, and made the theme of the thousand scandalous and ridiculous stories.
In my conduct towards the king I was influenced only by a wish to do good to him and his good subjects, who were both deceived and cheated by a profligate ministry. The people were oppressed by villain ministers, who laid their own bad acts to the king. I discovered that the ministry had one copy of the newspaper published as the government organ, printed for his eye, and different copies printed for the people, which he never saw. I exposed this vile deception. I exposed others of the nefarious schemes and conduct of the ministers and courtiers. They not only denounced me as everything that was vile and infamous, but they said I was a democrat, a revolutionary, and everything else – that I was a ›Moorish countess‹, a Spanish spy, and a French spy. The king said he would make me a ›Bavarian‹ countess, and he did make me ›Countess of Landsfeld‹ and made me liberal gifts. Knowing his own purity, he did not intend to be bulled by the bad men around him to do me injustice. They continued their depictions of me as the ›Moorish countess‹ – talked of ›Spanish sway,‹ and called my friends the ›Lola montane‹ party, to distinguish it from the ›Ultramontane‹ or ministerial party. I entertained liberal views and was the advocate of liberal measures then, as I

am now, but I am no socialist, nor political revolutionary without a cause. The prime minister, D'Abel, was determined to drive me away, and he plotted against me, raised all kind of scandal about me, sent to France, England, the East Indies and Spain to get false testimony against me. He represented to the people that I influenced the king to do all kinds of wickedness, and he attributed his own oppressive acts to the king and myself in all these villainous schemes, he failed until he called in the aid of the Austrian Prime Minister, Prince Metternich. Then they tried to conciliate and soothe me, and bribe me to their purposes. I was offered four millions of francs and the title of princess if I would consent to aid them to control the king and advance their plans. This I indignantly refused and immediately exposed their offer to the king. He was astonished, and exclaimed, ›It cannot be so.‹ I determined to prove it. I agreed to an interview with Metternch's and D'Abel's agent, Baron Milizhin, in a room, the king being concealed so that he could hear all that passed. He heard the whole. He was convinced of the treachery of those around him, and he dismissed his Ministers forthwith. The successor of D'Abel was a liberal and a Protestant. My course strengthened the king's confidence in me, and they traduced me to the people as influencing the king to their injury.
The Jesuits in Munich are a powerful party. Though they failed in this attempt upon my life, they did succeed in their slanders against me. An occur-

weise stärkte des Königs Vertrauen in meine Person, und jene verleumdeten mich bei dem Volk, ich würde den König zum Schaden des Volkes beeinflussen.
Die Jesuiten stellen in München eine mächtige Partei dar. Auch wenn ihnen dieser Anschlag gegen mein Leben mißlang, so waren ihre Verleumdungen doch erfolgreich. Ein Ereignis aus jener Zeit war ihnen dabei behilflich. In der Schweiz hatten die Radikalen vor kurzem die Jesuiten aus der Eidgenossenschaft ausgestoßen. Louis Philippe verkündete seine Politik der Nichteinmischung, aber zur gleichen Zeit schrieb Guizot an Metternich und schlug ihm die Unterwerfung und Aufteilung der Schweiz vor, und zu diesem Behuf eine Allianz zwischen Frankreich und Österreich. Man umwarb den König Ludwig von Bayern, auf daß er sich dieser Allianz anschließe. Er berichtete mir davon. Ich sprach mich vor dem guten alten König ganz offen gegen solcherlei Intrigen aus. Ich sagte, daß es ungerecht und ruchlos sei. Ich sah, daß die Jesuiten die hauptsächlichen Antreiber hinter diesen Plänen waren. Ich flehte ihn an, dieser Allianz der Räuber fernzubleiben. Dies führte dazu, daß die Angriffe gegen mich erneut und mit vielfacher Wut aufgenommen wurden. Das Münchner Volk wurde mit den übelsten, geschickt ausgedachten Lügen gegen mich aufgehetzt, wie sie die Jesuiten wohl in die Welt zu setzen wissen. Sie glaubten, daß ich der Feind des Volkes sei, wo es doch – der Himmel ist mein Zeuge – mein ganzes Bestreben war, sein Glück und Wohlergehen zu befördern und seine Liebe durch milde und großherzige Taten zu gewinnen. Die Jesuiten entfachten eine Revolution, und der gute alte König wurde entthront und ging ins Exil. Ich fühle mit ihm in seinem Unglück und korrespondiere weiterhin mit ihm. Der König ist bekannt als der oberste Beschützer der Künste in Europa; er wird der Künstler-König genannt. Er ist ein Dichter, ein Maler, ein Bildhauer, und einen tugendhafteren und gütigeren Herren kann man sich nicht vorstellen. Dieser verehrungswürdige Mensch wurde in bezug auf meine Person verleumdet. Ich bin eine arme, schwache, kleine Frau. Ich liebe ihn wie einen Vater. Dies ist eine Liebe, der sich keine Frau schämen muß. Ich bin stolz darauf. Er war mein Freund, und solange ich lebe, werde auch ich ihm ein Freund sein. Ich verabscheue und verachte die armseligen Schufte, die diesen großherzigen alten Mann und mich verleumdet haben. Was sie mir angetan haben, das kann ich ihnen vergeben, und ich bete, daß alle anderen, denen sie übel mitgespielt, ihnen vergeben werden. Aber für das, was sie ihm angetan haben, rufe ich Gottes Strafgericht, nicht seine Güte an. Es wird sie unausweichlich in diesem Leben ereilen, und in dem Leben, das da kommen wird [...] «.[6]
Sechs Jahre später hatte Lola Montez der Bühne den Rücken gekehrt und war zu einer sehr erfolgreichen Vortragsreisenden geworden. Einer ihrer Vorträge drehte sich um ihre Lebensgeschichte. Hierbei sprach sie in der dritten Person von sich und wartete mit einer neuen Behauptung auf, was die Ursache des bayerischen Aufstandes gegen sie anging:
»Als Lola Montez nach Bayern kam, besaß der Adel solche Macht, daß ein Händler keinesfalls die Schulden eines Adligen gerichtlich einklagen konnte, da ein Adliger nur von seinesgleichen zur Rechenschaft gezogen werden konnte. Und die Armen, o Jammer, waren hoffnungslos verloren, wenn sie in die Mühlen der Gesetze gerieten, da allein der Adel über sie zu Gericht saß. Um diese Ungeheuerlichkeit abzuschaffen, hatte sich Lola Montez die Zusicherung des Königs geben lassen, daß er den Code Napoléon einführen werde, und sie ließ diesen gerade vervielfältigen und in die passende Form bringen, als die

35 *»Lola in Boston«. Lola: »Ladies and Shentlemans! I thank you from the bottom of my heart«; um 1852; Lithographie eines New Yorker Karikaturisten. Aus: »Um Lola Montez. Blätter aus dem Kieler Theatermuseum«, Kiel 1930. München, Deutsches Theatermuseum, 4°933, Clara Ziegler Stiftung I/13050-4*

Revolution ausbrach und sie ihrer Macht beraubte. Die Ohrfeige, die sie den aufgeblasenen Köpfen des privilegierten Adels versetzt hatte, war heftig genug gewesen, erwählte man doch die Minister nun aus den Reihen des Volkes, aber die Einführung des Code Napoléon galt als der eigentlich vernichtende Hieb.«[7]

Ihre Erlebnisse im Reiche König Ludwigs faßte Lola so zusammen: »Nach all dem Lärm, der in aller Welt um Lola Montez in Bayern gemacht wurde, darf sie getrost die Historie herausfordern, sie möge doch ein Beispiel anführen, bei dem Macht in den Händen einer Frau mit größerer Schicklichkeit des Benehmens und mit selbstloserer Hingabe an die Sache der menschlichen Freiheit eingesetzt wurde.«[8]

Lolas Brief an den »New York Herald« wurde vielfach nachgedruckt und hatte genau die Wirkung, die sie sich erhofft hatte. Die öffentliche Meinung schwenkte plötzlich zu ihren Gunsten um. Der »Albany Knickerbocker« stellte fest: »Wir glauben allmählich, daß sie mehr Unrecht erlitten als begangen hat«, und die »Baltimore Sun« berichtete: »Der jüngste bemerkenswerte Brief dieser äußerst bemerkenswerten Frau übt eine mächtige Wirkung auf die Meinung dieses Landes aus. Er scheint die feste Überzeugung von Tausenden bezüglich ihres Lebenswandels und ihrer Tugendhaftigkeit erschüttert zu haben.«[9]

Mit »Lola Montez in Bavaria« konnte Lola mit ihrem eigenen, sehr wirkungsvollen Werbemittel umherreisen, das sie als tugendsame Heldin des Liberalismus ausweisen sollte. Trotzdem ließen sich die Vorurteile der Amerikaner gegen Lola Montez nie vollständig aus der Welt schaffen. Wenige Wochen nach der Veröffentlichung von

rence that took place at that time aided them. The radicals in Switzerland had just driven the Jesuits out of the Swiss Confederation. Louis Philippe professed non-intervention as his policy; but at that very time, Guizot wrote to Metternich proposing the subjugation and division of Switzerland, and an alliance between France and Austria for that purpose. King Louis of Bavaria was solicited to become a party to that alliance. He told me of it. I spoke my mind fully to the good old king against those intrigues. I told him it was unjust and infamous. I saw that the Jesuits were the prime movers of the scheme. I begged him to keep aloof from the alliance of robbers. This caused a renewal of the attacks on me with increased violence in every way. The populace of Munich was excited against me by the foulest falsehoods artfully contrived, as the Jesuits well know how to do. They were persuaded I was the enemy of the people, when, as Heaven knows, all my ambition was to promote their happiness and well-being and make myself beloved for kind and good acts.
A revolution was fomented by the Jesuits, and the good old king was dethroned and exiled.
I sympathize with him in his misfortunes and in his exile and continue to correspond with him. The king is known as the first protector of the arts in Europe, his is called the Artiste King. He is a poet, a painter, a sculptor, and as virtuous and kind-hearted a Gentleman as lives on the earth. This venerable man was slandered with respect to me.

I am a poor, weak, little woman. I love him as I would love a father. It is not a love any woman need be ashamed of I am proud of it. He was my friend, and while I live, I shall be his friend. I despise and loathe the miserable wretches who have slandered that kind old man and myself. For the injuries to me, I forgive them, and pray that they may be forgiven by all they have injured; but for those to him, I invoke God's justice upon them, not his mercy. It will surely overtake them in this world and in the world to come [...] «.

7 Lola Montez, Lectures of Lola Montez including her Autobiography, New York 1858, S.69f.: »When Lola Montez arrived in Bavaria the nobility had such power that a tradesman could not possibly collect a debt of one of them by law, as they could only be tried by their peers. And the poor people, alas! had no chance when they came under the ban of the laws, for the nobility alone were their judges. To remedy this enormity Lola Montez had obtained the pledges of the king that he would introduce the Code Napoleon, and she was having it copied and put in due form when the revolution broke out and drove her from power. The blow that she had dealt at the swollen heads of the patent nobility was severe enough in choosing Ministers from the ranks of the people, but this introduction of the Code Napoleon was looked upon as the finishing blow.«

Lolas Brief im »New York Herald« waren einige Mitglieder der Schulaufsichtsbehörde von Boston zutiefst empört darüber, daß man Lola Montez gestattet hatte, drei städtische Schulen zu besuchen und die Schüler mit ihrer Verderbtheit anzustecken. Noch nach Lolas Tod waren sich die amerikanischen Zeitungen in der Einschätzung ihrer Person uneins, wie sich aus den unterschiedlichen Nachrufen ablesen läßt. Aber zu ihren Lebzeiten wurde Lolas eigene Darstellung ihres selbstlosen Eintretens für liberale Reformen in Bayern nie überzeugend widerlegt.

Wir sind jedoch in der Lage, Lolas Schilderung ihrer bayerischen Abenteuer im geschichtlichen Rückblick zu überprüfen, um herauszufinden, inwieweit sie mit anderweitigen Belegen für die betreffenden Ereignisse übereinstimmt. Wir wollen mit ihrer Behauptung beginnen, sie habe König Ludwig dazu gedrängt, liberale Reformen durchzuführen. Auch wenn das Beweismaterial unvollständig ist, so wird doch einigermaßen klar, daß Lola Montez zu keinem Zeitpunkt mit irgendeiner kohärenten politischen Philosophie schwanger ging und daß für sie Politik stets eine rein personengebundene Angelegenheit war. In einem umfangreichen Brief, den sie zwei Monate nach ihrer Ankunft in München an einen Pariser Freund schrieb, verlor sie nicht das geringste Wort über Politik, sondern verkündete frohgemut, daß sie nun die Mätresse des Königs sei, daß er sie bald zur Gräfin machen würde und daß ganz München ihr zu Füßen liege.[10] Dabei versuchte sie sich aber tatsächlich in politische Angelegenheiten einzumischen und hatte den König auch bereits davon überzeugt, daß die Gehälter der Lehrer anzuheben seien; aber ihre Bemühungen, König Ludwig zu beeinflussen, waren nicht Ausdruck irgendwelcher politischer Überzeugungen, sondern der Versuch, ihren Freunden gefällig zu sein und sich das Image der öffentlichen Wohltäterin zuzulegen. Sie versuchte sogar, ihren erbitterten Widersacher Karl von Abel zu umgarnen, indem sie ihn einlud, ihr seine Aufwartung zu machen.[11]

Festzuhalten ist auch, daß der Jesuitenorden seit 1773 in Bayern verboten war, und daß seine Aktivitäten hier, im Gegensatz zu Frankreich, nicht geduldet wurden. Karl August von Abel hatte des öfteren vergeblich versucht, den König zur Wiederzulassung des Ordens in Bayern zu bewegen. Es gibt außer Lolas Äußerungen keine zeitgenössischen Quellen, die ernsthaft behaupten, daß Mitglieder der Gesellschaft Jesu heimlich in Bayern aktiv gewesen seien.

Andererseits scheint es aber Belege für Lolas Behauptung zu geben, daß die Ultramontanen versucht hätten, sie durch Bestechung zum Verlassen Bayerns zu bewegen. Mittelsmann war hierbei Heinrich Freiherr von Maltzahn, ein alter Freund Lolas aus Paris, der ihr möglicherweise die erste Audienz bei König Ludwig verschafft hatte, als sie im Oktober 1846 nach München kam. Im Dezember 1846 kehrte Maltzahn nach München zurück, um Lolas bereits recht rustikale Beziehung zu den Münchnern womöglich in etwas gesittetere Bahnen zu lenken, mußte aber bald erkennen, daß Lola Montez es sich in weniger als drei Monaten so gründlich mit sämtlichen Gesellschaftskreisen verscherzt hatte, daß er ihren Ruf nur um den Preis seines eigenen hätte retten können. Am 1. Januar 1847 bot Maltzahn ihr im Auftrag der Münchner Oberschicht eine sehr ansehnliche Bestechungssumme, wenn sie Bayern auf immer verließe. Sie lehnte ab, und diese Ablehnung stärkte ihre Beziehung zum König, da sie diesem bewies, daß sie für ihn als Mann etwas übrig hatte und nicht nur für den Reichtum, den er ihr bieten konnte.

Dagegen ist Lolas Behauptung, König Ludwig sei auf den Trick der Ultramontanen hereingefallen und habe eine nur für seine Augen bestimmte Sonderausgabe der Zeitung gelesen, so hanebüchener Unsinn, daß sie die Glaubwürdigkeit aller ihrer Ausführungen über ihre Zeit in Bayern untergräbt. Es gab damals zahlreiche bayerische Zeitungen – die natürlich allesamt der Zensur unterlagen –, und der König las sie ebenso wie eine Anzahl von ausländischen Blättern, die wohl kaum auf Geheiß der Ultramontanen als Sonderausgaben für den bayerischen König gedruckt worden wären.

Als das konservative Kabinett unter Abels Federführung am 11. Februar 1847 geschlossen zurücktrat, um damit gegen die geplante Verleihung der bayerischen Staatsbürgerschaft an Lola Montez zu protestieren, erlangte Lola tatsächlich den Ruf einer bedeutenden liberalen Persönlichkeit. Was den bayerischen Liberalen in jahrelanger, zäher Arbeit nicht gelungen war, hatte Lola in nur vier Monaten geschafft: Abel hatte sein Amt niedergelegt. Zu diesem Thema erschien kurz darauf in Hamburg ein ganzes Buch, nämlich »Lola Montez und die Jesuiten«, das ein bayerischer Liberaler unter dem Pseudonym Dr. Paul Erdmann verfaßt hatte. Darin wird Lola für ihre Rolle gepriesen, die sie bei Abels Rücktritt gespielt hatte. Aber Lolas Behauptung, sie habe Ludwig davon überzeugt, daß er Abel entlassen müsse, weil dieser ein treuloser Jesuit sei, ist eindeutig eine Lüge.

Als Abel am 9. Februar vor dem versammelten Kabinett seinen Rücktritt einreichte, war der König überrascht und zögerte, das Gesuch anzunehmen. Er gab dem Minister 48 Stunden Bedenkzeit. Und in dem berüchtigten Memorandum, das den Rücktritt des Kabinetts begleitete, legten die Minister nicht etwa Beschwerde dagegen ein, daß Lola Montez den König beeinflußt oder unannehmbare politische Veränderungen herbeigeführt hätte, sondern lediglich dagegen, daß die Meinung der Bevölkerung, der König sei Wachs in Lolas Händen, die Autorität der Monarchie untergrabe. Lola versuchte auch sofort, bei der Neubildung des Kabinetts ein Wort mitzureden, doch der König, stets eifersüchtig auf seine königlichen Vorrechte bedacht, ignorierte ihre Liste mit Namensvorschlägen einfach. König Ludwig beabsichtigte ursprünglich, das neue Kabinett mit anderen konservativen Politikern zu besetzen. Erst als sich alle Konservativen weigerten, Ämter zu übernehmen, trug er den Regierungsvorsitz Georg Ludwig von Maurer, einem politisch gemäßigten Protestanten, an. Lola hatte also den König keineswegs dazu gebracht, die neuen Minister vom bayerischen Volk wählen zu lassen, wie sie behauptete. König Ludwig hätte ein solches Ansinnen als lächerlich und als einen Eingriff in seine von der bayerischen Verfassung garantierten Privilegien empfunden.

Lola stand aber keinesweg hinter Maurer und den anderen neuen Ministern, obwohl diese in ihrem politischen Handeln schwer dadurch beeinträchtigt wurden, daß die öffentliche Meinung sie mit Lola in einen Topf warf. Lola tat sich während der gesamten kurzen Amtszeit des Ministerrats als unermüdliche Heckenschützin gegen Maurer und seine Ministerkollegen hervor. In einem Brief an den König vom 24. September 1847 – nur einen Monat, nachdem Maurer mit der Unterzeichnung von Lolas Ernennungsurkunde zur Gräfin Landsfeld praktisch politischen Selbstmord begangen hatte – zog Lola vom Leder: »Maurer weiß nicht, wie schlecht er bei Guizot und auch bei Palmerston angesehen ist. Wenn er zumindest ein distinguierter Herr wäre, hätten diese Mächte sicher Bayerns Stellung in Griechenland in Rechnung gezogen. Mit diesem Maurer niemals [...] Du kannst Dir nicht ausdenken, welche Dummheit dieser Maurer getan hat.«[12]

8 Lola Montez, Lectures of Lola Montez including her Autobiography, New York 1858, S.68: »After all the noise there has been in the world about Lola Montez in Bavaria, she may challenge history to produce an instance where power in the hands of a woman was used with greater propriety of deportment, and with more unselfish devotion to the cause of human freedom.«

9 The Baltimore Sun, 28. 1. 1852, S.2, Sp.3: »Indeed, the recent remarkable letter of this most remarkable woman is telling with powerful effect upon the opinion of the country. It appears to have shaken the established convictions of thousands respecting her life and moral character.«

10 Le Temps (Paris), 26. 2. 1909, S.2, Sp.3-4

11 GOLLWITZER ²1987, S. 889

12 Lola Montez an Ludwig I., 24. 9. 1847; zit.n.: BW 1995, S.80f.

36 Das Grab der Lola Montez auf dem Greenwood Cemetery in Brooklyn, New York. Aufstellung des neuen Grabsteins am 25. April 1998 durch Bruce Seymour und seine Freunde (Photo: Günther Göggelmann)

Auch wenn Lola Montez beim Rücktritt des konservativen Abel nur eine passive Rolle spielte, so trugen ihre ständigen Klagen beim König sicher das ihre zur Entlassung des liberaleren Kabinetts unter Maurer am 30. November 1847 bei. Auch war es nur ihrem Einfluß zu verdanken, daß ihr Protegé Franz von Berks zum Innenminister des neuen, unter Ludwig Fürst von Oettingen-Wallerstein gebildeten Kabinetts ernannt wurde. Aber das Wallersteinsche Kabinett war genauso Zielscheibe ihrer Tiraden wie das vorhergehende, wobei sie aber nicht etwa dagegen wetterte, daß die Regierung zu wenig liberal wäre. Als nämlich am 15. Dezember eine Lokkerung der Pressezensur beschlossen wurde, machte Lola dem König Vorhaltungen, er hätte sich doch vorher mit ihr beraten sollen, und sie war der festen Überzeugung, daß die neue Freiheit doch nur mißbraucht würde.[13] Später beklagte sich Lola des öfteren beim König, daß er seinen Thron hätte behalten können, wenn er eine schlagkräftige Geheimpolizeitruppe aufgebaut hätte, um seine Untertanen zu überwachen – nicht unbedingt eine liberale Maßnahme.[14]

In ihrem Brief an den »New York Herald« behauptete Lola Montez, sie habe sich auf ewig den Haß der Jesuiten und Österreichs zugezogen, weil sie den König dazu gebracht hätte, die Unabhängigkeit der Schweiz zur Zeit des Sonderbundkrieges im Herbst 1847 nicht zu bedrohen. Dabei gibt es aber keine Belege dafür, daß sie in irgendeiner Weise Stellung zur Haltung Bayerns gegenüber der Schweiz bezogen hat. In den diplomatischen Depeschen aus München war jedenfalls keine Rede davon, daß sie irgendeinen Einfluß auf die bayerische Schweiz-Politik ausübte. Auch hatte König Ludwig bereits zuvor eine Position der strikten Nichteinmischung bezogen, eine Politik, die Maurer wie Wallerstein sicherlich unterstützten.[15]

Lola behauptete wiederholt, Königin Therese sei eine gute Freundin gewesen, was sie als Beweis für die Lauterkeit ihrer Beziehungen zum König anführte. Dabei verstieg sie sich gar zu der Behauptung, man hätte die Königin am Fenster der Residenz weinen sehen, als Lola Montez ins Exil ging. Das ist blühender Unsinn. Königin Therese weigerte sich, Lola Montez zu treffen und ihre Präsentation bei Hofe zu gestatten; sie kehrte darüber hinaus allen, die mit der Tänzerin verkehrten, demonstrativ den Rücken. Die Vehemenz, mit der die Königin Lola bekämpfte, ist in einem Brief an König Ludwig festgehalten. Darin teilt sie ihm ihren unerschütterlichen Entschluß mit, daß sie jeden Kontakt mit dieser Person zu vermeiden wünsche.[16]

Lola unterhielt eine sexuelle Beziehung mit König Ludwig, wenngleich sie ihm die denkbar frustrierendste Geliebte war, kamen doch meist andere in den Genuß ihrer Gunst. Der König hatte mit ihren Füßen vorlieb zu nehmen, für die er eine fetischistische Neigung entwickelte, die selbst ihn überraschte. Dagegen ist ihre Behauptung, sie sei ihm weiterhin freundschaftlich verbunden gewesen, insofern wahr, als Lola zeitlebens nur in den höchsten Tönen von ihm sprach, auch wenn er in »Lola Montez in Bavaria« als wohlmeinender, aber nicht sonderlich fähiger Monarch erscheint. Von ihrem Sterbebett aus ließ sie ihm übermitteln, wie dankbar sie für seine Güte und Großzügigkeit ihr gegenüber sei und daß sie ihr Verhalten bereue. Aber ihre Behauptung, sie hätte die ganze Zeit über mit ihm in brieflichem Kontakt gestanden, war eine Lüge. König Ludwig beendete den Briefwechsel im Juni 1850, als sie für die Rücksendung seiner Briefe von ihm Geld erpressen wollte.[17]

Absurd ist schließlich auch die Vorstellung, daß Lolas Entschlossenheit, den Code Napoléon in Bayern einzuführen, der letztendliche Grund für ihren Sturz gewesen sei. Es gibt keinerlei Belege dafür, daß sie sich während ihres Aufenthalts in Bayern mit solchen Plänen trug, und selbst wenn das der Fall gewesen wäre, hätte sie den König niemals dafür gewinnen können. Trotz der gewaltigen Zuneigung, die der König für sie empfand, bestand Lolas größte politische Leistung darin, Ludwig zur Ernennung Berks' zu bewegen. Das ist jedoch nicht allzu beeindruckend, wenn man bedenkt, daß Minister keine wirkliche Macht besaßen und nur kraft Königs Gnaden amtierten. Weit wichtiger als Lolas tatsächlicher – und nur sehr beschränkter – politischer Einfluß auf den König war die Tatsache, daß das bayerische Volk der festen Überzeugung war, der König würde von ihr gelenkt.

Lola Montez' Schilderung der Ereignisse, die sich während ihres Aufenthalts in Bayern abspielten, erweist sich also mit geringen Ausnahmen als ein Geflecht von Verdrehungen und glatten Lügen. Wenn man ihr übriges Leben betrachtet, ist das kaum überraschend, war sie doch eine Frau, die beinahe körperlich unfähig war, die Wahrheit zu sagen, und die mit fast jedem Wort die Tatsachen verdrehte und ausschmückte. Sie log häufig, um sich in ein gutes Licht zu rücken, aber oftmals brachten ihr ihre Lügen keinen Vorteil ein; sie scheinen eher dem Bedürfnis zu entspringen, die Wirklichkeit schlichtweg neu zu entwerfen und mit ihren Vorstellungen in Einklang zu bringen.

Auch wenn Lola die Gründe für ihre Vertreibung aus Bayern und die Abdankung König Ludwigs I. völlig verzerrt dargestellt haben mag, so ist doch letztendlich nicht zu bestreiten, daß sie eine zentrale Rolle bei den betreffenden Ereignissen spielte. Sie unternahm keinerlei Anstrengungen, um liberale Reformen in Bayern einzuführen, und die Abdankung des Königs ist nicht darauf zurückzuführen, daß er den liberalen Kurs, den er angeblich auf Betreiben Lolas eingeschlagen hatte, nicht länger beibehalten konnte. Aber es war ihre Anwesenheit in München, die zu einer Krise führte – einer Krise, bei der sich die Bürger gegen den König zusammentaten, und die sie in den bewaffneten Aufstand trieb. Durch die im Grunde spontane Bewegung, der es im Februar 1848 gelang, Lola aus dem Land zu jagen, wurden sich die Bayern fraglos ihrer Macht bewußt, dem König Zugeständnisse abzuringen. Und selbst vor dem Hintergrund der in ganz Europa herrschenden revolutionären Stimmung ist es zweifelhaft, ob es ohne diese Erkenntnis am 6. März jemals zu einer königlichen Proklamation gekommen wäre. Fraglich ist auch, ob König Ludwig ohne die bittere Enttäuschung und Selbstverachtung, die er empfand, als er sich der allgemeinen Forderung nach Lolas Vertreibung beugte, und ohne sein überwältigendes Verlangen, wieder mit ihr zusammenzukommen, am 20. März abgedankt und damit eine neue Epoche eingeläutet hätte. Lola Montez hätte gerne die Freiheitsheldin gespielt, aber die Geschichte hat ihr diese Rolle verweigert. Unbestreitbar ist jedoch, daß sie eine faszinierende Frau war, die den Lauf der Geschichte ändern wollte und der dies auch gelang.

13 S.: GOLLWITZER [2]1987, S.896
14 S.: BW 1995, S.108
15 S.: GOLLWITZER [2]1987, S.639
16 Königin Therese an König Ludwig, 13. 10. 1847; München, Bayerische Staatsbibliothek, Ludwig I.-Archiv
17 S.: BW 1995, S.202 und 358

Aus dem Amerikanischen von Hubert Roth

Von Lola Montez bis Madonna

Reinhold Rauh

Eine exzentrische, überspannte, launische Frau, die sich zeit ihres Lebens vermutlich genauso viele männliche Liebhaber wie Hunde, Papageien, Affen und Geparde gehalten hat und auch gerne im Sarg schläft, fällt mit Dolch und Reitpeitsche in den Salon einer Feindin ein und zerstört binnen kurzem das gesamte Inventar. Eine Frau, die Männer öffentlich als Narren bezeichnet und sich als nordafrikanische Nubierin ausgibt, empfängt ihre Besucher in einem nach Weihrauch duftenden Salon und streichelt dabei zärtlich ihre Schlange. Eine Frau, die als Sechzehnjährige mit einem älteren Mann aus dem puritanischen Elternhaus geflohen war und lange gegen ihr Prostituierten-Image kämpfen mußte, muß jetzt vom vermutlich von ihr selbst ausgelösten Selbstmord ihres impotenten Ehemannes erfahren. Eine Frau, die dafür bekannt ist, auch bei minus 10 Grad Celsius nichts unter ihrem tief dekolletierten Kleid zu tragen, und eine Liaison mit dem mächtigsten Mann der Welt eingegangen ist, wird damit konfrontiert, daß sie ihren Kollegen in den Tod getrieben hätte. Eine Frau, die dafür bekannt ist, bei plus 38 Grad Celsius im Pelzmantel ihren lebenden Ozelott auszuführen, läßt beim Gala-Diner zu Ehren einer weltberühmten Schaupielerin das Dekolleté fast bis zum Bauchnabel fallen. Eine Frau, gleicherweise sex- wie drogensüchtig, verwünscht beim Beerdigungszeremoniell ihren Ehemann, der gerade durch Selbstmord umgekommen ist. Eine Frau, die sich durch blasphemische Videos als Feind der katholischen Kirche profiliert hat und bei ihren Auftritten sich dem Publikum routiniert mit dem Rücken zuwendet, um ihm dann beim Bücken ihr hinten mit »KISS« beschriftetes Höschen zu zeigen, will ausgerechnet in einem katholischen südamerikanischen Land eine als »Heilige« verehrte Nationalheldin spielen.

All dies sind Momentaufnahmen aus dem Leben von, wie es scheint, Erinnyen, Furien und Medeen. Man möchte meinen, daß diese Frauen im besten Fall abschätziges Lachen, befremdetes Kopfschütteln, eher grenzenlosen Ekel verdienen sollten. Tatsächlich ist es aber so, daß Sarah Bernhardt, Theda Bara, Jean Harlow, Marilyn Monroe, Jayne Mansfield, Courtney Love und Madonna das bewunderte Idol vieler Millionen Menschen waren oder sind.

Sie sind Stars.

Die Dame in Schwarz, die anno 1845 in aller Öffentlichkeit provozierend Zigaretten raucht, anno 1846 vor General Heideck mit schäumendem Mund wie eine Furie durchs Zimmer jagt, anno 1847 ein ums andere Mal mit Reitpeitsche und Doggenmischling auf ihr unliebsame Zeitgenossen losgeht, anno 1848 den ihr hörigen König in die Abdankung und sein Volk in die Revolution treibt und anno 1849 den von ihr schon längst betrogenen König immer noch bei Spendierlaune hält – sie ist vermutlich die erste in dieser Reihe von Stars.

Sie galt in Bayern als Hexe und Hure. Ein schwarzer, satanischer Rabe war immer um sie, so glaubte man im Volk. Man hat versucht, sie mit legalen und illegalen Mitteln aus Bayern und auch aus dem Leben zu schaffen. Noch Generationen später, als der Spuk schon längst vorbei war, versuchten Mütter ungezogenen Kindern mit Hinweis auf die Hexe das Fürchten zu lehren. Aber dennoch hat sie es, allein schon wegen ihrer Skandal-Geschichten und wegen des damit verbundenen Star-Nimbus, wenn auch weniger in Bayern, so doch vor allem in den angelsächsischen Ländern auf ihren ausgedehnten Tourneen zu beträchtlichem Vermögen und Ansehen gebracht.

Schon König Ludwig I. hatte sie als die umfeierte Ballerina des »Los Boleros de Cadix« bewundern

können. Später wurde sie mit ihrem »Spinnentanz« oder »El Oleano« auch in den USA und Australien zum Tanz-Star. Mit der Ausgestaltung der Hauptrollen von »Lola Montez in Bavaria«, »School for Scandal« oder »The little Devil« war sie gleichfalls Schauspieler-Star geworden.
Neben ihrer Rolle in der bayerischen Geschichte, die mittlerweile einigermaßen geklärt ist,[1] gibt es die andere Koordinatenlinie, die mitten durch das Leben von Lola Montez führt und nicht minder spektakuläre Koordinatenpunkte wie ihr bayerisches Gastspiel aufweist: die Geschichte des modernen, weiblichen (Film- und Bühnen-) Stars.

Lola Montez wurde schon in einer Zeit, als das Wort »Star« in Europa noch völlig unbekannt und in Amerika gerade zögerlich in Umlauf gekommen war, unter die damaligen Stars gezählt. Im »Sacramento Union« vom 14. August 1856 war beispielsweise anläßlich eines Theatergastspiels über Lola Montez zu lesen: »We have witnessed her rendition of two by no means easily personated characters, and we are quite sure that but few of the boasted *stars* [...] could excel her in either of them.«[2]
Sicherlich waren auch in Lola Montez' Zeiten ein Mindestmaß an solidem künstlerischen Talent und Professionalität notwendige Voraussetzung zum Startum. Rituell wird genau das von der Kritik zwar immer wieder in Frage gestellt, aber auf der anderen Seite gibt es auch immer wieder die Huldigungen, die das Talent des Stars in den Himmel stellen.
So wurden auch Lola Montez immer wieder miserable Tanz-Leistungen nachgesagt: »Ihre Aufführung erinnert eher an die eines Gardesoldaten.«[3] – »Als Tänzerin ist sie tatsächlich schlechter als Cerito, Madame Augusta und andere.«[4] – »Obwohl ihre Posen immer noch sehr graziös sind, hat sie [...] nicht mehr dieses Maß an Elastizität und Leben, das eine gute Tänzerin braucht.«[5] Dem standen aber zuhauf die anderen Stimmen gegenüber, die Lola Montez' Talent herausstellten: »Ihre Taille ist noch graziler als das Gesicht.
Jede Bewegung ist von einem Instinkt für Rhythmus und Bewegung begleitet.«[6] – »Die Offenheit ihrer Allüren, die sich bis in den Ausdruck ihres Tanzes abzeichnete, riefen ebenso viel Haß hervor wie ihre persönlichen Qualitäten Neid entstehen ließen.«[7] – »Aber es ist eine unbeschreiblich natürliche Grazie mit ihrer Person und mit ihren Bewegungen verbunden, die ihr zusammen mit ihrer Geschichte eine Anziehung verleiht, die auch eine bessere Künstlerin nicht erreichen kann«.[8]
Daß es auch bei den anderen genannten Stars positive und negative Einschätzungen gibt, sollte klar sein und muß nicht mehr eingehend belegt werden. Und sicherlich dürfte das Talent von Sarah Bernhardt höher einzuschätzen sein als das von Jayne Mansfield, sicher war das Repertoire an schauspielerischen Ausdrucksmöglichkeiten einer Marilyn Monroe größer als das einer Theda Bara. Jedenfalls haben sie alle mehr oder minder Talent gehabt.
Talent, selbst ein Optimum an Talent, ist jedoch nur eine notwendige, keine hinreichende Bedingung. Entscheidend ist, daß der Star über eine weitere Eigenschaft verfügt. Der Star zeichnet sich dadurch aus, daß er als scheinbar eigenständige Person die Aufmerksamkeit der Massen auf sich zieht – wenngleich die persona, das Image, keinesfalls identisch mit dem wirklichen Wesen sein muß. Die vom Star gespielten Rollen scheinen verschiedene Masken zu sein, hinter denen das Publikum immer wieder die gleiche reale Person vermutet. Der Star muß über die jeweils zumindest routiniert zu spielenden Rollen

1 Bruce Seymour, Lola Montez. A Life, New Haven/London 1996; Reinhold Rauh und Bruce Seymour (Hrsg.), Ludwig I. und Lola Montez. Der Briefwechsel, München/New York 1995
2 Hervorhebung, wie auch alle folgenden, durch den Verfasser
3 Courrier des Théatres, 1. 4. 1844 (deutsche Übersetzung, wie auch im folgenden, durch den Verfasser)
4 New York Herald, 30. 12. 1851
5 Golden Era, 19. 10. 1856
6 Illustrated London News, 9. 6. 1843
7 Tribune Dramatique, 14. 11. 1847
8 New York Herald, 30. 12. 1851

hinausgewachsen sein, was am besten an dem Indiz abgelesen werden kann, daß der Name der Schauspielerinnen-Rolle völlig vom (realen oder pseudonymen) Namen der Schauspielerin überschattet wird. Wer kennt noch ausgerechnet »Lola« aus »Bombshell« oder »Rose Loomis« aus »Niagara«. Dafür kennen viele Jean Harlow und fast alle kennen Marilyn Monroe. Daß die Hauptrolle im Film »Desperately seeking Susan« mit dem Namen »Susan« verknüpft ist, bleibt den meisten Filmzuschauern sehr viel weniger im Gedächtnis, als daß »Susan« Madonna ist. Alexandre Dumas' »Kameliendame« *war* im ausgehenden 19. Jahrhundert niemand anderes als Sarah Bernhardt. Und als 1853 in den USA Sheridans »School for Scandal« aufgeführt wurde, war es sicher sehr nebensächlich, daß die Hauptdarstellerin im Bühnenstück »Lady Teazle« hieß. Viel wichtiger war, daß »Lady Teazle« Lola Montez *war*.
Mehr denn je wird es aber auch so sein, daß eine Frau aus eigenen Kräften dieses Ziel nicht erreichen kann. »Stars« werden durch lancierte Presse-Meldungen, aufgrund individueller Vorlieben von Medien-Tycoons, durch eine Schar von Agenten und Produzenten *aufgebaut*. In gar keinem Fall wird sich aber voraussagen lassen, ob der Aufwand auch wirklich Erfolg haben wird.
Fast immer gibt es nun auf dem Weg zum Startum oder bei der Festigung des Star-Image eine, für vorliegenden Zusammenhang höchst wichtige, Konstante. Es ist dies der Skandal. Es lassen sich drei Möglichkeiten angeben, wie er wirksam werden kann.

1. Ist nämlich das Star-Image einmal erreicht, so wird es gleich dadurch gefährdet, daß die wahre Person mit dem Image in Konflikt geraten kann. Das mußte in Frühzeiten des Kinos schon die ätherische Mabel Normand erfahren, als sie mit zwei Mordfällen in Verbindung gebracht worden war. Wie ihre Affäre mit Roberto Rosselini bewies, war Ingrid Bergman beispielsweise nicht die treusorgende allamerikanische Hausfrau, sondern war durchaus zum Ehebruch bereit. Die Karriere der zerbrechlich wirkenden Mia Farrow geht seit dem Zeitpunkt bergab, als in den Tagen des Skandals um Woody Allen die hysterische Seite ihres kinderlieben Wesens weltbekannt wurde.

2. Skandale, die Image und Person in Konflikt bringen, können Gift für Karrieren sein. Skandale, die anzeigen, daß der Star auch einmal ein klein wenig jenseits der von Moral, Schicklichkeit und Anstand vorgezeichneten Grenzen steht, können jedoch für das Image höchst förderlich sein. Erstens setzen sie den Star in das Licht öffentlichen Interesses, zweitens, und ersteres bedingend, zeigen sie seinen Ausnahmestatus gegenüber gängigen Normen, seine ganz besondere Individualität an. Mehr noch: Das Publikum, das seine Stars in den Himmel erhoben hat, erwartet offenbar genau dieses Verhalten. Es ist der begehrte Stoff von Boulevard-Presse, Sensations-Journalismus und »Leute heute«-Rubriken. Manchmal kommen die Stars diesem Bedürfnis auch von selbst liebend gern entgegen, indem sie den Medien-Skandal vorsätzlich provozieren. Wenn Madonna mit einem offenbar in ein Bündel gehüllten Baby, wie es scheint ihrem eigenen, vor der Weltpresse erscheint und es dann ein paar Meter durch die Luft ihrem Bodyguard zuwirft, dann hat sie mit diesem Gag – im Bündel war eine Puppe – ihrem Image wieder einmal ein paar Ecken und Kanten mehr zugefügt.

3. Zuweilen ist das Star-Image aber auch selbst auf dem Skandal aufgebaut. Skandal-Schauspie-

lerinnen, Femmes fatales wie Theda Bara, Jean Harlow, Liz Taylor und neuerdings Courtney Love scheinen beziehungsweise schienen gerade dazu verdammt, der Gier des Publikums immer wieder neue Skandale zu liefern. Oft machen sie es aber auch liebend gerne, wie etwa Jayne Mansfield, die gegen alle Ratschläge ihrer Agenten keine einzige Möglichkeit zum Eklat ausgelassen hat – und damit weitgehend recht bekam.

Die erste in der Kette der Stars, die ihr Image nicht nur an den Skandal gekettet, sondern fast ausschließlich auf ihm aufgebaut haben, war Lola Montez, ein sozusagen noch naturwüchsiger, nicht industriell vorgefertigter Star. Sie hat die neuen Zeiten mit einem enormen Paukenschlag eingeleitet. Das Skandalöse ihres Verhaltens wird um so deutlicher, wenn man den Blick auf den Moralkodex ihrer eigenen Zeit richtet.
Lola Montez hat auch sehr gut über diesen Moralkodex Bescheid gewußt, wie etwa folgender Ratschlag aus ihren »Arts of Beauty« beweist: »Männer mögen sich mit einem lärmenden, laut lachenden, geschwätzigen Mädchen amüsieren – es ist das ruhige, zurückhaltende, bescheidene und fast schüchterne Benehmen, das die größte Chance hat, ihre Herzen davonzutragen«.[9]
Es klingt sehr merkwürdig diese Worte aus dem Mund einer Frau zu hören, die im Wilden Westen ein ums andere Mal mit der Reitpeitsche auf ihre Zeitgenossen losgegangen war, die sich im tiefen Schnee mit kuhglockenbehängten Pferden nach Nevada City kutschieren hatte lassen und die mit ihrem lasziven »Spider Dance« das gutbürgerliche Amerika gegen sich aufgebracht hatte. Man kann diese Worte als weiteres Beispiel aus Lola Montez' riesigem Lügenarsenal deuten, man kann sie als mögliche Reue über ihren Lebensweg verstehen. Aber in jedem Fall hat sie die Einschätzung ihres Zeitalters Frauen gegenüber sehr getreu wiedergegeben.
Mitte des 19. Jahrhunderts wurde nicht nur in Amerika, sondern auch in Europa und Australien das »ruhige, zurückhaltende, bescheidene und fast schüchterne Benehmen« für Frauen und ganz besonders für Frauen im heiratsfähigen Alter strengstens eingefordert. Andernfalls konnte man davon ausgehen, es mit Prostituierten oder Dirnen zu tun zu haben.
Karl Wilhelm Ideler, zum Beispiel, der als »dirigierender Arzt der Irrenabteilung des Berliner Charité-Krankenhauses« von Berufs wegen mit der psychischen Konstitution seiner Zeitgenossen befaßt war, hat die weibliche Sittlichkeit nicht nur beschrieben, sondern auch ihr ideologisches Fundament gekennzeichnet: »Das Weib gelangt nie zur Selbständigkeit, nie zur vollen

9 MONTEZ 1858, S.72

37 Announce des Münchner Nachtkabaretts »Lola Montez« in: »Reiseziel München - Schwabing. Sonderausgabe der Zeitschrift für Kultur und Touristik. Reiseziel München - Oberbayern«, München o.J. (1962)

Selbstbestimmung, sondern ist stets in seinen Entschlüssen und Handlungen von anderen abhängig. Denn seine Bestimmung der Gatten- und Kinderliebe verträgt sich nicht mit der Eigenmächtigkeit und Abgeschlossenheit des männlichen Charakters, welcher in gewissem Sinne stets ein egoistisches Gepräge annehmen muss, um seinen Zwecken den Willen anderer unterzuordnen. Hierin liegt für das Weib so wenig eine Herabwürdigung und Rechtsverletzung, dass es gerade in liebender Selbstverleugnung für Gatten und Kinder zur höchsten sittlichen Entwikkelung gelangt, und durch sie der reinsten Freude theilhaftig wird, welches nur von einer selbstsüchtigen Gesinnung nicht begriffen werden kann, der das liebe Ich stets der Mittelpunkt der ganzen Welt ist.«[10]

Hiermit wird aber auch die Herausforderung einer Frau an ihre Zeit um so deutlicher, der ihr Ich sehr wohl Mittelpunkt der ganzen Welt gewesen war. Ein paar weitere Beispiele: Im Ministaat Reuß hatte sie schreiend und kreischend ihre Dogge gegen einen Bauernjungen losgelassen, der die ihr zu Ehren veranstaltete Liedertafel gestört hatte; in Berlin hatte sie in Sichtweite von König Friedrich Wilhelm IV. einen preußischen Offizier mit der Peitsche geschlagen; in Warschau hatte sie dem pfeifenden Publikum bei einer Tanzaufführung ihr Hinterteil zugewandt; in Dresden hatte sie in Beisein von Liszt bei einem Diner einen italienischen Tenor geohrfeigt; sie war in Bonn beim Beethoven-Fest vor der entgeisterten (männlichen) Menge auf den Tisch gesprungen; in Baden-Baden hatte sie den Rock bis zum Oberschenkel entblößt, um den im Strumpfband steckenden Dolch zu zeigen etc. etc.

Es hat Logik, daß in Zeiten einer patriarchalischen Ständeordnung dieses Verhalten beziehungsweise die Reaktion auf dieses Verhalten einen Staat in die Revolution treiben konnte – wenn dieses Verhalten ausgerechnet durch den Garanten der öffentlichen Ordnung geschützt und toleriert werden sollte. Genau dies war dann der Fall, als Lola Montez' anmaßendes, herrisches, skandalöses Auftreten in München nicht nur von allerhöchster Stelle geschützt, sondern im August des Jahres 1847 sogar noch mit der Gräfinnen-Würde belohnt wurde. Die herrschenden Verhältnisse nicht nur in Bayern, sondern ganz besonders auch der patriarchalische Überbau waren auf den Kopf gestellt worden. Notwendigerweise mußte es dann zu den revolutionären Februar-Tagen des Jahres 1848 kommen, die mit der Vertreibung der Lola Montez aus München geendet haben.

Durch eine Verkettung günstiger Umstände, insbesondere aber durch die Verblendung des bayerischen Monarchen, war es einer Frau möglich geworden, das damalige patriarchalische Weltbild herauszufordern und in dieser Rolle in Verbund mit ihren Bühnen-Talenten sogar noch ein weltberühmter Star zu werden.

Es hat in damaligen Zeiten auch noch andere »Stars« gegeben, hauptsächlich Ballett-»Virtuosinnen«, wie sie genannt wurden. Marie Taglioni, Carlotta Grisi, Fanny Cerito oder Lucille Grahn in ihren Ballett-Röckchen, die nicht nur Fuß und Wade, sondern sogar auch noch das Knie sehen ließen, galten die erotischen Phantasien ihres hauptsächlich männlichen Publikum, das in den großen Opernhäusern von Paris, London, Sankt Petersburg und New York ein ums andere Mal zu Beifallsstürmen hingerissen war. Mit Lola Montez kam ein neuer Typus von Star auf, der hauptsächlich deshalb sein Publikum anzog, weil die Person und ihre Skandale wichtiger waren als die darzustellende Rolle. Als sie am 29. Dezember 1851 ihr amerikanisches Debüt am Broadway Theatre in New York hatte, war sie

10 Dr. Karl Wilhelm Ideler, Einleitung, in: Dr. E. Fr. Dubois, Hypochondrie und Hysterie, Berlin 1840, S. XLVIII

11 Jean-Jacques Rousseau, Brief an d'Alembert; zit.n.: Ursula Greitner, Schauspielerinnen. Der theatralische Eintritt der Frau in die Moderne, Bielefeld 1988, S. 18

der vor 3000 Zuschauern umjubelte Star des Abends. Die Vorführungen mußten bis auf drei Wochen verlängert werden. Sie hat damals in der ersten Woche wahrscheinlich den Box Office Record der amerikanischen Theatergeschichte gebrochen. Der Finanz- und Publikumserfolg blieb ihr dann in den nächsten Wochen und Monaten bei ihrer ausgedehnten Tournee an der amerikanischen Ostküste weiter treu. Die Sensations-Story setzte sich bis in die Weiten des australischen Kontinents fort.

Zum Erfolg trug bei, daß sie selbst ein Schaustück war und sich mit der Wahl der Stücke, »Betty the Tyrolean« oder später »Lola Montez in Bavaria«, auch als solches ausstellte. Ebenso wichtig war, daß sie den Rollen den Stempel ihrer anscheinend sympathisch wirkenden Person aufdrücken konnte und so zu einer übergeordneten Einheit verschmolz. »Aber es ist eine unbeschreiblich natürliche Grazie mit ihrer Person und ihren Bewegungen verbunden, *die ihr zusammen mit ihrer Geschichte* eine Anziehung verleiht, die auch eine bessere Künstlerin nicht erreichen kann, wenn sie auch nicht für Ewigkeiten halten kann«, urteilte beispielsweise der Kritiker des »New York Herald« anläßlich ihres Amerika-Debüts vom 29. Dezember 1851.

Ihre *Geschichte* war das ständige skandalöse Übertreten der gängigen patriarchalischen Moral-Kodizes.

Die Koppelung von Schauspielerei und Skandal ist nicht bloß anekdotischer Natur. Sie hat historisch logische Notwendigkeit. Es lohnt sich, den Blick vom 19. ins 18. Jahrhundert zurückzurichten.

»Selbst wenn man leugnen könnte«, schreibt Jean-Jacques Rousseau, »daß ein besonderes Schamgefühl den Frauen natürlich ist, wäre es doch nicht weniger wahr, daß ihnen in der Gesellschaft ein häusliches und zurückgezogenes Leben zukommt und daß man sie nach den Grundsätzen erziehen muß, die sich daraus ergeben. Wenn Schüchternheit, Schamhaftigkeit, Bescheidenheit, die ihnen eignen, gesellschaftliche Erfindungen sind, dann ist es für die Gesellschaft wichtig, daß die Frauen diese Eigenschaften erwerben und daß sie in ihnen entwikkelt werden, und jede Frau, die sie mißachtet, verletzt die guten Sitten. Gibt es auf der Welt ein so rührendes und achtungsgebietendes Schauspiel wie das einer Familienmutter im Kreise ihrer Kinder, wie sie für ein glückliches Leben ihres Gatten sorgt und das Haus klug regiert?«[11]

Dies klingt wie das Anstimmen einer bereits bekannten Melodie, die man von Karl Wilhelm Ideler oder eben von Lola Montez selbst kennt. Das Zitat aus dem »Brief an d'Alembert« ist dem Verfasser aber ebenso Bindestück einer virtuos zusammengefügten Beweiskette. Jean-Jacques Rousseau geht es nämlich um nichts Geringeres als den Nachweis, daß Frauen für den Schauspielerinnen-Beruf völlig ungeeignet sind.

Er schreibt weiter: »Ich kehre jetzt zu unseren Schauspielerinnen zurück und frage: Wie kann ein Stand, dessen einzige Beschäftigung es ist, sich öffentlich und, was noch schlimmer ist, gegen Geld zu zeigen, sich für ehrbare Frauen schicken und sich noch über die sittlichen Unterschiede der Geschlechter streiten, damit deutlich wird, wie unwahrscheinlich es ist, daß eine Frau, die sich für Geld zur Schau stellt, sich nicht auch bald für Geld zur Verfügung stellt und sich nicht versuchen läßt, das Verlangen, daß sie mit soviel Mühe erregt, auch zu befriedigen? [...] Die Sittenlosigkeit paßt so gut zum Stand der Schauspielerinnen, und sie wissen das selber so gut, daß es nicht eine unter ihnen gibt, die sich nicht lächerlich zu machen glaubte, wenn sie auch nur so täte, als nähme sie Reden von

12 Zit.n.: GREITNER 1988, S.19
13 Zit.n.: GREITNER 1988, S.12
14 IDELER 1840, S.XLIII-XLIV

Weisheit und Ehre ernst, die sie dem Publikum vorträgt.«[12] Der Widerspruch zwischen dem »Wesen der Frau« und weiblicher Schauspielerei ist für Rousseau nicht nur eine Sache der Erfahrung. Sie liegt dem Begriff des Schauspielers selbst zugrunde: »Was ist das Talent des Schauspielers?« fragt Rousseau, um gleich darauf die Antwort zu geben: »Die Kunst, sich zu verstellen, einen anderen als den eigenen Charakter anzunehmen, anders zu erscheinen, als man ist, kaltblütig sich zu erregen, etwas anderes zu sagen, als man denkt, und das so natürlich, als ob man es wirklich dächte, und endlich seine eigene Lage dadurch zu vergessen, daß man sich in die eines anderen versetzt.«[13]

Man kann Rousseaus Abrechnung mit dem Schauspielerinnen-Beruf vor dem Hintergrund damaliger Zeiten, als Schaupieler im allgemeinen übel beleumdet waren, und ebenso vor dem Hintergrund noch länger vergangener Zeiten verstehen, als Frauen die Schauspielerei verboten war und Frauenrollen von Männern gespielt wurden. Man kann Rousseaus Abrechnung vor dem Hintergrund der weiteren Geschichte des Theaters verstehen, als es in der Aufklärung ausgerechnet zur »moralischen Anstalt« ausgebaut werden sollte und insbesondere von der Schauspielerin höchstvollendete Tugendhaftigkeit eingefordert wurde. Man kann sie aber auch vor dem Hintergrund eines Gedankenexperiments verstehen und sich vorstellen, wie Lola Montez wohl auf Jean-Jacques Rousseau gewirkt haben würde, hätte er nur jemals die Möglichkeit gehabt, sie kennenzulernen.

Rousseau müßte sich sehr gefreut haben, ein derartig prächtiges Exemplar für seine Beweisführungen und Befürchtungen zu finden. Lola Montez hat es nämlich nicht nur auf der Bühne verstanden, sich zu verstellen und wahlweise als Spanierin oder als »Betty the Tyrolean« die hauptsächlich männlichen Herzen zu verzaubern. Maria Rosanna de Porris y Montez alias Gräfin Landsfeld alias Mrs. James alias Mrs. Heald alias Mrs. Hull alias Eliza Gilbert hat es auch im Leben bestens verstanden, sich nach Belieben zu verstellen: sie war eine Hochstaplerin. Und Lola Montez hat nicht nur dafür Geld verlangt, daß sie sich öffentlich zur Schau gestellt hat, sondern sich ganz entsprechend Rousseaus Prophezeihung selbst für Geld zur Verfügung gestellt: 4,5 Millionen Mark, nach unseren Preisvorstellungen, hat sie in weniger als zwei Jahren auf Kosten König Ludwig I. in aller Öffentlichkeit verschwendet.

Allerdings wäre Rousseau auch höchst erstaunt gewesen, daß ausgerechnet Lola Montez zum Star geworden ist. Und noch erstaunter wäre er gewesen, wenn er von den Nachfolgerinnen der Lola Montez gewußt hätte, denen nicht nur trotz, sondern oft genau wegen ihres ausschweifenden und liederlichen Verhaltens Millionen von Anbetern und Anbeterinnen zu Füßen gelegen sind.

Rousseau hat auf seine Weise recht gehabt. Die Schauspielerei hat etwas Skandalträchtiges – in der zweiten Hälfte des 19. Jahrhunderts oft die Grenzen zur Prostitution streifend, im 20. Jahrhundert auch noch den Lesestoff für die danach gierenden Massen abgebend. Und Jean-Jacques Rousseau hat auch insofern recht gehabt, als daß das von der Schauspielerin benötigte Talent zur Verstellung mit dem Bild der scheuen, schamhaften, häuslichen Frau grundsätzlich nicht vereinbar ist. Bild und Begriff der Schauspielerin stehen im völligen Widerspruch zur (patriarchalischen) Weltordnung Rousseaus und seiner Zeit. Es macht Sinn, daß die Schauspielerin (und auch die schauspielernde Tänzerin) per se einen enormen Affront gegen das Frauenbild insbesondere des aufgeklärten 18. und 19. Jahrhunderts dargestellt hat und ihr so der Skandal not-

wendig vorgezeichnet war. Mit Lola Montez hat dieser Affront dann vermutlich zum ersten Mal Gestalt bekommen.
In einem entscheidenden Punkt hat Rousseau aber unrecht gehabt. Kaum jemand wird wohl noch behaupten, daß die der Frau zugesprochenen Eigenschaften Scheuheit, Häuslichkeit oder Schamhaftigkeit anthropologischer Natur sind. Die Zuschreibung dieser Eigenschaften ist nichts anderes als Widerspiegelung patriarchalischer Macht-Verhältnisse.

Sufragetten, Blaustrümpfe, Frauenrechtlerinnen – all dies sind Bezeichnungen für Vertreterinnen politischen Widerstands gegen patriarchalische Verhältnisse, die erstmals im 19. Jahrhundert auftraten und erst zu Beginn des 20. Jahrhunderts ihre ersten Erfolge erreichen sollten. Verbreiteter, aber sicherlich auch viel unmerklicher waren vor- und unbewußte Oppositionshaltungen, die allerdings auch wieder gut in das System zu integrieren waren. Eine dieser Oppositionshaltungen war auf den Bühnenbrettern beheimatet und ist gerade beschrieben worden.
Eine, oberflächlich gesehen, andere Form vorbewußter und unbewußter Opposition war die weibliche Hysterie – oberflächlich gesehen deshalb, weil Hysterie die psychologische Basis der Skandal-Schauspielerin darstellt.
Schon lange bevor Sigmund Freud in der Pariser Salpetrière zu dem Schluß gekommen war, daß Hysterie, der Modekrankheit des 19. Jahrhunderts, in Wirklichkeit unterdrückte sexuelle Bedürfnisse zugrunde liegen, gab es ein Wissen um diesen Zusammenhang. Ausgerechnet der »dirigirende Arzt der Irrenabtheilung des Berliner Charité-Krankenhauses«, Karl Wilhelm Ideler, wußte bestens von diesem Zusammenhang und insbesondere von seinen soziologischen Wurzeln. Den durchaus anthropologisch gedachten Kennzeichnungen des weiblichen Wesens, wie sie oben zitiert wurden, schloß er nämlich noch folgendes an: »Aus jener Abhängigkeit [vom Manne] folgt aber nothwendig, dass das Weib, unvermögend, seine Absichten autokratisch durchzusetzen, sie und seine Neigungen in die Brust verschliessen, und mit angeborener Sagacität die günstige Gelegenheit erspähen muss, wo es die langverhehlten Wünsche ausdrücken, und deren Befriedigung hoffen kann. Das Leben des Weibes ist daher ein oft erneuerter Kampf, weniger wie beim Manne mit äusseren Hindernissen, als mit den eigenen Gefühlen und Neigungen; ja, es darf diesen Kampf nicht einmal merken lassen, um des Preises seiner Mühe und Anstrengung nicht verlustig zu gehen. Jene züchtige Jungfrau muss ihr sehnsüchtiges Verlangen nach dem Geliebten mit der Hülle der strengsten Decenz verschleiern; jene Gattin würde eine unglückliche Ehe führen, wenn sie ihre Absichten hartnäckig durchführen wollte [...] Und wie, solche Stürme in der weiblichen Brust, um so verheerender, je mehr ihnen der Ausbruch versagt ist, sie sollten nicht den ganzen Leib durchtoben, nicht die Nerven in den heftigsten Konvulsionen erschüttern, nicht die Klarheit der Sinne, das Licht des Verstandes trüben, nicht die körperlichen Gefühle zu den peinigendsten Schmerzen aufregen, nicht Athem und Kreislauf in Unordnung bringen, nicht die so leicht zu störenden Sexualfunktionen hemmen oder alienieren? [...] Um es daher mit einem Worte auszusprechen: die Hysterie ist der treueste körperliche Ausdruck des erkrankten weiblichen Gemüths, und daher eben so launenhaft, heftig in ihren Erscheinungen, voll von Widersprüchen, eben so die Extreme von Lust und Schmerz in sich schliessend wie letzteres.«[14]

In neuerer Zeit wird Hysterie vor allem als eine besondere Sprache verstanden. So sieht Thomas S. Szasz in der Hysterie eine nicht nichtdiskursive, ikonische Sprache, die im Gegensatz zu streng kodifizierten Sprachen, wie etwa formal-mathematischen Beweisen, mit der Kunst der Andeutung arbeitet.[15] Wichtig ist aber bei allen Definitionsversuchen eines. Hysterie wird immer wieder als die Kunst der Verstellung verstanden, das Vermögen, etwas anderes als das eigene Ich darzustellen. Dies klingt schon bei Karl Wilhelm Ideler an, wenn er davon schreibt, daß die Frau ihren Kampf mit den eigenen, überwältigenden Gefühlen nicht merken lassen dürfe. Oft ist diese Kunst der Verstellung auch moralisch abgeurteilt worden, so etwa bei Jules Falret: »Mit einem Wort, das Leben einer Hysterikerin ist nichts anderes als eine ständige Lüge. Sie verbreiten um sich Frömmigkeit und Demut und stellen sich als Heilige dar, während sie sich gleichzeitig den schändlichsten Handlungen ausliefern.«[16] Fritz Riemann schreibt: »Je stärker die hysterischen Züge sind, um so mehr wird die Aggression für den Geltungsdrang eingesetzt; hybride Selbstglorifizierung bis zur Hochstapelei sind die Extremformen, eine ungemeine reizbare Empfindlichkeit gegen narzißtische Kränkungen. Angeberei, unersättliche Geltungssucht treten dann auf; man schiebt sich immer in den Vordergrund, will die »erste Geige« spielen.[17]
Thomas S. Szasz verhält sich dagegen sehr skeptisch gegen diese moralisierende Richtung: »Die gewohnte psychoanalytische Vorstellung, daß sogenannte bewußte Krankheitsnachahmung ›Simulation‹ und folglich ›keine Krankheit‹ sei, wogegen die angeblich unbewußte Simulation von Krankheit selbst eine ›Krankheit‹ – nämlich ›Hysterie‹ – darstelle, wirft mehr Probleme auf, als sie löst. Ich halte es für nützlich, zwischen zielorientiertem und Regeln befolgenden Verhalten einerseits und indifferent-neutralen Irrtümern andererseits zu unterscheiden.«[18]
In vorliegendem Zusammenhang ist zweierlei wichtig.

1. Will man versuchen, die schillernden Charakterzüge der Lola Montez, ihr erotisch anziehendes, unberechenbares, ichbezogenes, skrupelloses, exzentrisches, mutiges, anmutendes, tyrannisches, freiheitlich gesinntes, aufbrausendes, individualistisches, männerverschlingendes Wesen auf einen Nenner zu bringen, so ist es naheliegend sie als hysterisch zu bezeichnen. Das damals für Frauen unerhörte Rauchen von Zigaretten in der Öffentlichkeit oder bevorzugtes Tragen schwarzer Kleidung waren die nonverbalen, ikonischen Zeichen der hysterischen Disposition der »Frau mit der Peitsche«. Das unermüdliche Beschwören ihrer Tugendhaftigkeit bei gleichzeitigem Betrug von König Ludwig mit Studenten und Offizieren, wie es auch die Briefe der Hochstaplerin belegen, führen sehr nah zu Falrets Kennzeichnung der Hysterikerin als Lügnerin und Heuchlerin. Der mit konvulsivischen Zuckungen verbundene »Spider Dance«, ihr Wutanfall vor General Heideck oder der Ohnmachtsanfall vor Leutnant Nußbaumers Haus erinnern sogar an die klinischen Symptome der krankhaft verlaufenden Hysterie.

2. Im weiteren liegt nahe, im Persönlichkeitsbild der Schauspielerin und allgemein der darstellenden Künstlerin starke hysterische Charakteranteile zu vermuten. Wer sollte besser geeignet sein, etwas anderes als das eigene Ich darzustellen, als die Hysterikerin? Immer wieder findet sich auch bei der Kennzeichnung der Hysterikerin der Begriff »Schauspielerin«. »Diese Patienten sind richtige Schauspielerinnen [...]«, äußert Falret über die Hysterikerinnen. »Unter

15 Thomas S. Szasz, Geisteskrankheit – ein moderner Mythos? Grundzüge einer Theorie des persönlichen Verhaltens, Olten/Freiburg 1972
16 Jules Falret, Études cliniques sur les maladies mentales et nerveuses, Paris 1890, S.503
17 Fritz Riemann, Grundformen der Angst, München 1982, S.171
18 SZASZ 1972, S.144
19 SZASZ 1972, S.147
20 RIEMANN 1982, S.196

diesem Gesichtspunkt wird die Frage nach der Deutung solcher Phänomene wie Tanz, Musik, religiöses Ritual und Darstellende Künste besonders dringlich. In jedem der genannten Fälle kann der Beteiligte oder der Betrachter mit Hilfe des verwendeten nichtdiskursiven Zeichensystems eine signifikante Beziehung zu einer Person herstellen.«[19] schreibt Szasz und schreibt dann im späteren dasselbe Verhalten der Hysterikerin zu. Und Fritz Riemann führt zu den Hysterikern aus: »Bei entsprechender Begabung können sie ihre Anlagen und Eigenschaften: die starke Wunsch- und Einbildungskraft, die Ausdrucksfähigkeit und Darstellungsfreude, ins Künstlerische sublimieren, vor allem ins Schauspielerische und Tänzerische.«[20] Und hat nicht umgekehrt die Klassifizierung von Schauspielerinnen als Hysterikerinnen nicht schon immer nahegelegen, gerade wenn es sich dann auch noch um Sarah Bernhardt, Elenore Duse, Mabel Normand, Jean Harlow, Jayne Mansfield, Courtney Love oder Madonna handelt?

Lola Montez wies beides auf, und beides hat sich gegenseitig bedingt: Hysterie und schauspielerisches Talent. Lola Montez steht am Anfangspunkt einer kulturellen Entwicklung, in der das sich in Skandalen Luft machende hysterische Wesen mit darstellerischen, künstlerischen Tätigkeiten zu einer Einheit fand. – Dies soll aber keinesfalls zu dem Umkehrschluß verleiten, jede Schauspielerin wäre Hysterikerin. – Auf seine Weise kann Jean-Jacques Rousseau als ein Prophet dieser Entwicklung verstanden werden, die sich dialektisch aus dem innersten Kern des patriarchalischen Systems entwickelt hat. Nachdem dann im Fin de siècle etwa bei Strindberg, Ibsen, Huysmans, Rops oder Marquard die (hysterische) Frau zur Femme fatale stilisiert wurde, nahm im 20. Jahrhundert vor allem von den Bühnenbrettern und Filmstudios eine völlige Umwertung der Hysterie ihren Ausgang. Nach wie vor wird die hysterische Schauspielerin nicht als lieblich angesehen. Jedoch ist das Schreiende, Grelle, Laute, Exhibitionistische, markant Individuelle, in Gestik und Mimik Auffallende zum Leitideal der Zeit geworden. Exzentrische, auffallende, kurz: hysterische Schauspielerinnen-Stars, die in Tun und Aussehen beständig den Skandal provozieren, sind nicht nur geschäftstüchtig vermarktete Ikonen der modernen Zeit geworden, sondern sie haben auch Leitbildfunktion übernommen.

Lola Montez oder eine Revolution in München

Thomas Weidner

I. Die Audienz

Als dem König von Bayern am 7. Oktober 1846 eine »Señora Maria de los Dolores Porris y Montez« zur Audienz gemeldet wurde, ließ er sich den Namen gewiß noch einmal sagen: »¡Señora Maria de los Dolores Porris y Montez!« Ludwig hörte schlecht, aber er war nicht schwer von Begriff. Er wußte, daß eine spanische Tänzerin einen Gastauftritt am Hof- und Nationaltheater hatte buchen wollen, sie aber öffentlichen Anstoß erregt habe und ihr deshalb schon am Vortag von der Intendanz abgesagt worden war. Jetzt wandte sich die offenbar hartnäckige Künstlerin an die höchste Instanz. Gewöhnlich hatten die antichambrierenden Bittsteller lange in der Residenz zu warten, um dann schließlich doch nicht vorgelassen zu werden. »Schon gut« soll Ludwig in der Regel zu seinem Adjutanten gesagt haben, der dann wußte, daß die Sprechstunde beendet war. Die als »eigentümlich schön« angekündigte Frau mit dem wohlklingenden Namen wollte der König aber persönlich gesehen haben. Sie trat an seinen Schreibtisch und fiel in Ohnmacht.

Von der Affäre des bayerischen Königs und der spanischen Tänzerin glaubt man längst alle Einzelheiten zu kennen; langweilig ist sie trotzdem nicht [ABB. 38 und 39]. Lola Montez (1821 bis 1861) hat nichts von ihrer Faszination eingebüßt. Ihre Popularität wird in der Geschichte des bayerischen Königshauses nur von Ludwig II. übertroffen, für dessen Generation die Affäre Montez noch so präsent war, daß die Münchner vom »Lolus« oder von der »Lolotte« sprachen, wenn sie Richard Wagner meinten.[1] Gerade die Vorstellung der Lola Montez als königliche Mätresse bot oft genug den halbseidenen Stoff, der die Phantasie der Geschichts- und Geschichtenschreiber beflügelt und sich eilfertig in eine publikumswirksame Präsentation umsetzen läßt.[2] Es gab sogar das Gerücht, der abgedankte König habe Lola Montez im Winter 1856 in der Münchner Residenz geheiratet.[3] Immer wieder hat man sich an biographischen Romanen versucht, die heute in meist schmuddeligen Taschenbüchern von Lizenzverlagen verramscht werden. Von ähnlicher Qualität sind pseudomedizinische und trivialpsychologische Ausdeutungen neueren Datums. Man glaubte ernstlich den Nachweis führen zu können, daß Lola Montez eine frigide Frau war.[4]

Für viele Fehleinschätzungen ist Lola Montez selbst verantwortlich. Im Alter von bereits knapp dreißig Jahren veröffentlichte sie ihre vielzitierten »Memoiren«, die ihren Werdegang mit oft haarsträubenden Fiktionen in ein gänzlich verzerrendes Licht rücken [KAT.NR. 1.5 bis 1.13]. Das neun Bände umfassende Werk erzählt von einer abenteuerlichen Jugend in Indien und dann von der Karriere der Tänzerin in London, Warschau, Sankt Petersburg, Berlin, Dresden, Prag, Wien, Venedig, Rom, Neapel, Paris, Barcelona, Madrid, wieder in Paris und schließlich in München. Die ausschweifenden Geschichten und Anekdoten führen den gewiß nicht immer aufmerksamen Leser bis auf die Insel Saint Helena, auf der Lola Montez das Grabmal Napoleons besichtigte. Die »Memoiren« sind eher der Gattung der Reiseliteratur zuzuordnen. Sie wurden mit der Lebensbeschreibung Casanovas verglichen unter der Einschränkung: »Wenn aber Casanovas Schilderungen zu vier Fünftel wahr sind, so existieren die Lolas zu vier Fünftel wohl nur in deren Einbildung«.[5]

Die »Memoiren« können gewissermaßen als das europäische Testament gelten, das Lola Montez kurz vor ihrer Abreise nach Amerika hatte schreiben lassen. Die von ihr autorisierten Verfasser waren ein Comte de Corail und ein

1 S.: RAUH ²1996, S.61. Josephine Kaulbach berichtete ihrem Mann 1865 aus München: »Wagner spielt die Rolle der Lola«; KAULBACH ²1918, S.355.
2 S.: Wilhelm Lukas Kristl, Unsterbliche Lola? Bücher von und über Lola Montez, in: Börsenblatt für den deutschen Buchhandel 3/1973, S.97-106 (Beilage)
3 Hildegard Ebenthal [Ekaterina Prinzessin von Radziwill], The Tragedy of a Throne, London 1917
4 R. B. Greenblatt, Lola Montez: Auf der Suche nach Unabhängigkeit, Erfolg und Liebe, in: Sexualmedizin 9/1981, S.362-364
5 FUCHS 1898, S.124
6 Zur Editionsgeschichte s.: WILHELMS 1986 und BW 1995, S.361f.
7 Zit.n.: AUSST.KAT. MÜNCHEN 1987, S.725

38 Wilhelm von Kaulbach: Lola Montez im historischen Kostüm; 1847; Öl auf Leinwand; 242 x 166; MStM, Gemäldesammlung (Photo: Dorothee Jordens-Meintker; Kerstin Schuhbaum)

39 Max Haider nach Joseph Stieler: Ludwig I. König von Bayern im Krönungsornat; 1826; Öl auf Leinwand; 250,5 x 173; MStM, Gemäldesammlung (Photo: Dorothee Jordens-Meintker; Kerstin Schuhbaum)

Charles Joseph Brifant.[6] Einzelne Kapitel wurden seit dem 8. Januar 1851 als Fortsetzungsroman in der Zeitschrift »Le Pays« abgedruckt. Der durch seine romantischen Dichtungen bekannt gewordene Alphonse-Marie Prat de Lamartine (1790–1869) stellte als neuer Chefredakteur die Veröffentlichung ein. Vollständige deutsche Übersetzungen erschienen 1851 in Berlin und im sächsischen Grimma. In einem satirischen Blatt wurde das Werk bereits 1850 angekündigt: »Lola Montez schreibt jetzt an ihren ›Memoiren‹, die sie dem dichterischen Ludwig widmen wird. Die ›Memoiren‹ werden aus zehn Abtheilungen bestehen, jede Abtheilung aus zwanzig Bänden, und jeder Band aus dreißig Bogen. Ihre Abenteuer mit den Alemannen nehmen allein die Hälfte des Werkes ein. Ihre Liebes-Affairen mit dem königl. Ludwig sind in einem Bande vollständig enthalten, und dieser eine Band enthält nichts weiter als – leeres Papier«.[7]

In der Tendenz behielt die Prognose recht, denn gerade die Darstellung des Münchner Aufenthalts und des Verhältnisses zum bayerischen König blieb weit hinter den hochgespannten Erwartungen zurück. Ganze Kapitel sind aus anderen Publikationen abgeschrieben, etwa aus dem 1847 in Hamburg erschienenen Buch des ihr wohlgesonnenen Paul Erdmann: »Lola Montez und die Jesuiten. Eine Darstellung der jüngsten Ereignisse in München«. So erklärt sich der unvermittelte Wechsel der Erzählperspektive, die aus der vermeintlich persönlichen Rückschau in eine auktoriale Distanz überblendet, in der die Titelheldin plötzlich in der dritten Person agiert. Es dauert über weit eintausend Seiten, bis Lola Montez im bereits 140. Kapitel ihrer Lebensgeschichte überhaupt nach München gelangt: »Wenn ich mich daran erinnere, da ich zum ersten Male durch die Straßen dieser schönen, imposanten Stadt schritt, welche ein poetischer, geistreicher und kunstsinniger König mit so herrlichen Baudenkmälern geziert hat, da ich eine Fremde, Unbekannte, eine arme Ballettänzerin zum Theater-Intendanten ging, an seine Thür pochte und kalt empfangen wurde, da mir auf meine Bitte, mir ein Debüt zu gestatten, mit einem höflichen, aber kalten Nein geantwortet wurde; und wenn ich mich daran erinnere, wie bald nachher ich der Gegenstand einer allgemeinen, aber bittern Aufmerksamkeit wurde, dann erscheint mir diese ganze, wunderbare Epoche meines Lebens wie ein toller Fastnachtsspuk«.[8]

Der Vergleich ist nicht abwegig. Die durch Lola Montez im Frühjahr 1848 ausgelösten Unruhen lassen sich tatsächlich unter karnevalistischen Vorzeichen interpretieren. Grotesk war ihr Auftritt in der biedermeierlichen Haupt- und Residenzstadt allemal. Damals lebten etwa 90 000 Menschen in München. Man war einen ordentlich geregelten Alltag gewohnt und die Münchner waren stolz auf den seit über zwanzig Jahren in ihrer Stadt residierenden König, den sie respektierten, solange seine Politik nicht ihre eigenen Geschicke betraf. Es herrschte eine beschauliche Atmosphäre, in der die aparte Erscheinung der Lola Montez, ihr feuriges Temperament und der ihr eigene Appeal ein gewaltiges und kaum zu überbrückendes Spannungsfeld erzeugt haben müssen.

Lola Montez verstand kein Deutsch, geschweige denn den Münchner Dialekt. Als sie aus Bayern bereits vertrieben war, wollte sie in ihrem Schweizer Exil Deutsch lernen, um Ludwig in seiner Sprache schreiben zu können.[9] Mit ihm dürfte sie die wenigsten Verständigungsprobleme gehabt haben. Für die Öffentlichkeit blieb sie dagegen eine Fremde. In den »Memoiren« heißt es: »Ich habe in Nürnberg keinen Bürger getroffen, der Spanisch spricht, sondern ich fand lauter gute Deutsche, die, wenn sie einmal Französisch sprechen wollten, eine so fürchterlich ernste und drängende Miene machten, daß ich glaubte, sie hätten was zum Brechen eingenommen«.[10]

Umgekehrt schienen gerade die Münchner sehr gut verstanden zu haben, was ihnen die verhaßte Lola Montez zu bedeuten hatte. Der öffentliche Unmut manifestierte sich in einer Flut von Spottschriften und Karikaturen, die unter dem Ladentisch gehandelt, sehr wohl aber auch von höchster Stelle zur Kenntnis genommen wurden.[11] Ein besonders eindringliches Beispiel geben die auf Lola Montez zugeschnittenen Travestien des »Vaterunser« [ABB. 8 und 40; KAT.NR. 1.15 und 1.16]. Außergewöhnlich ist nicht die scheinbar blasphemische Form, in der die Flüche verpackt sind. Das jedem verständliche Gebet hatte der Satire häufig als Schablone gedient.[12] Schon im 17. Jahrhundert waren solche Travestien populär.[13] In der Zeit um 1848 kursierte ein Metternich geltendes »Neues Österreicher Vaterunser«, es gab ein »Preußisches Vaterunser« und ein »Neues russisches Vaterunser«.[14] Der »Münchener Punsch« veröffentlichte schließlich ein »Neues politisches Gebetbüchlein: Ohne Approbation der Oberen. Das Vaterunser in verschiedenen Sprachen«.[15] Im Unterschied zu diesen politisch offensiven Satiren reicht der geistige Horizont der auf Lola

8 MONTEZ 1986, Bd.2, S.1284
9 S.: BW 1995, S.103 (14. 2. 1848)
10 MONTEZ 1986, Bd.2, S.1589
11 Ein Exemplar der Vaterunser-Travestie befindet sich im Bayerischen Hauptstaatsarchiv München, Abt.I: Allgemeines Staatsarchiv, Kgl. Bayerisches Staatsministerium des Innern, Sign.: 45380.
12 S.: PFUNDTNER 1939, S.51; PULZ 1982, S.308ff. Pulz wählt die Bezeichnung »Vaterunser-Kontrafakturen«.
13 Hingewiesen sei auf ein »Vaterunser« auf Louis XIV: »Notre père, qui êtes à Marly, votre nom n'est plus glorieux, votre Règne est sur sa fin, votre volontè n'est plus faite [...]«; zit.n.: Peter Burke, Ludwig XIV. Die Inszenierung des Sonnenkönigs, Frankfurt a.M. 1995, S.184. Die Originalausgabe erschien unter dem Titel »The Fabrication of Louis XIV«.
14 S.: SEITZ 1953, S.77. Ein Exemplar des »Metternich-Vaterunser« befindet sich im Stadtarchiv München, ZS 446.
15 Münchener Punsch, 19. 3. 1848, S.29f.
16 Zu Fuchs s.: Ulrich Weitz, Salonkultur und Proletariat. Eduard Fuchs – Sammler, Sittengeschichtler, Sozialist, Stuttgart 1991
17 Reinhold Rauh, Lola Montez. Die königliche Mätresse, München ²1996 (¹1992)
18 Bruce Seymour, Lola Montez. A Life, New Haven/London 1996 (dt. Ausgabe: Lola Montez. Eine Biographie. Aus dem Amerikanischen von Renate Sandner, Düsseldorf/Zürich 1998)
19 Reinhold Rauh und Bruce Seymour (Hrsg.), Ludwig I. und Lola Montez. Der Briefwechsel, München/New York 1995

Lola-Montez-Vaterunser.

Lola Montez, leider Gott noch die Unsere, die du bald lebst in, bald um München, bald in China, bald in Sendling, die du das Volk nennst eine Canaille, und die du selbst eine Canaille bist, du Verpesterin der Ruhe und Ordnung, der Sitte und Zucht, des Vertrauens und der Liebe, du Teufel ohne Hörner und Schweif, aber mit sonst allen Teufelskünsten und Attributen, du Babylonische, die nirgends fast mehr leben kann, weil sie dich schon überall hinausgehauen, verwünscht sey dein Name, zerrissen dein Adelsbrief, verdammt bist du von den Guten und den Schlechten, von Groß und Klein, von Nieder und Hoch! Zukomme dein Häusel der Sp. oder V., wenn sie sich nicht schämen hineinzugehen, zukomm' dein Geld nicht den Großen, die haben Geld genug, nicht den Gendarmen, sondern den rechten Armen, die ihre Zähne ausbeißen, nicht an Brod, sondern an gerechtem Ingrimm über deine Prasserei und Unverschämtheit; dein Wille geschehe, du sollst herein, komm nur herein, daß sie dich kriegen, sie schlagen dich gar mit Tremmeln todt, denn du verdienst kein ehrliches Ende und keine Ruh auf Erden, vom Himmel ist bei dir keine Rede! Friß und schwelg und laß dich nur bald sehen, dann hast du uns gegeben unser täglich Brod, als ist Auflauf und Specktakel um einer davongelaufenen Metze wegen. Vergieb uns unsere Schuld, wenn wir dich nicht genug noch durchgewalkt haben und verachten, und haß uns nur wieder, auf daß wir dich recht hassen lernen; kein Versprechen, kein Geld und Gut, kein gestickter Kragen und Orden verführt uns, deine Parthei zu nehmen, mach dir also keine Müh', komm und laß dich massakriren oder bleib draußen und laß dich wo anders todtschlagen, aber bleib uns vom Leib, dazu hoffet man's zu bringen durch Gewalt der Pflastersteine und den festen Willen der Stände, auf daß wir erlöst sind von dir und der Pest und allen dran hängenden Uebeln. Amen.

40 *»Lola-Montez-Vaterunser«; 1848; Typendruck; 26,2 x 21,6; MStM, Graphiksammlung*

Montez gemünzten »Vaterunser« kaum über eine xenophobe Grundstimmung hinaus, die dieser »dahergelaufenen Metze« am Münchner Biertisch besonders kraß entgegenschlug. Lola Montez, die »bald in China, bald in Sendling« lebe, sollte sich »wo anders todtschlagen« lassen, aber nicht in München.

Die vollständigste Sammlung von Spottschriften auf Lola Montez und zeitgenössischer Karikaturen besaß der durch seine »Illustrierte Sittengeschichte« bekannt gewordene Eduard Fuchs (1870–1940). In den Jahren 1890 bis 1901 lebte Fuchs in München. Damals legte er den Grundstock für seine Sammlung an Monteziana, die er in dem reich illustrierten und 1904 in Berlin erschienenen Buch »Ein vormärzliches Tanzidyll. Lola Montez in der Karikatur« dokumentierte [KAT.NR. 1.14]. Fuchs emigrierte im Jahr 1933. Die beschlagnahmte Graphiksammlung wurde 1937 bei C.G. Boerner in Leipzig als »Sammlung E. F., Berlin. Daumier – Graphik – Kulturgeschichte« versteigert und ist seither verschollen.[16]

Wer sich heute mit dem Leben der Lola Montez beschäftigen will, dem genügen im Grunde drei Bücher. Es ist dies zuerst die Biographie von Reinhold Rauh (^{2}1996), der vor der psychoanalytischen Folie eines hysterischen Charakters ein für Lola Montez sehr einleuchtendes Persönlichkeitsprofil entwirft.[17] Im stilsicheren Pragmatismus angloamerikanischer Tradition legte Bruce Seymour eine für sämtliche Lebensabschnitte ungemein materialreiche Biographie (1996) vor, die sich als internationales Standardwerk etablieren wird.[18] Gemeinsam haben Rauh und Seymour 1995 den Briefwechsel von Ludwig I. und Lola Montez herausgegeben, der ein nicht nur für die Münchner Zeit aufschlußreiches Charakterbild vermittelt.[19] Die beste Quelle zum Aufenthalt der Lola Montez in München ist aber noch nicht veröffentlicht. Es handelt sich um die nachgelassenen »Memorabilien« Leo von Klenzes (1784 bis 1864). Sie erweisen sich als ein Rundumschlag, der mit voller Wucht auch Lola Montez trifft. Diese Erinnerungsschriften sind heute weder »geheim« noch sind es »Tagebücher«, wie häufig geschrieben wird. Doch besitzt der für die Nachwelt aufgezeichnete und in seiner Polemik kaum zu überbietende Rechenschaftsbericht eine derartige Sprengkraft, daß eine zurückhaltende und vorsichtige Bewertung solange angezeigt zu sein scheint, bis eine seiner Bedeutung angemessene Edition vorliegt.[20]

Elizabeth Rosanna Gilbert

Angesichts eines seit 150 Jahren immer neu durchforschten Lebens ist es erstaunlich, daß eine so prominente Frau immer noch Rätsel aufgibt. Bis zuletzt wußte man nicht einmal genau, wann und wo Lola Montez geboren wurde. Die »Neue deutsche Biographie« gibt in ihrem aktuellen Band eine dreifache Auswahl aus dem schottischen Montrose, dem spanischen Dorf Cetasi bei Sevilla oder dem primär mit *nonsense poems* verhafteten Limerick in Irland, wohin man sich die Wiege grotesker Gestalten gerne denken möchte.[21] In einer dieser Ortschaften sei Lola Montez entweder 1818, 1819, 1820 oder 1823 geboren worden. Nichts davon stimmt.

Schon die zu Lebzeiten veröffentlichten Enzyklopädien bevorzugten den Konjunktiv, wenn es um die Herkunft der Lola Montez ging. Aus »Meyers Konversationslexikon« war zu erfahren: »Es heißt, sie sey in einem kleinen Dorfe Andalusiens geboren, im Hause eines Schuhmachers«. Der 1852 erschienene Band widmete ihr einen rezenten Eintrag von bereits acht Spalten. Er schließt mit der erwartungsvollen Bemerkung: »Nach den neuesten Zeitungsberichten hat sie die beifällige Aufmerksamkeit des Negerkaisers auf Hayti auf sich gezogen«.[22] Ebenso exotische Gerüchte kursierten über die Mutter der Lola Montez, die man für eine westindische Sklavin oder »eine geborene Habaneserin« hielt.[23]

Lola Montez hat die Legende ihrer andalusischen Herkunft selbst in die Welt gesetzt. »Mein Vaterland ist Spanien«, konstatiert sie in ihren »Memoiren«. Sie malt ihre vermeintliche Heimat mit schmückendem Beiwerk aus: »Ich bin im Jahre 1823 zu Sevilla, der Hauptstadt Andalusiens, geboren, welches das Land der Serenaden und der Balkons ist, der Troubadours und der Romanzen; das Vaterland des Michael Cervantes, des Las Cases und das der römischen Kaiser Trajan und Theodosius. Irländerin durch meinen Vater, Spanierin durch meine Mutter, Engländerin durch meine Erziehung, Französin aus Neigung, und Kosmopolitin durch die Umstände, kann ich von mir sagen, daß ich allen Nationen angehöre oder keiner«.[24] Das ist eine zweifellos würdige und nicht einmal gänzlich erlogene Eröffnung für die »Memoiren« einer Globetrotterin, die in ihrem Leben in der Tat alle fünf Kontinente betreten hat. Doch sind Ort und Jahr ihrer Geburt wissentlich gefälscht. Sie wurde nicht 1823 und auch nicht in Sevilla geboren.

Es bedürfte einer psychologischen Deutung, warum Lola Montez ihren ohnehin spektakulären Werdegang zu einer noch spektakuläreren Biographie aufwertete. Man hat den Eindruck, als habe sie wirklich geglaubt, Spanierin zu sein. So behauptet sie in ihren »Memoiren« weiter: »Die Feierlichkeit meiner Taufe fand zu Sevilla in einer Kapelle statt, welche noch heute die Ehre hat, das Grab des Christoph Columbus zu besitzen«.[25] Daran ist alles falsch. In der Kathedrale von Sevilla wurde zwar am Ende des 19. Jahrhunderts ein Grabmal für den zunächst in einem Karthäuserkloster bestatteten Kolumbus errichtet, seine Gebeine waren aber bereits im 16. Jahrhundert nach Santo Domingo in die Karibik überführt worden. Das war der Verfasserin vermutlich nicht bekannt, als sie sich für ihren eigenen Mythos einen weihevollen Ursprung ersann.

Tatsächlich wurde Lola Montez am 17. Februar 1821 in einem irischen Dorf geboren.[26] Es heißt Grange und liegt in der Nähe der Atlantikküste im Nordwesten der Insel. Die nächste größere Stadt ist Sligo. In dieser Region war der englische Offizier Edward Gilbert stationiert. Im Mai 1820 hatte er die von irischem Landadel abstammende Eliza Oliver geheiratet.[27] Ziemlich genau

20 Die »Memorabilien« befinden sich in der Bayerischen Staatsbibliothek München, »Klenzeana«, I (Kasten 1). Es handelt sich um 7 Bände. Eine vollständige und kommentierte Veröffentlichung durch Florian Hufnagl (München) ist seit dreizehn Jahren angekündigt. Für die Auseinandersetzung mit Lola Montez sind der fünfte Band (»V. Band 1846 und 1847«) und der sechste Band (»6. März 1847 bis 1858«) relevant, die hier unter den Siglen: KLENZE I/5 und KLENZE I/6 zitiert werden können. Ausdrücklich sei vermerkt, daß die Zitation dieser beiden Quellenschriften einer Abschrift folgt, die das Architekturmuseum der Technischen Universität München anfertigen ließ und im Vorgriff auf dessen eigene Verwertung hier herangezogen werden darf. Dafür bin ich dem Direktor des Architekturmuseums, Herrn Prof. Dr. Winfried Nerdinger, außerordentlich dankbar.

21 Neue deutsche Biographie, hrsg. von der Historischen Kommission bei der Bayerischen Akademie der Wissenschaften, 18.Band, Berlin 1997, S.50f.

22 MEYER 1852, S.4

23 S.: RAUH [2]1996, S.14 und DESCHLER 1848, S.3

24 MONTEZ 1986, Bd.1, S.25

25 MONTEZ 1986, Bd.1, S.39

neun Monate später kam Elizabeth Rosanna Gilbert zur Welt. Im Alter von zwei Jahren wurde sie am 16. Februar 1823 in St. Peter's in Liverpool getauft. In diesem Jahr wurde Edward Gilbert mit seiner jungen Familie nach Kalkutta ins britische Kolonialreich versetzt. Er starb 1823 in Dinapore an der Cholera. Seine Tochter wuchs in Indien, dann in Schottland und England auf. Nachdem sie bereits ganz Europa durchreist hatte, kam Elizabeth Rosanna Gilbert am 5. Oktober 1846 nach München. Sie nannte sich Lola Montez und war 25 Jahre alt.

Ludwig als Vesuv

Lange bevor Vladimir Nabokov mit seinem Roman »Lolita« einen generischen Namen schuf, der in heutigen »Lolita-Clubs« zum kinderpornographischen Codewort pervertiert, haben Autoren wie Italo Svevo oder Thomas Mann das Thema ungleicher Partnerschaften problematisiert. Vor allen moralisierenden und zeitgebundenen Einwänden bleibt als Grundmotiv immer die Lächerlichkeit bestehen, der sich der alternde Mann mit seiner außergewöhnlichen Leidenschaft preisgibt. »Aber mit 60 Jahren, mit 60 Jahren noch solche Streiche!« soll in Petersburg die entsetzte Kaiserin von Rußland gerufen haben, als ihr Leo von Klenze von den Vorfällen in München berichtete.[28] Klenze hatte das Verhältnis des bayerischen Königs zur jungen Lola Montez mit dem Hinweis auf Goethe und Ulrike von Levetzow zu erklären versucht. Goethe war 74 Jahre alt, als er der 19 Jahre alten Levetzow einen Heiratsantrag machte. »Geniale Naturen«, äußerte er sich zu Eckermann, »erleben eine wiederholte Pubertät, während andere Leute nur einmal jung sind«.[29] Ludwig I. König von Bayern (1786–1868) mochte sich als eine solche Natur

41 Ludwig I. König von Bayern tritt die Verfassung mit Füßen; 1848; Feder und Bleistift; 21 x 13; MStM, Graphiksammlung

gefühlt haben. Am 25. August 1846 hatte er seinen 60. Geburtstag gefeiert. Seit seiner Zeit als Kronprinz galt Ludwig als ein schwärmerischer Liebhaber alles Schönen [KAT.NR. 1.3]. Während er seinen musischen Neigungen mit gleichbleibender Intensität nachging, hat man in seiner politischen Entwicklung seit 1830 aber einen Wandel konstatiert, der den vormaligen Verfechter angeblich liberaler Ideen zu einem reaktionären Autokraten auf dem Königsthron gemacht habe.[30] Eine anonyme Porträtkarikatur, die zeichnerisch so gut ist, daß sie von Kaulbach sein könnte, zeigt den jungen Ludwig im Zivilfrack auf der »Charta Magna Bavariae« stehend, so als habe er seine Herrschaft auf die Grundlage der bayerischen Verfassung gestellt [ABB. 41;

26 Es ist das Verdienst von Nicholas Shreeve (Arundel), das Rätsel um die Herkunft der Lola Montez gelöst zu haben. Im Public Record Office von Kew hat Shreeve einen Antrag auf eine Witwenpension entdeckt, den die Mutter der Lola Montez gestellt hatte; Kew, Public Record Office, War Office 42/18/81. Dem Antrag ist der auf den 16. Februar 1823 datierte Taufschein der Lola Montez beigefügt. Auf der Rückseite des Taufscheins ist vermutlich von der Hand der Mutter vermerkt: »Elizabeth Rosanna Gilbert was born at Grange, County Sligo, on February 17, 1821«. Auf diese Entdeckung hat mich freundlich Bruce Seymour (Piedmont/Kalifornien) in einem Brief vom 22. 11. 1997 hingewiesen.

27 Auf die vom 6. Mai 1820 datierte Heiratsanzeige der Eltern der Lola Montez hat Reinhold Rauh aufmerksam gemacht; s.: RAUH ²1996, S.12.

28 KLENZE I/6, fol.61

29 Johann Peter Eckermann, Gespräche mit Goethe in den letzten Jahren seines Lebens, hrsg. von Regine Otto unter Mitarbeit von Peter Wersig, München ³1988, S.583 (11. 3. 1828)

30 Zu Ludwig s.: CORTI 1979. Neben der populärwissenschaftlichen Darstellung Conte Cortis ist für die Regierungszeit des Königs (1825–1848) die Biographie von Heinz Gollwitzer unverzichtbar; GOLLWITZER ²1987.

KAT.NR. 1.4]. Das Motiv ließe sich auch so interpretieren, als trete Ludwig die Verfassung mit Füßen. Die Skizze trägt den Vermerk »jünger« und ist um ein Altersporträt Ludwigs mit dem Zusatz »jetzt« ergänzt. Hinter ihm weichen verschreckte Offiziere der bayerischen Armee vor einer mit der Reitgerte umherspringenden Lola Montez zurück. Seit sie in München war, ereignete sich nun überhaupt sehr viel hinter dem Rücken des Königs.

Das ungleiche Verhältnis wurde allgemein als eine Peinlichkeit empfunden. Gerade bei den bayerischen Hofdamen fand Ludwigs Werben um Lola Montez kein Verständnis. »Der alte Narr steht ganz unter ihrem Pantoffel und hat gar keinen eigenen Willen mehr«, schrieb die Baronin Speth vertraulich in Würzburg.[31] Der Altersunterschied von 35 Jahren schien mindestens ebenso empörend zu sein wie die soziale Diskrepanz von König und Tänzerin.

Ludwig fand in seinem Altersgenossen und langjährigen Vertrauten Heinrich Freiherr von der Tann (1784–1848) einen anfangs geduldigen Zuhörer. Er schrieb ihm: »Lola Montez (eigentlich Maria de los Dolores Porris y Montez) gab ich Ihnen älter an als sie ist, die nur einundzwanzig Jahre zählt…, also im nämlichen Jahre geboren ist wie mein siebentes Kind«.[32] Auch wenn Lola Montez tatsächlich vier Jahre älter als Ludwigs Tochter Hildegard (1825–1864) und für damalige Verhältnisse nicht mehr ganz jung war, blieb der Altersunterschied eminent. Mit Ludwig I. und Lola Montez trafen aber nicht nur zwei Generationen aufeinander, sondern zwei erstaunlich unterschiedliche Charaktere.

Eine exemplarische Vorstellung von der Gestalt Ludwigs, von seinem Habitus und seinem Charakter kann der Hausmantel vermitteln, den er sein Leben lang getragen hat [ABB. 42; KAT. NR. 1.1].[33] Sechzig Jahre lang hüllte sich der König alle Morgen in diesen abgewetzten Rock. Während Lola Montez eher das Klischee einer vergnügungssüchtigen Frau bedient, die nach durchlebter Nacht bei Tagesanbruch ermattet ins Bett sinkt, stand Ludwig in der Regel um fünf Uhr früh zur Schreibarbeit auf und war auch noch stolz darauf, wenn sein Fensterlicht als erstes in München brannte. Eine ähnliche Demonstration von Pflichtgefühl und Prinzipientreue ist von Benito Mussolini bekannt, der das Licht in der Sala del Mappamondo im Palazzo Venezia von Rom die ganze Nacht brennen ließ, um so den Anschein unermüdlichen Arbeitseifers zu erwecken. In seinem privaten Hausmantel muß der bayerische König wie ein kautziger alter Mann ausgesehen haben. »Ich hoffe, daß Du manchmal die Pantoffeln trägst, die ich für Dich gemacht habe«, schrieb ihm Lola Montez weniger im Gestus einer Geliebten als einer fürsorglichen Enkelin.[34]

Durch die neue Liebschaft sah sich Ludwig in die Pubertät zurückversetzt. In einem schwärmerischen Brief an Tann schreibt er: »Ich kann mich mit dem Vesuv vergleichen, der für erloschen galt, bis er plötzlich ausbrach. Ich glaubte, ich könne nicht mehr der Liebe Leidenschaft fühlen, hielt mein Herz für ausgebrannt. Aber nicht ein Mann mit 40 Jahren, wie ein Jüngling von zwanzig, ja comme un amoureaux des quinze faßte mich Leidenschaft wie nie zuvor. Eßlust und Schlaf verlor ich zum Teil, fiebrig heiß wallte mein Blut«.[35] Der Vergleich mit dem Vesuv schien dem Dichter besonders treffend zu sein. Er schmückte auch sein 108. Sonett mit dieser Metapher.[36] Am Ende der Liebesaffäre kehrte das Bild vom plötzlich ausbrechenden Vulkan in einer gänzlich anderen Bedeutung wieder.

Der Philologe und Universitätsrektor Friedrich Wilhelm Thiersch gab in einem Schreiben an den Thronfolger Maximilian eine ausführliche

31 Zit.n.: KÜHN 1942, S.111 (19. 1. 1847)
32 Zit.n.: CORTI 1937, S.467f. (24. 11. 1846). Viele Passagen, die Conte Corti für seine Ludwig-Biographie dem Archiv des Rudolph Freiherrn von der Tann, Schloß Tann, entnommen hatte, sind aus den späteren Ausgaben gestrichen. Deshalb wird gelegentlich nach der Erstausgabe von 1937, in der Regel aber nach der leichter verfügbaren 7. Auflage von 1979 zitiert.
33 Zum Hausmantel s. den Eintrag von Hans Ottomeyer in: AUSST.KAT. MÜNCHEN 1987, S.681
34 Lola Montez an Ludwig I., 13. 6. 1848; zit.n.: BW 1995, S.202
35 Zit.n.: CORTI 1937, S.465
36 S.: LUDWIG 1847, S.15
37 Thiersch an Kronprinz Maximilian, 19. 2. 1848; zit.n.: SEITZ 1953, S.17
38 Lola Montez, Countess of Landsfeld, The Arts of Beauty; or, Secrets of a Lady's Toilet. With Hints to Gentleman on the Art of Fascinating, New York (Dick & Fitzgerald) 1858; zu einer postum erschienenen französischen Ausgabe »L'art de la Beauté chez la femme« s.: KRISTL 1979, S.27. Auszüge sind in deutscher Übersetzung veröffentlicht bei: KRISTL 1979, S.147-165.

Analyse der Revolte gegen Lola Montez vom Februar 1848. Nach der Auflistung verschiedener Gründe zog Thiersch das Fazit: »Die vulkanische Natur unserer Zustände kam dazu. Mir so wenig als den übrigen Behörden war verborgen, daß der Boden unter unseren Füßen zitterte, und daß etwas heftigere Bewegung an irgendeinem Punkt der Stadt das Signal zu einer größeren Eruption sein würde«.[37] Es bedurfte keines seismographisch ausgeprägten Gespürs, um die sich über Monate hinweg ankündigende Katastrophe vorauszuahnen. Ludwig hat aber alle Warnsignale überhört. Seine ganze Aufmerksamkeit galt einer Frau, die ihm als die schönste erschien, der er je begegnet war.

42 Der Hausrock von Ludwig I. König von Bayern; um 1810; München, Historischer Verein von Oberbayern (Photo: Patricia Fliegauf und Kerstin Schuhbaum)

»Lolitas Busen«

Lola Montez hat sich ausführlich mit kosmetischen Problemen beschäftigt. 1858 veröffentlichte sie den Ratgeber: »The Arts of Beauty; or Secrets of a Lady's Toilet« [KAT.NR. 1.22].[38] Überschriften wie »Beautiful Eyes«, »Beautiful Mouth and Lips«, »Beauty of the Voice«, »Beauty of Dress« oder »A Beautiful Foot and Ankle« geben die Gliederung vor. Die Leserinnen konnten dem ausgebreiteten Erfahrungsschatz entnehmen, daß sie sich keine Netzstrümpfe anziehen sollten, die nicht nur vulgär seien, sondern auch den Kontur eines wohlgeformten Beins verunstalteten.[39] Im Kapitel »A Beautiful Bosom« widmet sich die Verfasserin der Pflege eines schönen Busens. Es sind Mixturen von wohltuender Wirkung zusammengestellt: »Die folgende Mischung, zwei oder dreimal täglich für fünf oder zehn Minuten sanft in den Busen einmassiert, ist mit Erfolg angewendet worden, um sein Wachsen zu fördern: 1/2 Unze Myrrhetinktur; 4 Unzen Bibernellwasser, 4 Unzen Holunderblütenwasser; 1 Gran Moschus; 6 Unzen geläuterter Weingeist«.[40] Noch heute scheint man von diesen Rezepten profitieren zu können. In Unterfranken hat das bayerische Staatsbad Bad Brückenau eine »Lola Montez Schönheitskur« im Programm.[41]
In ihrem Schönheitsbuch bezeichnete Lola Montez den Busen als »a subject which must be

39 »Above all things, every lady of taste avoids an ornamented stocking. Stockings with open-wove, ornamented insteps, denote a vulgar taste, and, instead of displaying a fine proportion, confuse the contour of a pretty foot. But, where the ankle is rather large, or square, a pretty, unobtrusive net clock, of the same color as the stocking, will be a useful device, and induce the beholder to believe in the perfect symmetry of the parts«; MONTEZ 1858, S.65.

40 »The following preparation, very softly rubbed upon the bosom for five or ten minutes, two or three times a day has been used with success to promote its growth. Tincture of myrrh 1/2 oz. Pimpernel water 4 oz. Elder-flower water 4 oz. Musk 1 gr. Rectified spirits of wine 6 oz«; MONTEZ 1858, S.52. Die Übersetzung nach: KRISTL 1979, S.162

41 »Schöne Stunden mit Lola Montez: 250 Jahre Staatsbad Bad Brückenau«; dpa-Meldung, 9. 7. 1997. Lola Montez war im Juni 1847 selbst Kurgast in Bad Brückenau. In einem ihr reservierten Haus entdeckte Felix Schlagintweit, »daß in einer der kleinen, viereckigen Scheiben der Fenster mit dem Diamantring zwei Namen eingekritzelt waren. Nicht etwa Ludwig und Lola – nein! – Louis – Lolita – stand da zu lesen, wie

43 »Lola Montez, der weibliche Dämon aus dem Revolutionsjahr 1848«, in: Zeit-Dokumente zur bayerischen Geschichte, München 1919. München, Bayerische Staatsbibliothek, Sign.: 2° Bavar. 1627b (Photo: Bayerische Staatsbibliothek)

handled with great delicacy«.[42] Der Tänzerin selbst wurde dieses Feingefühl nicht immer zuteil. In Warschau hatte ein Zeitungskritiker nach einem ihrer Auftritte geschrieben: »Wie soll ich nun weiter Lola's Busen schildern, da schon ihre andern Reize mich um Worte verlegen machen?« Der Autor behalf sich schließlich mit Versen von Giambattista Marini. Im Epos »Adone« (1623) wird der Busen der Venus mit einem »mar di latte« verglichen, »tremolando nuotur due poma intatte«. Das Bild gefiel Lola Montez so gut, daß sie es in ihren »Memoiren« zitierte.[43] Im Roman »Lola Montez« von Joseph August Lux kehrt der oft plagiierte Vergleich in der Eröffnungsszene der Audienz wieder, während der Ludwig plötzlich »nichts mehr sah als in einem Milchmeere zwei unberührte Äpfel zitternd schwimmen«.[44]

Über das erste Zusammentreffen in der Residenz wurde viel spekuliert. Der eingangs zitierten und von Sulpiz Boisserée überlieferten Version zufolge habe Lola Montez einen Ohnmachtsanfall inszeniert. Auch Ludwig muß eine Empfindung überwältigt haben, die er in dieser Gewalt noch nie erlebt hatte und die man wohl Liebe auf den ersten Blick nennt. Er gewährte der Tänzerin die Gastvorstellung sofort und in den folgenden Monaten unzählige Bitten mehr. Wie Ludwig seinem Leibarzt Doktor Feder angeblich selbst anvertraute, hatte er die als »eigentümlich schön« angekündigte Frau in spanischer Sprache empfangen: »Darüber fiel sie in Ohnmacht, der Herr half der Armen gleich daß sie Luft bekam, und als sie sich erholte, fragte sie: ›wo bin ich – Ach ich glaubte, da ich die Töne meiner Mutter-Sprache hörte, in meinem Vaterland zu sein –‹ ›sie sagte das mit einem Ausdruck und einem Blick – daß ich denken mußte: Arme Therese, arme Familie!‹«[45]

In der Münchner Öffentlichkeit stand dagegen sogleich der Busen der Lola Montez im Zentrum der Nachreden. So soll Ludwig die Tänzerin gefragt haben, »ob das, was sich da unter ihrem Korsett verberge, auch wirklich echt sei«.[46] Als Antwort habe sie prompt zum Brieföffner gegriffen, ihr Mieder zerschnitten und den König vor nackte Tatsachen gestellt. Die Szene ist auf einer unbeholfenen Zeichnung aus dem Jahr 1919 dargestellt [ABB. 43; KAT.NR. 1.17]. Sie illustriert den in einer antisemitischen Propagandaschrift erschienenen Beitrag »Lola Montez, der weibliche Dämon aus dem Revolutionsjahr 1848«. Die Korsettgeschichte war aber schon den Zeitgenossen bekannt. Metternich habe im März 1847 davon erfahren.[47] Ausführlich ist der Hergang auch bei Klenze geschildert, der eine von Lola Montez angeblich selbst verbreitete Darstellung aufgriff. Demnach soll das Korsett einer »Visite der oberen Körpertheile« hinderlich gewesen sein: »Der König habe nun verlangt, daß dieses Hinderniß entfernt werde, worauf M. Montez aber versichert, das könne nicht sein, weil sie es ohne Hülfe einer Kammerjunfer weder ablegen noch wieder anlegen könne. Der König habe sich aber dabei nicht beruhiget, sondern unter der Versicherung, daß er zu beidem behülflich zu sein alle nöthige Übung und Geschicklichkeit besitze, begonnen, Gewalt zu gebrauchen [...]. Als hier jedoch die Localinspection von der chaushure an über die Kniebänder hinaus stets noch weiter und weiter sich habe erstrecken wollen, habe sie der Sache durch eine geschickte Bewegung mit den Worten ein Ende gemacht: ›En voila ashez Sire, le reste pour une autre fois!‹«[48]

Im Grunde ist es unerheblich, was sich nun tatsächlich bei dieser Audienz im modernen Sinn eines *sexual harassment in the workplace* zugetragen hat. Entscheidend ist, daß sich von Anfang an Gerüchte und Anekdoten zu einem schier unerschöpflichen Vorrat anhäuften, mit dem sich das Verhältnis des Königs und der Tänzerin zu einer der sensationellsten Affären des 19. Jahrhunderts ausschmücken ließ. Mit inszenatorischem Kalkül scheinen Lola Montez und bis zu einem gewissen Grad auch Ludwig I. diese Entwicklung selbst in Gang gebracht zu haben. Bald nach der Audienz war in München ein Gedicht in Umlauf gekommen, mit dem die Schönheit der Tänzerin überschwenglich gefeiert wurde. Es hieß »Lolitas Busen«.[49] Man war der Auffassung, Ludwig habe diese Huldigung selbst verfaßt. Er hat die Autorenschaft nie dementiert. So schmeichelhaft ihm das in der Öffentlichkeit vorherrschende Bild des schönheitstrunkenen Kavaliers erschienen sein mag, so rief die Offenlegung seiner Leidenschaften auf der anderen Seite unkontrollierbare Reaktionen hervor. Das vermeintlich königliche Gedicht »Lolitas Busen« wurde mit einer Karikatur kommentiert, auf der Lola Montez vor einem Spiegel steht und prüft, ob die dithyrambischen Verse ihrer Natur standhalten können. Eduard Fuchs beschrieb die Lithographie in der für ihn typischen Tonlage: »Um besser sehen zu können, hält Lola das aufgenestelte Samtmieder mit beiden Händen auseinander, so daß ihre schönen vollen Brüste prall aus dem tief ausgeschnittenen Hemde hervortreten«.[50] Wie die meisten erotischen Darstellungen um Ludwig I. und Lola Montez ist das Blatt heute nicht mehr greifbar. Allein das Wissen um ihre Existenz genügt, um die Ausmaße der königlichen Affäre in ihrer ganzen Ungeheuerlichkeit abschätzen zu können.

Im Hotel

Über den insgesamt nur 16 Monate währenden Aufenthalt der Lola Montez in München gibt das städtische Polizeikartenregister genaue Auskunft [KAT.NR. 1.19]. In einer Reihe mit einer »Stadler Creszenz Controlleurstochter von Passau 28 J kath.«, einem »Heilbronner Joseph Handelsman von Ichenhausen G. Günzburg 50 J. mos[aisch]« und einer »Dallmeir Theres Zimmermanstochter und Kleidermacherin von Fallnbach Gchts. Pfaffenhofen 29 J K[atholisch]« steht erstmals unter dem 12. Oktober 1846 im Meldebuch: »Lola Montes, Künstlerin/Tänzerin, von Sevilla in Spanien, 24 J., kath.«.[51] Als vorangegangener Aufenthaltsort ist »Wien«, als Zweck des Aufenthalts »Gastvorstellung« eingetragen. Unter der Rubrik »Legitimations-Urkunde oder sonstige Berufung« steht: »ohne Paß«. Die Aufenthaltsgenehmigung galt zunächst für einen Monat.

Für jemanden, der sich nicht ausweisen konnte, wußte Lola Montez gut, wo sich gegebene Zweifel am Leumund zerstreuen ließen. Sie bezog Quartier im Hotel »Zum Bayerischen Hof«.[52] Das am Promenadeplatz gelegene Hotel hatte im

sich die Liebenden ansprachen«; Felix Schlagintweit, Ein verliebtes Leben. Erinnerungen eines Münchner Arztes, München 1949, S.156; freundlicher Hinweis von Helmut Bauer (München).
42 MONTEZ 1858, S.50
43 MONTEZ 1986, Bd.1, S.647f.
44 Joseph August Lux, Lola Montez. Historischer Roman, Berlin 1912; zit.n.: KRISTL 1979, S.38
45 BOISSERÉE 1985, S.884 (30. 5. 1852). Diese Version soll Ludwig persönlich seinem Leibarzt Dr. Feder anvertraut haben.
46 Zit.n.: RAUH ²1996, S.87
47 S.: FOURNIER 1902, S.216; zur Überlieferung der Anekdote s.: SEYMOUR 1996, S.423
48 KLENZE I/5, fol.12v-13
49 BLUM 1898, S.110 als »Lolas Busen«; FUCHS 1904, S.167, Nr.73 als »Lolitas Busen«
50 FUCHS 1904, S.158, Nr.37
51 Im Fremdenbuch steht nur der Eintrag: »Demoiselle Lola Montez aus Paris 20. Oktober 1846«; Stadtarchiv München, Fremdenbuch G.H., Gewerbeamt 1448/4.
52 Kristl zitiert einen Eintrag aus dem Gästebuch: »Fräulein Montes, Rent., von Paris«; KRISTL 1979, S.37.

44 Das Hotel »Zum Bayerischen Hof« am Promenadeplatz in München; um 1850; Lithographie; 27,9 x 53,4; MStM, Graphiksammlung

Jahr 1841 seine Eröffnung gefeiert und galt seither als erste Adresse in München [ABB. 44; KAT.NR. 1.20]. In einer zeitgenössischen Chronik heißt es: »Einem Wunsche Seiner Majestät König Ludwigs I. von Bayern stattgebend, ließ im Jahr 1840 Reichsrat Josef Ritter von Maffei durch den Architekten Friedrich von Gärtner das erste vornehme Hotel in München, den Bayerischen Hof, bauen«.[53] Lange konnte sich Lola Montez diese Kategorie offensichtlich nicht leisten. Nach acht Tagen zog sie in den Gasthof »Zum Goldenen Hirschen« um.

Die Gasthöfe der Haupt- und Residenzstadt sind in einem Plan von Gustav Wenng eingezeichnet [ABB. 45; KAT.NR. 1.21]. Der durchaus renommierte »Goldene Hirsch« befand sich in der Theatinerstraße. Das neue Quartier hatte den Vorteil, daß es näher zur Residenz lag.[54] Seine Glanzzeit hatte das Haus im 18. Jahrhundert erlebt, als dort Lessing, Mozart, Casanova und Kaiser Joseph II. logierten.[55] Der prominenteste Gast des 19. Jahrhunderts gereichte dem Geschäftsführer Havard nicht lange zur Zierde.[56] Bei einem Hausball soll ihm Lola Montez vor aller Öffentlichkeit eine Ohrfeige verpaßt oder mit der Reitgerte ins Gesicht geschlagen haben. »Ich habe allerdings so manche Ohrfeige in meinem Leben ausgetheilt«, bekannte sie in ihren »Memoiren«, »aber ich habe niemals ein Tagebuch darüber geführt, auch habe ich es versäumt, mir Quittungen über dem Empfang geben zu lassen«.[57] Während der ersten öffentlichen Krawalle im März 1847 soll sie auf dem Balkon des Gasthofs gestanden und den krakeelenden Münchnern höhnisch mit Champagner zugeprostet haben.[58] Nach fünf Monaten Aufenthalt im Gasthof »Zum Goldenen Hirschen« erhielt Lola Montez Hausverbot.[59]

Seit dem 13. März 1847 wohnte Lola Montez in der Theresienstraße 8/2 beim Maurerpolier Lüglein zur Untermiete. Das Zimmer diente als Zwischenlösung, bis das vom König angekaufte und neu gestaltete Palais in der Barer Straße bezugsfertig war.[60] Am 28. April 1847 zog die vormalige Gasttänzerin schließlich in ihr eigenes Haus ein. Im Polizeikartenregister ist sie nun als »Grundbesitzerin« gemeldet. Doch wohnte Lola Montez nur neun Monate in der Barer Straße. Sie wurde am 11. Februar 1848 aus ihrem Palais gescheucht und aus München gejagt.

Lola Montez starb kurz vor ihrem 40. Geburtstag am 17. Januar 1861 in New York. Sie liegt auf dem Greenwood-Friedhof in Brooklyn begraben.[61] Auf Initiative von Bruce Seymour wurde der ver-

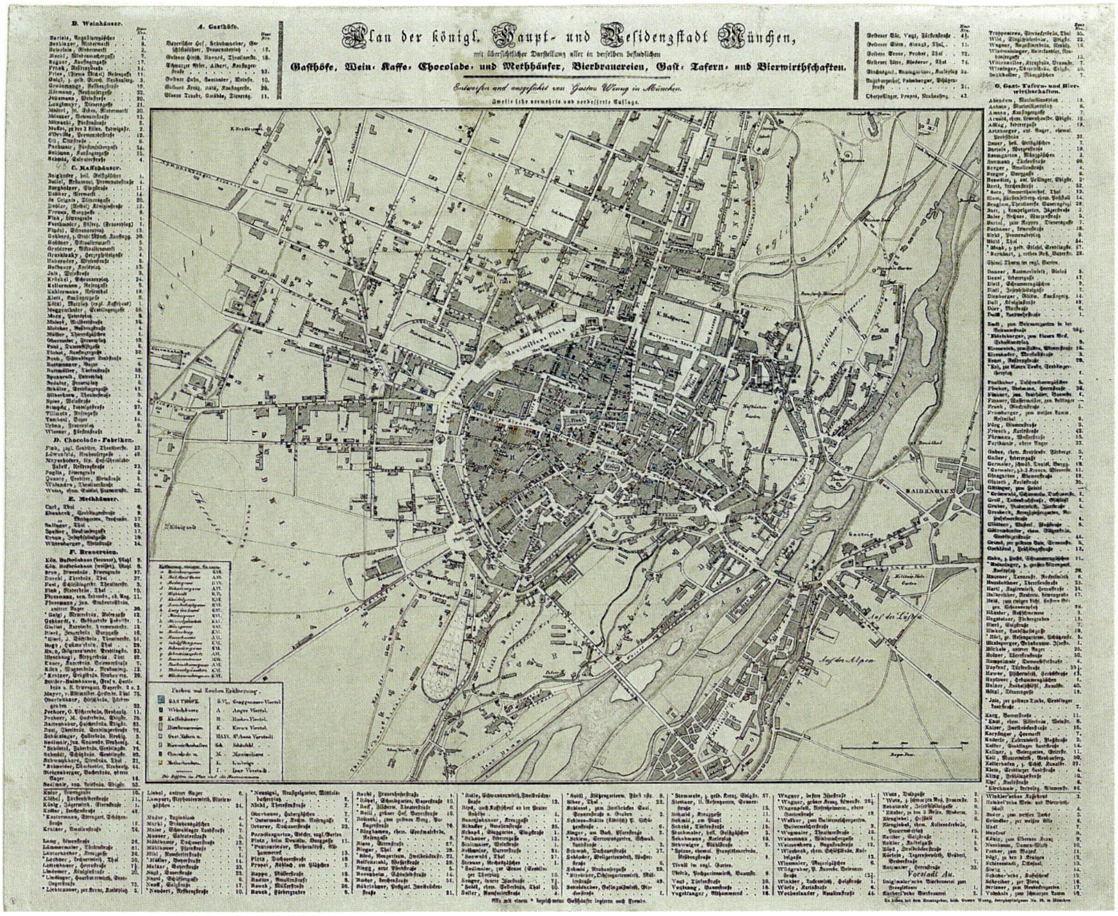

45 »Plan der königl. Haupt- und Residenzstadt München, mit übersichtlicher Darstellung aller in derselben befindlichen Gasthöfe, Wein- Kaffe= Chocolade= und Methäuser, Bierbrauereien, Saft- Tafern- und Bierwirthschaften.«; um 1850; Lithographie von Gustav Wenng; 47,2 x 57,5; MStM, Graphiksammlung

witterte Grabstein am 25. April 1998 in einem feierlichen Akt ausgewechselt [ABB. 36]. Für die Vorderseite wurde die ursprüngliche Inschrift übernommen: »Mrs. Eliza Gilbert Died Jan 17, 1861 Age 42«. Auf der Rückseite steht nun: »Born at Grange County Sligo February 17 1821 known as Lola Montez Countess of Landsfeld«. Ihr Leben war kurz und ereignisreich. Vor allem in ihrer Zeit in München ist es Lola Montez gelungen, sich in allen ihren Facetten zu präsentieren: Als Solotänzerin, als Wahlspanierin, als Schönheitskönigin, als Salondame eines stattlichen Palais, als amazonenhafte Skandalfrau, als intime Königsgeliebte und dessen Mätresse, als eine in den bayerischen Adelsstand erhobene Gräfin und schließlich als Auslöser einer Revolution. Sie hat alle ihre Rollen trickreich und überzeugend zu spielen gewußt. Jede einzelne Rolle gibt kuriosen Stoff für eine eigene Biographie. Alles an Lola Montez ist kurios. Doch entzieht sie sich einem festen Zugriff immer dann, wenn man ihr die Rollen nimmt. Es bleibt eine Persönlichkeit übrig, die nicht allein ihre Zeitgenossen in einer gewissen Ratlosigkeit zurückließ.

53 Zit.n.: Richard Bauer und Eva Maria Graf, Zu Gast im Alten München. Erinnerungen an Hotels, Wirtschaften und Cafés, München 1982, S.140

54 SEYMOUR 1996, S.108

55 S.: Richard Bauer und Eva Maria Graf, Zu Gast im Alten München. Erinnerungen an Hotels, Wirtschaften und Cafés, München 1982, S.8

56 Havard wird mehrfach im Zusammenhang mit Lola Montez genannt, z.B. bei KLENZE I/5, fol.40v.

57 MONTEZ 1986, Bd.2, S.1317

58 S.: RAUH [2]1996, S.109

59 S.: RAUH [2]1996, S.94

60 Graf Senfft meldete dagegen bereits im November 1846 nach Wien: »Anstatt des Gasthofes wurde eine Privatwohnung bezogen, bis das eigenst angekaufte [...] Haus zu bleibendem Aufenthalt vollendet sein wird«; zit.n.: GESANDTSCHAFTSBERICHTE 1941, Abt.II, Bd.3, S.396 (25. 11. 1846). Zum Palais der Lola Montez in der Barer Straße siehe Kapitel V.

61 Zu einem 1930 entstandenen Foto des Grabmals s.: DAY 1981, S.340, Abb.3; SEYMOUR 1996 (Abb.)

II. Die Tänzerin

In den ersten Oktobertagen des Jahres 1846 hielt der König von Bayern steten Kontakt mit der ihm unmittelbar unterstellten Intendanz des Hof- und Nationaltheaters. Es lagen mehrere Anträge vor, in denen es um Gehaltsforderungen aus dem Ballettensemble ging. Auch in solchen Belangen behielt sich König Ludwig das letzte Wort vor. An den Tänzerinnen Fries und Thumbach fand er »nichts Gutes, weder als Künstlerinnen, noch in sonst einer Beziehung. – Gewähre daher auch keine Zulage«.[1] Sein Augenmerk richtete sich auf die neu in München eingetroffene Gasttänzerin Lola Montez, deren Förderung ihm in mehr als einer Beziehung vielversprechend zu sein schien.

Als sich Eliza Gilbert im Alter von etwa zwanzig Jahren dazu entschlossen hatte, unter dem Namen Lola Montez eine berühmte Tänzerin zu werden, betrat sie einen vielfach vorgezeichneten Karriereweg. Vom Renommee einer prominenten Künstlerin versprach sie sich in erster Linie den Zugang zu Gesellschaftskreisen, die ihrer privaten Erfolgsstrategie förderlich sein konnten. Zu diesem Zweck hatte sie im Jahr 1841 einige Ausbildungsstunden bei einer Tanzlehrerin in London genommen.[2] Damals waren vor allem spanische Nationaltänze in Mode wie die Cachucha oder der Fandango.

Lola Montez hatte gewiß musikalisches Talent. Sie spielte Klavier und Gitarre. König Ludwig beklagte sich einmal, daß sie immer nur für andere singe und Gitarre spiele, aber nie für ihn.[3] Später ließ sie sich Harfenstunden geben.[4] Mit den wirklich namhaften Künstlerinnen ihrer Zeit vermochte sie aber nie ernsthaft zu konkurrieren. Auf einer 1847 erschienenen Flugschrift ist Lola Montez als eine derb verunstaltete Balletteuse dargestellt [ABB. 47; KAT.NR. 2.16]. Die Typographie steht auf dem Kopf, so wie Lola Montez die Hierarchien der Theaterwelt auf den

München.

Königliches Hof- und National-Theater.

Samstag den 10. Oktober 1846.

Mit aufgehobenem Abonnement.

Der verschwunschene Prinz,

Schwank in 3 Akten von J. von Plötz.

Personen:

Prinz Wolfgang,	Herr Christen.
Herr von Walberg, Cavalier des Prinzen,	Herr Bürtgen.
Der Leibarzt (des Prinzen)	Herr Zängl.
Der geheime Sekretär (des Prinzen)	Herr Leigh.
Der Kammerdiener (des Prinzen)	Herr Obermayer.
Erster Laquai (des Prinzen)	Herr Diefinger.
Zweiter Laquai (des Prinzen)	Herr Alsdorf.
Frau Rösl, eine arme Schusterswittwe,	Mad. Cramer.
Wilhelm, ihr Sohn, Schuster,	Herr Lang.
Evchen, Schloßverwalterstochter,	Mad. Dahn.
Gräfin Bernau, Hofdame,	Dem. Sölzl.
Hofdamen, Kammermädchen, Laquaien, Jäger.	

Die Handlung spielt in einem Grenzstädtchen, der erste und dritte Akt in der Wohnung des Schusters, der zweite im Schlosse des Prinzen; sie beginnt Abends und endet am Morgen.

In den beiden Zwischenakten tanzt Demoiselle Lola Montez aus Madrid spanische Tänze im Nationalkostüm.

Preise der Plätze:

Die Kasse wird um ½ 6 Uhr geöffnet.

Anfang um ½ 7 Uhr, Ende gegen 9 Uhr.

Der freie Eintritt ist aufgehoben.

Auf die gefälligen Bestellungen der verehrlichen Abonnenten wird bis Samstag den 10ten Oktober, Vormittags 10 Uhr gewartet, dann aber, wie gewöhnlich, über diejenigen Logen und Sperrsitze, welche nicht beibehalten worden sind, verfügt.

46 Programmankündigung für den Schwank »Der Verwunschene Prinz« von Johann von Ploetz am 10. Oktober 1846 im Königlichen Hof- und Nationaltheater in München; 1846

Kopf gestellt hatte. Das patriarchalische Motto »Saltatio est circumferentia Diaboli. St. Augustin« deutet an, daß sich die meist ambivalente Bewunderung dieser Tänzerin vor allem auf deren äußere Erscheinung konzentrierte.

Der verwunschene Prinz

Am 8. Oktober 1846 ging die königliche Anweisung an die Intendanz des Hof- und Nationaltheaters, sich mit der Tänzerin Lola Montez über Honorar und die Anzahl der Auftritte zu einigen. Als Vorgabe galt: »Nur in Zwischenaufzügen, spanische Tänze und spanischer Tracht«.[5] Intendant des Theaters war seit 1844 der zugleich für das Militär abrufbare Major August Freiherr von Frays (1790–1863).[6] Er hatte bereits ein Dossier über Lola Montez erstellt und seinen Dienstherrn darauf hingewiesen, es habe die »befrag-

1 SIGNATE 1994 Bd.6, S.316 (3. 10. 1846)
2 S.: RAUH ²1996, S.42
3 »Leeb sagte mir, daß er Dich am Weihnachtsabend Gitarre spielen und singen gehört hätte und daß es zaubervoll gewesen ist. Du Gaunerin, Du kannst für andere singen, aber mir hast Du es immer verweigert, außer bei Stieler im Oktober 46«; Ludwig I. an Lola Montez, 1.7.1848; zit.n.: BW 1995, S.206.
4 S.: BW 1995, S.198 (8. 6. 1848)
5 SIGNATE 1994 Bd.6, S.317 (8. 10. 1846)
6 Zu Frays s.: ZENGER 1923, S.307-324; SEYMOUR 1996, S.100-104
7 S.: RAUH ²1996, S.52; das Schreiben Frays in: München, Bayerisches Hauptstaatsarchiv, Abt. II, Staatstheater, Sign. 13196 (6. 10. 1846)

47 [Eduard Maria Oettinger]: Molla Lontez, Leipzig 1847, Druck und Verlag von Philipp Reclam jun.; 1847; Flugschrift; München, Bayerische Staatsbibliothek, Sign. 8° Bavar. 1992ⁿ

liche Tänzerin öffentlichen Anstoß« erregt. Sie sei aus Berlin ausgewiesen worden, nachdem sie einem Offizier ein Champagnerglas an den Kopf geworfen und einem Polizeikommissar mit der Reitgerte ins Gesicht geschlagen habe.[7] Die Einwände des Intendanten waren schnell ausgeräumt. Noch am selben Tag schrieb ihm der König: »Genehmige, daß Lola Montez nächsten Samstag im Zwischenakt tanzt gegen Hälfte der Netto-Einnahme. Das weitere will ich dann beschließen. Noch heute ihr die Antwort zu eröffnen mit der Bemerkung, daß ich mich darauf freue sie tanzen zu sehen«.[8]

Der erste Auftritt der Lola Montez im Münchner Hof- und Nationaltheater fand am 10. Oktober 1846 statt. Es wurde der Schwank »Der verwunschene Prinz« von Johann von Ploetz (1786 bis 1856) gegeben, der eine ganze Reihe ähnlich langweiliger Stücke verfaßte.[9] Auf der Programmankündigung ist der Titel völlig verschrieben, so als wäre der Setzer in Gedanken schon bei der eigentlichen Attraktion des Abends gewesen. Diese ist auf dem Zettel besonders hervorgehoben: »In den beiden Zwischenakten tanzt Demoiselle Lola Montez aus Madrid spanische Tänze im Nationalkostüm« [ABB. 46; KAT.NR. 2.14].

Die angebliche Spanierin tanzte zunächst eine Cachucha. In der zweiten Unterbrechung führte sie einen Fandango zusammen mit einem Ensembletänzer auf, der Franz Opfermann hieß.[10] Luise von Kobell beschreibt die Premiere so: »Lola Montez stellte sich inmitten der Bühne, nicht im Trikot, mit dem üblich kurzen Ballettröckchen, sondern in spanischer Tracht, mit Seide und Spitzen angetan, da und dort schimmerte ein Diamant. Sie blitzte mit ihren wunderbaren Augen und verbeugte sich wie eine Grazie vor dem König, der in seiner Loge saß. Dann tanzte sie Nationaltänze, wobei sie sich in den Hüften wiegte und bald diese, bald jene Haltung einnahm, voll unerreichter Schönheit. Solange sie tanzte, fesselte sie alle Zuschauer, die Blicke hafteten an ihren geschmeidigen Körperwendungen, an ihrer Mimik, die oft von glühendster Leidenschaft in die anmutigste Schalkhaftigkeit überging«.[11]

Die gesamte Theateraufführung dauerte ungefähr zweieinhalb Stunden. Im Schlußakt dürfte es den König aber kaum noch in seiner herrschaftlichen Loge gehalten haben, auf die sich an diesem Abend das Bühnengeschehen besonders konzentrierte. Er sah sich sicher schon bei den nächsten Darbietungen der charismatischen Tänzerin. Sie folgten am 14. Oktober mit den Lustspielen »Müller und Miller oder die Kandidaten« und »Der Weiberfeind«.[12] Für den Hausherrn bezeichneten diese Zwischenakte zweifellos den Höhepunkt der laufenden Theatersaison.

8 SIGNATE 1994 Bd.6, S.317 (8. 10. 1846)

9 Der auch für die »Augsburger Allgemeine Zeitung« korrespondierende Bühnendichter wird in der Korrespondenz von Lola Montez und Ludwig I. mehrfach als »Papa Ploetz« erwähnt. Bei einem gemeinsamen Abendessen soll ihm Lola Montez eröffnet haben, sie habe ihn soeben allen Ernstes vergiftet. Tatsächlich hatte sie ihm nur ein Abführmittel eingeflößt; s.: BW 1995, S.45.

10 S.: MLAKAR 1992, S.249

11 KOBELL 1894, S.177f.

12 »Der spanischen Tänzerin Lola Montez aus Madrid gebührt für ihre in den Zwischenakten der Vorstellungen der Stücke: Müller und Miller und der Weiberfeind am 14. l. M. auf hiesiger Hofbühne gegebene Gastvorstellung als Honorar die Hälfte der Netto Einnahme zu dessen Realisierung die Kgl. Hoftheaterkasse durch Gegenwärtiges ermächtigt und angewiesen wird«; SIGNATE 1994 Bd.6, S.319 (15. 10. 1848). Bei den beiden Stücken handelte es sich um: »Müller und Miller oder die beiden Kandidaten. Lustspiel in zwei Akten« von Alexander Elz (um 1845) und um »Der Weiberfeind. Lustspiel in einem Act« von Roderich Benedix, Leipzig 1843; freundlicher Hinweis von Stephan Huber (Königsbrunn).

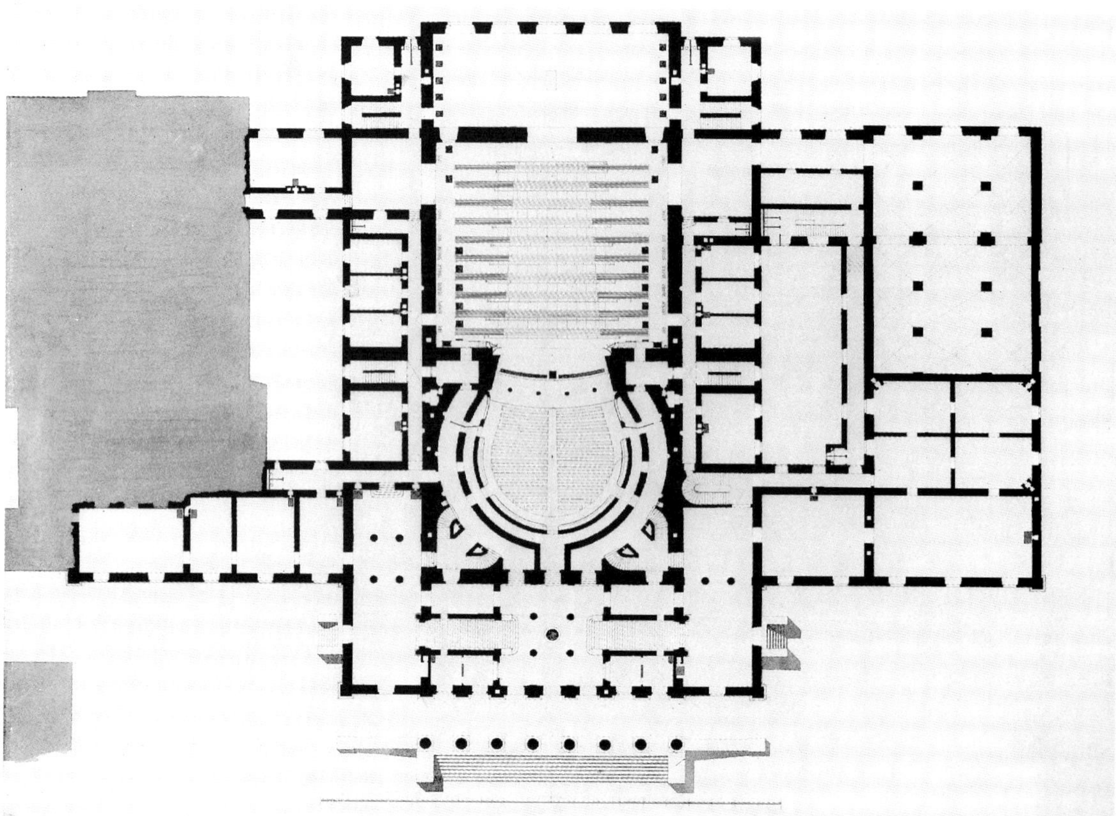

48 Carl von Fischer: Grundriß des Königlichen Hof- und Nationaltheaters am Max-Joseph-Platz in München; 1811; Feder über Bleistift, grau laviert; 60,5 x 80,7; MStM, Graphiksammlung

Das Königliche Hof- und Nationaltheater

Das neben der Münchner Residenz gelegene Königliche Hof- und Nationaltheater wurde von Carl von Fischer (1782–1820) entworfen und im Jahr 1818 von König Maximilian I. Joseph eröffnet [ABB. 48; KAT.NR. 2.1 bis 2.4].[13] Die bis 1918 gültige Bezeichnung bringt eine bemerkenswerte Doppelung architektonischer und zugleich kulturpolitischer Ansprüche zum Ausdruck. Das monumentale Bauwerk unterscheidet sich grundlegend vom Typus des intimen Hoftheaters, das exemplarisch im Alten Residenztheater von François Cuvilliés aus dem Jahr 1752 vorgegeben war. Das neue Theater stellte sich als ein tempelartiges Opernhaus im Sinne des 19. Jahrhunderts dar. Es folgt dem Vorbild des Odéon in Paris. Die anspruchsvolle Idee eines Nationaltheaters geht noch auf die Zeit des Kurfürsten Karl Theodor zurück, der 1777 in Mannheim das erste »Nationaltheater« in Deutschland gegründet hatte. In der unmittelbaren Nachbarschaft der Münchner Residenz erscheint das Königliche Hof- und Nationaltheater im besonderen Maß als eine Einrichtung des Hofs, mit dem sich die bayerische Nation zumindest im Theater zu identifizieren hatte.

Schon im Januar 1823 brannte das kaum fertiggestellte Hof- und Nationaltheater ab. Sofort wurde der überwiegend von der Stadt München finanzierte und vom Hofbaumeister Leo von Klenze beaufsichtigte Wiederaufbau eingeleitet. Die Pläne Fischers blieben maßgeblich. Für die Fassadengestaltung konnte Klenze eigene Ideen durchsetzen; insgesamt war der Neubau eine Rekonstruktion des alten Hauses. Nach nur knapp

13 Zum Münchner Hof- und Nationaltheater s.: Oswald Hederer, Karl von Fischers Nationaltheater in München, in: AUSST.KAT. MÜNCHEN 1980 Bd.I, S.395-402; Ausst.Kat. »Klassizismus in Bayern, Schwaben und Franken. Architekturzeichnungen 1775–1825«, München 1980, S.252-278, Ausst.Kat. »Carl von Fischer. 1782–1820«, München 1983, S.50-69

zwei Jahren Bauzeit wurde es am 2. Januar 1825 wiedereröffnet. In einer 1840 erschienenen Beschreibung des Theaters sind die »angeordneten Feuersicherheitsmaßregeln« nun besonders hervorgehoben.[14]
»Das Theater ist eigentlich der einzige Ort, wo man die Gesellschaft in bunter Reihe vereinigt sieht«, bemerkte August Lewald in seinem »Panorama von München« aus dem Jahr 1835. Jeder Besucher hatte freie Platzwahl. Bei der Darbietung der Lola Montez kostete eine Loge für sieben Personen im Ersten Rang acht Gulden. Das Theater wurde zur einen Hälfte von den Publikumseinnahmen getragen und nur zur anderen Hälfte vom Hof subventioniert. Lewald beschreibt, wie die höfische Etikette in der ständisch durchmischten und wirtschaftlich rentablen Sitzordnung dennoch gewahrt werden konnte. Sobald der König und die Königin erschienen, erhoben sich die »Krongroßwürdenträger« zum Gruß. Der einfache Besucher mußte auf seinem Platz sitzen bleiben. »Ich kann mir diese Etiquette eigentlich gar nicht anders erklären, als eben, daß eine Etiquette doch immer da seyn muß, zwischen dem Höchsten, dem Hohen und der Niedrigkeit. Hier im Theater ist sie doppelt nothwendig, wo durch das geringe Entree, eine Gleichheit der Stände einzureißen droht, die noch überdieß durch die Rücksichtslosigkeit, womit jeder nach einer republikanischen Mode, im Frack und rundem Haar, erscheint, sehr gefördert wird. Durch das weise Vorrecht des allerhöchsten Grußes ist jedoch mein Nachbar der Kammerherr zur rechten Zeit aufmerksam gemacht, und kann, wenn er vielleicht früher, durch mein Aeußeres verführt, mit mir über diese und jene Ballettänzerin gesprochen, sich nunmehr zurückziehen, sein ferneres Benehmen bemessen, oder gar der bürgerlichen Canaille mit Verachtung begegnen«.[15]

Münchner Gastspiele

Zur Zeit der Lola Montez erlebte München zahlreiche Auftritte international renommierter Theatergrößen. Besonderen Zulauf hatten die Gastspiele der Sopranistin Jenny Lind (1820 bis 1887) [ABB. 49; KAT.NR. 2.5 bis 2.6].[16] In der Gesangstechnik dieser als die »schwedische Nachtigall« bekannt gewordenen Künstlerin faszinierte ein »nie dagewesener Triller«.[17] Sie logierte während ihres Aufenthalts von Oktober bis Dezember 1846 bei den Kaulbachs in der Gartenstraße.[18] Durch das Engagement hochdotierter Gastkünstlerinnen fand nicht zuletzt das sonst eher vernachlässigte Ballett des Hof- und Nationaltheaters Beachtung.
Im Mai 1847 war auf besonderen Wunsch des Königs Marie Taglioni (1804–1884) in ihrem Ballett »La Sylphide« zu sehen [ABB. 50; KAT. NR. 2.7].[19] Sie hatte 1832 in Paris den Spitzentanz eingeführt, zu dem sie einen nur knielangen Gaze-Rock trug. Auch im Alter von 43 Jahren schienen die Darbietungen der Marie Taglioni noch immer unerreicht zu sein. Als ein besonders kurioses Souvenir kann ein Pfeifenkopf aus Porzellan mit einem Porträt der Tänzerin betrachtet werden [KAT.NR. 2.7].
Neben Marie Taglioni war die Wienerin Fanny Elßler (1810–1884) die berühmteste Primaballerina ihrer Zeit. Sie hatte vor allem spanische und slawische Nationaltänze in ihrem Repertoire. Als eine »Spanierin des Nordens« zeigte sie in München schon im Jahr 1844 die später von Lola Montez dargebotene Cachucha [KAT. NR. 2.10].[20] Mit ihrem die Pygmalionlegende variierenden Ballett »Des Malers Traumbild« gastierte die Tänzerin im August 1847 erneut in München [ABB. 51; KAT.NR. 2.9].[21] Fanny Elßler war noch der Generation Goethes bekannt geworden, an den Carl Friedrich Zelter nach einer

14 F. Meiser, Das Königliche neue Hof- und Nationaltheater-Gebäude zu München, seine innere Entwicklung, Maschinerie und die angeordneten Feuersicherheitsmaßregeln, München 1840
15 LEWALD 1835, S.67
16 S.: SIGNATE 1994 Bd.6, S.328f. (6. 11. 1846)
17 Zit.n.: ZENGER 1923, S.317
18 S.: KAULBACH ²1918, S.48
19 »Befehl habe ich keinen ertheilt, sondern den Wunsch ausgesprochen, daß die berühmte Taglioni die Sylphide tanzen möchte, demnach wäre [»] auf allerhöchsten Befehl [«] unwahr, darf nicht auf den Zettel zu stehen kommen«; SIGNATE 1994 Bd.6, S.435 (9. 5. 1847); s.a.: SIGNATE 1994 Bd.6, S.404 (21. 3. 1847), S.433 (7. 5. 1847).
20 Zit.n.: AUSST.KAT. MÜNCHEN 1987, S.588
21 »Es ist sich auf keinen Gulden mehr einzulassen – geht Fanny Elsler in 800 fl nicht ein, abzuwehren«; SIGNATE 1994 Bd.6, S.485 (17. 8. 1847).

49 Jenny Lind; 1846; kolorierter Kupferstich von Anton Elfinger und Andreas Geiger; 28 x 21; MStM, Puppentheatermuseum, Sammlung Böhmer

50 Marie Taglioni als Sylphide; um 1840; kolorierter Kupferstich von Johann Christian Schoeller und Andreas Geiger; 22,5 x 17; MStM, Puppentheatermuseum, Sammlung Böhmer

Darbietung der jungen Elßler schrieb: »Es will schon etwas sagen, die verderbte sperrbeinige Pariser Hampelmethode in sanfte Schlangenwindungen des schönen Körpers umzubilden und das Auge ohne Anstoß zu erlustigen«.[22] Heinrich Heine nannte den zeitgenössischen Ballettanz bereits eine »Lendenpoesie«.
Schließlich sei noch die tatsächlich spanische Tänzerin Pepita de Oliva (1830–1868) erwähnt, die in den Jahren nach 1850 stürmisch in München gefeiert wurde [ABB. 52 und 53; KAT.NR. 2.11 und 2.12]. Sie tanzte den kastilischen »El Olé« oder »Oleano«, den auch Lola Montez einstudiert und bereits in London aufgeführt hatte. Damals gab die englische Tagespresse eine Charakteristik dieses neuen Modetanzes: »El Oleano is, like the Cachuca – not the Cachuca of Duvernay, Elssler or Cerito – an intensely national dance [...] The variety of passion which it embodies – the languor, the abandon, the love, the pride, the scorn – one of the steps which is called ›death to the tarantula‹ and is a favorite pas of the country, is the very poetry of avenging contempt – cannot be surpassed«.[23]

»Eine spanische Tänzerin so schlecht, wie es keine zweite gibt«: Lola Montez in der Kritik

Die »Cachucha- Bolero und Fandango-Sprünge« der Lola Montez wurden in München mit einiger Verwunderung aufgenommen. Leo von Klenze war von den »wahrhaft kängeru-artigen Sprüngen der Schönen« eher komisch berührt als hingerissen.[24] Einem Offizier wurde vorgehalten, während der Darbietung »gezischt zu haben«.[25] Die Kritiken im Münchner Feuilleton fielen zurückhaltend aus: »Der uns gebotene sogenannte Fandango aber näherte sich nur in ein paar frivo-

51 Fanny Eßler in dem Ballett »Des Malers Traumbild«; um 1844; kolorierte Lithographie von Anton Elfinger; 23 x 27,5; MStM, Puppentheatermuseum, Sammlung Böhmer

len, um nicht zu sagen indezenten Figuren oder Berührungen dem wirklichen Fandango und konnte keinen großen Eindruck auf uns üben. Beifall und Mißfallen kämpften gegen einander, ohne daß sich der Sieg entschieden auf eine Seite geneigt hätte«.[26] In Fachkreisen war das Münchner Debüt durchgefallen. Der Tänzer Michael Laroche schrieb in sein Tagebuch: »Lola Montez, eine spanische Tänzerin so schlecht, wie es keine zweite gibt, betrat unsere Bühne zweimal und wurde ausgezischt und gerufen. Sie trat von der Bühne ab, um im Privatleben eine Rolle zu spielen, von der ganz Bayern spricht« [KAT.NR. 2.15].[27]

Schon bei den vorausgegangenen Stationen ihrer Karriere als Tänzerin hatte Lola Montez nie wirklich überzeugen können. Auf den Bühnen von Paris, auf denen gerade der Can-Can Einzug hielt, hinterließ sie im Jahr 1844 einen zwiespältigen Eindruck. Lola Montez wurde ihrer Schönheit wegen gerühmt, als Tänzerin habe sie aber »keinerlei Talent« gehabt.[28] Bei einer Aufführung im Théâtre de la Porte-Saint-Martin erregte sie deshalb Aufmerksamkeit, weil ihr Tanz eher einem Striptease glich: »Ohne Trikot! Welche Schande! Bei den unsterblichen Göttern! [...] Man sprach noch tagelang von dieser Ballett-Revolution, man entflammte für oder auch gegen sie, und schließlich gelangte auch ihr bisher unbekannter Name über die Rampe und über den Saal hinaus und wurde zum Mittelpunkt der Gespräche auf den Boulevards. Zweifellos war es das, was Mademoiselle Lola Montez gewollt hatte«.[29]

Gerade in Musikerkreisen wurden die künstlerischen Ambitionen der Lola Montez eher belächelt. Eine ganz besondere Konstellation hatte sich im Februar 1844 in Dresden ergeben, als sich Franz Liszt (1811–1896) mit der Tänzerin eingelassen hatte [ABB. 54; KAT.NR. 2.13]. Der

22 Zit.n.: Günter Böhmer, Die Welt des Biedermeier, München 1968, S.277
23 Zit.n.: SEYMOUR 1996, S.34
24 KLENZE I/5, fol.9
25 KLENZE I/5, fol.67
26 Der Bayerische Volksfreund, 17. 10. 1846; weitere Stimmen brachte der »Bayerische Eilbote« am 16. Oktober 1846 und das »Münchner Morgenblatt« am 17. Oktober 1846.
27 Zit.n.: MLAKAR 1992, S.249
28 Zit.n.: RAUH ^{2}1996, S.65
29 Alfred Delvau, Les lions du jour. Physionomies. Parisiennes, Paris 1867; zit.n.: RAUH ^{2}1996, S.70

52 *Pepita de Oliva; 1856; Photographie von Franz Hanfstaengl; 27,5 x 21,8; MStM, Fotomuseum*

53 *Pepita de Oliva tanzt El Olé; 1853; Lithographie; 44 x 30; MStM, Graphiksammlung*

umschwärmte Weimarer Hofkapellmeister war damals in Sachsen, um die Uraufführung von Wagners »Rienzi« zu hören. Angeblich widmete er Lola Montez eine seiner vielen Sonaten.[30] Das Verhältnis dauerte aber wohl kaum länger als eine Nacht; Liszt gehörte zu den wenigen Männern, die sich nicht nachhaltig von den Reizen der Lola Montez haben beeindrucken lassen.

Künstlerinnen wie Marie Taglioni oder Fanny Elßler hatten einen Maßstab gesetzt, an dem sich Lola Montez als Tänzerin zu keiner Zeit messen konnte. In München schien sie ihnen den Erfolg geneidet zu haben, wie ihre Intrigen gegen die gefeierte Jenny Lind nahelegen. Zu Ehren der Marie Taglioni gab Lola Montez in ihrem Palais in der Barer Straße eine Abendgesellschaft, bei der sie sich bereits selbst den Anschein einer Mäzenatin geben wollte.[31] Durch die schnell eroberte Gunst des Königs hatte sie sich bald auch in die Geschäfte des Ballettmeisters Friedrich Horschelt einmischen können. Beispielsweise soll die Tänzerin Bertha Thierry gegen den ausdrücklichen Willen des Ballettmeisters »durch eine gewisse Person protegiert« worden sein.[32] Die Parteinahme der Lola Montez für eine fest am Theater engagierte und im Grunde unbedeutende Tänzerin hielt solange an, wie sie der eigenen Erfolgsplanung nicht im Weg stehen konnte.

Der Münchner Auftritt der Lola Montez als Solotänzerin war in künstlerischer Hinsicht ein belangloses Intermezzo. In der Phantasie der Karikaturisten tanzte sie ohnehin nur noch hinter den verschlossenen Türen der Residenz. von Moritz Schwind illustrierte diese Privatvorstellungen in einem Scherenschnitt [ABB. 58].[33] Ein angeblich in Paris entstandenes Blatt zeigt den bayerischen König mit seiner Tänzerin bei einem frivolen »Pas de deux« [ABB. 57; KAT. NR. 2.17]. Fuchs bezeichnete den Drucknach-

30 KRISTL 1979, S.12. Die Dedikation läßt sich nicht verifizieren; freundlicher Hinweis von Gunther Joppig (München).
31 S.: KRISTL 1979, S.104 und 114
32 Zit.n.: MLAKAR 1992, S.249
33 Die Zuschreibung an Schwind wurde von Ottomeyer vorgeschlagen; s.: AUSST.KAT. MÜNCHEN 1987, S.718, Nr.12.3.8. Mit ähnlichen Scherenschnitten gestaltete Schwind eine satirische Bildergeschichte um Ludwig I. und Lola Montez, die unter dem Titel »Der Teufel und die Katz« 1847 in den »Fliegenden Blättern« erschien; s.: FUCHS 1904, S.44f.; PFUNDTNER 1939, S.45; CORTI 1979, S.244.
34 FUCHS 1904, S.144, Nr.2
35 Zit.n.: KLENZE I/5, fol.13v
36 Zum Aufenthalt der Lola Montez in den Vereinigten Staaten von Amerika s.: Doris Foley, The Eccentric Divine, Los Angeles 1969; RAUH [2]1996, S.162-207; SEYMOUR 1996, S.283-393
37 Zu »Lola Montez in Bavaria« siehe den Beitrag von Bruce Seymour in diesem Band.

54 Franz Liszt; um 1858; Photographie von Franz Hanfstaengl; 28,7 x 21,5; MStM, Fotomuseum

55 Carte de visite der Lola Montez in bajuwarischer Tracht; um 1852; Photographie des Ateliers Howell, New York; Cambridge (Mass.), The Harvard Theatre Collection

weis als eine Deckadresse und vermutete wohl zu Recht einen Münchner Ursprung.[34] Man war sich auch so in ganz Europa einig: »Lola f...t bien mais elle danse mal«.[35]

Amerika

Späte Triumphe feierte die Tänzerin nicht mehr in Europa, sondern in Amerika.[36] In den Biographien vieler Künstlerinnen bezeichnete der Aufenthalt in den Vereinigten Staaten von Amerika schon damals eine obligatorische Station. Fanny Elßler war im Jahr 1840 in den Städten der Ostküste aufgetreten. Die Sängerin Jenny Lind ging in den Jahren von 1850 bis 1852 auf Amerikatournee. Die zur preußischen Gräfin Lauenstein erhobene Opernsängerin Henriette Sontag starb 1854 in Amerika. Ihr Schicksal ist mit dem der bayerischen Gräfin Landsfeld vergleichbar, zu der König Ludwig die Tänzerin Lola Montez ernannt hatte. Ihre letzten Jahre in Amerika sind nicht nur unter dem Aspekt einer Künstlertournee, sondern unter den Vorzeichen einer allgemeinen Auswanderungswelle zu sehen, die sich als eine Folge der wirtschaftlichen Regression, aber auch der politischen Repression in der Zeit nach 1848 darstellte.

Auch in Amerika blieb die Affäre mit dem bayerischen König das zentrale Kapitel im Leben der Tänzerin. Am 5. Dezember 1851 war sie in New York angekommen. Von besonderem Interesse ist aus Münchner Sicht das Schauspiel »Lola Montez in Bavaria«, in dem Lola Montez als Lola Montez auftrat.[37] Die revueartige Show ist das Zeugnis einer beispiellosen Selbstmystifikation. Die fünf Akte zeigen Lola Montez als Tänzerin, als Politikerin, als Gräfin und als Revolutionärin. Der Schlußakt ist der Revolution in Bayern gewidmet. Ort der Handlung ist das Münchner Pa-

56 »Lola Montez! Phantastische Revue in zehn Bildern« von Günter Pick und Martin Stock. Balletturaufführung am 18. Juli 1993 in München, Staatstheater am Gärtnerplatz. Standphotographie mit Rosina Kovacs als Lola Montez, Carlos Carrasquilla und Gorden Leif (Photo: Charles Tandy; Staatstheater am Gärtnerplatz)

lais in der Barer Straße. Das Stück kam im Mai 1852 im Broadway Theatre von New York zur Uraufführung. Aus dieser Zeit stammt eine Photographie, auf der sich Lola Montez in bajuwarischer Tracht porträtieren ließ [ABB. 58].[38] Die Aufnahme entstand im Atelier Howell, das am Broadway lag. Das Schauspiel »Lola Montez in Bavaria« fand eine späte Fortführung, als am 18. Juli 1993 das Ballett »Lola Montez! Eine phantastische Revue in zehn Bildern« im Münchner Staatstheater am Gärtnerplatz uraufgeführt wurde [ABB. 55; KAT.NR. 2.18].

Über Acapulco und Panama fuhr Lola Montez im Mai 1853 nach San Francisco. Dort erfand sie den »Spider Dance«. Bei diesem Ausdruckstanz wurde die Darstellerin von Spinnenattrappen aus Fischbein angegriffen, die sie mit ihren Tanzschritten zertrat. Die Vorführung sollte als Allegorie auf den politischen Kampf gegen die jesuitischen Verfolger der Lola Montez in Bayern interpretiert werden. Überliefert ist die Meinung von einem gewissen »Country-Joe«, der einen Leserbrief an die örtliche Tageszeitung schrieb: »Da nahm ich meinen Hut wieder vom Gesicht, um zu sehen, was los war. Wenn diese Gräfin nicht verrückt ist, dann weiß ich nicht, was sonst noch mit ihr los sein soll. Sie schien so erregt worden zu sein, daß sie vergaß, daß Männer da waren, und nicht einmal die Geiger unter ihrer Nase sah. Sie machte wie verrückt weiter, hob ihre Unterröcke hoch, schüttelte sie und wirbelte herum!«.[39] Diesem Publikum präsentierte die Tänzerin auch ihr Münchner Revolutionsstück. Sie trat außerdem als Charlotte Corday in dem um Jean-Paul Marat gestrickten Schauspiel »The Reign of Terror« auf.[40]

Schließlich wurde Lola Montez in den Goldminenfeldern nördlich von Sacramento seßhaft und lebte zwei Jahre lang am Rand der Zivilisation mit einem Grizzlybären. Im kalifornischen Grass Valley wurde der fast 2800 Meter hohe »Mount Loya« nach ihr benannt.[41] Im Jahr 1855 fuhr sie nach Australien und zeigte das Stück »Lola Montez in Bavaria« in Melbourne. Damit war die denkbar größte Distanz zum historischen Tatort erreicht.

38 S.: DAY 1981, S.341 und 345 (Abb.9)
39 Zit.n.: RAUH ^{2}1996, S.175
40 S.: RAUH ^{2}1996, S.174
41 Eine Photographie dieses Bergs aus dem Jahr 1872 ist abgebildet bei: RAUH ^{2}1996, S.185

57 *»Lola Montez, Comtesse de Landsfeld. Ein Pas de deux«; 1848; Lithographie; 26 x 29; MStM, Graphiksammlung*

58 *Lola Montez tanzt für Ludwig I. König von Bayern; um 1847; Scherenschnitt von Moritz von Schwind; Salzburg, Sammlung Derra de Moroda*

III. Die Spanierin

Die Redewendung »Das kommt mir spanisch vor« könnte in München entstanden sein.[1] Mit Ausnahme des Königs scheint dort bald jeder gewußt zu haben, daß Señora Lola Montez aus Sevilla gar keine Spanierin war. Doch verstand sie es blendend, eine Erwartung zu erfüllen, die sämtliche Klischees einer verwegenen Pikara andalusischer Prägung bediente. Die Beschaffenheit einer spanischen Mentalität war in tradierten Lehrbüchern über die Nationalcharaktere festgeschrieben.[2] Sie hielten Begriffe parat, die in ihrer pauschalen Diktion heute mindestens peinlich klingen. Wenn in einem deutschen Reiseführer aber noch 1972 behauptet werden konnte, »Andalusier sehen das Leben als ein Schauspiel an, in dem jeder seine Rolle hat bis zu einer so völligen Identifikation, daß man nicht mehr unterscheiden kann, ob er sie trägt oder sie ihn«, dann war Lola Montez für die Rolle der Andalusierin zweifellos prädestiniert.[3]
Auf einer satirischen Europakarte zum »Februar 1848« wird die iberische Halbinsel von Ludwig I. und Lola Montez repräsentiert [ABB. 59; KAT. NR. 3.1]. Der kniende König schaut der Tänzerin mit der Bemerkung »Schöne Aussichten« unter den Rock. Die durch die Vorstellung einer andalusischen Tänzerin ausgelösten Assoziationen haben meist einen sexuellen Hintergrund. Ein subtiles Beispiel geben die Karikaturen, auf denen Lola Montez als Personifikation der »Spanischen Fliege« erscheint und den Bayerischen Esel piesackt [ABB. 168; KAT.NR. 3.2].[4] Die »Musca mola lontes« sei »vor einiger Zeit in Spanien verflogen« und nun in Bayern »in ganz kurzer Zeit zu einer wahren Landplage« geworden, hieß es in den »Leuchtkugeln«.[5] »Spanische Fliege« ist die volkstümliche Bezeichnung für eine Käferart, aus der der Giftstoff Cantharidin gewonnen wird. Dem Pulver wird eine harntreibende, aber auch aphrodisiakische Wirkung nachgesagt.[6] Es wird heute noch in Sex-Shops verkauft.[7] Bekannt ist Cantharidin auch unter den Namen: »Lust- und Liebespulver, Mut- und Reitpulver, Geil- und Hahnenpulver, ›Steh auf‹, Steifpulver, Beutelsstückpulver, Pimperpulver, Fotzenpulver, Wut- und Satanspulver, Wutwein und Wutschnaps, Hammelbammelessig oder Sahnenstangenessig«.[8]

Der »Barbier von Sevilla« und die Spanienmode in München

Spanien galt aus zentraleuropäischer Sicht lange Zeit als eine terra incognita.[9] Trotz der lange zurückreichenden politischen und historischen Verflechtungen mit den Großmächten der alten Ordnung wurde das geographisch isolierte Land erst im Lauf des 19. Jahrhunderts als ein kulturgeschichtlich attraktives Reiseziel entdeckt. Das zunächst von Frankreich und England ausgehende und schnell international verbreitete Interesse fand seinen Niederschlag in einer reichhaltigen literarischen, künstlerischen und musikalischen Rezeption. Zu den ersten Zeugnissen dieser Mode gehören kurioserweise die Gemälde des bayerischen Generals Karl Wilhelm von Heideck [ABB. 71; KAT.NR. 3.33]. Indem sie die Werke eines felderprobten Soldaten sind, der sich im Selbstverständnis eines Dilettanten auch als autodidaktischer Maler betätigte, wird deutlich, daß Spanien zunächst als ein Kriegsschauplatz in den Blickwinkel einer breiteren Öffentlichkeit geraten war.
Im Jahr 1807 war Napoleon in Spanien und Portugal einmarschiert. Die französische Besatzung und die damit verbundene Abdankung des spanischen Königs wurden zum Auslöser sogenannter Freiheitskriege, die bis zur Rückkehr Ferdinands VII. auf den spanischen Thron im Jahr

1 Tatsächlich läßt sich die Redewendung bereits für die Zeit des Dreißigjährigen Kriegs nachweisen; s.: Gustav Siebenmann, Wie spanisch kommen uns die Spanier vor? Beobachtungen zur Verwendung dieses Volksnamens im Deutschen, in: ders., Essays zur spanischen Literatur, Frankfurt a.M. 1989, S.35-55; freundlicher Hinweis von Thomas Bodenmüller (Stadtbergen).
2 S.: Jean Pirotte (Hrsg.), Stéréotypes nationaux et préjuges raciaux au XIX. et XX. siècles. Sources et méthodes pour une approche historique, Luviain-La-Neuve 1982; Ulrich Nußbeck, Schottenrock und Lederhose. Europäische Nachbarn in Symbolen und Klischees, Berlin 1994 (Kleine Schriften der Freunde des Museums für Volkskunde 14)
3 Hanns Buisman, Spanien, Darmstadt 1972, S.213
4 Zu Lola Montez als »Spanischer Fliege« s.: PULZ 1982, S.322-327
5 LEUCHTKUGELN 10/1848, S.77
6 Auf einer derben Karikatur duschen Eisele und Beisele im Urinstrahl der Lola Montez; s.: PULZ 1982, Abb.5.
7 Freundlicher Hinweis von Ulrike Steiner (Augsburg)

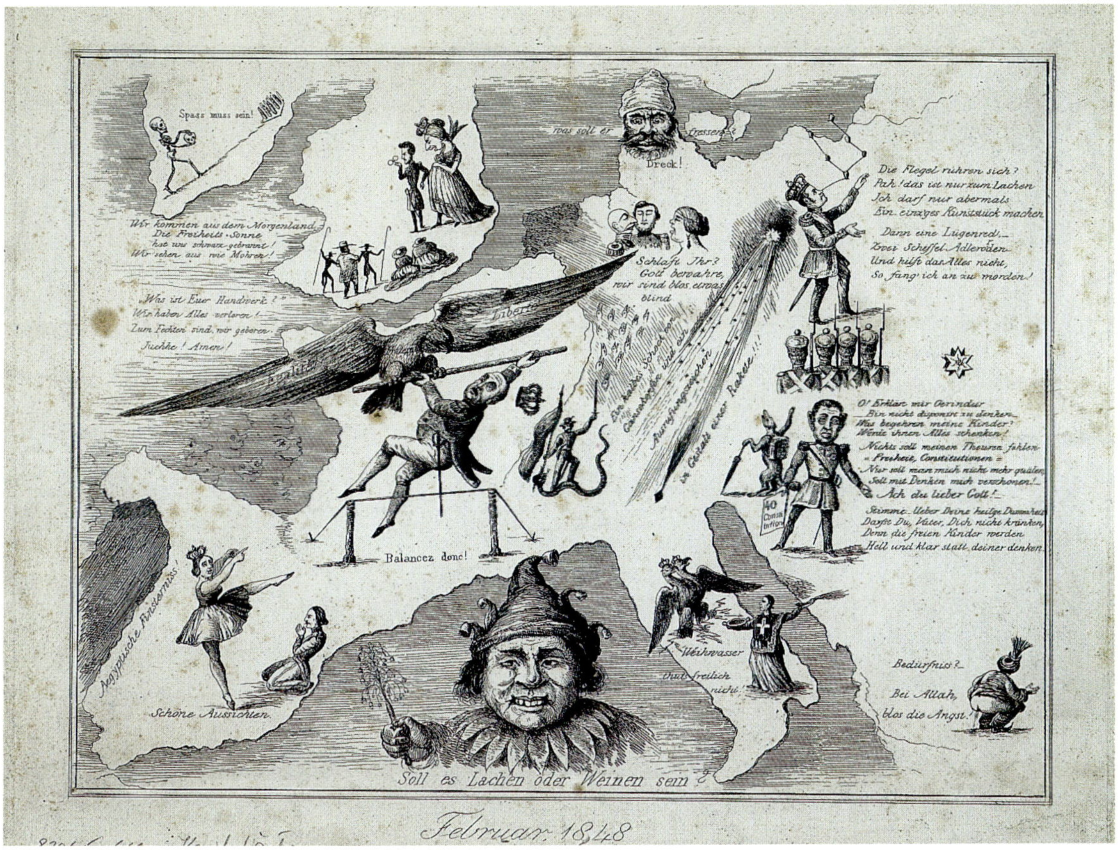

59 Satirische Europakarte »Februar 1848«; 1848; Lithographie; 28 x 35; MStM, Puppentheatermuseum, Sammlung Böhmer

1814 anhielten. Als Symbol dieses Widerstands ist das berühmte Gemälde Goyas »Die Erschießung der Aufständischen am 2. Mai 1808« zu betrachten. Mit einer vergleichbaren Anteilnahme, mit der die Freiheitsbestrebungen in Griechenland verfolgt wurden, entwickelte sich Spanien für die romantische Generation zu einem Schauplatz, auf den sich zunehmend exotische Vorstellungen projizieren ließen. Vor allem die maurisch geprägten Städte Andalusiens zogen reiselustige Schwärmer und verwegene Abenteurer in ihren Bann. Exemplarisch kommt diese Stimmung in den »Tales of Alhambra« (1832) von Washington Irving zum Ausdruck: »How many legends and traditions, true and fabulous, how many songs and romances, Spanish and Arabian, of love and war and chivalry are associated with the romantic pile!« [KAT.NR. 3.4].

In den Geschichten Irvings bündeln sich die romantischen Fiktionen von der Alhambra als dem Zauberschloß, das sich mit schwülen Phantasien um entführte Prinzessinnen und mörderische Kalifen zwischen Hufeisenbogen und Myrtenhof, Springbrunnen und Alkoven, bunten Azulejo-Kacheln und feinziselierten Stalaktitengewölben beleben ließ [ABB. 68]. Washington Irving (1783–1859) war als Sekretetär aus New York an die amerikanische Botschaft nach England gekommen, bevor er selbst Botschafter in Madrid wurde. Im Jahr 1829 unternahm er eine Reise von Sevilla nach Granada im »true contrabandista style«. Sie fand ihren Höhepunkt im Besuch der Alhambra, in der sich Irving für mehrere Monate einquartieren durfte. Dort entstanden die Aufzeichnungen, die 1832 unter dem Titel »The Alhambra. A Series of Tales and

8 Zit.n.: Handwörterbuch des deutschen Aberglaubens, hrsg. von Hanns Bächtold-Stäubli unter Mitwirkung von Eduard Hoffmann-Krayer, Bd. IV, Berlin 1932, Sp.965 (Reprint Berlin/New York 1987)

9 Zur Spanienmode und zu Spanien als einem Reiseland siehe NOEHLES-DOERK 1996 und den Beitrag von Karin Hellwig in diesem Band.

10 Washington Irving, Die Alhambra oder das neue Skizzenbuch, Frankfurt a.M. 1832
11 Zu Gail s.: GEBAUER 1996. Eine Porträtphotographie aus dem Atelier von Franz Hanfstaengl ist in New York nachgewiesen; s.: GEBHARDT 1984, S.260.
12 Wilhelm Gails Reise in Spanien in den Jahren 1832 und 1833, in: Bayerische Annalen. Blatt für Vaterlandskunde, München 1833, S.1066–1070, 1113–1119.
13 S.: AUSST.KAT. MÜNCHEN 1991
14 S.: GEBAUER 1996, bes. S.196-200; REESE 1996
15 Eine am 30. Dezember 1849 in Sevilla entstandene Skizze von vier trägen Hausschweinen ist bezeichnet: »Wir kommen gerade aus dem Land der Liebe und des Gesangs«; s.: REESE 1996, S.27 (Abb.).
16 CARMEN 1993, S.10
17 Bayerische Staatsgemäldesammlungen. Schack-Galerie. Vollständiger Katalog, bearb. von Eberhard Ruhmer, München 1969, S.23-31 und Tafelband, Abb.94-100
18 S.: AUSST.KAT. MÜNCHEN 1994, bes.: Christoph Rodiek, Die hispanistischen Arbeiten des Grafen von Schack, S.85-93

60 Der Spanienmaler Fritz Bamberger mit Mandoline; um 1860; Photographie; 17 x 21,5; MStM, Graphiksammlung

Sketches of the Moors and Spaniards« in London und dann in Paris erschienen und sofort auch ins Deutsche übersetzt wurden.[10] Das Buch kann als die populäre Gründungsurkunde der Spanienrezeption im 19. Jahrhundert gelten.

Die internationale Spanienmode des 19. Jahrhunderts wird in einem erstaunlichen Maß auch von Werken bayerischer Künstler illustriert. Einer der ersten, die in Spanien ein neues Ziel für das in Italien lange erprobte Muster der Künstlerreise erkannten, war der Münchner Maler Wilhelm Gail (1804–1890).[11] Anders als Heideck, dessen Gemälde die Hinterlassenschaften eines Soldaten sind, der 1810 in Spanien gekämpft hatte, erkundete Gail das Land im Selbstverständnis eines reisenden Künstlers. Im Herbst 1832 landete er in Barcelona und trat von dort eine Rundreise an, die über Andalusien nach Madrid und Toledo führte. Gail war ein gutes Jahr unterwegs. Gleich nach seiner Rückkehr veröffentlichte er in München einen ausführlichen Bericht.[12] Einige seiner Veduten und Architekturdarstellungen gelangten nach Schloß Sanssouci in den Besitz der Kronprinzessin Elisabeth [ABB. 9]. Die Halbschwester Ludwigs I. sammelte bevorzugt Arbeiten bayerischer Künstler.[13] Elisabeth war mit dem späteren König Friedrich Wilhelm IV. von Preußen verheiratet, dem Gail das 1837 erschienene Lithographiewerk »Erinnerungen aus Spanien« widmete [KAT.NR. 3.5]. Es illustriert und erläutert in knappen Texten die markanten Stationen seiner Reise.

Besonderes Interesse verdient die dem Werk eingebundene Folge »Corrida de Toros en la plaza de Sevilla«. Auf zehn Blättern wird der Ablauf eines Stierkampfs in volkstümlichen Genreszenen anschaulich dokumentiert [ABB. 10 bis 13]. Die Darstellungen stehen in der Tradition der um 1815 entstandenen »Tauromaquia« des alten Francisco Goya. In seinen Radierungen hatte Goya den Stierkampf zu einer »idioma universal« überhöht. Vom Anspruch solcher metaphorischen Qualitäten ist der Zyklus Gails weit entfernt. In ihm spiegelt sich der nüchterne Blick des Fremden, dem das Schauspiel im Grunde unverständlich blieb.

Nach Wilhelm Gail hat sich zur Mitte des 19. Jahrhunderts der Maler Fritz Bamberger (1814 bis 1873) auf die Darstellung der Landschaften Spaniens spezialisiert.[14] Er stammte aus Würzburg und lebte in München. Seit 1846 unternahm er mindestens fünf Spanienreisen. In Valencia, in Kastilien und vor allem im Süden des Landes entstand reichhaltiges und akkurat gezeichnetes Skizzenmaterial, das sich im heimischen Atelier auswerten ließ [ABB. 14 bis 16, ABB. 61; KAT.NR. 3.6 bis 3.9]. Andalusien war für Bamberger das »Land der Liebe und des Gesangs«.[15] Diese sinnenfrohe und wohl auch in einer gewissen

61 *Fritz Bamberger: Sierra Nevada; 1868?; Öl auf Leinwand; 17,5 x 34; MStM, Gemäldesammlung*

Ironie geäußerte Erwartung teilt sich auf seinen Entwürfen unwirtlicher und naturgewaltiger Felslandschaften nicht unbedingt mit. Bamberger war Schüler Carl Rottmanns. Dessen heroisch verstandenes Landschaftsbild wurde auch für das eigene Werk bestimmend. Es hat den Anschein, als habe Bamberger mit der malerischen Erschließung Spaniens einen ähnlichen Ruf erlangen wollen, wie er Rottmann als dem gefeierten Maler griechischer Landschaften vorausgegangen war. Um 1860 entstand eine Porträtphotographie, auf der sich Bamberger nicht als Maler darstellen ließ, sondern in der ungenierten Pose des Lebemanns, der zur spanischen Mandoline greift und bayerisches Bier trinkt [ABB. 60; KAT.NR. 3.10]. »In Spanien gibt es überall Mandolinen«, konstatierte Prosper Mérimée in seiner Novelle »Carmen«.[16]

Einige Gemälde Bambergers sind heute noch in der Münchner Sammlung des Grafen Schack zu sehen.[17] Schon bevor er aus den diplomatischen Diensten der Großherzöge von Mecklenburg schied und sich 1856 auf Einladung des bayerischen Königs Maximilian II. in München niederließ, hatte sich Adolf Friedrich von Schack (1815–1894) den Ruf eines gelehrten Hispanisten erworben. 1845 erschien seine dreibändige »Geschichte der dramatischen Literatur und Kunst in Spanien« [KAT.NR. 3.11]. In seiner Galerie in der Brienner Straße sammelte der Privatier auch Gemälde von Spanienmalern. Er konnte sie als Erinnerungsstücke an eigene Reiseeindrücke betrachten.[18] Neben Bamberger ist in dieser Sammlung auch Eduard Gerhardt (1813–1888) vertreten, der den Galeriesaal im Jahr 1862 für Schack errichtet hatte. Auf einem 1860 entstandenen Gemälde zeigt Gerhardt den schon in früheren Aquarellen dargestellten Patio de los Leones in der Alhambra [ABB. 68 und KAT.NR. 3.12]. Owen Jones hatte den gesamten Hof für die Weltausstellung in London im Jahr 1851 nachgebaut.[19]

Der kursorische Überblick verdeutlicht, daß die große Welle der Spanienmode München zu einem Zeitpunkt erreichte, als Lola Montez bereits Geschichte war. Ihr plötzlicher Auftritt in der bayerischen Haupt- und Residenzstadt als Andalusierin muß den noch ganz besonders außergewöhnlichen Reiz des Exotischen und Fremden besessen haben. Damals waren die gängigen Vorstellungen von Spanien noch mit den bunten Kulissen aus der Oper »Der Barbier von Sevilla« gleichzusetzen [ABB. 62]. In München war die Oper erstmals am Neujahrstag 1819 aufgeführt worden. Es dürfte die erste Aufführung in Deutschland überhaupt gewesen sein. Seither stand »Der Barbier von Sevilla« regelmäßig im Spielplan der Münchner Oper. Bis zur Jahrhundertmitte wurden bereits über fünfzig Vorstellungen gegeben.[20]

Es kann kein Zufall sein, daß das Debüt der Lola Montez als einer Tänzerin aus Sevilla im »Barbier von Sevilla« stattgefunden hat. Im Juni 1843 tanzte sie bei einer Aufführung der Oper im »Her Majesty's Theatre« von London zwischen den Akten einen spanischen Nationaltanz. Die Oper selbst war freilich so spanisch wie die Tänzerin. Der »Barbiere di Seviglia« von Gioacchino Rossini ist das Exemplum der italienischen opera buffa. Die Komposition war 1816 in Rom entstanden. Die Uraufführung im Teatro Argentina lief noch unter dem Titel »Almaviva ossìa L'inutile precauzione«. Der Stoff geht auf die französische Komödie »Le Barbier de Séville« von Pierre-Augustin Caron de Beaumarchais aus dem Jahr 1772 zurück. Zwar hatte Beaumarchais die spanischen Verhältnisse sehr wohl kennengelernt, als er 1764 in einer Familienangelegenheit am Hof in Aranjuez intervenierte. Doch könnte sein »Barbier von Sevilla« wie auch das Fortsetzungswerk »Die Hochzeit des Figaro« an jedem anderen fernen Ort der Welt situiert sein, der ein bestimmtes Maß an südländischer Exotik garantiert. So aber wurde Sevilla für die Librettisten des 19. Jahrhunderts zu einer Chiffre. Der romantisierende Begriff vom fernen Andalusien wurde über den »Barbier von Sevilla« nicht zuletzt auch nach München transportiert. Die zahlreichen Aufführungen boten dem bodenständigen Maler Carl Spitzweg (1808–1885) die Anregung für sein Gemälde, das unter dem Titel »Spanisches Ständchen« bekannt wurde. Dargestellt ist die Serenade aus dem ersten Akt des »Barbier von Sevilla« [ABB. 62; KAT.NR. 3.15]. Das Gemälde erscheint als typisch für die aus zweiter oder bereits dritter Hand gewonnenen Vorstellungen, die man in Bayern von diesem Land hatte.

Lola Montez aus Sevilla

Bei ihrem Londoner Auftritt im »Barbier von Sevilla« am 3. Juni 1843 gab sich die Irin Eliza Gilbert erstmals als »Donna Lola Montez« aus. Eigentlich war sie damals unter dem Namen Betty James bekannt. Thomas James hieß der Mann, den Lola oder Eliza oder eben Betty 1837 in Irland geheiratet und nach zwei Jahren wieder verlassen hatte, bevor die Ehe mit einem Gerichtsverfahren am 15. Dezember 1842 in London geschieden wurde. Der Künstlername »Lola Montez« und die Fiktion einer spanischen Herkunft sollten ihr nun offensichtlich zu einer neuen Identität verhelfen. Mit dem »Barbier von Sevilla« schien ein passender Einstieg genommen zu sein. In der »Morning Post« war eine mißverständliche Vorankündigung erschienen. Lola wurde zunächst als eine »French danseuse«, dann aber doch als eine Spanierin vorgestellt:

19 S.: Owen Jones, Guide Book to the Alhambra Court in the Crystal Palace, London 1851
20 S.: ZENGER 1923, S.151
21 Morning Post (London), 3. 6. 1843; der Artikel ist veröffentlicht bei: SEYMOUR 1996, S.34.
22 Zit.n.: RAUH ²1996, S.44
23 Zu Manets auch durch die Graphik verbreiteten Gemälde im Musée du Louvre s.: Ausst.Kat. »Manet. 1832–1883«, Paris 1983, Kat.Nr.50-53.
24 Sie selbst berichtet jedoch von einer nur »zufälligen Aehnlichkeit meines Namens mit dem des großen Matadors«; s.: MONTEZ 1986, Bd.2, S.1244ff.

62 Carl Spitzweg: Spanisches Ständchen - Serenade aus dem ersten Akt der Oper »Barbier von Sevilla«; Öl auf Leinwand; 67,8 x 53,3; Bayerische Staatsgemäldesammlungen, Schackgalerie, Inv.Nr.: 11560 (Photo: Blauel/Gnamm - Artothek)

63 *»Sennora Lola Montez«; nach 1844; Lithographie; 20,2 x 32,5; MStM, Graphiksammlung*

»Lolah Montes is a purely Spanish dancer [...]. In person she is truly the Spanish woman – in style, she is emphatically the Spanish dancer«.[21] Das Programmheft des Royal Theatre wies sie als Gasttänzerin des »Teatro Real, Sevilla« aus.[22] Das Debüt der Lola Montez wurde zum Debakel. Die vermeintliche Spanierin wurde von einem lauthals protestierenden und wohl auch erheiterten Publikum als Betty James wiedererkannt. »Lola« ist die Kurzform des spanischen Namens Dolores. Es hat den Anschein, als konnten spanische Tänzerinnen gar nicht anders als Lola heißen. Eine berühmte Nachfolgerin der Lola Montez war Lola de Valence von der spanischen Tanzgruppe »Flor de Sevilla«. Édouard Manet hat diese Primaballerina 1862 porträtiert.[23] Den neuen Nachnamen hatte Lola Montez dem andalusischen Stierkämpfer Francisco Montes entlehnt.[24]

Francisco Montes (1804–1851) galt als der beste Torero seiner Zeit [ABB. 64; KAT.NR. 3.16].[25] Im Jahr 1836 wurde unter seinem Namen eine »Tauromaquia completa« veröffentlicht, die als eine Philosophie des Stierkampfs gelesen werden kann.[26] Die Schrift hat den Ruhm des zum Nationalhelden aufgestiegenen Matadors zusätzlich vermehrt. Auch Wilhelm Gail berichtet in seinem Münchner Lithographiewerk »Erinnerungen aus Spanien« vom »Zigeuner Montes« [KAT.NR. 3.5]. Am 5. August 1833 hatte er ihn in der Arena von Madrid gesehen: »Kaum in Madrid angekommen, klang mir aus jedem Munde der Name Montes, la primera espada d' Hispagna, entgegen, und alle Straßenecken verkündeten für diesen Tag sein Debüt in Madrid«.[27] Lola Montez soll sich sogar als »eine Cousine des bekannten Torero Montetz« ausgegeben haben. Das berichtet zumindest Klenze. Natürlich wußte Klenze, wie fadenscheinig diese angebliche Verwandtschaft war.[28] Sie bot nur eine weitere Gelegenheit, mit der ihm verhaßten Tänzerin abzurechnen. Denn mit dem Hinweis auf den bei Gail erwähnten »Zigeuner Montes« war jetzt auch die Gräfin Landsfeld und königliche Geliebte als »eine Zigeunerin« zu beschimpfen.[29]

Die neue Identität der Lola Montez als Tänzerin aus Sevilla kommt beispielhaft auf einer Porträtlithographie von Marie Alexandre Alophe (1812–1883) zum Ausdruck [ABB. 65; KAT.NR. 3.18]. Die Darstellung wurde mehrfach kopiert

[ABB. 63 und 66; KAT.NR. 3.19 und 3.20]. Sie folgt einem heute nicht mehr nachzuweisenden Gemälde von Prosper-Guillaume Dartiguenave, der in den Jahren um 1840 einige Pastellbildnisse im Pariser Salon ausstellte. Der Maler dürfte Lola Montez im Sommer 1844 porträtiert haben, als sie an der Pariser Oper und im Théâtre de la Porte-Saint-Martin tanzte. Daran erinnert auch die Kulissenarchitektur, in die die Ballerina mit ihrer schwarzen Mantilla, dem Fächer und der Akazie im Dekolleté gerückt ist. Die Darstellung vereinigt die Attribute, aus denen zur gleichen Zeit Prosper Mérimée (1803 bis 1870) die Gestalt seiner »Carmen« schuf. Lola Montez hat überhaupt eine bemerkenswerte Ähnlichkeit mit dieser Figur.

Carmen ist »eine seltsame und wilde Schönheit«. Die literarische Beschreibung der Carmen gewinnt vor dem Porträt der Lola eine erstaunliche Lebendigkeit: »Ihre Augen waren schräg, aber bewundernswürdig geschlitzt, ihre Lippen vielleicht ein wenig voll, aber gut geschnitten; sie ließen Zähne, weißer als geschälte Mandelkerne, sehen. Ihr vielleicht etwas zu starkes Haar war schwarz, lang und glänzend, mit bläulichem Schimmer wie ein Rabenflügel«.[30] Der ganze Habitus erinnert an Lola Montez. Ein typisches Requisit der Carmen ist das Tamburin, das sie schlägt, wenn zum Tanz aufgespielt wird. »Sie wissen«, erläutert Mérimée seinen Lesern, »daß man die Zigeunerinnen oft zur Unterhaltung in Gesellschaften kommen läßt, um den ‚romalis‹, ihren Tanz, aufführen zu lassen, oft auch wegen ganz etwas anderem«.[31]

Die Novelle »Carmen« erschien erstmals 1845 in Paris. Kurz darauf wurde in der Modezeitschrift »Conseiller des dames« ein schwarzes Ballkleid im spanischen Stil vorgestellt [ABB. 67; KAT.NR. 3.22]. Dazu gehörten eine Spitzenmantilla, ein Fächer und rote Blumen. Die Accessoires entsprechen der Figur aus der Novelle. Ihre stolze Erscheinung täuscht aber nicht darüber hinweg, daß Carmen meist »schlicht, fast ärmlich gekleidet« ist und stets »durchlöcherte Seidenstrümpfe« trägt.[32] Das Bild der rätselhaften Zigeunerin wurde von den Pariser Modeschneidern schnell auf die Bedürfnisse einer salonfähigen Redoute abgestimmt. Das herablassende Rollenspiel hat berühmte Vorbilder. Die spanische Königin Maria Luisa und auch die Duquesa de Alba hatten sich von Goya in der schwarzen Mantilla porträtieren lassen.

Prosper Mérimée kolportiert in seiner »Carmen« einen Schönheitskanon, mit dem sich die äußerlichen Qualitäten einer Frau bemessen ließen: »Um schön zu sein, sagen die Spanier, muß eine Frau dreißig Bedingungen erfüllen oder aber,

64 Der Stierkämpfer Francisco Montes; 1836; Lithographie von Laujol (Paris) nach einem Gemälde von Cavanna; 32 x 27. Aus: Fernando Berckemeyer y Pazos, El arte y los toros. Museo taurino de arte de Lima, Lima 1966, S.79

25 Zu Francisco Montes s.: Néstor Lujàn, Historia del Torero, Barcelona [2]1967, S.113-124; Fernando Berckemeyer y Pazos, El arte y los toros. Museo taurino de arte de Lima, Lima 1966, S.79

26 Tauromaquia completa, ó sea el arte de torear en plaza, tanto a pie como a caballo. Escrito por el célebre lidiator Francisco Montes, y dispuesta y corregida escrupulosamente por el editor, Madrid 1836

27 Wilhelm Gail, Erinnerungen aus Spanien [...]. Erläuternder Text zu dem Cyclus des Stiergefechtes, München o.J. [1837], S.2

28 Aus Berlin erhielt Lola Montez einen Brief, in dem sie ein Ildefonso de Montes seine »geschätzte und geliebte Cousine [apreciable i querida prima]« nennt und als »ihr bester Cousin [mejor primo]« unterzeichnet. Das spanische »prima« bezeichnet nicht unbedingt einen Verwandtschaftsgrad. Das insgesamt belanglose Schreiben ist an »Donna Maria Dolores de Monte Comtesa de Lansfeld a Munique« adressiert; München, BSB LA 41 (10. 11. 1847).

29 »Einem jungen Mann, dessen Wahrhaftigkeit ich gleich dem Evangelium trauen darf, sagte sie, daß sie eine Cousine des bekannten Torero Montetz sei, und diesem nach ist sie – eine Zigeunerin! Den[n] Montetzt ist (Vide W. Gail Erinnerungen aus Spanien pag.2) ein andalusischer Zigeuner«; KLENZE I/6, fol.55.

30 CARMEN 1993, S.21

31 CARMEN 1993, S.37

32 CARMEN 1993, S.29. An anderer Stelle sind »ihre zerissenen Seidenstrümpfe« erwähnt; CARMEN 1993, S.35.

wenn man so will, mit zehn Eigenschaftswörtern zu beschreiben sein, von denen jedes auf drei Teile ihrer Person anwendbar ist. Sie muß zum Beispiel drei schwarze Dinge an sich haben: Augen, Wimpern und Brauen; drei feine: Finger, Lippen und Haare usf.«.[33] Auf dieses Beurteilungssystem bezogen sich auch die Bewunderer der Lola Montez: »Die Tänzerin Lola Montez besitzt von dreimal neun Reizen, welche ein spanischer Dichter für jede vollendete weibliche Schönheit für erforderlich hält, alle – bis auf eine einzige. Sechsundzwanzig Eigenschaften der höchsten körperlichen Schönheit besitzt sie im vollkommensten Grade, und was die siebenundzwanzigste betrifft, so ist eben der Mangel dieser, nach meiner Meinung und sicher auch nach der meiner Leser, die Krone ihrer Schönheit. Der spanische Dichter zählt nämlich folgende 27 Reize und Schönheiten auf: Drei weiße: die Haut, die Zähne und die Hände. Drei schwarze: die Augen, die Augenwimpern und die Augenbraunen. Drei rothe: die Lippen, die Wangen und die Nägel. Drei lange: die Taille, die Haare und die Hände. Drei kurze: die Zähne, die Ohren und die Beine. Drei große: der Busen, die Stirne und der Raum zwischen den beiden Augenbraunen. Drei schmale: die Taille, die Hände und die Füße. Drei weiche: die Finger, die Haare und die Lippen. Diese Reize alle besitzt die Dame Lola in dem schönsten Verhältnisse, die Farben der Augen allein ausgenommen, welche bei ihr nicht schwarz, sondern blau ist«. Lola Montez zitierte die aus einer polnischen Zeitung entnommene Passage in ihren eigenen »Memoiren«.[34] Als eine »classical synopsis of female beauty« stellte sie einen ähnlichen, dem französischen Kunsttheoretiker André Félibien (1619–1695) zugeschriebenen Kanon in ihrem Schönheitsratgeber »The Art of Beauty« vor.[35] Ursprünglich gehen diese kategorischen Systeme auf die »Mémoiren« des Seigneur de Brantôme aus dem 16. Jahrhundert zurück. Die Idee war wohl insgesamt weit verbreitet. Indem aber Lola Montez einer gerade in der »Carmen« aktualisierten Prüfung unterzogen wurde, wird deutlich, daß bereits die Zeitgenossen Parallelen zwischen der Tänzerin und der Kunstfigur Mérimées gesehen haben. Im Grunde konnte sie das Schema Brantômes aber nicht bestätigen. Immer wieder wurde auf ihre blaue Augenfarbe hingewiesen, die dem Stereotyp einer Spanierin gänzlich widersprach. Das Geheimnis um ihre vermeintlich andalusische Herkunft war in München ohnehin schnell gelüftet.

Niemand nimmt daran Anstoß, wenn Persönlichkeiten des öffentlichen Lebens wie Musiker, Schriftsteller oder Schauspieler zu Karrierezwecken und mitunter auch aus politischen und ethnischen Gründen unter Pseudonymen auftreten. Jeder weiß, daß Marylin Monroe Norma Baker hieß, und Madonna macht kein Geheimnis daraus, daß sie Louise Ciccone aus Bay City in Michigan ist. Lola Montez paßt nicht ganz in diese Reihe. Wenn sie sich 1846 dem König von Bayern als »Señora Maria de los Dolores Porris y Montez« melden ließ, dann wurden Stand und Herkunft in einer betrügerischen Absicht aufgewertet. In den »Memoiren« führt sie ihre Abstammung auf die »Grafen von Montalvo« zurück.[36] Aus ähnlichen Antrieben hatte der Hochstapler Giuseppe Balsamo aus Palermo gehandelt, der unter dem Namen Alexander Graf von Cagliostro (1743–1795) berüchtigt wurde. Entscheidend ist, daß die Erfindung der Person »Lola Montez« eine gänzliche Auslöschung ihrer wirklichen Identität bedeutete. Je auswegloser sie sich in existentielle Widersprüche verstrickte, desto mehr scheint Lola Montez tatsächlich geglaubt zu haben, von einem spanischem Adelsgeschlecht abzustammen. Dieses mit beträchtli-

33 CARMEN 1993, S.21
34 MONTEZ 1986, Bd.1, S.646f.
35 MONTEZ 1858, S.20-22
36 MONTEZ 1986, Bd.1, S.29
37 S.: SOEHNER 1963

65 *Lola Montez als Spanierin; um 1844; kolorierte Lithographie von Marie Alexandre Alophe nach Prosper-Guillaume Dartiguenave; 56,3 x 38,3; MStM, Graphiksammlung*

Lola Montez.

Erinnerungsblatt. Allen Freunden und Feinden der spanischen Tänzerin gewidmet.

Lola Montez, Lola Montez,
Sei gegrüsst mir, edle Dame,
Du die schönste aller Frauen,
Sei gegrüsst mir, o Signora!
Tausendmal in Deutschlands Gauen.

Sei gegrüsst mir, Lola Montez,
Mit den langen schwarzen Haaren,
Die gelockt in Zauberschlingen,
Darin sich schon ach! so viele —
Klein' und grosse Narren fingen.

Lola Montez, Lola Montez,
Mit den wilden Flammenaugen,
Die gleich Pfeilen scharf durchbohren
Jedes Herze, dass wohl Mancher —
Den Verstand darob verloren.

Lola Montez, Lola Montez,
Mit der feingebog'nen Nase;
Ach! wie Viele werden stutzig,
Sehen tragen sie die Nase —
Dich so hoch, so siegestrutzig.

Lola Montez, Lola Montez,
Mit den glühend heissen Lippen,
Ach! wer kann es ihnen wehren,
Wenn in wilder Gluth sie jeden —
Schnurr- und Knebelbart verzehren.

Sei gegrüsst mir, Lola Montez,
Mit den runden, vollen Armen,
Die mit Zaubermacht umschlingen,
Dass mit ihr den Sinnberauschten
Wir vergebens sehen ringen!

Lola Montez, Lola Montez,
Wunderfinger, Zauberstäbchen
Deine Lilienhände zieren,
Die so Manchen an der Nase —
Kreuz und quer durch's Leben führen!

Lola Montez, Lola Montez,
Unerschrock'ne Amazone,
Den Ministern zum Verderben
Und zum Sturz den Professoren —
Wer wagt's noch um dich zu werben?

Lola Montez, Lola Montez,
Hohes Wesen, höh'rer Abkunft,
Mit den stark gestählten Fersen,
Wäre ich der Dichter grösster
Wollt den huldigen in Versen!

Lola Montez, Lola Montez,
Sinken muss ich vor dir nieder,
Um im Staub dich anzubeten — —
Willst du nicht mit deinem kleinen
Fuss mich gnädig niedertreten!?

PAS STYRIEN de la LOLA MONTEZ.

Motto: *Freiheit und Cachucha!*
PUNCH.

Andante grazioso.

Introduction.

Allegro moderato.

Allegro moderato da Capo il Fine.

Verlag der St. Georger Buch- und Notendruckerei. Hamburg, Vorstadt St. Georg, Kreuzweg No. 2.

66 »Pas Styrien de la Lola Montez«; 1848; Lithographie; 47,5 x 27,5; MStM, Graphiksammlung

chem Durchhaltevermögen gelebte Rollenspiel läßt auf eine ausgeprägt narzißtische Persönlichkeit schließen. Die Umbenennung ist deshalb auch nicht mit einer ambitionierten Namenskosmetik gleichzusetzen, wie sie zum Beispiel der junge Debussy vornahm, wenn er mit »Claude de Bussy« unterschrieb. Der einzige, der Lola Montez zu keiner Zeit durchschaut zu haben scheint, war zugleich ihr größter Bewunderer: Ludwig.

Der iberophile König

Ludwig I. von Bayern war sehr aufgeschlossen für die Kultur Spaniens. Seine Interessen äußerten sich auf vielfältige Weise. Hinzuweisen ist zuallererst auf den in der Alten Pinakothek ungewöhnlich reichhaltig präsentierten Schatz an spanischer Malerei. Durch die bis ins 16. Jahrhundert zurückreichenden Beziehungen zum kastilischen Königshaus waren zahlreiche Werke spanischer Maler in den weitverzweigten Besitz der Wittelsbacher gelangt. Diese Bestände wurden unter Maximilian I. Joseph in München vereinigt, so daß Ludwig nicht zuletzt die damals bedeutendste Sammlung spanischer Meister außerhalb Spaniens erbte.[37]

Ludwig näherte sich der spanischen Kultur vor allem auf literarischem Weg. Die Vorstellungen vom historischen Leben am spanischen Hof waren in Deutschland maßgeblich durch Schillers Trauerspiel »Don Carlos« aus dem Jahr 1787 geformt. In den Jahren 1833 bis 1840 gewann der Stoff durch die Thronansprüche des Prätendenten Carlos und den dadurch ausgelösten Karlistenkriegen eine neue Aktualität. Am Münchner Hof- und Nationaltheater feierte das Drama unter der Intendanz von Karl Theodor Küstner (1833 bis 1842) beachtliche Erfolge. Damals war mit Friedrich und Constanze Dahn eine ideale Besetzung gegeben. Friedrich Dahn spielte den Carlos seit 1835 [KAT.NR. 3.27]. Als glühender Verehrer Friedrich Schillers war Ludwig ein guter Kenner des Dramas. »Ich habe angefangen, den Don Carlos von Schiller zu lesen, das erste Mal seit 30 oder mehr Jahren«, schrieb er an Lola

67 Ballgarderobe im spanischen Stil, in: Le Conseiller des Dames, Paris 1847

Montez.[38] Ludwig las auch »›Kabale und Liebe‹ in Spanisch«.[39] Im Jahr 1859 übersetzte er schließlich »Don Carlos« in eine spanische Prosafassung [KAT.NR. 3.28].[40] Sie dürfte auf dem Schreibtisch Schillers entstanden sein, den Ludwig besaß.[41]

Während seiner Affäre mit Lola Montez las Ludwig außerdem den »Don Quijote«. Der Roman hatte zu Beginn des 19. Jahrhunderts unter dem von Goethe geprägten Prädikat der Weltliteratur seinen Einzug in die deutschen Lesestuben gehalten. Der romantischen Generation wurde diese unerschöpfliche Quelle pikaresken Hidalgotums durch die seit 1799 unternommene Übersetzung von Ludwig Tieck erschlossen. Sie zählt zusammen mit den Shakespeare-Übertragungen von August Wilhelm Schlegel zu den bedeutendsten Übersetzerleistungen der deutschen Literatur überhaupt [KAT.NR. 3.29].[42] Für Ludwig war der »Don Quijote« »ein unvergleichliches Buch«.[43] Am 24. Mai 1849 schrieb er an Lola Montez, er lese gerade »Band 5 von Don Quichotte« und spiele »auf dem Klavichord Verdis ›Attila‹«.[44] Vermutlich versuchte er sich an einer der spanischen Ausgaben, die in dieser Zeit beinahe jährlich erschienen.[45] Wiederholt hat man sich Ludwig und Lola bei der gemeinsamen Lektüre des »Don Quijote« vorgestellt.[46] Beim Umbau des Palais der Lola Montez in der Barer Straße wurden vom Tapezierermeister Arbeiten für ein »Dongischott-Zimmer« in Rechnung gestellt.[47]

Die neue Liebschaft war für Ludwig Ansporn, seine Sprachkenntnisse aufzufrischen. Der gesamte Briefwechsel mit Lola Montez ist in spanischer Sprache abgefaßt [KAT.NR. 7.13 bis 7.18]. Im August 1847 hatte der König eine »spanische Grammatik« und ein »Wörterbuch« im Gepäck, als er zur Sommerkur nach Aschaffenburg aufbrach [KAT.NR. 3.30 und 3.31].[48] Einen besonderen Lernerfolg versprach er sich vom Studium eines kleinen Buchs, bei dem es sich vermutlich um ein Konversationslexikon handelte. Ludwig hatte dieses »rosarote Buch« bei Lola Montez gesehen und wollte es unbedingt nach Aschaffenburg nachgeschickt haben. Die Pedanterie, mit der er sie in seinen Briefen an das Buch erinnert, hat für den außenstehenden Leser etwas Komisches. Zugleich vermittelt die Episode um das »rosarote Buch« das Bild zweier Charaktere, die grundverschiedener nicht sein könnten: »Nicht vergessen, mir das rosarote Buch zu schicken« (4. 8. 1847); »Vergiß nicht, mir das kleine rosa Buch sofort zu schikken. Es wird sehr nützlich sein, weil ich mit niemandem Spanisch reden kann« (5. 8. 1847); »Ich erwarte eine Antwort auf folgende Angelegenheiten [...]. 5. Wieso hast Du nicht das rosarote spanische Buch geschickt, es ist für mich sehr wichtig, vergiß es nicht« (23. 8. 1847); »Ich habe geträumt, daß ich um dein rosarotes Buch bitte. Ich wiederhole es« (31. 8. 1847); »Du hast mir geschrieben, daß Du das nächste Mal das kleine rosarote Buch schicken willst, ich bin neugierig, ob Du es nicht wieder vergißt« (3. 9. 1847); »Vor mehr als einem Monat habe ich Dich gebeten, mir das kleine rosarote Buch zu leihen, das für spanisch so nützlich ist. Schließlich schrieb ich am 29. August und bat Dich, es [...] mir zu schicken. Du mußt es am 31. August erhalten haben. Heute ist der 5. September. Briefe brauchen zwei Tage von München, aber kein Buch ist da. Verstehst Du den Eindruck, den Du mir vermittelst. Es geht nicht so sehr um das Buch, auch wenn es mich stört, sondern darum, daß Du nicht gemacht hast, was ich Dir gesagt habe. Du wirst sicherlich Dein Bestes tun, um das Buch in meine Hände zu leiten« (5. 8. 1847).[49] Ludwig hat das Buch am 7. September 1847 erhalten.

38 Ludwig I. an Lola Montez, 11. 5. 1848; zit.n.: BW 1995, S.187
39 Ludwig I. an Lola Montez, 23. 3. 1849; zit.n.: BW 1995, S.310
40 S.: CORTI 1979, S.302.
41 S.: HAGER 1909, S.173, Nr.2214
42 Tiecks Übersetzung erschien erstmals von 1799 bis 1801 in 4 Bänden bei Johann Friedrich Unger in Berlin.
43 Ludwig I. an Lola Montez, 23. 3. 1849; zit.n.: BW 1995, S.310
44 Ludwig I. an Lola Montez, 24. 5. 1849; zit.n.: BW 1995, S.322
45 S.: Jeremiah D. M. Ford, Cervantes. A tentative bibliography of his works and of the biographical and critical material concerning him, Cambridge 1931, S.8-11. In Betracht kommt auch die dritte Auflage der Übersetzung Tiecks, die 1831 in fünf Bänden gedruckt wurde. Zur Rezeption des »Don Quijote« im Zeitalter der Romantik s.: Anthony Close, The Romantic Approach to ›Don Quixote‹. A Critical History of the Romantic Traditions in ›Quixote‹ Criticism, Cambridge 1978
46 Zuletzt: SEYMOUR 1996, S.147
47 München, BSB, LA 39 (unter »Heideck«, 14. 1. 1847 und 19. 2. 1847)
48 Ludwig I. an Lola Montez, 5. 8. 1847 und 28. 8. 1847; zit n.: BW 1995, S.52 und 68. Zu spanischen Grammatiken, Wörterbüchern und Sprachführern in Deutschland s.: Aquilino Sanchez Pérez, Historia del enseñanza del español como lengua extranjera, Madrid 1992, bes. S.481ff. Für freundliche Hinweise danke ich Gabriele Schindler (München).
49 Zit.n.: BW 1995, S.51, 52, 64, 69, 71 und 73

68 Eduard Gerhardt: Die Sala de las Dos Hermanas in der Alhambra in Granada; 1848; Aquarell; 40,8 x 31,4; Potsdam, Stiftung Schlösser und Gärten Potsdam-Sanssouci, Inv.Nr.: Aqu.Slg. 850 (Photo: Handrick)

50 Vgl.: BW 1995, S.164, 210, 330 und 350
51 Lola Montez an Ludwig I., 11. 2. 1849; zit.n.: BW 1995, S.292
52 Zit.n.: Pauline Metternich, Éclaire du passé. 1849–1870, Zürich u.a. 1922, S.127. Auf diese Quelle hat mich freundlich Eberhard Straub (Essen) hingewiesen.
53 Ludwig I. an Lola Montez, 24. 6. 1849; zit.n.: BW 1995, S.326
54 Lola Montez an Ludwig I., 19. 2. 1848; zit.n.: BW 1995, S.113
55 Ludwig I. an Lola Montez, 26. 5. 1848; zit.n.: BW 1995, S.193
56 Lola Montez an Ludwig I., 12. 7. 1849; zit.n.: BW 1995, S.329
57 Ludwig I. an Lola Montez, 16. 6. 1849; zit.n.: BW 1995, S.325; ähnlich bereits am 7. 3. 1849; vgl.: BW 1995, S.301
58 S.: KRISTL 1979, bes. S.40-115
59 S.: Berthold Seewald, Karl Wilhelm von Heideck. Ein bayerischer General im befreiten Griechenland (1826–1835), München 1994
60 München, Bayerische Staatsgemäldesammlungen, Inv.Nr.: WAF B.35. S.: Hans Geller, Die Bildnisse der deutschen Künstler in Rom 1800–1830, Berlin 1952, S.60, Nr.446 und Abb.147; AUSST.KAT. MÜNCHEN 1980, S.639, Nr.384
61 S.: Figürliche Plastik im Lenbachhaus 1830–1980, hrsg. von Helmut Friedel, bearb. von Barbara Eschenburg, München 1997, S.108, Nr.47
62 Zu Heidecks Spaniengemälden immer noch: Hugo Kehrer, Deutschland in Spanien, München 1953, S.219ff.

So sehr sich der bayerische König für die kulturellen Leistungen Spaniens auch interessierte, so kannte er das Land im Unterschied zu Italien, Sizilien und Griechenland aber nicht aus eigener Anschauung. In jungen Jahren war Ludwig einmal auf den Weg nach Spanien gesetzt worden. Damals hatte Napoleon den Plan, Ludwigs Schwester Charlotte Auguste mit dem spanischen Thronfolger zu verheiraten. Um die Heirat einzuleiten, schickte er den bayerischen Kronprinzen nach Madrid. Ludwig kam bis an die Pyrenäen, als er von seinem Vater zurückberufen wurde. Französische Truppen waren in Preußen einmarschiert. Ludwig sollte bei dieser Gelegenheit endlich selbst den Befehl über eine Division führen. So lernte er statt Spanien Schlesien kennen. Auch das geschwisterliche Hochzeitsprojekt mit dem Prinz von Asturien wurde nicht weiterverfolgt. Charlotte Auguste (1792 bis 1873) wurde zunächst mit dem Kronprinz von Württemberg und 1816 nach der Neuordnung der politischen Landkarte Europas mit Kaiser Franz I. von Österreich vermählt und seither Karoline Auguste genannt.

Eine dynastische Verbindung des Hauses Wittelsbach mit Spanien erlebte Ludwig schließlich doch noch. Am 25. August 1856 heiratete sein jüngster Sohn Adalbert eine spanische Infantin. Seit der Affäre Montez hatte Ludwig den Spanischunterricht des Prinzen Adalbert von Bayern (1828–1875) gefördert. Er unterhielt sich mit ihm vorzugsweise in kastilischer Sprache.[50] Von November 1848 bis zum März 1849 unternahm Adalbert eine Reise über Cadiz an den Hof von Madrid. Er lernte Amalie Felipe Pilar (1834–1905) kennen, eine Cousine Isabels II. von Spanien, um die Adalbert zunächst geworben habe. Lola Montez berichtete Ludwig von »verrückten Sachen«, die angeblich über seinen Sohn und Isabel in Madrid die Runde machten.[51] Die Hochzeit von Adalbert und Amalie Felipe Pilar fand am 70. Geburtstag Ludwigs statt.

Spanien blieb für Ludwig zeitlebens ein Reizwort. »Ich liebe Spanien, seine Sprache und ganz besonders die Spanierinnen«, soll er im Jahr 1867 bei einem Abendessen mit der französischen Kaiserin Eugénie gerufen haben. Sie stammte aus Granada und war eine geborene Gräfin Montijo, doch galt das Kompliment sicher nicht ihr allein: »Ah, die Spanierinnen, von denen verstehe ich etwas. Eine hat mich die Krone gekostet!«.[52]

Es kann nicht die oft konstatierte Schönheit der Lola Montez allein gewesen sein, die den König von Bayern so beispiellos verwandelt hatte. Wohl hinterließ die sprühende Vitalität der jungen Tänzerin einen Eindruck, der weit entfernt von der reservierten Eleganz einer in die Jahre gekommenen Marianna Marchesa Florenzi oder von den Vorzügen anderer Favoritinnen war. An Lola Montez faszinierte ihn aber zuallererst die Idee ihrer spanischen Herkunft. Mit physiognomischer Bestimmtheit wollte Ludwig in ihr das Bild der geheimnisvollen Schönen aus dem fremden Andalusien verwirklicht sehen: »Deine Ahnen, Lolitta, müssen sicherlich maurisch gewesen sein, die Eroberer von Spanien. Deine Schönheit, Deine große, unvergleichliche Schönheit Deiner Augen, Nase und Gesichtszüge drückt es aus«.[53] Lola Montez ließ keine Möglichkeit aus, solche Phantasien zu beflügeln. Ihre Fehltritte entschuldigte sie mit dem Hinweis auf ihr andalusisches Temperament: »Erinnerst Du Dich, daß ich Spanierin bin, daß ich aus Andalusien bin und daß ich etwas Blut aus Katalonien habe«.[54] An der Seite einer solchen Frau durfte sich deren Liebhaber wohl selbst als ein draufgängerischer Hidalgo fühlen. Die sich mehrenden Widersprüche hat Ludwig ignoriert. Irritationen gab es genug. Sie begannen bereits

69 Karl Wilhelm von Heideck; 1831; Lithographie von Franz Hanfstaengl; 29,5 x 22; MStM, Graphiksammlung

70 Emil Wolff, Karl Wilhelm von Heideck; 1830; Bronze; München, Städtische Galerie im Lenbachhaus, Inv.Nr.: G 11644

damit, daß Lola den König konsequent als »Louis« anschrieb und nicht als »Luis«, der er unbedingt sein wollte: »Schreib an mich mit Luis, genau so, wie in Spanisch, nicht Louis, wie im Französischen«.[55] Bei anderer Gelegenheit forderte Lola Montez Geld für eine Spanienreise, um nach ihren »Verwandten in Sevilla« zu sehen.[56] Sie saß damals ohne Papiere in London fest und erhielt keinen Paß für die Einreise nach Spanien. Ludwig kapierte das nicht: »Ich will, daß Du mir erklärst, warum Du keinen Paß von der spanischen Botschaft bekommen kannst, wo Du doch Spanierin bist«.[57] Um dieses Wunschdenken nicht zu gefährden, hatte der König Fragen nach dem tatsächlichen familiären Hintergrund der Lola Montez zum Tabu erklärt. Nachdem seine Geliebte im Adelsdiplom von 1847 als »die aus Spanischem Adel geborene Maria von Porrys und Montez« urkundlich bezeugt war, wäre eine Revision ohnehin nicht mehr möglich gewesen, ohne einen peinlichen Irrtum einzugestehen [KAT.NR. 10.10]. Ludwig scheint sich nachgerade geweigert zu haben, die tatsächlich irische Herkunft der Lola Montez zu akzeptieren. Bis zuletzt hielt er am Mythos der spanischen Identität fest.

General Heideck

Als sich Ludwig darum bemühte, die vermeintliche Spanierin in die Münchner Gesellschaft einzuführen, schien ihm Karl Wilhelm von Heideck ein idealer Mittelsmann zu sein.[58] Der weltgewandte General war 1844 in den Freiherrnstand erhoben worden und genoß hohes Ansehen sowohl am Hof als auch in der Stadt. Vor allem gehörte er zu den wenigen in München, die Andalusien aus eigener Erfahrung kannten.

Karl Wilhelm von Heideck (1788–1861) stammte aus Lothringen und hatte Schweizer Vorfahren. Bereits sein Vater war als ein Schweizer Major in Diensten des Hofs von Pfalz-Zweibrücken gestanden. Die eigene militärische Laufbahn hatte Heideck an der Münchner Kadettenanstalt begonnen. Im Gefolge der napoleonischen Armeen zog er in den Jahren 1810 bis 1812 durch Spanien. Dort sammelte er als Artilleriehauptmann Erfahrungen, die ihn später zum besten Guerillaspezialisten im bayerischen Heer machten. 1815 war Heideck der Adjutant Wredes auf dem Wiener Kongreß. Für König Ludwig I. war der General vor allem in Griechenland im Einsatz.[59] Eine Münchner Porträtlithographie Heidecks ist im griechischen Alphabet beschriftet [ABB. 69; KAT.NR. 3.32]. 1830 schuf Emil Wolff in Rom eine Marmorbüste des Generals, die zur Aufstellung in der Walhalla vorgesehen war, dann aber in die Glyptothek gelangte.[60] Ein Bronzeguß der Büste befindet sich im Lenbachhaus [ABB. 70].[61]

Auch für die Kunstgeschichte hat Heideck eine gewisse Bedeutung. Seit 1816 übte er sich in der Ölmalerei und pflegte enge Kontakte zum damaligen Münchner Galeriedirektor Johann Christian von Mannlich.[62] Leo von Klenze erwarb eine 1825 entstandene Darstellung der »Brücke von Cuenca in Spanien« für die Neue Pinakothek.[63] Heideck malte vor allem griechische, spanische und italienische Landschaften. Dabei griff er auf Zeichnungen zurück, die er in Skizzenbüchern vor Ort gesammelt hatte.[64] Die fleißig ausgeführten und um eine naturgetreue Wiedergabe bemühten Gemälde stehen in einer Tradition, die Maler wie Hackert, Koch und Reinhart begründet hatten. Arbeiten dieser Künstler sammelte Heideck selbst. In seinem Haus in der Brienner Straße 18 hatte er eine damals bekannte Privatgalerie eingerichtet.[65]

Bemerkenswert ist außerdem das neugotisch gestaltete Palais in der ehemaligen Kasernstraße, in dem Heideck bevorzugt wohnte. Es beherbergte eines der ersten Puppentheater Münchens. Dort habe Heideck dem König »durch Aufführungen von Satiren und lustigen, parodistischen Schwänken manch fröhliche Stunde bereitet«. Zum Fundus der Marionettenfiguren zählten zwei »Spanische Tänzerinnen«.[66]

Heidecks Aufenthalt in Spanien lag schon über dreißig Jahre zurück, als er im Winter 1846 dem vermeintlichen Gast aus Andalusien vorgestellt wurde. In seiner Galerie sollte er Lola Montez Gemälde zeigen, »welche Szenen aus ihrer Heimat darstellen« [ABB. 71; KAT.NR. 3.33].[67] Für den König hatte er jetzt häufige Soireen mit der Spanierin zu arrangieren: »Heideck, Sie sollten mir wieder einmal einen Tee veranstalten. Es war immer so hübsch bei Ihnen und dazu laden Sie mir die Lola – sonst niemand ein«.[68] Die Teestunden bei Heideck waren gesellschaftlich legitimierte Zusammenkünfte. Sie hatten eine ähnliche Funktion wie die gemeinsamen Ateliersitzungen beim Hofmaler Joseph Stieler. An Heideck war wohl auch ein Handschreiben adressiert, mit dem Lola Montez ihrerseits einen Herrn in Begleitung seiner Tochter zum Tee lud [KAT.NR. 3.34]. Die Teegesellschaften wurden eingestellt, als das Gerücht umging, man plane die Spanierin zu vergiften.[69]

Schließlich wurde Heideck damit betraut, die Finanzierung des für Lola Montez angekauften und neu zu gestaltenden Palais in der Barer Straße zu überwachen.[70] Als Kassenwart der königlichen Mätresse machte sich der ihr gegen-

63 Bayerische Staatsgemäldesammlungen, Inv.Nr.: WAF 334. Eine hochformatige Fassung des Motivs befindet sich in Leipzig; s.: Das 19. Jahrhundert in München. Gemälde und Zeichnungen aus dem Besitz des Museums der bildenden Künste Leipzig, Leipzig 1992, S.135, Nr.44 und S.67 (Abb.).
64 Ein solches Skizzenbuch mit Fingerübungen aus Salzburg und einer Widmung Mannlichs befindet sich im Münchner Stadtmuseum, Graphiksammlung, Inv.Nr.: SK 35 40/80. Skizzen aus der Estremadura und vor allem aus Italien wurden zuletzt im Münchner Kunsthandel angeboten; s.: Auktionskat. Karl & Faber (München), 26./27.5.1998, S.53, Nr.267-272. An einem Werkverzeichnis Heidecks arbeitet Wolfgang Müller (München).
65 Zur »Gemälde-Sammlung des Herrn Generalmajors im k. Generalquartiermeisterstabe Frhrn. C. v. Heideck« s.: MÜLLER 1845, S.106
66 Zum Marionettentheater Heidecks und den beiden »Spanischen Tänzerinnen« s.: »Kasperl Larifari. Blumenstraße 29a. Das Münchner Marionetten-Theater 1858–1988«, hrsg. vom Münchner Stadtmuseum und Stadtarchiv München, München 1988, S.30 mit Abb.
67 Zit.n.: KRISTL 1979, S.46
68 Zit.n.: KRISTL 1979, S.54
69 S.: KRISTL 1979, S.74
70 Zum Palais der Lola Montez siehe Kapitel V.
71 Heideck an Ludwig I., 4. 5. 1847; zit.n.: KRISTL 1979, S.107
72 München, BSB, Heydeckiana. – In weiten Auszügen ist das Manuskript in die populärwissenschaftliche Darstellung von Wilhelm Lukas Kristl eingestreut; s.: KRISTL 1979.

71 Karl Wilhelm von Heideck: Szene aus dem Spanischen Freiheitskrieg der Jahre 1808 bis 1814; 1842; Öl auf Leinwand; 71 x 91; München, Städtische Galerie im Lenbachhaus, Inv.Nr.: G 10575

über sehr zurückhaltende, seinem Dienstherrn aber gänzlich loyal ergebene Generalmajor keine Freunde. Nachdem sein eigenes Haus plötzlich »wie ein Pestspital gemieden« wurde, erlaubte sich Heideck um die Suspendierung von der undankbaren Aufgabe zu bitten.[71] In seinem Nachlaß fand sich eine Handschrift »Geschichte des Verhältnisses König Ludwig zu Lola Montez«.[72] Der umfangreiche Rechenschaftsbericht zeigt Heideck als einen besonnenen Pragmatiker, der die Gemütslage des Königs und die politische Situation sehr wohl einzuschätzen wußte. Das konnte aber nicht verhindern, daß die Loyalität zum König im Mai 1847 an Lola Montez scheiterte. Heideck war ein Beispiel unter vielen.

IV. Im Atelier

So wie Kaiserin Elisabeth von Österreich wohl noch für Generationen mit Romy Schneider in ihrer Filmrolle als »Sisi« gleichgesetzt wird, hat sich von allen Darstellungen der Lola Montez das Porträt am nachhaltigsten eingeprägt, das Joseph Stieler im Jahr 1847 für den König von Bayern malte [ABB. 72]. Gerade aber dieses Gemälde paßt nicht zum gängigen Bild einer stets von Skandalen umwitterten Hetäre. Es entwirft ein zweifellos idealisiertes Erscheinungsbild, in dem sich in erster Linie die Vorstellungen des Auftraggebers spiegeln. Zum besseren Verständnis muß das Porträt der Lola Montez an seinem historischen Ort betrachtet werden. Es ist Bestandteil der königlichen Schönheiten- oder Schönheitsgalerie, mit der Ludwig ein bis heute verwunderliches Zeugnis seiner Leidenschaften hinterließ.[1] Wie bei vielen anderen Projekten reichen auch die Anfänge der Schönheitsgalerie noch in Ludwigs Zeit als Kronprinz zurück. Ursprünglich sollte Peter Cornelius die Aufgabe zufallen, »die Schönsten des schönen Geschlechts in München zu malen«.[2] Im Mai 1821 korrespondierte dann aber der Porträtmaler Stieler mit Ludwig über die geplante »Sammlung der schönen Köpfe«.[3]

Hofmaler Stieler

Joseph Stieler (1781–1858) war noch unter Maximilian I. Joseph zum bayerischen Hofmaler ernannt worden [ABB. 74 bis 77; KAT.NR. 4.3 bis 4.5].[4] Er stammte aus Mainz und lebte seit 1820 in München. Die für seine Malerei entscheidenden Lehren hatte er 1807 aus seinem Unterricht bei François Gérard in Paris gezogen. Der Einfluß Gérards wird exemplarisch im Kaiserporträt Napoleons sichtbar, das für die Wittelsbacher Könige zum Vorbild ihrer eigenen Staatsporträts wurde [ABB. 155]. Der Kontakt zum Münchner Hof war 1809 in Mailand zustande gekommen, als Stieler den italienischen Vizekönig Eugène de Beauharnais und dessen Frau porträtierte.[5] Beauharnais war Napoleons Stiefsohn und mit der Tochter des bayerischen Königs verheiratet. In der Folge wurde Stieler zum führenden Porträtmaler im Königreich Bayern. Zugleich blieb er für andere Höfe tätig. In München galt Stieler als ein Weltmann. Sein berühmtestes Gemälde ist das Altersporträt Goethes von 1828 in den Bayerischen Staatsgemäldesammlungen. Daneben sichert ihm die Schönheitsgalerie für König Ludwig eine bis heute ungebrochene Popularität.

Die Schönheitsgalerie befand sich in der Münchner Residenz [ABB. 95]. Sie bestand aus 36 Porträts von Frauen, die kaum älter als zwanzig Jahre alt waren und von Ludwig allesamt für schön befunden wurden. Mit der Routine eines geübten Porträtisten arbeitete Stieler fast 25 Jahre lang an diesem Unternehmen. Die ersten Porträts entstanden 1827. Es handelt sich durchwegs um Halbfigurstücke im einheitlichen Format. Auch wenn im Lauf der langen Entstehungszeit die Moden variierten, stellt sich die Galerie insgesamt als ein stilistisch einheitliches, fast schon monotones Werk dar. Sie wurde zu einem Lebenswerk, mit dem der Hofmaler und sein König bis ins Jahr 1850 beschäftigt waren. Die Gemälde schmückten die beiden Konversationszimmer im Festsaalbau, der 1842 fertiggestellt wurde. Ludwig selbst hat diesen Ort kaum aufgesucht.[6] Doch waren die Gemälde täglich zwischen 11 und 12 Uhr der Öffentlichkeit zugänglich.[7] So wurde die Schönheitsgalerie schon früh zu einer touristischen Hauptattraktion Münchens. Nach der Zerstörung der Residenz im Jahr 1944 ist die Sammlung heute in Schloß Nymphenburg untergebracht.

1 Zur Schönheitsgalerie s.: HOJER ³1990
2 Zit.n.: CORTI 1979, S.147
3 Zit.n.: HASE 1971, S.95
4 Ulrike von Hase, Joseph Stieler 1781–1858. Sein Leben und sein Werk. Kritisches Verzeichnis der Werke, München 1971
5 S.: HASE 1971, S.120, Nr.20 und 21
6 »Ich habe Dein Portrait von Stieler in voller Größe kopieren lassen, so daß ich es oben in meinen Salons, die du kennst, haben kann, weil ich selbst selten in der Schönheitengalerie bin«; Ludwig I. an Lola Montez, 10. 10. 1848; zit.n.: BW 1995, S.245.
7 MÜLLER 1845, S.55. Müllers Hinweis bezieht sich insgesamt auf den Festsaalbau. Die jeweils neuen Porträts wurden regelmäßig auch im Kunstverein und in der Kunstausstellung präsentiert; s.: LEWALD 1835, S.27.

72 Joseph Stieler: Lola Montez; 1847; Öl auf Leinwand; 71,7 x 58,3; München, Residenzmuseum, Inv.Nr.: G 406 (Photo: Bayerische Verwaltung der staatlichen Schlösser, Gärten und Seen)

8 S.: KLENZE I/5, fol.9v
9 Ludwig I. an Joseph Stieler, 11. 10. 1846; zit.n.: HASE 1971, S.26
10 Graf Senfft erwähnt in seinen Gesandtschaftsberichten an Fürst Metternich bereits am 18. Oktober 1846, daß Stieler begonnen habe, Lola Montez zu porträtieren; s.: HASE 1971, S.152, Nr.314; s.a.: GESANDTSCHAFTSBERICHTE 1941, Abt.2, III.
11 »Plan über ein neu zu erbauendes Attilier rückwerts im Anwesen an der Barerstraß. des Herrn v. Stühler Königl. Hofmaler«; München, BSB, Stieleriana, I, 4,t (29. 12. 1846).
12 S.: Ernst Kris und Otto Kurz, Die Legende vom Künstler. Ein geschichtlicher Versuch , Frankfurt a.M. 1980 ([1]1934), S.67
13 S.: HASE 1971, S.98; HOJER [3]1990, Abb. S.51
14 Zit.n.: KLENZE I/5, fol.1-1v
15 Conte Corti konnte die Zeichnung 1937 noch im Historischen Museum der Stadt München, dem heutigen Stadtmuseum, nachweisen; s.: CORTI 1937, Abb.54. Dort ist sie nicht mehr greifbar. Sie ist nachgedruckt in: HOJER [3]1990, S.11 und BW 1995, S.35.
16 S.: HOJER [3]1990, S.66f. mit Farbabb.
17 Rolf Meckler, Das Goethe-Porträt von Joseph Stieler. Zur Geschichte des Bildes, in: Goethe-Jahrbuch 98/1981, S.91-112; Christian Lenz, Stielers Bildniszeichnung von Goethe, in: Pantheon 42/1984, S.90f.; Ausst.Kat. »Goethe und die Kunst«, Frankfurt a.M. 1994, S.174f., Nr. 123 und 124

73 Lola Montez; um 1858; Photographie nach einer Stereodaguerreotypie; 19 x 12,8; MStM, Fotomuseum

74 Joseph Stieler; um 1854; Photographie von Franz Hanfstaengl; 22,5 x 16,5; MStM, Fotomuseum

Während ihres Debüts im Münchner Hof- und Nationaltheater am 10. Oktober 1846 hatte Ludwig den Einfall, Lola Montez in die Schönheitsgalerie aufzunehmen. Stieler soll mitten in der Nacht eine Staffette erhalten haben, die ihn augenblicklich vom Tegernsee nach München beorderte.[8] Am nächsten Morgen schrieb der König an seinen Hofmaler die Notiz: »Wie steht's? Wird das Bild gemalt? Im Fall es geschieht Tag und Stunde der ersten Sitzung mir angeben. Sobald als thunlich«.[9] Kurz darauf waren die ersten Porträtsitzungen arrangiert.[10]

Als einem Hofmaler dürfte Stieler ein eigenes Atelier in der Residenz zugestanden haben. Lieber malte er in seinem Sommerhaus am Tegernsee. Ludwig hatte ihm das dortige Grundstück 1829 geschenkt. In der Stadt wohnte Stieler seit kurzem in einem Palais in der Barer Straße [KAT.NR. 5.11]. Im Winter 1846 ließ er es durch einen Nordtrakt erweitern, um sich dort ein weiteres Atelier einzurichten. Der Eingabeplan für diesen Umbau trägt die Unterschrift der Lola Montez.[11] Sie wohnte direkt neben Stieler. Als Nachbarin hatte ihr der Plan zur Zustimmung vorgelegt werden müssen.

Die ersten Porträtsitzungen fanden wohl noch in der Residenz statt. Ludwig war stets anwesend. Der Besuch des Fürsten im Atelier des Künstlers ist ein traditioneller Gestus herrschaftlichen Mäzenatentums. Könige und Päpste demonstrierten in diesen ritualisierten Auftritten ihren Anspruch, Beschützer der Künste zu sein. Die gesellschaftliche Aufwertung, die umgekehrt dem Künstler durch den hohen Besuch zuteil wurde, äußerte sich in den in Künstlerviten überlieferten Anekdoten, in denen Kaiser Karl V. den

75 Joseph Flüggen: König Ludwigs Besuch im Atelier Stielers; um 1880; Zeichnung (Photo nach: Gerhard Hojer, Die Schönheitsgalerie König Ludwigs I., München/Zürich ³1990)

zu Boden gefallenen Pinsel Tizians aufhebt oder Kaiser Maximilian I. für Dürer die Leiter beim Malen hält.[12] Der König von Bayern war ein häufiger Gast in den Ateliers seiner Künstler. Im Zusammenhang mit der Schönheitsgalerie und insbesondere mit Lola Montez diente der Atelierbesuch aber weniger der politischen Repräsentation eines kunstsinnigen Herrschers, sondern folgte einem ganz persönlichen Antrieb. Der Atelierbesuch legitimierte den Kontakt zum Modell. Als neuer Liebhaber der Lola Montez suchte Ludwig besonders eifrig nach gesellschaftlich vertretbaren Anlässen, die ihm ein Zusammensein ermöglichten. Die Porträtsitzungen bei Stieler waren hierfür eine gute Gelegenheit.

Schon bei den Porträtstunden der früheren Modelle hatte sich der König das Vergnügen nicht nehmen lassen, den Sitzungen beizuwohnen. Von der 1827 porträtierten Maximiliane Borzaga ist bekannt, daß sie sich diese Atelierbesuche verbeten habe.[13] Auf einem mythologischen Gemälde des Akademieprofessors Zimmermann habe der König »besonders die schönen Formen einer der nackten Nymphen bewundert, zu welcher der Maler ein Mädchen aus München als Modell benutzt hatte«. Er habe sich die Adresse der jungen Frau geben lassen, sie aufgesucht und ihr befohlen: »Entkleide sie sich! entkleide sie sich!«.[14] Eine gemeinsame Atelierszene mit Ludwig I., Stieler und Helene Sedelmayer ist auf einer Zeichnung von Joseph Flüggen (1842 bis 1906) festgehalten [ABB. 75].[15] Sie zeigt, wie sich der König im Atelier seines Hofmalers eingefunden hat, um das neueste Porträt für die Schönheitsgalerie zu begutachten. Das Gemälde steht auf einer Präsentationsstaffelei. Stieler

76 Joseph Stieler: Selbstbildnis im Alter von 64 Jahren; 1845; Öl auf Leinwand; 71,5 x 58; Privatbesitz (Photo: Patricia Fliegauf)

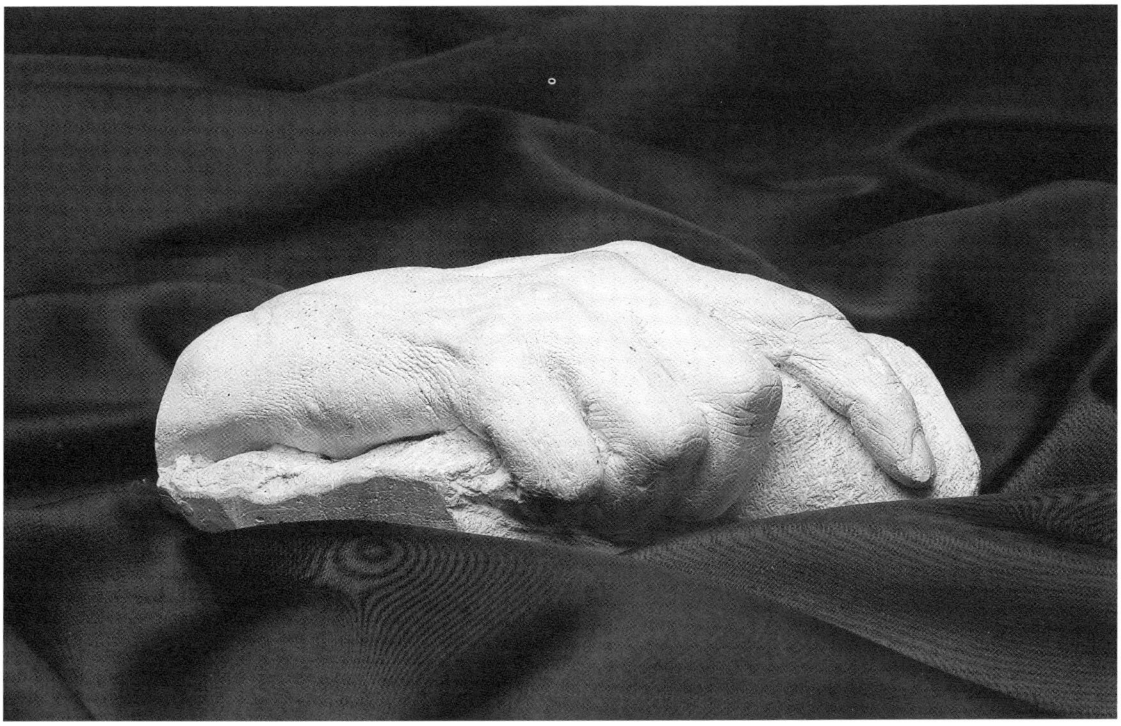

77 *Gipsabguß von der rechten Hand Joseph Stielers; 1845; Gips; 22 cm; Privatbesitz (Photo: Patricia Fliegauf)*

hält noch die Pinsel in der Hand. Dahinter sitzt das Modell. Das entsprechende Porträt war 1831 entstanden [ABB. 89].[16]
Die von Flüggen genrehaft inszenierte Situation, in der der Maler das Modell unmittelbar nach dem Leben porträtiert zu haben scheint, gibt wohl kaum den tatsächlichen Entstehungsprozeß wieder. Am gut dokumentierten Goethebildnis wird beispielhaft nachvollziehbar, daß die feinmalerische Ausführung auf Farbskizzen basierte, die das eigentliche Ergebnis dieser Porträtsitzungen waren.[17] Goethe hatte dem Maler zwölf Sitzungen in Weimar gewährt. Er soll zu Stieler gesagt haben, daß dessen Bildnisse von einer »Schönheit und Liebenswürdigkeit« seien, »die gewiß oft mehr in Ihnen als den Originalen zu finden sind«.[18] Auf das Porträt der Lola Montez trifft diese Feststellung sicher zu.

Lola Montez in der Schönheitsgalerie

Das berühmte Porträt in der Schönheitsgalerie ist nicht das Gemälde, das während der schnell einberufenen Sitzungen im Oktober 1846 entstanden war. Es gab eine erste Version, für die Stieler zwar im November 1846 entlohnt wurde, doch hat sie dem König offenbar mißfallen. Man weiß nicht genau, wie dieses Porträt ausgesehen hat. Es soll sich um die freizügige Darstellung einer weitgehend unbekleideten Tänzerin mit einer Maske in der Hand gehandelt haben.[19] Die Zeitgenossen nannten es ein Bildnis »im spanischen Costüm als Tänzerin«.[20] Vorstudien zu dieser Fassung befanden sich in einer Mappe mit Ölskizzen, die 1945 verbrannte.[21] Vermutlich blieb das Gemälde im Besitz der Lola Montez. Aus London schrieb sie später, »das Bild von mir von Stieler« müsse verkauft werden, wenn ihr Ludwig kein Geld schicke.[22]
Die heute verschollene Darstellung als Tänzerin dürfte der Stimmung entsprochen haben, die damals im Atelier Stielers herrschte. Zum Entzücken des Königs sang Lola Montez während der Sitzungen zur Gitarre.[23] Der Vortrag soll zu den »unglaublichsten Ausbrüchen« geführt haben, die »nur des Liebestammelers Raserei genannt werden« könnten.[24] Dem Maler waren solche Szenen wohl eher peinlich. Es war kein Geheimnis, daß er den Auftrag als eine Bürde empfand.[25] Stielers Verhältnis zu seiner Nachbarin blieb äußerst distanziert.[26]

18 Zit.n.: Ausst.Kat. »Goethe und die Kunst«, Frankfurt a.M. 1994, S.175
19 S.: HASE 1971, S.26
20 Der Kunsthistoriker Rudolph Marggraff erwähnt in seinem Nachruf auf Stieler »die beiden Brustbildnisse der Lola Montez [...], wovon das eine sie uns im spanischen Costüm als Tänzerin, das andere in ruhigerer Haltung vor Augen führt. Letzteres, in artistischer Beziehung werthvoller als das erstere, wurde den Grazien der Schönheiten-Sammlung beigesellt«; Rudolph Marggraff, Zur Erinnerung an Joseph Stieler und seine Zeit, in: Abendblatt zur Neuen Münchener Zeitung 149 (24. 6. 1858); s.a.: HASE 1971, S.152, Nr.314 mit weiteren Literaturnachweisen.
21 Freundliche Mitteilung von Helga Schmid (Tegernsee)
22 Lola Montez an Ludwig I., 5. 3. 1849; zit.n.: BW 1995, S.301; s.a.: BW 1995, S.310. Ludwig bedauerte, daß das Gemälde im März 1849 für 12 Pfund tatsächlich veräußert wurde; er habe ursprünglich 40 Pfund dafür bezahlt; s.: Ludwig I. an Lola Montez, 29. 3. 1849; BW 1995, S.312.
23 In einem Brief an Lola Montez erinnert sich Ludwig dieses Gesangs: »Ich habe ihn nur einmal genossen, als Stieler Dein Portrait im Oktober 46 gemalt hat, in den ersten Tagen unserer Bekanntschaft«; Ludwig I. an Lola Montez, 16. 6. 1848; zit.n.: BW 1995, S.201.
24 KLENZE I/5, fol.9v-10

25 Als beste Kennerin Stielers schreibt Ulrike von Hase-Schmundt: »Sicher ist ihm noch nie ein Auftrag derartig unangenehm gewesen«; HASE 1971, S.26.
26 Im Nachlaß Stielers hat sich eine Abschrift der Bekanntmachung vom 17. März 1848 erhalten, mit der der Gräfin das Indigenat entzogen wurde; München, BSB, Stieleriana, I,5,c. Stieler hatte dies sicher mit Genugtuung vernommen.
27 Zit.n.: HASE 1971, S.26
28 Das Porträt war fertig, bevor das Adelsdiplom am 25. August 1847 ausgestellt wurde. Ludwig schrieb Stieler am folgenden Tag, er soll den Namen auf der Rückseite ersetzen mit »Gräfin Marie von Landsfeld«; s.: CORTI 1979, S.259.
29 Josephine Kaulbach an Wilhelm von Kaulbach, 30.6.1847; zit.n.: KAULBACH [2]1918, S.206
30 KLENZE I/5, fol.50f. (Beilage)
31 CARMEN 1993, S.21
32 CARMEN 1993, S.18
33 S.: Saskia Durian-Ress, Mode zur Zeit des Biedermeier, in: HIMMELHEBER 1988, S.65-70, bes. S.67
34 S.: HOJER [3]1990, Abb. S.47 und Abb. S.51
35 S.: HOJER [3]1990, Abb. S.91 und Abb. S.109

78 Georg Dury nach Joseph Stieler: Lola Montez; 1848; Öl auf Leinwand; 72,8 x 59,5; MStM, Gemäldesammlung

79 Porträtphotographie der Lola Montez nach einer von Charles D. Fredericks in New York angefertigten Carte-de-visite; um 1856; Reproduktion; 9 x 5,5; MStM, Graphiksammlung

Das erste Porträt mit der Darstellung einer freizügigen Tänzerin war für die Schönheitsgalerie nicht präsentabel genug. Für die neue Fassung legte der König einen anderen Darstellungsmodus fest. Die Nachfahren Stielers erinnern sich an ein eigenhändiges Signat Ludwigs mit dem Wortlaut: »Stieler – die Gräfin Landsfeld ist ein ehrbares Frauenzimmer! male er sie in schwarzem Samt«.[27] Das neue Porträt war im Juni 1847 vollendet. Auf der Rückseite der Leinwand steht: »Gräfin Maria von Landsfeld geboren in Sevilla 1823 gemalt von J. Stieler 1847«.[28] Die Präsentation des Gemäldes wurde zum Sommerereignis der Münchner Gesellschaft. Josephine Kaulbach berichtete ihrem Mann nach Berlin: »Stieler hat in diesen Tagen die Lola ausgestellt, und alle Welt läuft hin, um dies achte Wunder der Natur zu sehen. Natürlich gehöre ich auch zu dieser Welt«.[29]
Lola Montez sitzt schicklich auf einem roten Sofa vor blankem Grund [ABB. 72 und 78; KAT. NR. 4.1]. In ihrem hochgeschlossenen Kleid gehört sie zu den wenigen der Galerie, die nicht schulterfrei porträtiert sind. Gerade so, als habe der Maler jeglichen Vorwurf vermeiden wollen, ist die Darstellung alles andere als anstößig. Lola Montez scheint zu wissen, daß ihr alle Blicke gelten, doch wendet sie sich vom Betrachter ab und schaut auf, als würde sie jemanden bewundern. Man kann sich gut vorstellen, daß es der ungeduldig im Atelier harrende König ist, den ihre lichtblauen Augen anhimmeln. Ludwig war besonders angetan von dem eigentümlichen Kontrast, den die blauen Augen und das tiefschwarze Haar erzeugen. In seinem Gedicht »Die Andalusierin« hat er diesen Kontrast besungen: »Leuchtend, himmlisch blaue Augen,/ Gleich des Südens Aether klar,/ Die in Seligkeit uns tauchen,/ Weiches, glänzend schwarzes Haar« [KAT.NR. 7.11]. Klenze glossierte die Strophe mit Versen, die er auf der »Abtrittwand einer Dorfschenke« gelesen haben will: »Je n'ai

80 Carl Wollenweber: Ludwig I. König von Bayern; um 1840; Öl auf Porzellan; 14,5 x 10,8; MStM, Sammlung Kunsthandwerk (Photo: Dorothee Jordens-Meintker)

81 Carl Bucher: Lola Montez; um 1847; Gouache; 13,5 x 10,5; Privatbesitz (Photo: Dorothee Jordens-Meintker)

pas de fortune et je manque d'ayeux,/ mais je suis brune et j'ai des yeux bleus!«.[30] Lolas Haar glänzt wie Pechkohle. Prosper Merimée beschrieb die Haarpracht seiner Carmen ähnlich: »Ihr vielleicht etwas zu starkes Haar war schwarz, lang und glänzend, mit bläulichem Schimmer wie ein Rabenflügel«.[31] Lola hat aber nicht das von Sonne und Wetter verfärbte Inkarnat einer andalusischen Landstörzerin. Sie ist weiß wie Wachs. Diese betont vornehme Salonblässe tritt durch das Schwarz von Gewand und Haaren umso lichter hervor. Wie alle Frauen der Galerie trägt Lola Montez einen Mittelscheitel, der in Fortsetzung des Nasenrückens dem Gesicht ein symmetrisches Ebenmaß verleiht. In ihrem von der Mantilla hinterfangenen Haar stecken rote Blumen, wohl Nelken oder Geranien. Auch das erinnert an Carmen, bei deren erstem Auftritt der Erzähler »einen großen Strauß Jasmin im Haar« bemerkt, »dessen Blüten abends einen betörenden Geruch ausströmen«.[32]

Blumen waren in dieser Zeit nicht nur in Spanien typisch für den Haarputz.[33] Die früher üblichen Stoffbuketts wurden jetzt durch natürliche Blüten und Blätter ersetzt. Schon auf einem der ersten Porträts der Galerie trägt Auguste Strobl Heckenrosen im Haar, später auch Lady Jane Erskine [KAT.NR. 4.44 und 4.46].[34] Daneben steht noch der Blumenkranz aus Stoff, der Rosalie Julie Freiin von Bonar und vor allem Josepha Conti wie ein Nimbus umschließt [KAT.NR. 4.26 und 4.48].[35] Für die um 1831 entstandenen Porträts sind die sogenannten Ferronières charakteristisch. So nannte man die um die Stirn geführten Perlenketten oder die mit Edelsteinen besetzten Diademe, zu denen passendes Ohrgehänge oder anderes Geschmeide getragen wurde. Insgesamt vermittelt die Schönheitsgalerie einen kostümkundlich repräsentativen Überblick über den Kopfputz der Zeit.

Die einzige wirkliche Farbe auf dem Gemälde ist Rot. Im dezenten Einsatz wahrt die Farbe ihre

36 S.: HOJER ³1990, Abb. S.97 und Abb. S.57
37 S.: HOJER ³1990, Abb. S.55
38 S.: HOJER ³1990, Abb. S.93
39 BW 1995, S.246 (12. 10. 1848); S.248 (18. 10. 1848); S.318 (30. 4. 1849); S.322 (16. 5. 1849)
40 Ludwig I. an Lola Montez, 22. 10. 1848; zit.n.: BW 1995, S.249
41 München, BSB, LA 39 (unter »Heideck«, 2. 1. 1847 und 23. 1. 1847)
42 Im Briefwechsel wird außerdem eine »englische Gravur« erwähnt, womit aber wohl nicht der Entstehungsort, sondern die Technik gemeint ist; s.: BW 1995, S.321 (12. 5. 1849) und S.322 (24. 5. 1849). Tatsächlich ist während Lolas Aufenthalt in London im Jahr 1849 wohl aber eine weitere Porträtlithographie entstanden. Außerdem ist ein rundformatiges Porträtgemälde, das mit »Zichy 1856« signiert ist, durch eine Photographie im Stadtarchiv München, Bildarchiv dokumentiert.
43 Zit.n.: RAUH ²1996, S.61
44 »Die letzte Sache, die ich in meinem 61. Jahr gemacht habe, war, daß ich Dein Bild geküßt habe, und als die Nacht kam, war die erste Sache in meinem 62. Jahr wieder, daß ich Dein Bild, das unter meinem Kopfkissen lag, geküßt habe«; Ludwig I. an Lola Montez, 25. 8. 1947; zit.n.: BW 1995, S.65.
45 S.: BW 1995, S.129 (1. 3. 1848); s.a.: BW 1995, S.247 (15. 10. 1848)
46 S.: BW 1995, S.101 (14. 2. 1848)

82 Carte-de-Visite der Lola Montez; um 1852; Photographie aus dem Atelier der Meade Brothers; Cambridge (Mass.), The Harvard Theatre Collection, Harvard College Library (Photo: The Harvard Theatre Collection)

symbolische Kraft. Leuchtend rot sind die Lippen und der Rubin. Das Blumenrot korrespondiert mit den floralen Mustern auf dem roten Sofa. Die roten Akzente sorgen für einen spannungsreichen Zweiklang mit dem Schwarz, das das Bild beherrscht. Das schwarze Kleid erscheint zusammen mit der schwarzen Mantilla als das eigentliche Attribut der Lola Montez. Der Aufzug dient wie auch bei den anderen Modellen der Galerie als Ausweis der nationalen und ständischen Herkunft. Die Münchnerinnen sind an ihren Riegelhauben zu erkennen. Katharina Botzaris trägt griechische Tracht und Isabella Gräfin von Tauffkirchen, die italienischer Abstammung war, ist in einem Renaissancekostüm mit weit ausladender Haube dargestellt [KAT. NR. 4.21 und 4.29].[36] Die Schauspielerin Charlotte von Hagn posiert in ihrem Kostüm der »Thekla« aus dem »Wallenstein« [KAT.NR. 4.32].[37] Antonia Wallinger, die Tänzerin am Hoftheater war und von Ludwig »Hebe« genannt wurde, erscheint im antikischen Peplos [KAT. NR. 4.50].[38] In diesem Rollenspiel hatte das schwarze Kleid der Lola Montez einen ähnlichen Erkennungswert wie in früheren Zeiten die gelben Hosen Werthers. Stieler hat die Textur des Stoffes fein gemalt. Das Kleid ist aus schwarzem Samt, der Kragenbesatz aus weißer Spitze. Es ist eng zur Taille geschnitten, die zusätzlich von einem silbernen Gürtel betont wird. Die Ärmel sind gepufft. Ludwig verband mit diesem Kleid ganz persönliche Erinnerungen. Nach der Trennung bat er Lola Montez oft, ihm »das schwarze samtene Kleid« zu schicken, das sie bereits getragen hatte, als sie sich kennenlernten.[39] Genauso authentisch ist das rote Biedermeiersofa. Es gehörte zur festen Ausstattung des Ateliers. »Ich habe Stieler besucht«, schrieb Ludwig, »welche Erinnerungen hat dieses rote Sofa für mich«.[40] Auch die dargestellte Brosche mit dem Rubin ist authentischer Schmuck. Es handelt sich wohl um die »Brosch von Brillanten mit 1 Rubin u. 1 Perle«, die sich Lola Montez an Neujahr 1847 für knapp 500 Gulden beim Hofjuwelier Opitz im Bazargebäude gekauft hatte.[41] Vergleichbare Broschen und Colliers im Rokokostil der Zeit um 1845 haben sich erhalten [KAT.NR. 4.6 und 4.7]. Trotz dieser individuellen Zutaten und Accessoires bleibt die Porträtierte dem Betrachter auf eigentümliche Weise fremd.

Miniaturen, Photographien und Visitenkarten

Als Stieler Lola Montez malte, waren bereits einige Porträts im Umlauf. Neben dem durch die Druckgraphik weit verbreiteten Gemälde im

83 Lola Montez; um 1858; Photographie aus dem Atelier der Meade Brothers; 29,3 x 24,3; Cambridge (Mass.), The Harvard Theatre Collection, Harvard College Library (Photo: The Harvard Theatre Collection)

roten Reitkleid [KAT.NR. 6.1] war um 1845 das bühnenhafte Porträt in Paris entstanden, das Lola Montez als verführerische Spanierin zeigt [KAT.NR. 3.18].[42] Richard Wagner bemerkte zu dieser Zeit in Dresden, sie habe »ausnehmend unverschämte Augen«.[43] Tatsächlich taxiert sie auf der Lithographie den Betrachter mit einer Laszivität, die man auf dem Gemälde Stielers nicht finden wird. Fast meint man, eine andere Person zu sehen, zumindest aber einen anderen Charakter.

Neben den Lithographien gab es eine ganze Reihe von Miniaturen der Lola Montez. Ludwig schlief mit einem solchen Bildnis unter seinem Kopfkissen.[44] Auf dem königlichen Schreibtisch in der Residenz lag außerdem eine Schatulle, die eine Miniatur der Lola Montez im weißen Kleid enthielt.[45] Bei der Schauspielerin Maria Denker küßte Ludwig ein »Miniatur-Bild« der Lola Montez.[46] Er erwähnt auch ein Porträt, auf dem sie mit ihrem Hund dargestellt sei.[47] Der Austausch solcher Miniaturen war typisch für den Freundschaftskult der Zeit. Im Gegenzug besaß Lola Montez ein »Porzellan-Porträt« Ludwigs.[48] Zu denken ist an das Brustbild, das Carl Wollenweber um 1840 vermutlich in der Nymphenburger Manufaktur hergestellt hatte [ABB. 80; KAT. NR. 4.8]. Von Lola Montez haben sich zwei Porträtgouachen erhalten, die Carl Bucher zugeschrieben sind [ABB. 79; KAT.NR. 4.10]. Der 1821 in Nürnberg geborene und vor allem in Stuttgart tätige Porträtmaler studierte von 1846 bis 1848 in München. Offenbar gehörte er zu den vielen jungen Männern, die Lola Montez um sich geschart hatte. Sein kleines Porträt ist frisch und unmittelbar, in der Wendung zum Profil wirken die Gesichtszüge kantiger als in der Darstellung Stielers.

Für Ludwig war die Porträtgenauigkeit ein entscheidendes Kriterium. Er wies ein für die Schönheitsgalerie vorgesehenes Porträt der Constanze Dahn zurück, weil es ihm nicht ähnlich genug war.[49] Vielleicht war ihm Constanze Dahn auch nicht mehr schön genug. Ihm war sehr wohl bewußt, daß Stielers Porträt der Lola Montez nicht den »unwiderstehlichen Charme« versprühte, den er an ihr so bewunderte.[50] Gegenüber dem Maler soll er das Gemälde mit den Worten kommentiert haben: »Stieler, Euer Pinsel wird alt«.[51] Das süßliche Porträt traf das Erscheinungsbild tatsächlich nicht sehr genau. Das wird besonders im Vergleich mit den ersten Photographien deutlich, die keine fünf Jahre nach dem Gemälde aufgenommen wurden, auf

47 S.: BW 1995, S.329 (8. 7. 1849). Eine erst um 1857 entstandene Porträtphotographie der Lola Montez mit Schoßhund zeigt eine Visitenkarte mit dem Nachweis »J. Gurney & Son, 701 Broadway, N.Y.«. Ein Exemplar befindet sich in Sacramento (Kalifornien), California State Library, California Photo-Collection; s.: DAY 1981, S.343, Abb.7; SEYMOUR 1996 (Abb.).

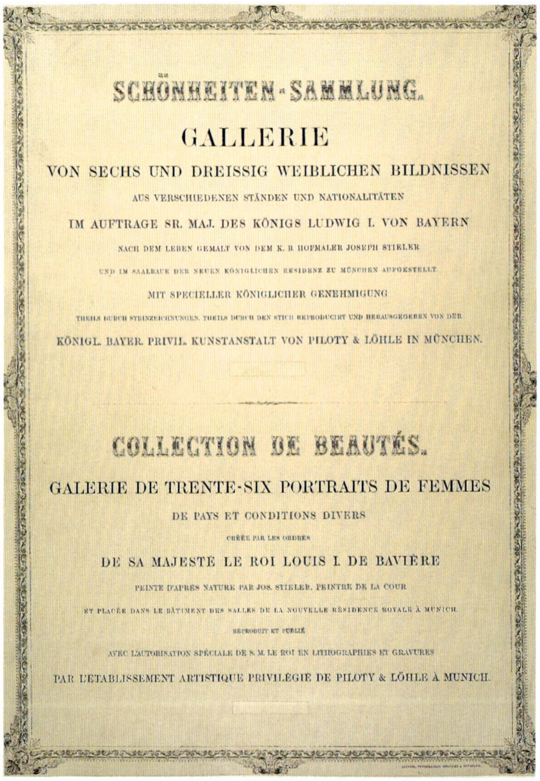
DIE
SCHÖNHEITEN-SAMMLUNG.
GALLERIE
VON SECHS UND DREISSIG WEIBLICHEN BILDNISSEN
AUS VERSCHIEDENEN STÄNDEN UND NATIONALITÄTEN
IM AUFTRAGE SR. MAJ. DES KÖNIGS LUDWIG I. VON BAYERN
NACH DEM LEBEN GEMALT VON DEM K. B. HOFMALER JOSEPH STIELER
UND IM SAALBAUE DER NEUEN KÖNIGLICHEN RESIDENZ ZU MÜNCHEN AUFGESTELLT
MIT SPECIELLER KÖNIGLICHER GENEHMIGUNG
THEILS DURCH STEINZEICHNUNGEN, THEILS DURCH DEN STICH REPRODUCIRT UND HERAUSGEGEBEN VON DER
KÖNIGL. BAYER. PRIVIL. KUNSTANSTALT VON PILOTY & LÖHLE IN MÜNCHEN.

COLLECTION DE BEAUTÉS.
GALERIE DE TRENTE-SIX PORTRAITS DE FEMMES
DE PAYS ET CONDITIONS DIVERS
CRÉÉE PAR LES ORDRES
DE SA MAJESTÉ LE ROI LOUIS I. DE BAVIÈRE
PEINTE D'APRÈS NATURE PAR JOS. STIELER, PEINTRE DE LA COUR
ET PLACÉE DANS LE BÂTIMENT DES SALLES DE LA NOUVELLE RÉSIDENCE ROYALE À MUNICH
REPRODUIT ET PUBLIÉ
AVEC L'AUTORISATION SPÉCIALE DE S. M. LE ROI EN LITHOGRAPHIES ET GRAVURES
PAR L'ETABLISSEMENT ARTISTIQUE PRIVILÉGIÉ DE PILOTY & LÖHLE À MUNICH.

84 Deckblatt zum Portfolio zur Schönheitsgalerie der Münchner Kunstanstalt von Piltoy & Loehle; um 1855; 60 x 45; MStM, Graphiksammlung

denen Lola Montez aber um das Doppelte gealtert zu sein scheint.

Porträtphotographien der Lola Montez sind zu einem guten Dutzend bekannt.[52] Doch entstand keine davon in München. Der zuerst als Lithograph hervorgetretene Franz Hanfstaengl (1804–1877) eröffnete sein photographisches Atelier erst im Jahr 1852.[53] Eine Aufnahme der Lola Montez stammt zwar aus der nachgelassenen Sammlung Hanfstaengls, aber nicht mehr aus dessen Produktion. Die Photographie wurde um 1858 in London aufgenommen [ABB. 73; KAT.NR. 4.10]. Die wohl früheste Aufnahme ist in einer 1851 anonym in New York veröffentlichten Satire auf die »Memoiren« abgebildet.[54] In den Vereinigten Staaten von Amerika entstanden die meisten Photographien der Lola Montez [ABB. 55, 79, 82, 83 und 124]. Sie fanden als gedruckte Visitenkarten einige Verbreitung. Eine um 1856 im Atelier von Charles D. Fredericks entstandene Porträtphotographie ist auf einer Visitenkarte der Lola Montez aus New York abgebildet [ABB. 79; KAT.NR. 4.11]; eine Visitenkarte aus Philadelphia zeigt eine um 1852 entstandene Aufnahme von J. E. McClees.[55] Die Bezeichnung ist mißverständlich. Es handelte sich nicht notwendig um persönliche Visitenkarten im heutigen Sinn, sondern um kleinformatige und leicht erschwingliche Sammelbilder.[56] Von vielen berühmten Persönlichkeiten kamen auf diesem Weg Porträtphotographien in Umlauf, die in Alben eingeklebt und gesammelt werden konnten. Der Photograph Adolphe-Eugène Disdéri hat die »Cartes-de-visite«-Photographie 1854 in Frankreich als Patent angemeldet. In Deutschland wurden die »Visitenkarten-Portraits« in den Jahren um 1860 populär. In dieser Zeit entstanden die Münchner Visitenkarten der Lola Montez, die das Gemälde Stielers zur Vorlage haben [ABB. 87; KAT.NR. 4.12 und 4.13]. Zumindest in Europa blieb es ihr bekanntestes Porträt. Der Verlag von Piloty & Loehle verbreitete die gesamte »Schönheiten-Galerie« im Visitformat.[57]

Das Portfolio von Piloty & Loehle

Vor der Serie der kleinen Visitenkarten war in der Münchner Kunstanstalt von Piloty & Loehle eine prächtige Mappe mit Stahlstichen und Lithographien erschienen, mit der die komplette »Schönheiten-Sammlung« einem internationalen Publikum bekannt gemacht wurde [ABB. 84; KAT.NR. 4.14 bis 4.51]. Die vornehme Aufmachung der großformatigen Blätter, auf denen die

48 »Welches Schicksal hat mein Porzellan-Porträt genommen?« schrieb Ludwig nach London; zit. n.: BW 1995, S.312 (29. 3. 1849). Zu weiteren Erwähnungen s.: BW 1995, S.101 (14. 2. 1848) und S.346 (15. 9. 1849).
49 S.: HOJER [3]1990, S.14
50 »Weder die Miniatur von Dir noch Stielers Portrait drücken Deinen unwiderstehlichen Charme aus, Du bist einzigartig«; Ludwig I. an Lola Montez, 15. 10. 1848; zit.n.: BW 1995, S.247.
51 Zit.n.: MONTEZ 1986, Bd.2, S.1323
52 S.: DAY 1981; s.a.: The Daguerreian Annual, Official Yearbook of the Daguerreian Society 1995, S.213, Abb.11 und 12. Zu zwei weiteren Aufnahmen, die 1855 von Charles und Émile-Auguste Reutlinger aufgenommen wurden und in der Bibliothèque National in Paris aufbewahrt werden, s.: Ausst.Kat. »The Image of Desire. Femininity, Modernity, and the Birth of Mass Culture in 19th-Century France«, University Art Museum/University of California, Santa Barbara 1994, Kat.Nr.65.
53 S.: GEBHARDT 1984. Bei einer gegenwärtig im Münchner Stadtmuseum vorbereiteten Retrospektive zu Alois Löcherer (1815–1862) als dem Pionier der Münchner Photographie sind keine Aufnahmen der Lola Montez bekannt geworden (Freundlicher Hinweis von Ulrich Pohlmann, München). Bemerkenswert bleibt der Hinweis auf photographisches Material im Zusammenhang mit dem Porträtgemälde der Lola Montetz von Wilhelm von Kaulbach; s.: Kapitel IX.

Porträts von ornamentalen Blumenranken umrahmt sind, und das königliche Privileg geben der Publikation offiziellen Charakter. Das Portfolio erschien in sechs Lieferungen zu je sechs Blättern während der Regierungszeit Maximilians II. (1848–1864).[58] Schon zur Zeit Ludwigs war die lithographische Anstalt von Piloty & Loehle marktführend in München.[59] Sie hatte sich seit 1833 einen Namen gemacht, als Adolph Loehle und Ferdinand Piloty die königlichen Gemäldesammlungen in den Galerien von München und Schleißheim in großformatigen Mappenwerken herausgaben.

Die Blätter im Portfolio zur Schönheitsgalerie wurden überwiegend von Johann Andreas Fleischmann (1811–1878) gestochen. Kurioserweise wohnte Fleischmann in der Barer Straße 8, also in einer Reihe mit Stieler und Lola Montez.[60] Der Stahlstich nach ihrem Originalporträt bot die Vorlage für eine ganze Reihe von Nachdrucken, die mitunter so schlecht gerieten, daß sie der Karikatur zuzuschlagen sind [ABB. 89; KAT.NR. 4.54]. Hervorzuheben ist eine Darstellung, die den Porträtausschnitt vor die Türme der Frauenkirche projiziert und Lola Montez somit nachdrücklich zur Münchner Schönheit erklärt [ABB. 88; KAT.NR. 4.53]. Gewollt oder ungewollt hat der Zeichner den süßlichen Gesichtsausdruck so sehr verzerrt, daß Lola Montez geradezu dümmlich dreinschaut.

Neben der Popularisierung der Schönheitsgalerie ist das Portfolio von Piloty und Loehle unter einem anderen Aspekt aufschlußreich. Es ist nicht überliefert, wie die Abfolge der Porträtgemälde in der Residenz geregelt war. Neuordnungen und Umgruppierungen wurden schon vorgenommen, als die Sammlung noch gar nicht zum Abschluß gekommen war. Eine fixe Größe bot allein die auf 36 Stücke festgelegte Zahl. Die Graphikmappe dokumentiert eine zumindest

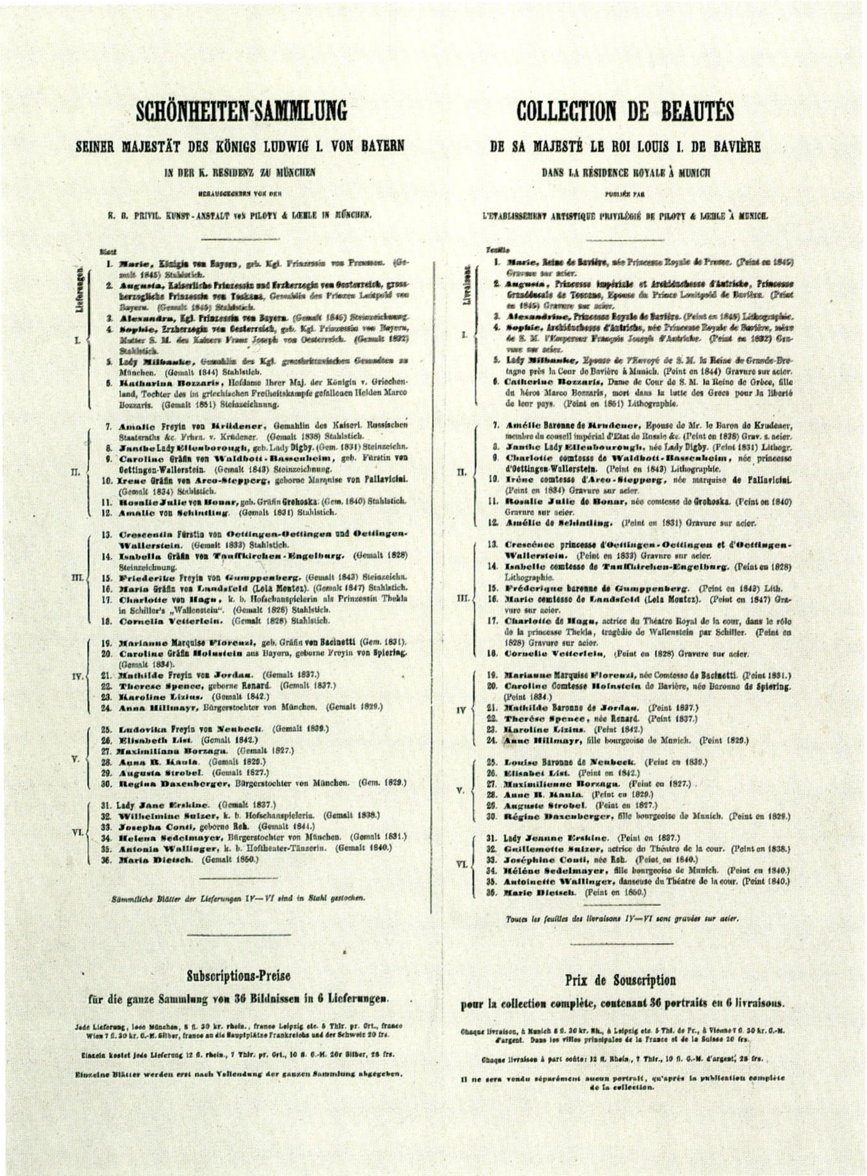

SCHÖNHEITEN-SAMMLUNG

SEINER MAJESTÄT DES KÖNIGS LUDWIG I. VON BAYERN

IN DER K. RESIDENZ ZU MÜNCHEN

HERAUSGEGEBEN VON DER

K. B. PRIVIL. KUNST-ANSTALT VON PILOTY & LŒHLE IN MÜNCHEN.

Blatt

Lieferungen.

I.
1. Marie, Königin von Bayern, geb. Kgl. Prinzessin von Preussen. (Gemalt 1845) Stahlstich.
2. Augusta, Kaiserliche Prinzessin und Erzherzogin von Oesterreich, grossherzogliche Prinzessin von Toskana, Gemahlin des Prinzen Leitpold von Bayern. (Gemalt 1845) Stahlstich.
3. Alexandra, Kgl. Prinzessin von Bayern. (Gemalt 1845) Steinzeichnung.
4. Sophie, Erzherzogin von Oesterreich, geb. Kgl. Prinzessin von Bayern, Mutter S. M. des Kaisers Franz Joseph von Oesterreich. (Gemalt 1832) Stahlstich.
5. Lady Milbanke, Gemahlin des Kgl. grossbrittanischen Gesandten zu München. (Gemalt 1844) Stahlstich.
6. Katharina Bozzaris, Hofdame Ihrer Maj. der Königin v. Griechenland, Tochter des im griechischen Freiheitskampfe gefallenen Helden Marco Bozzaris. (Gemalt 1851) Steinzeichnung.

II.
7. Amalie Freyin von Krüdener, Gemahlin des Kaiserl. Russischen Staatsraths &c. Frhrn. v. Krüdener. (Gemalt 1838) Stahlstich.
8. Janthe Lady Ellenborough, geb. Lady Digby. (Gem. 1831) Steinzeichn.
9. Caroline Gräfin von Waldbott-Bassenheim, geb. Fürstin von Oettingen-Wallerstein. (Gemalt 1843) Steinzeichnung.
10. Irene Gräfin von Arco-Stepperg, geborne Marquise von Pallavicini. (Gemalt 1834) Stahlstich.
11. Rosalie Julie von Bonar, geb. Gräfin Grohoska. (Gem. 1840) Stahlstich.
12. Amalie von Schintling. (Gemalt 1831) Stahlstich.

III.
13. Crescentia Fürstin von Oettingen-Oettingen und Oettingen-Wallerstein. (Gemalt 1833) Stahlstich.
14. Isabella Gräfin von Tauffkirchen-Engelburg. (Gemalt 1828) Steinzeichnung.
15. Friederike Freyin von Gumppenberg. (Gemalt 1843) Steinzeichn.
16. Maria Gräfin von Landsfeld (Lola Montez). (Gemalt 1847) Stahlstich.
17. Charlotte von Hagn, k. b. Hofschauspielerin als Prinzessin Thekla in Schiller's „Wallenstein". (Gemalt 1828) Stahlstich.
18. Cornelia Vetterlein. (Gemalt 1828) Stahlstich.

IV.
19. Marianne Marquise Florenzi, geb. Gräfin von Bacinetti (Gem. 1831).
20. Caroline Gräfin Holnstein aus Bayern, geborne Freyin von Spiering. (Gemalt 1834).
21. Mathilde Freyin von Jordan. (Gemalt 1837.)
22. Therese Spence, geborne Renard. (Gemalt 1837.)
23. Karoline Lizius. (Gemalt 1842.)
24. Anna Hillmayr, Bürgerstochter von München. (Gemalt 1829.)

V.
25. Ludovika Freyin von Neubeck. (Gemalt 1839.)
26. Elisabeth List. (Gemalt 1842.)
27. Maximiliana Borzaga. (Gemalt 1827.)
28. Anna B. Kaula. (Gemalt 1829.)
29. Augusta Strobel. (Gemalt 1827.)
30. Regina Daxenberger, Bürgerstochter von München. (Gem. 1829.)

VI.
31. Lady Jane Erskine. (Gemalt 1837.)
32. Wilhelmine Sulzer, k. b. Hofschauspielerin. (Gemalt 1838.)
33. Josepha Conti, geborne Reh. (Gemalt 1844.)
34. Helena Sedelmayer, Bürgerstochter von München. (Gemalt 1831.)
35. Antonia Wallinger, k. b. Hoftheater-Tänzerin. (Gemalt 1840.)
36. Maria Dietsch. (Gemalt 1850.)

Sämmtliche Blätter der Lieferungen IV—VI sind in Stahl gestochen.

Subscriptions-Preise

für die ganze Sammlung von 36 Bildnissen in 6 Lieferungen.

Jede Lieferung, loco München, 8 fl. 30 kr. rhein., franco Leipzig etc. 5 Thlr. pr. Crt., franco Wien 7 fl. 30 kr. C.-M. Silber, franco an die Hauptplätze Frankreichs und der Schweiz 20 frs.

Einzeln kostet jede Lieferung 12 fl. rhein., 7 Thlr. pr. Crt., 10 fl. C.-M. 20r Silber, 28 frs.

Einzelne Blätter werden erst nach Vollendung der ganzen Sammlung abgegeben.

COLLECTION DE BEAUTÉS

DE SA MAJESTÉ LE ROI LOUIS I. DE BAVIÈRE

DANS LA RÉSIDENCE ROYALE À MUNICH

PUBLIÉE PAR

L'ETABLISSEMENT ARTISTIQUE PRIVILÉGIÉ DE PILOTY & LŒHLE À MUNICH.

Feuille

Livraisons.

I.
1. Marie, Reine de Bavière, née Princesse Royale de Prusse. (Peint en 1845) Gravure sur acier.
2. Augusta, Princesse impériale et Archiduchesse d'Autriche, Princesse Grandducale de Toscane, Epouse du Prince Leuitpold de Bavière. (Peint en 1845) Gravure sur acier.
3. Alexandrine, Princesse Royale de Bavière. (Peint en 1845) Lithographie.
4. Sophie, Archiduchesse d'Autriche, née Princesse Royale de Bavière, mère de S. M. l'Empereur François Joseph d'Autriche. (Peint en 1832) Gravure sur acier.
5. Lady Milbanke, Epouse de l'Envoyé de S. M. la Reine de Grande-Bretagne près la Cour de Bavière à Munich. (Peint en 1844) Gravure sur acier.
6. Catherine Bozzaris, Dame de Cour de S. M. la Reine de Grèce, fille du héros Marco Bozzaris, mort dans la lutte des Grecs pour la liberté de leur pays. (Peint en 1851) Lithographie.

II.
7. Amélie Baronne de Krudener, Epouse de Mr. le Baron de Krudener, membre du conseil impérial d'Etat de Russie &c. (Peint en 1838) Grav. s. acier.
8. Janthe Lady Ellenbourough, née Lady Digby. (Peint 1831) Lithogr.
9. Charlotte comtesse de Waldbott-Bassenheim, née princesse d'Oettingen-Wallerstein. (Peint en 1843) Lithographie.
10. Irène comtesse d'Arco-Stepperg, née marquise de Pallavicini. (Peint en 1834) Gravure sur acier.
11. Rosalie Julie de Bonar, née comtesse de Grohoska. (Peint en 1840) Gravure sur acier.
12. Amélie de Schintling. (Peint en 1831) Gravure sur acier.

III.
13. Crescénce princesse d'Oettingen-Oettingen et d'Oettingen-Wallerstein. (Peint en 1833) Gravure sur acier.
14. Isabelle comtesse de Tauffkirchen-Engelburg. (Peint en 1828) Lithographie.
15. Fréderique baronne de Gumppenberg. (Peint en 1843) Lith.
16. Marie comtesse de Landsfeld (Lola Montez). (Peint en 1847) Gravure sur acier.
17. Charlotte de Hagn, actrice du Théatre Royal de la cour, dans le rôle de la princesse Thekla, tragédie de Wallenstein par Schiller. (Peint en 1828) Gravure sur acier.
18. Cornelie Vetterlein, (Peint en 1828) Gravure sur acier.

IV
19. Marianne Marquise Florenzi, née Comtesse de Bacinetti. (Peint 1831.)
20. Caroline Comtesse Holnstein de Bavière, née Baronne de Spiering. (Peint 1834.)
21. Mathilde Baronne de Jordan. (Peint 1837.)
22. Therése Spence, née Renard. (Peint 1837.)
23. Karoline Lizius. (Peint 1842.)
24. Anne Hillmayr, fille bourgeoise de Munich. (Peint 1829.)

V.
25. Louise Baronne de Neubeck. (Peint en 1839.)
26. Elisabet List. (Peint en 1842.)
27. Maximilienne Borzaga. (Peint en 1827.)
28. Anne B. Kaula. (Peint en 1829.)
29. Auguste Strobel. (Peint en 1827.)
30. Régine Daxenberger, fille bourgeoise de Munich. (Peint en 1829.)

VI.
31. Lady Jeanne Erskine. (Peint en 1837.)
32. Guillemette Sulzer, actrice du Théatre de la cour. (Peint en 1838.)
33. Joséphine Conti, née Reh. (Peint en 1840.)
34. Hélène Sedelmayer, fille bourgeoise de Munich. (Peint en 1840.)
35. Antoinette Wallinger, danseuse du Théatre de la cour. (Peint 1840.)
36. Marie Dietsch. (Peint en 1850.)

Toutes les feuilles des livraisons IV—VI sont gravées sur acier.

Prix de Souscription

pour la collection complète, contenant 36 portraits en 6 livraisons.

Chaque livraison, à Munich 8 fl. 30 kr. Rh., à Leipzig etc. 5 Thl. de Pr., à Vienne 7 fl. 30 kr. C.-M. d'argent. Dans les villes principales de la France et de la Suisse 20 frs.

Chaque livraison à part coûte: 12 fl. Rhein., 7 Thlr., 10 fl. C.-M. d'argent, 28 frs.

Il ne sera vendu séparément aucun portrait, qu'après la publication complète de la collection.

85 Inhaltsverzeichnis zum Portfolio zur Schönheitsgalerie; um 1855; 60 x 45; MStM, Graphiksammlung

für die Zeit um 1855 gültige Anordnung. Sie numeriert die 36 Porträts, die Stieler zwischen 1827 und 1850 gemalt hatte [ABB. 85; KAT.NR. 4.15]. Die Reihenfolge der Blätter richtet sich aber nicht nach der Chronologie der jeweils gut belegten Entstehungszeit der Porträts. Die Präsentation läßt eine ständische Ordnungshierarchie erkennen. Marie von Preußen führt die Sammlung als die nunmehrige Königin von Bayern an. In der ersten Lieferung sind Vertreterinnen aus der königlichen Familie mit beson-

54 »Lola Montes: or, A Reply to the ›Private History and Memoirs‹ of that Celebrated Lady«, New York o.J. [1851]. Ein Exemplar ist im Besitz der Pennsylvania State University Libraries; s.: DAY 1981, S.339, Abb.1; SEYMOUR 1996 (Abb.).

55 S.: DAY 1981, S.345 und 347 (Abb.11); SEYMOUR 1996 (Abb.). Exemplare befinden sich in: Berkeley (Kalifornien), Bancroft Library, University of California und in Cambridge (Mass.), The Harvard Theatre Collection. Das Exemplar in Cambridge trägt rückseitig die Bezeichnung: »J.E. McClees, 1310 Chestnut Street, Philadelphia«. Lola Montez gastierte im Oktober 1852 im Chestnut Street Theatre von Philadelphia.
56 S.: HOERNER 1989, S.67-69
57 S.: HOERNER 1989, S.254, Nr.134 und S.175 (Abb.)
58 Ludwigs Schwiegertochter Marie, die 1843 noch als Kronprinzessin porträtiert wurde, ist nun als Königin von Bayern aufgeführt. Für eine Entstehungszeit um 1855 spricht außerdem, daß die beiden Porträts keine Beachtung finden, mit denen Stielers Schüler Friedrich Dürck die Galerie seit 1859 aktualisierte; s.: HOJER [3]1990, S.120-122.

86 Lola Montez; um 1855; Stahlstich von Joseph Andreas Fleischmann nach dem Gemälde Stielers; 60 x 45; MStM, Graphiksammlung

87 Münchner Carte-de-visite der Lola Montez von Piloty & Loehle; um 1860; 10,6 x 6,2; Stadtarchiv München, Historisches Bildarchiv (Photo: Stadtarchiv München)

ders hochgestellten Hofdamen vereinigt. Die Bürgerstöchter sind auf die hinteren Plätze verwiesen. Lola Montez rangiert als Gräfin Landsfeld an sechzehnter Stelle [ABB. 86; KAT. NR. 4.31].

Das »gemalte Serail«: Variationen zu einem Schönheitsideal

Für den sammlungsgeschichtlichen Typus einer Schönheitsgalerie lassen sich einige historische Vorläufer anführen.[61] Naheliegend ist der Hinweis auf die Galerie von Hofdamen, die Kurfürst Maximilian II. Emanuel um 1712 in Schloß Nymphenburg angelegt hatte. Vor allem in Frankreich waren zur Zeit von Louis XIV sogenannte Mätressengalerien entstanden. In Verknüpfung mit der französischen Tradition der Mätressenbeziehung machte sich Leo von Klenze auch die Mühe, die zahlreichen Flirts des bayerischen Königs in einer Liste aufzuführen. Sie reicht von der »Schwefelholz-Nanni« über die »Rambaldi-Lene« bis hin zu eben Lola Montez als der angeblich bereits fünfzigsten Affäre Ludwigs.[62] Viele Namen dieses Dossiers kehren in der Schönheitsgalerie im Porträt wieder, doch wäre es verfehlt, die Galerie als eine Sammlung amouröser Trophäen zu betrachten. Dieser meist unter vorgehaltener Hand geäußerte Gedanke kann so nicht stimmen: Ludwig hat seine eigene Tochter für die Galerie malen lassen [KAT.NR. 4.18].[63]
In der Regel werden Ludwigs Vorstellungen auf einen Schönheitsbegriff zurückgeführt, den die ästhetische Diskussion der deutschen Klassik zu einer moralischen Kategorie erhoben hatte. Auf der Grundlage von Kants Definition des Schönen als »Symbol des Sittlich-Guten« schrieb Friedrich Schiller seine Schrift »Über Anmut und Würde« und entwickelte schließlich seine be-

88 Lola Montez vor dem Hintergrund der Münchner Frauenkirche; um 1855; Lithographie nach dem Gemälde Stielers; 16 x 20,5; MStM, Graphiksammlung

89 Lola Montez um 1855; Lithographie nach dem Gemälde Stielers; 44 x 30; MStM, Graphiksammlung

rühmte Idee von der Schönheit als Freiheit in der Erscheinung. In diesem Geist gilt auch die Galerie des bayerischen Königs bis heute als ein Ort, an dem Schönheit als ein sittliches Ideal verstanden wurde. Die Porträts werden als Abbilder einer »belle âme« oder »Schönen Seele« interpretiert.[64] Schönheit erscheint so als ein von anzüglichen Männerphantasien gereinigtes Abstraktum. Es ist bezeichnend, daß sich der Name »Schönheitsgalerie« gegenüber einer personalisierten »Schönheitengalerie« durchgesetzt hat. Stieler sprach noch von der »Sammlung der schönen Köpfe« oder der »Sammlung der Schönheiten«.[65]

In der Musikgeschichte würde man die 36 Bilder der Gattung der »Variationen« zuordnen. Das gemeinsame Thema sind junge Frauen, die als schön gegolten und vor allem dem König von Bayern gefallen haben. In der Summe entsprechen sie einem Idealtypus, um den die einzelnen Kompositionen kreisen. Der individuelle Charakter der Porträtierten tritt in den Hintergrund. Die Bildnisse sind keine Charakterstudien, die dem Maler eine psychologische Einfühlung in die Persönlichkeit der jeweils Dargestellten abverlangt hätten. So fehlen auf der Klaviatur Stielers auch die Halbtöne, die einen dissonanten Akkord erzeugen könnten. Gerade das Porträt der Lola Montez gibt nichts von ihrem Innenleben preis. Nicht erst in der Gegenüberstellung mit den Porträtphotographien wird deutlich, daß es im Grunde gar nicht so sehr um eine möglichst authentische Darstellung ging. Die Persönlichkeit geht in einem Typus auf, den der Maler in einer stilistischen Kontinuität von fast dreißig Jahren ausgebildet hatte und der in erster Linie einem Idealbegriff des Auftraggebers nahekam. So spiegelt die Galerie das Schönheitsideal des Königs, das seine Favoritinnen in der Gesamtheit aller Darstellungen illustrieren.

59 S.: MÜLLER 1845, S.113
60 S.: MÜLLER 1845, S.312
61 S.: HASE 1971, S.91-93; HOJER [3]1990, S.25-35
62 KLENZE I/6, fol.24-33v
63 Zum Porträt der Anna Amalia s.: HOJER [3]1990, S.115 (Abb.)
64 Hase erklärt die Galerie mit dem Begriff der »Seelenschönheit«, Hojer spricht von »Tugendallegorien«; HASE 1971, S.103; HOJER [3]1990, S.35.
65 Zit.n.: HASE 1971, S.95 und 98

90 Helene Sedelmayer; um 1855; Lithographie von Joseph Andreas Fleischmann nach dem Gemälde von Joseph Stieler (1831); 60 x 45; MStM, Graphiksammlung

91 Die Schöne Münchnerin; um 1840; kolorierte Lithographie nach Carl Engel; 53,2 x 68,3; MStM, Graphiksammlung

Schönheit war für Ludwig I. kein adeliges Privileg. In der Galerie fand eine häufig bemerkte Aufhebung der Standesschranken statt. So stehen die Kinder einfacher Leute in einer Reihe mit der Erzherzogin von Österreich. Ludwigs Bewunderer haben ihm diesen vermeintlichen Gleichheitsgedanken besonders hoch angerechnet. Keine der porträtierten Hofdamen hätte in dieser scheinbar egalitären Nachbarschaft aber einen Wettbewerb gesehen. Wenn eine Dienstmagd aus dem Berchtesgadener Land oder die Tochter eines Münchner Wildprethändlers in ihrer Landestracht präsentiert wurden, dann nahm niemand ernsthaft daran Anstoß. Längst hatte die sprichwörtliche Unschuld vom Lande einen festen Platz in der Gesellschaftsordnung. Ein legitimierendes Vorbild bot zum Beispiel der Kult um Vittoria Caldoni, von der nicht zuletzt auch Ludwig hingerissen war. Dieses Mädchen aus dem römischen Hinterland war in den Jahren um 1820 zu der wohl am häufigsten porträtierten Frau ihrer Zeit geworden.[66] In der Münchner Schönheitsgalerie erlangten jetzt die rotwangigen Sprößlinge aus dem Volk eine vergleichbare Porträtwürdigkeit. Stieler hatte die Order, nach geeigneten Dorfschönheiten Ausschau zu halten, wenn er über die Lande fuhr.[67] Unabhängig von der Galerie malte er sein Bildnis der »Schifferliesl vom Tegernsee«.[68] Zur gleichen Zeit hat sich die sprichwörtlich gewordene Vorstellung von der »Schönen Münchnerin« ausgebildet. Das auf Pfeifenköpfen und Bierkrügen populär gewordene Motiv geht auf eine um 1840 entstandene Zeichnung von Carl Engel (1817 bis 1870) zurück, die zwei Mädchen mit silberner Riegelhaube und Kropfkette bei Bier und Ret-

66 Zu Caldoni s.: Hermann Mildenberger, Vittoria Caldoni und der Kult des Modells im 19. Jahrhundert, in: AUSST.KAT. NÜRNBERG 1991, S.95-103. Ludwig erwarb eine Büste der Vittoria Caldoni von Rudolph Schadow; München, Bayerische Staatsgemäldesammlungen, Inv.Nr.: WAF B.23.
67 »Der einzige Platz, der, wie Du weißt, in meiner Schönheitengalerie offengelassen ist, ist noch nicht gefüllt. Stieler, in dessen Interesse es liegen müßte, ihn zu füllen, hat keine gesehen, die es wert wäre. Daß ich keine gesehen habe, ist keine Überraschung, da ich auf keinem Ball gewesen bin«; Ludwig I. an Lola Montez, 15. 2. 1849; zit.n.: BW 1995, S.292.
68 HASE 1971, S.146, Nr.265
69 S.: CORTI 1979, S.190
70 LEWALD 1835, S.27
71 Der Brief Hanfstaengls ist veröffentlicht bei: HASE 1971, S.98f.; s.a.: GEBHARDT 1984, S.209-212.

92 »Galerie der ehemaligen ›Münchner Schönheiten‹«; um 1840; Lithographie; 17,5 x 32; MStM, Graphiksammlung

tich im Englischen Garten zeigt [ABB. 91; KAT. NR. 4.55 und 4.56]. Von solchem Schlag waren auch die in die Schönheitsgalerie aufgenommene Helene Sedelmayer oder die Hillmayr Anna [ABB. 90; KAT.NR. 4.49 und 4.39]. Sie konnten als die exemplarischen Töchter Bayerns gelten, die einem paternalistisch denkenden Landesvater zur Zierde gereichten.

Umgekehrt wuchs gerade aber in den niederen Ständen die Unsicherheit und das Mißtrauen vor diesen schmeichelhaften Mesalliancen. Die Tochter des Leihhauskassierers Borzaga aus Rovereto erschien immer in Begleitung ihrer Familie zu den Ateliersitzungen.[69] »Die stillen Bürgerstöchter sehen sich auf eine solche Weise zu einer Celebrität erhoben, die ihnen oftmals sehr verderblich wird«, schrieb August Lewald in seinem Reisebuch über die Schönheitsgalerie.[70] Franz Hanfstaengl verweigerte die geplante Aufnahme seines Kinds in die Sammlung. Diese Auszeichnung würde seinen »religiösen und sittlichen Begriffen« widersprechen und seine Tochter Pauline »auf Ideen leiten, welche ihr nicht geziemen«.[71] Eine um 1840 entstandene Lithographie illustriert solche altväterlichen Befürchtungen. Unter dem Titel »Galerie der ehe-

93 Marianna Marchesa Florenzi; um 1855; Lithographie von Joseph Andreas Fleischmann nach dem Gemälde von Joseph Stieler (1831); 60 x 45; MStM, Graphiksammlung

94 Sophie Erzherzogin von Österreich; um 1855; Lithographie von Joseph Andreas Fleischmann nach dem Gemälde von Joseph Stieler (1832); 60 x 45; MStM, Graphiksammlung

maligen ›Münchner Schönheiten‹« wird in sieben mahnenden Beispielen das Thema des gefallenen Mädchens vorgeführt [ABB. 92; KAT.NR. 4.57]. Daß der Einbruch des Adels in die bürgerliche Wohnstube zumeist als Tragödie endete, hatte die Dramenliteratur seit den Tagen des Sturm und Drang hinlänglich beschrieben.Vor diesem Hintergrund scheint es nicht gerechtfertigt zu sein, die Repräsentation aller Stände in der Schönheitsgalerie als den Beweis einer demokratischen Gesinnung zu interpretieren.[72] Ebenso wenig kann es als ein Ausweis konfessioneller Toleranz gelten, wenn die Tochter des jüdischen Hofagenten Raphael Kaula gewissermaßen als Abbild der »schönen Jüdin« in der Galerie vertreten ist [KAT.NR. 4.43].[73] Nach den heutigen Maßstäben einer *political correctness* wäre man auch über das Porträt einer schönen Afrikanerin oder einer schönen Asiatin nicht weiter erstaunt. Der geradezu ostentativ betriebene Kosmopolitismus der Galerie wurde von der Öffentlichkeit solange geduldet, bis eine wirkliche Außenseiterin darin Platz finden sollte.

Die Aufnahme der Lola Montez stieß auf massiven Protest. Marchesa Florenzi (1803–1870) fühlte sich gedemütigt [ABB. 93; KAT.NR. 4.34]. Seit über 25 Jahren war sie in einem sehr persönlichen Verhältnis zu Ludwig gestanden. Einige ihrer Kinder sollen ihm ähnlich gesehen haben.[74] Jetzt habe sie aus London hören müssen, daß ihr Porträt neben dem der verrufenen Tänzerin ausgestellt sei.[75] Ihre Verbitterung war nicht so sehr Ausdruck einer persönlichen Eifersüchtelei. Die Marchesa sah sich in ihrer Ehre gekränkt und wohl auch in ihrer Klugheit beleidigt. Für Sophie Erzherzogin von Österreich (1805–1872) muß das Porträt der Lola Montez geradezu ein Affront gewesen sein. Sie war nicht nur die autoritäre Stiefschwester Ludwigs, sondern als Mutter des angehenden Kaisers Franz

72 So noch HASE 1971, S.106
73 S.: HOJER [3]1990, S.63 (Abb.)
74 Zu Ludwig I. und Marianna Marchesa Florenzi s.: Angela Zucconi, Lodovico innamorato. La »love story« italiana di Ludwig di Baviera, Mailand 1993; dies., Lodovico innammorato. Viaggi in Italia di Lodovico di Baviera, Mailand und Rom 1944
75 Der Brief der Marchesa an Ludwig I. vom 20. Januar 1848 ist zitiert bei: HOJER [3]1990, S.22f.; zu ihrem Porträt s.: HOJER [3]1990, S.70f. mit Farbabb.
76 S.: HOJER [3]1990, S.95 (Abb.)
77 Ein einläßliches Porträt Sophies für die Zeit um 1848 findet sich in der Sisi-Biographie von Brigitte Hamann, Elisabeth. Kaiserin wider Willen, München [11]1997.
78 Zit.n.: HOJER [3]1990, S.10
79 S.: CORTI 1979, S.302
80 Die Photographie erschien in: H. Kreisel, Residenz München. Amtlicher Führer, München 1937, S.75f. und Abb.22 und ist nachgedruckt bei: HASE 1971, Abb.277 und HOJER [3]1990, S.18.
81 »Er liebt die Kunst, und die schönsten Frau'n/ Die läßt er

Joseph die politisch mit Abstand exponierteste Persönlichkeit der gesamten Galerie [ABB. 94; KAT.NR. 4.19].[76] Mit Nachdruck versuchte sie die Ausweitung der Affäre zu verhindern. Die Liebesgeschichte ihres Bruders zu Lola Montez gefährdete das Ansehen ihrer Familie im Kaiserhaus erheblich und schwächte nicht zuletzt ihre eigene Position in einer Zeit, als sie sich gegen Metternich als »heimliche Kaiserin« zu etablieren versuchte.[77]

Nach der Abdankung Ludwigs wurde das Porträt der Lola Montez zumindest zeitweise separiert. Jacob Burckhardt sah es 1856 »einsam am Trumeau des Kabinetts« hängen.[78] Gelegentlich stößt man auf den Hinweis, das Gemälde sei von einem Vorhang verhüllt gewesen. In der Zeit um 1860 soll es dann ganz aus der Galerie genommen und durch ein neues Frauenporträt ersetzt worden sein.[79] Aus dem Jahr 1937 stammt eine Photographie, die den Festsaalbau kurz vor seiner Zerstörung dokumentiert [ABB. 95].[80] Der Ausschnitt zeigt von links nach rechts die Porträts der Wilhelmine Sulzer, Lady Jane Ellenborough, Lady Theresa Spence, Auguste Strobl, Helene Sedelmayer und Lola Montez.

Bereits die Zeitgenossen konnten eine gewisse Heiterkeit kaum unterdrücken, wenn sie von der Schönheitsgalerie des bayerischen Königs hörten. Die weit verbreitete Vorstellung eines für die Reize des schönen Geschlechts besonders anfälligen Herrschers war durch den hehren Anspruch von Schönheit als einer sittlichen Qualität sicher nicht zu korrigieren. Heinrich Heine degradierte solchen Idealismus zur romantischen Schwärmerei. In seinen Spottversen auf Ludwig sprach er von der Schönheitsgalerie als einem »gemalten Serail«, durch das der König als ein »Kunst-Eunuch« wandle.[81]

Ludwig selbst war von einer eher unansehnlichen Gestalt. Bild des von einer Geschwulst

95 Die Schönheitsgalerie im Festsaalbau der Münchner Residenz; 1937; Photographie aus H. Kreisel, Residenz München. Amtlicher Führer, München 1937 (Photo nach: Gerhard Hojer, Die Schönheitsgalerie König Ludwigs I., München/Zürich ³1990)

gezeichneten, schwerhörigen und stotternden Königs ist vielfach überliefert [ABB. 217; KAT. NR. 12.5]. Die Münchner Kinder erkannten den alten König »an seiner Beule auf der Stirne«.[82] Zur Zeit der Lola Montez war er einmal so von Flechten entstellt, daß er sich tagelang nicht aus der Residenz wagte.[83] Man kann sich des Eindrucks nicht erwehren, daß Ludwig im Glanz der gesammelten Schönheiten eigene Defizite zu kompensieren versuchte. Wenn er schon nicht schön war, so wollte er sich doch zumindest seinen Sinn für das Schöne nicht absprechen lassen. Wie um guten Geschmack zu beweisen, machte er sein Museum der Schönheiten in einer fast schon prahlerischen und exhibitionistischen Geste der Öffentlichkeit zugänglich. In einem ähnlichen Impetus hat er auch nie ernstlich versucht, seine Affären im Geheimen zu halten. Die Welt sollte wissen, daß der König von Bayern von den schönsten Frauen begehrt wurde.

portraitiren;/ Er geht in diesem gemalten Serail/ Als Kunst-Eunuch spatzieren«; zit.n.: HEINE 1983, S.142.

82 KAULBACH ²1918, S.70

83 »Die Lola geht zum König täglich 2 bis 3 mal ins Schloß, der König hat seine Flechten-Krankheit im Gesicht«; BOISSERÉE 1985, S.356 (6. 4. 1847). – »Heute vor zwei Jahren war ich an ›tarta‹ erkrankt, wie im Französischen die Flechten heißen. Und Du, Lolitta, hast mir Gesellschaft geleistet, ohne angeekelt zu sein«; Ludwig I. an Lola Montez, 13. 3. 1849; zit.n.: BW 1995, S.304.

V. Das Palais der Lola Montes

Das Palais der Lola Montez erhob Anspruch auf Stil und Geschmack. Das Haus lag in der Barer Straße und ist auf den Stadtplänen von 1837 und 1852 zwischen Karolinenplatz und Kreuzung Kasernstraße (seit 1862 Gabelsbergerstraße) linkerhand mit der Nummer 7 eingezeichnet [ABB. 96 und 97; KAT.NR. 5.1 und 5.2]. Der König hatte es für seine Geliebte ankaufen und mit erheblichem Aufwand renovieren lassen. 1912 wurde es abgerissen. Doch können zeitgenössische Drucke und spätere Photographien eine hinreichend gute Vorstellung von diesem Haus vermitteln [ABB. 98 bis 100, 116 und 117]. Darstellungen vom Münchner Wohnsitz der Lola Montez erschienen vor allem im Zusammenhang mit den politischen Ereignissen des Jahres 1848 [KAT.NR. 5.5]. Die in Zeitungen und Bilderbogen gedruckten Illustrationen haben nicht die Präzision bauzeichnerischen Planmaterials. Die Zeichner betrachteten das Haus nicht aus architektonischer Sicht, sondern als einen Ort der Lokalgeschichte. Auch die Photographien überliefern kein verläßliches Bild [ABB. 116 und 117; KAT.NR. 5.7 und 5.8]. Die Aufnahmen wurden zu Beginn des 20. Jahrhunderts gemacht, nachdem das ursprünglich nur zweigeschossige Palais erneut umgebaut und aufgestockt worden war. Der Eingriff hatte erhebliche Auswirkungen nicht zuletzt auf die Gestalt der Fassade, die mit einem nun weitaus reicheren Baudekor dem Geschmack der Gründerzeit angeglichen wurde. Von diesem 1882 erfolgten Umbau hat sich der bei der Lokalbaukommission vorgelegte Eingabeplan erhalten, auf dem neben Ansicht, Schnitt, Situationsplan auch die Grundrisse eingetragen sind [ABB. 105; KAT.NR. 5.9]. Die ursprünglichen Baupläne lassen sich nicht mehr nachweisen. Zusammengenommen ergibt sich aber auch so ein anschauliches Bild von dem Haus, in dem Lola Montez wohnte.

Der Kaufvertrag

Lola Montez war noch keine drei Wochen in München, da war schon im Gespräch, ihr ein Haus zu kaufen. So schnell hatte der König den Entschluß gefaßt, sie an München und damit auch an sich zu binden. Im mäzenatischen Gestus hatte er seinen Favoritinnen schon mehrfach Häuser geschenkt. Bekannt ist das Beispiel der Sängerin Karoline Lizius, die Ludwig von Aschaffenburg nach München holte. Auch der Schauspielerin Constanze Dahn schenkte er ein Haus »als fiche de consolation«.[1] Im Fall der Lola Montez hatte die Schenkung dringendere Gründe. Es hätte der höfischen Etikette sehr geschadet, die Tänzerin als einen täglichen Gast in der Residenz zu empfangen. Und schließlich konnte der König nicht ständig ins Hotel gehen. Am einfachsten wäre es gewesen, Lola Montez die von Friedrich von Gärtner gerade fertiggestellte Villa an der Schwabinger Landstraße zu überlassen.[2] Diese Villa war aber bereits der Königin versprochen. So sehr Ludwig die Abmachung jetzt bereute, so konnte er das Geschenk an seine Frau nicht mehr zugunsten seiner neuen Geliebten rückgängig machen.[3] Auf das Anwesen in der Barer Straße war man vermutlich während der Ateliersitzungen bei Stieler aufmerksam geworden, der in der direkten Nachbarschaft wohnte. Vormals hatte das Haus einer Gräfin Wahl gehört.[4] Auf einer Bleistiftzeichnung von Carl August Lebschée aus dem Jahr 1834 ist es in seiner ursprünglichen Gestalt dargestellt [ABB. 99; KAT.NR. 5.3].[5] Es war wohl im Zuge der 1807 einsetzenden Erschließung der Maxvorstadt errichtet worden, als um den neu angelegten Karolinenplatz erste repräsentative Wohnbauten entstanden. Auf dem Stadtplan von Schleich und Rickauer aus dem Jahr 1812 ist das Haus bereits eingezeichnet.[6] An die Periphe-

1 KLENZE I/5, fol.37; s.a.: KLENZE I/6, fol.31
2 Zu den Villen an der Schwabinger Landstraße s.: AUSST.KAT. MÜNCHEN 1987a, S.485-487, Nr.167; AUSST.KAT. MÜNCHEN 1992, S.260, Nr.70
3 Klenze zitiert den König mit dem Ausruf: »O! wäre doch diese Schenkung nicht erfolgt und hätte ich hier meine Lolita etablieren können!«; KLENZE I/6, fol.92v. Als eine vergleichbare Schenkung ist die Schloßanlage Biederstein bei Schwabing zu betrachten, die Maximilian I. Joseph seiner Frau Karoline überlassen hatte.
4 Heideck sprach vom Ankauf eines »ehemals der Gräfin Wahl gehörigen Häuschens«; zit.n.: KRISTL 1979, S.49.
5 Freundlicher Hinweis von Brigitte Huber (München), die eine Ausstellung zu Carl August Lebschée (1800–1877) vorbereitet.
6 S.: STADTBILD 1990, S.51, Nr.5.11

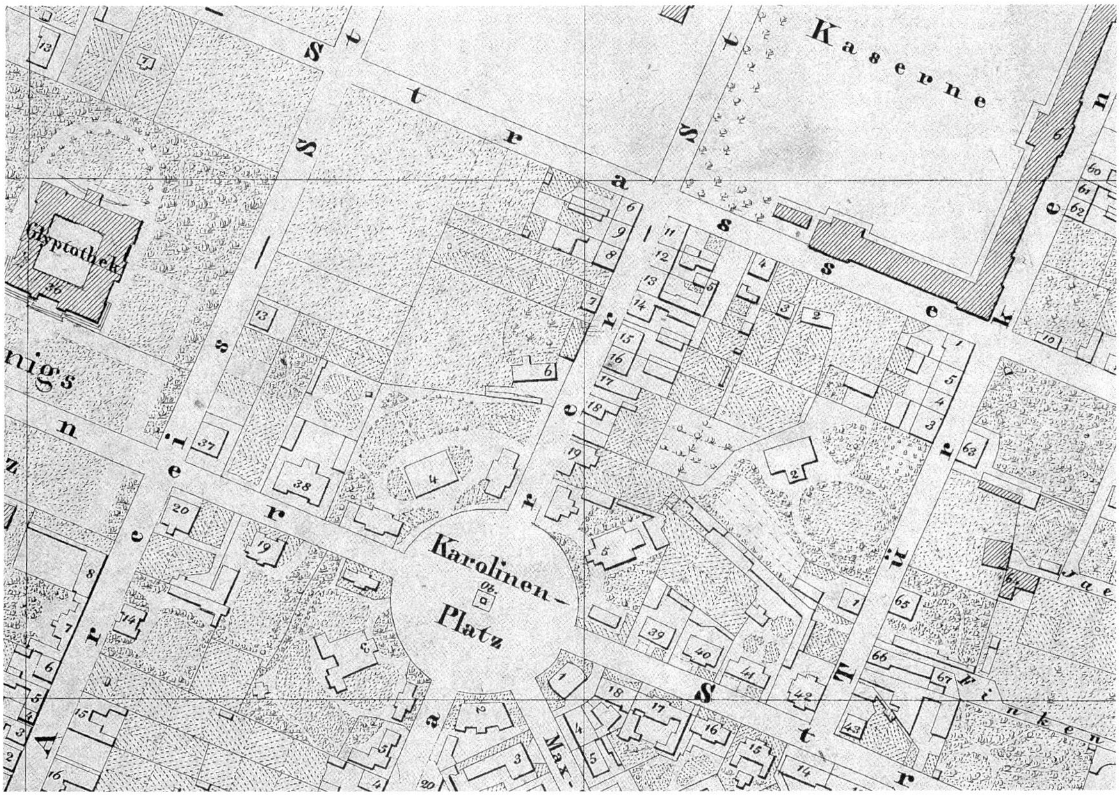

96 Plan von München 1837; 1837; Lithographie; 64,5 x 81; MStM, Graphiksammlung (Ausschnitt)

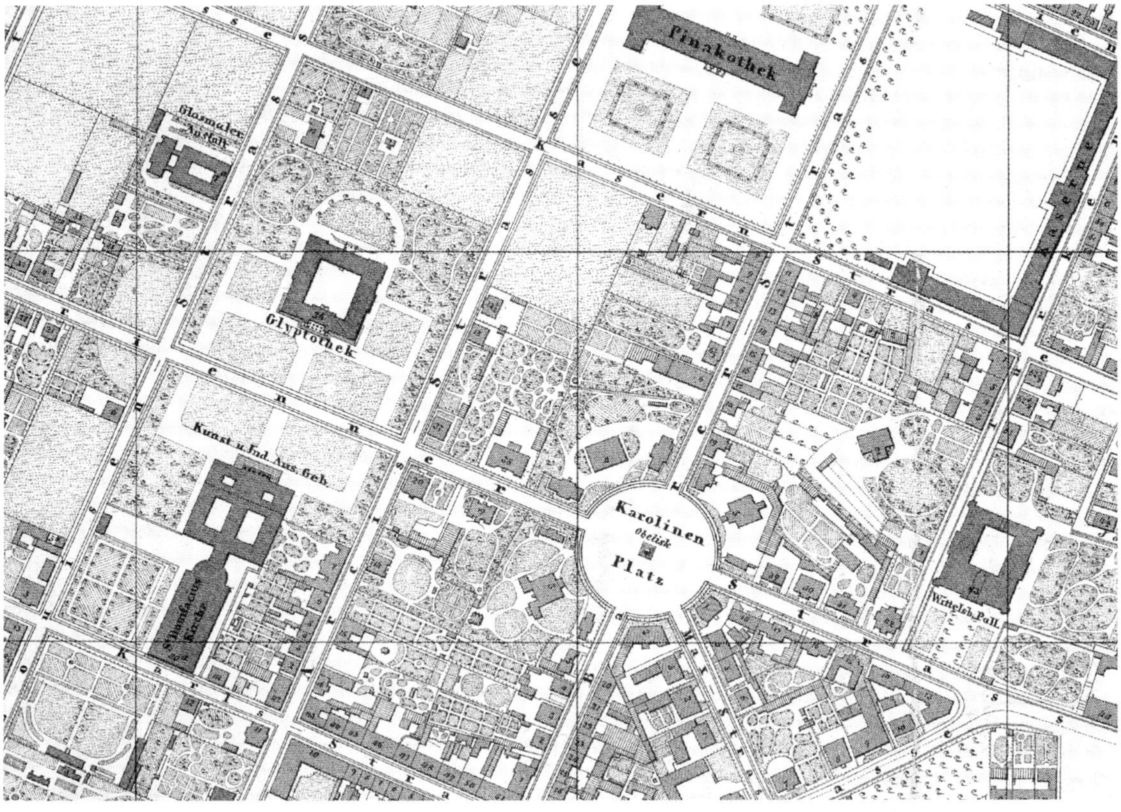

97 Plan von München 1852; 1852; Lithographie; 66,5 x 87,5; MStM, Graphiksammlung (Ausschnitt)

98 *Das Palais der Lola Montez; 1848; Lithographie nach Gustav König; 9,8 x 16,1; MStM, Graphiksammlung*

rie des mittelalterlichen Stadtkerns gerückt, folgte es noch ganz der klassischen Idee einer *villa suburbana*. Das Viertel erlebte mit der Thronbesteigung Ludwigs seinen eigentlichen Aufschwung. 1833 wurde der Obelisk auf dem Karolinenplatz enthüllt. Die Barer Straße hatte ihren Namen 1826 in Erinnerung an die beiden Schlachten in Bar sur Aube von 1814 erhalten.

Am 29. Oktober 1846 wurde mit einem Friedrich Adam Schwartz aus Solnhofen der Kaufvertrag geschlossen.[7] Im frühen 19. Jahrhundert hatte ein Haus in München 7 000 oder 9 000 Gulden gekostet.[8] Das Haus der Lola Montez kostete 16 000 Gulden. Es wurde aber über 7 000 Gulden »Hypothekgelder« verhandelt, die in dem relativ hohen Kaufpreis wohl inbegriffen waren.[9] Der Magistrat der Stadt München bestätigte am 11. November 1846, »daß Maria de los Dolores Miontes genannt Lola Montes für den Ankauf des Hauses Nr 7. in der Barrerstraße von einem Kaufschillinge zu 16 000 fl [Gulden] die vorschriftsmässigen Gebühren mit 100 fl d.i. ein Hundert Gulden dießorts richtig bezahlt habe« [KAT.NR. 5.10]. Zur Renovierung und Ausstattung stellte der König ein beachtliches Budget zur Verfügung. Er ließ das Geld von Karl Wilhelm von Heideck verwalten [KAT.NR. 3.32]. Heideck führte über alle Ausgaben gewissenhaft Buch.[10] Mit dem Umbau wurde Eduard Metzger beauftragt. Schon am 20. November 1846 stand der Architekt auf dem »Bauplatz der Frau L. Montez«.[11]

Der Umbau durch Eduard Metzger

Eduard Metzger (1807–1894) war Professor an der Polytechnischen Schule. Der 1816 gegründete Verein war vor allem eine bürgerlich organisierte und keine staatliche Institution. In dieser Stellung war Metzger stets im Schatten der namhaften Münchner Hofarchitekten gestanden. Mit der Fertigstellung des Siegestors erhielt er erst nach dem Tod Gärtners im April 1847 seinen ersten großen öffentlichen Auftrag.[12] Über Lola Montez versuchte Metzger, dem König weitere Bauprojekte anzutragen, wie »den Bau eines neuen Narrenhauses, einer polytechnischen Schule und die Verlegung des Getreide-Marktes – der Schranne – außerhalb der Stadt«.[13] Später wurde er in der Nachfolge Gärtners für kurze Zeit zum »General Conservator der Denkmale

7 Der mit der Sache betraute Notar August Manostetter ließ den »abgeschlossenen Kaufvertrag vom 29. Octtr 1846 von Seiten des Herrn Friedrich Adam Schwartz« in Solnhofen ratifizieren; München, BSB, LA 39 (unter »Heideck«, 1. 11. 1846). Conte Corti schreibt, Ludwig habe das Anwesen erst am 1. Dezember 1846 erworben; CORTI 1979, S.237.

8 S.: OTTOMEYER 1991, S.23

9 Heideck an Ludwig I., 13. 11. 1846; München, BSB, LA 39 (unter »Heideck«)

10 München, BSB, LA 39 (unter »Heideck«). Der Akt ist überschrieben: »Ausgaben für Lolita 1846. 1847.«. Auszüge sind veröffentlicht bei: KRISTL 1979.

11 Metzger an Heideck, 20. 11. 1846; München, BSB, LA 39 (unter »Heideck«)

12 »Der obere Teil des Siegestors ist enthüllt worden. Es macht einen guten Effect. Du weißt, daß Gärtner gestorben ist und Metzger die Endarbeiten bekommen hat«; Ludwig I. an Lola Montez, 1. 6. 1849; zit.n.: BW 1995, S.323. Zum Anteil Metzgers am Siegestor s.: Thomas Weidner, Das Siegestor und seine Fragmente, München 1996, S.32

13 KLENZE I/5, fol.23v. Heideck leitete entsprechende Vorschläge an den König weiter. Sie sind in Briefen Metzgers und Heidecks an Ludwig I. erläutert; München, BSB, LA 39 (unter »Heideck«, 21. 2. 1847 und 24. 2. 1847).

14 SIGNATE 1994 Bd.6, S.518 (28. 10. 1847), S.550 (18. 1. 1848) und S.551 (23. 1. 1848)

15 S.: BW 1995, S.255 (9. 11. 1848)

des Reichs« berufen.[14] Unter Maximilian II. wurde er aus diesem Amt schnell wieder entlassen. Angeblich erfuhr Metzger von seiner Entlassung im November 1848 aus der Zeitung.[15]
Es war sicher eine Idee Heidecks, den damals noch kaum in Erscheinung getretenen Architekten für den Umbau heranzuziehen. Der General hatte kurz zuvor sein eigenes Palais in der Kasernstraße (heute Gabelsbergerstraße) von Metzger auf originelle Weise erneuern lassen. Dieses Palais wurde nach 1945 abgerissen, doch sind Ansicht und Schnitt in Publikationen Metzgers überliefert.[16] Es handelte sich um den frühesten Münchner Profanbau im neugotischen Stil. Die Aussicht, nun auch in der Barer Straße für Lola Montez bauen zu dürfen, muß für Metzger eine ganz besondere Herausforderung dargestellt haben. Auf dem unmittelbar angrenzenden Grundstück hatte sein Kontrahent Franz Jakob Kreuter (1813–1889) mit dem Palais für den Maler Joseph Stieler soeben ein eindrucksvolles Beispiel Münchner Wohnbauarchitektur errichtet [ABB. 101 und 102; KAT.NR. 5.11 und 5.12].[17] Kreuter hatte auch das Palais für den Maler Monten gebaut, das berühmt wurde, als 1843 Wilhelm Kaulbach einzog [ABB. 103; KAT.NR. 5.13].[18] Von Kreuter stammen außerdem das Palais Dürckheim und das Palais Schönborn.[19] Alle diese architektonisch beachtlichen Bauten entstanden zwischen 1841 und 1844. Es wäre nur konsequent gewesen, dem in dieser Bauaufgabe bewährten Architekten auch den Umbau des künftigen Palais der Lola Montez anzuvertrauen. Während Metzger Huldigungsgedichte an Lola Montez schrieb, scheint sich Kreuter aber nie mit ihr eingelassen zu haben. 1852 hat er München nach dem Zerwürfnis mit Maximilian II. enttäuscht verlassen.[20]
Offensichtlich boten die villenartigen Wohnbauten Kreuters die Folie, auf der Metzger seinen

99 Carl August Lebschée: Haus Barer Straße 7 in der Münchner Maxvorstadt; 1834; Graphit; 14,2 x 18,6; MStM, Graphiksammlung

Entwurf konzipiert hatte. Das Nebeneinander des Palais Stielers und des Palais der Lola Montez zwingt zu einem direkten Vergleich, den Metzger bewußt gesucht zu haben scheint. Die beiden Palais waren sich in der Anlage sehr ähnlich. Als ein an den Kanten scharf geschnittener, kubischer Block stimmten die Baukörper weitgehend überein. Das Haus der Lola Montez hatte nur zwei Geschosse und wirkte dadurch umso vornehmer. Wie auch beim Palais Stielers war der Hauseingang zur Seite verlegt, so daß die Wohnräume der zwei Geschosse mit jeweils fünf Fenstern zur Straßenseite zeigten. Als eine wesentliche Neuerung ist der Verzicht auf den für den Münchner Wohnbau typischen Mittelrisalit hervorzuheben. Die Fassade des Stielerhauses war noch durch einen von einem geknickten Gebälk abgeschlossenen Mittelrisalit akzentuiert. In der Durchfensterung hatte Kreuter die mitt-

16 Zum Palais Heidecks in der ehemaligen Kasernstraße 13 s.: Eduard Metzger, Beschreibung des Wohnhauses des Herrn Generalmajors, Freiherrn von Heideck in München, in: Allgemeine Bauzeitung 1845, S.71ff.; Eduard Metzger, Münchner Wohngebäude 1/1846, Bl. III und IV; ZIMMERMANN 1984, S.194-199 und Taf.16 und 17; AUSST.KAT. MÜNCHEN 1987a, S.495f., Nr.176
17 Zu Kreuters Bauten in München und zum Palais Stielers in der ehemaligen Barer Straße 6½ s.: ZIMMERMANN 1984, S.181-188; AUSST.KAT. MÜNCHEN 1987a, S.492f., Nr.174
18 S.: AUSST.KAT. MÜNCHEN 1987a, S.492, Nr.173; s.a.: KAULBACH ²1918, S.8f. (Abb.)

100 Das Palais der Lola Montez in der Barer Straße und die Alte Pinakothek; um 1866; kolorierte Lithographie aus: K. Grünwedel, Spaziergang durch München, Leporello, München um 1866; 13 x 28,6; MStM, Graphiksammlung

leren drei Fenster im Risalit so zusammengeschlossen, daß die Raumaufteilung an der Fassade ablesbar wurde. Metzgers Fassade war dagegen plan in die Straßenflucht gesetzt. Er wählte einen symmetrischen Rhythmus, bei dem die schmucklosen Fenster in gleichmäßiger Verteilung in die Wand geschnitten wurden. So entstand der Eindruck, als sei der piano nobile ein einziger großer Saal.[21]

Wie im Stielerhaus waren die Gliederungselemente zurückhaltend und insgesamt sparsam eingesetzt. Das Untergeschoß wurde erst beim Umbau im Jahr 1882 rustiziert [ABB. 117]. Ursprünglich waren die beiden Geschosse von einem nur schmalen Gesims unterteilt. Der bauplastische Dekor konzentrierte sich auf den vor die Mittelachse des piano nobile gesetzten Konsolbalkon. Angeblich hat Lola Montez den Balkon selbst entworfen.[22] Schon die Zeichnung von Lebschée aus dem Jahr 1834 zeigt aber einen mit einer Marquise überspannten Balkon [ABB. 99]. Mit dem dominanten Balkon in der Mitte und dem geriffelten Sockel korrespondierte ein zweiteiliger Ornamentfries als Abschluß des Obergeschosses [ABB. 98]. Wahrscheinlich war dieser Fries aus Terrakotta. Ähnliche Farbakzente hatte Kreuter bereits der Fassade des Palais Schönborn gegeben. Metzgers Ornamentfries kaschierte ein niederes Attikageschoß, das als Speicherraum diente. Kreuter war angehalten, dem Stielerhaus ein bewohnbares Halbgeschoß mit drei weiteren Fenstern aufzusetzen. Metzger zitierte diese Idee, indem er drei Lichtöffnungen in den Fries integrierte. Das Dach selbst blieb hinter einem weit ausladenden Überstand verborgen. Auf der 1848 entstandenen Lithographie ragt nur der Blitzableiter hervor. Der flache Dachtyp mit niederem Neigungswinkel war eine dem klassizistischen Geschmack gemäße Lösung. Das aus dem italienischen Palastbau bekannte, weit vorkragende Dachgesims scheint aber erst Kreuter in München eingeführt zu haben, etwa am Palais von Kaulbach [ABB. 103]. Insgesamt erscheint das Palais der Lola Montez als eine modernisierte Weiterentwicklung des von Kreuter erprobten Wohnbautyps.

Ein Rundgang durch das Haus

Für die Zeitgenossen stand das »im italienischen Style« gebaute und großzügig durchfensterte Palais im »eleganten Gegensatz gegen die großen kalten Wohnungen, welche den größten Fehler in der Münchner Architektur ausma-

19 S.: AUSST.KAT. MÜNCHEN 1987a, S.482-484, Nr.165 und S.484f., Nr.166

20 An einer Monographie zu Kreuter arbeitet Christoph Hölz (München).

21 Auf der Lithographie sind die hohen Fenster ohne Sprossen dargestellt. Es handelt sich sicher um ein vereinfachtes und wenig verläßliches Detail. In den Bauplänen und Architekturzeichnungen der Zeit war es üblich, die von den Schreinern geleistete Fenstereinteilungen nicht zu berücksichtigen; s.: ZIMMERMANN 1984, S.41.

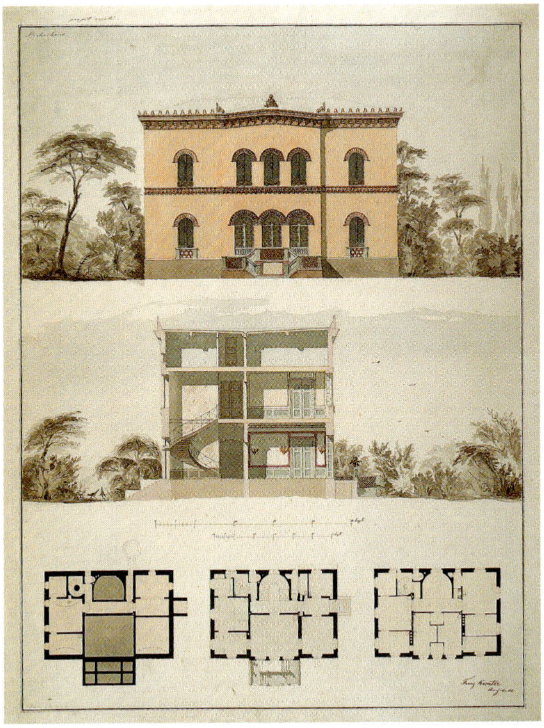

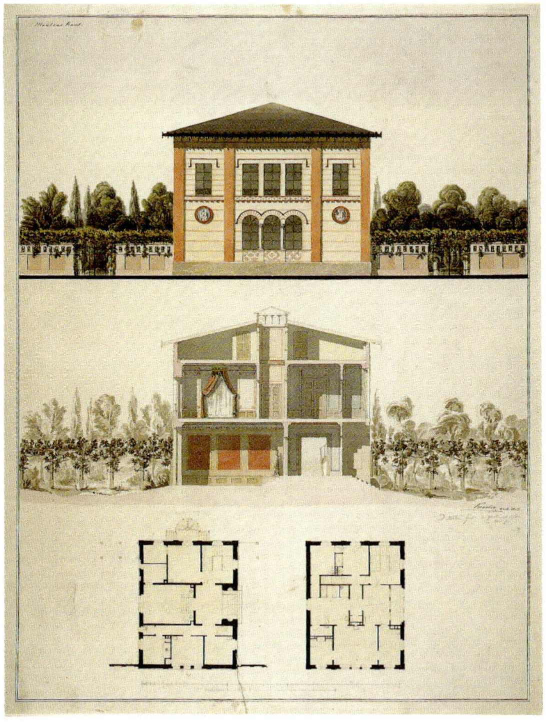

101 Franz Jakob Kreuter: Palais des Malers Joseph Stieler in der ehemaligen Barer Straße 6½. Ausführungsentwurf. Aufriß, Schnitte, Grundrisse; 1841?; aquarellierte Federzeichnung; 46 x 62; MStM, Graphiksammlung

102 Franz Jakob Kreuter: Palais des Malers Joseph Stieler in der ehemaligen Barer Straße 6½; 1841?; aquarellierte Federzeichnung; 47,2 x 60,5; MStM, Graphiksammlung

103 Franz Jakob Kreuter: Palais des Malers Dietrich Monten, seit 1843 des Malers Wilhelm Kaulbach in der ehemaligen Oberen Gartenstraße 16½. Aufriß, Querschnitt, Grundrisse; um 1841; aquarellierte Federzeichnung; 44 x 58; MStM, Graphiksammlung

104 Franz Jakob Kreuter: Wanddekorationen im pompejanischen Stil für das Caféhaus Tambosi; um 1847; kolorierte Federzeichnung; 62 x 43,4 MStM, Graphiksammlung chen«.[23] Das Haus sei klein gewesen und »Außen eben so unscheinbar wie im Innern fürstlich«.[24] Einen Eindruck von der Wohnqualität verschaffte sich der Journalist George Henry Francis, der Lola Montez im Herbst 1847 besuchte. Er charakterisierte das Palais als eine geglückte Mischung aus »französischer Eleganz, Münchner Kunst und englischem Komfort«.[25] Von einem »neuen temple du bon gout« sprach auch Klenze, dessen Sarkasmus aber kaum zu überhören ist, wenn er sich zugleich über die »Einrichtung dieses neuen Kytheräons oder Veneraeums« lustig machte.[26]

Der Zuschnitt der Zimmer und die Raumabfolge sind auf dem allerdings schon modifizierten Grundriß von 1882 dokumentiert [ABB. 105]. Eine sehr genaue Vorstellung von der Ausstattung der Räume und deren Nutzung ermöglicht ein bisher unbeachtetes Inventar [KAT.NR. 5.35].[27] Es wurde angelegt, als das Haus nach Lolas Flucht aus München wieder zum Verkauf stand. Damals wurde das gesamte Mobiliar in die Residenz eingelagert und dann offenbar in die Schweiz transportiert, wo Lola Montez ein neues Quartier zunächst in Bern und anschließend am Genfer See gefunden hatte.[28] Mit Ausnahme einer Vase, die sich heute bezeichnenderweise in Genf befindet, lassen sich die im Inventar aufgelisteten Ausstattungsstücke nicht mehr identifizieren [ABB. 21; KAT.NR. 5.24]. Sie sind in den Rechnungen der Handwerker und Lieferanten aber ausreichend gut erläutert, um auf einige zumindest vergleichbare Stücke hinweisen zu können.[29] Auf der Grundlage dieser Quellen läßt sich eine imaginäre Hausbesichtigung beschreiben.

Der Zugang war über die Einfahrtshöfe geregelt, die das Haus auf der Nord- und Südseite flankierten. Der Haupteingang lag auf der Nordseite. Die zwei seitlichen Eingänge waren durch einen Korridor verbunden, der das Erdgeschoß in der Länge teilte [ABB. 105]. Hatte der Besucher den Eingangsbereich passiert, erwarteten ihn im Treppenhaus »zwei Lanzenknechte mit Postamenten hinzu von Gyps« [INVENTAR 119/120]. Sie gaben einen unmißverständlichen Hinweis auf die vermeintliche Herkunft der Gräfin Landsfeld. Auf der Rechnung des Kunstglasers Franz Steigerwald sind auch »2 Carcel [?] Lanzen mit rubin vergoldeten Maurischen Vasen, Monture in Bronzedoré« aufgeführt.[30] Für das Treppenhaus lieferte Steigerwald außerdem »4 Säulen, geschliffen alabaster Crystall mit Socles & Capitälen in Bronzedoré«, »zur Hausthüre die Griffe in turquis crystall, montirt mit Bronzedoré« und ein »Stiegengeländer in weiß crystall Colonnen, mit vergoldet Carton pierre montirt«.[31] Das große »Krystall-Magazin von Franz Steigerwald« im Bazargebäude war so imposant, daß es Vinzenz Müller in seinem Münchenführer von 1845 »zu den Zierden unserer Hauptstadt« zählte.[32]

Jedes Geschoß hatte vier Zimmer, die sich im Zuschnitt jeweils entsprachen. Die Zimmer im Parterre waren 3,50 Meter hoch, im Obergeschoß 3,80 Meter. Als ersten Raum im Erdgeschoß beschreibt das Inventar ein eher unscheinbares, zweifenstriges Eckzimmer. Das Zimmer wird in den Quellen nicht näher benannt. Es war mit einem Bett, einer Kommode und einem Waschtisch ausgestattet. Offenbar handelte es sich um ein Gästezimmer. Vermutlich meinte der Tapezierer diesen Raum, als er Arbeiten für ein »Dongischott-Zimmer« aufschrieb.[33]

Es folgte ein schmaler Raum, den die Handwerker »Silber-Kammer« nannten. Dort stand ein »Silberkasten von Balisanter Holz, in 10 Abtheilungen, die Rückwand mit Spiegeln« [INVENTAR 20]. In dieser Etagere wurde das Tafelsilber aufbewahrt. Lola Montez hatte das Silber

22 S.: FRANCIS 1848, S.11
23 FRANCIS 1848, S.11
24 Leipziger Illustrierte Zeitung 244/1848, S.153
25 FRANCIS 1848, S.13; einen Überblick geben: KRISTL 1979, S.95-97; RAUH ²1996, S.114ff.; SEYMOUR 1996, S.150
26 KLENZE I/5, fol.22
27 »Inventar aller Mobilien und Effecten in der Wohnung der Gräfin von Landsfeldt«; München, BSB, LA 39 (unter »Rosmann«, 1,6; 9. 4. 1848)
28 »In ein paar Tagen werden Deine Möbel im Palast sein. Sie müssen saubergemacht werden und können dann nach Bern«; Ludwig I. an Lola Montez, 25. 3. 1848; zit.n.: BW 1995, S.158.
29 München, BSB, LA 39 (unter »Heideck« und unter »Metzger«)
30 München, BSB, LA 39 (unter »Heideck«, 11. 2. 1847)
31 München, BSB, LA 39 (unter »Metzger«, 8. 5. 1847)
32 MÜLLER 1845, S.305
33 München, BSB, LA 39 (unter »Heideck«, 14. 1. 1847 und 19. 2. 1847)
34 Die von Heideck überlieferte Anekdote ist zitiert bei: KRISTL 1979, S.100.
35 S.: KLENZE I/5, fol.69v
36 Zu Maierhofer und seinem Nachfolger Westermayer s.: AUSST.KAT. MÜNCHEN 1987, S.399-402; KLEIN 1993, S.162-165; AUSST.KAT. MÜNCHEN 1993, S.84f.
37 S.: MILLER 1904, S.20f. und 37 (Abb.)
38 Die Schreibweise ist nicht einheitlich. Zur Verwirrung trägt außerdem bei, daß im Palais der Lola Montez ein weiterer Meyerhofer verkehrte. Dieser Meyerhofer war Konfiseur; s. Kapitel XI zu KAT.NR.11.38.

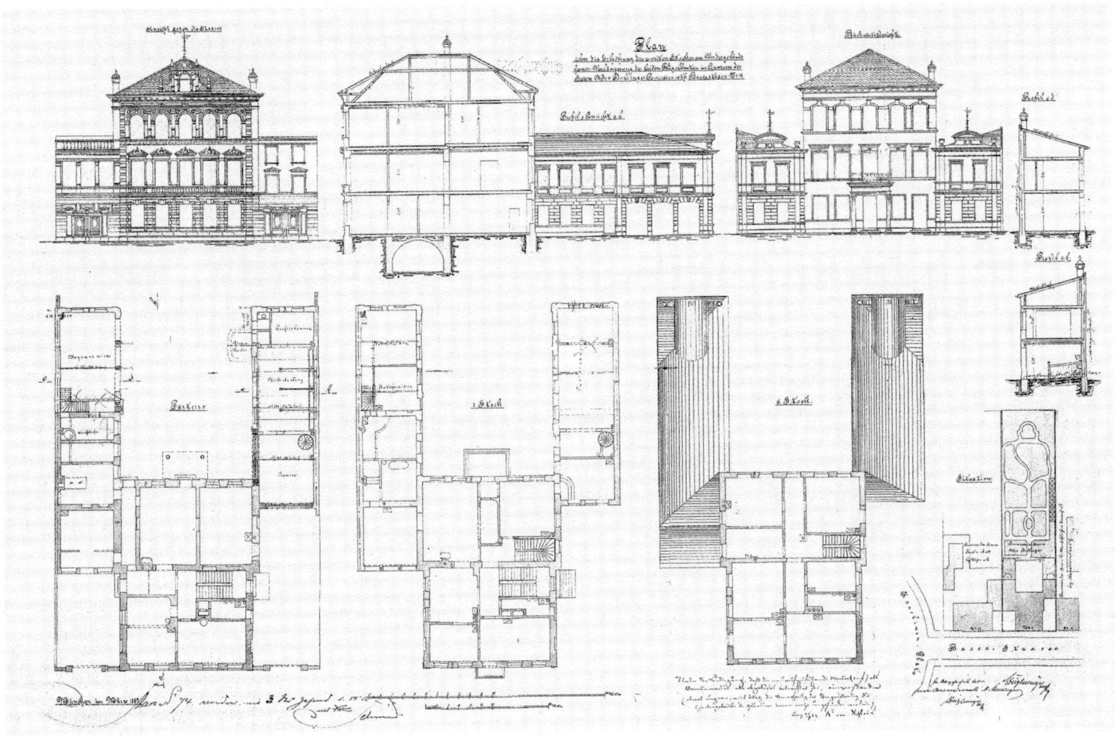

105 Eingabeplan zum 1882 erfolgten Umbau des ehemaligen Palais der Lola Montez mit Grundrissen, Ansichten, Durchschnitt und Situationsplan (Barer Straße 19); 1882; kolorierte Planzeichnung; 63,6 x 97,5; Stadtarchiv München, LBK 1158/1 (Photo: Stadtarchiv München)

bei Maierhofer in München gekauft. Als sie sich dort immer neue Stücke aussuchte, die Heideck nicht mehr bezahlen wollte, soll Lola Montez so in Wut geraten sein, daß sie eine Vitrine einschlug und sich die Hand blutig schnitt.[34] Ein anderes Mal habe sie nach einer von ihr angezettelten Rauferei Zuflucht im Haus Maierhofers gefunden.[35] Es befand sich im Thiereckgäßchen. Die Silberschmiede war unter Bartholomäus Maierhofer (1773–1840) zu Ansehen gekommen.[36] Ferdinand von Miller d.Ä. ist aus dieser Werkstatt hervorgegangen.[37] Im Jahr 1831 hatte Maierhofer die Zunftgerechtigkeit auf seinen Stiefsohn Joseph Westermayer (1797–1871) übertragen. Westermayer stempelte das Silber weiterhin mit dem etablierten Meisterzeichen »Mayrhofer« [KAT.NR. 5.14 und 5.15].[38] Nach Lolas Flucht nahm Ludwig alles Silber in Verwahrung und schickte es ihr in die Schweiz.[39] Vermutlich wurde es dann 1849 in London versteigert.[40] Mit ihren umfangreichen Bestellungen hatte Lola Montez erheblich zum Wohlstand Westermayers beigetragen.[41] Im Jahr 1847 ließ er sich im Kreis seiner Familie porträtieren [ABB. 107; KAT.NR. 5.16].

Auf die Silberkammer folgte das große Boudoir. Es lag mit drei Fenstern zur Gartenseite. Neben einer Garnitur mit Sofa, Fauteuils und rundem Tisch war es auch mit einem Schreibtisch ausgestattet [INVENTAR 27 bis 30, 40]. Im Boudoir stand außerdem das für ein Damenzimmer obligatorische Klavier [INVENTAR 31]. Für 400 Gulden war vom Hofinstrumentenmacher Klüh »ein nach Original verfertigtes Piano droit von Palisander Holz mit vieler Bildhauer Arbeit und Messing Einlagen« geliefert worden. Die Rechnung ist im Vorgriff schon auf »Frau Gräfin Montez« ausgestellt.[42] In der Rechnung des Tapezierers sind Arbeiten für ein »Rauchzimmer« aufgeschrieben, womit sicher das Boudoir gemeint war.[43] Ein satirisches Blatt auf die Emanzipationsbewegung der Zeit um 1848 zeigt ein Damenzimmer mit den hierfür typischen Attributen [ABB. 106; KAT.NR. 5.17].

39 »Ich will das ganze Silber, die Bilder, die Vase und die anderen Kleinigkeiten, die Du mir aus der Pinakothek gegeben hast, meinen ganzen Schmuck, Kristall etc.«; Lola Montez aus Bern an Ludwig I., 24. 3. 1848; zit.n.: BW 1995, S.165f.

40 Neben dem Meisterzeichen »Mayrhofer« mit Münchner Kindl müßte es an den Initialen und der Grafenkrone zu identifizieren sein, die Lola Montez hatte eingravieren lassen; s.: KLENZE I/5, fol.16.

41 Die Rechnungen wurden von »B: Mayerhofer, Bürger und Silber-Arbeiter nächst der Frauen Kirche No 2« gestellt. Er verlangte 2122 Gulden für »einen silbernen Thee-Service mit vergoldeten Bordüren u: Verzierungen, bestehend in: 1 Bouloir – 1 Thee – 1 Kaffee – 1 Milchkanne – 1 Zuckerschaale – 1 Theebüchse mit Schloß; 2 kleine länglicht vierecktige Cabarets mit getriebenen Bordüren u: graviertem Grund theilweise vergoldet; 1 selb. durch gebrochener Confeckt-korb, vergoldet; 12 vermeil Theelöffel; 12 detto Dessert-bestecke mit Perlmuttermuster; 12 detto Servietteringe«. Es folgte eine zweite Rechnung über 1583,48 Gulden; München, BSB, LA 39 (unter »Heideck«, 19. 12. 1846 und 3. 2. 1847).

42 München, BSB, LA 39 (unter »Heideck«, 25. 1. 1847). Die Rechnung stellte die Witwe des Instrumentenbauers aus.

43 München, BSB, LA 39 (unter »Heideck«, 14. 1. 1847 und 19. 2. 1847)

106 »Madame Elegie« - Satirische Darstellung einer emanzipierten Frau im Boudoir; um 1850; Lithographie; 27,7 x 21,5; MStM, Puppentheatermuseum, Sammlung Böhmer

Der vierte und letzte Raum im Erdgeschoß war der Speisesaal. Er fand bei den Zeitgenossen große Bewunderung. Der zinnoberrote Saal war in pompejanischer Manier ausgemalt. Als Vorlagen sollen Zeichnungen gedient haben, »welche in Herkulanum und Pompeji aufgefunden wurden« und von denen Lola Montez »mit großem Geschmack die Auswahl getroffen« habe.[44] Das ist gewiß maßlos übertrieben. Aus internationaler Sicht stellte das Zimmer einen verspäteten Reflex auf die pompejanische Dekorationsmode dar.[45] In Bayern hatte diese Mode gerade im Jahr 1847 ihren Höhepunkt. Damals wurde das Pompejanum in Aschaffenburg fertiggestellt, das dem von Gärtner in Pompeji aufgemessenen Dioskurenhaus folgt.[46] Die an antiken Vorlagen orientierte Ausmalung diente als Muster einer ganzen Reihe ähnlicher Tapeten. Wanddekorationen im pompejanischen Stil entwarf in dieser Zeit zum Beispiel Franz Jakob Kreuter für das Caféhaus Tambosi [ABB. 104; KAT.NR. 5.18 bis 5.20]. Der Speisesaal der Lola Montez sah gewiß ähnlich aus. Die Ausführung wurde dem Dekorationsmaler Anton Wagner anvertraut. Er stellte in Rechnung: »Den Speiße-Saal zur ebener Erde, den Plafond u: die Wände ganz reich im Pompejanischen Stiel gemalt mit einem Bild und 7 schwebende Figuren auf Zinoberrothen Feldern, dan die Loungerie ganz reich mit Blumen, Früchte und Gefässe gemalt beträgt für den ganzen Saal mit allen Auslagen 1000.– [Gulden]«.[47]

Zu dem zinnoberroten Anstrich paßten die Vorhangdraperien aus grünem Plüsch und grünem Taft. Auch die Sessel aus schwarzem Palisanderholz waren mit grünem Plüsch überzogen. Im Speisesaal standen »8 Stühl, 1 runder Tisch mit Coulissen und Einlageblätter, 1 Büffet mit Aufsatz« [INVENTAR 49, 51, 53].[48] Gedecke, Servietten und Tücher waren aus Damast.

Es mutet als Affront und ganz besonderer Snobismus an, wenn Lola Montez in München Porzellan aus Paris aufdecken ließ. Sie hatte ein Porzellanservice bei Joubert im Bazargebäude bestellt. Dort war sie Stammkundin. Joubert importierte seine Waren aus Frankreich und hatte »Commission für alle französischen Artikel, und insbesondere für Möbel und Kleiderstoffe, Spitzen, Handschuhe und alles, was Toilette betrifft; Porzellan, Spiegel, Bronce, gepreßte Leder als Zimmerornamente, wovon immer die Muster zur Einsicht bereit liegen; Papiertapeten, diverse Bordeaux-Weine«.[49] Heideck traute wohl seinen

44 FRANCIS 1848, S.12
45 S.: Peter Werner, Pompeji und die Wanddekoration der Goethezeit, München 1970; Ausst.Kat. »Pompei e gli architetti francesi dell' Ottocento«, Neapel 1981
46 S.: AUSST.KAT. MÜNCHEN 1987a, S.244-246, Nr.42; AUSST.KAT. MÜNCHEN 1992, S.246-248, Nr.44
47 München, BSB, LA 39 (unter »Metzger«, 7,11; 29. 3. 1847)
48 München, BSB, LA 39 (unter »Heideck«: Rechnung des Schreinermeisters Leonhard Glink; 14. 1. 1847)

Augen nicht, als er eine Rechnung für ein Porzellanservice aus Paris und eben nicht aus Nymphenburg erhielt.[50] Die Trinkgläser, darunter zwölf Champagnerschalen [INVENTAR 160], lieferte Franz Steigerwald. Er stellte auch »2 Epheu Vasen, alabaster rosa mit Bronze Bouquets« in Rechnung, außerdem »1 Punsch Bowle auf Socle v. Plateau mit 18 Gläsern, rubin, reichst Gold Decors«.[51]
Die privaten Zimmer lagen im ersten Stock. Die Raumfolge war wohl so geregelt, daß Lola Montez vom Treppenhaus in die Ankleide gelangte, die über ein schmales Toilettezimmer in das Schlafzimmer führte. Die Ankleide wurde auch »Spiegel-Cabinet« genannt. Die Bezeichnung bezog sich nicht auf Glasspiegel, sondern auf den vergoldeten Plafond, den der Hofvergolder Franz Paul Spahn nach einer Zeichnung Metzgers ausgeführt hatte.[52] Die vier großen »Trumeaux-Spiegel«, die der Glasermeister Jakob Gander lieferte, hingen im Salon und im Schlafzimmer [INVENTAR 94 und 101/102].[53] In der Ankleide standen neben einem Ruhebett und einer Sitzgarnitur ein »Toilette-Tisch mit Spiegel in vergoldetem Rahmen, mit Tüll und rothem Atlas verziert« [INVENTAR 62]. Wäsche und Kleider wurden beim Zimmermädchen aufbewahrt, das die tägliche Garderobe in der Ankleide aufzulegen hatte [INVENTAR 237 bis 265].
Die Ankleide war mit dem schmalen »Toilette-« oder »Waschzimmer« verbunden. Es gab einen »Waschtisch von Balisanterholz, mit Aufsatz, Spiegel und Marmorplatte« [INVENTAR 69]; außerdem sind im Inventar aufgeführt »1 großer Waschkasten von Balisanterholz, 4 Glasthüren und mit weißem und rothem Woll bespannt« [INVENTAR 70] und »1 großer Toilette-Kasten mit Spiegel in schwarzem Holz« [INVENTAR 71]. Der Bronzefabrikant Ludwig Quarin lieferte einen Fuß für ein »Lavabo von Crystal«.[54] Die

107 Der Silberarbeiter Joseph Westermayer im Kreis seiner Familie; 1847; Öl auf Leinwand; 106 x 87; MStM, Gemäldesammlung

Möbel stammten von Leonhard Glink, der bereits für das Toilettezimmer der Königin Therese im Königsbau eine Garnitur aus Palisander mit hellen Intarsien geliefert hatte.[55] Das Toilettezimmer der Königin dürfte also dem der Mätresse sehr ähnlich gewesen sein.
Von der Toilette gelangte man ins Schlafzimmer. Lola Montez hatte ein schwarzes Bett, das mit einem rotseidenen Vorhang drapiert war. Wer darin lag, hatte einen Blick auf die »Madonna Tempi« Raffaels [ABB. 108]. Es handelte sich um eine Kopie, die so gut gelungen sei, »daß viele der besten Maler meinen, es wäre ein echter

49 MÜLLER 1845, S.113
50 »Rechnung für in Paris bestelltes Porcellan Service im Betrage von 1251 Gulden 29 Kr., welche meinen Voranschlag um mehr als das Doppelte übersteigt, da dieser auf Münchner Porcellan von mäßigen Kosten gestaltet war«; Heideck an Ludwig I., 7. 4. 1847; München, BSB, LA 39 (unter »Heideck«).
51 München, BSB, LA 39 (unter »Heideck«, 11. 2. 1847)
52 »Rechnung über gefertigte Vergolder und Faß-Arbeiten in dem Hause der Senora Lola Montez welche im Auftrage des

Herrn Profeßors und Architekten Metzger durch Hofvergolder Franz Paul Spahn geliefert wurden«; München, BSB, LA 39 (unter »Metzger«; 9. 3. 1847). Die beachtliche Rechnung über 2735,42 Gulden schließt nicht zuletzt auch Arbeiten im »Ankleide- resp: Spiegel-Zimmer« ein: »Der Spiegelplafond nach Zeichnung des Herrn Architekten Metzger, mit Tischler- Bildhauer- und Drechsler-Arbeit gefertiget, alle geschnitzten Theile und Blättchen davon glanzvergoldet, das Ornament auf violetten Grund theilweise mit Silber- Gold und Maße-Verzierungen dekoriert«. Im Münchner Stadtmuseum befindet sich eine Gouache, die einen mit Rokoko-Ornamenten verkleideten Salon als Spiegelsaal der Lola Montez ausweist (Tempera auf Karton; 48,5 x 71; MStM, Graphiksammlung, Inv.Nr.: 36/2340). Die Bestimmung ist nicht haltbar.

53 »1 plan weiß plan belegter Spiegel 6'6" hoch 3'6" breit« zu 230 Gulden und »3 Trumeaux – Spiegel plan weiß in 2/3 Theile aufgesegt 8'6" hoch 2'4" breit« zu 264 Gulden«; München, BSA, LA 39 (unter »Heideck«; 24. 2. 1847).

54 München, BSB, LA 39 (unter »Metzger«; 26. 2. 1847)

55 S.: OTTOMEYER 1991, S.188

56 Lola Montez an Ludwig I., 5. 3. 1849; zit.n.: BW 1995, S.301. Das Gemälde ist als »Raphael« auch bei FRANCIS 1848, S.12 erwähnt.

57 Zur »Madonna Tempi« im Schlafzimmer Ludwigs I. s.: CORTI 1979, S.172

58 München, Bayerische Staatsgemäldesammlungen, Inv.Nr.: WAF 796

Raphael«.[56] Das Gemälde war ein Geschenk Ludwigs. Vermutlich handelte es sich um das Exemplar, das zuvor sein eigenes Schlafzimmer geziert hatte.[57] Er hatte das Original nach langen Verhandlungen 1829 in Florenz erwerben können.[58] Als ein Glanzstück der Alten Pinakothek wurde die »Madonna Tempi« in die lange Reihe der Porzellanmalereien aufgenommen, für die der König in der Nymphenburger Manufaktur eine eigene Kopistenabteilung hatte einrichten lassen. Dieses um 1834 entstandene Plattengemälde stammt von Christian Adler.[59] 1835 bat der Schweizer Kupferstecher Samuel Amsler um Erlaubnis, die »Madonna Tempi« zeichnen und stechen zu dürfen.[60] Es ist aber nicht bekannt, wer die Kopie im Montez-Palais gemalt hat.[61] Später gelangte sie zusammen mit den anderen Wertgegenständen aus der Barer Straße nach England.[62] Als Lola Montez dort das Gemälde in ihrer Geldnot versetzen wollte, zierte sie sich nicht, Ludwig einen Rückkauf vorzuschlagen.[63] Am 22. März 1849 wurde das Gemälde bei einer Zwangsversteigerung in London veräußert.[64]

Im Grundriß von 1882 weist der größte Raum des oberen Stockwerks zur Gartenseite. Dort war der im Inventar als viertes Zimmer aufgeführte Salon eingerichtet. Die Vorhänge und Stoffbezüge waren aus gelber Seide. Der Ton harmonierte mit den Sitzgarnituren und Tischen aus Palisander. Bis auf die wohl älteren Stücke aus Nußbaum und Mahagoni in dem als Gästezimmer charakterisierten Raum im Erdgeschoß waren alle Möbel der Lola Montez aus Palisander. Sie wurden vom Münchner Schreinermeister Leonhard Glink angefertigt.[65] Ein Klapptisch aus Palisander mit Arabeskenintarsien, der den Arbeiten Glinks nahesteht, kann exemplarisch den Geschmack der Lola Montez veranschaulichen [ABB. 109; KAT.NR. 5.21].[66]

108 Raffael: Madonna Tempi; um 1507; Öl auf Pappelholz; 75 x 51; München, Bayerische Staatsgemäldesammlungen, Inv.Nr.: WAF 796 (Photo: Bayerische Staatsgemäldesammlungen)

Palisander ist ein sehr dunkles Holz, das in Bayern in den Jahren um 1835 in Mode kam. Franz Xaver Fortner, der damals zusammen mit Glink an der Ausstattung von Schloß Hohenschwangau bei Füssen gearbeitet hatte, lieferte einen Schreibtisch, dessen Fassung die für Palisanderholz charakteristische Maserung imitiert.[67] Das Imitat war nicht nur billiger, sondern sollte sicher auch die handwerkliche Virtuosität des Schreiners unter Beweis stellen. Seit dieser Zeit hatte sich auch Leonhard Glink auf Palisandermöbel spezialisiert. Das exotische Holz wurde gerne mit hellen Einlagen aus anderen Hölzern oder Metallen verarbeitet. Die Vorlagen konnten französischen Musterbüchern entnommen werden, von denen die Münchner Schreiner einen großen Vorrat hatten [ABB. 110; KAT.NR. 5.22]. Eine umfangreiche Sammlung von Vorlagebüchern aus Paris besaß der spätere Hofschreiner Joseph Pössenbacher.[68] Glink wohnte neben Pössenbacher in der Herzogspitalgasse. Als mittelständischer Unternehmer leitete er dort eine Möbel- und Parkettfabrik, in der er fast fünfzig Arbeiter beschäftigte.[69] 1841 wurde Leonhard Glink Mitglied im Polytechnischen Verein [KAT. NR. 5.23].

Im Ausstattungsetat beanspruchte aber nicht der Schreiner, sondern der Tapezierer Joseph Krebs mit 3598,59 Gulden nach dem Silberschmied den höchsten Posten.[70] Dieses heute kaum mehr betriebene Handwerk findet wenig Beachtung. Gerade aber für das biedermeierliche Interieur war die Arbeit der Tapezierer von maßgeblicher Bedeutung.[71] Ihre Tätigkeit erschöpfte sich nicht im Tapezieren der Wände, die in vornehmen Häusern noch eher selten mit Papiertapeten beklebt, sondern mit Stoffen bespannt waren. In den Händen der Tapezierer lag die gesamte textile Ausstattung. Sie polsterten und bezogen die von den Schreinern gelieferten Sitzgarnituren und sie führten die kunstvoll drapierten Vorhänge um Fenster und Türen. Im Haus der Lola Montez waren die meisten Sitzmöbel mit Plüsch bezogen, die Vorhänge waren aus Damast, Taft, Tüll und Seide. Die Farbwahl entschied über den Charakter des Raums. In den intimen Zimmern im Obergeschoß dominierte Rot.

Den Salon der Lola Montez zierte als ein ganz besonderes Requisit eine etruskische Vase, die sie sich aus der Königlichen Vasensammlung hatte aussuchen dürfen. Ludwig hatte den Direktor der Sammlung allerdings angewiesen, daß kein archäologisch allzu bedeutendes Werk freizugeben sei.[72] Vermutlich wußten weder der König noch Lola Montez, daß daraufhin eine Fälschung angefertigt wurde, die man der Mätresse überließ.[73] Sie ist im Inventar gesondert als »alte griechische Vase« aufgeführt [INVENTAR 328].

109 Palisandertisch mit Arabeskenintarsien; München, um 1840; Palisanderfurnier, Intarsien aus Ahorn; 78 x 59 x 38; MStM, Möbelsammlung (Photo: Patricia Fliegauf und Kerstin Schuhbaum)

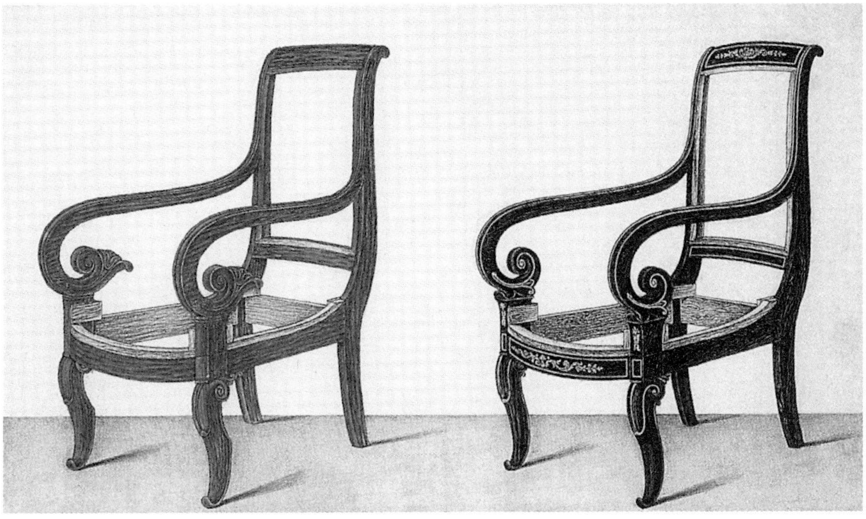

110 Französische Vorlagestiche für Fauteuils aus Mahagoni und Palisander; um 1825; kolorierte Lithographie nach M. Jansen für Lemercier (Paris); 25,5 x 33; Stadtarchiv München, Nachlaß Pössenbacher, Inv.Nr.: 48 (Photo: Stadtarchiv München)

111 Johann Leeb: Brunnen mit Krokodilwürger; 1847; Bronzeguß und Sandstein; Genf, Musée d'art et d'histoire

112 Johann Leeb und Ferdinand von Miller d.Ä.: Krokodilwürger; 1847; Bronzeguß; Genf, Musée d'art et d'histoire

Heute befindet sie sich im Musée d'art et d'histoire in Genf [ABB. 21; KAT.NR. 5.24].

An die Südseite des Palais war ein zurückversetztes Nebenhaus mit den Unterkünften der Dienerschaft angebaut. Das Inventar nennt ein Zimmer für die Köchin, eines für das Zimmermädchen und eines für den Bedienten Adam Haller. Um lästige Gerüche aus dem Haupthaus fernzuhalten, war auch die Küche im Nebengebäude untergebracht. Sie wurde vom Kupferschmied Joseph Daxenberger aus der Sendlinger Straße ausgestattet.

Der in der Rechnung für die »Kücheneinrichtungen« aufgeführte Hausrat stimmt mit der Inventarliste weitgehend überein.[74] Es handelte sich um Töpfe, Kessel und Pfannen aus Kupfer und Messing, wie sie sich aus dieser Zeit zahlreich erhalten haben.[75] Joseph Daxenberger war Nachfolger des Kupferschmieds Matthias Daxenberger, dessen Tochter Regina 1829 für die Schönheitsgalerie gemalt worden war [KAT.NR. 4.45].[76]

Dem Nebengebäude waren auch die Stallungen angeschlossen. Die Kutsche der Lola Montez stammte aus Paris. Der Wagen war im November 1846 vom königlichen Rittmeister und Kammerherrn Heinrich Freiherr von Maltzahn (1793 bis 1851) erworben worden.[77] Zur Zahlung ungedeckter Rechnungen hatte Heideck dem König vorgeschlagen, er möge »dem Fräulein Lola ein Paar Pferde schenken«, damit die hierfür im Etat vorgesehenen 1 200 Gulden auf zwar unnötige, aber bereits bestellte »Verzierungs Gegenstände« umgelegt werden könnten.[78] Das Anwesen verfügte über zwei Ausfahrten, die die Fassade beidseits flankierten.[79]

59 S.: AUSST.KAT. NÜRNBERG 1986, S.245f., Nr.367
60 S.: SIGNATE 1989 Bd.2, S.663f. (6. 9. 1835)
61 Wohl mißverständlich schreibt Ludwig, nicht nur das originale Gemälde, sondern auch die Kopie sei »bis 1829 immer in der Casa Tempi in Florenz gewesen, als ich es gekauft habe«; Ludwig I. an Lola Montez, 12. 3. 1849; zit.n.: BW 1995, S.302.
62 Vgl.: BW 1995, S.275 (28. 12. 1848)
63 Vgl.: BW 1995, S.301 (5. 3. 1849)
64 »Heute werden meine Sachen von ein Uhr bis sieben verkauft [...]. Später sage ich Dir, wieviel die Raphael-Kopie gebracht hat. Eine Schande, sie verkaufen zu müssen«; Lola Montez an Ludwig I., 22. 3. 1849; zit.n.: BW 1995, S.310.
65 München, BSB, LA (unter »Heideck«; 14. 1. 1847 und 25. 1. 1847)
66 OTTOMEYER 1991, S.188f., Nr.112 mit Abb.
67 S.: Georg Himmelheber, Die Kunst des deutschen Möbels, Bd.III: Klassizismus – Historismus – Jugendstil, München 21983, S.141f., 158 und Abb.623
68 S.: OTTOMEYER 1991, S.21 und S.19, Abb.11. Im Anhang zum Nachlaßverzeichnis Pössenbachers ist zum Beispiel aufgeführt: »Janssen – Paris, Le Guide du Fabricant des Meubles et du Decorateur«.
69 S.: OTTOMEYER 1991, S.23
70 München, BSB, LA 39 (unter »Heideck«; 14. 1. 1847 und 19. 2. 1847)
71 S.: Georg Himmelheber, Biedermeiermöbel, München 1987, S.68f.

113 Johann Leeb und Ferdinand von Miller d.Ä.: Krokodilwürger; 1847; Bronzeguß; Genf, Musée d'art et d'histoire

114 Der Knabe mit der Gans; um 250/200 v. Chr.; 84 cm; München, Staatliche Antikensammlungen und Glyptothek

Der Krokodilwürger von Johann Leeb

An die Rückseite des Palais setzte Metzger einen herrschaftlichen Portikus, durch den Lola Montez vom ebenerdigen Boudoir in den Garten hinaustreten konnte. Der Steinmetz Hauser erhielt für diese Arbeit fast 9000 Gulden.[80] Der Garten sollte zu einem kleinen Park gestaltet werden. Heideck hatte dem König empfohlen, die Arbeiten der königlichen »Garten-Intendanz« zu übertragen, um die von Metzger beantragten Mittel einzusparen.[81] Gelegentlich wird auf ein 1935 abgerissenes »Gartenhaus der Lola Montez« hingewiesen.[82] Dieser mit Karyatiden geschmückte Pavillon wurde aber erst in den Jahren um 1875 errichtet.[83] Lola Montez besaß nur einen »von Glas gebauten Wintergarten«.[84]

Die eigentliche Attraktion des Gartens war ein Brunnen mit der großen Figur eines Knaben, der ein noch größeres Krokodil erwürgt [ABB. 111 bis 113; KAT.NR. 5.26 bis 5.28]. Bislang fand dieser Brunnen keine Beachtung.[85] Das liegt daran, daß er sich heute an unvermuteter Stelle befindet. Er gelangte nach Genf und ist dort im Innenhof des Musée d'art et d'histoire installiert.[86] Der kuriose Brunnen ist ein Werk des Bildhauers Johann Leeb.

Mit Johann Leeb (1790–1863) hat sich noch niemand eingehend beschäftigt. Die wenigen heute noch greifbaren Arbeiten weisen ihn als einen nicht gerade zu Unrecht vergessenen Meister seines Fachs aus. Leeb war ein nur mittelmäßiger Bildhauer und scheint sich mit dieser bescheidenen Rolle auch begnügt zu haben. Klenze berichtet, der König habe Leebs Namen

72 »An den Gallerie Central Director. Ich erlaube der Senora Lola Montez eine hetruskische Vase mittlerer Größe für sich auszuwählen. Sollte auf eine in archäologischer Bedeutenheit besonders ausgezeichnete ihre Wahl fallen, so ist ihr bemerklich zu machen, die keine solche sie zu haben wünscht«; SIGNATE 1994 Bd.6, S.429, Nr.217 (29. 4. 1847).
73 Zur Vase siehe den Beitrag von Raimund Wünsche in diesem Band.
74 München, BSB, LA 39 (unter »Heideck«; 20. 2. 1847)
75 S.: AUSST.KAT. MÜNCHEN 1987, S.407-412, Nr.4.16 (»Objekte aus verschiedenen Metallen«)
76 S.: HOJER ^{3}1990, S.60f.
77 Heideck korrespondierte mit dem König bezüglich der »Bezahlung für einen Wagen u Pferdegeschirre, welche Baron Malzahn in Paris für sie gekauft« habe; Heideck an Ludwig I., 20. 11. 1846; München, BSB, LA 39 (unter »Heideck«).
78 Heideck an Ludwig I., 13. 12. 1846; München, BSB, LA 39 (unter »Heideck«)
79 Offenbar hatten diese Aufmauerungen eine Aufstockung des bereits ausgeschöpften Bauetats von 33000 um weitere 6600 Gulden erforderlich gemacht. Ludwig kam dafür nach langen Diskussionen auf; Metzger an Ludwig I.; 8. 4. 1847; 9. 5. 1847; 28. 5. 1847 und 30. 5. 1847; München, BSB, LA 39 (unter »Metzger«).

nie genannt »ohne das Epithet von Vieh oder Esel beizufügen«, und im »Intereße der Kunst« könne man sogar behaupten, daß er bereits zu Lebzeiten »als Bildhauer ganz verschollen und vergeßen« war.[87]
Dabei hatte Johann Leeb aus Memmingen einen vielversprechenden Ausbildungsweg eingeschlagen. Nach einer Lehre als Steinmetz in Lindau arbeitete er zunächst in der Schweiz und kam 1812 nach Paris. Dort wurde er von Karl Graf von Rechberg an Kronprinz Ludwig empfohlen, für den er die Ankäufe aus der römischen Sammlung Albani nach München transportierte. Die prägende Schulung vom Ornamentbildner zum Bildhauer erfuhr Leeb seit 1820 in Rom. Er arbeitete in der römischen Großwerkstatt Thorvaldsens, wohin ihn Klenze geschickt hatte.[88] Zurückgekehrt nach München beteiligte sich Leeb an der bauplastischen Ausstattung der Glyptothek und fertigte zehn Büsten von Tonsetzern für den Odeonssaal.[89] 1832 modellierte er außerdem die Büsten der griechischen Abgeordneten Andreas Miaulis, Constantinos Bozaris und Dimitris Koliopulos-Plaputas, die anläßlich der Wahl Ottos zum König von Griechenland nach München gekommen waren.[90] 1833 veröffentlichte Leeb eine druckgraphische Reihe mit seinen gelungensten Arbeiten, zum Beispiel einem »Schlafenden Amor«.[91] Er entwarf das Grab für Lorenz Westenrieder und einige, aber kaum zur Ausführung gelangte Brunnenanlagen. Neben dem Krokodilwürger für Lola Montez sei auf einen für den Schloßpark von Schleißheim geplanten Hirschbrunnen hingewiesen, der wohl Hubertus als dem Schutzpatron des Wittelsbachischen Hausordens gewidmet werden sollte [KAT.NR. 5.30].
Erst nach dem unerwarteten Tod des in München führenden Bildhauers Ludwig von Schwanthaler (1802–1848) konnte Leeb vorübergehend

115 Johann Leeb: Der Anadyomenebrunnen im Gasthof des Hotels »Zum Bayerischen Hof« in München; um 1850; Graphit; 39 x 28; MStM, Graphiksammlung

eine gewisse Aufmerksamkeit auf sich ziehen. Dies erinnert an den Architekten Eduard Metzger, der nach dem Tod Gärtners im April 1847 dessen Position einzunehmen versuchte. Leeb und Metzger verbindet darüber hinaus eine in München seltene Gemeinsamkeit: Beide waren servile Anhänger der Lola Montez. Kaulbach erinnert sich, daß sein Ateliergenosse Leeb der Mätresse »in Gala, kniend« seine Aufwartungen gemacht habe.[92] »Der gute Metzger und Leeb besuchen mich jeden Tag«, schrieb sie im August 1847.[93] Über Lola Montez waren beide zu einträglichen Beschäftigungen gekommen. Leeb schuf ihre Porträtbüste, zunächst aus Gips, dann in Marmor [ABB. 161; KAT.NR. 10.1]. Für König Ludwig bildete er den Fuß der Tänzerin in Marmor nach [KAT.NR. 7.1]. Für die Neugestaltung des Palais in der Barer Straße lieferte er einen kleinen Trinkbrunnen mit einem Medusenhaupt aus Sandstein, der in einem der Einfahrtshöfe

80 Hauser stellte für »Steinmetz- und Bildhauerarbeiten zu den Potikus [!] jenes Gebäudes« 8957 Gulden in Rechnung; München, BSB, LA 39 (unter »Metzger«; 15. 5. 1847). Lola Montez erwähnt einmal »die Steinsäulen des Portikus, den Metzger gemacht hat«; Lola Montez an Ludwig I., 21. 6. 1848; zit.n.: BW 1995, S.204.
81 Heideck an Ludwig I., 23. 3. 1847; München, BSB, LA (unter »Heideck«)
82 Stadt und Vorstadt. Münchner Architekturen, Situationen und Szenen 1895–1935. Der Norden und Nordwesten, München 1990, S.51, Abb. 1/29. Der Pavillon ist auch dargestellt auf einem um 1920 entstandenen Aquarell; 28,6 x 37,8; bez. u.r.: »Julie Graeff München«; MStM, Graphiksammlung, Inv.Nr.: 34/124.
83 »Plan ueber einen neu zu erbauenden Garten-Salon rückwärts im Besitzthum des Reinhold Hirschberg, Barerstr. No. 10«; Stadtarchiv München, LBK 1158/1. Der Plan stammt vom Dezember 1874. Damals hatte das Anwesen die Hausnummer 10.
84 Bei der Belagerung des Hauses am 11. Februar 1848 zertrümmerten die Münchner »die kostbaren Spiegelscheiben der Fenster« und »den kleinen von Glas gebauten Wintergarten«; Leipziger Illustrierte Zeitung 211/1848, S.151.
85 Seymour erwähnt »a fountain with four carved dolphins«; SEYMOUR 1996, S.150.

aufgestellt wurde [KAT.NR. 5.29]. Für den Garten entwarf er schließlich den großen Brunnen mit dem Krokodilwürger [KAT.NR. 5.26 bis 5.28]. Die Figur wurde von Ferdinand von Miller gegossen: »Der Bildhauer Joh. Leeb stand in Gunsten der Lola und sie bestellte bei ihm eine Brunnengruppe, es war ein Krokodil, das ein Junge bändigt. Ich mußte die Arbeit in Bronze gießen und dieselbe darauf so rasch als nur möglich in dem neuangelegten Garten aufstellen«.[94] Die Gruppe erhebt sich in einem runden Bassin auf einem von vier Delphinen gebildeten Sockel [ABB. 111]. Auch ohne besondere Kenntnis antiker Bildwerke weiß man den nackten Knaben mit dem Krokodil gerade in München gleich auf den »Ganswürger« aus der Glyptothek zu beziehen [ABB. 114].[95] Die antike Figur wurde 1812 aus der Sammlung Braschi in Rom erworben. Leeb kannte den »Ganswürger« gut, er war unmittelbar an der bauplastischen Gestaltung der Glyptothek beteiligt. Die Marmorgruppe ist lebensgroß. Im Bronzeguß von fast drei Metern Höhe verliert der zum Riesen mutierte Knabe sein schalkhaftes Gemüt, dem die antike Figur ihren Witz verdankt.

Der Austausch der Gans mit dem Krokodil scheint ein launiger Einfall gewesen zu sein. Ikonographisch verweist die Verbindung balgender Putti mit einem Krokodil auf antike Personifikationen des Nils. Leeb dürfte solche Darstellungen während seines Aufenthalts in Rom gesehen haben. Doch bleibt rätselhaft, wie sein Krokodilwürger als Brunnen für Lola Montez aufzufassen ist, sieht man davon ab, daß das exotische Motiv zu einer Hausherrin paßte, die sich in ihrem Garten lebende Pfauen hielt.[96] Vielleicht sollte der Knabe, der das gefährliche Krokodil bändigt, auf Ludwig I. und Lola Montez anspielen. Ein Bindeglied in der künstlerischen Bildfindung könnte ein »Jüngling auf wasserspeiendem Schwan« gewesen sein, den der Bildhauer für die Badeanstalt seiner Heimatstadt Memmingen anfertigte.[97] Insgesamt erscheint der wenig inspirierte Umgang mit berühmten Vorlagen der Kunstgeschichte als ein typisches Merkmal seiner Schöpfungen. Für den Gasthof im Hotel »Zum Bayerischen Hof« entwarf Leeb einen Aphrodite-Anadyomene-Brunnen, für den ihm nichts besseres einfiel, als auf das Gemälde Botticellis in den Uffizien zurückzugreifen [ABB. 115; KAT.NR. 5.31 und 5.32].

Am 14. Mai 1847 stellte Leeb den Krokodilwürger in Rechnung [KAT.NR. 5.29].[98] In diesem Zusammenhang waren auch »Brunnen und Wasserleitungs = Arbeiten« an den Brunnenmeister Beerwein zu bezahlen.[99] In dem Inventar von 1848 ist eine »Figur von Metall /: vom Bassin:/« aufgelistet, die inzwischen auf dem Dachboden deponiert war [INVENTAR 297]. Es ist nicht bekannt, wann der Brunnen vollständig abgetragen wurde. Ein Industrieller aus Genf hat ihn wohl als Reminiszenz an den Aufenthalt der Lola Montez am Genfer See erworben und dann dem Museum vermacht.

Abrechnungen

Der Umbau des Palais in der Barer Straße kam im April 1847 in weiten Teilen zum Abschluß. Die beteiligten Handwerker legten ihre Rechnungen vor. Metzger verfügte als der leitende Architekt über einen gesonderten Bauetat. Er schrieb eine Abrechnung von insgesamt 23 Posten in einer Gesamthöhe von 39 600 Gulden [KAT.NR. 5.33]. Der höchste Posten ging mit fast 9 500 Gulden an den Maurermeister Kuppelmayr für »Männerarbeiten«. Außerdem wurden bezahlt die Tischlermeister Joseph Kübler und Hahn, der Glasermeister Jakob Gander, die Schlossermeister

86 Freundlicher Hinweis von Jacques Chamay (Genf) und Raimund Wünsche (München)
87 KLENZE I/5, fol.74. In der Einschätzung Ludwigs war Leeb »kein Löwe, dafür ein Hase«; Ludwig I. an Lola Montez, 22. 2. 1848; zit.n.: BW 1995, S.116.
88 Zu einer damals entstandenen Porträtzeichnung »Johann Leeb aus Memmingen. Bildhauer. Rom den 2. Jänner 1820« s.: Hans Geller, Die Bildnisse der deutschen Künstler in Rom 1800–1830, Berlin 1952, S.76 und Abb.258.
89 Von den Nischenfiguren der Glyptotheksfassade führte Leeb den »Hadrian« und den 1944 zerstörten »Perikles« aus; s.: AUSST.KAT. MÜNCHEN 1980, S.564, Nr.237.
90 S.: Miltiades Papanikolaou, Der Memminger Bildhauer Johann Leeb (1790–1863). Die Beschäftigung des Künstlers mit Themen über den griechischen Befreiungskampf, in: Memminger Geschichtsblätter 1981/82, S.145-154; AUSST.KAT. MÜNCHEN 1987, S.451, Nr.5.1.159
91 S.: AUSST.KAT. NÜRNBERG 1991, S.614f., Nr.6.7 mit Abb.
92 KAULBACH 21918, S.236
93 Lola Montez an Ludwig I., 18. 8. 1847; zit.n.: BW 1995, S.59; s.a.: BW 1995, S.57 (11. 8. 1847)
94 Zit.n.: MILLER 1904, S.103.

95 Der Knabe mit der Gans; um 250/200 v.Chr.; Marmor; Höhe 84 cm; München, Staatliche Antikensammlungen, Inv.Nr.: AS. 437
96 S.: BW 1995, S.203 (19. 6. 1848). Auch Kaulbach hielt sich Pfauen in seinem Garten; s.: KAULBACH ²1918, S.53.
97 S.: Thieme/Becker 1928, unter »Leeb«
98 München, BSB, LA 39 (unter »Metzger«, 14. 5. 1847)
99 München, BSB, LA 39 (unter »Metzger«, 13. 5. 1847)
100 München, BSB, LA 39 (unter »Heideck«; 2. 1. 1847 und 23. 1. 1847)
101 Heideck an Ludwig I., 23. 2. 1847; München, BSB, LA 39 (unter »Heideck«)
102 Heideck an Ludwig I., 8. 4. 1847; München, BSB, LA 39 (unter »Heideck«). Kristl beruft sich auf eine Quelle, wonach Heideck insgesamt nur »23622 fl« ausgegeben habe; s.: KRISTL 1979, S.98.
103 Heideck an Ludwig I., 5. 5. 1847; München, BSB, LA 39 (unter »Heideck«)
104 Eine frühere Schätzung kommt auf den Betrag von nur 55000 Gulden, der mit dem heutigen Wert von etwa 1,7 Millionen Mark gleichgesetzt wird; s.: BW 1995, S.37.
105 München, BSB, LA 39 (unter »Rosmann«; 4. 4. 1848)
106 S.: BW 1995, S.156 (18. 3. 1848) und S.158 (23. 3. 1848)

Peter Kölbl und Andreas Drähne, der Hofvergolder Franz Paul Spahn, der Dekorationsmaler Anton Wagner, der Zimmermeister Joseph Kampferseck, der Hafnermeister Joseph Schmied, der Kupferschmied Joseph Daxenberger, der Spenglermeister Franz Flemmerer, der Steinmetz und Bildhauer Hauser, der Bildhauer Leeb, der Brunnenmeister Beerwein, der Pflasterermeister Samson Feigel und der Siebmacher und Gitterstricker Jakob Kaltenecker. Schließlich wurde ein Blitzableiter gekauft. Metzger selbst scheint im übrigen keinerlei Ansprüche erhoben zu haben.
Unabhängig vom Bauetat verwaltete Heideck das zunächst auf 20000 Gulden veranschlagte Budget für die Ausstattung und Einrichtung des Palais. Das Geld war schnell ausgegeben, nicht zuletzt für Anschaffungen, die gar nicht vorgesehen waren. Zu Neujahr 1847 kaufte Lola Montez zum Beispiel eine »Brosch von Brillanten mit 1 Rubin u. 1 Perle« im Wert von knapp 500 Gulden beim Hofjuwelier Opitz im Bazargebäude. Sie schickte die Rechnung an Heideck.[100] Als sie die verspiegelte Etagere für die Silberkammer anfertigen ließ, eine Anschaffung, die Heideck ausdrücklich untersagt hatte, hielt der Finanzverwalter seinen Mißmut nicht länger zurück: »Auf diese Weiße wäre es mir unmöglich die Rechnungen von Fräulein Lola fernerhin zu besorgen, da der Besteller auf den Zahler keine Rücksicht nimmt. Ich würde mich am Ende gegenüber von Eurer Majestät kompromittiert sehen«. Schon jetzt sei der Etat um 500 Gulden überschritten, »wann nicht auch der wieder neue übertriebene Luxus dazu kömmt und diese Summe noch vergrößert«.[101] In einer »Abrechnung über die Einrichtungskosten« vom 28. März 1847 bilanzierte Heideck die Ausgaben mit knapp 21000 Gulden [KAT.NR. 5.34]. Wenig später war die Summe aber auf fast 29000 angewachsen.[102] Endlich wurde Heideck seines undankbaren Amtes überdrüssig. Er legte dem König ausführlich dar, warum er »früheren gesellschaftlichen Kontakt mit Fräulein Lola jetzt abzulehnen suche« und zog sich aus der gesamten Angelegenheit zurück.[103] Rechnet man alle Auslagen vom Grunderwerb, über den Bauetat bis zur Ausstattung zusammen, ergibt sich eine Summe von mindestens 85000 Gulden.[104]
Seit dem 28. April 1847 war Lola Montez unter der Adresse ihrer neuen Wohnung im Polizeiregister gemeldet [KAT.NR. 1.19]. Aus dem leerstehenden Haus war in kurzer Zeit ein repräsentativer Salon geworden. Er konnte zu keiner Zeit seine eigentliche Bestimmung erfüllen. Hierfür wäre gesellschaftliche Akzeptanz erforderlich gewesen, die sich nicht erkaufen ließ. Den Höflingen mußten Hausbesuche förmlich befohlen werden. Das Palais in der Barer Straße wurde gemieden und boykottiert. Lola Montez lebte

116 Barer Straße in Richtung Gabelsbergerstraße mit dem Palais Montez; um 1910; Photographie; ca. 13 x 18; Stadtarchiv München, Photosammlung, Pettendorfer Sammlung

117 Die Barer Straße in Richtung Karolinenplatz. Im Vordergrund das 1882 aufgestockte Palais der Lola Montez (Barer Straße 19) und das ehemalige Palais des Malers Joseph Stieler (Barerstraße 17); um 1910; Photographie von Rehse & Co; ca. 13 x 18; Stadtarchiv München, Photosammlung, Inv.Nr.: Chronik 1914a 38/2 (Photo: Stadtarchiv München)

dort in einer *splendid isolation*. Nach nur neun Monaten fand dieser Zustand ohnehin ein Ende. Nach der Belagerung des Hauses im Februar 1848 und der anschließenden Vertreibung der Lola Montez aus München stand das Anwesen wieder zum Verkauf. Ludwig beauftragte den Rechtsanwalt und Notar Guido Rosmann mit der Angelegenheit. Rosmann ließ das Haus inventarisieren, um die Räumung einzuleiten [KAT.NR. 5.35]. Metzger schätzte den verbleibenden Gesamtwert auf 30000 Gulden.[105] Lola Montez selbst hatte ihn bereits um eine Schätzung gebeten.[106] Einen großen Gewinn konnte sie sich aber nicht erhoffen. Sie hatte München mit einem enormen Schuldenberg verlassen. Rosmann führte ein »Verzeichnis der bis jetzt theils gerichtlich eingeklagten, theils außergerichtlich angemeldeten Forderungen«, in dem 53 Gläubiger über 18000 Gulden fordern.[107] Diese Schulden sollten mit dem Verkaufserlös getilgt werden.[108] Das Haus wurde schließlich von einer Gräfin von Geldern erworben und wechselte dann häufig seinen Besitzer.[109] In den Jahren nach 1882 erfolgte der Umbau, bei dem das Gebäude für den Kommerzienrat Max Bullinger aufgestockt wurde [ABB. 116 und 117]. Inzwischen folgten die Hausnummern in der Barer Straße einer neuen Zählung. 1874 hatte das ehemalige Palais der Lola Montez die Hausnummer 10, seit etwa 1880 die Hausnummer 19. Im Jahr 1912 wurde das Haus für den Bau der Arminia-Versicherung abgebrochen. Auf dem Ort scheint ein gewisser Fluch gelastet zu haben. Als im Jahr 1862 das Reiterstandbild Ludwigs I. zur Enthüllung nach der Ludwigstraße transportiert wurde, sei der Reiterfigur beim Haus der Lola Montez das Zepter aus der Hand gefallen.[110] Heute befinden sich an dieser Stelle die Robert-Sauer-Bauten der Technischen Universität München.

107 München, BSB, LA 39 (unter »Rosmann«). In dem Schuldenbuch ist zum Beispiel der Juwelier Opitz mit einer Forderung von über 5786,58 Gulden vertreten.

108 Rosmann unterrichtete den König, er habe bereits vier Kaufinteressenten an der Hand. Es waren dies »Frau Fürstin von Wrede, Witwe«, »August Freyherr von Syllenstorm«, ein »Freund des Generals von Parsevall« und ein »Herr von Stegmann aus der Vorstadt Au«; München, BSB, LA 39 (unter »Rosmann«; 26. 9. 1848: »Note des köngln. Advokaten Dr. Rosmann in Betreff des Schuldenwesens der Gräfin v. Landsfeld der nahe bevorstehenden Veräußerung des Hauses No 7 in der Barerstraße«).

109 Ein für eine Frau Gräfin von Geldern vorgelegter Anbauplan datiert vom 25. Juni 1849. Aus dem Jahr 1854 stammt ein »Plan wie in der kleinen Remise rückwärts im Anwesen des Privatier Herrn Brey Barerstraße No 7 eine Waschküche hergestellt werden soll«. Vom April 1863 stammt ein »Plan über die Herstellung eines Gewächshauses im Anwesen der Madame Brey Privatierre«. 1874 gehörte das Anwesen einem Reinhold Hirschberg. 1895 wurden sanitäre Anlagen eingebaut, zum Beispiel ein »Syphon-Closet«. Sämtliche Pläne in: Stadtarchiv München, LBK 1158/1 und 2 (Barer Straße 19).

110 S.: MILLER 1904, S.110

VI. Die Amazone

Auf einem durch zahlreiche Nachdrucke über Paris, London, Sankt Petersburg und München verbreiteten Porträtgemälde ist Lola Montez in einem samtroten, tief ausgeschnittenen Reitkleid dargestellt [ABB. 118; KAT.NR. 6.1]. Sie lehnt am Zaun einer Koppel vor einem Waldstück. Das Haar ist hochgesteckt. In der Linken trägt sie einen Federhut, in der behandschuhten Rechten eine Reitgerte. Das Gemälde stammt von Jules Laure (1806–1861) und ist um 1844 in Paris entstanden. Es entspricht exemplarisch der Vorstellung einer verwegen über die Fluren preschenden Reiterin, deren Fährte aufzunehmen die Freier in Scharen lockt. Tatsächlich meinte Karl August Varnhagen von Ense, es mit einer »schönen Kunstreiterin« zu tun zu haben, als er erstmals von Lola Montez hörte.[1] Unter der Bezeichnung »Spanische Reiterkunststücke« kam eine heute verschollene und sicher obszöne Karikatur in Umlauf, auf der die Bewunderung für die akrobatischen Fertigkeiten einer vermeintlichen Kunstreiterin bereits von sexuellen Auslegungen überlagert war.[2]

Laures Porträt der Lola Montez ist dem in der Literatur der Zeit längst etablierten Typus der »schönen Amazone« zuzuordnen. Die Amazonen waren ein sagenhaftes Volk kriegerischer Frauen, die sich den zumeist männlichen Helden der griechischen Mythologie entgegengestellt hatten. Für die Emanzipationsbewegung des 19. Jahrhunderts bot der mythologische Sagenschatz reichhaltige Möglichkeiten der Identifikation. Als sich Lola Montez aus der königlichen Sammlung eine antike Vase hatte aussuchen dürfen, fiel die Wahl bezeichnenderweise auf ein Stück, auf dem drei Amazonen mit entblößter Brust dargestellt sind [ABB. 21; KAT.NR. 5.24]. Vielfach sind Situationen geschildert, in denen sich Lola Montez als schöne Amazone behaupten konnte. In einer Berliner Herrenrunde habe sie die Annäherungen eines betrunkenen Fürsten und seiner Begleiter mit gezücktem Messer abgewehrt: »Sie lachten über diesen Amazonenstreich, wie sie es nannten, und der junge Fürst rief: Nur immer zu, meine schöne Amazone, ich fürchte Sie nicht, denn wenn Sie auch eine Waffe in der Hand haben, Ihr schwellender Busen giebt Sie doch in meine Gewalt. – Ich fürchte die Amazonen nicht, so lange sie Brüste haben«.[3] Über die allgemeine Charakterisierung als Amazone hinaus wurden für eine Typisierung der Lola Montez immer wieder mythologische Namen zitiert. »Kurz, sie war das Bild einer Medea«, urteilte General Heideck.[4] Das beste Beispiel gibt die Karikatur »Ariadne auf Box«.

»Ariadne auf Box«

Die Zeichnung »Ariadne auf Box«, auf der sich Lola Montez nackt auf einer Dogge wiegt, ist eine Parodie auf die Skulptur »Ariadne auf dem Panther« von Johann Heinrich Dannecker [ABB. 120; KAT.NR. 6.5]. Die im Frankfurter Liebieghaus aufbewahrte, lebensgroße Figur wurde 1803 im Tonmodell konzipiert und bis 1814 in Marmor ausgeführt.[5] Unzählige Repliken zeugen von einem lange anhaltenden Sensationserfolg [ABB. 121; KAT.NR. 6.6].[6] Man kann das Werk zu den populärsten Schöpfungen der deutschen Bildhauerei im 19. Jahrhundert rechnen.

Mit Medea, Penthesilea und Iphigenie gehört Ariadne zum Bund der mythologischen Frauengestalten, von deren Schicksal sich die Kunst in der Zeit um 1800 vielfach inspirieren ließ. Ariadne war die Tochter des Königs von Kreta. Sie wurde von Theseus treulos abgewiesen und auf der Insel Naxos zurückgelassen. Als eine verschmähte und in der Einsamkeit darbende Frau ist sie zum Beispiel auf einem Gemälde von

1 VARNHAGEN VON ENSE 1990, S.705
2 Eduard Fuchs, Geschichte der erotischen Kunst, München o.J. [1912], S.357f.
3 MONTEZ 1986, Bd.1, S.922
4 Zit.n.: KRISTL 1979, S.68
5 S.: Christian von Holst, Johann Heinrich Dannecker. Der Bildhauer, Stuttgart 1987, S.66-70 und 285-294
6 Zur Rezeption der Skulptur s.: Ausst.Kat. »Ariadne auf dem Panther«, hrsg. von Ellen Kemp, Frankfurt 1979
7 S.: Werner Frick, »Ein echter Vorfechter für die Nachwelt«. Kleists agonale Modernität – im Spiegel der Antike, in: Kleist Jahrbuch 1995, S.44-96, bes. S.72f. und Anm.115
8 S.: Museum des Wundervollen. Ein Magazin mit allerlei merkwürdigen Stücklein und manch bestaunenswertem Bildnis aus den Jahren 1803–1812. Ausgewählt von Herbert Greiner-Mai und Wolfgang Schneider, Berlin 1986, S.74ff. (Abb.)

118 Lola Montez im Reitkleid mit Federhut und Peitsche; um 1845; Lithographie; 60 x 43,8; MStM, Graphiksammlung

119 Diana Vernon im Reitkostüm mit Federhut und Reitgerte; um 1850; Tondruck; 53 x 38; MStM, Graphiksammlung

Angelika Kauffmann in der Dresdener Gemäldegalerie dargestellt. Einem ähnlich sentimentalen Verständnis folgten die in vieler Hinsicht vergleichbaren Darstellungen der Iphigenie von Anselm Feuerbach. Dannecker wählte für seine Skulptur aber einen anderen Aspekt der Erzählung. Gezeigt ist Ariadne im Augenblick ihres Triumphes. Dionysos hat die im Stich gelassene Königstochter in ihrem Exil aufgefunden. Jetzt verschafft er ihr Genugtuung. Auf einem Panther wird Ariadne dem Gott zur Vermählung zugeführt.

Der Ritt auf dem wilden Tier ist ein unerhört kühnes Motiv. Heinrich von Kleist hat es in seinem Drama »Penthesilea« aus dem Jahr 1808 aufgegriffen. Dort ist es die Königin der Amazonen, die »mit den Schenkeln des Tigers Leib inbrünstiglich umarmt«.[7] Panther und Tiger finden sich gleichermaßen im Gefolge des Dionysos; das 19. Jahrhundert machte hier noch keinen großen zoologischen Unterschied: In der Menagerie von Schönbrunn zeichnete Schnorr von Carolsfeld einen »Tiger«, bei dem es sich offensichtlich um einen Jaguar handelte.[8] Das gemeinsame Kennzeichen der exotischen Katzen ist, daß sie schön und zugleich gefährlich sind. In der Verbindung mit einer Dompteuse entstehen außerdem Vorstellungen, die vorrangig erotischer Natur sind.

Der von Dannecker entworfene Ritt auf dem Panther wurde als eine »Bezähmung der Wildheit durch die Schönheit« verstanden. Im »Teutschen Merkur« erschien 1805 eine Würdigung, in der die Aktfigur als Verkörperung eines erotischen Schönheitsideals beschrieben wird: »Der Hals, weich und voll elastischen Lebens; von Gesundheit und Jugend strotzend der üppige Busen [...], ihre Attitüde ist nachlässig, muthwillig, schäkerhaft, üppig, zur Wollust einladend [...] berauschend durch weibliche Rei-

120 »Ariadne auf Box«; 1848; Lithographie; 18 x 24,5; MStM, Graphiksammlung

ze; hinreißend durch eine alle Zauber der Weiblichkeit verrathende Stellung«.[9] Der zeitgenössische Betrachter wußte, wohin der Ritt der nackten Frau führt. Die Skulptur setzte Phantasien frei, die zuletzt auf die lapidare Formel gebracht wurden: »Sie auf dem Es des Er«.[10]

Seit den Jahren um 1840 wurden von der »Minton China factory« kleine Repliken der Figurengruppe vertrieben. Sie boten sicher die Vorlage für die Karikatur »Ariadne auf Box«. Darüber hinaus scheint der Zeichner auch Anregungen aus den zahlreichen musikalischen Verarbeitungen des mythologischen Stoffs gezogen zu haben. Das Blatt hat den Titel: »Ariadne auf Box, aus dem neuen Ballett, oder die Tochter der Wildnis«. Anstelle der Königstochter tritt die Königsgeliebte. Lola Montez ist nur mit einer Mantilla bekleidet. In ihrer Linken hält sie eine Peitsche. Der dionysische Panther ist mit einem riesigen Hund vertauscht.

Der Hund der Lola Montez war in ganz München gefürchtet. Bei ihrer Einreise wurde auf dem Meldezettel der Polizei unter der Rubrik »Begleitpersonen« vermerkt: »Un chien«.[11] Sie hatte ihn mehrfach auf mißliebige Passanten gehetzt. Zur Rückkehr von der Sommerkur in Aschaffenburg freute sich Ludwig auf ein Wiedersehen mit Lola Montez, aber »ohne daß ein Mann oder Hund da ist«.[12] Das Bild vom bissigen Münchner Bluthund wurde fünfzig Jahre später durch das Titelsignet für den »Simplicissimus« von Thomas Theodor Heine berühmt. Der Hund der Lola Montez sei aber »ein ruhiges, unthätiges, artiges, englisches Thier mit edler Physiognomie, und kein Bulldog vom gemeinem Schlage« gewesen.[13] Es handelte sich um eine Kreuzung aus Mastiff und Boxer. So kam wohl auch die Bezeichnung »Ariadne auf Box« zustande. Eigentlich hieß Lolas Hund »Turc«. Das war ein gängiger Name für einen Hund. »Turc« hieß auch der Hund des mit Lola Montez liierten Fürsten Reuß oder auch der Hund, den Picasso Georges und Marcelle Braque schenkte.

Lola Montez war ein »Tigerweib«.[14] Zu ihrem signifikantesten Attribut wurde die Peitsche.[15] Im Inventar des Münchner Palais ist auch eine »Reitpeitsche« aufgelistet, unter der man sich wohl weniger dramatisch nur eine Gerte vorzu-

9 Zit.n.: HOLST 1987, S.291
10 Ivan Nagel, Johann Heinrich Dannecker. Ariadne auf dem Panther. Zur Lage der Frau um 1800, Frankfurt a.M. 1993, S.5
11 Zit.n.: KRISTL 1979, S.9
12 Ludwig I. an Lola Montez, 1. 10. 1847; zit.n.: BW 1995, S.83
13 FRANCIS 1848, S.10
14 FRANCIS 1848, S.12
15 S.: Betty Kelen, Die Dame mit der Peitsche, in: dies., Mätressen. Skandale an europäischen Fürstenhöfen des 19. Jahrhunderts, Reinbek bei Hamburg 1969, S.57-86 (The Mistresses. Domestic Scandals of 19th-Century Monarchs, New York [2]1966)

121 Ariadne auf dem Panther. Replik nach Johann Heinrich Dannecker; um 1840; Bronze; 33 cm; MStM, Möbelsammlung, Sammlung Von Parish (Photo: Patricia Fliegauf und Dorothee Jordens-Meintker)

122 Ein Damenduell; 1848; kolorierter Kupferstich von Andreas Geiger nach Anton Elfinger; 21 x 28; MStM, Puppentheatermuseum, Sammlung Böhmer

stellen hat [INVENTAR 193]. Gleichwohl dirigierte Lola Montez mit dieser Gerte nicht allein ihren Hund. In der Karikatur »Ariadne auf Box« ist König Ludwig als ein auf dem Schenkel der Lola Montez reitender Cupido dargestellt. Er überreicht ihr die Grafenkrone. »In das Wappen der Komtesse Lola gehören unbedingt die Reitpeitsche und der Regenschirm«, hieß es in einer 1847 im »Charivari« veröffentlichten Satire.[16] Den Zeitgenossen erschien Lola Montez als eine zu »Fleisch gewordene Reitgerte«.[17]

Den Münchnern blieb die Peitsche der Lola Montez noch lange im lebendigen Gedächtnis. Es ist wahrscheinlich, daß sie in den Besitz von Anton Maximilian Pachinger (1864–1938) gelangte. Um die Jahrhundertwende hatte dieser aus Linz stammende Kulturhistoriker eine wunderliche Raritätensammlung im Münchner Bahnhofsviertel.[18] Hinweise auf Pachinger und seine Kuriositäten finden sich mehrfach im literarischen Œuvre von Fritz von Herzmanovsky-Orlando. In seinem Fragment »Das Geheimnis des ausgestopften Mopses« hat er Pachingers Haus in der Senefelder Straße beschrieben. Es sei »vollgepfropft mit altem Kram« gewesen, »darunter auch die wunderlichsten, unwirklichsten Dinge«: »Sehen S' … und mit der Hundepeitsche hat die Lola Montez in König Ludwig I. – gottselig – geschlagen«.[19]

Die Peitsche der Lola Montez ist in diesen Geschichten unzweideutig das Werkzeug sadomasochistischer Phantasien. An anderer Stelle erwähnt Herzmanovsky-Orlando den Teppichklopfer, beziehungsweise in der ihm eigenen Diktion den »Kleiderpracker von der Lola Montez«.[20] Auch wenn es sich nur um literarische Erfindungen handeln sollte, sind diese Belege typisch für den Souvenirkult, in dem die

16 Zit.n.: FUCHS 1904, S.149
17 [E. M. Oettinger], Molla Lontez, Leipzig 1847, S.9
18 S.: Franz Lipp, Der Sammler und Kulturhistoriker Anton Maximilian Pachinger, in: Börsenblatt für den Deutschen Buchhandel 25/1971, S.A149-A164; Fritz von Herzmanovsky-Orlando, Sämtliche Werke, Bd.X: Sinfonietta Canzonetta Austriaca. Eine Dokumentation zu Leben und Werk, hrsg. von Susanna Goldberg und Max Reinisch, Salzburg 1994, S.96f.
19 Fritz von Herzmanovsky-Orlando, Sämtliche Werke, Bd.IX: Skizzen und Fragmente, hrsg. von Klaralinda Ma-Kircher und Wendelin Schmidt-Dengler, Salzburg 1992, S.218
20 Fritz von Herzmanovsky-Orlando, Sämtliche Werke, Bd.IV: Erzählungen, Pantomimen und Ballette, hrsg. von Klaralinda Ma-Kircher und Wendelin Schmidt-Dengler, Salzburg 1991, S.47

123 Zwei Duellpistolen mit Perkussionsschloß und Zubehör im Kasten; um 1845; 26 x 44,5 x 6; MStM, Inv.Nr.: 28/659 (Photo: Dorothee Jordens-Meintker)

Hinterlassenschaften der Lola Montez wie Berührungsreliquien verehrt wurden.[21] Nicht weit vom Sendlinger Tor habe man bereits »historische, sagenumwobene Reitgerten« auf Bestellung angefertigt.[22]

Für einen Autor wie Fritz von Herzmanovsky-Orlando (1877–1954) muß Lola Montez eine eminent reizvolle Figur gewesen sein: »Wittelsbach! Ha! Ludwig I. und die geheimnisvolle Montez, das dämonischeste Zwischenwesen des Biedermeiers! Dieser Verkündigungsengel der Dämonik!«.[23] In seinem Bühnenstück »'s Wiesenhendl oder Der abgelehnte Drilling« tritt ein »Kuno von Blutenburg« als ein Abkömmling der Lola Montez auf, die im Februar 1848 tatsächlich eine Nacht in Schloß Blutenburg verbracht hatte: »Ach … die berühmte Tänzerin Lola Montez war doch Gräfin von Blutenburg! Seid ihr am Ende verwandt? Mutti! Herrlich!«.[24]

Duell der Damen

Wenn Lola Montez mit ihrem Bluthund durch die Straßen Münchens zog, ihre Peitsche schwang und mit schallenden Ohrfeigen schnell zur Hand war, dann ging man ihr besser aus dem Weg. Der biedermeierlichen Männerwelt muß dies besonders schwer gefallen sein. Im August 1847 war ein Offizier Berchstorff fest entschlossen, seine von Lola Montez beleidigte Ehre wiederherzustellen. Er forderte den Artillerieleutenant Friedrich Nußbaumer zum Duell. Der junge Soldat war zum persönlichen Schutz der königlichen Favoritin abbestellt und schon mehrfach als ihr heimlicher Liebhaber ins Gerede gekommen. Klenze nannte ihn »ihren regelmäßigen Beischläfer«, womit er ihn wohl von den unregelmäßigen unterscheiden wollte.[25]

21 Teile der Sammlung Pachinger sind heute über das Linzer Stadtmuseum Nordico, das Oberösterreichische Landesmuseum in Linz, das Museum für Völkerkunde in Wien und das Schweizer Museum für Volkskunde in Basel verstreut. Die vermeintliche Peitsche der Lola Montez läßt sich aber in keiner dieser Sammlungen nachweisen; freundliche Mitteilungen von Willibald Katzinger (Linz), Gunter Dimt (Linz), Peter Kann (Wien) und Dominik Wunderlin (Basel).

22 Fritz von Herzmanovsky-Orlando, Sämtliche Werke, Bd. II: Österreichische Trilogie 2. Rout am Fliegenden Holländer. Roman, hrsg. von Susanna Kirschl-Goldberg, Salzburg 1984, S.171

23 Fritz von Herzmanovsky-Orlando, Sämtliche Werke, Bd. III: Österreichische Trilogie 3. Das Maskenspiel der Genien. Roman, hrsg. von Susanna Kirschl-Goldberg, Salzburg 1989, S.70

24 Fritz von Herzmanovsky-Orlando, Sämtliche Werke, Bd.VI: Dramen, hrsg. von Klaralinda Kircher, Salzburg 1985, S.192

25 KLENZE I/5, fol.17v

Als Austragungsort des Duells wurde die Menterschwaige im Süden Münchens gewählt. Der in den Isarauen gelegene Gasthof war ein beliebtes Ausflugslokal [KAT.NR. 6.7].[26] Angeblich hatten sich die Kontrahenten bereits am verabredeten Ort eingefunden, als der Zweikampf von der um Gnade flehenden Lola Montez im letzten Augenblick verhindert wurde.[27] Zumindest in München hatte niemand für sie den Ehrentod sterben müssen. Es lag aber nur ein Jahr zurück, daß Lola Montez im Sensationsprozeß um die Affäre des Duellanten Dujarier internationale Aufmerksamkeit erregt hatte.

Alexandre Henri Dujarier (1815–1845) war Lolas Liebhaber in Paris.[28] Bevor er als Redakteur der republikanisch orientierten Zeitung »La Presse« bekannt wurde, soll er »Omnibusführer auf einer der Linien von Paris« gewesen sein.[29] Dujarier geriet mit einem Journalisten einer konkurrierenden, monarchistischen Zeitung in Streit. Die Auseinandersetzung endete in einem Duell im Bois de Boulogne, »dem klassischen Gehölz für die Austragung derartiger Konflikte«.[30] Dujarier wurde in dem Duell erschossen. Als sein Kontrahent in Rouen vor Gericht gestellt wurde, war auch Lola Montez als Zeugin geladen. Über diesen Prozeß haben die großen Zeitungen Frankreichs in den Monaten März und April 1846 ausführlich berichtet. Die Geliebte Dujariers beherrschte die Schlagzeilen. Sie gab zu Protokoll, daß sie von dem Zweikampf nichts gewußt habe. Denn sonst hätte sie sich selbst auf den Kampfplatz gestellt, um Dujariers Ehre zu verteidigen. Das war eine ebenso unerhörte, wie für Lola Montez typische Aussage.

Ein 1848 entstandenes Spottbild auf die Bewegung der Frauenemanzipation trägt den Titel »Ein Damen-Duell« [ABB. 122; KAT.NR. 6.8]. Es ist nach dem Muster grotesk verkehrter Welten gestaltet. Die Realität hatte die satirisch verstandene Szenerie aber längst überholt. So wäre der im Prozeß um Dujarier nachträglich erhobene Satisfaktionsanspruch der Lola Montez kein Präzedenzfall gewesen. Bereits im 18. Jahrhundert hatten sich Frauen hohen Standes Zweikämpfe in der Rivalität um einen Günstling geliefert. Es war aber George Sand, die diesen genuin männlichen Ehrenkodex eigentlich sprengte. Im Jahr 1833 forderte sie Alexandre Dumas zum Duell, weil dieser hatte verlautbaren lassen, Prosper Mérimée habe im Bett der Schriftstellerin versagt. Der Zweikampf konnte auf diplomatischem Weg abgebogen werden.

Die im 19. Jahrhundert ausgetragenen Duelle bezeichneten ein Problem, das seinen Zündstoff sicher nicht in einer Geschlechterfrage barg. Entscheidend ist in diesem merkwürdigen Ritual auch nicht der Ausgang, sondern die prinzipielle Bereitschaft, sein Leben aufs Spiel zu setzen. Im Duell wird auf fatale Weise ein Ehrbegriff verhandelt. Ehre gab es aber nur zu verteidigen, wenn ein Anspruch auf Ehre überhaupt erhoben werden konnte. Das wird noch in der literarisch wohl berühmtesten Duellgeschichte deutlich, dem »Leutnant Gustl« von Arthur Schnitzler aus dem Jahr 1900. Der eigentliche Konflikt der Novelle liegt darin, daß sich der Titelheld einer nicht standesgemäßen Forderung eines Bäckermeisters gegenübersieht. Standesehre war traditionell ein Privileg des Adels. Wenn im Lauf des 19. Jahrhunderts ähnliche Geltungsansprüche aus bürgerlichen Reihen erhoben wurden, die sich durch das Duell für satisfaktionsfähig erklärten, dann wird das erstaunliche Maß deutlich, in dem sich das Bürgertum durch die Assimilierung adeliger Verhaltensmuster zu emanzipieren versuchte. Dies wurde durch Militarisierung erkauft. So spiegeln sich im Duell Phänomene wider, die für die Sozialgeschichte des 19. Jahrhunderts insge-

26 Später kursierte das unzutreffende Gerücht, Ludwig habe Lola Montez während der Tumulte im Februar 1848 in der Menterschwaige versteckt gehalten; s.: Die historische Vergangenheit der Menterschwaige, hrsg. von Inn-Consult Menterschwaige KG, München o.J.; vgl. hierzu auch den Brief des Offiziers Theodor Weber an Ludwig I.; München, BSB, LA 39 (12. 2. 1848).

27 Die Episode wird von Kaulbachs Frau überliefert: »Vor einigen Tagen sollte ein Duell zwischen einem Günstling der Lola (Nußbaumer) und einem Offizier namens Berchstorff stattfinden. Sie soll diesen Herrn auf der Straße beleidigt haben. Nachdem sie die Stunde und den Ort, wo und wann das Duell stattfinden sollte, erfahren hatte, hat sie nachts einspannen lassen und fuhr in Begleitung des Staatsrats Berks und eines neuen Ministerialrats Mussinan in die Menterschwaige und blieb die Nacht dort. Den anderen Morgen, als die Herren kamen, war sie so in Verzweiflung, daß sie dem Offizier zu Füßen fiel und für das Leben des Liebhabers bat; das Duell fand wirklich nicht statt!«; KAULBACH ²1918, S.238. Vielleicht ist mit dem sonst nicht weiter in Erscheinung getretenen Offizier Berchstorff der preußische Gesandte Albrecht Graf von Bernstorff gemeint.

28 Zu Dujarier s.: RAUH ²1996, S.70-74; SEYMOUR 1996, S.79-84

29 KLENZE I/6, fol.79

30 Uwe Schultz (Hrsg.), Das Duell. Der tödliche Zweikampf um die Ehre, Frankfurt a.M. 1997

124 Lola Montez mit Zigarette; 1852; Daguerreotypie von Southworth & Hawes (Boston); 21,6 x 16,5; New York, Metropolitan Museum of Art, Inv.Nr.: 37.14.41 (Gift of I. N. Phelps Stokes, Edward S. Hawes, Alice Mary Hawes und Marion Augusta Hawes, 1937; Photo: Metropolitan Museum of Art)

samt aufschlußreich sind.[31] Die Austragung eines Duells stellte nicht nur einen spektakulären Ehrenhandel dar. Als ein Akt der Selbstjustiz wurde im Duell die Autorität des Gesetzgebers untergraben. Deshalb war ein Duell aus der Sicht des Staates ein kapitales Verbrechen. Um Zweikämpfe unter Studenten präventiv zu unterbinden, hatte Ludwig I. von Bayern den Besitz von Stoß- und Schußwaffen für unzulässig erklärt.[32] Der Bereitschaft, im Duell die Satisfaktion zu erlangen, taten solche Verbote natürlich keinen Abbruch. Aus der Zeit um 1845 hat sich ein Satz von Duellpistolen erhalten, die von einem Münchner Büchsenmacher stammen [ABB. 123; KAT.NR. 6.9]. Duelle wurden nun häufig als Scheingefechte ritualisiert. Bei solchen Duellen fielen Schüsse, die ihr Ziel absichtlich verfehlten. Zu einem Scheinduell war es im April 1840 beim Aumeister im Englischen Garten gekommen, als sich der bayerische Innenminister Karl August von Abel und sein Intimfeind Ludwig Fürst von Oettingen-Wallerstein gegenüberstanden.[33] Beide schossen weit aneinander vorbei.

Die letzte Zigarette

Zu einer Frau, um die sich Männer duellierten und die sich dieses Ritual sogar selbst zu eigen machte, paßte neben der Duellpistole ein weiteres traditionell männliches Accessoir: Die Zigarette. Das Motiv der rauchenden Frau wurde vor allem in der Zeit um 1930 zu einem Symbol weiblicher Emanzipation. Stellvertretend sei auf Christian Schads Porträt der »Sonja« (1928) hingewiesen, das im Gestus der Neuen Sachlichkeit sogar die Zigarettenschachtel abbildet. Bekannt sind die Photographien der Lotte Lenya als »Seeräuber-Jenny« (1928) oder der Marlene

125 Die Raucherin; um 1840; kolorierter Kupferstich von Andreas Geiger; 24,5 x 17,5; MStM, Puppentheatermuseum, Sammlung Böhmer

Dietrich als »Blauer Engel« (1932). Die erste Frau, die sich mit Zigarette hatte photographieren lassen, war Lola Montez.

Die Aufnahme der Lola Montez mit Zigarette entstand wohl im März 1852 im Atelier von Southworth und Hawes in Boston [ABB. 124; KAT.NR. 6.10]. Als Raucherin sei sie schon bei der Anreise im Zug unangenehm aufgefallen. Dem Schaffner, der darauf hinwies, daß hier nicht geraucht werden dürfe, habe sie demonstrativ den Rauch ins Gesicht geblasen und geantwortet: »But you see I can«.[34] Auf der Daguerreotypie trägt sie schwarze Lederhandschuhe und balanciert leger die weiße Zigarette zwischen den Fingerspitzen. Zigaretten gehörten bereits in München zum typischen Erscheinungsbild der Lola Montez. Zwischen »Cigaretten« und »Cigarren« machte sie keinen Unterschied.[35] Klenze bemerkte, daß sie »den ganzen

31 Zum Duell als einem für die Sozialgeschichte des 19. Jahrhunderts paradigmatischen Phänomen s.: Ute Frevert, Ehrenmänner. Das Duell in der bürgerlichen Gesellschaft, München 1991

32 S.: SIGNATE 1994 Bd.6, S.477 (3. 8. 1847). Zum Kodex im Münchner Militärwesen s.: LANKES 1993, S.617-629

33 Abel hatte seinem Amtsvorgänger Unterschlagungen vorgeworfen; s.: GOLLWITZER ²1987, S.618.

34 Zit.n.: SEYMOUR 1996, S.290. Die Anekdote wurde postum in dem Artikel »The Late Lola Montez – Her Last Moments – Incidents of Her Life« in der »New York Evening Post« veröffentlicht; s.: DAY 1981, S.345.

35 S.: MONTEZ 1986, Bd.1, S.974f.

36 KLENZE I/6, fol.77v

37 München, BSB, LA 39 (unter »Heideck«; 14. 1. 1847 und 19. 2. 1847)

38 S.: Wolfgang Schivelbusch, Das Paradies, der Geschmack und die Vernunft. Eine Geschichte der Genußmittel, München/Wien 1980, S.136

39 Zit.n.: RAUH ²1996, S.66

40 CARMEN 1993, S.28

41 CARMEN 1993, S.19

42 Das Libretto zu »Carmen« (1875) stammt von Henri Meilhac und Ludovic Halévy.

43 Zit.n.: KAULBACH 21918, S.109

44 MONTEZ 1986, Bd.1, S.975

45 Zit.n.: KRISTL 1979, S.37

Tag wie ein Bootsknecht Taback raucht«.[36] Beim Umbau des Palais in der Barer Straße wurden in der Rechnung des Tapezierers Arbeiten für ein »Rauchzimmer« aufgeschrieben, womit sicher das Boudoir gemeint war.[37] »Ich blas dir den ganzen Himmel voll spanischer Cigarren!«, heißt es in einer auf Lola Montez gemünzten Travestie des Vaterunser [KAT.NR. 1.16].

Angeblich hatte Lola Montez die Gewohnheit von George Sand in Paris übernommen.[38] In ihren »Croniques Parisiennes« schrieb Delphîne de Girardin 1844: »Man könnte ein ganzes Buch mit folgendem Titel machen: Über die Emanzipation der Frauen durch die Zigarre«.[39] In den satirischen Szenen, zu denen auch das »Damen-Duell« gehört [KAT.NR. 6.8], antwortet eine Frau auf die Frage, warum sie keine Zigarren mehr rauche: »Ich ziehe die Tabackspfeife vor, seit dem jetzt jeder Schuhmachergeselle Havanah-Glimstengel im Munde hat« [ABB. 125; KAT.NR. 6.11]. Auf einem Pfeifenkopf wird die neue Mode des Zigarrenrauchens ähnlich karikiert [KAT.NR. 6.14]. Zur gleichen Zeit erschien Mérimées Novelle »Carmen«. »Wohl vier- bis fünfhundert Frauen« sind in einem großen Saal der Tabakmanufaktur in Sevilla damit beschäftigt, Zigarren zu wickeln.[40] Carmen selbst raucht am liebsten »ganz milde papelitos«, und der Erzähler bietet ihr in der Geste des Dandys auch gleich eine aus seinem Etui an.[41] In der Oper von Georges Bizet hat dann ein ganzer »choeur des cigarières« seinen Auftritt, »fumant toutes du bout des dents la cigarette«.[42]

Zu den Errungenschaften der deutschen Revolution des Jahres 1848 zählt bekanntlich die Billigung des bis dahin verbotenen Rauchens auf offener Straße. Gerade in München hatte das Rauchen stets einen revolutionären Beigeschmack. Wilhelm von Kaulbach wurde einmal von den Schildwachen festgenommen, als er vor dem

126 Zigarette der Lola Montez mit der Aufschrift von Maximilian Graf von Arco-Zinneberg: »Spanische Cigarre von Lola Montez. aus ihrem Hause am Nachmittage Des [...]ten Februar 1848 als Errinerung genommen«; 1848; Schloß Moos (Photo: Patricia Fliegauf)

Prinz Carl-Palais eine Zigarre rauchte und so in den Verdacht geriet, ein »revolutionärer Charakter« zu sein.[43] Ähnlich war auch Lola Montez im königlichen Lustgarten von Berlin an die Schildwachen geraten. Schließlich habe sie ihre Zigarette ausgetreten: »Man wird mit diesen groben Deutschen, die nicht ein Haar von ihrer Ordre weichen wollen, doch nicht im Guten fertig«.[44]

Als Lola Montez im Oktober 1846 nach München kam, wurden im »Königlich Bayerischen Polizey-Anzeiger« noch vierzehn Delikte »Tabakrauchen in der Stadt« angezeigt.[45] Im gleichen Blatt war am 20. Juni 1847 aber folgende Bekanntmachung zu lesen: »Das bisherige Verbot des Tabak-

46 DESTOUCHES 1847, S.65f.
47 KLENZE I/6, fol.77-77v
48 Auf dieses Relikt hat mich freundlich Bernd E. Ergert, Deutsches Jagd- und Fischereimuseum, München, hingewiesen. Das Münchner Stadtmuseum dankt I.E. Therese Gräfin von Arco-Zinneberg für die freundliche Überlassung der Leihgabe.
49 KLENZE I/5, fol.59v
50 Zit.n.: KLENZE I/5, fol.30v
51 Ralph T. Ward und Andy Warhol, Love Is a Pink Cake, New York 1953
52 Zit.n.: Renate Wiggershaus, George Sand, Reinbek bei Hamburg 1982, S.145
53 »C'est George Sand et Bettina Arnim à Berlin qui m'ont donné les premières le secrêt de mon existence. Lola! m'ont elle dit, quand on a une tête et un courage comme toi, on a le droit de se mettre audeshus de toutes les autres femmes et de toutes les regles, a toi il t'est permis de vivre du jour au jour sans règle et sans frein«; zit.n.: KLENZE I/6, fol.69.
54 Die Miniaturmalerei diente wohl als Dosendeckel; freundlicher Hinweis von Angela Hückel (München).
55 S.: BLUM 1898, S.109

127 Maximilian Graf von Arco-Zinneberg im Jagdkostüm; um 1858; Lithographie von Franz Hanfstaengl; 31,7 x 24,8; MStM, Graphiksammlung

rauchens in den Straßen und auf den Plätzen Münchens ist aufgehoben« [KAT.NR. 6.16].
Der Stadtchronist notierte mit einiger Verwunderung: »Seit undenklichen Jahren war das Tabakrauchen in den Straßen der Stadt auf das strengste verboten und es fanden bei Übertretungsfällen in jedem Jahre viele Verhaftungen und Strafertheilungen statt. Um so auffallender war es, als mit Einem Male eine öffentliche Ausschreibung im Polizeyanzeiger vom 20. Juni 1847 erschien, wonach dieses Verbot aufgehoben und das Tabakrauchen in den Straßen der Stadt, mit Ausnahme in der Nähe der königlichen Residenz und in den Arcaden des Hofgartens gestattet wurde. Auch diese Verfügung schrieb man dem Einfluß der Senora Montez, vielleicht aber mit Unrecht, zu«.[46] Sogar der König selbst habe jetzt geraucht, wie Klenze bemerkte: »Man sah den 61jährigen Schüler in der stinkenden Studentenkunst seiner extremen Art gemäß in den Straßen spazieren gehen mit einem langen Cigarren Glühstengel in der Hand, aus welchem er mit den lächerlichsten Grimaßen von Zeit zu Zeit ein Paar Züge that, um dann wieder mit eckelerfüllten Gebärden rechts und links auszuspucken, um sich des ungewohnten Geschmakkes zu entledigen«.[47]
Ein besonders kurioses Relikt der rauchenden Mätresse ist Maximilian Graf von Arco-Zinneberg (1811–1885) zu verdanken. Er erhaschte sich den Stummel der wohl letzten Zigarette, die Lola Montez in München geraucht hat [ABB. 126; KAT.NR. 6.17].[48] Als sie am 11. Februar 1848 aus der Stadt gejagt wurde, begab sich der Graf offenbar in die Barer Straße und las bei dieser Gelegenheit die Reste einer Zigarette auf. Die Trouvaille entsprach ganz der Sammelleidenschaft eines Trophäenjägers, der von Franz Hanfstaengl im Jagdkostüm porträtiert und als »Adlergraf« bekannt wurde [ABB. 127; KAT.NR. 6.18]. Der Graf verwahrte die Reste in einer Dose aus Schildpatt auf. Wie bei einer Knochenreliquie schrieb er in mikroskopischer Schrift auf die Zigarettenspitze: »Spanische Cigarre von Lola Montez. aus ihrem Hause am Nachmittage Des [...]ten Februar 1848 als Errinerung genommen«.

Lola Montez und George Sand

In Lola Montez offenbarte sich eine »dämonische Natur«.[49] Als eine die Peitsche schwingende und Zigarren schmauchende Kraftfrau verkörperte sie den in der Literatur des 19. Jahrhunderts besonders ausgebildeten Typus des grausam-dämonischen Vamps. Hinzuweisen ist

etwa auf die von John Keats geschaffene Figur der »Belle Dame sans Merci« (1819), die bleiche Könige in ihren Bann schlägt. Dem bayerischen König gefiel Lola Montez besonders gut, wenn sie wie eine Furie tobte: »Wie schrecklich! aber wie schrecklich schön! O könnte sie doch Kaulbach in diesem Augenblicke sehen und so malen«.[50]
Für Lola Montez gab es aber auch reale Vorbilder. Die Rolle, in der sie in der Münchner Öffentlichkeit auftrat, war beispielhaft in der französischen Schriftstellerin George Sand präfiguriert. Als eine im hohen Maß gesellschaftskritische und intellektuelle Schriftstellerin hinterließ George Sand (1804–1876) ein umfangreiches literarisches Œuvre, das mit dem Schlagwort des »Emanzipationsromans« belegt wird [ABB. 128]. Vorrangig beherrschen aber die prominenten Liebesaffären das Bild der George Sand. Stets erscheint sie an der Seite berühmter Männer. Am bekanntesten ist das Konkubinat mit Frédéric Chopin. Seit einer gemeinsamen Reise nach Mallorca, die George Sand in dem 1842 erschienenen Buch »Un hiver à Majorque« literarisch verarbeitete, lebte sie mit Chopin fast zehn Jahre lang in wilder Ehe. Aus dem Jahr 1846 stammt eine Lithographie, die Sand und Chopin unter dem Titel »The Lover's Reconciliation« im Doppelporträt zeigt. Andy Warhol nahm das Blatt zur Vorlage für eine Federzeichnung, auf der der Schriftstellerin eine Zigarette in die Hand gegeben ist [ABB. 129]. Die Zeichnung illustriert ein Gedicht von Ralph T. Ward: »Chopin some say loved George Sand,/ he tried but once to hold her hand,/ for once was enough; this lesson be learned/ if your girl smokes cigars you're apt to be burne«.[51]
In Deutschland galt George Sand »als das Mannweib mit der Männerkleidung, mit der Reitpeitsche in der Hand, dem Dolch im Gürtel, der Zigarette im Munde«.[52] Das sind genau dieselben regelwidrigen Attribute, mit denen auch das Erscheinungsbild der Lola Montez ausstaffiert war. Sie hatte die Schriftstellerin während ihrer Zeit in Paris kennengelernt. Doch war die Beziehung im wahrsten Wortsinn wohl nur flüchtig, nachdem ihr Aufenthalt in Frankreich mit dem Skandal um den Journalisten Dujarier untragbar geworden war. Unter dem Eindruck der Bekanntschaft mit George Sand stilisierte sich Lola Montez selbst zu einer *femme emancipée*. Es seien George Sand in Paris und Bettina von Arnim in Berlin gewesen, die ihr zur Selbstfindung verholfen und zu ihr gesagt haben sollen, daß wenn eine Frau einen Kopf und eine Courage wie sie habe, dann habe sie auch das Recht, sich über alle andere Frauen und über alle Regeln hinwegzusetzen; ihr sei es erlaubt, ein zügelloses Leben zu führen.[53]
Die Angleichung an das französische Vorbild hat zu Verwechslungen geführt. Auf einer Miniaturmalerei ist eine amazonenhafte Reiterin dargestellt, der das Pferd durchgeht [ABB. 130; KAT. NR. 6.3].[54] Vor Schreck verliert sie die Peitsche. Der Rocksaum weht über die nackten Schenkel. Das Gemälde wurde bislang als ein Spottbild auf Lola Montez interpretiert. Doch erinnert die Gestalt mehr an das durch die Druckgraphik verbreitete Porträt der George Sand, das Eugène Delacroix im November 1834 malte, nachdem sich die Schriftstellerin im Liebeskummer die langen Haare abgeschnitten hatte [ABB. 128]. Rätselhaft bleibt ein anderes Blatt französischer Provenienz, auf dem eine Frau mit Federhut und Reitgerte porträtiert ist [ABB. 119; KAT.NR. 6.4]. Sie ist zwar als eine »Diana Vernon« ausgewiesen, wird aber mit Lola Montez gleichgesetzt.[55]
In der Frage nach der politischen Dimension einer Figur wie Lola Montez kann der Vergleich mit George Sand sehr aufschlußreich sein. Die gemeinsame Typisierung geht über Äußerlich-

128 Eugène Delacroix: George Sand; 1834; Öl auf Holz; 26 x 22; Privatbesitz (Photo: Archiv für Kunst und Geschichte, Berlin)

129 Andy Warhol: The Lovers' Reconciliation. Illustration in: »Love is a Pink Cake« (1953) (Photo: Ullstein - Binder/ Thiele)

keiten kaum hinaus. Denn mit den an beiden haftenden Klischees einer mannstollen Skandalfrau ist keiner Schriftstellerin beizukommen, die sich aktiv für die sozialreformerischen Ziele der Revolution in Paris engagierte, sich mit dem Arbeiteraufstand im Februar 1848 solidarisierte und mit den sozialistischen Ideen des Jahres 1848 sympathisierte. Dagegen habe Lola Montez lediglich »bei den Orgien Pariser Journalisten einige communistische und St. Simonistische Romanfloskeln aufgeschnappt«, deren Bedeutung sie kaum verstanden habe.[56]

Im Vergleich zu George Sand oder Bettina von Arnim war Lola Montez eine illiterate Frau. Sie entsprach eher dem Verdikt Jean Pauls, der den Wäscheschrank als den »weiblichen Bücherschrank« bezeichnet hatte.[57] So fällt auf, daß es in ihrem Münchner Palais keine Bibliothek und kaum Bücher gab. Die wenigen Titel, die das Inventar auflistet, sind nicht der Rede wert [INVENTAR 187]. Wohl hatte sich Lola Montez einige repräsentative Folianten aus der königlichen Bibliothek ausgeliehen. Damals war der durch sein »Bayerisches Wörterbuch« bekannt gewordene Johann Andreas Schmeller (1785–1852) der Kustos der Hof- und Staatsbibliothek. In seinem Tagebuch berichtet er, daß die königliche Geliebte vom Bibliotheksdirektor Lichtenthaler in den Flügel geführt worden sei, »wo unter Anderm Krenners Erotica unter Lichtenthaler's besonderm Verschlusse stehen. Wo sollte sie sich sonst so lange aufgehalten haben, da ich sie erst

56 KLENZE I/6, fol.69v
57 Zit.n.: Ausst.Kat. »Als die Frauen noch sanft und engelsgleich waren. Die Sicht der Frau in der Zeit der Aufklärung und des Biedermeier«, hrsg. von Hildegard Westhoff-Krummacher, Münster 1995, S.136
58 SCHMELLER 1956, S.457 (27.5.1847)
59 KLENZE I/6, fol.68v
60 Zit.n.: KLENZE I/5, fol.50

130 Die Amazone; um 1845; Öl auf schwarzem Lackgrund, Pappmaché, wohl Dosendeckel; 7 x 11; MStM, Gemäldesammlung

um 2 Uhr, als ich selber gieng, mit ihrer Begleiterin die Bibliothek verlassen sah?«.[58]
Lola Montez wußte, wie »die Rolle der femme emancipée« zu spielen war.[59] Von allen ihren Seiten schillert diese Facette am stärksten. Sie war immer dann eindrucksvoll, wenn sie als Femme fatale moderner Prägung einer biedermeierlichen Männerwelt die Stirn bot. In der Münchner Travestie auf das Vaterunser wird sie philiströs als »Verpesterin der Ruhe und Ordnung, der Sitte und Zucht« verflucht [KAT.NR. 1.15]. Heute wird Lola Montez für diese in ihrer Zeit außergewöhnliche Courage zu Recht bewundert. Sie hat die Konventionen einer brüchig gewordenen Gesellschaftsordnung hemmungslos ignoriert und mit Chuzpe durchkreuzt. Ihre Provokationen waren zweifellos der kalkulierte Ausdruck einer bewußten Strategie: »Je veux faire de scandale, je veux me faire detester«.[60] Nicht zuletzt die Gegenüberstellung mit George Sand aber zeigt, daß die Skandale um Lola Montez weniger im politischen Impetus einer aufgeklärten Emanzipationsbewegung zu deuten sind. Sie scheinen vielmehr in einem individuellen und durchaus auch psychologisch interpretierbaren Kalkül aufzugehen.

VII. Die Geliebte

Ludwig war »ein erotischer Sonderling«.[1] Das würde niemand sonderlich interessieren, wäre er nicht auch der König von Bayern gewesen. So aber wurden Ludwigs Eskapaden schon von den Zeitgenossen mit ungeteilter Aufmerksamkeit verfolgt. Selbst wenn er sich in die entlegensten Winkel des Englischen Gartens zurückzog, um »hinter der Hecke« mit Lola Montez intim zu werden, blieben die wie in pennälerhaften Nöten vereinbarten Schäferstunden nicht unbemerkt.[2] Die stete Observanz äußerte sich zum Beispiel in einer Karikatur mit einer Szene am Chinesischen Turm [ABB. 131; KAT.NR. 7.3]. Der durch den Park stakende König zieht seinen Zylinder vor einer flatterhaft durch die österlichen Frühlingslüfte schwebenden Lola. Im Hintergrund zeichnen sich die Silhouetten von Jesuitenpatres ab, die gewissermaßen in den Büschen lauern. Ein Rasenstück am nordöstlichen Ausgang des Englischen Gartens heißt heute noch »Jesuitenwiese«. Angeblich erschien die Karikatur am 1. April 1847 als Extrabeilage zur »Deutschen Brüsseler Zeitung«. Prominentester Mitarbeiter dieser Zeitung war Friedrich Engels. Vielleicht handelte es sich bei dem Drucknachweis um einen Münchner Aprilscherz.

131 Ludwig I. König von Bayern und Lola Montez im Englischen Garten in München; 1847; Lithographie; 29 x 23,7; MStM, Graphiksammlung

Noch immer richtet sich das öffentliche Augenmerk mit ganz besonderer Neugier auf die erotischen Unternehmungen des Königs. Das hat mit Voyeurismus nur begrenzt zu tun. Ludwig war Träger monarchischer Würde. Er selbst hat wie kein zweiter Fürst seiner Zeit den Respekt vor dieser Würde gefordert. Der im 19. Jahrhundert zunehmend anachronistisch wirkende Anspruch mußte zu einem unauflöslichen Konflikt führen, wenn sich die privaten Neigungen nicht in das Bild der öffentlichen Repräsentation einfügen ließen. Die Affäre Lola Montez ist der schlagende Beweis dafür, daß das Leben Ludwigs als Privatmann nicht vom Wirken als König zu trennen war. Der preußische Außenminister Karl Ernst Wilhelm Freiherr von Canitz und Dallwitz kam zu einer bemerkenswert weitsichtigen Prognose, als er am 17. August 1847 in München konstatierte, daß schon mehrere Könige mit Tänzerinnen gelebt hätten: »Das ist nicht lobenswert, doch ist es möglich, dabei zu bestehen, wenn die Geschichte in gehörigen Schranken bleibt. Aber diese Verknüpfung von Regierungssystem und Verliebtheit in eine vagabundierende Grazie, das ist eine neue Erscheinung; und damit zu bestehen ist ebenso unmöglich wie mit Sonetten in heutiger Zeit zu regieren. Der Würde des Königtums geschieht unberechenbar größerer Schaden durch solchen Un-

132 Melchior Freiherr von Diepenbrock; um 1853; Stahlstich von August Friedrich Spieß; 12,5 x 8,2 ; MStM, Graphiksammlung

fug als durch alle den, welche die Demagogen anzetteln«.[3]

Unter dieser Voraussetzung kann es nicht um die Bloßstellung eines alternden Mannes gehen, der abgöttisch und mit erstaunlichem Fetischismus den Marmorfuß einer Tänzerin verehrte und sich zunehmend in emotionale Katastrophen verstrickte, die heute weder eines jovialen noch eines hämischen Kommentars bedürfen. Auch in seiner Selbstdarstellung als schwärmerischer Liebhaber blieb Ludwig zuallererst der König von Bayern. Gerade deshalb sind die *liaisons dangereuses* ein delikates Kapitel, das aufzuschlagen schnell peinlich werden kann. Die Legitimation erteilen die Protagonisten im Grunde aber selbst. Daß die begehrte und junge Spanierin ausgerechnet ihn zum Liebhaber auserkoren hatte, empfand der sechzig Jahre alte Ludwig als einen Triumph, der sich in einem geradezu exhibitionistischen Akt nur vor Publikum auskosten ließ.

»Ich bin König, aber ich bin auch Dichter«: Ludwigs Rundbrief an die Bischöfe

Angeblich hat Papst Pius IX. den König von Bayern in einem Mahnbrief vom 9. Februar 1847 zur Besinnung gerufen. Die Fürsten von Bayern seien immer »eine feste Stütze der katholischen Sache« gewesen, durch eine nicht näher benannte, aber eindeutig auf Lola Montez bezogene »große und so wichtige Änderung der Dinge« sei diese Stütze aber morsch geworden und würde »der katholischen Sache mehr Schaden und Schande als Heil und Ehre einbringen«. Ludwig möge »wieder zurückkehren auf den Weg der Tugend und der Ehre«.[4] Das Schreiben wurde als eine zeitgenössische Fälschung ausgewiesen.[5]

Gleichwohl verfolgte die katholische Kirche das Treiben Ludwigs mit wachsender Besorgnis. Vor allem versuchte die Diözese München und Freising Druck auszuüben.

Erzbischof war seit 1846 der kurientreue Carl August Graf von Reisach (1800–1869). Sein Generalvikar war »der als einer der Vorkämpfer des supponirten Jesuitismus allbekannte Priester« Friedrich Heinrich Hugo Windischmann.[6] Klenzes knappe Charakterisierung deutet bereits an, daß die katholische Entrüstung nicht ausschließlich moralische Antriebe hatte. An den bisherigen, weil politisch belanglosen Liebesaffären Ludwigs hatte niemand Anstoß genommen.

1 KLENZE I/6, fol.34
2 In einem Brief an Lola Montez gedenkt Ludwig eines Treffens im Englischen Garten, »wo ich hinter der Hecke Küsse von Deinem Mund bekam«; zit.n.: BW 1995, S.202 (19. 6. 1848). In einem anderen Brief heißt es: »Später, auf dem Spaziergang durch den Englischen Garten, kam ich zum Blumengarten. Ich bin nur mit Dir dort gewesen und habe dann ›Lolitta, Lolitta!!‹ gerufen«; zit.n.: BW 1995, S.139 (12. 3. 1848).
3 Zit.n.: PFUNDTNER 1939, S.4; das Zitat bereits bei: BLUM 1898, S.114
4 Auf den Mahnbrief hat Conte Corti hingewiesen, s.: CORTI 1979, S.244f. Er bezog sich auf den Brief, der sich in einer Übersetzung im Ludwig I.-Archiv erhalten hat; München, BSB, LA 39: Pius IX. an Ludwig I., 9. 2. 1847.
5 S.: Rupert Hacker, Die Beziehungen zwischen Bayern und dem Hl. Stuhl in der Regierungszeit Ludwigs I. (1825–1848), Diss. München 1967, S.137
6 KLENZE I/6, fol.1v. Zur Intervention des Erzbischofs siehe Reisachs Brief an Ludwig I. vom 12. Februar 1847; München, BSB, LA 39. Am 28. Februar 1847 meldete sich auch der Augsburger Bischof Peter Richarz (1781–1855) beim König; München, BSB, LA 39. Zum »Jesuitismus« siehe in Kapitel VIII.

Der König von Bayern sah sich veranlaßt, Rechenschaft abzulegen. Am 9. Februar 1847 schrieb er dem Breslauer Erzbischof Diepenbrock eine bemerkenswerte Erklärung.[7] Ludwig kannte Melchior Freiherr von Diepenbrock (1789–1853) als einen Schüler Sailers, dem er in seinen eigenen religiösen Anschauungen verpflichtet war [ABB. 132; KAT. NR.7.4]. Vor der Berufung nach Schlesien hatte sich Diepenbrock in Regensburg als ein Domprobst hervorgetan, der sich vehement gegen jesuitische Einmischungen in staatskirchliche Angelegenheiten stellte. Von allen geistlichen Würdenträgern traute ihm Ludwig offensichtlich am meisten. Der Brief nach Breslau ging zugleich als Rundschreiben an alle Bischöfe und Erzbischöfe des Königreichs. Ludwig konstatiert: »Ich bin König, aber ich bin auch Dichter und lege auf meine poetische Anregung und Begeisterung einen hohen Werth«. Man dürfe sein Verhältnis zu Lola Montez »nicht nach dem gewöhnlichen Maßstabe meßen und beurtheilen«. Niemand habe das Recht, über seine »Privathandlungen« zu richten.[8] Hierzu gebe es ohnehin keinen Anlaß. Der Rundbrief schließt mit einer ungewöhnlichen *confessio*. Wie in einem Offenbarungseid legte der bayerische Souverän gegenüber der katholischen Geistlichkeit das Ehrenwort ab: »Daß ich nun im vierten Monate weder meiner Frau noch einer anderen beigewohnt, und vorher es beinahe fünfe waren, in welchen ich mich dessen enthalten«.[9]

Ludwig war seit dem 12. Oktober 1812 mit Therese von Sachsen-Hildburghausen (1792–1854) verheiratet [KAT.NR. 7.5]. Zwischen 1811 und 1828 hatte sie ihm im fast zweijährigen Turnus insgesamt neun Kinder geboren. Den Liebschaften ihres Mannes ging Therese aus dem Weg. Als bei einer Theatervorstellung die Ehrenloge für Lola Montez reserviert war, die sich *totaly overdressed* selbst zum Mittelpunkt der Darbietung machte, verließ die völlig indignierte Königin den Saal.[10]

Ludwig war der Auffassung, »das, was man einen Ehebruch nennt, ohne Sünde begehen zu können, wo die eheliche Vereinigung mit der Gattin im Geschlechtssinne mit beiderseitiger Zustimmung aufgehoben ist«.[11] Nicht nur vor den Bischöfen, auch vor seiner Frau rechtfertigte er die Beziehung zu Lola Montez vor allem als einen künstlerischen Stimulus. Ludwig versuchte Therese begreiflich zu machen, daß er gerade als Dichter »für seine Phantasie noch durchaus eine lebhaftere erotische Anregung poetischer Ergießung haben müße, als sie ihm eine 36jährige Ehe und die Ereigniße der Kinderstube gewähren könnten«.[12]

Sonette an Lola

Das populäre Bild von Ludwig I. als einem kunstsinnigen Bauherrn erfährt in seinem dichterischen Œuvre eine kongeniale Spiegelung. Seit 1829 erschienen die »Gedichte des Königs Ludwig von Bayern« in einer Folge von vier Teilen [KAT.NR. 7.8 bis 7.11].[13] Der Umfang ist beachtlich; allein schon der erste Band enthält über 250 Gedichte. Ludwig veröffentlichte sein kontinuierlich anwachsendes Werk im Verlag von Johann Friedrich von Cotta, dem Verleger von Goethe und Schiller. Auch in Format und Ausstattung knüpfen die Bücher an die achtbändige Schillerausgabe Cottas an. Das ist kein Zufall. Gelten die Gedichte heute als musterhafte Beispiele für die Dilettantismuspoesie des Biedermeier, so hat sich der Autor selbst keineswegs als ein Reimschmied verstanden, der Verse zur persönlichen Ergötzung oder zum gelegentlichen Vortrag im privaten Kreis ersann. Er trat an die

7 Von dem Brief berichtete auch Graf Senfft an Metternich s.: GESANDTSCHAFTSBERICHTE 1941, Abt.II, Bd.3, S.435. Eine Abschrift des Briefs in: München, Bayerisches Hauptstaatsarchiv, GHA NL 88/3/5. Ein bereits vom 5. Februar 1847 datiertes Konzept in: München, BSB, LA 38. Nach diesen Quellen zitieren FOURNIER 1912, S.317, Anm.1; GOLLWITZER ²1987, S.674 und SEYMOUR 1996, S.134f. In einer abweichend zitierten Version bereits bei: CORTI 1979, S.242. Eine in ihren Abweichungen ebenfalls aufschlußreiche Abschrift des Briefes bei: KLENZE I/6, fol.11–12.
8 Der Wortlaut folgt der oben genannten Abschrift Klenzes.
9 Zit.n.: GOLLWITZER ²1987, S.674. Zu diesem Zeitpunkt entsprach das Geständnis zweifellos den Tatsachen. Wie aus dem Briefwechsel mit Lola Montez hervorgeht, hat sich Ludwig erst später auf Bettgeschichten eingelassen. Grundsätzlich hielt er solche Daten genau im Gedächtnis. Im Dezember 1862 bekannte Ludwig in anderem Zusammenhang zum Beispiel gegenüber Franz Graf von Pocci: »Am 28 dieses Monats wird es gerade 10 Jahre, daß ich mit keinem Frauenzimmer mehr zu thun hatte«, zit.n.: VALENTA 1991, S.355, Anm.1296.
10 S.: DESTOUCHES 1848, S.13
11 KLENZE I/5, fol.55f.
12 KLENZE I/5, fol.49
13 Gedichte des Königs Ludwig von Bayern. Erster Theil, München 1829; Zweyter Theil, München 1829 (²1839); Dritter Theil, München 1839; Vierter Theil, München 1847. An Neuausgaben gibt es: Ludwig,

Öffentlichkeit mit nicht weniger als dem Anspruch Friedrich Schillers, diese ästhetisch zu erziehen.[14] Bewußt nutzte der König das Gedicht auch als eine Form der politischen Stellungnahme. Zum Sturz des Innenministers Abel ließ er einen gereimten Kommentar in der »Augsburger Allgemeinen Zeitung« drucken.[15] Die vier königlichen Lyrikbände sind bezeichnenderweise zur Regierungszeit erschienen. Zwar dichtete Ludwig nach seiner Abdankung mit unverminderter Produktivität fort, mit dem Verlust seiner Macht schien er aber auch das Vertrauen in die öffentliche Wirksamkeit als Dichter eingebüßt zu haben.

Die Gedichte des Königs fanden durchaus Absatz. Die zweite Auflage brachte zum Beispiel einen Ertrag von 4000 Gulden. Ludwig ließ den Gewinn dem Bau des Blindeninstituts an der Ludwigstraße zukommen.[16] 1839 erschienen seine Gedichte bereits in der dritten Auflage. Die königliche Autorität des Verfassers garantierte ihnen freilich mehr Aufmerksamkeit als dessen poetisches Talent. Für die eher bescheidene Qualität steht das für Lola Montez geschriebene Gedicht »Die Andalusierin« [KAT.NR. 7.11]. Frei heraus kapituliert der Dichter mit »Herz« und »Schmerz« vor dem Reimzwang. Auch die Metrik ist schief. Auf den Vers »Lebend in der Anmut hin« antwortet im Kreuzreim: »Ist die Andalusierin«. Die Formulierung klingt nicht nur eigenwillig, sie paßt auch nicht recht ins Versmaß. Es entsteht ein Vokalstau, der mit keiner Elision aufzulösen ist und so den Fluß der vierhebigen Trochäen aus der Bahn hebt. Unfreiwillig rückt der Vers in die Nähe Karl Valentins. Wenn in der selben Strophe »helle« und »Gazelle« reimt, dann ist der Leser sogar geneigt, an den frühen Robert Gernhardt zu denken. Vor solchen Proben den erwarteten Ernst zu wahren, muß in einer Zeit besonders schwer gefallen sein, die mit August von Platen einen artistischen Formvirtuosen hervorbrachte und in Heinrich Heine den kühnen Wegbereiter der modernen Lyrik fand.

Über die Gedichte, die »der poetischen Ader des Porphyrogeneten entfloßen«, machte man sich im Grunde nur lustig.[17] Sie boten der Parodie eine denkbar geeignete Vorlage. Mitunter gelangen die Parodien so gut, daß sie als eigenhändige Werke des Königs durchgingen. Ein harmloses Beispiel ist der unter der Adresse »König Ludwig an den König von Preußen« in Umlauf gebrachte Vierzeiler: »Stammverwandter Hohenzoller,/ Sei dem Wittelsbach kein Groller;/ Zürne nicht ob Lola Montez,/ Selber habend nie gekonnt es«.[18] Die für Ludwig typischen Partizipialbildungen sind in einer anonym erschienenen Flugschrift besonders komisch parodiert. Nach der ersten Begegnung mit Lola Montez sagt der König: »Stets teutschen Sinnes gewesen seiend, und es bewiesen habend vielfach; aber was Liebe sei, unwissend bis jetzt, durch diese Spanierin erfahren häbend heute«.[19] Ludwig war längst in die Schußlinie einer weitaus schmerzlicheren Kritik geraten, die zwar dem Künstler galt, aber den König meinte. Mit der satirischen Aneignung des »ungereimten königlich bayrischen Lapidarstils« wurde die Monarchie selbst verhöhnt. Niemand konnte das besser als Heinrich Heine.

Die »Lobgesänge auf König Ludwig« von Heinrich Heine (1797–1856) sind ein Meisterwerk der politischen Satire.[20] Die als Fürstenlob angekündigte Panegyrik demaskiert sich sofort als eine völlig respektlose Polemik. Gleich in der ersten Strophe wird aus dem angestammten ein »angestammelter« König. Die Walhalla ist eine »marmorne Schädelstätte«, aus der die eigentlich rühmenswerten Köpfe ausgeschlossen sind, und die Schönheitsgalerie wird zum »gemalten Serail«, durch das »Herr Ludewig von Baier-

Gedichte in einer Auswahl mit Einleitung, neu hrsg. von Rudolf Greinz, Leipzig 1905; Der bayerische Schwan. Gedichte des Königs Ludwig I. von Bayern, hrsg. von Ludwig Merkle, München 1979; Hanns S. Macher, König Ludwig I. von Bayern. Gedichte, Pfaffenhofen 1980.

14 Zur Beschäftigung mit Ludwigs Gedichten von seiten der Germanistik s.: FRÜHWALD 1976

15 S.: CORTI 1979, S.253f.

16 S.: SIGNATE 1987 Bd.1, S.585 (5. 9. 1831)

17 KLENZE I/5, fol.50v-51. Noch um die Jahrhundertwende bemerkte Bierbaum, Ludwig habe Lola Montez »in den drolligsten Versen« besungen, »die jemals der ›teutschen‹ Muse abgewaltsamt worden sind«; Otto Julius Bierbaum, Eine kleine Herbstreise im Automobil, in: ders., Die Yankeedoodlefahrt und andre Reisegeschichten, München 1920, S.452.

18 Zit.n: FRÜHWALD 1976, S.151; bei FUCHS 1904, S.179 ist das Gedicht fälschlich Heine zugeschlagen. Eine ähnliche Version überliefert Klenze als ein Werk Ludwigs; s.: KLENZE I/6, fol.49.

19 Mola oder Tanz und Weltgeschichte, Leipzig 1847, S.20

20 Die »Lobgesänge« (1844) nach: HEINE 1983; S.142–146 und 799-804 (Kommentar). Weitere Invektiven gegen den bayerischen König finden sich im Kaput XXIV des »Atta Troll« (1841) und in der Denkschrift »Ludwig Börne« (1840); s.: HEINE 1978.

133 »Der pensionierte Apoll und die auf Wartegeld gesetzte Terpsichore«. Lola Montez mit Flöte und Grafenkrone; 1848; Lithographie; 22,7 x 25,5; MStM, Graphiksammlung

land« als ein »Kunst-Eunuch« spaziert. Die mäzenatischen Leistungen des Königs sind der Lächerlichkeit preisgegeben. Lange Zeit wurden diese Invektiven als polternde Tendenzdichtung oder sogar als die verbitterten Elaborate eines Juden abgetan, den man in München nicht als Professor an der Universität hatte haben wollen und der deshalb mit Rachsucht gegen eine ihn verkennende Welt angeschrieben habe. Solche Einschätzungen mißachten das jeder Kritik überlegene Niveau, auf dem der Parodist die formale Umbildung seiner Vorlage geradezu exemplarisch beherrscht: »Herr Ludwig ist ein großer Poet,/ Und singt er, so stürzt Apollo/ Vor ihm auf die Kniee und bittet und fleht:/ Halt ein! ich werd sonst toll, O!«.[21] Heines »Lobgesänge« erschienen 1844 zugleich mit seinem »Wintermärchen« in den »Deutsch-Französischen Jahrbüchern«, die nicht in Deutschland, sondern in Paris von Arnold Ruge und Karl Marx herausgegeben wurden. Für die exilierten Mitarbeiter galten Grenzhaftbefehle.

Nach der satirischen Anrufung Apollons wurde Ludwig in der Karikatur nun selbst als Musengott dargestellt [ABB. 133 und 134; KAT.NR. 7.6 und 7.7]. In der Pose des Kitharöden besingt er mit Lyra und Lorbeerkranz seine Tänzerin, die entsprechend als Terpsichore tituliert ist, als Muse des Tanzes. Auch Klenze sprach von Lola Montez als der »iberischen Terpsichore«.[22] Eine von Ludwig erworbene antike Statue in der Münchner Glyptothek zeigt Apollon als den

21 Zit.n.: HEINE 1983, S.143
22 KLENZE I/5, fol.13v
23 München, Staatliche Antikensammlungen, Inv.Nr.: AS W211
24 MONTEZ 1986, Bd.2, S.1440
25 S.: CORTI 1979, S.234

134 Ludwig I. König von Bayern besingt Lola Montez. Lola Montez mit Zepter und Königskrone; 1848; Lithographie; 22 x 25,2; MStM, Graphiksammlung

Kitharöden mit langem, über die Schulter wallendem Haar.[23] Seine Kennzeichen sind nicht nur die Sangeskunst, sondern stets auch Schönheit und Jugendlichkeit, die in der knochigen Gestalt des glatzköpfigen Königs konterkariert werden. Er tänzelt zum Takt, den Lola wie eine Tanzlehrerin angibt. Ludwig macht eine exaltierte Figur, die weniger an antike Vorbilder erinnert als an die Münchner Moriskentänzer.

Ludwig hat Lola Montez in einer ganzen Reihe von Gedichten besungen. Zusammen mit der »Andalusierin« ließ er ihr drei Hymnen »auf himmelblauer Seide geschrieben auf einem Samtkissen nebst anderen eleganten und reichen Beigaben überreichen«.[24] Als hätten sie zu den Akten gelegt werden sollen, sind die königlichen Verse überschrieben: »Der Dichter, Lola Montez betreffend!«. Die bibliophil in Samt ausgestattete Handschrift hat sich erhalten [KAT.NR. 7.12]. Solche Widmungen waren als ein ganz besonderer Gunstbeweis zu verstehen. Als Ludwig im Herbst 1846 Lola Montez kennenlernte, soll er ihr zunächst eine in Leder gebundene Ausgabe seines dichterischen Œuvres geschenkt haben.[25] Lyrik scheint in herrschaftlichen Kreisen ein zeitlos bevorzugtes Präsent zu sein. Während der Präsident der Vereinigten Staaten von Amerika im Januar 1998 mit einer Sexaffäre in die Schlagzeilen geriet, wurde bekannt, daß er einer Praktikantin des Weißen Hauses einen Gedichtband von Walt Whitman geschenkt habe.

Der König scheute sich nicht, Gedichte an Lola Montez in den 1847 abgeschlossenen letzten Teil seiner Gedichtsammlung aufzunehmen [KAT. NR. 7.11]. Im Mitteilungsdrang eines Verliebten schien es ihn ohnehin nicht zu kümmern, daß gerade seine Liebesgedichte in Abschriften zirkulierten und so bereits den Weg in die deutsche Tagespresse gefunden hatten. Karl August Varnhagen von Ense notierte in Berlin mit einigem Befremden: »Das Gedicht des Königs Ludwig an Lolita, in unseren Zeitungen abgedruckt, unscheinbar ›An L.M.‹ überschrieben«.[26] Dichtung war für Ludwig nicht zuletzt ein Mittel, mit dem er die schmerzliche Scheidung von seiner Geliebten zu bewältigen versuchte. »Ich schreibe ein Sonett über Lola Montez«, kündigte er ihr am 20. Juli 1848 an.[27] Ein letztes Gedicht »An Lola« entstand im Mai 1851 [KAT.NR. 7.12]. Die einst ätherisch glühende Lichtgestalt irrlichtert jetzt meteorisch über des Dichters Seelengrund als »ein ganz verblendend, sengend Licht«. Klage und Selbsterkenntnis münden in ein Friedensangebot. Das Gedicht schließt mit der Strophe: »Fürs Leben bleiben immer wir geschieden,/ Und nie und nimmer sehen wir uns mehr,/ Laß mir des Herzens schwer errungnen Frieden,/ Das Leben lastet ohne ihn so sehr«.

Lolas Fuß

Zu den intimsten Zeugnissen der königlichen Verehrung für Lola Montez zählte eine Marmorskulptur ihres Fußes. Sie war »in carrarischem Marmor zierlich gebildet« und »auf ein kleines Piedestal von giallo antico gestellt«.[28] Das Werk stammte von dem Bildhauer Johann Leeb. Klenze führt den kuriosen Einfall auf die Novelle »Die neueste Melusine« von Eduard von Bülow (1803–1853) zurück, in der ein Bildhauer in Berlin ebenfalls den Fuß einer schönen Frau abformt. Der damals viel gelesene Bülow nannte seine literarische Figur »Imagina«. Sie wurde allgemein als verschlüsseltes Abbild der Lola Montez betrachtet. In ihren »Memoiren« berichtet die Tänzerin selbst von dem Vorfall. Ein Bewunderer in Berlin habe ihr den Fuß geküßt, »als ob er eine heilige Reliquie vor sich hätte«. Dann habe er »ein Modell« von ihrem Fuß genommen, »dessen obern Theil er mit einer weichen Masse überzogen hatte, und, so gut es ging, abdrückte. Ich wollte nun sein Kunststück sehen, aber der Mensch schien zu befürchten, daß ich ihm dasselbe zerstören würde, und lief, mir einen Handkuß zuwerfend, zur Thüre hinaus. Nun sage mir einer noch, daß die Männer keine Narren sind!«[29]

Als Leeb für den König von Bayern ein ähnliches Werk schaffen sollte, stand er vor einem Problem. Der Fuß der Lola Montez sei so deformiert gewesen, daß eine Abformung nach der Natur nicht sehr vorteilhaft ausgefallen wäre. Deshalb habe sich der Bildhauer mit einem Abguß beholfen, den er von der Venus von Milo genommen habe: »Leeb selbst gestand dieses ganz offen und spottete über den Unterschied des nach der Natur abgeformten, verquetschten, durch enge Schuhe und Tanz fast verkrüppelten und durch Krähenaugen und durillon's verunzierten Fuß Originals und seiner nach der Venus von Milo gefertigten Kopie« [ABB. 135; KAT.NR. 7.1].[30]

Die berühmte Venusstatue war 1820 auf der Insel Melos im Ägäischen Meer ausgegraben worden, zum Verdruß Ludwigs nicht auf dem von ihm erworbenen Grundstück. Sofort wurde die antike Statue vom französischen Konsul erstanden. Als ein Hauptwerk des Louvre gelangte sie zu Weltruhm. Im Original erweist sich die Figur für einen Fußabguß aber als denkbar ungeeignet. Im Unterschied etwa zur Venus Medici in

26 Aus dem Nachlaß Varnhagens von Ense. Tagebücher von K. A. Varnhagen von Ense, Bd.4, 1862, S.35 (4. 3. 1847); zit.n.: FRÜHWALD 1976, S.143
27 Zit.n.: BW 1995, S.213
28 KLENZE I/5, fol.74v
29 MONTEZ 1986, Bd.1, S.913
30 KLENZE I/5, fol.74v

135 Abguß vom Fuß der Venus von Milo (Photo: Milena Greif und Roman Franke)

den Uffizien wird der fragmentierte linke Fuß vom Faltenwurf weitgehend überspielt, der rechte Fuß fehlt völlig.[31] Der Abguß, der Leeb in München zur Verfügung stand, war offensichtlich ergänzt.

Es gibt eine ganze Reihe berühmter Füße. Die kultische Verehrung, die einem solchen Abguß zuteil wurde, läßt zunächst an die christliche Tradition der Fußreliquiare denken, zum Beispiel an das mit Edelsteinen besetzte, goldene Fußreliquiar des heiligen Andreas im Domschatz von Trier. In der Antikenbegeisterung der Zeit um 1800 wurden vor allem der Fuß und die Hand der Kolossalstatue Konstantins auf dem Kapitol bewundert. Bekannt ist die Zeichnung Johann Heinrich Füsslis, auf der der Künstler vor der Größe dieser Fragmente verzweifelt. Vor einem vergleichbar sublimen Hintergrund des Monumentalen sind ähnliche Darstellungen der Münchner »Bavaria« zu sehen. Auf dem 1850 entstandenen Gemälde Moritz von Schwinds im Lenbachhaus versammeln sich Gnome vor dem großen Zeh der bayerischen Kolossalfigur. Ferdinand von Miller hat mehrfach den kleinen Finger der »Bavaria« abgegossen. Im Verständnis, in dem ein Torso die Wertschätzung eines selbstwertigen Kunstwerks genoß, wurden Fußabgüsse zum begehrten Sammelobjekt. Ein antiker Fuß ist auf der Skizze abgebildet, die Tischbein von der römischen Wohnung Goethes am Corso machte. Gipsabgüsse von einem Fuß und einer Hand zieren auch das Schreibzimmer auf Georg Friedrich Kerstings Gemälde »Mann am Sekretär« in Weimar. Noch Picasso zeichnete eine Fußstudie nach einem Gipsmodell in der Akademie von Barcelona.[32]

Auf die Füße berühmter Tänzerinnen schaute man verständlicherweise besonders genau. »Lola's Füßchen halten genau die Mitte zwischen den feinsten Pariser- und Chinesen-Damenfüßen«, schrieb ein begeisterter Rezensent einer Tanzvorstellung in Warschau. »Die feinen zierlichen Waden scheinen die beiden untersten Stufen einer Jacobsleiter zu sein, die zum Himmel und sogar zum siebten Himmel führt. Ihre ganze Gestalt glich gestern Abend der Venus zu Knidus, jenem unsterblichen Meisterstücke des Praxiteles, der ganz Griechenland mit seinem Ruhme erfüllte«.[33]

Nach einer tänzerischen Darbietung erhielt Lola Montez auch das Kompliment: »Ihr Fuß verdient es, neben dem einer Taglioni, einer Elsler zu stehen«.[34] Im 19. Jahrhundert war es nicht ungewöhnlich, den großen Tänzerinnen der Zeit in plastischen Abformungen ihrer Füße eine schwärmerische Huldigung darzubringen. So ist überliefert, daß auch der Fuß der Fanny Elßler abgegossen wurde.[35] Der Marmorfuß der Lola Montez war für den Besitzer aber ein ganz persönliches Stimulans. In vertrauten Briefen an die Geliebte bekannte sich Ludwig zu einer bizarren Leidenschaft: Er begehre ihren Fuß so sehr, daß er ihn am liebsten in den Mund führe [KAT.NR. 7.2].[36] Die Vorstellung wurde für Ludwig zu einer regelrechten Obsession. Sie verfolgte ihn häufig in erotischen Träumen. Grundsätzlich maß Ludwig seinen Träumen große Bedeutung bei. Im Jahr 1839 führte er sogar über alle Träume Buch.[37] Später schrieb er an Lola Montez, sie sei ihm in einem offenbar besonders aufwühlenden Traum erschienen: »Es war mein Vater da, und er war gegen unsere Beziehung«.[38] Maximilian I. Joseph war zu diesem Zeitpunkt seit 22 Jahren tot. Der psychoanalytischen Traumdeutung wäre Ludwig gewiß ein lehrreicher Patient gewesen.

Für Ludwig wurde der Marmorfuß der Lola Montez zu einem Fetisch. Er hütete die Skulptur wie einen Schatz und überdeckte sie mit Küssen, »die eigentlich für ihr liebes Original bestimmt«

31 S.: Francis Haskell und Nicholas Penny, Taste and the Antique. The Lure of Classical Sculpture 1500–1900, New Haven/London 1981, S.328-330 mit Abb.
32 S.: Nikolaus Himmelmann, Utopische Vergangenheit. Archäologie und moderne Kultur, Berlin 1976, S.154f.
33 Zit.n.: MONTEZ 1986, Bd.1, S.648
34 MONTEZ 1986, Bd.1, S.912
35 Freundlicher Hinweis von Wolfgang Till (München).
36 Siehe die Briefe Ludwigs I. an Lola Montez, BW 1995, S.116 (21. 2. 1848); S.119 (24. 2. 1848); S.158 (24. 3. 1848); S.212 (15. 7. 1848); S.214 (27. 7. 1848); S.221 (13. 8. 1848); S.221 (15. 8. 1848); S.232 (9. 9. 1848); S.249 (24. 10. 1848); S.251 (28. 10. 1848); S.259 (19. 11. 1848).
37 »Träumebuch vom Jahre 1839«; München, BSB, LA 10. Das Schriftstück ist für die öffentliche Einsichtnahme gesperrt.
38 Ludwig I. an Lola Montez, 31. 8. 1847; zit.n.: BW 1995, S.69

waren.[39] In München wußte man sehr wohl von dieser Passion. Freiherr von der Tann machte den König auf entsprechende Gerüchte aufmerksam.[40] Auch die Karikaturisten wagten sich an das Thema. Fuchs beschreibt eine heute nicht mehr greifbare Lithographie, die den Titel »Der Bildhauer bei der Arbeit« hatte: »Obszöne, aber sehr künstlerisch ausgeführte intime Liebesszene zwischen Lola und dem Bildhauer, der im Auftrage Ludwigs das Bein Lolas modellierte. Neben dem Ruhebett, auf dem Lola Modell sitzt, steht das halbfertige Tonmodell von Lolas Bein«.[41] Eduard Fuchs kannte eine ganze Reihe pornographischer Darstellungen um Ludwig und Lola.[42] Heute sind sie allesamt verschwunden und werden wohl in geheimen Remota-Sammlungen unter Verschluß gehalten.

Als Gegenstück zum Fuß erhielt Lola Montez eine Abformung der königlichen Hand. Den Abguß machte gleichfalls Leeb. Die Hand wird ausführlich von Klenze beschrieben: »Der Bildhauer zeigte mir dabei noch eine sehr zierliche und jugendlich geformte Hand von weißem Marmor vor, welche, einen gekrönten Griffel haltend, auf einem Buche lag, und gab mir die Erklärung, es sei dieses des Königs Hand, welcher er als [Pendant] für Lolita's Fuß habe machen müßen. Auf meine Bemerkung über die feine, jugendliche Gestaltung zeigte er mir eine über die Natur geformte Hand des Königlichen Amanten vor, welche groß, knotig und runzlich war, aber von dem Träger des Originals als zu naturgetreu verworfen worden war. Der Bildhauer brachte nun durch Anwendung der Kunstregel or' piu or' meno ein hübscheres, chiroplastisches Werk zu Stande, welches jedoch noch nicht die Zustimmung erhielt. Eine dritte, wieder verkleinerte und geglättete Auflage war aber mit der ernsten Weisung verworfen, der Bildhauer solle sich erinneren, daß eines Königs Hand klein und zierlich sein müße, und dieser führte nun diesem ächt monarchischen Axioma nach sein Marmorhändchen aus, welches gewiß selbst eine eitle Frau befriediget hätte und so nun seinen Platz im Boudoir-Lola fand«.[43]

Die Verbindung von Hand mit Buch und Griffel zeigt, daß sich Ludwig in solchen Devotionalien als Poet stilisierte, von dessen Hand unzählige Gedichte stammen. Die Meisterhand galt allgemein als Symbol des Künstlers.[44] Das bekannteste Beispiel für das 19. Jahrhundert ist der Bildhauer Antonio Canova. Seine rechte Hand wird in der Akademie der Schönen Künste in Venedig ähnlich seinem Herzen in der Frari-Kirche wie eine Reliquie verehrt. Von Joseph Stieler hat sich ein Gipsabguß seiner rechten Hand erhalten [KAT.NR. 4.4]. Die Hand war nicht nur ein Signum des Künstlers, sie spielte auch in der Herrscherikonographie eine Rolle. Zu den Krönungsinsignien der französischen Könige zählte die »Hand der Gerechtigkeit«, mit der die Gerichtshoheit symbolisiert wurde. Noch das Staatsporträt Napoleons zeigt diese »main de justice« zusammen mit dem Reichsapfel auf dem Paradekissen [ABB. 155]. In den zeitgenössischen Schriften zur Physiognomik wurde gerade der fürstlichen Hand großes Interesse zuteil. Im Abschnitt »Ueber die Hände« heißt es in den »Physiognomischen Fragmenten« von Johann Caspar Lavater: »Eine Sammlung von nachgegoßnen Händen von Wachs oder Gips – samt einer genauen Beschreibung von dem Charakter der Person, von welcher sie abgegossen sind – wie leicht zu machen von einem Fürsten! Welch eine Schule – für den Physiognomisten! – Carl August von Weymar und Göthe – wollt ihr den Anfang machen?«.[45]

Es ist nicht bekannt, wo die Abformungen von der Hand Ludwigs und vom Fuß der Lola Montez verblieben sind.[46] Nach der Londoner Versteige-

39 Ludwig I. an Lola Montez, 14. 2. 1848; zit.n.: BW 1995, S.101. Ähnlich am 13. Februar 1848 und am 12. Oktober 1848 aus Possenhofen: »Bevor ich die Stadt verlassen habe, schaute ich auf Deinen schönen Fuß und überdeckte ihn in Gedanken mit Küssen«; zit.n.: BW 1995, S.246.

40 S.: SEYMOUR 1996, S.147 (14. 3. 1847)

41 FUCHS 1904, S.161, Nr.53

42 S.: FUCHS 1904, S.158, Nr.38f.

43 KLENZE I/5, fol.119v–120

44 Zum Topos von der Hand des Künstlers allgemein s.: Martin Warnke, Der Kopf in der Hand, in: Ausst.Kat. »Zauber der Medusa. Europäische Manierismen«, Wien 1987, S.55-61

45 Johann Caspar Lavater, Physiognomische Fragmente zur Beförderung der Menschenkenntnis und Menschenliebe. Eine Auswahl, hrsg. von Christoph Siegrist, Stuttgart 1992, S.201

46 Auf den Fuß hat bislang nur Raimund Wünsche hingewiesen; s.: »Göttliche, paßliche, wünschenswerthe und erforderliche Antiken«. L. v. Klenze und die Antikenerwerbungen Ludwigs I., in: AUSST.KAT. MÜNCHEN 1985, S.9–115, bes. S.77-80.

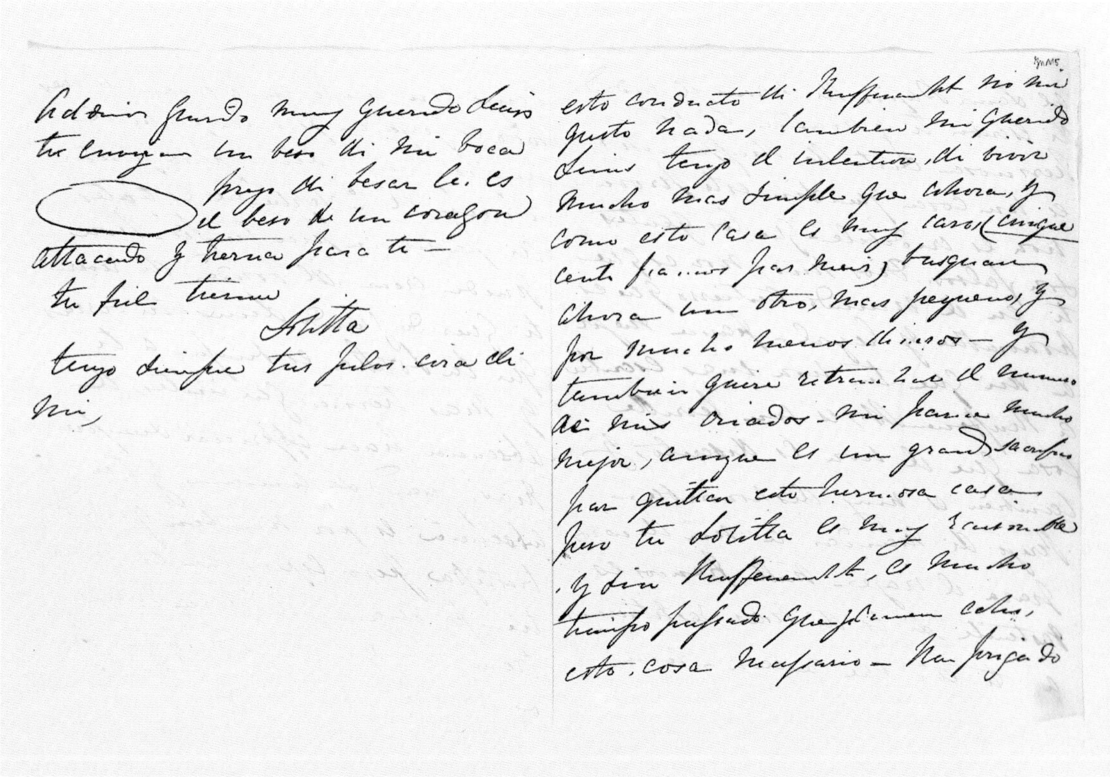

136 Brief der Lola Montez an Ludwig I. vom 17. August 1848; Autograph; München, Bayerische Staatsbibliothek, LA 34 (Photo: Bayerische Staatsbibliothek)

rung von Lolas Habe war Ludwig in Sorge, das intime Souvenir könne in falsche Hände geraten: »Wo ist die Marmorhand, die ich Dir gegeben habe?«.[47] Nachdem Lola Montez im September 1849 noch versichert hatte, sie führe die Hand mitsamt den königlichen Briefen bei sich, mußte sie ihm im Oktober 1850 aus Paris gestehen, ihr zwischenzeitlicher Ehemann George Trafford Heald, »der Lump«, habe nicht nur die Briefe, sondern auch die »Hand in Marmor« gestohlen.[48]

Der Briefwechsel

Ludwig schrieb 225 Briefe an Lola Montez.[49] Sie antwortete mit 175 Briefen. Für das 19. Jahrhundert und gerade für Ludwig ist das ein eher schmales Werk. Seine über die Jahre gewachsene Korrespondenz mit Marianna Marchesa Florenzi zählt fast fünftausend Briefe, davon stammen von Ludwig 2953 Stück![50] Hingegen blieb der Briefwechsel mit Lola das Zeugnis einer mit leidenschaftlicher Intensität ausgelebten Episode. Die Korrespondenz setzte im August 1847 mit beinahe täglichen Liebesgrüßen vom Sommersitz in Aschaffenburg ein und wurde im großen Umfang mit dem Augenblick der Trennung im Frühjahr 1848 fortgeführt. Die meisten Briefe gingen in die Schweiz, wo Lola Montez nach ihrer Vertreibung zunächst wohnte. Anfangs schrieb ihr Ludwig jeden Tag. Im Herbst 1849 ließ sein Mitteilungsdrang deutlich nach. Während in München immer noch und immer längere Bettelbriefe aus London, Barcelona, Valencia, Cadiz und Paris eintrafen, reagierte Ludwig mit spärlichen Zeilen pflichtschuldiger Höflichkeit. Wo anfangs stets »tu fiel Luis« ge-

47 Ludwig I. an Lola Montez, 23. 4. 1849; zit.n.: BW 1995, S.317. Die Frage nach einem »Gipsabdruck«, mit dem offenbar die Hand gemeint war, auch am 9. April 1849; s.: BW 1995, S.314. Im Zusammenhang mit einem Atelierbesuch bei Leeb hatte sich Ludwig schon am 22. Mai 1848 nach dem Verbleib der Hand erkundigt: »Schreib mir, ob Du mein Bein hast«; zit.n.: BW 1995, S.191.
48 Lola Montez an Ludwig I., 15. 9. 1849; BW 1995, S.346 und 27. 10. 1850; zit.n.: BW 1995, S.360
49 München, BSB, LA 33 (Briefe Ludwigs I.), LA 34 (Briefe der Lola Montez). Reinhold Rauh und Bruce Seymour haben den Briefwechsel 1995 in einer deutschen Übersetzung veröffentlicht; s.: BW 1995. Die Herausgeber verzichten auf einen philologischen Kommentar und nehmen zur Textgestalt in einem knappen Nachwort Stellung; s.: BW 1995, S.373-376.
50 S.: AUSST.KAT. NÜRNBERG 1991, S.654
51 Die früheste Version der in wechselnden Spielarten überlieferten Anekdote lautet in diesem Zusammenhang nicht unpassend: »Daher pflegte [...] Kaiser Karl V. zu sagen, die Sprache der Deutschen sei militärisch, die der Spanier erotisch, die der Italiener rhetorisch, die der Franzosen edel«; s.: Harald Weinrich, Wege der Sprachkultur, Stuttgart 1985, S.181–192.
52 So bereits Rauh und Seymour in: BW 1995, S.374

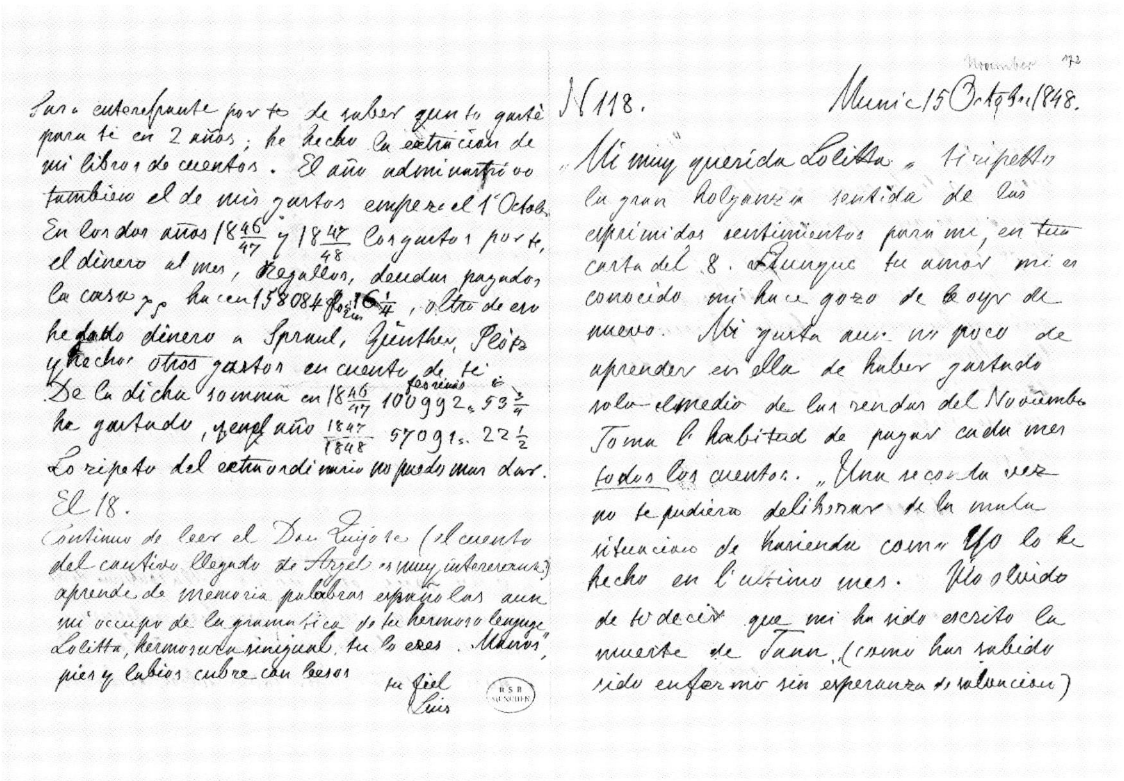

N 118. Munic 15 Octubre 1848.

Mi muy querida Lolitta, ti ripetto
la gran holganza sentida de las
exprimidas sentimientos para mi, en tua
carta del 8. Aunque tu amor mi es
conocido mi hace gozo de le oyr de
nuevo. Mi gusta aun un poco de
aprender en ella de haber gastado
solo el medio de las rendas del Noviembre
Toma l'habitud de pagar cada mes
todos los cuentos. Una sola vez
no te pudieras deliberar de la mala
situacion de hacienda como yo lo he
hecho en l'ultimo mes. Yo olvido
de te decir que mi ha sido escrito la
muerte de Tann, (como has sabido
sido enfermo sin esperanza de salvacion)

Para entonces pronto por tu de saber quanto gasté
para ti en 2 años; he hecho la extraccion de
mi libros de cuentos. El año administrativo
tambien el de mis gastos empeza el 1 Octob.
En los dos años 1846/47 y 1847/48 consgastos por ti,
el dinero al mes, Regalos, deudas pagados,
la casa etc hacen 158084 flor 16 1/4, ultra de esto
he dado dinero a Sprand, Günther, Plötz
y hechos otros gastos en cuenta de ti.
De la dicha somma en 1846/47 100992 fl 53 3/4
he gastado, y en el año 1847/1848 57091 fl 22 1/2
Lo ripeto del extraordinario no puedo mas dar.
El 18.
Continuo de leer el Don Quijote (el cuento
del cautivo llegado de Argel es muy interesante)
aprendo de memoria palabras españolas aun
mi ocupo de la gramatica de tu hermoso lenguage
Lolitta, hermosura singular tu lo eres. Manos,
pies y labios cubro con besos
tu fiel
Luis

137 Brief Ludwigs I. an Lola Montez vom 15. bis 18. November 1848; Autograph; München, Bayerische Staatsbibliothek, LA 33, Nr. 118 (Photo: Bayerische Staatsbibliothek)

standen war, stand jetzt nur noch »Luis«, im letzten Brief vom 9. Juni 1850 einfach »L.«.

Der gesamte Schriftverkehr ist in Spanisch. Es gehörte gewiß zum Bildungsanspruch Ludwigs, sich polyglott in alle Richtungen bewegen zu können. Die spanische Anrede seiner Geliebten erscheint aber auch als ein romantisierender Akt kultureller Mimikry, in der der Schreiber die dem Thema angemessene Sprache annimmt. Von Kaiser Karl V. ist die variantenreiche Anekdote überliefert, er habe mit Gott lateinisch gesprochen, italienisch mit den Ministern, mit Frauen französisch und deutsch mit seinen Pferden.[51] Offensichtlich hatte Ludwig Gefallen daran, sich mit »Lolitta« im Klang ihrer vermeintlichen Muttersprache auszutauschen. Das fremde und vielfach um eigenwillige Neologismen bereicherte Idiom läßt sich nicht zuletzt auch als eine Sicherheitsmaßnahme im Sinne einer wie von Geschwistern praktizierten Geheimsprache interpretieren.[52] Zumindest in München hätte kaum einer die spanischen Briefe lesen und verstehen können. Manchmal hat man den Eindruck, auch Lola Montez habe nicht alles verstanden. Sie schrieb ein noch schlechteres Spanisch als Ludwig.

Bei aller Geschwätzigkeit geben die Briefe der Lola Montez erstaunlich wenig über das Innenleben der Verfasserin preis. Zärtlichkeiten und Frivolitäten erscheinen zumeist als die Vorboten immer dreister vorgetragener Forderungen nach Geld. Ohne Punkt und Komma werden Floskeln der Zuneigung und personalpolitische Optionen in bezeichnender Weise verknüpft, wenn es in einem Atemzug heißt: »Das Gedicht, das du mir geschickt hast, ist sehr schön, querido Louis, Du bist immer Du selbst, groß und edel in allem, Deine Lolitta liebt Dich von Herzen. Ich bin sehr erfreut, daß Du Bauer befördert hast, den Gendarm-Leutnant«.[53] Ludwig reagierte auf die politischen Einmischungen mit deutlich vernehmbarem Stöhnen: »Du machst mich jeden Tag unglücklich, wenn Du mir von den Geschäften erzählst, anstatt mich nach soviel Arbeit ausruhen zu lassen«.[54] Er schrieb nicht als Staatsmann, sondern als verliebter Dichter und erwartete entsprechende Erwiderungen.

Das Briefeschreiben wurde im 19. Jahrhundert als eine Kunstform gepflegt, die mit dem alten Goethe und Marianne Willemer oder mit der alten George Sand und Gustave Flaubert und in vergleichbaren Partnerschaften eine Blüte von exemplarischer Qualität erlebte. Zu erinnern ist auch an das 1835 erschienene Buch der Bettina von Arnim »Goethe's Briefwechsel mit einem Kinde«. Die Briefe von Ludwig I. und Lola Montez sind alles andere als ein literarischer Genuß. In einer Sprache, die man nicht gut spricht, fällt es naturgemäß schwer, ein profundes Gefühlsleben offenzulegen. Man schreibt, daß es regnet, daß die Sonne scheint, daß die Liebe ewig währt. »Verschlucke die Pillen nicht, sondern trinke sie mit Wasser hinunter«, »ich trage die Pantoffeln, die Du mir gemacht hast, zweimal am Tag« – altväterliche Fürsorge und kindliche Narretei liegen nicht weit auseinander.[55] Zwischen Liebesbeteuerung und Treueschwur waltet ein geradezu zwanghafter Ordnungssinn, der die Geliebte immer wieder mahnt, ihre Briefe endlich zu numerieren oder zumindest zu datieren. Wie spröde dieser Schriftverkehr sein kann, mögen einige eher wahllos herausgegriffene Zeilen illustrieren: »Gestern habe ich Blumen für dich gepflückt. Meine geliebte Lolitta, ich gebe Dir meinen Dank und drücke meine Freude aus dafür, daß ich Deine Briefe Nr.16 und 17 vom 22. und 23. erhalten habe. Beide gleichzeitig. In der vorhergehenden N. 15 beklagst Du dich, daß Du lange keinen von mir erhalten hast, und jetzt sagst Du mir nicht, ob Du welche erhalten hast und ob nicht irgendeine Nummer fehlt«.[56] So buchhalterisch und hilflos geht das oft seitenlang. Daneben gibt es zumindest in den Briefen Ludwigs aber durchaus mitreißende Passagen zu entdecken. Sie sind in einem Anspruch geschrieben, der den Schriftstücken insgesamt einen ostensiblen Charakter verleiht: »Ich bin gerade von der Fronleichnamsprozession unterbrochen worden, und ich sah vom Fenster zu. Ich bin wie ein Geist, alles geschieht, als ob ich tot wäre. Lebend bin ich wie ein toter Mann, aber Deine Liebe bleibt mir«.[57]

Die wirklich intimen und in keinem Fall für die Nachwelt bestimmten Botschaften fügte Ludwig separat auf rosafarbenen Zetteln bei [KAT.NR. 7.13].[58] Lola Montez sollte diese *fiches d'amour* sofort verbrennen. Zumeist befolgte sie die Order, manchmal scheint sie es schlicht vergessen zu haben.[59] Auf diese Weise geht der Briefwechsel in anatomische Details, die man so genau gar nicht betrachten möchte. Deutlich genug, daß das Verhältnis keineswegs ein rein platonisches war, geben die rosaroten Zettel erschöpfende Antwort auf eine Frage, die sich insgeheim aber jeder stellt: Ludwig hatte zweimal Sex mit Lola Montez. Im Brief vom 18. Juni 1848 erinnert er sich wie ein Jubilar an entsprechende Erlebnisse, die er in der Nacht zum 18. Juni 1847 und am 1. Dezember 1847 nachmittags in der Barer Straße gehabt hatte.[60] Das hispanisierende Codewort lautete »besar« [KAT.NR. 7.15].[61]

Die unbekümmerte Offenheit, in der Ludwig über seine libidinösen Vorlieben schrieb, wäre ihm beinahe sehr teuer zu stehen gekommen. Im Frühjahr 1849 erschienen vermeintliche Enthüllungsschriften, die den Abdruck von »lettres intimes de S. M. le Roi de Bavière et de Lola

53 Lola Montez an Ludwig I., 12. 9. 1847; zit.n.: BW 1995, S.76

54 Ludwig I. an Lola Montez, 3. 10. 1847; zit.n.: BW 1995, S.83

55 Ludwig I. an Lola Montez, 11. 9. 1847, 22. 6. 1848; zit.n.: BW 1995, S.75 und 203

56 Ludwig I. an Lola Montez, 26. 9. 1847; zit.n.: BW 1995, S.80

57 Ludwig I. an Lola Montez, 22. 6. 1848, zit.n.: BW 1995, S.203

58 Z.B.: »Du wirst ein kleines Stück Papier beigefügt finden«; Ludwig I. an Lola Montez, 30. 5. 1848 (Nr.62), zit.n.: BW 1995, S.195; »Du wirst einen kleinen Zettel beigefügt finden«; Ludwig I. an Lola Montez, 23. 6. 1848 (Nr.70); zit.n.: BW 1995, S.204; »Es liegt ein Stück Papier bei ...«; Ludwig I. an Lola Montez, 16. 8. 1848 (Nr.89); zit.n.: BW 1995, S.221.

59 »Ich habe die kleinen rosaroten Zettelchen ins Feuer geworfen«; Lola Montez an Ludwig I., 8. 6. 1848; zit.n.: BW 1995, S.200. Im Gegenzug bot Ludwig an: »Sag mir, willst Du, daß ich den Teil Deines Briefes vernichte, der die Antwort auf meine Fragen auf dem kleinen Zettel enthält?«; Ludwig I. an Lola Montez, 14. 6. 1848 (Nr.67); zit.n.: BW 1995, S.200. Und am 18. Juni 1848: »Wenn Du diesen Zettel gelesen hast, dann verbrenne ihn sofort« – in diesem Fall kam Lola Montez der Aufforderung nicht nach; s.: Ludwig I. an Lola Montez, 18. 6. 1848 (Nr.68; Beilage); zit.n.: BW 1995, S.202.

60 S.: BW 1995, S.202 (Nr.68 Beilage). Ähnlich und konsequent dann auch am 2. Dezember 1848; s.: BW 1995, S.267.

Montès« versprachen [KAT.NR. 7.19].[62] Die Edition der großspurig als »Mémoires« ausgewiesenen Heftchen gleicht einer dreisten Schmierenkomödie, die nur ein Ziel hatte: Ludwig zu erpressen. Drahtzieher der Einschüchterungskampagne war ein etwa 30 Jahre alter Winkeladvokat aus Marseille, der früh die Chance gewittert hatte, aus der Skandalgeschichte Kapital zu schlagen. Er hieß Auguste Papon.[63]

Papon gab sich nicht ohne Witz als ein »Marquis de Sarde« aus, als er im Juli 1848 der exilierten Gräfin Landsfeld seine Aufwartung am Genfer See machte. Bereitwillig nahm Lola Montez ihren bald neuen Liebhaber in das herrschaftliche Château de l'Impératrice auf, in dem beide ein an Gerissenheit sich wohl nur gegenseitig übertrumpfendes Paar boten. Im gemeinsamen Bestreben, bei Ludwig Geld flüssig zu machen, fuhr Papon im Herbst nach München. Dort trat er als der gräfliche Vermögensverwalter auf. Der bereits abgedankte König war damals noch der festen Überzeugung, die Liebesbeziehung fortsetzen zu können. Anfangs glaubte er die Krone mit einer Freiheit eingetauscht zu haben, in der sich alles das nachholen ließ, was ihm als König versagt geblieben war. Deshalb empfing er Papon als einen willkommenen Mittelsmann, dessen Kurierdienste er freizügig honorierte. Er bezahlte ihm immerhin 400 Franken Reisespesen.

Nach der Rückkehr in die Schweiz kam es zum Zerwürfnis unter Hochstaplern. Lola Montez setzte Papon vor die Tür und diskreditierte ihn plötzlich als einen Mann, der dazu neige, »sich mit Männern unanständig zu benehmen«.[64] Nachdem Papon »in einem Garten mit einem jungen Mann in einer schrecklichen Stellung gefunden worden« sei, war Ludwig zumindest in seiner rasenden Eifersucht beschwichtigt: »Diese Leute haben normalerweise eine Aversion, es mit Frauen zu machen«.[65] Wenig später mußte er zur Kenntnis nehmen, daß ihm Papon in ganz anderer Hinsicht gefährlich werden konnte.

Ludwig erhielt einen Brief, in dem Papon eine mit Originalbriefen des bayerischen Königs unterfütterte Enthüllungsgeschichte »Six mois chez Lola Montès« zu veröffentlichen drohte, wenn er nicht mit einem »titre de chambellan« und auch mit »dix mille francs« entschädigt werde.[66] Solche Praktiken waren aus dem 18. Jahrhundert wohlbekannt. Beaumarchais hatte sich vom französischen Königshaus dafür bezahlen lassen, daß er den Druck von Pamphleten unterdrückte, die gegen Marie-Antoinette geschrieben worden waren. Ludwig wußte nun nicht genau, welches Belastungsmaterial Papon hätte ins Feld führen können. Als das Erscheinen dieser »Mémoires« in sukzessiven Lieferungen öffentlich angekündigt wurde, hielt er es zumindest für ratsam, »daß Papon das zweifache von dem gegeben wird, was er verlangt hat, um die Briefe zurückzugeben und die Memoiren zu unterdrücken«.[67] Dazu ist es nicht gekommen. Bereits am 1. Februar 1849 erschien in Nyon die erste Lieferung. Sie sollte wohl als Warnschuß verstanden werden, der sich allerdings als Rohrkrepierer erwies. Denn neben einer launischen Kurzbiographie der Lola Montez brachte das Pamphlet nichts, was das Königshaus tatsächlich hätte kompromittieren können. Papon besaß im Gegenteil die Chuzpe, seinen eigenen Erpresserbrief in die insgesamt enttäuschende Dokumentensammlung aufzunehmen. Ludwig riskierte, die Forderungen Papons zu ignorieren, und sah der Fortsetzung der »Mémoires« mit aristokratischer Gelassenheit entgegen. Von den acht veranschlagten Lieferungen erfolgte ohnehin nur noch eine zweite im März 1849.

Dieser zweite Teil zitiert einen authentischen Liebesbrief Ludwigs. Er schließt mit der in einen von Eichblatt und Lorbeer umrankten Kreis ein-

61 Siehe den Brief der Lola Montez vom 8. Juni 1848: »Wie kannst du fragen, ob ich mit dir ›besar‹ will [...] Natürlich will ich«; zit.n.: BW 1995, S.199.

62 Auguste Papon, Lola Montès, Mémoires. Accompagnés de lettres intimes de S. M. le Roi de Bavière et de Lola Montès, avec fac simile, ornés des portraits de S. M. le Roi de Bavière et de Lola Montès, sur originaux donnés par eux à l'auteur. Poésies, documents, politiques et littéraires inédits; Première Livraison, Nyon 1849; Seconde Livraison, Nyon 1849

63 Zu Papon und seinen »Mémoiren« s.: Eduard de Mirecourt [Charles Jacquot], Les contemporains. Parte 78, Lola Montès, Paris 1857; s.a. die Erläuterungen von Rauh und Seymour in: BW 1995, S.264f., 282, 286f. und 305f. Die Darstellungen Papons sind auch in die »Memoiren« der Lola Montez aufgenommen; s.: MONTEZ 1986, Bd.2, S.1707 bis 1732 (173. Kapitel »Meine Memoiren«).

64 Lola Montez an Ludwig I., 20. 11. 1848; zit.n.: BW 1995, S.260

65 Lola Montez an Ludwig I., 25. 11. 1848; zit.n.: BW 1995, S.262 und Ludwig I. an Lola Montez, 1. 12. 1848; zit.n.: BW 1995, S.267

66 PAPON 1849/1, S.17; Papons Brief vom 1. Dezember 1848 auch in: BW 1995, S.264f.

67 Ludwig I. an Alexandre Rufenacht in Genf, 29. 1. 1849; zit.n.: BW 1995, S.286

68 PAPON 1849/2, S.64

geschriebenen Aufforderung: »J'ai baisé, Baise aussi! Tu fiel Luis« [KAT.NR .7.20].[68] Lola Montez hatte ihre Bettelbriefe mit ähnlichem Kußmund verschickt [ABB. 136; KAT.NR. 7.16].[69] Solche Tändelei entsprach ganz der Gefühlswelt einer Zeit, in der man eine Haarlocke der Angebeteten als Liebespfand mit sich trug oder auch einen Talisman wie ein »Flanellstück«, mit dem es offenbar eine besondere Bewandtnis auf sich hatte.[70] Wenn solche Launen der Verliebtheit publik wurden, dann traf die öffentliche Empörung den indiskreten Erpresser wohl mehr als den rührseligen Erpreßten.

Weitaus belastender war der Abdruck eines Briefs vom 18. November 1848, den Ludwig noch im guten Glauben an Papon geschrieben hatte. Darin ist die Rede von einer Million Franken, die er Lola Montez als Apanage zugedacht habe.[71] Die Bekanntmachung einer solch exorbitanten Summe hätte in Bayern eigentlich einen Sturm der Entrüstung auslösen müssen. Doch obschon bald auch deutsche Übersetzungen der »Mémoires« vorlagen, stießen sie auf eine kaum nennenswerte Resonanz.[72] Papon hatte seinen Vorteil nicht clever ausgespielt. Später drohte er noch, eine offenbar obszöne Zeichnung aus der Hand Ludwigs zu veröffentlichen. Dieser war sich nicht sicher, ob seine Korrespondenz in die Schweiz tatsächlich ein einschlägiges Corpus delicti enthalten könnte: »Ich kann mir das nicht vorstellen, weil ich nicht zeichnen kann!«.[73] Papon wurde schließlich aus der Schweiz ausgewiesen; er verstrickte sich in weitere Gaunereien und endete als Versicherungsbetrüger im Gefängnis von Paris.

Zum Schluß ging es im Briefwechsel mit Lola Montez nur noch um Geld. Seit dem 22. März 1849 war Ludwig in langen Verhandlungen darum bemüht, seine Briefe zurückzuerhalten.[74] Vertraulichkeiten hatte er ohnehin nicht mehr mitzuteilen. Der Ton ist immer noch treuherzig, gutgläubig und gönnerhaft, aber nicht mehr verfänglich. Ludwig scheint sich in die Rolle des enttäuschten Liebhabers gefügt zu haben und bemühte sich um Schadensbegrenzung. Als ihm Lola Montez die Briefe nicht aushändigen wollte, stellte er sie vor die Wahl: »Wenn meine Briefe nicht zuvor ankommen, ist es sicher, daß für Juli kein Wechsel geschickt wird«.[75] Lola Montez lebte zwischenzeitlich in Paris. Um an Bargeld zu kommen, war ihr kein Lippenbekenntnis zu lächerlich: »Wenn du mir nicht hilfst, werde ich mich umbringen oder verrückt werden«.[76] Sie zog in Erwägung, Ludwigs Briefe zu verkaufen, konzilianterweise an ihn selbst.[77] Dann schrieb sie ihm, ihr früherer Ehemann habe die Briefe gestohlen.[78] Um so größer war dann wohl die Überraschung, als im Mai 1851 Franz Graf von Pocci plötzlich die »ganze Originalliebescorrespondenz mit der Lola« für Ludwig erwerben konnte: »Es waren 301 Briefe u. Gedichte in einer Cassette. Ich habe keinen Buchstaben davon gelesen«.[79] Die Übergabe ereignete sich in Rom. Es stellt sich die Frage, warum Ludwig den Stapel nicht verbrannt hat. Man gewinnt den Eindruck, Ludwig habe sich ähnlich wie als Stifter einer Schönheitsgalerie und ähnlich wie als Verfasser von Liebesgedichten nicht zuletzt auch als Briefeschreiber als eine Person gesehen, die der Nachwelt Zeugnis ihrer Leidenschaften ablegen wollte. Als Ludwig im Jahr 1868 starb, ging der Briefwechsel mit dem schriftlichen Nachlaß in die Königliche Hof- und Staatsbibliothek über. Er hatte seine Aufzeichnungen in acht transportablen, vergitterten und mit grünen Vorhängen versehenen Kassetten aus Kirschbaum aufbewahrt, die heute das Ludwig I.-Archiv in der Bayerischen Staatsbibliothek bilden. Testamentarisch hatte Ludwig eine Sperrfrist von 50 Jahren für seinen Nachlaß verfügt. Als habe man

69 S.: Lola Montez an Ludwig I., 17. 8. 1848; BW 1995, S.222f. und 194 (Abb.). Auf den ersten Blick hielt Ludwig die Zeichnung gar nicht für einen Kußmund; s.: Ludwig I. an Lola Montez, 29. 8. 1848; BW 1995, S.229.

70 »Trage das Flanell-Stück auf beiden Seiten und schicke es mir dann«; Ludwig I. an Lola Montez, 11. 8. 1847; zit.n.: BW 1995, S.56. – »In einigen Tagen schicke ich Dir das Flanell-Stück, das ich Tag und Nacht trage«; Lola Montez an Ludwig I., 18. 8. 1847; zit.n.: BW 1995, S.59. – »Hast Du das Flanellstück auf beide Stellen getan? Wenn Du es getan hast, dann schicke es mir!«; Ludwig I. an Lola Montez, 23. 8. 1847; zit.n.: BW 1995, S.64. – »Übermorgen wird man Dir [...] das Flanellstück schicken, das ich den 26. den ganzen Tag auf meiner Brust getragen habe«; Lola Montez an Ludwig I., 29. 8. 1847; zit.n.: BW 1995, S.66. – »Ich lege das Flanellstück auf meine Brust und auch etwas tiefer. Sag mir, ob Du es an beide Stellen gelegt hast ...«; Ludwig I. an Lola Montez, 16. 9. 1847; zit.n.: BW 1995, S.77. – »Was das Flanell betrifft, so habe ich es wechselseitig für einen Tag und eine Nacht getragen, aus Liebe zu Dir, die immer heißer wird«; Ludwig I. an Lola Montez, 22. 9. 1847; zit.n.: BW 1995, S.78. – »Ich habe das Flanellstück umgedreht, um sicher zu sein, daß auf der einen oder anderen Seite das Stück von Dir getragen wurde, meine geliebte Lolitta«; Ludwig I. an Lola Montez, 23. 9. 1847; zit.n.: BW 1995, S.79.

71 PAPON 1849/2, S.81

72 Auguste Papon, Lola Montez. Memoiren in Begleitung vertrauter Briefe des Königs von

den König immer noch vor sich selbst in Schutz zu nehmen, obliegen die Tagebücher bis heute der Geheimhaltung. In unseren Tagen ist es zumindest möglich geworden, den Briefwechsel mit Lola Montez einem breiteren Publikum zugänglich zu machen. Die Verschlußsache wurde mit verständlicher Neugier geöffnet. Als Büchse der Pandora erweist sie sich nicht.

Bilanz einer Leidenschaft

Das alles in allem nur wenige Jahre währende Verhältnis mit Lola Montez war ein teueres Vergnügen. Ludwig selbst rechnete seiner Geliebten auf den Kreuzer genau vor, daß er von Oktober 1846 bis September 1848 158084,16 1/4 Gulden für sie ausgegeben habe [ABB. 137; KAT. NR. 7.18].[80] Eine andere Rechnung kommt auf 165222,55 1/4 Gulden.[81] In diesen Betrag ist wohl schon ein Teil der hinterlassenen Schulden einbezogen, die mit gut 14400 Gulden angegeben werden. Ab September 1848 folgten im monatlichen Wechsel aber noch weitere und nicht unbeträchtliche Apanagen und Abfindungen. In der Affäre um Papon wurde die Summe von angeblich einer Million Franken genannt, die als gräfliche Leibrente zugedacht war. Außerdem sind die Kosten für das Palais in der Barer Straße aufzuschlagen, die 85000 Gulden ausmachten. Unterm Strich kann man sagen, daß Lola Montez soviel gekostet hat wie die Feldherrnhalle.[82]
In plebiszitären Kulturdiskussionen atmen Geldargumente oft den Kleingeist spießbürgerlicher Krämerseelen. Für die höfische Prestigepflicht waren bürgerliche Wertvorstellungen, nach denen Geld sittsam zu sparen und redlich zu vermehren ist, völlig irrelevant.[83] Das gilt selbst noch für die Hofhaltung König Ludwigs I., der seine Herrschaft angetreten hatte, um den Staatshaushalt zu sanieren, und der oftmals Geiz mit Askese zu verwechseln schien, wenn es um seinen persönlichen Habitus ging. Sein abgetragener Hausrock ist ein anschauliches Beispiel [KAT.NR. 1.1]. Aber Ludwig trennte seine in sozialen Ressorts eisern betriebene Sparpolitik rigoros von Fragen der höfischen Repräsentation, über die er sein absolutistisch verstandenes Königtum im Grunde definierte. Davon zeugt seine Leidenschaft für Monumentalbauten ebenso wie seine Leidenschaft für eine Frau wie Lola Montez. Für die standesgemäße Ausstattung seiner Geliebten im historischen Sinn einer *maîtresse-en-titre* war ihm kein Betrag zu hoch. Natürlich wurde Ludwig bald stutzig: »Es ist unglaublich, daß eine Frau ohne Familie in so kurzer Zeit einem Hotel 4000 Franken schuldet«.[84] Die Zahlungsbereitschaft des Königs blieb aber solange konstant, solange Lola Montez als dessen Repräsentantin betrachtet werden konnte.
Lolas liebste Beschäftigung war Geldausgeben. »Das Wetter ist schön, aber ich kann mich nicht daran erfreuen. Ich habe zwei Wochen lang nichts gekauft. Ich habe keinen Kreuzer gehabt und schäme mich so«, schrieb sie ihrem Gönner.[85] In München hatte sich ihr ein Luxus aufgetan, den sich eine mittellose, unverheiratete oder in Scheidungsprozesse verwickelte Frau des 19. Jahrhunderts nur erträumen konnte. Sie wäre töricht gewesen, die sich ihr eröffnenden Angebote auszuschlagen. Zweifellos ist Lola Montez als eine Frau zu charakterisieren, die ihre Lebensqualität von materiellen Werten abhängig machte. Doch deckt sich das Bild einer in Champagner badenden Königsgeliebten nur begrenzt mit dem modernen Klischee der geldversessenen und zugleich etwas dümmlichen Freundin. In der angestrebten und ihr vom König auch zugedachten Position war es ein gesell-

Bayern und der Lola Montez. Übersetzt von Friedrich Lichtenfeld, Mannheim 1849 und Stuttgart 1849; s.a.: FUCHS 1904, S.171, Nr.92
73 Ludwig I. an Lola Montez, 24. 5. 1849; zit.n.: BW 1995, S.322
74 »Gleichzeitig scheint es mir wünschenswert, daß Du mir über einen Bankier alle meine Briefe schickst«; Ludwig I. an Lola Montez, 22. 3. 1849; zit.n.: BW 1995, S.309.
75 Ludwig I. an Lola Montez, 13. 3. 1850; zit.n.: BW 1995, S.355; ähnlich am 9. 6. 1850; s.: BW 1995, S.358
76 Lola Montez an Ludwig I., 9. 5. 1848; zit.n.: BW 1995, S.188
77 Vgl.: Lola Montez an Ludwig I., 26. 5. 1850 und 26. 6. 1850; BW 1995, S.356 und 358f.
78 »Er hat Deine Briefe gestohlen, meinen Adelstitel, Deine Hand in Marmor«; Lola Montez an Ludwig I., 27. 10. 1850; zit.n.: BW 1995, S.360.
79 Zit.n.: VALENTA 1991, S.356. S.a.: BW 1995, S.368ff.
80 Ludwig I. an Lola Montez, 15. 11. 1848; BW 1995, S.257 und 228 (Abb.). Zum Vergleich: Das Jahresgehalt eines Ministers betrug etwa 6000 Gulden, als Hofbauintendant erhielt Klenze jährlich 2000 Gulden, eine Tänzerin am Hoftheater bekam 200 Gulden im Jahr. Rauh und Seymour schätzen, daß die von Ludwig angeführte Summe einem heutigen Betrag von 4,5 Millionen Mark entsprochen hat; s.: BW 1995, S.257.
81 S.: GOLLWITZER ²1987, S.891, Anm.1541
82 Die Gesamtkosten der Feldherrnhalle beliefen sich auf 246257 Gulden; s.: Hans Moninger, Friedrich von

schaftliches Erfordernis, Luxus zu demonstrieren, um Prestige und Status behaupten zu können. Lola Montez inszenierte ihren Reichtum und hat ihn wohl selten genossen. Die im Sinne der Theorie des *conspicuous consumption* ausgelebte Verschwenderlaune ist vorrangig als Ausdruck einer ständischen Abgrenzung zu verstehen.[86] Ludwigs Geliebte lebte in einer permanenten Konkurrenz, in der sie der König bedingungslos und geradezu blindlings unterstützte.

Im 19. Jahrhundert zeichnete sich der Übergang von einer höfischen in eine bürgerliche Gesellschaft ab. In deren Observanz mußte eine vor aller Augen Unsummen verschlingende Mätresse als ein sozialer Affront aufgefaßt werden. Die höfische Repräsentation erzeugte einen Sozialneid, der Lola Montez als einer Ausländerin und als einer gesellschaftlichen *outcast* mit besonderer Heftigkeit entgegenschlug. Wenn sie zu Theatervorstellungen ihren neuesten Schmuck präsentierte, dann sprach noch vor der Pause die ganze Stadt davon. Bei ihrer Flucht aus München am 11. Februar 1848 versteckte Lola Montez ihre Juwelen in einem Holzschuppen. In der »Leipziger Illustrierten Zeitung« wurde allein der Wert ihres Brillantdiadems auf 75 000 Gulden geschätzt.[87] Im Sommer 1848 schrieb Ludwig bestürzt an seine Geliebte: »Die Revolutionäre haben das Gerücht ausgegeben, daß ich Dich mit Schmuck beschenkt hätte, der dem Staat gehört«.[88]

Das Interesse an den Juwelen der Lola Montez erinnert an die Halsbandaffäre aus dem Jahr 1786. Damals war Marie Antoinette ohne eigenes Hinzutun in den Skandal um ein Diamanthalsband verwickelt, das Pariser Juweliere zu einem unerhört hohen Preis angeboten hatten. Um sich in die Gunst der Königin einzuschleichen, ließ sich der Kardinal und Bischof von Straßburg Louis-René Prince de Rohan-Guéménée von einer Trickbetrügerin dazu hinreißen, den Schmuck mit angeblichen Ratenzahlungen des Königshauses zu erwerben. Alexandre Dumas d.Ä. hat den Stoff bezeichnenderweise im Jahr 1849 in seinem Roman »Das Halsband der Königin« verarbeitet. Der Schwindel war kurz vor der Französischen Revolution in Sensationsprozessen aufgedeckt worden, die beispielhaft die öffentliche Sensibilisierung für einen in Korruptionen verstrickten Hof verdeutlichen.

Gaertners Originalpläne und Studien, München 1882, S.54.
83 Norbert Elias, Die höfische Gesellschaft. Untersuchungen zur Soziologie des Königtums und der höfischen Aristokratie, Berlin 1969. Auf Elias stützt sich auch Caroline Hanken in ihrer Darstellung zum Typus der Mätresse als höfische Institution, s.: HANKEN 1996, S.147.
84 Ludwig I. an Lola Montez, 9. 5. 1848; zit.n.: BW 1995, S.186
85 Lola Montez an Ludwig I., 4. 5. 1848; zit.n.: BW 1995, S.185
86 S.: Thorstein Veblen, Theorie der feinen Leute. Eine ökonomische Untersuchung der Institutionen, Frankfurt a.M. 1986, S.104. Veblens soziologische Studie stammt aus dem Jahr 1899.
87 »Im Holzstall hatte sie ihre Juwelen – von bedeutendem Werth, darunter z.B. ein Brillantdiadem auf 75.000 Gulden geschätzt – verborgen«; Leipziger Illustrierte Zeitung 10/1848, S.151. Über ihren Hausdiener Adam Haller schrieb Ludwig an Lola Montez: »Deine Juwelen hat er in dem Holzschuppen versteckt, weshalb er sie gerettet hat. Wie Du weißt, habe ich sie in meinem Geschäftszimmer. Ich habe aufgeschrieben, daß dieser Schmuck und der andere Dir gehören, falls ich unerwartet sterben sollte. Auf diese Weise ist Dein Eigentum gerettet. Das gleiche will ich mit dem Silber machen. Es soll geheim bleiben, wo Dein Silber ist«; Ludwig I. an Lola Montez, 12. 2. 1848; zit.n.: BW 1995, S.98.
88 Ludwig I. an Lola Montez, 28. 8. 1848; zit.n.: BW 1995, S.224

VIII. Die Mätresse

Lola Montez war ernsthaft der Überzeugung, die Mätresse des Königs von Bayern zu sein: »Je suis Mlle Montez la maitresse du Roi, et par consequent je suis plus et plus puissante que la Reine!«.[1] Der bar jedes historisch differenzierten Verständnisses und in maßloser Selbstüberschätzung erhobene Anspruch erschien im Jahr 1848 als ein gänzlich grotesker Anachronismus. Das Ende des Ancien régime bedeutete auch das Ende der Mätresse als einer höfischen Institution.[2] Diese Institution war maßgeblich in den absolutistischen Hierarchien des 17. und 18. Jahrhunderts verankert. Im politischen System des 19. Jahrhunderts war kein Platz für eine Mätresse. Gewiß verzichteten die Herrscher der nach dem Zusammenbruch der alten Ordnung neu installierten Höfe nicht auf gelegentliche Liebschaften. Napoleon tat als Kaiser der Franzosen aber gut daran, diese Affären vor einer ganz neu definierten Öffentlichkeit geheimzuhalten. Gerade das wollte Ludwig I. König von Bayern nicht. Für das neoabsolutistische Regierungsverständnis im Königreich Bayern ist es sogar bezeichnend, daß mit Lola Montez die Erinnerung an die Mätressenwirtschaft alter Prägung aufleben konnte.

Ludwig hat sich in seinem Rundbrief an die bayerischen Bischöfe ausdrücklich dagegen verwahrt, sein Königtum mit dem Vorwurf der Mätressenwirtschaft in Verbindung zu bringen: »Mätressenwirtschaft mochte ich nie und mag sie nicht«.[3] Man sollte diese kategorisch formulierte Ablehnung aber nicht als ein Zugeständnis an eine konstitutionell kontrollierbare Monarchie interpretieren, sondern als den rigiden Ausdruck einer Alleinherrschaft, an der niemand und folglich auch keine Mätresse partizipieren durfte. In diesem souveränen Verständnis regierte Ludwig das Königreich seit 1825. Das öffentliche Vertrauen in die durch ihn personifizierte Souveränität erlitt mit dem Auftritt der Lola Montez erheblichen Schaden. In den Straßen Münchens waren Graffiti zu lesen wie: »König Ludwig ist wahnsinnig, Spanierin regiert«.[4] Bei ihrer Ankunft in München hatte man in Lola Montez eine »Missionärin der englischen Freimaurer« und bald eine Spionin des britischen Außenministers Lord Palmerston vermutet, der den König von Bayern von der Griechenland-Frage habe ablenken wollen.[5] Mit einer Figur wie Mata Hari (1876–1917) hatte Lola Montez freilich nur gemeinsam, daß beide schön und Tänzerinnen waren. Sie war weder die Handlangerin eines außen- oder innenpolitischen Gegners, noch überhaupt an einer politischen Sendung interessiert. Lola Montez suchte allein den persönlichen Vorteil, den ihr ein Herrscher am besten gewähren konnte. Dabei verstand sie es sehr wohl, sich in die laufenden Regierungsgeschäfte einzumischen. Die durch Lola Montez ausgelösten Maßnahmen waren in erster Linie personalpolitische Entscheidungen, die diejenigen zu spüren bekamen, die sich gegen die Mätresse gestellt hatten. Am Ende waren die Fliehkräfte dieses sich immer schneller drehenden Personalkarussells aber so gewaltig, daß Lola Montez selbst und sogar der König in ihren Sog gerieten. Es verspricht einigen Gewinn, den auf Lola Montez und die Zeit um 1848 übertragenen Begriff der Mätresse näher zu prüfen.

Intrigen am Hof

Ein für das Mätressenwesen im Ancien régime typisches Kennzeichen ist die Intrige. Stets waren die jeweiligen Favoritinnen am Hof in komplizierte Intrigen verwickelt, deren Antrieben nicht mit moralischen Kategorien oder Fragen der persönlichen Sympathie beizukommen ist.

1 Zit.n.: KLENZE I/5, fol.18
2 S.: HANKEN 1996
3 Zit.n.: GOLLWITZER ²1987, S.674. Zum Rundbrief siehe bereits in Kapitel VII.
4 Zit.n.: URSEL 1973
5 S.: KOBELL 1894, S.177; SEYMOUR 1996, S.107

6 S.: CORTI 1979, S.237f.; KRISTL 1979, S.79; GOLLWITZER 1993, S.534f.; RAUH ²1996, S.96f.; SEYMOUR 1996, S.109

7 Gegenüber Heideck äußerte Ludwig, er habe vor, »einige Arbeiten des Mannes zu kaufen und bei meinen Bauten zu beschäftigen«; zit.n.: KRISTL 1979, S.70. Als ihm Gärtner dann einen für das Aschaffenburger Pompejanum gedachten Mosaikentwurf von Anton Ganser vorlegte, war er nicht abgeneigt. Er sah aber nur noch außerhalb Münchens eine Verwendung für den Künstler, »denn viel ist daran gelegen daß seine Frau die Hauptstadt verlasse und das so bald nur immer möglich«; SIGNATE 1994 Bd.6, S.339f. (8. 12. 1846).

8 Zit.n.: GOLLWITZER 1993, S.534; zur Rolle des Innenministers Abel in dieser Angelegenheit s.a.: KLENZE I/5, fol.28v-29.

9 Zu Pechmann s.: Karl Alexander von Müller, Lola Montez und ein Münchner Polizeidirektor, in: ders., Am Rande der Geschichte, München 1957, S.89–115; s.a.: GOLLWITZER ²1987, S.672

10 SIGNATE 1994 Bd.6, S.349 (22. 12. 1846). Eine verspätete Genugtuung erfuhr Pechmann am 17. März 1848, als Lola Montez zur Fahndung ausgeschrieben wurde und er seinen alten Posten wieder besetzen durfte; s.: KAT.NR.10.15.

Ausschlaggebend für die Lancierung einer Mätresse war, inwieweit sich die Königsgeliebte zur Durchsetzung eigener Machtinteressen eignete. Im Fall der Lola Montez läßt sich diese verdeckt inszenierte Interessenpolitik exemplarisch an der Affäre um die Haushälterin Ganser aufzeigen. Nach amerikanischem Muster würde man heute vom »Gansergate« sprechen.

Crescentia Ganser war eine bei Lola Montez als Haushälterin eingeschleuste Spionin, die im Dezember 1846 den Auftrag hatte, ein minutiöses Tagebuch über deren ausschweifendes Nachtleben zu führen.[6] Sie sprach gut Englisch und Französisch und konnte sich so auch als Dolmetscherin betätigen. Ihr Mann war Bildhauer, den Ludwig auf Betreiben der Lola Montez bei seinen künstlerischen Unternehmungen beschäftigen wollte.[7] Mit den schlüpfrigen Informationen der Crescentia Ganser sollte der König jetzt aber davon überzeugt werden, daß ihn seine Favoritin schamlos mit jungen Offizieren hintergehe. Initiator der Bespitzelung war Finanzminister Karl Graf von Seinsheim (1784–1864) [ABB. 138; KAT.NR. 8.1]. Angeblich war auch der Innenminister eingeweiht. Abel sann gleichfalls nach Mitteln und Wegen, »um dem König über die Schlechtigkeit und die kompromittierenden Indiskretionen der Tänzerin die Augen öffnen zu können«.[8] Die Aktion wurde von Polizeidirektor Johann Nepomuk Freiherr von Pechmann geleitet.[9] Er sammelte alles Beweismaterial, mit dem Lola Montez vor das Münchner Stadtgericht hätte gestellt werden sollen, um sie letztlich des Landes verweisen zu können. Der Plan kehrte sich ins Gegenteil um.

Als der König zu Weihnachten 1846 von dem Komplott erfuhr und mit dem Dossier der Haushälterin konfrontiert wurde, nahm er Lola Montez in persönlichen Schutz und wandte sich gegen die selbsternannten Sonderermittler.

138 Karl Graf von Seinsheim; um 1845; Lithographie; 34,2 x 25,2; MStM, Graphiksammlung

Pechmann wurde umgehend als Landrichter nach Landshut versetzt. Er habe sich diese Maßregelung selbst zuzuschreiben, sei er doch eigenhändig von Ludwig angewiesen gewesen, »es nicht so genau mit Lola Montez, welcher unsere Einrichtungen fremd, zu nehmen«. An Pechmann wurde ein Exempel statuiert: »Es ist Zeit, daß Staatsdicner nicht glauben ungeahndet ihren König vor den Kopf stoßen zu können [...] Daß sie einen Herrn an mich haben, müssen die Staatsdiener erfahren«.[10] Über seinen früheren Freund Seinsheim habe der König gesagt: »Der Esel! er sollte doch bedenken, daß ich ihn Finanzminister sein laße, während er doch dazu völlig unfähig ist und ich selbst für ihn den Finanzminister machen muß, Wie fällt es dem Esel denn jetzt ein, den Tugendhelden zu spielen und die Mlle Montetz zu verfolgen, wo er doch den gefälligen Vertrauten bei meiner Liebe

zu der Hure von Vespermann und dem Knochengerippe von Dahn machte?«[11]
Die Formulierung vom »gefälligen Vertrauten« entspricht dem Denkmuster früherer Jahrhunderte, als sich die Höflinge mühten, ihrem Herrn potentielle Mätressen zuzuschanzen, über die sie dann selbst an der Macht zu partizipieren gedachten. Im ständigen Machtkampf hatte sich die führende Mätresse aber nicht allein gegenüber den Höflingen und deren neu ins Feld geführten Kandidatinnen zu behaupten. Die Politik wurde traditionell im Beichtstuhl des Königs und nicht in dessen Bett diktiert. Dort saßen die eigentlichen Rivalen der Mätresse.
Die Beichtväter in allen großen katholischen Herrscherhäusern der Frühen Neuzeit waren Jesuiten. In dieser Position hatte der Orden einen kaum zu überschätzenden Einfluß auf die politische Entscheidungsfindung. Doch drohte der gewaltige Einflußbereich in dem zunehmenden Maß beschnitten zu werden, in dem die Mätresse mit den Geistlichen um das Vertrauen des Königs konkurrierte. Die erbitterte Rivalität zwischen Mätressenwesen und Jesuitenorden fand zur Zeit der Lola Montez am Hof des bayerischen Königs eine lebhaft ausgetragene Fortsetzung. Das historische Muster ist aber nur mit Einschränkungen übertragbar. Denn mit dem Ende des Ancien régime war nicht nur die *maitresse-en-titre* eine obsolete Figur geworden. Im 19. Jahrhundert gab es auch keine Jesuiten mehr.

Sancta Lola und die Jesuiten

Der Jesuitenorden wurde im Jahr 1773 unter Papst Klemens XIV. aufgehoben. Vorangegangen waren die Ausweisungen der Jesuiten aus Portugal und Spanien. Louis XV bestätigte 1763 das Ordensverbot in Frankreich.[12] Der König beugte sich damit einer konzertierten Aktion der in den Parlamenten formierten Opposition gegen den Hof, die aber paradoxerweise seiner Favoritin in die Hände spielte. Sie hieß Jeanne Antoinette Poisson (1721–1764) und wurde als Madame de Pompadour zur wohl bekanntesten Mätresse der Geschichte. Seit ihrer Einführung am Hof im Jahr 1745 war die Marquise den permanenten Anfeindungen der Jesuiten ausgesetzt. Deren Antriebe sind sicher nicht in einer besonders sittenstrengen Gesinnung zu suchen. Die Beichtväter des Königs sahen im stetig wachsenden Einfluß der Madame de Pompadour eigene Vorrechte gefährdet. Sie bemühten sich in der Folge um die Gunst des Thronfolgers, der die Geliebte seines Vaters als »maman putain« verachtete. In diesem Sinn beurteilte der als französischer Botschafter in Rom politisch bedeutende Kardinal de Bernis die Situation in Versailles. Er schrieb über die Interventionen der Jesuiten, man sei der allgemeinen Ansicht gewesen, »daß diese Strenge weniger ein Ausfluß ihrer Moral sei, als von ihrer Verbindung mit dem Dauphin herrühre, dessen Protektion ihnen sicher war«.[13] Als die bald krank dahinsiechende Madame de Pompadour ihre sexuelle Beziehung zum König abbrechen mußte, drängten die Jesuiten immer noch auf eine völlige Entfernung vom Hof. Ihr war es gelungen, den Status als engste Vertraute des Königs zu wahren. Schließlich konnte sie Louis XV davon überzeugen, daß seine eigene Familie mit jesuitisch gesteuerten Attentatsplänen an der Demontage seines Throns arbeitete. Die Verbannung des Ordens aus Frankreich konnte Madame de Pompadour als ihren letzten großen Triumph darstellen.
Das Beispiel der Madame de Pompadour skizziert einen historischen Hintergrund, vor dem sich das Selbstverständnis der Lola Montez als

11 Zit.n.: KLENZE I/5, fol.32-32v. Weniger ausfallend, aber ebenso deutlich schrieb Ludwig ins Innenministerium: »Im Zenith seiner Macht hätte den Minister Montgelas mein Vater spazieren geschickt, wenn er sich unterstanden in eine solche Sache sich zu mischen, wie Finanzminister Graf Seinsheim es gethan. Sich so gegen mich zu benehmen, bey meinem Charakter ?!«; SIGNATE 1994 Bd.6, S.348 (20. 12. 1846).
12 S.: George Minois, Le confesseur du Roi, Paris 1988
13 Zit.n.: HANKEN 1996, S.97

139 »Pius IX. hat endlich das Cölibat aufgehoben und stellt dem entzückten römischen Volke seine Frau Gemahlin vor«; Karikatur in »Freie Blätter«, Berlin 1848 (Photo nach: Eduard Fuchs, Ein vormärzliches Tanzidyll, Berlin 1904)

Mätresse des bayerischen Königs besser verstehen läßt. Sie lebte in einer geradezu paranoiden Furcht vor einem jesuitischen Komplott. Hinter allen Mißerfolgen witterte sie das Machwerk dämonisch eifernder Jesuiten. In der Zeit des Biedermeier war dieses Motiv nicht unbekannt. Hinzuweisen ist auf den Roman »Der Jesuit«, den der heute wohl nicht zu Unrecht vergessene, aber damals als Bestsellerautor gehandelte Carl Spindler (1796–1855) geschrieben hat.[14] Wie Lola Montez flieht seine Romanheldin am Schluß ins freigeistige, aufgeklärte New York, wo sie sich vor den geheimbündlerischen Nachstellungen der Jesuiten sicher glaubt.

Die manische Angst der Lola Montez vor einer jesuitischen Verschwörung ist aber nicht als die bloße Phantasterei einer Hochstaplerin abzutun. Gerade in München war in den Jahren seit 1841 das Jesuitentum allgegenwärtig. Im 19. Jahrhundert kennzeichnete der Begriff jedoch keine Ordenszugehörigkeit, sondern eine parteipolitische Gesinnung. Jesuitentum war ein Synonym für ultramontane Politik. Unter diesem Vorzeichen sind die alten Rivalitätsverhältnisse des französischen Hofs sehr wohl auf die Situation in Bayern des Jahres 1847 übertragbar.

Der herausragende Exponent ultramontaner Politik in Bayern war lange Jahre der Innenminister Karl August von Abel.[15] Den jesuitisch organisierten und letztlich mit Abel identifizierten Feldzug gegen die Mätresse des bayerischen Königs kommentierte Leo von Klenze mit beißender Ironie: »Daß aber diese ultramontane Partei den Nahmen Jesuiten, welchen die allmächtige Lola und nach ihr der König derselben beilegen, nicht verdient, wird am Besten eben durch diese Opposition gegen das verbuhlte Gestirn des Tages bewiesen: denn Jesuiten der alten ächten Schule hätten sie vielleicht zu ihren Zwecken gebraucht und nicht, wie die jetzt sogenannten katholischen Geistlichen, verfolgt«.[16] Bald mußte es sich jeder, der sich gegen Lola Montez stellte, gefallen lassen, als »Jesuit« tituliert zu werden. Franz Graf von Pocci erinnert sich an eine Begegnung mit dem König: »Auf der Straße schimpfte er mich einen ›Jesuiten‹, daß die Gassenbuben zuliefen«.[17]

In der Auseinandersetzung um die Einbürgerung der Lola Montez und deren Erhebung in den Grafenstand legte Abel im Februar 1847 sein Amt nieder. Der König persönlich bezeichnete in einem in der »Augsburger Allgemeinen Zeitung« veröffentlichten Gedicht den Ministerwechsel als »ein entscheidendes Ereignis, das die Macht der Ultrakirchlichen auf ewig zernichtet hat«.[18] Abels Nachfolger wurde der Protestant Georg Ludwig Freiherr von Maurer, unter dessen Regierung eine politische Wende einzutreten schien. Unter dem Ministerium Maurer

14 Carl Spindler, Der Jesuit. Roman. Nach der Ausgabe von 1829 hrsg. und mit einem Nachwort versehen von Michael Schardt, Paderborn 1996
15 Zu Abel, seinem Nachfolger Maurer und zur Opposition der bayerischen Minister gegen Lola Montez siehe in Kapitel X.
16 KLENZE I/6, fol.1v
17 Zit.n.: VALENTA 1991, S.263
18 Zit.n.: CORTI 1979, S.254
19 VARNHAGEN VON ENSE 1990, S.705
20 Paul Erdmann, Lola Montez und die Jesuiten. Eine Darstellung der jüngsten Ereignisse in München, Hamburg 1847 (Hoffmann & Campe)
21 FUCHS 1904, S.168, Nr.75
22 FRANCIS 1848, S.14 und 4
23 S.: BW 1995, S.116 (21. 2. 1848)
24 S.: FUCHS 1904, S.146, Nr.9 und S.53, Abb.28

140 Lola Montez und die Jesuiten; 1847; Lithographie (Photo nach: Eduard Fuchs, Ein vormärzliches Tanzidyll, Berlin 1904)

wurden Reformen angestrebt, die als Zeichen eines neuen Liberalismus verstanden und mit dem Namen der Lola Montez verbunden wurden. Außerhalb Bayerns wurde diese Entwicklung begrüßt. Aufeiner Berliner Karikatur hat Pius IX. das Zölibat aufgehoben. Er steht auf der Benediktionsloggia im Vatikan und präsentiert der Christenheit seine Gemahlin. Die Frau des Papstes ist Lola Montez [ABB. 139].

In seiner »Darstellung des Jahres 1848« schrieb Karl August Varnhagen von Ense: »In München hatten die heftigen Stürme, zu denen die Erscheinung der schönen Kunstreiterin Lola Montez zufällig Anlaß geworden war, die Luft von dem Giftdunste der finstern Pfaffenpartei gereinigt, das Volk war zu neuem Leben erwacht und begrüßte freudig die Veränderungen, welche den lange verdämmerten Staat zu freiem Lichte führen sollten«.[19] In Hamburg erschien eine weit verbreitete Schrift »Lola Montez und die Jesuiten«.[20] Unter dem Pseudonym Paul Erdmann nahm der Verfasser Partei für die Mätresse. Wohl zu Recht wurde vermutet, bei der Schrift habe es sich um eine »bestellte Stimmungsmache« gehandelt.[21] Eine in der Tendenz ähnliche Publikation wurde unter dem Titel »Lola Montes und ihre politische Stellung in München« veröffentlicht [KAT.NR. 8.2]. Sie war zuerst in London und Paris erschienen und stammt von dem britischen Journalisten George Henry Francis (1817–1866). Er hatte die Mätresse im Herbst 1847 in der Barer Straße aufgesucht. Lola Montez habe »ihr Leben der Ausrottung der Jesuiten in Bayern gewidmet«, schrieb Francis allen Ernstes; die Tage »Abel'scher Gewissenstyrannei« seien nun gezählt.[22] Später schickte ihr Francis Päckchen mit weiteren Schmeicheleien und Gunstbeweisen.[23] Karikaturen auf den Sieg, den Lola Montez über die Jesuiten davongetragen habe, erschienen auch in Straßburg, Berlin und Wien [KAT.NR. 8.3]. Ein Blatt zeigt zwei am Tisch eingeschlafene Jesuiten [ABB. 140].[24] Sie träumen von Lola Montez, die einen Ordensbruder flagellantisch mit der Peitsche züchtigt. Die Szene spielt in der Schweiz, aus der die Jesuiten nach dem

141 Eisele und Beisele betrachten im Fackelschein die Statuen von Martin Luther und Lola Montez als »die neue Pompadour« in der Walhalla; 1847; Lithographie; 20 x 25; MStM, Graphiksammlung

Sonderbundkrieg 1847 vertrieben wurden. Im Wortspiel mit dem Ordensgründer Ignatius von Loyola gaben die »Leuchtkugeln« noch 1849 die Parole aus: »Vivat Lola! Pereat Loyola!«.[25] Lola Montez selbst hatte sich zur »Sancta Lola« stilisiert.[26]

In der Walhalla bei Regensburg kam völlig unerwartet Martin Luther mit der Aufstellung einer Büste zu späten Ehren. Der Reformator hatte lange Zeit nicht in das Programm gepaßt, mit dem der Stifter seinen deutschen Ehrentempel bestücken ließ.[27] Die demonstrative Ignorierung Luthers geißelte Heinrich Heine in seinen »Lobgesängen auf König Ludwig« aus dem Jahr 1844.[28] Tatsächlich ließ der König die Büste Luthers erst nach seiner Abdankung aufstellen. Ludwig habe sich von dieser politischen Geste »besonders in den protestantischen Cantonen Bern und Genf, wohin sich Lola gewendet hatte und wo er sich wieder mit ihr vereinigen wollte, eine gute Aufnahme« erwartet.[29] Im Vorgriff erschien ein satirisches Blatt in Mainz, das die Stiftung mit Lola Montez in Beziehung setzt [ABB. 141; KAT.NR. 8.4]. Die Karikatur zeigt die Witzfiguren Eisele und Beisele, die bei Fackelschein die Walhalla besichtigen. Im Vordergrund thront die Figur Martin Luthers. Er hat seine Bibel aufgeschlagen, auf der in einer ironischen Paraphrase der Wahlspruch des bayerischen Königs anklingt: »Geduld und Ausdauer«. Im Hintergrund ist aber auch ein Standbild der Tänzerin Lola Montez zu sehen. Sie ist nun bezeichnenderweise als »die neue Pompadour« ausgewiesen. Der Name charakterisiert nicht nur ihre Rolle als Königsgeliebte, sondern vor allem die politische Dimension der Mätresse, die sich wie das historische Vorbild um die Vertreibung der Jesuiten verdient gemacht habe. Die dem Einfluß Lola Montez zugeschriebenen Neuerungen wären kaum durchführbar gewesen, hätten sie ohnehin nicht auf der religionspolitischen Linie des Königs gelegen. »Fern sei jeder Jesuitismus!« rief Ludwig zu einem Zeitpunkt, als er Lola Montez noch gar nicht kannte.[30]

25 S.: FUCHS 1904, S.79 (Abb.); RAUH [2]1996, S.121 (Abb.)
26 Zit.n.: SEYMOUR 1996, S.148
27 Zur Walhalla s.: Jörg Traeger, Der Weg nach Walhalla. Denkmallandschaft und Bildungsreise im 19. Jahrhundert, Regensburg 1987
28 »Bey Regensburg läßt er erbau'n/ Eine marmorne Schädelstätte,/ Und er hat höchstselbst für jeden Kopf/ Verfertigt die Etikette.// ›Walhallagenossen‹, ein Meisterwerk,/ Worin jedweden Mannes/ Verdienste, Charakter und Thaten gerühmt,/ Von Teut bis Schinderhannes.// Nur Luther, der Dickkopf, fehlt in Wallhall,/ Und es feyert ihn nicht der Wallhall-Wisch;/ In Naturaliensammlungen fehlt/ Oft unter den Fischen der Wallfisch.«; zit.n.: HEINE 1983, S.143.
29 KLENZE I/6, fol.120v
30 Zit.n.: WEISS 1983, S.183
31 S.: Otto Weiß, Die Redemptoristen in Bayern (1790–1909). Ein Beitrag zur Geschichte des Ultramontanismus, Sankt Ottilien 1983, bes. S.244-265 und allgemein: Karl-Egon Rönne, Politischer Katholizismus im 19. und 20. Jahrhundert, Frankfurt a.M. 1986
32 Zit.n.: GOLLWITZER [2]1987, S.514
33 Zit.n.: WEISS 1983, S.247

Die Redemptoristen in Altötting

Nach der Aufhebung des Mutterordens waren die Jesuiten bemüht, ihren Einfluß in verwandten Kongregationen aufrechtzuerhalten. In Bayern hatten die Redemptoristen ihren Platz eingenommen.[31] Dieser Orden war 1732 in Scala bei Amalfi im Königreich Neapel gegründet worden. Vor allem für die missionarischen und seelsorgerischen Zielsetzungen war die jesuitische Ordensregel vorbildlich.

Seit 1824 drängte Papst Leo XII. auf eine Niederlassung der Redemptoristen in Bayern. Der Orden hatte unter Ludwig I. von Anfang an einen schweren Stand. Dessen Selbstverständnis als einem autokratisch regierenden König lief die theokratische Ordenspolitik zuwider. Ludwig hegte eine regelrechte Aversion gegen diese »Vorhut der Jesuiten«. Ein Orden, der unmittelbar dem Papst unterstand und sich somit der königlichen Kontrolle entzog, mußte ihm grundsätzlich als suspekt erscheinen. Als eine gegenreformatorische Gründung widersprach der Jesuitenorden mit seinen Filiationen aber auch dem religiösen Weltbild Ludwigs. Er definierte sich als »Katholik vor der Reformation« und meinte in dieser Konstruktion einen »Unterschied zwischen Katholik und Jesuit« machen zu können.[32]

Die Einführung der Redemptoristen in Bayern gelang erst 1841, als der ultramontane Einfluß auf das Königreich durch das Ministerium Abel seinen Höhepunkt hatte. Insgesamt waren in Bayern nach der Säkularisation der Jahre 1802 und 1803 inzwischen wieder 160 Klostergemeinschaften zugelassen. Die Redemptoristen fanden ihren Sitz im ehemaligen Jesuitenkolleg in Altötting. Fürst Oettingen-Wallerstein brandmarkte den kleinen Orden auf dem Land als die »Seele der ultramontanen oder jesuitischen Partei«.[33] Politisch bedeutsam waren natürlich nicht die seelsorgerischen Ordensbrüder in Altötting, sondern ihre Fürsprecher in der Hauptstadt. Ein geradezu berüchtigter Eiferer war Max Graf von Arco-Valley.

142 Max Graf von Arco-Valley; um 1860; Photographie von Franz Hanfstaengl; 28,7 x 14; MStM, Fotomuseum

Von der weitverzweigten Familie der Grafen Arco haben mehrere, in der Literatur oft verwechselte Mitglieder Anteil an der Affäre um Lola Montez genommen. Die gesellschaftliche

Bedeutung der Familie hatte eine enorme Steigerung erfahren, als Maria Leopoldine (1776 bis 1848) im Jahr 1804 Ludwig Graf von Arco (1773 bis 1854) heiratete.[34] Sie war die Witwe des letzten bayerischen Kurfürsten Karl Theodor (1724–1799). Aus ihrer zweiten Ehe ging Maximilian Bernhard Graf von Arco-Zinneberg (1811–1885) hervor, der als Bergsteiger und »Adlergraf« bekannt wurde und nicht zuletzt den Zigarettenstummel der Lola Montez aufgelesen hat [KAT.NR. 6.17]. Sein Bruder Aloys Nikolaus Graf von Arco-Steppberg (1808–1891) leitete die Eskorte, die Lola Montez im Februar 1848 aus München führte. Er war mit Irene Markgräfin von Pallavicini (1811–1877) verheiratet, die in die königliche Schönheitsgalerie aufgenommen ist.

Im Streit um Lola Montez hat sich besonders aber der Neffe der Kurfürstin, Max Graf von Arco-Valley (1806–1875) hervorgetan [ABB. 142; KAT.NR. 8.6]. Als Sohn des einflußreichen Reichsrats Karl Graf von Arco-Valley hatte er die politische Laufbahn eingeschlagen und war zum Staatsrat ernannt worden. Seine Frau war die Gräfin Marescalchi, die als erste Hofdame der Königin Therese mit Lola Montez besonders verfeindet war. Sie sei einmal in einem der Mätresse ähnlichen Aufzug durch München promeniert und deshalb »vom Volk mit Kot und Schnee begrüßt« worden, »worüber Arco untröstlich war«.[35] Als Lola Montez im Februar 1848 aus München verjagt wurde, spendete Max Graf von Arco-Valley 5000 Gulden an die Armen der Stadt.[36] Auf der Karikatur »Der Engelsturz« ist er mit einem Geldsack dargestellt [ABB. 201; KAT.NR. 11.38]. Angeblich hatte er das Geld von den Redemptoristen in Altötting erhalten.[37] Ohne Angabe von Gründen verbat ihm Ludwig seither den Hof. »Gräfin Arco-Valley ist nicht mehr länger Hofdame. Ich habe ihrem Mann den Zugang zum Hof verboten, und sie bat um ihre Entlassung und bekam sie auch«, schrieb der König mit sichtlicher Genugtuung seiner vertriebenen Geliebten hinterher.[38]

Wiederholt wurden Ludwig I. die zwar stockenden, aber sicher nicht von ihm erdachten Verse in den Mund gelegt: »Nehmen mir die Geistlichen die Lola, nehme ich den Redemptoristen die Stola«.[39] In einem Akt der Vergeltung plante er im Februar 1848 ein Verbot des Ordens durchzusetzen: »Die Jesuiten-Partei hat statt eines Triumphes jetzt eine Niederlage: ich bin entschlossen, die Redemptoristen zu beseitigen«.[40] Zusammen mit Wallerstein verfaßte der König am 17. Februar 1848 ein Aufhebungsdekret. Auf dem »Politischen Bilderbogen« von Franz Seitz ist der »Auszug der Redemptoristen-Deputation aus Alt-Oetting« dargestellt [ABB. 176; KAT.NR. 11.48]. Über den in schwarzen Talaren gekleideten Ordensbrüdern schwebt ebenso der Racheengel wie über den »Montezianern«, deren Vertreibung die gegenüberstehende Szene zeigt. Tatsächlich war das Aufhebungsdekret folgenlos geblieben. Die Redemptoristen bezogen auch weiterhin staatliche Einkünfte. In der Eskalation der Münchner Ereignisse hatte wohl niemand mehr auf ein Kloster in Altötting geachtet.

Die Mätresse als Mäzenatin

Zu den traditionellen Zuständigkeiten einer Mätresse zählte die Übernahme von Schirmherrschaften über kulturelle Projekte. Diese Aktivität war nicht allein auf die Selbstdarstellung in den bildenden Künsten beschränkt, die sich zum Beispiel in Auftragsvergaben an die höfischen Porträtmaler konkretisierte. Das Selbstverständnis einer Mätresse als Mäzenatin der Künste reichte über Arrangements höfischer

34 S.: KRAUSS-MEYL 1997
35 Zit.n.: KÜHN 1942, S.110
36 BLUM 1898, S.118
37 S.: WEISS 1983, S.249
38 Ludwig I. an Lola Montez, 27. 2. 1848; zit.n.: BW 1995, S.123; s.a.: »Ich habe Graf Arco-Valley vom Hof verbannt«; Ludwig I. an Lola Montez, 23. 2. 1848; zit.n.: BW 1995, S.118.
39 Georg Brandhuber (Hrsg.), Die Redemptoristen 1732–1932, Bamberg 1932, S.228
40 Ludwig I. an Lola Montez, 19. 2. 1848; zit.n.: BW 1995, S.114. Wenig früher hatte ihr Ludwig bereits geschrieben: »Heute bei der Minister-Versammlung, die ich leitete, ließ ich Taten, nicht Worte sprechen, und schlug die Schließung der Redemptoristen-Schule, der Vorhut der Jesuiten, vor«; zit.n.: BW 1995, S.105 (16. 2. 1848).
41 S.: HANKEN 1996, S.133–135
42 KLENZE 1/6, fol.38v-39, fol.127–128
43 Zum Münchner Bahnhof s.: AUSST.KAT. MÜNCHEN 1987a, S.147–151
44 S.: SIGNATE 1994 Bd.6, S.380 (31. 1. 1847)
45 S.: AUSST.KAT. MÜNCHEN 1992, S.261, Nr.76

Lustbarkeiten weit hinaus. Die Gründung der königlichen Porzellanmanufaktur in Sèvres geht auf die Initiative der Madame de Pompadour zurück.[41] Sie galt als die anerkannte Förderin der in ihrer Zeit führenden Schriftsteller und Künstler. Die für die französische Kunstpolitik des 18. Jahrhunderts maßgebliche Instanz war der »Directeur général des bâtiments«. Unter Madame de Pompadour wurde dieses Amt durch den Marquis de Marigny bekleidet. Er war ihr Bruder.

Auch Lola Montez gefiel sich in der Rolle der kunstsinnigen Mäzenatin. Durch ihre Protektion kamen in Bayern Künstler zum Zug, von denen man sonst wohl keine Kenntnis genommen hätte. Dies gilt für den Bildhauer Leeb oder den Architekten Metzger. Nachdem sie sich der Mätresse angedient hatten, holten sie aus ihren Schubladen Projekte hervor, die sie dem König mit der Empfehlung seiner Geliebten verkaufen wollten. Von allen Aufgaben, die einer Mätresse traditioneller Prägung zufielen, erwies sich die Mäzenatenrolle aber insgesamt als diejenige, die Lola Montez am schlechtesten spielen konnte. Dafür gibt es zwei Gründe. Ludwig I. von Bayern war ein künstlerisch ambitionierter König, der sich das kulturelle Ressort nicht aus der Hand nehmen ließ. Zum anderen ist zu konstatieren, daß seiner Mätresse die intellektuellen Voraussetzungen fehlten, um in diesem Bereich sinnvoll mitreden zu können. Das wird in einem Fall besonders deutlich.

Am 21. April 1847 starb Friedrich von Gärtner an einem Schlaganfall. Schuld daran war Lola Montez. So hat es zumindest Leo von Klenze gesehen.[42] Den verhängnisvollen Anlaß gab der Bau des Münchner Central-Bahnhofs, für den ein Bauamt unter der Leitung des Gärtnerschülers Friedrich Bürklein eingerichtet worden war.[43] Die 1844 provisorisch eröffnete Station auf dem Marsfeld sollte durch einen repräsentativen und funktionalen Neubau in zentraler Lage ersetzt werden. Seit fast zehn Jahren lagen schon Entwürfe von verschiedenen Architekten zu verschiedenen Standorten vor. Der König forderte von Gärtner ein Gutachten zu diesen Plänen.[44] Friedrich von Gärtner (1792 bis 1847) war zu diesem Zeitpunkt der leitende Architekt des Königreichs. Er favorisierte das Gelände der Schießstätte der Schützengesellschaft, vermißte in allen vorhandenen Plänen aber eine »architektonische Würde«, so daß er selbst einen Entwurf zeichnen wollte.[45] Dieser Entwurf hat sich nicht erhalten, doch verfügte der König am 21. Februar 1847, daß der Bahnhof nach dem Plan Gärtners auszuführen sei. Es bleibt fraglich, inwieweit Gärtner tatsächlich noch Einfluß auf das Bauwerk hatte nehmen können. Der im Frühjahr 1848 in Betrieb genommene Bahnhof folgt den dokumentierten Entwürfen von Friedrich Bürklein. Ein eigenhändiger Plan Gärtners wird aber auch von Klenze bezeugt. Dieses Planmaterial habe sich der König unmittelbar vor dem Tod des Oberbaurats in der Bauhütte zeigen lassen. Zu der Präsentation erschien auch Lola Montez. Das Aufeinandertreffen von König, Architekt und Mätresse geriet zu einem tragikomischen Schauspiel:

»Man denke sich des Künstlers Überraschung, als der König sie aufforderte, ihre Meinung über den Bauplan zu äußern, und als sie dieses unter dem Beifallwinke des Letzteren sehr entschieden und selbst mit dem Bleistift dieses und Jenes ausstreichend oder – man kann sich denken wie! verbessernd vornahm! Der König führte sie dann mit der Weisung wieder zu ihrem Wagen, daß ihre Bemerkungen zu berücksichtigen und der Bauplan danach zu modificiren sei!!! Man denke sich die moralische Wirkung eines solchen Verfahrens auf den Künstler und die psychische Rückwirkung auf seinen aufgeregten Körper. Er kam zu hause mit dem Ausdrucke des tiefsten Verdrusses, deßen Grund er aber seiner besorgten Familie nicht gestehen wollte, verlangte und trank eine Taße Thee und ward bald darauf, wie schon einige mal zufor in minderem Grade, nun von dem heftigsten apoplecktischen Schlage getroffen, welcher ihm Besinnung und Leben raubte«.[46]

Klenze will die hämisch zugespitzte Groteske um den Tod seines Rivalen von Peter von Heß erfahren haben, der Gärtners Schwager war. Man muß der Darstellung nicht bis in die letzte Konsequenz folgen, in der Lola Montez dem ohnehin schon herzschwachen Gärtner gewissermaßen den Dolchstoß versetzte. Es bleibt erstaunlich genug, mit welcher Leichtfertigkeit Ludwig seine Geliebte in hochdotiertes Planmaterial kritzeln ließ. Nicht selten hatten die königlichen Baumeister das Auftreten ihres Bauherrn als demütigend empfunden, weil Ludwig fachmännische Einwände stur in den Wind schlagen konnte, um seine Architekturphantasien zu retten. Wenn sich jetzt aber eine völlig unbedarfte und ahnungslose Tänzerin in Konstruktionsfragen einmischen konnte wie ein verzogenes Kind, dem man besser nicht widerspricht, dann wird das Rollenmuster deutlich, in das sich Lola Montez mit der Attitüde einer *maitresse-en-tître* einzufügen versuchte. Daß sie in den Februartumulten des Jahres 1848 mit der Eisenbahn aus München geschleust wurde, erscheint vor diesem Hintergrund als eine besonders ironische Wendung des Schicksals.

Lola Montez läßt sich als die Geliebte des Königs beschreiben, als eine Kämpferin gegen die Jesuiten oder eine unter diesem Begriff subsumierte Politik, als Opfer und zugleich Schmied höfischer Intrigen und wie die wenig schmeichelhafte Episode um den Münchner Bahnhof zumindest andeutungsweise zeigt, als eine auch in der Kunstpolitik weisungsberechtigte Instanz. Das alles sind Merkmale einer Mätresse früherer Jahrhunderte. Das Verhältnis von Ludwig I. und seiner Mätresse gleicht einem von historischen Erfahrungen gezeichneten Rollenspiel, dessen Ausgang offensichtlich neu erprobt werden wollte. Am deutlichsten hat diese Gleichung Leo von Klenze formuliert.

Leo von Klenze und die »Duodez-Dubarry«

Für die Architektur im Königreich Bayern ist der Name Klenzes von einer Bedeutung, die der von Schinkel in Preußen gleichkommt. Als der erste Hofbauintendant König Ludwigs I. war Leo von Klenze (1784–1864) maßgeblich für die Neugestaltung der Haupt- und Residenzstadt und somit für die Repräsentation des Königshauses insgesamt verantwortlich [ABB. 143; KAT.NR. 8.7].[47] Seine Karriere in München hatte mit der Favorisierung Gärtners aber einen gravierenden Einbruch erlebt. Als sich ihm Perspektiven eröffneten, Ludwig erneut als Auftraggeber großer Projekte gewinnen zu können, kam Lola Montez nach München. Mit ihrem den König gänzlich vereinnahmenden Auftritt hat sie die Strategien des Architekten regelrecht durchkreuzt. Deshalb wäre es für Klenze die einfachste Lösung gewesen, Lola Montez nach einer Theateraufführung von der Straße weg zu entführen, sie über die österreichische Grenze zu schaffen und dort »in den Räumen eines Spinnhauses« verschwinden zu lassen.[48]

Die als »Memorabilien« bezeichneten und immer noch unveröffentlichten Aufzeichnungen Klenzes sind das mit Abstand spannendste Dokument, das zum Münchner Aufenthalt der Lola

46 KLENZE I/6, fol.127v–128
47 Oswald Hederer, Leo von Klenze. Persönlichkeit und Werk, München 1981 ([1]1964). Neuere Gesamtdarstellungen zu Klenze wurden von verschiedener Seite, zuletzt von Winfried Nerdinger (München) angekündigt.
48 KLENZE I/6, fol.18v

143 Leo von Klenze; 1856; Photographie von Franz Hanfstaengl; 26,3 x 21,2; MStM, Fotomuseum

Montez geschrieben wurde.[49] Die zwei über die Jahre 1846 bis 1858 berichtenden Bände erscheinen auf den ersten Blick als ein mit Zorn und Eifer verfaßtes Manifest gegen Lola Montez. Sie rückt in den Mittelpunkt eines Rundumschlags, der an Zynismus andere zeitgenössische Sottisen weit überbietet. Als eine weltmännische Autorität war Klenze über alle Vorgänge bestens informiert. Viele Episoden sind auch durch andere Zeitzeugen überliefert. Die Skandale um Lola Montez werden aber nicht als die tagespolitischen Ereignisse im Sinne einer stadtgeschichtlichen Chronik wie etwa bei Ulrich von Destouches mitgeteilt, sondern dienen als Argumente einer Analyse. Dabei bewegte sich Klenze auf einem sprachlichen Niveau, dem aus dem höfischen und städtischen Umkreis niemand gewachsen war. Lola Montez erschien ihm als die neue »Duodez-Dubarry«.[50]

Klenze war alles andere als verlegen, Spottnamen und Schimpfwörter für Lola Montez zu erfinden. Er nannte sie überhaupt selten beim Namen, sondern mühte sich auf Hunderten von Seiten geradezu manisch ab, mit immer neuen synonymischen Schöpfungen den ihm verhaßten Namen zu umgehen. Diese Nomenklatur allein stellt schon eine stilistische Meisterleistung dar. Klenze nannte Lola Montez: »Iberische Terpsichore«, »andalusische Bajadere«, »spanische Brudolacke«, »verbuhlte spanische Lamia«, »sogenannte Spanierin«, »falsche Andalusierin«, »andalusische Illusion«, »Landesplage Lola«, »Fleisch gewordene Lüge«, »die vollkommenste Incarnation der Lüge«, »potenzierte Omphale«, »verbuhlte Seiltänzerin«, »Vettel«, »Furie«, »Bordellpriesterin«, »öffentliche Dirne«, »Goßenhure«, »Allerweltshure«, »Pariser Bordellhure«, »abgelebte Bordell-Hure«, »durch halb Europa gepeitschte Bordellhure«, »verworfene, venerische, fast ausgepeitschte Hure«,

144 »Abschied von Fontainebleau«; um 1848; Zeitungsausschnitt; MStM, Graphiksammlung, Inv.Nr.: Z 2716 B

»Buhlerin der letzten Klaße«, »tollgewordene Hündin«, »Luder«, »Kreatur«, »das Saumensch«.[51]

Wenn Lola Montez in diesem Schwall auch als eine »Duodez-Dubarry« tituliert ist, dann wird eine historische Dimension konstruiert, die den Rahmen persönlicher Aversionen sprengt. Madame du Barry (1743–1793) war in der Nachfolge der Madame de Pompadour als die letzte Mätresse des Ancien régime in die Geschichte eingegangen. In ihrer sozialen Herkunft aus der Pariser Halbwelt schien sie für einen Vergleich mit Lola Montez besonders geeignet zu sein. Das Bauernmädchen Jeanne Bécu war Adoptivtochter eines Bordelliers und hatte sich als Friseuse verdingt, bevor sie von Louis XV als Gräfin du Barry zur *maitresse declarée* erhoben wur-

49 Zum Nachlaß Klenzes s.: HEDERER 1964, S.394ff. Zu den »Memorabilien« und der hier zitierten Abschrift aus dem Architekturmuseum der Technischen Universität München siehe die ausführliche Anmerkung in Kapitel I.

50 KLENZE I/6, fol.99v

51 Alle Zitate nach: KLENZE I/5 und I/6. Die grammatische Flexion ist für die Auflistung vereinheitlicht; auf den jeweiligen Seitennachweis wird verzichtet.

de.[52] Sie starb 1793 unter der Guillotine. Die Zeit der Restauration konnte sie zum tragischen Opfer der Französischen Revolution stilisieren. Mit dem Wiener Chanson »Ja, so ist sie, die Dubarry« aus dem Jahr 1879 wurde ihr Nachruhm vollends operettenhaft.

Bei allen Vorbehalten konstatierte Klenze, dem Verhältnis des französischen Königs zur »Mademoiselle Lange« habe es im Gegensatz zu den Zuständen in München nicht an »äußerem Anstande« gemangelt.[53] »Mademoiselle Lang« war ein früherer Deckname der Madame du Barry. Den Parc aux Cerfs von Versailles, in dem sich Louis XV bevorzugt mit jungen Frauen niederer Herkunft getroffen hatte, verglich Klenze pointiert mit der Schönheitsgalerie Ludwigs I. von Bayern.[54] In diesem Sinn bezeichnete er Lola Montez als »cotillon cinquante nach des Königs eigener Zählung«.[55] Zugleich zog Klenze Parallelen zu anderen berühmten Mätressen des französischen Hofs. Er erwähnt Louise-Françoise de la Vallière (1644–1710), von der Louis XIV zwei Kinder als die seinen anerkannt hatte. Nachdem diese Mätresse von Madame de Montespan aus ihrer Position verdrängt worden war, trat sie dem Karmeliterorden bei: »Wenn Ludwig XIV. die schöne Mll. Lavaillère dem Asyle eines Klosters entriß, so war doch der Gegenstand seiner Leidenschaft ein derselben würdiger und der Gewaltschritt nicht ohne monarchische Großartigkeit«.[56] Auch andere Zeitgenossen verglichen den Fall der Lola Montez mit einer »Katastrophe, gegen die gehalten der Lavallière Schicksal eine Idylle ist«.[57] Eine Karikatur auf Lola Montez trägt den lapidaren Hinweis »Abschied von Fontainebleau« [ABB. 144]. Ihre 1851 erschienenen »Memoiren« stellte sie dann selbst in die Tradition der Rechenschaftsberichte »von der Feder einer Pompadour und Dübarry«, auf die sich das an König Ludwig gerichtete Vorwort bezieht.[58]

Mit den Beispielen aus der Geschichte der Mätressenwirtschaft schien Leo von Klenze weniger einen personellen, sondern vielmehr einen institutionellen Vergleich ziehen zu wollen. Er sammelte die historischen Belege nicht, um mit einer Frau abzurechnen, die ihm eigentlich als völlig indiskutabel erschien. Seine Kritik führt immer auf die Person des Königs zurück und dessen »System monarchischer Allgewalt und Willkühr im Sinne Ludwig XIV. und Ludwig XV.«.[59] Den Trotz, mit dem der bayerische König auf der Fortführung seines Verhältnisses beharrte, interpretierte Klenze als »ein Beispiel von Machtvollkommenheit [...], welches vielleicht in keinem Lande der Welt als in dem gutmüthigen Bayern in dem Augenblicke denkbar und möglich ist und andern Monarchen etwas später vielleicht als nützliche Stufe dienen wird, um die Höhe monarchischer Machtvollkommenheit eines Louis XV wieder zu erklimmen«.[60]

Eine kritische Auseinandersetzung mit den »Memorabilien« Klenzes und eine angemessene Würdigung seiner Position am bayerischen Hof steht aus. Man wird die in ihrer Intensität erstaunlichen Ausfälle gegen Lola Montez aber kaum als Ausdruck republikanischer Überzeugungen deuten können. Die Situation des Hofarchitekten war im Grunde paradox. Er polemisierte gegen ein nicht mehr zeitgemäßes monarchisches System, wie es in der Person Ludwigs repräsentiert und durch Lola Montez usurpiert wurde. Jedoch ist Leo von Klenze im eigenen Selbstverständnis als ein Hofkünstler zu charakterisieren, der sich über das fürstliche Mäzenatentum alter Prägung definierte. Damit rührte die Affäre Montez auch an den Grundlagen der eigenen Existenz.

52 Von den neueren Biographien s.: René Duc de Castries, Madame du Barry, Paris 1986; André Castelot, Madame du Barry, Paris 1989

53 »Wenn Ludwig XV. M. Lange fast aus einem Bordell in sein Bett versetzte, so betrug sie sich doch, nachdem dieses geschehen, mit äußerem Anstande, welcher selbst den Greueln des parc aux cerfs nicht mangelte«; KLENZE I/5, fol.70v.

54 KLENZE I/6, fol.33

55 KLENZE I/6, fol.48v

56 KLENZE I/5, fol.70v

57 FRANCIS 1848, S.3

58 MONTEZ 1986, Bd.1, S.23, s.a.: Bd.2, S.1330

59 KLENZE I/6, fol.105v. Entsprechend bot sich ihm die Französische Revolution als »Kataklysma« dar, »in deßen blutigen Fluthen die bis zu koloßaler Größe angewachsene Schande des siecle de Louis XV. wenigstens für einige Zeit erstickt ward und jetzt wieder nur erst im Flügelkleide und in den Kinderschuhen auftritt«; KLENZE I/6, fol.33v.

60 KLENZE I/5, fol.33

IX. Kaulbach malt Lola Montez

Zu den eigenwilligsten Darstellungen der Lola Montez zählt ein lebensgroßes Porträt, das der König nicht von Stieler, sondern von Kaulbach malen ließ [ABB. 146; KAT.NR. 9.1]. Um dieses Gemälde spinnen sich mysteriöse Legenden. Von Schlangen und Schafott ist die Rede und von ähnlich abstrusem Beiwerk. Im Atelier des Künstlers seien die Türen geflogen zum aufreibenden Lärm schreiender Menschen und bissiger Hunde. Um gegen die rabiaten Ausfälle des Modells gewappnet zu sein, soll der Maler einen Prügel unter die Staffelei gelegt haben. Genauso abenteuerlich wie die Entstehungsgeschichte sind die Wege, die das Skandalbild nahm. Die meiste Zeit galt es als verschollen. Erst kürzlich wurde bekannt, daß das Gemälde vor hundert Jahren der Schauspielerin Eugenie Legrenzi und dem Berliner Bankier Adolf Rotstein zur Hochzeit geschenkt worden war. Seit Beginn des Jahrhunderts befand sich das Porträt in Sankt Petersburg, dann in Bad Ischl. Über Graz gelangte es 1987 wieder zurück nach München, wo es vom Stadtmuseum schließlich erworben werden konnte.[1]

Ursprünglich war das Gemälde zur Aufnahme in die Neue Pinakothek gedacht. Damals äußerte sich König Ludwig noch ganz euphorisch über sein Vorhaben. Dem für das Porträtfach eigentlich zuständigen Hofmaler Joseph Stieler, an den der Auftrag hätte zuerst gehen sollen, erklärte er: »Lieber Stieler, dieses Bild bestimme ich für die Pinakothek; ein so göttliches, geistreiches Wesen muß von dem höchsten Standpunkte historischer Malerei aufgefaßt und dargestellt werden; deßhalb muß es nicht von unserem größten Portraitmaler, sondern von dem größten lebenden Historienmaler ausgeführt werden«.[2] Zumindest in Bayern genoß diesen Ruf Wilhelm von Kaulbach, der das Porträt nun in der Tat als ein Historienstück gestaltete. Besonders spannend ist das Gemälde aber nicht zuletzt deshalb, weil es vom Auftraggeber zurückgewiesen wurde.

145 Max Haider nach Joseph Stieler: Ludwig I. König von Bayern im Krönungsornat; 1826; Öl auf Leinwand; 250,5 x 173; MStM, Gemäldesammlung (Photo: Dorothee Jordens-Meintker; Kerstin Schuhbaum)

Lola Montez besteigt das Schafott

Das Porträt der Lola Montez entstand im Frühjahr 1847 in Kaulbachs Atelier im Lehel. Der Maler teilte den Werkraum mit dem Bildhauer Johann Leeb, der die Marmorbüste der Gräfin Landsfeld schuf [KAT.NR. 10.1]. Das in der Tattenbachstraße gelegene Atelier war den beiden Künstlern vom König überlassen worden. Es wird als ein eher schäbiges Zimmer geschildert, in

1 Die Provenienz rekonstruierte Heinrich Breyer in einem Artikel, der in der »Süddeutschen Zeitung« erschien (5. 8. 1987: »Die Lola Montez, auf der Kaulbach sitzenblieb«).

2 Zit.n.: KLENZE I/6, fol.37

146 Wilhelm von Kaulbach: Lola Montez im historischen Kostüm; 1847; Öl auf Leinwand; 242 x 166; MStM, Gemäldesammlung (Photo: Dorothee Jordens-Meintker; Kerstin Schuhbaum)

3 S.: KAULBACH ²1918, S.29
4 KAULBACH ²1918, S.53; ähnlich: KLENZE I/5, fol.42v
5 Zum Vergleich kann etwa das Damenbildnis von Anthonis van Dyck aus der Alten Pinakothek (Inv.Nr.: 368) dienen.
6 Zu dem restaurierungsbedürftigen und inzwischen abgenommenen Rahmen s. die Abbildung in: AUSST.KAT. MÜNCHEN 1987, S.721
7 S.: KAULBACH ²1918, S.53
8 Ein erstaunlich ähnliches Arrangement ist auf einem 1852 entstandenen und kürzlich im Kunsthandel unter dem Titel »Die Schmuckanprobe« angebotenen Gemälde des Brüsseler Malers Alexis van Hamme (1818–1875) zu sehen; s.: Auktionskat. Bolland & Marotz (Bremen), 22. 3. 1997, S.46, Nr.585 und Farbtaf.28.
9 S.: AUSST.KAT. MÜNCHEN 1980 Bd.I, S.670, Nr.1248
10 KAULBACH ²1918, S.209f. (3. 7. 1847)
11 S.: [Eduard Maria Oettinger], Mola oder Tanz und Weltgeschichte. Eine spanisch-deutsche Erzählung, Leipzig 1847. Eine dem Gemälde entsprechende Porträtzeichnung Kaulbachs ist abgebildet bei: Fritz von Ostini, Wilhelm von Kaulbach, Bielefeld und Leipzig 1906, S.166, Abb.26; SEYMOUR 1996 (Abb.).
12 KAULBACH ²1918, S.201
13 Wilhelm von Kaulbach: Bildnisskizze Ludwigs I. Königs von Bayern; 1843; Pappe; 60,4 x 42,2; bez. o.l.: »9 May 1843 W K.«; München, Bayerische Staatsgemäldesammlungen, Inv.Nr.: WAF 425.

dem das Wasser an den Wänden herunterlief.[3] Während der Porträtsitzungen soll es so kalt gewesen sein, daß sich Lola Montez die Füße am »Kohlenbecken« erwärmte.[4] Diese frostige Atmosphäre teilt sich auf dem Gemälde durchaus mit. Lola Montez steht Modell in Samt und Spitze. Das schwarze Kostüm mit dem historisierenden Tellerkragen läßt sie gleich als eine spanische Grandin erscheinen. Grundsätzlich verweist der Porträttypus der stehenden Ganzfigur auf eine höfische Tradition des 17. Jahrhunderts.[5] Das trübe und inzwischen nachgedunkelte Kolorit verstärkt den altmeisterlichen Eindruck. Der kunstvoll verschnörkelte Originalrahmen verleiht dem Gemälde vollends ein historistisches Gepräge.[6] Das bewußt unzeitgemäße Kleid wurde nach einem Entwurf des Malers in Paris geschneidert. Ludwig, der bei den ersten Sitzungen anwesend war, soll es persönlich drapiert haben.[7] Im ausladenden Wurf fließt der schwere Stoff in einen Faltenkranz, der über den kalten Steinboden schleift. Die Figur wird von einem Alkoven aus dunklem und drückenden Damast hinterfangen. An den Rand ist ein Sessel mit einem bereits dem Renaissancismus verpflichteten Schnitzwerk gerückt. Lola Montez stützt sich auf einen Toilettetisch, über den eine Tapisserie ausgebreitet ist. Solche feinmalerisch gestalteten Teppiche sind typisch für altmeisterliche Interieursszenen. Auf dem Tisch stehen Silberspiegel, Schmuckschatulle, Kerzenleuchter und ein silbernes Lavabo.[8] Die Wasserkanne ist mit mythologischen Wandungsapplikationen verziert und hat einen für die Zeit um 1820 charakteristischen Ohrenhenkel. Offensichtlich handelt es sich um ein sehr kostbares Accessoire. Das Waschzeug, das König Maximilian I. Joseph benutzte, ist vergleichsweise bescheiden.[9] Das gesamte Interieur sucht den Anspruch auf Tradition und Geschichte.

147 Wilhelm von Kaulbach; 1857; Photographie von Franz Hanfstaengl; 27 x 21,5; MStM, Fotomuseum

Das Gemälde löst Nießreiz aus. Man glaubt den Garderobenstaub eines eigentlich schon längst abgesetzten Schauspiels einzuatmen. In den muffigen Stoffen fängt sich ein fahles Licht, das der Szenerie eine düstere und fast gespenstische Stimmung verleiht. Wie ein Schloßgeist leuchtet Lola Montez mit ihrer noblen Blässe aus dem sinistren Boudoir. Gerade das helle Inkarnat, mit dem die Gestalt aus dem kontrastarmen Grund hervortritt, weist Lola Montez als eine Dame von vermeintlichem Stand aus. Dargestellt ist eine Señora Maria de los Dolores Porris y Montez und keine sonnenverbrannte Picara aus irgendeinem andalusischen Dorf. Mit gehobener Augenbraue erwidert sie den gebannten Blick des Betrachters und hält ihm gelangweilt stand [ABB. 149]. Aus der fast verächtlichen Miene ist die fesche Süßlichkeit gewichen, die das wenig früher vollendete Porträt von Joseph Stieler kennzeichnet [KAT.NR.4.1; ABB. 72].

Bevor Kaulbach im Juni 1847 nach Berlin reiste, war das Gemälde so weit ausgeführt, daß es der Öffentlichkeit präsentiert werden konnte. Schon die Zeitgenossen suchten den Vergleich mit Stielers Bildnis aus der Schönheitsgalerie. Gegenüber dieser idealisierten Darstellung erschien Kaulbachs Version als das authentischere Abbild. Josephine Kaulbach schrieb ihrem Mann: »Alle sind erstaunt über den Unterschied in der Auffassung. Die meisten sagen, in Stielers Bild liegt die Vergangenheit und in dem Deinigen die Gegenwart; denn hier sind alle Leidenschaften schon in ihrer größten Ausbildung«.[10] Die Porträtgenauigkeit könnte eine Daguerreotypie garantiert haben, derer sich Kaulbach als Vorlage bedient haben soll.[11] Obschon eine entsprechende Aufnahme nicht nachzuweisen ist, klingt der Hinweis plausibel. Wilhelm von Kaulbach war sehr aufgeschlossen für das neue Medium der Photographie. Im Juli 1847 ließ er sich zum Beispiel »das daguerreotypierte Bildchen« seines neugeborenen Sohns nach Berlin schicken.[12] Er selbst hat sich zunächst von Alois Löcherer und später von Franz Hanfstaengl in München photographieren lassen [ABB. 147; KAT.NR. 9.4].

Für König Ludwig war das ausgeführte Porträt ein Ärgernis. Nach wiederholten Korrekturanweisungen weigerte er sich schließlich generell, das dann auch nicht in allen Details zu Ende gebrachte Gemälde anzunehmen. Kaulbach hatte mehrfach Zurückweisungen des Königs hinnehmen müssen. Bekannt ist die nachgelassene Porträtskizze aus dem Jahr 1843, in die der abgewiesene Maler wie im Wutanfall eine über dem

148 Das Atelier Wilhelm von Kaulbachs im »Koloßsaal« der Münchner Akademie mit dem Porträt der Lola Montez

königlichen Kopf schwebende Krone einritzte [ABB. 159].[13] Auch das Porträt der Lola Montez blieb zeitlebens im Besitz des Künstlers. Auf einer Darstellung des Ateliers in der Münchner Akademie, der Kaulbach seit 1849 als Direktor vorstand, ist es inmitten anderer Arbeiten zu erkennen [ABB. 148; KAT.NR. 9.3]. Nach den Gründen der königlichen Abweisung ist zu fragen.

Im Plauderton ihrer Memoiren berichtet die Tochter Wilhelm von Kaulbachs, das Bildnis habe zum Entsetzen des Königs ursprünglich »die Tänzerin mit der Peitsche in der Hand, mit Schlangen umgürtet und mit entblößtem Halse das Schafott besteigend« gezeigt.[14] Die Szenerie hört sich an wie ein Potpourri aus Maria Stuart,

14 KAULBACH ²1918, S.54f. Eine ähnliche Beschreibung gab auch Kaulbachs Witwe Josephine in einem Zertifikat, als sie das Gemälde im September 1895 verkaufte; s.: KAT.NR.9.2.

15 FUCHS 1904, S.147, Nr.10
16 KLENZE I/5, fol.73v

149 Lola Montez (Detail)

Gräfin Du Barry und Franz von Stuck. Josefa Dürck-Kaulbach (*1851), die noch gar nicht geboren war, als das Gemälde entstand, beschrieb die abwegige Szenerie im Abstand von fast 70 Jahren. Es ist denkbar, daß sie ein ganz anderes Gemälde vor Augen hatte. So verweist auch Eduard Fuchs auf ein satirisches Ölgemälde Kaulbachs, das er »Die Zauberin« nennt, freilich ohne es je gesehen zu haben: »Das lebensgroße Bild zeigt Lola Montez mit einer Schlange um den nackten üppigen Leib und einem Giftbecher in der Hand«.[15] Als Lola Montez von diesem weiter nicht bekannt gewordenen Gemälde erfahren habe, soll sie ihren Hund auf den Maler gehetzt haben.

Eine naturwissenschaftliche Analyse der Malschichten würde bei Kaulbachs Porträt der Lola Montez wohl einige Überraschungen ans Tageslicht bringen. Schon der bloße Augenschein spricht dafür, daß das weiße Taschentuch, das wie schwerelos um die linke Hand geführt ist, eine Übermalung darstellt [ABB. 150]. Bei dieser Gelegenheit dürfte Kaulbach auch den Armreif mit dem Herzanhänger hinzugefügt haben, der die Königskrone zeigt. Von dieser Zutat berichtet auch Klenze: »Allerlei schalkhafte Symbole, welche Kaulbach zur Ausschmückung des Bildes vorgeschlagen, wurden von dem Könige mit Unwillen verworfen und befohlen, daß sie am linken Arme ein goldenes Armband haben solle, an welchem ein von der Königs Krone überragtes Herz hing«.[16] So war der Künstler zu Nachbesserungen gezwungen, und man kann sich gut vorstellen, daß das auffallend störend plazierte Taschentuch tatsächlich die von der Künstlerfamilie erwähnte Reitgerte verdeckt. Ein vermeintliches Schafott dürfte aber auch auf einer Röntgenaufnahme nicht zu entdecken sein.

Die vom König als anstößig reklamierten und von Klenze als »allerlei schalkhafte Symbole« bezeichneten Attribute waren schnell zu tilgen und für die Gesamterscheinung des Porträts ohnehin nicht maßgeblich. Insgesamt liefert die anekdotisch verbrämte Entstehungsgeschichte keine nachvollziehbare Motivation, die Ludwigs kategorische Ablehnung des Gemäldes hinreichend begründen könnte. Für seine reservierte Haltung lassen sich weitaus subtilere Beweggründe anführen.

150 Lola Montez (Detail)

»Niederknien vor dem Bilde eines Menschen, der noch dazu ein schlechter Poet ist!«: Ludwig I. König von Bayern im Krönungsornat

Der eigentliche Affront Kaulbachs lag in der kühnen Wahl des Bildschemas. Das Porträt der Lola Montez erweist sich in seinem formalen Aufbau als eine unverhohlene Persiflage auf das offizielle Staatsporträt Ludwigs I. im Krönungsornat [ABB. 145; KAT.NR. 9.6]. Eine Gegenüberstellung macht die Parallelen augenfällig.

Die vor eine ähnliche Diagonalflucht gesetzte Ganzfigur des Königs ist in vergleichbarer Pose wiedergegeben. Der Hermelinmantel fällt wie das Samtkleid der Lola Montez zum rechten Rand und überschneidet den Thron, an dessen

151 Lola Montez (Detail)

152 Ludwig I. König von Bayern im Krönungsornat (Detail)

Stelle nun der mit altmodischem Knorpelwerk gezierte Sessel steht. Dem Schwert in der Linken dürfte die Reitgerte entsprochen haben, die der Mätresse wohl ursprünglich an die Hand gegeben war. Mit seiner auf die Verfassungsurkunde von 1818 gestützten Rechten greift der König nach dem Zepter. Der Herrscherstab ist zusammen mit der Krone auf dem Paradekissen aufgebahrt, das auf einem von einem Teppich bedeckten Pult liegt. Der genauso übereck gestellte Toilettetisch der Lola Montez bezeichnet in seiner perspektivischen Aufsicht und vor allem im signifikanten Faltenknick des Teppichs die zweifellos markanteste Übereinstimmung [ABB. 151 und 152]. Statt der Insignien sind nun die im Vergleich belanglosen Accessoires des Boudoirs dargestellt. Während der König das Zepter umfaßt, greift Lola Montez wie tastend ins Leere [ABB. 153 und 154]. Man kann sich auch vorstellen, daß sie mit ungeduldigen Fingern auf den Tisch trommelt. Die Geste erscheint im Hinblick auf das entsprechende Zeptermotiv im besten Wortsinn als ein Fingerzeig. Sie läßt sich als die Forderung nach der gräflichen Krone interpretieren, auf die Lola Montez zur Entstehungszeit des Gemäldes Ansprüche anmeldete.

Wie unerhört Kaulbachs Adaption gewirkt haben muß, ist am kaum zu überschätzenden Stellenwert der Vorlage zu ermessen. Das Staatsporträt ist das exemplarische Abbild der königlichen Repräsentation. Ludwig gab es sofort nach seiner Inthronisation im Jahr 1825 in Auftrag [Abb. 157]. In zahlreich über das ganze Land verteilten Kopien versinnbildlichte es die Amtsgewalt des neuen Königs. Bereits der Vater Ludwigs hat sich in dieser Bildformel darstellen lassen.[17] Eine erste Version stammt noch von Moritz Kellerhoven (1758–1830). Als Maximilian I. Joseph im Jahr 1818 den Eid auf die Verfassung ablegte, entstand ein weiteres Staatsporträt durch Franz Xaver Kleiber [ABB. 156; KAT.NR. 9.9]. Eine dritte Fassung malte Joseph Stieler.[18] Grundsätzlich geht der einheitliche Bildtypus auf das auratische Kaiserporträt Napoleons von François Gérard aus dem Jahr 1806 zurück [ABB. 155].[19] Bei Gérard hatte Stieler gelernt, als er sich 1807 in Paris aufhielt.

17 Zur Ausbildung des Porträttyps s.: Ulrike von Hase-Schmundt, Das bürgerliche und höfische Porträt in Bayern im 1. Viertel des 19. Jahrhunderts, in: AUSST.KAT. MÜNCHEN 1980 Bd.I, S.414-422

18 Joseph Stieler: Maximilian I. Joseph König von Bayern im Krönungsornat; 1822; Öl auf Leinwand; 245 x 165; bez. u.l.: »J. Stieler 1822«; München, Bayerische Staatsgemäldesammlungen, Inv.Nr.: 1021. Lit.: HASE 1971, S.127, Nr.88; AUSST.KAT. MÜNCHEN 1980 Bd.II, Taf.80, Abb.125; AUSST.KAT. MÜNCHEN 1987, S.672 (Abb.).

19 François Gérard (1770–1837): Napoleon I. im Krönungsornat; 1806; Öl auf Leinwand; 223 x 146; Dresden, Staatliche Kunstsammlungen, Inv.Nr.: 2518. Lit.: Ausst.Kat. »Europa 1789: Aufklärung, Verklärung, Verfall«, Hamburg/Köln 1989, S.367-369, Nr.504 und Farbtaf.46.

20 Zu den Kroninsignien des Königreichs Bayern s.: OTTOMEYER 1979

21 Zu der um 1806 in Paris angefertigten und in der Schatzkammer der Münchner Residenz aufbewahrten Krone s.: AUSST.KAT. MÜNCHEN 1980 Bd.I, Farbtaf.1 n. S.12; zum Präsentationskissen s.: OTTOMEYER 1979, S.17ff. und 27ff.; AUSST.KAT. MÜNCHEN 1980 Bd.I, S.211, Nr.417; zu einer in Paris aufbewahrten Entwurfszeichnung für das bayerische Zepter von Charles Percier (1764–1838) s.: OTTOMEYER 1979, S.23, Abb.27; AUSST.KAT. MÜNCHEN 1980 Bd.I, S.219f., Nr.416 mit Abb.

153 Lola Montez (Detail)

154 Ludwig I. König von Bayern im Krönungsornat (Detail)

In der künstlerischen Angleichung an das Vorbild aus Frankreich manifestiert sich symbolhaft eine vorrangig politische Dependenz. Schließlich war das vormalige Kurfürstentum Bayern überhaupt erst durch Napoleon zu einem Königreich geworden. Das Staatsporträt des neuen Königs und auch dessen neue Kleider mit dem Hermelinbesatz, den Palmetten und den Spitzeneinsätzen orientieren sich wie die bayerischen Kroninsignien insgesamt an der Tradition Frankreichs.[20] Maximilian I. Joseph hatte die Kroninsignien 1806 in Paris anfertigen lassen. Sie bestehen aus Krone, Zepter, Schwert, Reichsapfel, Siegelkasten, Präsentationskissen und Krönungsornat.[21]

Zu diesen archaischen Staatssymbolen ist im Grunde auch das Gemälde selbst zu rechnen, das den Inhaber der Insignien repräsentiert. Für die offiziellen Königsbildnisse des 1806 proklamierten Königreichs Bayern hatte das Kaiserporträt Napoleons eine stilbildende Wirkung. In der Thronfolge der Könige Maximilian I. Joseph und Ludwig I. führte Maximilian II. Joseph diese Bildtradition fort [ABB. 158; KAT.NR. 9.10]. Man kann geradezu von einer Wittelsbacher Herrscherikonographie sprechen.

Das 1825 entstandene und für die gesamte Regierungszeit gültig gebliebene Gemälde König Ludwigs im Krönungsornat ist ähnlich einem liturgischen Gerät nicht als museales Sammlungsstück im Sinne eines Kunstwerks zu betrachten. Dieses Porträt erfüllte die Funktion eines hoheitlichen Zeichens. Es ist als ein konkretes Signum der Majestät, das heißt der monarchischen Würde zu verstehen.[22] Das Gemälde war als ein realer Gegenstand Stellvertreter des absenten Königs. Der Gebrauch solcher *effigies* reicht mindestens bis ins 16. Jahrhundert zurück. Unter Louis XIV nahm bei der Abwesenheit des Königs sein Porträt den Platz im Thronsaal von Versailles ein. Diesem von Hyacinthe Rigaud um 1700 gemalten und heute im Louvre aufbewahrten Gemälde den Rücken zuzukehren, war ebenso ein Delikt, als hätte man Louis XIV selbst den Rücken zugekehrt.[23]

Wie ernst dieser Repräsentationsgedanke auch noch im Königreich Bayern genommen wurde, kann ein besonders drastisches Beispiel bezeu-

22 Zum Begriff der »Majestät« s.: DROSS 1994, S.62f.
23 Burke spricht in diesem Zusammenhang von »unbelebten Repräsentationen des Königs«; Peter Burke, Ludwig XIV. Die Inszenierung des Sonnenkönigs, Frankfurt a. M. 1995, S.21.

24 Zit.n.: URSEL 1973, S.30f. Zum Kniefall vor dem Bild des Königs s.a.: Cornelia Zumkeller, Bayern nach der französischen Julirevolution. Die Aburteilung politischer Vergehen und Verbrechen durch das Appellationsgericht Landshut/Freising in den Jahren 1832–1840, Diss. München 1991, S.194, Anm. 9
25 Zit.n.: AUSST.KAT. NÜRNBERG 1986, S.155, Nr.221
26 Heine zitiert hier Börne. Das Zitat geht weiter: »Wenn ich ihn in meiner Macht hätte, dieser schlechte Dichter sollte niederknien vor dem Bilde der Musen und Abbitte thun, wegen seiner schlechten Verse, wegen beleidigter Majestät der Poesie! Sprecht mir jetzt noch von römischen Kaisern, welche so viele Tausende von Christen hinrichten ließen, weil diese nicht vor ihrem Bilde knien wollten ... Jene Tyrannen waren wenigstens Herrn der ganzen Welt, von Aufgang bis zum Niedergang, und wie wir an ihren Statuen noch heute sehen, wenn auch keine Götter, so waren sie doch schöne Menschen. Man beugt sich am Ende leicht vor Macht und Schönheit. Aber niederknien vor Ohnmacht und Häßlichkeit – – –«; HEINE 1978, S.67.

155 François Gérard: Napoleon I. im Krönungsornat; 1806; Öl auf Leinwand; 223 x 146; Dresden, Staatliche Kunstsammlungen, Inv.Nr.: 2518 (Photo: Sächsische Landesbibliothek, Abt. Deutsche Fotothek, Steuerlein)

156 Franz Xaver Kleiber nach Moritz Kellerhoven: Maximilian I. Joseph im Krönungsornat; nach 1818; Öl auf Leinwand; 258 x 197; MStM, Gemäldesammlung (Photo: Dorothee Jordens-Meintker; Kerstin Schuhbaum)

gen. Jeder, der die königliche Majestät beleidigt und sich somit straffällig gemacht hatte, mußte vor dem Gemälde des bayerischen Königs niederknien, um diesem *in effigie* Abbitte zu leisten.

Der für das 19. Jahrhundert nachgerade anachronistisch wirkende Akt war im »Strafgesetzbuch für das Königreich Baiern« von 1813 verankert. Durch Artikel 311 ist als Strafmaßnahme im Fall der Majestätsbeleidigung die »öffentliche Abbitte vor dem Bildnisse des Souverains« vorgeschrieben.[24] Deshalb existiert das Gemälde Ludwigs I. im Krönungsornat in so zahlreichen Kopien. Offensichtlich waren sie an die Bezirksregierungen im ganzen Königreich verteilt. Vor dem Gemälde in Würzburg ist sich ein Mann wie Wilhelm Joseph Behr (1771–1851) auf Knien vorzustellen, nachdem er als vormaliger Bürgermeister und Professor für Staatsrecht im Jahr 1835 wegen »hoch- und staatsverräterischer Umtriebe« und »Majestätsbeleidigung« verurteilt worden war.[25] Eine Kopie des Staatsporträts König Ludwigs I. war auch im Münchner Rathaus aufgestellt. In seiner Schrift über Ludwig Börne berichtet Heinrich Heine: »Wie ich in der heutigen Zeitung gelesen, haben wieder drey Studenten, in München, vor dem Bilde des König Ludwigs, niederknien und Abbitte thun müssen. Niederknien vor dem Bilde eines Menschen, der noch dazu ein schlechter Poet ist!«.[26]

157 Joseph Stieler: Ludwig I. König von Bayern im Krönungsornat; 1825/26; Öl auf Leinwand; 230 x 170; München, Bayerische Staatsgemäldesammlungen, Inv.Nr.: 8235 (Photo: Bayer. Staatsgemäldesammlungen)

158 Max Haider: Maximilian II. Joseph König von Bayern im Krönungsornat; 1850; Öl auf Leinwand; 255 x 191,5; MStM, Gemäldesammlung

So ungeheuerlich diese Praxis aus heutiger Sicht gewesen sein mag, sie verdeutlicht die immense Bedeutung, die dem Staatsporträt König Ludwigs I. beizumessen ist. Wenn der Maler Wilhelm von Kaulbach eben diese Darstellungsformel in einer zweifellos ironischen Absicht auf sein Porträt der Lola Montez übertrug, dann kam das einer Verunglimpfung und Beleidigung der Majestät gleich. Gerade dem König muß diese wagemutige Anspielung als allerserstem aufgefallen sein. Deshalb hat Ludwig I. das Gemälde nicht nur nicht angenommen. Er hat es ignoriert.

Wilhelm von Kaulbach als »Reineke Fuchs«

Kaulbach war ein trickreicher Künstler, der sich selbst gerne in der Rolle des »Reineke Fuchs« sah.[27] Sein hinterlistiges Porträt der Lola Montez bestätigt diese Einschätzung. Anfangs habe er das Werk gar nicht beginnen wollen, »weil es ihn anekle«, wie er Klenze anvertraute. Ihm ging es wie allen Künstlern, denen in Ludwigs neuer Leidenschaft eine Konkurrentin erwachsen war, die alle königlichen Gunstbeweise auf sich zu konzentrieren schien: Kaulbach konnte Lola Montez nicht ausstehen. In der Dik-

27 KAULBACH [2]1918, S.222 (26. 6. 1847). Kaulbach hatte Goethes »Reineke Fuchs« erstmals 1846 mit zahlreichen Vignetten illustriert; s.: Reineke Fuchs von Wolfgang von Goethe. Zeichnungen von Wilhelm von Kaulbach gestochen von R.Rahn und A. Schleich, Stuttgart 1867 (Reprint Dortmund [2]1985; Nachwort von Walter Scherf).

28 KLENZE I/5, fol.73v
29 Wilhelm von Kaulbach: Ludwig I. König von Bayern als Ritter des Hubertusordens mit Herolden und bayerischen Stammeswappen; 1845; Öl auf Leinwand; 338 x 250; München, Bayerische Staatsgemäldesammlungen, Inv.Nr.: WAF 426. Lit.: Museumskataloge der Bayerischen Staatsgemäldesammlungen, Bd. V, München 1984, S.215f. (A. Menke); AUSST.KAT. NÜRNBERG 1986, S.179, Nr.251 und S.171 (Farbabb.).
30 KLENZE I/5, fol.41v
31 Eine gültige Biographie Kaulbachs steht aus. Man ist immer noch angewiesen auf: Fritz von Ostini, Wilhelm von Kaulbach, Bielefeld und Leipzig 1906.
32 Der Ruf erfolgte erst unter Maximilian II. Ludwig hatte bis zuletzt Maler wie Heß und Schorn für diesen Posten favorisiert; s.: SIGNATE 1994 Bd.6, S.537 (20. 11. 1847) und S.546 (29. 12. 1847).
33 S.: Annemarie Menke-Schwinghammer, Weltgeschichte als Nationalepos. Wilhelm von Kaulbachs kulturhistorischer Zyklus im Treppenhaus des Neuen Museums in Berlin, Berlin 1994
34 KAULBACH ²1918, S.272 (August 1848)
35 KAULBACH ²1918, S.241 (30. 8. 1847)

159 Wilhelm von Kaulbach: Bildnisskizze Ludwigs I. Königs von Bayern; 1843; Pappe; 60,4 x 42,2; München, Bayerische Staatsgemäldesammlungen, Inv.Nr.: WAF 425 (Photo: Bayer. Staatsgemäldesammlungen)

tion Klenzes klingt das so: »Er wollte nur den Totaleindruck einer durch Laster und Ausschweifungen aller Art zerstörten Schönheit, ein affectirtes Hurenlächeln und einen diabolischen Ausdruck ihres Blickes in ihr erkannt haben, hielt sie für innerlich verderbt bis auf das Knochenmark, aber äußerlich mit jener dünnen Bildungsschminke übertüncht, welche zu durchschauen nur dem höchsten Grade verliebter oder verbuhlter Befangenheit versagt ist«.[28] Die Idee, das Porträt der Mätresse als Pendant zu einem Bildnis des Königs zu gestalten, scheint von Lola Montez selbst ausgegangen zu sein. Kaulbach hatte damals sein großes Porträt Ludwigs als eines Ritters des Ordens vom heiligen Hubertus vollendet [ABB. 159 und 160; KAT.NR. 9.5].[29] Der König trägt die altertümliche Tracht des Wittelsbacher Hausordens und ist von vier Herolden begleitet, die die Wappen der vier bayerischen Volksstämme präsentieren. Das Gemälde wurde als Stifterbild für die Neue Pinakothek in Auftrag gegeben. Das neue Museum für zeitgenössische Malerei war seit 1846 in Bau und wurde 1853 eingeweiht. Dort hätte auch das Porträt der Lola Montez seinen Platz finden sollen. Von Kaulbach habe sie im Hinblick auf das Stifterbildnis verlangt, »daß ihr Bild als Nebenbild hiezu in gleicher Größe, Umgebung und ebenfalls mit vier Pagen zu ihren Füßen, welche ihre Wappenzeichen trügen, um so mehr gemacht werden sollte, als sie in weniger denn vier Wochen zur Gräfin erhoben werden würde«.[30] Kaulbach soll den Vorschlag »auf das Bestimmteste« und »aus den ehrenhaftesten Gründen« abgelehnt haben. Das ist leicht nachvollziehbar. Denn der Künstler war gewiß unter keinen Umständen dazu bereit, das eigene Königsgemälde zu entwürdigen. Daß er statt dessen das Königsporträt Stielers persiflierte, erscheint vor diesem Hintergrund als eine besonders geistreiche Lösung.

Im Unterschied zu Stieler entstammte Wilhelm von Kaulbach (1805–1874) bereits einer Generation, deren künstlerisches Selbstverständnis von einem für das 19. Jahrhundert typischen Geniedenken geprägt war.[31] Beispielhaft äußerte sich das gesteigerte Selbstbewußtsein in den legendär gewordenen Künstlerfesten und ähnlichen gesellschaftlichen Inszenierungen. Franz Liszt vertonte Kaulbachs Monumentalgemälde »Die Hunnenschlacht« und brachte das Werk im Jahr 1859 zur Goldenen Hochzeit der Kaulbachs in deren Anwesen in der Gartenstraße (heute Kaulbachstraße) zur Uraufführung. Dies alles paßt zu einem Porträt, auf dem die Geliebte des Königs mit dessen eigenen Ansprüchen verhöhnt wird. Wie aber auch bei Kaulbachs monumentalen Historien zu beobachten ist, leidet die Umsetzung seiner gewitzten Ideen gelegentlich an einer Unverhältnismäßigkeit der Mittel. Das Bildnis der machtbesessenen Mätresse im Schema des offiziellen Staatsporträts lebt vom Fürwitz der schnellen Pointe, die sich in einer Karikatur treffender setzen ließe. Großformatige und aufwendige Ölmalerei war noch nie das Medium der Satire.

Trotz anhaltender Differenzen mit dem bayerischen König wäre es gleichwohl unangebracht, Kaulbach zu einem antimonarchistischen Querdenker zu stilisieren. Er wußte sehr wohl, daß er seine Karriere einem höfischen Mäzenatentum verdankte, das sich noch an den Hierarchien des 18. Jahrhunderts orientierte. Kaulbach war bettelarm, als er 1832 nach München zog. Während der Regierungszeit Ludwigs erlebte er einen sozialen und gesellschaftlichen Aufstieg, der seinen Höhepunkt 1849 in der Ernennung zum Akademiedirektor fand.[32] Inzwischen galt der unbequeme Kaulbach auch außerhalb Bayerns als der führende Historienmaler seiner Zeit. Seit 1847 verbrachte er die Sommermonate in Berlin, um im Treppenhaus des Neuen Museums den Gemäldezyklus zur Entwicklungsgeschichte der Menschheit zu wiederholen, den er bereits für Ludwig ausgeführt hatte.[33] Der Export seines Hofmalers an das preußische Königshaus war für Ludwig I. ein beachtlicher Prestigegewinn.

In Berlin erlebte Kaulbach auch die Revolution des Jahres 1848. Als etablierter Künstler und zu Wohlstand gelangter Bürger sah er in den Ausschreitungen eine Gefährdung des eigenen Lebensstandards: »Die Republikaner und Ultramontanen sind überall tätig und die einen so schlecht wie die anderen!«.[34] Den Münchner Auftritt der Lola Montez hatte er als eine tiefe Beleidigung seines Bürgerstolzes empfunden. In dem unterkühlten Porträt ist die Antipathie zu

160 Wilhelm von Kaulbach: Ludwig I. König von Bayern als Ritter des Hubertusordens mit Herolden und bayerischen Stammeswappen; 1845; Öl auf Leinwand; 338 x 250; München, Bayerische Staatsgemäldesammlungen, Inv.Nr.: WAF 426 (Photo: Bayer. Staatsgemäldesammlungen)

spüren, mit der er der Mätresse begegnet war. Als Kaulbach von ihrer Erhebung in den Grafenstand erfuhr, schrieb er erbost und zynisch zugleich ins Königreich: »Die Lola Montez ist ja endlich Gräfin geworden. Das freut mich sehr! das ist ja herrlich – da gehört sie hin, zum hohen Adel; der ist so edel, trefflich und keusch, wie sie selbst. Der Bürgerstand soll froh sein, daß er sie los ist, der war zu gut für sie – also weg mit ihr! – In Paris hat sie ihre adeligen Studien gemacht. – Gute Nacht!«.[35]

X. Gräfin von Landsfeld

Eine zu keiner Zeit richtig bekannt gewordene Porträtbüste zeigt Lola Montez als Gräfin von Landsfeld [ABB. 161; KAT.NR. 10.1]. Die Büste stammt von Johann Leeb. Er hatte bereits die Büsten der Lady Jane Ellenborough und der Marianna Marchesa Florenzi modelliert, deren Porträts zugleich in der Schönheitsgalerie vertreten sind [KAT.NR. 4.23 und 4.34]. An der Büste der Marchesa Florenzi scheint Ludwig sein Interesse aber schnell verloren zu haben.[1] Bei der Büste der Lola Montez dagegen habe er sogar an eine Präsentation in der Walhalla gedacht. Der vorgesehene Platz soll zwischen den Büsten der Theolinde und der heiligen Elisabeth von Thüringen gewesen sein.[2] Das Gerücht ist kaum ernst zu nehmen. Offensichtlich rührt es von einer Karikatur, die Lola Montez und Martin Luther als die neuesten Bildnisse der Walhalla zeigt [KAT.NR. 8.4].

Die in ihrem Ausdruck etwas leblose, antikisierende Marmorbüste wurde ausgeführt, nachdem Lola Montez das Land schon verlassen hatte. Leeb arbeitete nach einer ersten Version aus Gips, die im Sommer 1847 entstanden war. Damals war der Bildhauer täglicher Gast im Palais der Lola Montez. Die Gipsbüste stand in ihrem eigenen Salon. Ein Besucher aus England bemerkte dort »ein gutes Porträt des Königs und ein sehr schlechtes der Hauseigenthümerin«.[3] Nach ihrer Flucht aus München sorgte der Bildhauer persönlich dafür, daß sein Werk in Sicherheit gebracht wurde.[4] Ludwig ging nun oft zu Leeb, um die verjagte Geliebte zumindest im Abbild zu sehen. Er selbst sprach von einer der Lola Montez lediglich »ähnlichen Abbildung«, doch habe ihn das Bildnis so angezogen, »als ob es ein Magnet wäre«.[5] Der Anblick muß einen gewaltigen Gefühlsausbruch ausgelöst haben. »Unter bittern Thränen umarmte und küßte er dasselbe solange und innig, daß er im Gesicht fast so weiß wie das Gypsbild selbst wurde«, bemerkte Klenze über die »Büste der Hure« und ihren Auftraggeber.[6] Wenig später schrieb Leeb, die »Büste der Frau Gräfin von Landsfeld in carrar: Marmor in ungebundenen Zeitraum aufmunternd machen zu dürfen«.[7] Er sehe »mit jedem Tag der Ankunft deß Marmor's« entgegen.[8] Ludwig bot ihm das Doppelte der üblichen Entlohnung.[9] Beide Ausführungen befanden sich dann in seinen Privatgemächern in der Residenz.[10] Als der abgedankte König im Juli 1849 die Residenz für Maximilian II. räumen mußte, nahm er die Bildnisse mit ins Wittelsbacher Palais.[11] Bemerkenswert ist die Büste durch den ausdrücklich vermerkten Rang der Porträtierten. Dargestellt ist keine berühmte Tänzerin oder eine durch sonstiges Talent bemerkenswerte Zeitgenossin. Dargestellt ist »Maria Gräfin von Landsfeld«.

Mit der Erhebung in den Grafenstand nahm der Skandal um Lola Montez die Ausmaße einer handfesten Staatsaffäre an. Es gab im 19. Jahrhundert durchaus vergleichbare Nobilitierungen. Die Opernsängerin Henriette Sontag (1806–1854) wurde im Jahr 1831 von Friedrich Wilhelm IV. von Preußen zur Gräfin Sontag von Lauenstein ernannt. Sie fand aber keine Akzeptanz am Hof und starb wie Lola Montez im amerikanischen Exil. Einen ähnlichen Fall gab es im Kurfürstentum Hessen mit der Affäre um Wilhelm II. und Emilie Ortläpp. 1830 hatte der Kurfürst seiner Geliebten den Titel einer Gräfin Reichenbach verschafft. Ihrem Bruder gab er den Namen der ausgestorbenen Freiherren Heyer von Rosenfeld. In Bayern heiratete 1859 Prinz Karl die zur Baronin von Frankenburg ernannte Henriette Schöller. Er war zweimal mit einer Frau aus dem bürgerlichen Stand verheiratet. Karl Prinz von Bayern war der Bruder König Ludwigs I. Erinnert sei auch an ihren gemeinsamen Großonkel, den Herzog Christian von Zwei-

1 Zur Büste der Marchesa Florenzi von Bertel Thorvaldsen s.: AUSST.KAT. NÜRNBERG 1991, S.653f., Nr.8.3 (mit Abb.); HOJER ³1990, S.70 nennt außerdem eine Version von Leeb.
2 S.: FUCHS 1904, S.147
3 FRANCIS 1848, S.12
4 S.: BW 1995, S.181 (29. 4. 1848)
5 Ludwig I. an Lola Montez, 29. 4. 1848; zit.n.: BW 1995, S.181; s.a.: BW 1995, S.196 (2. 6. 1848)
6 KLENZE I/6, fol.120 und fol.94. Ludwig schrieb an Lola Montez: »Ich habe Dein Porträt bei Leeb gesehen, dann geweint und Deiner Büste einen Kuß gegeben«; zit.n.: BW 1995, S.116 (22. 5. 1848); s.a. die Briefe vom 22. 5. 1848, S.191; 2. 6. 1848, S.196 und 28. 6. 1848, S.205.
7 Leeb an Ludwig I., 24. 2. 1848; München, BSB, LA 39 (unter: »Leeb«). Ludwig berichtet von diesem Auftrag auch in einem Brief an Lola Montez; s.: BW 1995, S.205 (28. 6. 1848).
8 Leeb an Ludwig I., 22. 5. 1848; München, BSB, LA 39 (unter: »Leeb«)
9 »Für Leebs Büste von Dir werde ich das Doppelte von dem zahlen, was ich normalerweise für eine Marmorbüste zahle«; Ludwig I. an Lola Montez, 29. 6. 1848; zit.n.: BW 1995, S.205.
10 S.: BW 1995, S.262 (26. 11. 1848)
11 S.: BW 1995, S.327 (1. 7. 1849)

161 Johann Leeb: Bildnisbüste der Lola Montez als Gräfin von Landsfeld; 1848; Abguß nach der Marmorbüste in München, Bayerische Staatsgemäldesammlungen, Inv.Nr.: WAF B 129

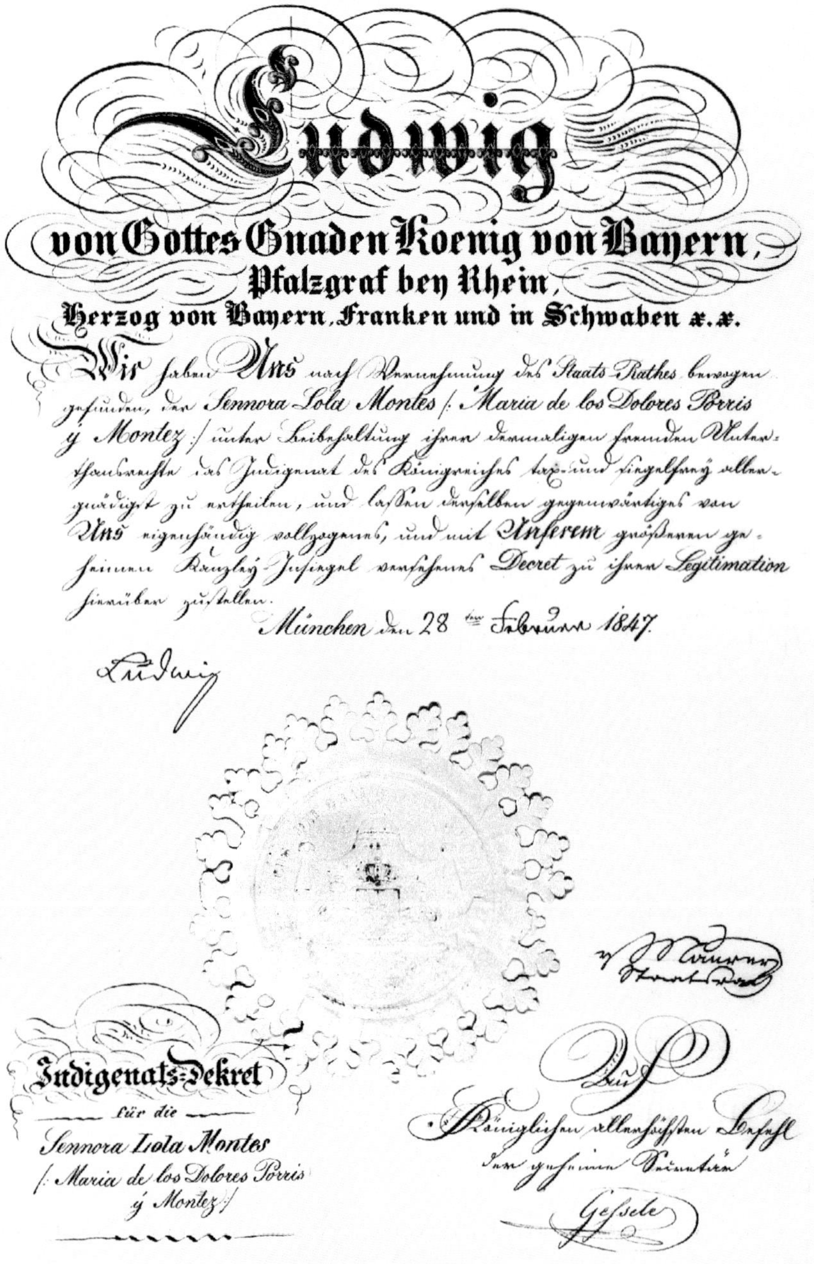
Ludwig
von Gottes Gnaden Koenig von Bayern,
Pfalzgraf bey Rhein,
Herzog von Bayern, Franken und in Schwaben x.x.

Wir haben Uns nach Vernehmung des Staats-Rathes bewogen gefunden, der Sennora Lola Montes (: Maria de los Dolores Porris y Montez :) unter Beibehaltung ihrer dermaligen fremden Unterthanschaft das Indigenat des Königreiches tax- und siegelfrey allergnädigst zu ertheilen, und lassen derselben gegenwärtiges von Uns eigenhändig vollzogenes, und mit Unserem größeren geheimen Kanzley-Insiegel versehenes Decret zu ihrer Legitimation hierüber zustellen.

München den 28ten Februar 1847.

Ludwig

Auf Königlichen allerhöchsten Befehl der geheime Secretär

Gessele

Indigenats-Dekret
für die
Sennora Lola Montes
(: Maria de los Dolores Porris y Montez :)

162 Indigenatsdekret für Lola Montez vom 28. Februar 1847; 1847; Pergament mit Wachssiegel; München, Bayerische Staatsbibliothek, LA 34 (Photo: Bayerische Staatsbibliothek)

brücken, der die zur Gräfin Forbach erhobene Tänzerin Cámasse geheiratet hatte. Schließlich sei die Schauspielerin Caroline Bauer erwähnt, die zur Gräfin Montgomery aufgestiegen war.[12] Es dürften sich noch weitaus mehr Beispiele finden lassen. Die Ernennung der Lola Montez zur Gräfin von Landsfeld im Jahr 1847 ist aber auf einer ungleich staatstragenderen Ebene zu verhandeln.[13]

Das Indigenat

Um die Aufnahme der Lola Montez in den bayerischen Adel einzuleiten, mußte ihr zunächst das Heimatrecht zuerkannt werden. Dieses sogenannte Indigenat (lat. indigena: »einheimisch«) im Sinne einer bayerischen Staatsbürgerschaft war auch mit königlicher Hilfe nur schwer zu erlangen, wenn es sich bei der Antragstellerin um eine in ihrer Herkunft zwielichtige Tänzerin handelte, die ohne Paß nach München gekommen war. Mit allen Mitteln wurde versucht, diese Rechtsprechung zu verhindern. Denn in dem Moment, in dem Lola Montez einmal das Indigenat besaß, stand fest, daß ihr Auftritt in München mehr als eine kurze Episode bedeutete, die sich schnell und schadlos abschließen ließe. Die Verhandlungen um das Indigenat wurden zur entscheidenden Weichenstellung für die bayerische Regierungspolitik.[14]
Es gab verschiedene Wege, in München einheimisch zu werden. In Künstlerviten ist oft zu lesen, daß auswärtige Künstler in angestammte Familien einheirateten, um somit Zunft- und Bürgerrechte zu erwerben. Auf diese Weise war der mittellose Maler Wilhelm Kaulbach aus Arolsen zum Münchner Bürger geworden. 1833 heiratete er die Bürgerstochter Josephine Sutner aus der Sendlinger Straße, die ihrerseits eine Großnichte der Asams war. Auch wurde das Bürgerrecht traditionell mit der Handwerkergerechtigkeit vererbt, die etablierte Meister auf ihre Nachfolger übertrugen. Das Bürgerrecht konnte außerdem über den Nachweis einer Gewerbekonzession oder über den Nachweis eines hohen und geregelten Lohnerwerbs erlangt werden. Grundsätzlich war das Münchner Bürgerrecht durch die damit verbundenen Steuerpflichten ein äußerst kostspieliges Privileg.[15] Anspruch auf das Heimat- und Bürgerrecht hat-

te aber auch, wer über Grundbesitz verfügte. Im Januar 1847 erhielten die Hamburger Schauspieler Friedrich und Constanze Dahn das bayerische Indigenat, nachdem ihnen der König ein Haus in München geschenkt hatte.[16] Vor diesem Hintergrund ist auch der Erwerb des Palais in der Barer Straße auf den Namen Lola Montez zu betrachten. Damit schien die juristische Voraussetzung für ihre Einbürgerung gegeben zu sein.
Am 2. Dezember 1846 wurde der schon mit dem Ankauf des Palais betraute Anwalt August Manostetter im Namen seiner Mandantin »Fräulein Maria delos Dolores Miontes genannt Lola Montes aus Spanien und Realitaeten Besitzerin in München« tätig. Er stellte beim Magistrat der Stadt München Antrag auf »Erwerbung des bayerischen Indiginates [!] durch Naturalisation«.[17] Der Magistrat wußte natürlich um die Brisanz dieser Angelegenheit und tat deshalb zunächst gar nichts. Manostetters Beschwerde wurde von der Regierung von Oberbayern am 7. Januar 1847 »als unstatthaft« zurückgewiesen. Weil Lola Montez weder einen Paß habe, noch sonst sich auszuweisen imstande sei, könnten auf dieser Instanz keinerlei Verfügungen getroffen werden. In diesem Zusammenhang wurde auch ein polizeiliches Führungszeugnis vorgelegt, mit dem der Anwalt bestätigen konnte, daß Lola Montez in München »keine polizeyl: Rüge erfahren« habe.[18]
Dem König stand es zu, per Dekret selbst das Indigenat zu erteilen. So leitete er im Januar 1847 die Indigenatsanträge für die Maler Schorn und Schwind ein, die an der Akademie beschäftigt werden sollten.[19] Eine solche Entscheidung mußte vom Staatsrat gebilligt werden. Im Gegensatz zu den beiden Malern oder auch zu den Dahns war der Fall der Lola Montez alles andere als eine Formsache. Der Staatsrat befaßte sich mit ihrem Indigenatsantrag in den Sitzungen

163 Karl August von Abel; um 1840; Lithographie; 29,6 x 25 (Darstellung), 44,2 x 36 (Blatt); MStM, Graphiksammlung, Inv.Nr.: 61/686

vom 8. und 9. Februar 1847. Das Gesuch fand keine Zustimmung. In einem Gutachten wurde festgehalten, daß die Verleihung des Indigenats nicht zu empfehlen sei.[20] Unbeirrt hielt der König an seinem Vorhaben dennoch fest. Er habe in den betreffenden Vorschriften nachgelesen, aber nichts gefunden, was den König von Bayern nach Vernehmung seines Staatsrats daran hindern könnte, ein Indigenat zu verleihen. An den Innenminister schrieb er: »Wo dem König das Recht zusteht, lasse ich mich in dessen Ausübung nicht beschränken«.[21]
Am 28. Februar 1847 erhielt Lola Montez mit königlichem Dekret das bayerische Indigenat [ABB. 162; KAT.NR. 10.2]. In der Urkunde ist ausdrücklich betont, daß sie »nach Vernehmung des Staats-Rathes« erteilt worden sei. Die For-

12 S.: Karoline Bauer, Aus meinem Bühnenleben. Eine Auswahl aus den Lebenserinnerungen der Künstlerin, hrsg. von Karl von Hollander, Weimar 1917; zur 1842 in Dresden geschlossenen Bekanntschaft mit Lola Montez bes. S.386-393

13 Zusammenfassend: GOLLWITZER 1993, S.537-545

14 Zum Indigenat für Lola Montez s.: GOLLWITZER ²1987, S.675ff.

15 Zum städtischen Bürgerrecht im Vormärz s.: ZERBACK 1997, S.165-170

16 S.: Rolf Grashey, Die Familie Dahn und das Münchner Hofschauspiel (1833–1899), Diss. München, Innsbruck 1931, S.65

17 »Acten des Magistrats der Königl. Haupt- und Residenzstadt München Betreff: Gesuch der Maria delos Dolores Mienter [!] genannt Lola Montes aus Spanien, um Aufnahme als Bürgerin und Hausbesitzerin ad 1846«; Stadtarchiv München, Standesamt, 2. Auf diesen bislang unbeachteten Faszikel hat mich freundlich Sabine Knüttel (München) hingewiesen.

18 Stadtarchiv München, Standesamt, 2 (16. 12. 1846)

19 S.: SIGNATE 1994 Bd.6, S.370 (5. 1. 1847)

20 »Gutachten des Staatsraths, daß das Gesuch der Sennora Lola Montes um a. h. Verleihung des Indigenats zur allergnädigsten Gewährung nicht zu empfehlen sei«; SIGNATE 1994 Bd.6, S.382 zu Nr.053 (9. 2. 1847)

21 SIGNATE 1994 Bd.6, S.371 (zum »Ansässigmachungsgesuch der Sennora Lola Montez«)

164 Peter von Heß: Im Vorzimmer des Premierministers Karl August von Abel; um 1840; Federzeichnung; 21 x 34; MStM, Graphiksammlung

mulierung gleicht einem juristischen Winkelzug. Sehr wohl hatte der König die Meinung des Rats vernommen; das heißt aber nicht, daß er ihr auch folgte.[22] »Die ganze Indigenatsfrage«, urteilte der spätere Minister Maurer im Rückblick, »war eigentlich nichts als eine Rechtsfrage, man hat sie aber hauptsächlich als Parteifrage behandelt«.[23]
Mit der Weigerung des Staatsrats war eine Machtprobe zwischen König und Kabinett eröffnet, deren Ausgang über die politische Zukunft des Königreichs entschied. Zum ersten Mal sah sich der König in seinem autokratischen Machtverständnis an empfindlicher Stelle düpiert. Zwar ließ sich das Votum des Staatsrats ignorieren, in der Folge mußte Ludwig aber erkennen, daß er auf Dauer nicht an seinen Ministern vorbei regieren konnte. Als erster handelte Otto Graf von Bray-Steinburg (1807–1899) [KAT.NR. 10.3]. Er war Außenminister und bat um seine Entlassung, weil er nicht gewillt war, ein Dekret zu unterschreiben, das Lola Montez zur bayerischen Staatsbürgerin mache. Bray wurde daraufhin beurlaubt. Die Beurlaubung bildete den Auftakt zu einem in der Regierungszeit Ludwigs I. einmaligen Akt. Die Hauptrolle spielte Karl August von Abel.

Das Memorandum

Karl August von Abel (1788–1859) war seit 1838 Innenminister und als der zweifellos markanteste Vertreter der bayerischen Restaurationspolitik der führende Kopf im gesamten Kabinett.[24] Auf seiner Porträtlithographie wird die

Adresse gleich mitgeliefert, an die man sich zu wenden hatte: »Zu finden Frauenstrasse N.º 5 – 1 St.« [ABB. 163; KAT.NR. 10.4]. Eine Skizze von Peter von Heß zeigt das mit antichambrierenden Bittstellern überfüllte Wartezimmer [ABB. 164; KAT.NR. 10.5]. Über Jahre hinweg erwies sich Abel als die verläßlichste Kraft der königlichen Machtausübung. Er habe seinen König gelehrt, »wie man ungestraft gegen den Sinn, ja gegen die Worte der Constitution handeln könne«.[25] Am englischen oder französischen Vorbild angelehnte Verfassungsreformen nannte er für Bayern »verderbliche Giftgewächse«.[26] Als der Minister jetzt aber erkannte, daß sich des Königs neue Liebschaft zu einem gravierenden Problem ausweitete, das sich nicht von selbst zu lösen schien, stellte er sich mit aller Autorität gegen seinen Dienstherrn. Seine Unterlagen zu Lola Montez sammelte er in einem Akt mit der Aufschrift: »Die unnennbare Weibsperson betr.«.[27]

Karl August von Abel verfaßte im Februar 1847 ein aus der Sicht des Königs unerhörtes Memorandum [KAT.NR. 10.6].[28] Es kann als ein Exempel ministerieller Emanzipation in einem neoabsolutistischen Staat gelten. Die Argumentation des Memorandums ist leicht nachvollziehbar. Das Indigenat für Lola Montez bedeute »die größte Calamität, die über Bayern kommen könne«. Von Berchtesgaden und Passau bis Aschaffenburg und Zweibrücken sei quer durch alle Stände das Nationalgefühl aufs tiefste verletzt, »weil Bayern sich von einer Fremden, deren Ruf in der öffentlichen Meinung gebrandmarkt ist, regiert glaubt«. Es gehe nicht allein um die Person König Ludwigs, die »Sache des Königthums« stehe insgesamt auf dem Spiel. Abel stellte den König vor die Wahl, entweder das Verhältnis mit Lola Montez aufzugeben oder die Minister sämtlich ihres Amts zu entheben.

Für das königliche Ansehen war es ein verheerender Schaden, daß jeder das Memorandum in der »Augsburger Allgemeinen Zeitung«, der damals wichtigsten Zeitung in Deutschland, nachlesen konnte.[29] Es ist nicht sicher, ob diese Veröffentlichung von Abel selbst lanciert wurde. In den Augen des Freiherrn von der Tann bedeutete die Bekanntmachung »eine ungeheuere Dummheit«.[30]

Die *publication scandaleuse* wurde dem jesuitischen Redemptoristenorden in Altötting angelastet. Der dortige Chronist soll sich beim König mit den Worten gerechtfertigt haben: »Majestät wissen, daß ich kein Jesuit bin und daß ich schon zwanzig Jahre nicht mehr gebeichtet habe und daß ich mit den Redemptoristen nichts zu schaffen habe; aber solche empörende Ungerechtigkeit, diesen Redemptoristen die Veröffentlichung des Memorandums zuzuschreiben, kann ich nicht ertragen«.[31] Tatsächlich habe die Tochter des Kriegsministers Gumppenberg das Schriftstück abgeschrieben und verbreitet. Auch wenn Abel für die Veröffentlichung nicht verantwortlich war, verhindert hat er sie nicht. Die ausgefeilte Rhetorik läßt ohnedem erkennen, daß das Schriftsück nicht allein für den Adressaten geschrieben war.

Die kollektive Rücktrittsdrohung kam einem Ultimatum gleich. Daß es folgenlos verstreichen würde, wußte Abel wohl von Anfang an. Er kannte den König viel zu genau, um zu wissen, daß mit Drohgebärden kein Einlenken zu erzwingen war. Im monarchischen Selbstverständnis Ludwigs, das geradezu an ein Dogma der Unfehlbarkeit erinnert, lag es jenseits aller Vorstellung, aus den eigenen Reihen überhaupt jemals unter Druck geraten zu können. Klenze hat den sturen Charakter Ludwigs I. und seine Machtversessenheit gut beschrieben: »Die Geschichte der wunderlichen Käutze aller Art, welche schon auf Thronen saßen, zeigt gewiß kein zweites Bei-

22 Ludwig äußerte sich zur Entscheidung des Staatsrats in einem Signat: »Jedes Mitglied des Staatsrathes hat seine Ansicht, sie steht ihm zu sich zu äußern, so viel [ist] mir bekannt; aber dem König, wenn er den Staatsrath vernommen, [gebührt] das Recht das Indigenat ertheilen zu können ohne an etwas anderes gebunden zu seyn; kenne kein Gesetz das ihm Bedingungen auflegt«; SIGNATE 1994 Bd.6, S.382.
23 Zit.n.: GOLLWITZER 1993, S.538
24 Grundlegend: Heinz Gollwitzer, Ein Staatsmann des Vormärz: Karl von Abel. 1788 bis 1859. Beamtenaristokratie – Monarchisches Prinzip – Politischer Katholizismus, Göttingen 1993
25 KLENZE I/5, fol.90
26 Zit.n.: GOLLWITZER ^{2}1987, S.622
27 Zit.n.: GOLLWITZER 1993, S.533, Anm.114
28 Zum Memorandum Abels s.: GOLLWITZER ^{2}1987, S.676f.
29 Zur Veröffentlichung s.: GOLLWITZER 1993, S.543f.
30 Zit.n.: GOLLWITZER 1993, S.544
31 Zit.n.: WEISS 1983, S.245

spiel einer ähnlichen Hartnäckigkeit im Verfolgen dieses Regentenstrebens und, wie gesagt, sind Carl XII. und Ludwig XIV. wahre Schulbuben dagegen«.[32]

Das von Abel angeführte Kabinett trat am 13. Februar 1847 geschlossen zurück. Es waren dies der Hofmarschall und Kriegsminister Anton Freiherr von Gumppenberg, der Finanzminister Karl Graf von Seinsheim und der Justizminister Karl Freiherr von Schrenck. Mit seinem Memorandum hatte sich Abel einen spektakulären Abgang verschafft. Die konservative Öffentlichkeit sah ihn als den moralischen Gewinner im Tauziehen um die Macht. »Das fehlt noch!«, wetterte Ludwig, »eben höre ich, daß der Senat der hiesigen Universität letzten Samstag die Frechheit gehabt haben soll, eine Dank Adresse an Herrn von Abel zu beschließen, wegen seiner kräftigen Aufrechthaltung der Sittlichkeit oder in ähnlicher Weise«.[33]

Den für die Kabinettsgeschichte beispiellosen Rücktritt kommentiert eine Karikatur, die unter dem Namen »Lola Montez tanzt bayerische Geschichte« bekannt wurde [ABB. 165; KAT.NR. 10.7]. Im Hoftheater sind die Operngläser der königlichen Loge auf die spanische Tänzerin gerichtet, während die vier verabschiedeten Minister wimmernd daniederknien und den Rosenkranz beten. Als Verbildlichung der Redewendung »das Portefeuille niederlegen« liegen vier Mappen auf der Bühne. Fuchs beschreibt ein leider nicht mehr greifbares Blatt, auf dem Lola nackt und »in sehr obszöner Pose« die Entlassung von »Abel und Konsorten« dekretiert, während der König im Kostüm einer Balletteuse vor ihr tanzt.[34] Nach der Dimissionierung Abels am 16. Februar 1847, der Aushändigung des Indigenats und der Neubesetzung der Ministerien stand der Ernennung der Lola Montez zur Gräfin von Landsfeld nichts mehr im Weg.

Das Adelsdiplom

Seit 1806 war es den deutschen Landesfürsten möglich, selbst Adelsbriefe auszustellen. Ludwig machte von diesem Recht regen Gebrauch. Bekanntlich hat er seine Künstler schlecht bezahlt, aber reihenweise geadelt. So erhielten Cornelius (1825), Wagner (1829), Gärtner (1837), die Brüder Heß (1838 und 1844), Schwanthaler (1844) und auch noch Kaulbach (1847) das Ritterkreuz des »Civil-Verdienst-Ordens der Bayerischen Krone«. Der Orden war 1808 noch von Maximilian I. Joseph gestiftet worden.[35] Die Ordensverleihung fand alljährlich am 23. April, dem Namenstag des heiligen Georg statt. In seinem Reisebuch »Panorama von München« hat August Lewald die Zeremonie beschrieben: »Am Georgentage, zieht das Kapitel der Ritter des Georgenordens mit dem Großmeister, welches der König selbst ist, im altdeutschen Kostüm, zur Hofcapelle, wo junge Edelleute den Ritterschlag erhalten, und eine silberne Rüstung anlegen; dann geht der Zug in die Residenz zurück, um das Rittermahl zu halten. Der König ist im großen Ornat, mit dem blausammtenen Schleppmantel, den Pagen ihm nachtragen. Auch zu diesem Schauspiele wird das Volk zugelassen; man kann jedoch nicht behaupten, daß es große Theilnahme errege«.[36]

Dieses Rittertum bedeutete keinen erblichen, sondern nur persönlichen Adel, der auch nicht mit einem Gutsbesitz verbunden war. Die so ausgezeichneten Künstler bildeten eine eigene Klasse im Hof- und Dienstadel, der in Regierung, Militär und Bürokratie für das Königreich tätig war und mit dem Begriff »Beamtenaristokratie« treffend charakterisiert ist.[37] Insgesamt bestand die Hierarchie des bayerischen Adels aus sechs Klassen. Für die früheren Standesherren des Hochadels und für den ehemals reichsunmit-

32 KLENZE I/6, fol.71
33 SIGNATE 1994 Bd.6, S.385 (22. 2. 1847)
34 FUCHS 1904, S.159, Nr.43
35 S.: Nikolaus Freiherr von Schrenck-Notzing. Der Civil-Verdienst-Orden der Bayerischen Krone, in: Blatt des bayerischen Landesvereins für Familienkunde 49/1986, S.353-360
36 LEWALD 1835, S.81
37 S.: GOLLWITZER 1993

165 Lola Montez tanzt bayerische Geschichte; 1847; Lithographie von Wilhelm Starck; 34,4 x 23,5; MStM, Graphiksammlung

167 Umschlag der Einladung zur Komödie »Die Morgenröte« von Josef Ruederer; 1932; Lithographie von David Schneuer (Photo nach: Yona Fischer, Schneuer, Kfar Gannot 1986)

166 Georg Ludwig von Maurer; 1836; Lithographie; 36,7 x 27,4; MStM, Graphiksammlung

38 Zu einer Beschreibung der Adelsgesellschaft im Vormärz s.: Wolfram Siemann, Die deutsche Revolution von 1848/49, Frankfurt a.M. 1985, S.17-21; zum bayerischen Adel seit 1806 s.: AUSST.KAT. MÜNCHEN 1980, Bd.1, S.432f.
39 Zit.n.: BW 1995, S.63 (21. 8. 1847)
40 KLENZE I/5, fol.16
41 Lola Montez an Ludwig I., 1. 3. 1849; zit.n.: BW 1995, S.299
42 Zu Maurer s.: Georg Ludwig von Maurer, Denkwürdigkeiten, hrsg. von Karl Theodor Heigel, München 1903
43 Josef Ruederer, Theaterstükke, hrsg. von Hans-Reinhard Müller, München 1987, S.129-230; s.a.: Joseph Ruederer, Lola, in: Almanach der Münchener Verleger, München 1926, S.21-24
44 Zit.n.: GOLLWITZER 1993, S.552
45 SIGNATE 1994 Bd.6, S.479 (6. 8. 1847)
46 S.: GOLLWITZER 1993, S.555

telbaren niederen Adel waren die bürgerlichen Emporkömmlinge, die nun ein »von« vor ihrem Namen tragen durften, ohne Belang.[38] Dagegen bedeutete eine Erhebung in den Grafenstand eine unvergleichlich hochrangigere und auch in der Regierungszeit Ludwigs außergewöhnliche Aufwertung.

Die Nobilitierung der Lola Montez wurde im August 1847 eingeleitet. Ludwig traf die Vorbereitungen während der Sommerkur in Aschaffenburg. Als Datum setzte er seinen eigenen Geburtstag fest. »An meinem Geburtstag mache ich mir selbst das Geschenk, Dir die Gräfinnen-Würde zu verleihen«, schrieb er an Lola Montez.[39] Lange hatte sie auf diese Entscheidung gedrängt. Den König ließ sie glauben, daß sie ohnehin von altem spanischen Adel sei. Schon bei ihrer Ankunft in München schmückte sich Lola Montez mit einem Wappen, auf dem zwei Spiegelfelder mit ihren Initialen von einer Krone überragt werden. Dieses Wappen ziert einen Brief, den sie wohl im Dezember 1846 an Marie Denker schrieb [KAT.NR. 10.8]. Bei der Einrichtung ihres Palais in der Barer Straße hatte die Hausherrin keine Möglichkeit ausgelassen, dezent oder weniger dezent auf die zu diesem Zeitpunkt noch gar nicht erfolgte Nobilitierung hinzuweisen. Den Besucher empfingen im Treppenhaus »zwei Lanzenknechte mit Postamenten hinzu von Gyps«, die wohl auf die Grafschaft Landsfeld anspielen sollten [INVENTAR 119/120]. Auch die Ofenschirme im Salon trugen das »Grafen Wappen« [INVENTAR 115/116]. Lola Montez soll sich ihr »Silber, Porzellan und die Knöpfe der reichen Livreen mit der Chiffre L.M., von einer Grafenkrone überragt« bestellt haben.[40] Auf dem Dachboden fanden sich tatsächlich »70 Knöpfe mit Wappen« [INVENTAR 295]. Als sie später gezwungen war, unter falschem Paß zu reisen, hätte die Gräfin gerne die Namen »Mme. Lintz« oder »Lentz« angenommen, »weil alle meine Sachen die Initiale L. haben«.[41] Der Buchstabe stand nicht für Lola, sondern für Landsfeld.

Nach dem Sturz Abels gelangte Georg Ludwig Freiherr von Maurer (1790–1872) an die ministerielle Führungsspitze [ABB. 166; KAT.NR. 10.9].[42] In der Nachfolge Brays war er zunächst zum neuen Außenminister berufen worden. Als einziger der alten Ministerriege hatte er das königliche Indigenatsdekret toleriert. Zusammen mit Friedrich August Freiherr von Zu Rhein (1802–1870) bildete er nun eine Regierung, die als das »Ministerium der Morgenröte« bekannt wurde. Josef Ruederer nannte sein 1904 zur Uraufführung gebrachtes Schauspiel über Lola Montez: »Die Morgenröte. Eine Komödie aus dem Jahre 1848« [ABB. 167].[43] Die Metaphorik ist im Hinblick auf die Regierungsdekade Karl von Abels zu verstehen, die die Zeitgenossen mit einer »zehnjährigen ägyptischen Finsternis« verglichen.[44] Maurer war der erste protestantische Minister in Bayern. Ein herausragendes Verdienst seiner gemäßigten Politik war die beim König bewirkte Begnadigung der Publizisten Wilhelm Joseph Behr und Gottfried Wilhelm Eisenmann. Als die prominentesten politischen Häftlinge des Königreichs waren beide seit 1832 beziehungsweise seit 1834 in Kerkerhaft gesessen.

Maurer war nicht nur der jetzt führende Minister, sondern auch ein in Verfassungsfragen beschlagener Jurist. Am 4. August 1847 erhielt er Instruktionen aus der Sommerresidenz in Aschaffenburg, das Adelsdiplom für Lola Montez zu unterschreiben. Um Einwänden vorzu-

168 Der Esel rennt gegen die Mauer; 1847; Lithographie; 16,5 x 22,5; MStM, Graphiksammlung

beugen, teilte ihm Ludwig vorsorglich mit: »Es ist keine Verfassungsverletzung das Grafendiplom zu unterzeichnen, für Adelsverleihungen braucht der König niemand zu vernehmen«. Falls Maurer sich dennoch sträube, drohte Ludwig, einfach »einen andern Ministerverweser zu ernennen«.[45] Zumindest im Schein der Öffentlichkeit trat Maurer als ein Gegner der geplanten Adelserhebung auf. Von seiner ablehnenden Haltung zeugt die Karikatur mit dem Esel, der von der »Spanischen Fliege« gestochen wird und gegen eine Mauer anrennt [ABB. 168; KAT.NR. 3.2]. Der am Bildrand hinzugefügte Berg mit einem Stern ist das Wappen des Freiherrn von Maurer. Für sein Taktieren in der Nobilitierungsfrage waren nicht zuletzt Überlegungen ausschlaggebend, die im heutigen Bayern mit dem Begriff »Amigo« verbunden sind. Im Gegenzug wollte Maurer selbst zum Reichsrat ernannt werden.[46] Außerdem verschaffte er seinem wissenschaftlich gewiß befähigten Sohn Konrad

169 Gedenkblatt zum Ehrenschild für Kronprinz Maximilian mit 155 Wappen bayerischer Adelsgeschlechter; 1843; Lithographie von Franz Seitz nach einer Idee von Franz Graf Pocci; 62,8 x 62,4; MStM, Graphiksammlung

Maurer (1823–1902) den Ruf an die juristische Fakultät der Universität.[47] Am 14. August 1847 unterzeichnete Georg Ludwig von Maurer schließlich das Adelsdiplom der Lola Montez.

Das achtseitige Diplom für die »aus Spanischem Adel geborene Maria von Porris und Montez« wird in einer braun gebeizten und mit weißem Samt ausgeschlagenen Holzkassette aufbewahrt [ABB. 170; KAT.NR. 10.10]. Den Deckel ziert ein Messingschild mit neunzackiger Grafenkrone. Die Urkunde wurde der Gräfin wohl am 25. August 1847 in der Hofkirche überreicht, während der König seinen 61. Geburtstag in Aschaffenburg feierte. Der Weg zur Kirche sei von Gendarmen gesäumt gewesen. Abends gab es in der Barer Straße ein Gartenfest mit Feuerwerk und Musik. Es wäre interessant zu wissen, wer zu diesem Fest geladen war und wer tatsächlich daran teilgenommen hat.[48] Vertreter des alten Münchner Adels wußten es wohl zu vermeiden, bei die-

47 In unseren Tagen wurde der auf altnordische Rechtsgeschichte spezialisierte Konrad Maurer mit einem von der isländischen Regierung gestifteten Denkmal auf dem Alten Südlichen Friedhof in München geehrt; s.: Frankfurter Allgemeine Zeitung, 30. 4. 1998.

48 Als Zaungast berichtete Josephine Kaulbach ihrem Mann nach Berlin: »Heute, am Geburtstag und Namenstag unseres Allergnädigsten wurde die Lola zur Gräfin ernannt. Gräfin Landsfeld heißt sie. Sie fuhr in die Kirche, und der ganze Weg dahin war mit Gendarmen besetzt. Abends war Beleuchtung und Musik in ihrem Garten; es sollen 80 Personen dagewesen sein«; KAULBACH ²1918, S.238f. (25. 8. 1847).

170 Adelsdiplom der Gräfin Maria von Landsfeld; 1847; München, Bayerisches Hauptstaatsarchiv, Abt. III (Geheimes Hausarchiv), 54/4/32 (Photo: Bayerisches Hauptstaatsarchiv)

sem aus ihrer Sicht degoutanten Ereignis gesehen zu werden. In ihren Kreisen war Lola Montez jetzt in ganz besonderem Maß eine persona non grata.

Ein einprägsames Abbild des alten bayerischen Adels zur Zeit der Lola Montez vermittelt der Ehrenschild für Kronprinz Maximilian [ABB. 169; KAT.NR. 10.11]. Bei den Hochzeitsfeierlichkeiten des Thronfolgers im Oktober 1842 hatte der teilnehmende Adel eine gemeinsame Schenkung verabredet. Auf diesem heute in Schloß Hohenschwangau aufbewahrten silbernen Rundschild wurden die Wappen von 155 Adelsfamilien in konzentrischen Kreisen und alphabetischer Reihung um das zentrale Königswappen angeordnet. Die Idee dazu hatte Franz Graf von Pocci. Eine Zeichnung des Schilds wurde lithographiert und als Gedenkblatt verschickt. Mit dem heraldischen Zusammenschluß präsentierte sich der bayerische Adel als

49 Zit n.: KRAUSS-MEYL 1997, S.181
50 Zit n.: SEITZ 1953, S.80
51 Der Hinweis von FRANCIS 1848, S.15 auf eine Landschenkung »mit gewissen lehensherrlichen Privilegien und Rechten über 2000 Seelen« entspricht nicht den Tatsachen.
52 Die Karikatur erschien in der anonym veröffentlichten Satire »Lola Montes: or, A Reply to the ›Private History and Memoirs‹ of that Celebrated Lady«, New York o.J. [1851]; s.: DAY 1981, S.348, Abb.12.
53 S.: DESTOUCHES 1848, S.14 (und öfter)
54 Zit.n.: AUSST.KAT. MÜNCHEN 1987, S.720

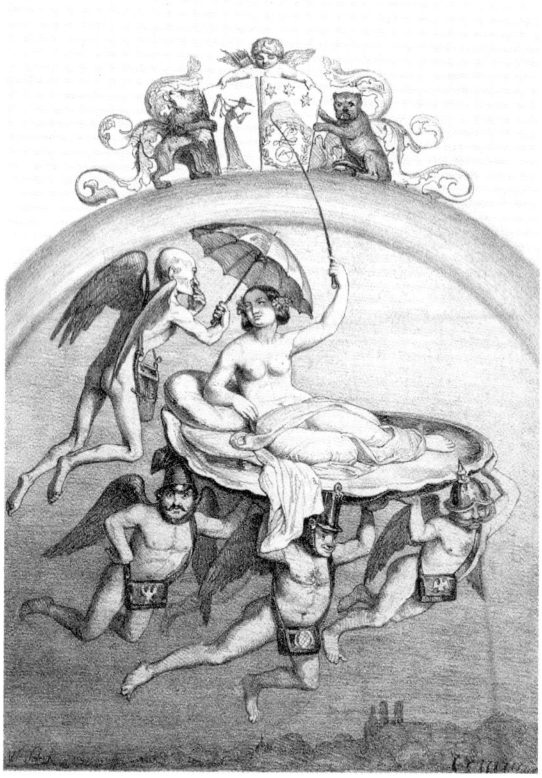

171 Die Apotheose der Lola Montez; 1847; Lithographie von Wilhelm Starck; 32 x 22,5; MStM, Graphiksammlung

ein einiges und dem Königshaus treu ergebenes Bündnis. Es ist völlig undenkbar, daß in einen solchermaßen traditionsbewußten Stand auch eine Gräfin von Landsfeld hätte Aufnahme finden können. Die Kurfürstin Witwe äußerte sich verächtlich über die neue Gräfin, »die niemand in der Gesellschaft will«.[49] Unter den Vertretern des Adels herrschte eine Stimmung, die Karl Wilhelm Vogt in seinen »Freimütigen Briefen aus München« richtig beschrieb: »Es war nur Verletzung ihres Kastenvorurteils, was ihr sonst so höfisch anschmiegsames Blut in Wallung setzte! Sie zürnten nur, weil ein Mädchen ohne ›Geburt‹ Gräfin geworden war«.[50]

Die Grafschaft Landsfeld gab es nicht wirklich. Zumindest in Bayern gibt es keinen Ort, der so heißt.[51] Eine 1851 in New York entstandene Karikatur zeigt Lola Montez als eine »Countess of Mansfeld«.[52] Bezeichnenderweise mußte sich aber selbst der Münchner Stadtchronist in seinen Aufzeichnungen immer wieder korrigieren, nachdem er zunächst stets von einer »Gräfin Landsberg« geschrieben hatte.[53]

Der Titel war genauso erfunden wie das gräfliche Wappen [ABB. 170]. Um der Gräfin Landsfeld zu vermeintlicher Tradition zu verhelfen, ließ es sich Ludwig nicht nehmen, selbst ein Wappen zu entwerfen. Im historistischen Bewußtsein der Zeit gewann die Beschäftigung mit der Heraldik grundsätzlich an Bedeutung. Gerade für Ludwig I., der stets bemüht war, sein Königtum in eine weit zurückreichende Tradition und somit seine eigene Person in eine historische Kontinuität zu stellen, erwies sich die Wappenkunde als ein ergiebiges Fach. Im Adelsdiplom hat er das Wappen der Gräfin als einen gevierten Schild ausführlich beschrieben: »In einem ersten rothen Felde erscheint ein aufrechtstehendes blankes Schwert mit goldenem Griffe, in dem zweiten blauen ein streitfertiger, gekrönter goldener Löwe, in dem dritten gleichfalls blauen ein silberner links gewendeter Delphin und in dem vierten weißen Felde eine blaßrothe Rose. Auf dem Schilde ruht, mit rechts von blau und Gold, links von roth und Silber abhängenden Helmdecken eine gräfliche mit neun Perlen geschmückte Krone«.[54]

Das Wappen der Gräfin wurde häufig persifliert. Auf einer damals weitverbreiteten Karikatur ist es im Sinne eines redenden Wappens als ein Feld dargestellt, in dem viele Lanzen stecken. Daneben kursierten derbe, aber nicht weniger plumpe Überzeichnungen. Eduard Fuchs besaß in seiner Sammlung eine Lithographie mit Lolas Wappen als einem riesigen Phallus. Auf einem weiteren Blatt ist davon ein ganzes Dutzend dargestellt, die »alle auf einem Felde wie Spargel

172 Die Erhebung der Lola Montez zur Gräfin von Landsfeld durch Ludwig I.; 1847; Lithographie nach Wilhelm Starck; 33,6 x 27,2; MStM, Graphiksammlung

173 Deutscher Hofball 1848; 1848; Lithographie; 31 x 41; MStM, Puppentheatermuseum, Sammlung Böhmer

emporsprossen«.[55] Fuchs verweist außerdem auf ein »Geschlechtswappen der Lola Montez«, das eine Vagina mit den Zacken der Grafenkrone als Phallussymbole zeige.[56]

Für die Karikaturisten war es naheliegend, die vom König zuerkannte Grafenwürde als ein Zeichen seiner sexuellen Abhängigkeit zu interpretieren. Eine in mehreren Kopien verbreitete Karikatur hat die Überreichung der Grafenkrone zum Thema [ABB. 172; KAT.NR. 10.12]. Im weit ausgeschnittenen Cachuchakleid präsentiert Lola Montez das Lanzenwappen, das ein geflügelter Amorknabe stützt. Burlesk stemmt sie die Rechte mit der Peitsche in die Hüfte. Der als ein lüsterner Faun dargestellte König führt ihr die Krone zum Haupt. Die Zeremonie spielt vor einem einladend geöffneten Himmelbett. Die Draperie erinnert an das Wappenzelt, das auf dem Wappen des Königreichs Bayern dargestellt ist.[57] Auf dem Baldachin sitzt eine »Spanische Fliege«. Am Treppenabsatz liegen drei Säcke mit Goldmünzen. Bett und Geld sind eindeutige Attribute einer Bordellszene. Als Gegenstück zu dieser Karikatur erschien eine mythologisch verbrämte »Apotheose der Lola Montez« [ABB. 171; KAT.NR. 10.13].

Vor einem moralisierenden Hintergrund wurde die Standesüberhöhung der Lola Montez nicht nur vom Adel als eine Zumutung empfunden. Auch das Bürgertum sah sich in seinem Standesstolz verletzt. Als typischer Vertreter dieser Haltung läßt sich der Maler Kaulbach zitieren.[58] In der Opposition gegen Lola Montez konturierte sich eine gemeinsame Front, in der sich die Münchner Gesellschaft als eine standesübergreifende Einheit darstellte. Auch wenn es sich nur um ein Zweckbündnis handelte, erscheint dieser Zusammenschluß vor dem Hintergrund der Einheitsbestrebungen des Jahres 1848 als ein bemerkenswerter Pakt. Nach Wien wurde berichtet: »Ein einziges Gefühl scheint Bayern und zwar sämtliche Volksklassen und Individuen zu durchglühen, und das ist die Verachtung und der Haß gegen Lola«.[59]

Die Nobilitierung der Lola Montez war ein *fait accompli*. Es scheint, als habe Ludwig mit dieser politisch unnötigen und strategisch verfehlten Entscheidung allein seine Macht demonstrieren wollen. Sulpiz Boisserée sprach in diesem Zu-

sammenhang von der »Monomanie« Ludwigs.[60] Angeblich sei der König sogar bereit gewesen, die Tänzerin in den Fürstenstand zu erheben.[61] Ins Tagebuch notierte er, daß sich seine Geliebte mit dem Titel einer Freifrau auf jeden Fall nicht begnügen werde.[62] Im Grunde ging es ihm darum, Lola Montez und dadurch auch sein Verhältnis zu ihr gesellschaftsfähig zu machen. Dies bezeugt auch der Freiherr von der Tann, dessen langjährige Freundschaft mit Ludwig an Lola Montez zerbrach. Der einstige Intimus habe gegenüber Klenze geschworen, »daß der König auf jeden Gedanken, sie in die gute Gesellschaft einzuführen und auf die Idee einer Standeserhöhung völlig Verzicht geleistet habe, und nur wünsche, daß Männer von Bildung und vom Stande ihr einen cercle bildeten«.[63]
Spätestens der Rückzug Abels, der an das sprichwörtliche Verlassen eines sinkenden Schiffs erinnert, hätte Ludwig zu denken geben müssen. Als ein nach autokratischem Grundsatz handelnder König schien ihm sein Kabinett offenbar jeder Zeit austauschbar zu sein. Schon bald mußte das auch der neue Minister Maurer erfahren, der zunächst von der Liebesaffäre profitiert hatte, aber nach nur neun Monaten wieder entlassen wurde. Zuvor war Abel zehn Jahre im Amt. Die nun stetigen Neuberufungen und prompten Entlassungen zeigen, wie instabil die bayerische Regierung insgesamt geworden war. Das immer rasanter rotierende Personalkarussell entfachte Fliehkräfte, in deren Sog der König letztlich selbst geraten mußte.
Mit Bestürzung wurde das auch außerhalb der Landesgrenzen zur Kenntnis genommen. Sulpiz Boisserée notierte verstört: »Adels-Brief der Lola Montez vom 14. August mit Maurers Unterschrift – das hatte ich doch nicht erwartet, daß er sich dazu hergeben würde – Dies und der ganze Schritt ist höchst betrübend, die Hoffnung auf eine Lösung nun aufs neue hinausgeschoben und die Verwicklungen nur noch größer – was werden die guten Leute in Bayern noch alles erleben, was werden wir noch hören müssen!«.[64]
Der Kustos der Hof- und Staatsbibliothek Johann Andreas Schmeller schrieb in sein Tagebuch: »Lola Montez finis Bavariae«.[65]
Auf der politischen Bühne Europas wurde die Affäre vom König und einer zur Gräfin ernannten Tänzerin als der entscheidende Beitrag bewertet, den Bayern für das Revolutionsjahr 1848 lieferte. Diese Einschätzung ist auf der in Frankfurt entstandenen Karikatur »Deutscher Hofball

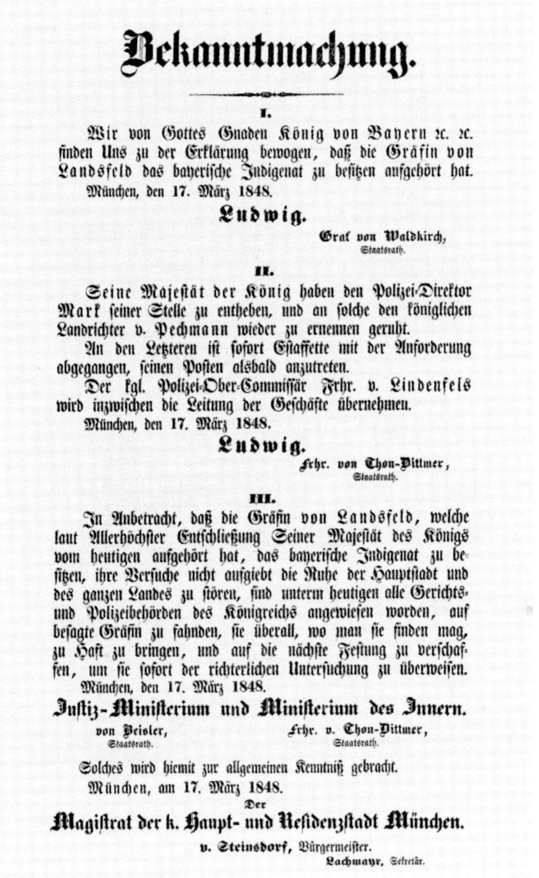

Bekanntmachung.

I.

Wir von Gottes Gnaden König von Bayern xc. xc. finden Uns zu der Erklärung bewogen, daß die Gräfin von Landsfeld das bayerische Indigenat zu besitzen aufgehört hat.
München, den 17. März 1848.

Ludwig.

Graf von Waldkirch,
Staatsrath.

II.

Seine Majestät der König haben den Polizei-Direktor Mark seiner Stelle zu entheben, und an solche den königlichen Landrichter v. Pechmann wieder zu ernennen geruht.
An den Letzteren ist sofort Estaffette mit der Anforderung abgegangen, seinen Posten alsbald anzutreten.
Der kgl. Polizei-Ober-Commissär Frhr. v. Lindenfels wird inzwischen die Leitung der Geschäfte übernehmen.
München, den 17. März 1848.

Ludwig.

Frhr. von Thon-Dittmer,
Staatsrath.

III.

In Anbetracht, daß die Gräfin von Landsfeld, welche laut Allerhöchster Entschließung Seiner Majestät des Königs vom heutigen aufgehört hat, das bayerische Indigenat zu besitzen, ihre Versuche nicht aufgiebt die Ruhe der Hauptstadt und des ganzen Landes zu stören, sind unterm heutigen alle Gerichts- und Polizeibehörden des Königreichs angewiesen worden, auf besagte Gräfin zu fahnden, sie überall, wo man sie finden mag, zu Haft zu bringen, und auf die nächste Festung zu verschaffen, um sie sofort der richterlichen Untersuchung zu überweisen.
München, den 17. März 1848.

Justiz-Ministerium und Ministerium des Innern.

von Beisler, Staatsrath. Frhr. v. Thon-Dittmer, Staatsrath.

Solches wird hiemit zur allgemeinen Kenntniß gebracht.
München, am 17. März 1848.

Der
Magistrat der k. Haupt- und Residenzstadt München.

v. Steinsdorf, Bürgermeister.
Lachmayr, Sekretär.

174 Bekanntmachung vom 17. März 1848 zum Entzug des Indigenats und zum Haftbefehl der Lola Montez; 1848; Typendruck; 42 x 22; MStM, Graphiksammlung

55 FUCHS 1904, S.159, Nr.41 und 42. Fuchs verweist außerdem auf ein satirisches Spottgedicht »Lanzfeld«, in dem der Grafentitel eine ebenfalls erotische Deutung erfuhr; FUCHS 1904, S.165, Nr.62.
56 Eduard Fuchs, Geschichte der erotischen Kunst, München o.J. [1912], S.357f.
57 Vgl.: AUSST.KAT. MÜNCHEN 1980, Bd.I, S.213, Nr.422 mit Abb.
58 Zu Kaulbach siehe in Kapitel IX.
59 Zit.n.: Tim Klein, 1848, München 1914, S.93
60 »Von Seiten des Königs ist das Verhältnis keineswegs anders als durch Monomanie zu erklären [...] Endigen werde die Geschichte wohl nur mit dem Tode oder daß die L[ola] wenn sie Geld genug erpreßt habe auf und davon laufe!«; BOISSERÉE 1985, S.419 (5. 10. 1847).
61 So zumindest KLENZE I/5, fol.20v
62 S.: GOLLWITZER 1993, S.537
63 KLENZE I/6, fol.70
64 BOISSERÉE 1985, S.407 (1. 9. 1847)
65 SCHMELLER 1956, S.450 (28. 2. 1847)

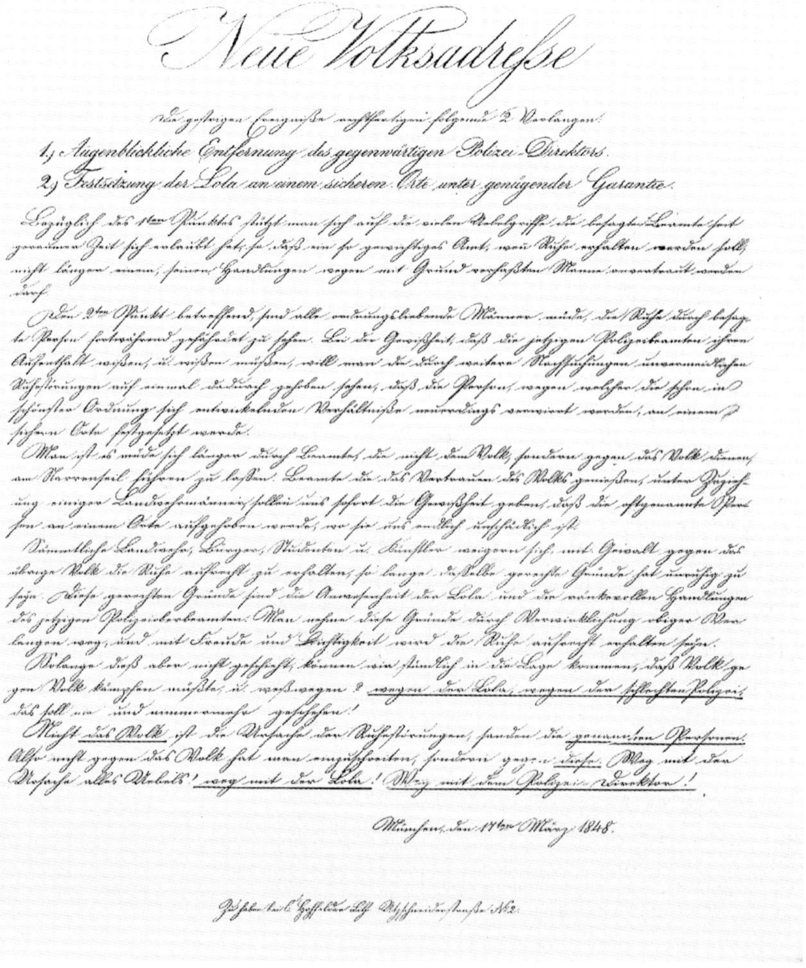

Neue Volksadreße

1.) Augenblickliche Entfernung des gegenwärtigen Polizei-Direktors.

2.) Festsetzung der Lola an einem sicheren Orte unter genügender Garantie.

175 Volksadresse zum Haftbefehl der Lola Montez vom 17. März 1848; 1848; Typendruck; 45,5 x 38; MStM, Graphiksammlung

1848« deutlich zum Ausdruck gebracht [ABB. 173; KAT.NR. 10.14]. Das bewaffnete Volk, unter das sich Karl Marx und Friedrich Engels gemischt haben, bläst den Potentaten nach der Melodie »Fürsten zum Land hinaus« den Kehraus. In der ersten Reihe defilieren Metternich mit den Karlsbader Beschlüssen in der Hand, Friedrich Wilhelm IV. von Preußen mit einer Schnapsflasche unter dem Arm und ein um Fassung ringender Ferdinand von Österreich. Ludwig I. von Bayern und Lola Montez beschließen den Zug im Tanzschritt. Der König präsentiert ein Papier mit der schlichten Aufschrift: »Landsfeld«.

Der Haftbefehl

Die Adelserhebung war auf der juristischen Grundlage des Indigenats erfolgt. Diese Urkunde galt lange Zeit als verschollen [ABB. 162; KAT.NR. 10.2]. Sie kam überraschend bei der Sichtung des Briefwechsels zum Vorschein. Das Indigenat ist dem Brief beigefügt, den Lola Montez wohl am 24. März 1848 aus Bern an Ludwig schrieb.[66]

Nur wenige Wochen vorher hatte der gänzlich konsternierte König mitansehen müssen, wie Lola Montez aus seiner Residenzstadt vertrieben wurde. Mit Recht bezeichnete er diese faktische Ausweisung als einen verfassungswidrigen Akt.[67] Die sich seit dem Revolutionsdebakel neu bildende Regierung unter Freiherr von Thon-Dittmer verstand es aber sehr wohl, die jetzt gegen Lola Montez eingeleiteten Maßnahmen juristisch abzusichern.

Kurz vor seiner Abdankung kam der König nicht umhin, seiner Geliebten mitzuteilen: »Die Liebe Deines Herzens für Deinen Ludwig wird aber sicher das Opfer möglich machen, daß Du auf Deine bayerische Staatsbürgerschaft verzichtest. In Wien ist Revolution, und in München wird heute nachmittag etwas Fürcherliches passieren, wenn nicht schon vorher. Deine Staatsbürgerschaft ist zuende, in Konsequenz und in Überzeugung Deiner Liebe zu mir«.[68]

Am 17. März 1848 mußte Ludwig I. König von Bayern öffentlich bekannt machen, »daß die Gräfin von Landsfeld das bayerische Indigenat zu besitzen aufgehört hat« [ABB. 174 und 175; KAT.NR. 10.15 und 10.16]. Zugleich wurde Lola Montez zur Fahndung ausgeschrieben. Der Entzug des Indigenats und der Haftbefehl gegen seine Geliebte bezeichneten einen Tiefpunkt im Leben Ludwigs und einen Höhepunkt in der systematischen Demontage eines Königs.

66 »Gestern habe ich das Indigenat abgeschickt«; Lola Montez an Ludwig I., 24. 3. 1848 [?]; zit.n.: BW 1995, S.165f.

67 »Bemerke bei dieser Gelegenheit, daß, wer Bayer oder Bayerin ist, das Recht hat, in Bayern zu sein, darum auch am 11. Februar Gräfin Landsfeld von mir dringend angegangen wurde, ihre Sicherheit wegen sich wegzubegeben; sie aber wegzuschicken, wäre verfassungswidrig gewesen«; zit.n.: Seitz 1953, S.84 (17. 3. 1848).

68 Ludwig I. an Lola Montez, 17. 3. 1848; zit.n.: BW 1995, S.141

176 »Ein politischer Bilderbogen. Es lebe Bayern! Es lebe Deutschland hoch!«; 1848; Lithographie von Franz Seitz; 48 x 36; MStM, Graphiksammlung

XI. Engelssturz, Sturmgeläut und Fasching: München im März 1848

Die Münchner Revolution des Jahres 1848 wurde schon mehrfach und umfassend untersucht.[1] An historischen Quellenschriften ist kein Mangel. Die gründlichste Darstellung gibt Ulrich von Destouches in seinem im Stadtarchiv aufbewahrten »Jahr-Buch der Stadt München von 1848«, mit dem der Chronist ein Protokoll der Tagesereignisse überlieferte.[2] Aus der städtischen Perspektive legte außerdem der Bürgermeister Kaspar von Steinsdorf ein Zeugnis von beachtlichem Quellenwert ab.[3]

Neben schriftlichen Aufzeichnungen wurden die Ereignisse in einer kaum überschaubaren Flut von Einblattdrucken, Bilderbogen und ähnlichen Erzeugnissen einer jetzt schnell reagierenden Presse kommentiert.[4] In ihrer Anschaulichkeit sind diese Bilder umständlichen Formulierungen oft überlegen. Sie waren bei Christian Hochwind und in anderen Münchner Kunsthandlungen erhältlich, die sich damals vor allem in der Kaufingerstraße befanden.[5] Einigen dokumentarischen Wert für die Vorfälle im Februar besitzt das »Gedenkblatt« von Gustav Kraus (1804–1852) [ABB. 1; KAT.NR. 11.4].[6] In zwölf kommentierten Szenen ist die Chronologie der Ereignisse verläßlich geschildert. Es handelt sich um die journalistische Bildreportage eines Augenzeugen, der mit dem Zeichenstift unterwegs war [KAT.NR. 11.6]. Als Fortsetzung lieferte Kraus ein weiteres Blatt nach, das im gleichen Schema über die Volkserhebung der ersten Märztage informiert [ABB. 2; KAT.NR. 11.5]. Mit ähnlichen Abbildungen bediente die »Leipziger Illustrierte Zeitung« einen auch außerbayerischen Leserkreis [KAT.NR. 11.21]. Vor solchen objektivierten Bildberichten erwies sich vor allem aber die politische Karikatur als das bevorzugte Medium der Zeit.[7]

Unter Federführung des obersten Staatsministers Fürst Oettingen-Wallerstein war am 16. Dezember 1847 eine Presseverordnung in Kraft getreten, die eine gewisse Zensurfreiheit gewährte. Es erschienen satirische Zeitschriften, deren Polemik nicht mehr mit der humorigen Tonlage biedermeierlicher Unterhaltungsblätter zu vergleichen ist. Ende 1847 kamen die ersten Ausgaben der »Leuchtkugeln« heraus und seit Ende Januar 1848 erschien der »Münchener Punsch«. Aber gegenüber den gelockerten Zensurbedingungen war Vorsicht geboten. Eine sicher unbequeme, aber nicht bösartige Karikatur wie der »Engelsturz« konnte noch in den Februartagen beschlagnahmt werden [ABB. 201; KAT.NR. 11.38]. Rigoros wurde von staatlicher Seite gegen anonym kursierende Schmähschriften vorgegangen. Das Sekretariat der Universität war angehalten, entsprechende Elaborate mit Schriftproben von Studenten zu vergleichen.[8] Die Freigebung der Presse als ein Kernpunkt der Märzforderungen erfolgte im Anschluß an die königliche Proklamation vom 6. März 1848 mit einem »Edikt über die Freiheit der Presse und des Buchhandels« vom 4. Juni 1848.[9]

In der regen Publizistik spiegelt sich ein politisches Bewußtsein wider, das in München bisher nicht in diesem Maß ausgeprägt war. Noch im Frühjahr 1847 hatte ein österreichischer Geheimagent nach Wien melden können: »Eine politische Aufregung habe ich bei der Volksmasse in Bayern nicht wahrgenommen, noch ein Verständnis oder Interesse an den gegenwärtigen politischen Wirren des Landes vorgefunden, und nur der Lolahaß, bigottische Hetzereien oder die Bierpreise scheinen die Handhabe zur Bewegung des gemeinen Volkes in Bayern zu sein«.[10] In der Tat ist das Bier in den für den Deutschen Bund allgemeingültigen Kanon der Märzforderungen als ein genuin Münchner Streitpunkt aufzunehmen [KAT.NR. 11.1]. »Welch ungeheuere Menge Bier mag wohl wäh-

1 Grundlegend ist der Aufsatz von SEITZ 1953, der auf eine Dissertation von 1924 zurückgeht. S.a.: SPINDLER 1974, S.210-223; REITER 1983; HUMMEL 1987. Siehe auch den Beitrag von Richard Bauer in diesem Band. Von den neueren Gesamtdarstellungen zur Deutschen Revolution seien hervorgehoben: Wolfgang Hardtwig, Revolution in Deutschland und Europa 1848/49, Göttingen 1998; Wolfgang J. Mommsen, »1848 – Die ungewollte Revolution«. Die revolutionären Bewegungen in Europa 1830–1849, Frankfurt a.M. 1998; Ausst.Kat.: »1848. Aufbruch zur Freiheit«, Frankfurt 1998; Ausst.Kat.: »1848/49. Revolution der deutschen Demokraten in Baden«, Karlsruhe 1998. Lohnend bleibt die Lektüre von Veit Valentin,Geschichte der deutschen Revolution von 1848–1849, 2 Bde., Berlin 1930/31 (Reprint Weinheim 1998). Erstaunlich lesenswert ist immer noch das Buch von Hans Blum, Die deutsche Revolution 1848-49. Eine Jubiläumsausgabe für das deutsche Volk, Florenz und Leipzig 1898, hier besonders der Abschnitt »Die Märzbewegung in Bayern«, S.107-123. Der Verfasser war der Sohn von Robert Blum, dem am 18. November 1848 in Wien hingerichteten Führer der radikalen Linken in der Paulskirche.

2 Die Stadtchronik wurde für diesen Katalog von Georg Suttner (München) ausgewertet.

177 »A Ruh woll'n m'r hab'n!«; 1848; Lithographie; Staatsbibliothek Bamberg, Sign. M.v.D. C.I.83

rend der Aufregung vom 3. bis 7. März in unserer Stadt getrunken worden sein?«, fragte das »Münchener Tagblatt« am 10. März und lieferte die Antwort gleich nach: »Man erzählt sich, daß allein im Hofbräuhause, wo gewöhnlich 50 Eimer täglich ausgeschenkt werden, während dieser 5 Tage 400 Eimer Doppel- und 40 Eimer Winterbier verzapft worden seyn sollen«.[11] Auf der Karikatur »Der Bayer zapft an. Erinnerungs-Blatt an den 6. Merz 1848« sind die Märzforderungen bezeichnenderweise auf einem Bierfaß aufgelistet [ABB. 178; KAT.NR. 11.2]. Schon in den Jahren 1844 und 1846 war es infolge der Preiserhöhungen zu einer »Bierrevolution« gekommen [ABB. 179; KAT.NR. 11.3]. Diese Prügeleien sind insofern nicht belanglos, als sich in ihnen ein durchaus gewaltbereites Potential offenbarte. Mit der Konsolidierung der Bierpreise machte sich aber schnell eine Stimmung breit, die sich in der Formel »A Ruh woll'n m'r hab'n!« niederschlug und die man heute als allgemeine Politikverdrossenheit bezeichnen würde [ABB. 178].[12]

Eigentlich bedarf der Begriff »Revolution« gerade in bezug auf die Geschehnisse in München der Anführungszeichen. Denn von einer gewaltsam herbeigeführten Umwälzung der Ordnung kann nicht die Rede sein. Zeitgenossen wie Gustav Kraus bezeichneten den Protest als »Volksbewegung« oder »Volkserhebung«. Dieses Volk erhob sich zu keiner Zeit gegen das monarchische System. Wiewohl die intellektuelle Spitze erkannte, daß die Person Ludwigs dieses System zu repräsentieren nicht mehr imstande war, blieb dessen Abdankung für weite Teile der Bevölkerung völlig unbegreiflich. Die ungebrochene Achtung vor dem König als einer unantastbaren Instanz ließ auf der anderen Seite keinen Platz für kämpferische Revolutionshelden, die wie etwa Friedrich Hecker in Baden oder Robert

3 Kaspar von Steinsdorf, Der Antheil des Magistrats, der Gemeindebevollmächtigten und der Bürgerschaft Münchens an den Ereignissen des 10. und 11. Februar 1848. Eine Denkschrift für das staedtische Archiv; Stadtarchiv München, BUR 1422.

4 Über einen vorzüglichen Bestand verfügt die Graphiksammlung des Münchner Stadtmuseums mit den großen Monacensia-Sammlungen von Joseph Maillinger (1831–1884), Franz Xaver Zettler (1841–1916) und Karlo Proebst (1887–1970).

5 Ein 1839 gemaltes Aquarell von Heinrich Adam zeigt eine Straßenszene, auf der die Passanten aufmerksam die graphischen Auslagen der Kunsthandlung Hermann studieren; s.: AUSST.KAT. MÜNCHEN 1991, S.28, Nr.8 m. Farbabb.

6 Zu Kraus s.: Christine Pressler, Gustav Kraus 1804–1852. Monographie und kritischer Katalog, München 1977

7 Übergreifend zu den Karikaturen s.: Kurt Koszyk, Die deutsche Karikatur im Vormärz und in der Märzrevolution 1848/49, in: G. Langemeyer u. a. (Hrsg.), Bild als Waffe. Mittel und Motive der Karikatur in fünf Jahrhunderten, München 1984, S.415-423. Die Arbeit von Susanne Kraft, Ludwig I. in der Karikatur (München 1991) ist wohl nicht publiziert. Eine unerschöpfliche Fundgrube ist nach wie vor das Buch von FUCHS 1904.

8 S.: SEITZ 1953, S.17

9 Zum Entwurf der Gesetzesvorlage s.: AUSST.KAT. MÜNCHEN 1972, S.496, Nr.1813

178 »Der Bayer zapft an. Erinnerungs-Blatt an den 6. Merz 1848«; 1848; Lithographie; 36,3 x 28; MStM, Graphiksammlung

Blum in Wien zur charismatischen Identifikationsfigur getaugt hätten. In Bayern waren die Projektionsfiguren negativ besetzt. Es waren dies die Ausländerin Lola Montez und ihre Vasallen wie der Innenminister Franz von Berks, vor denen man den verblendeten König in Schutz nehmen zu müssen glaubte. Die Münchner Unruhen begannen nicht als soziale Revolte gegen politische Mißstände, sondern als ein moralisch deklarierter Feldzug gegen Personen, die das herrschende System in Verruf gebracht hatten.

Die revolutionäre Energie entlud sich in zwei Schüben. Die erste Phase dauerte vom 9. bis zum 12. Februar. Sie stand im unmittelbaren Zusammenhang mit Lola Montez. Mit deren Vertreibung kamen die Unruhen zu einem schnellen Ergebnis. Nur drei Wochen später, als der Volkszorn mit gezielt gestreuten Gerüchten um eine Rückkehr der Gräfin leicht zu schüren war, vollzogen sich in einer gewissen Eigendynamik die eigentlich revolutionären Aktionen. Wie im unvermuteten Handstreich ist es einer bürgerlichen Mitte gelungen, mit der Durchsetzung der Märzforderungen notwendige Reformen zu erzwingen. Diese Phase dauerte vom 3. bis zum 6. März. Damit war die Revolution in München bereits entschieden, bevor sie in anderen Staaten blutige Gestalt annahm.

Im grenzüberschreitenden Vergleich bedarf der Begriff »Revolution« einer entscheidenden Relativierung. Für das gesamte Revolutionsjahr 1848 gilt, daß nicht allein die bürgerlichen Forderungen und die aufflammenden Ideen eines gesamtdeutschen Nationalparlaments gegen die unter Metternich restaurierte Ordnung alter Zeit standen. Es war vor allem eine industrielle Revolution, die das Königtum alter Prägung auf Dauer entmachtete. Im agrarisch strukturierten und neoabsolutistisch regierten Bayern des Jahres 1848 hat sich die Entwicklung zur modernen Industriegesellschaft aber noch kaum abgezeichnet. Sieht man von den wenigen Arbeitern in der Maschinenfabrik Maffeis ab, gab es in München keine großstädtische Arbeiterklasse, geschweige denn ein organisiertes Proletariat, wie es zeitgleich von Karl Marx beschrieben wurde und von dem eine tatsächlich revolutionäre Bewegung hätte ausgehen können. Die hierfür erforderliche Mündigkeit war in der bodenständigen Bevölkerung Münchens wohl nicht sonderlich ausgeprägt. Symptomatisch ist eine beiläufig mitgeteilte Beobachtung des Stadtchronisten. Destouches berichtet über den 4.

10 Zit.n.: SEITZ 1953, S.2
11 Münchener Tagblatt 70/ 1848, S.324 (10. 3. 1848)
12 Zu der 1849 grassierenden Formel »A Ruh woll'n m'r hab'n!« s.: AUSST.KAT. MÜNCHEN 1987, S.748ff., Nr. 12.5.4
13 DESTOUCHES 1848, S.62
14 Zit.n.: Goethe. Italienische Reise, hrsg. von Herbert von Einem, München 1982, S.515
15 STEINSDORF 1848, S.29

März, daß einige »Volksbewaffnete« in die Peterskirche gedrungen seien und die Sturmglokken geläutet hätten: »Dieß fiel jedoch nicht auf, da es gerade Nachmittags 3 Uhr, sohin als am Samstag, Vesper Zeit war«.[13]

Im Jahr 1789, im Jahr der Französischen Revolution, hatte Johann Wolfgang Goethe ein kleines Buch veröffentlicht, das in diesem Zusammenhang zunächst irritiert: »Das Römische Carneval«. Im Fazit steht der bemerkenswerte Satz, daß »Freiheit und Gleichheit nur in dem Taumel des Wahnsinns genossen werden können«, eine Umkehrung der herrschenden Ordnung also nur im Ritual des zeitlich begrenzten Karnevals denkbar ist.[14] Schnell wird offenkundig, daß die sittenkundliche Schrift als reaktionäre Antwort auf die Ereignisse in Paris zu verstehen war. Die Verbindung von Revolution und Karneval bildet einen ideengeschichtlichen Hintergrund, der sich mit einigem Gewinn auf den Münchner März des Jahres 1848 projizieren läßt: Diese Revolution fand tatsächlich im Fasching statt. Die Koinzidenz mag zufällig sein. Aber unweigerlich erscheinen die revolutionären Umzüge in einem anderen Licht. Dann nämlich erscheint der Sturm auf das Münchner Zeughaus am Faschingssamstag, als sich das Volk mit mittelalterlichem Rüstzeug zum Straßenzug bewaffnete, tatsächlich als eine karnevalistische Maskerade.

Es bleibt dennoch erstaunlich genug, daß in München ein unblutiger Ausweg aus einer dramatisch zugespitzten Situation gefunden wurde. Zur Erklärung dieses Phänomens sind vorab schiere Unwägbarkeiten in Betracht zu ziehen. Aufschlußreich ist das preußische Gegenbeispiel. In Berlin versammelte sich am 18. März 1848 eine Menschenmenge auf dem Schloßplatz, um König Friedrich Wilhelm IV. für – später freilich revidierte – Zugeständnisse zu danken. Aus

179 »Der revolutionaere Bock«; 1844; Lithographie; 48 x 37; MStM, Graphiksammlung

ungeklärten Umständen fielen plötzlich Schüsse. Die nervöse, bis dahin aber friedliche Veranstaltung schlug jäh in einen schonungslosen Barrikadenkampf um, der Hunderte von Opfern forderte. München war am 4. März 1848 ein ähnliches Pulverfaß gewesen, und leicht sind die fatalen Folgen auszumalen, die eine vergleichbare Panik in der dicht gedrängten Menge gezeitigt hätte. »Wenn einmal Blut fliesse«, warnte der Bürgermeister, »könne Niemand berechnen, wo und wie die Sache ende«.[15] Das gilt auch für den von Destouches konstatierten Fall, das Militär hätte ohnehin, »wäre es auch dazu kommandirt

180 Kaspar von Steinsdorf; um 1856; Photographie von Franz Hanfstaengl; 21 x 16; MStM, Graphiksammlung

181 Ludwig Fürst von Oettingen-Wallerstein; 1856; Lithographie; 44,3 x 31; MStM, Graphiksammlung

worden, die Waffen gegen das Volk nicht gebraucht«.[16] Die diplomatische Lösung des Konflikts war das Verdienst einer Entspannungspolitik, die auf verschiedenen Ebenen von namentlich vier Persönlichkeiten getragen wurde. Für die Stadt ist zuvorderst der Bürgermeister zu nennen [ABB. 180]. In seiner moderaten Art vermochte Kaspar von Steinsdorf auf der einen Seite die Wut des aufgebrachten Bürgertums abzufedern und in kontrollierbare Bahnen zu lenken. Auf der anderen Seite bewährte er sich als ein hartnäckiger Verhandlungspartner, der die Contenance auch dann nicht verlor, als er vom König in völlig verfehlter Weise abgefertigt wurde, um dann letztlich doch zum Ziel zu kommen. Für die Wittelsbacher war es Prinz Karl, dem die friedliche Beilegung der Waffen an vorderster Front zu verdanken ist. Er führte das Oberkommando über die Truppen, verzichtete aber klug auf martialische Drohgebärden und trat statt dessen persönlich dem bewaffneten Volk entgegen [ABB. 183] Sein mutiger Auftritt muß einen tiefen Eindruck hinterlassen haben. Nicht mit Militärgewalt, sondern mit überzeugender, weil kompromißbereiter Rede ist es ihm im entscheidenden Augenblick gelungen, einen drohenden Bürgerkrieg abzuwenden.

Der Politiker der Stunde war Ludwig Fürst von Oettingen-Wallerstein [ABB. 181]. Als führender Minister traf er die maßgeblichen Entscheidungen, zu denen der wie paralysiert in der Residenz harrende König nicht fähig oder nicht willens war. Der Fürst hatte erkannt, daß die Verweigerungshaltung Ludwigs und dessen Taktik einer Hinhaltepolitik Risiken in sich barg, die zur Katastrophe hätten führen können. Die eilig aufgesetzte Proklamation vom 6. März 1848 ist das für die Zukunft des bayerischen Staats kaum zu überschätzende Werk Wallersteins [KAT.NR. 11.79]. Die im Namen des Königs abgefaßte Regierungserklärung enthält die uneingeschränkte und unumkehrbare Konzession der bürgerlichen Märzforderungen. Damit war dem Aufruhr der politische Wind aus den Segeln genommen und die Revolution in München im Grunde beendet, man könnte auch sagen verhindert.

16 DESTOUCHES 1848, S.63
17 Für die Auseinandersetzung mit Görres grundlegend: PORTMANN-TINGUELY 1993

182 Karl Fürst von Leiningen; 1841; Lithographie; 38 x 29; MStM, Graphiksammlung

183 Karl Prinz von Bayern; um 1841; Lithographie; 46 x 35,8; MStM, Graphiksammlung

Als vierte Figur ist der im Hintergrund agierende, für die Befriedung der Lage aber nichtsdestoweniger verantwortliche Reichsrat Karl Fürst zu Leiningen zu würdigen [ABB. 182]. Im besten Verständnis eines weitsichtigen und pragmatisch handelnden Ratgebers liegt seine Bedeutung vor allem darin, daß er kraft seiner staatsmännischen und zugleich auch standeswürdigen Autorität wohl der allein verbliebene Vertreter des bayerischen Hochadels war, dessen kritisches Urteil den König nicht unberührt lassen konnte. Wenn ihm Leiningen schrieb, daß die maßgebliche Bürgerresolution vom 4. März nichts enthalte, was den grundsätzlichen Fortbestand der Monarchie gefährden könnte, und er sie deshalb im übrigen selbst unterzeichnet habe, dann fühlte sich Ludwig in seiner persönlichen Weltanschauung zwar kaum widerlegt, als regierender König aber gleichwohl schachmatt gesetzt. Im folgenden werden die Stationen der Revolution nachgezeichnet und anhand der erhaltenen Dokumente illustriert. Am Anfang steht ein Ereignis, mit dem sich symbolisch das Ende einer Epoche markieren läßt und das den Gang der geschichtlichen Entwicklung auf eigentümliche Weise beschleunigte. Am 29. Januar 1848 starb Görres in München.

Der Tod von Joseph von Görres

Johann Joseph von Görres (1776–1848) war einer der großen Ideengeber der deutschen Romantik [ABB. 184 bis 186; KAT.NR. 11.7 bis 11.12].[17] Mit seinem Tod verlor die Vision von einem geeinten deutschen Reich einen ihrer ehemals lautesten Vordenker. Zunächst als Lehrer an der Heidelberger Universität und dann vor allem als engagierter Publizist hatte Görres zur Zeit der sogenannten Befreiungskriege allerorts patriotische Kräfte zu mobilisieren vermocht, die in der gemeinsamen Front gegen Frankreich über die Kleinstaaterei hinweg zu einer gesamtdeutschen Nation hätten zusammenfinden sollen. Mit seinem 1814 gegründeten »Rheinischen Merkur« schuf Görres das maßgebliche Sprach-

18 Zit.n.: AUSST.KAT. NÜRNBERG 1986, S.188
19 S.: Elgin Vaassen und Peter van Treeck, Das Görresfenster im Kölner Dom. Geschichte und Wiederherstellung, in: Kölner Domblatt. Jahrbuch des Zentral-Dombau-Vereins 46/1981, S.21-62
20 Das seit 1982 im Bonner Bundeskanzleramt aufbewahrte Gemälde ist eine eigenhändige Replik eines 1838 entstandenen Porträts von Joseph Settegast; s.: PORTMANN-TINGUELY 1993, S.485, Nr. C 34.
21 Zit.n. dem Eintrag von Otto Roegele in der Neuen deutschen Biographie 6/1964, S.532-536, hier S.534
22 Karl Gutzkow, Die rothe Mütze und die Kapuze. Zum Verständnis des Görres'schen Athanasius, Hamburg 1838
23 LEWALD 1835 S.263-275, hier S.263f.

rohr der deutschen Verfassungsbewegung. Die ungemeine Wirksamkeit der Zeitung belegt das Bonmot Napoleons, der »Rheinische Merkur« sei die fünfte Großmacht in Europa. Bildhaft kommt das neuartige Nationalgefühl in der Metapher vom Rhein zum Ausdruck, den Görres zusammen mit Ernst Moritz Arndt nicht zur Grenze der Deutschen, sondern zu deren Herzader erklärte. Ähnliche Identifikationsmomente bot der Kölner Dom. In der angestrebten Vollendung des Bauwerks sah Görres bereits 1814 »ein Symbol des neuen Reiches, das wir bauen wollen«.[18] Für das südliche Querschiff wurde 1856 nach Entwürfen von Heinrich Maria von Heß dann auch ein Fenster gestiftet, das den knienden Joseph Görres neben dem heiligen Joseph zeigt.[19] Als deutsches Vorbild ist Görres heute noch in einem Porträt präsent, das im Arbeitszimmer von Bundeskanzler Helmut Kohl einen bedeutungsschweren Platz gefunden hat.[20]

Daß die 1815 besiegelte Niederlage des napoleonischen Kaiserreichs keineswegs zur erhofften Einigung Deutschlands führte, war eine bittere Erfahrung, die Görres mit vielen seiner Mitstreiter teilte. Während sich der Freiherr vom Stein von der Befreiungspolitik in geschichtliche Studien zu den »Monumenta Germaniae historica« zurückzog, wurde die Restauration für Görres zu einem Damaskuserlebnis. Seit 1821 vollzog er eine radikale Wendung zum Katholizismus. Der alte Görres gilt als Exponent einer Bewegung, in der sich die Katholische Kirche gegen die politischen und gesellschaftlichen Neuerungen des 19. Jahrhunderts zu behaupten versuchte. Gerade in Bayern erstarkte eine ultramontane, also rigoros an Rom orientierte Partei, die gegen die unabwendbare Trennung von Kirche und Staat opponierte und ihren stetig wachsenden Machteinfluß nicht zuletzt den in die Affäre um Lola Montez verstrickten König spüren ließ. Dieser »politische Katholizismus« fand geistigen Sukkurs in den Schriften von Joseph von Görres. Vehement stellte er sich »gegen die Feinde der positiven göttlichen Ordnung, sowie gegen jede unhistorische Politik und den Liberalismus«.[21] In diesem Geist ist das zwischen 1836 und 1842 in vier Bänden erschienene Alterswerk »Die christliche Mystik« geschrieben [KAT.NR. 11.9]. Daneben ist der »Athanasius« von 1838 als ein Manifest des neuen Katholizismus hervorzuheben. Karl von Gutzkow antwortete mit einer für die Literatur des Vormärz typischen Polemik, die in Bayern beschlagnahmt wurde.[22]

Die Wirkungsstätte des Katholiken Görres war München. Der bayerische König hatte ihn 1827 als Professor der »allgemeinen und Litterärgeschichte« an die Ludwig-Maximilians-Universität berufen [ABB. 190; KAT.NR. 11.13]. Während seines Aufenthalts in der Residenzstadt ließ es sich der Reiseschriftsteller August Lewald nicht entgehen, Görres lesen zu hören.[23] Im Auditorium saßen vor allem »jene bleichen, hohläugigen, schwarzgekleideten Jünglinge«, die als »Schüler des geistlichen Seminars« dem Gasthörer besonders unangenehm waren. Unter den Weltgeistlichen fiel ihm in der ersten Reihe außerdem der »Hausfreund von Görres« auf »mit einem gelben Gesichte, voll Entbehrung und Eifer, und glänzenden, lüsternen Augen«. Endlich trat der Professor selbst auf. Erst musterte Görres schweigend die Versammlung. »Dann packte er mit beiden Händen die Brustlehne des Catheders, schüttelte daran, bog sich weit nach hinten über, starrte einen Augenblick zur Decke empor und begann zur selben Zeit, leise, zitternd, und dabei sehr gedehnt, mit der fremdartigsten Betonung und in nie vernommener Aussprache seine Vorlesung«. Lewalds ausführliche Schilderung gehört zu den amüsantesten Im-

184 Caspar Heinrich Merz nach Wilhelm von Kaulbach: Joseph von Görres; um 1840; Bleistift; 50,5 x 29,5; MStM, Graphiksammlung

185 Joseph von Görres; 1840; Stahlstich; 12,5 x 9; MStM, Graphiksammlung

186 Totenmaske Joseph von Görres'; 1848; Gipsabguß; 28,5 cm; Marbach, Deutsches Literaturarchiv, Inv.Nr.: B 74.676n

pressionen aus dem Münchner Vormärz. Die Berufung Görres' nach München markiert den bildungspolitischen Standort dieser Universität.[24] Der Senat betrachtete sich als die »erste sittliche Korporation der Hauptstadt«.[25] Um den kauzigen Professor hatte sich der eminent einflußreiche »Görreskreis« gebildet, der als katholisch-konservative Elite Münchens die Stimmungslage in den Fakultäten steuerte und so den Ausgang der Affäre Lola Montez im Februar 1848 wesentlich mitbestimmte. Hervorzuheben sind die Universitätsprofessoren Lasaulx und Sepp.

Ernst von Lasaulx (1805–1861) war Görres' Neffe [ABB. 187; KAT.NR. 11.12].[26] Er hatte sich bereits im Februar 1847 mit dem Antrag hervorgetan, der Senat solle in corpore dem zurückgetretenen Innenminister Abel eine offizielle Dankesadresse darbringen.[27] Abel hatte sein Amt demonstrativ niedergelegt, als die Indigenatsverleihung an Lola Montez nicht mehr zu verhindern war.[28] Mit seinem Handeln habe sich der Minister um die »Aufrechterhaltung der königlichen Würde« verdient gemacht. Der Loyalitätsbeweis war ein kalkulierter Affront gegen den König. Ludwig suspendierte Lasaulx vom Amt. Seine Studenten formierten sich daraufhin zu einem Solidaritätsmarsch, bei dem damals schon Steine auf das Palais Montez und sogar auch auf die Residenz flogen. Ein Jahr später stand Lasaulx erneut im Mittelpunkt. Er wollte die Trauerfeierlichkeiten um Görres als eine Großdemonstration der ultramontanen Partei inszenieren. In der Residenzstadt wurde alles darangesetzt, solche Selbstdarstellungen zu verhindern. Die »Augsburger Allgemeine Zeitung« berichtete, daß es Lasaulx verwehrt werde, in der Akademie der Wissenschaften eine Gedächtnisrede auf seinen verstorbenen Onkel zu halten.[29] Der große Nekrolog auf Görres oblag seinem engsten Adoranten und ersten Biographen Johann Nepomuk Sepp (1816–1909).[30] In der älteren

24 Zur Münchner Universität s.: LMU 1972; AUSST.KAT. MÜNCHEN 1987a, S.352-359, Nr.108
25 Zit.n.: GOLLWITZER 1993, S.547
26 Remigius Stoelzle, Ernst von Lasaulx 1805–1861, Münster 1904
27 S.: Axel Wernitz, Lasaulx und die vorrevolutionäre Münchner Szene im Februar 1847, in: Oberbayerisches Archiv 93/1971, S.183-189; zu den Vorkommnissen um Lasaulx bereits: BLUM 1898, S.113. S.a.: GOLLWITZER 1993, S.547f.
28 Zu Abel siehe in Kapitel X.
29 S.: PORTMANN-TINGUELY 1993, S.347, Nr. B 1872
30 [Johann Nepomuk Sepp], Joseph von Görres. Eine Skizze seines Lebens, Regensburg 1848; ders., Görres und seine Zeitgenossen. 1776–1848, Nördlingen 1877. Über Bayern hinaus machte sich Sepp als Wortführer der Konservativen im Frankfurter Parlament einen Namen; s.: Dr. Johann Nepomuk Sepp. Ein Bild seines Lebens nach seinen eigenen Aufzeichnungen. Xenium zum hundertsten Geburtstag (7. August 1916), bearb. von Bernhard Sepp, Regensburg 1916

187 Ernst von Lasaulx; um 1858; Photographie von Franz Hanfstaengl; 27,8 x 22,2; MStM, Fotomuseum

188 Elias Peißner; 1848; Xylographie aus: Leipziger Illustrierte Zeitung 10/1848, MStM, Graphiksammlung

Literatur wird dieser Historiker stets in der Autorität seines akademischen Grads als »Prof. Dr. Sepp« zitiert. Wie Lasaulx oder auch Ignaz von Döllinger war der gerade einmal 32 Jahre alte Professor »quiesziert«, das heißt vom König in den Ruhestand versetzt worden. Der Rektor der Universität schrieb diese Suspendierungen dem Einfluß der Gräfin Landsfeld zu, die über das Korps »Alemannia« in die Geschäfte der Universität eingegriffen habe.[31] Als Görres am 29. Januar 1848 starb, organisierte Sepp einen Trauerzug, an dessen Spitze er sich selbst stellte. Ausgangspunkt war wohl das Haus in der Schönfeldstraße, in dem Görres gewohnt hatte. Der aufgebahrte Leichnam wurde an der Residenz vorbei durch die Theatinerstraße zum Alten Südlichen Friedhof überführt. Die Beisetzung fand am 3. Februar statt.[32] Während der Zeremonie erschien plötzlich Lola Montez.[33] Der Situation denkbar unangemessen durchschritt sie keck die raunenden Reihen. Ihr Hohn auf das Pathos altehrwürdiger Autorität kam einer Leichenschändung gleich. Der Auftritt war von Lolas vielen Provokationen gewiß diejenige, die das Maß vollmachte.

Auf den Straßen kam es zu Handgreiflichkeiten. Die Einheit der katholischen Partei sollte in einem großen Fackelzug demonstriert werden, der als Gedenkmarsch für Görres ausgegeben wurde. Solche Fackelzüge hatten in München bereits Tradition. Beim Tod von Maximilian I. Joseph im Jahr 1825 waren die Münchner mit Fackeln an der Michaelskirche vorbeigezogen.[34] Am 2. Dezember 1826 hatten die Studenten einen Fackelzug für Ludwig I. aus Anlaß der Verlegung der Universität von Landshut nach München veranstaltet.[35] Um den jetzt zu erwartenden Ausschreitungen vorzubeugen, wurde der Fackelzug für Görres vom Münchner Polizeidirektor Marck untersagt.[36] Krawalle waren vor allem unter den verfeindeten Studentenverbindungen zu befürchten.

31 S.: SEITZ 1953, S.16
32 Erinnerung an Joseph von Görres. Eine Rede, gehalten bei dem feierlichen Gottesdienste für den Verewigten, den 3. Februar 1848 von Professor Daniel Haneberg, in: Historisch-politische Blätter für das katholische Deutschland, München 21/ 1848, S.232-256; auch als Separatdruck, München 1848
33 S.: RAUH ^{2}1996, S.129
34 Vgl. die Zeichnung von Gustav Kraus bei PRESSLER 1977, S.230, Nr.340. Ein nicht näher bestimmtes Gemälde im Münchner Stadtmuseum (MStM, Inv.Nr.: G 39/7) zeigt einen Fackelzug auf dem Marienplatz; s.: AUSST.KAT. MÜNCHEN 1987, S.748, Nr.12.5.4.3 (mit Datierung ins Jahr 1849).
35 S.: SCHÜTZ 1987, S.231
36 S.: Münchner politische Zeitung, 7. 2. 1848, S.2; Der Katholik, 11. 2. 1848, S.76 (»Kirchliche Mittheilungen. München 4. Februar«); s.a.: Rede für den zur Leichenfeier von J.J.v.Görres projectirten Fackelzug, vorgetragen in engerem Kreise, in: Beilage zur Augsburger Postzeitung, 16. 2. 1848, S.53f.

Die »Lolamannen«

Ambitionierte Studenten waren Mitglied in einer schlagenden Verbindung. Studenten ohne Korpszugehörigkeit galten als »Obskuranten«. In München gab es fünf garantierte Korporationen: »Suevia« (1803), »Bavaria« (1806), »Palatia« (1813), »Isaria« (1821/1847) und »Franconia« (1836).[37] Unter der Widmung »Bavarias frohe Zecher« sind auf einem Zinnpokal des Korps »Bavaria« die Namen von 78 Mitgliedern eingraviert, von denen einige durchgestrichen wurden, zum Beispiel der des Studenten Heyder [KAT.NR. 11.16]. Seine Korpsbrüder hatten ihn als heimlichen Liebhaber der Lola Montez überführt, nachdem sie ihm ins Stammlokal nachgerannt war. Das Zeugenprotokoll zu diesem gräflichen Wirtshausbesuch hat sich erhalten [KAT. NR. 11.18]. Heyder wäre ein geeigneter Kandidat für das neue Korps »Alemannia« gewesen. Dort waren hauptsächlich diejenigen Studenten korporiert, die in ihrer Schwärmerei für Lola Montez aus den traditionellen Verbindungen ausgeschlossen worden waren.

Dem Korps »Alemannia« waren seit dem 26. Juli 1847 die für die anderen Korps bestehenden Rechte garantiert. Die Verbindung zählte aber nie viel mehr als achtzehn Mitglieder. Betraten sie Hörsäle, waren ihnen gellende Pfeifkonzerte sicher. Sie trafen sich bevorzugt im Kaffeehaus Rottmann, das sich dem Hofgartencafé von Luigi Tambosi gegenüber am anderen Ende des Bazargebäudes befand.[38] Dort tagten die »Alemannen« unter dem Motto: »Virtus omnium vincat quodque malum«. Die sogenannten Biersuiten der anderen Verbindungen hatten Wahlsprüche wie »Hony soit qui mal y pense« oder »Quondam meminisse juvabit«.

Der politische Anspruch dieser Gruppierungen ist nicht sehr hoch einzuschätzen. Die freiheitlichen Zielsetzungen der Studentenbewegung, wie sie sich beim Wartburgfest im Jahr 1817 radikal geäußert hatten, verdampften im Kneipenmief schafkopfender Biertrinker. Vor den Schildwachen demonstrativ Pfeife zu rauchen, galt in diesem studentischen Allotria bereits als subversiver Akt.[39] Die Korps boten sozialen Anschluß und gesellschaftliche Aufstiegschancen. Die Zugehörigkeit wurde mit Band und Mütze als den uniformen Abzeichen des jeweiligen Korps demonstriert. Aufschlußreich sind diese Korps und Burschenschaften vor allem deshalb, weil sich in ihnen eine Polarisierung von eifernden Gegnern und einigen wenigen Sympathisanten der Lola Montez abbildet, die für die gesamte Münchner Gesellschaft kennzeichnend war. Aus dem Umkreis des Korps »Bavaria« stammt eine inkriminierende Liste, auf der die »Anhaenger der Lola Montez« erfaßt sind [KAT.NR. 11.19]. Es sind gerade 66 Namen. In einer eigenen Rubrik kommen acht als wohl besonders gefährlich geltende »Alemannen« hinzu. An erster Stelle steht der die Verbindung leitende »Senior«. Dies war der 23 Jahre alte Jurastudent Elias Peißner (1825–1863) aus Vilseck in der Oberpfalz [ABB. 188]. Er hatte im Palais Montez eine Art Büro eingerichtet, über das die studentischen Protegés der Gräfin Landsfeld und ihre Familienangehörigen an staatsdienstliche Stellen vermittelt werden sollten: »Ganze Nächte durch schwelgten sie in dem Hause der Gräfin, welche aus der Mitte der Allemanen genug eigene Sekretäre hatte, die mit Empfang der Bittgesuche an sie oder den König und mit Vormerkung der zu vergebenden erledigten Stellen im Staats- oder Hofdienste betraut waren«.[40] Die Proskriptionsliste vermerkt zu Peißners Vater: »Früher Thürmer in Vilseck, jetzt durch seines Sohnes, des berüchtigten Alemannen-Seniors Protection, Bote im Ministerium des Innern« [KAT.NR. 11.19].

37 Zu den Münchner Studentenverbindungen und besonders zur »Alemannia« s.: KURZ 1908; Wilhelm Riedner, Geschichte des Korps Palatia. Landshut – München 1813–1913, München 1913, S.125-143; R. Schmidt, In revolutionärer Unruhe 1830–1848, in: LMU 1972, S.251-270; Rüdiger Kutz, Alemannia. Ein Beitrag zur Gründung und Personalgeschichte der »Lolamannia« und in ihrem Verhältnis zum Münchner S.C., in: Einst und Jetzt 26/1981, S.57-82; SCHÜTZ 1987, S.231-237
38 Zum »Rottmanner« s.: MÜLLER 1845, S.57
39 Siehe die Karikatur aus den »Fliegenden Blättern« in: AUSST.KAT. MÜNCHEN 1987, S.232 (Abb.)
40 DESTOUCHES 1848, S.11f.; s.a.: DESCHLER 1848, S.5
41 S.: SEITZ 1953, S.37
42 KLENZE I/6, fol.89 und FUCHS 1904, S.160, Nr.49. S.a.: FUCHS 1904, S.159f., Nr.45-47
43 BLUM 1898, S.115

189 »Gedenkblatt an die Ereignisse des 9ten 10ten 11ten Feb. 1848«; 1848; Lithographie; 31 x 41,5; MStM, Graphiksammlung

Am 15. Januar 1848 feierte die »Alemannia« ihren Eröffnungskommers im Hotel »Zum Bayerischen Hof«. Zur Entrüstung der restlichen Studentenschaft trat der bayerische Innenminister Berks als Festredner auf. In der Folge kam es wiederholt zu Reibereien, die auf offener Straße ausgetragen wurden. Am 31. Januar 1848 verhängte das Korps »Bavaria« den »Verschiß« über das Verkehrslokal der »Alemannen« [KAT.NR. 11.17]. Unter dem Druck der Öffentlichkeit verfügte der König am 10. Februar 1848 schließlich die Auflösung und Ausweisung des Korps »Alemannia«.[41] Im Volksmund waren aus den »Alemannen« schnell »Lolamannen« geworden [ABB. 191]. Bei den täglichen Promenaden hatten sie der Gräfin eine Leibgarde gebildet, wobei der Begriff durchaus wörtlich zu verstehen war. Von den »Stammhaltern ihrer nächtlichen Freuden« ist die Rede und von einer derben Karikatur, auf der sich die potente Studentenschaft zum Kommando »Antreten!« um das Bett der Gräfin versammelt habe.[42] Hans Blum nannte die »Alemannen« schlicht »die Schmarotzer und Zuhälter der Gräfin Lola«.[43] Die Verbindungsfarben Rot, Gold und Braun waren aus dem Wappen der Gräfin von Landsfeld abgeleitet. Ihre roten Samtmützen waren angeblich aus Lolas Unterröcken geschneidert. Auf einer Karikatur sind die »Ale-

190 Gustav Seeberger: Das Universitätsforum in München; 1845; aquarellierte Bleistiftzeichnung; 21 x 33,5; MStM, Graphiksammlung

mannen« in Unterröcken dargestellt [ABB. 189; KAT.NR. 11.20]. Seit einer gemeinsam verbrachten Nacht in Schloß Blutenburg wußte ganz München vom Liebesverhältnis der Lola Montez zum jungen Elias Peißner [KAT.NR. 11.32]. Sie stritt die königlichen Vorhaltungen aber entschieden ab: »Und glaube mir Ludwig, Deine Lolitta sah in Peißner nie jemand anderen als einen Mann, der reine Liebe zu ihr hatte, wie die Liebe, die man zur Jungfrau Maria hat«.[44] Doch gestand Peißner die intime Beziehung später selbst.[45] Für die aufrichtigen Informationen erhielt er von Ludwig Geld, um sein Studium fortsetzen zu können: »Das ist die Rache, die ich gegen ihn ausübe«.[46] Peißner fiel 1863 im Amerikanischen Bürgerkrieg bei Chancellorsville als Colonel des deutschen Regiments.[47]

Die Schließung der Universität

Die Revolution in München begann mit einer Messerstecherei unter Studenten auf dem Odeonsplatz [ABB. 192 und 193; KAT.NR. 11.21]. Am 9. Februar 1848 wurde Eduard Graf von Hirschberg aus dem Korps der »Alemannen« von anderen Burschenschaftlern bedrängt. Vor dem Rottmannschen Kaffeehaus zückte er einen

44 Lola Montez an Ludwig I., 12. 3. 1848; zit.n.: BW 1995, S.150
45 S.: BW 1995, S.91 und 278f.
46 Ludwig I. an Lola Montez, 9. 1. 1849; zit.n.: BW 1995, S.281
47 Zu einem Porträt Peißners aus der Zeit des Amerikanischen Bürgerkriegs s.: KRISTL 1979, Abb. bei S.89
48 DESCHLER 1848, S.7

191 Hans Stubenrauch: Lola Montez im Kreis der »Alemannen«; um 1900; Kreide und Gouache; 49,7 x 66,6; München, Sammlung Ulrich Schneider

Dolch und stocherte wild um sich. Die Waffe wurde von Hauptmann Baur-Breitenfeld konfisziert. Er kommandierte eine gesonderte Gendarmeriekompanie, die neben der Polizei für die innere Sicherheit in der Haupt- und Residenzstadt verantwortlich war. Zur Empörung der Menge ließ Baur-Breitenfeld den jungen Grafen aber nicht arretieren, sondern in Sicherheit bringen. Der Vorfall ist auf dem »Politischen Bilderbogen« von Franz Seitz berücksichtigt, der die Szene mit dem Dialog kommentiert: »Arretirt, arretiert muß er werden! Dieser Alemane hat einen Dolch auf uns gezückt!« – »Sie sind im Irrthum, meine Herren! Hier liegt kein Grund zu einer Arretierung vor; der hier hat nur mit seinem Zahnstocher gespielt« [KAT.NR. 11.48]. Verletzt wurde bei dem Zwischenfall niemand, auch wenn bald anderslautende Gerüchte durch die Stadt gingen. So hatte München mit Graf Hirschberg schon damals eine kleine Dolchstoßlegende.

Unter die Schaulustigen mischte sich Lola Montez. Sie war in einen großen Shawl gehüllt und trug »einen ganz einfachen blauen Hut«.[48] Sofort sah sie sich einer bedrohlichen Verfolgungsjagd ausgesetzt. Der ihr auf den Leib rückenden Menge habe sie in gebrochenem Deutsch zugerufen: »Seht ich habe eine Pistole!«.[49] Lola zog ihr Terzerol, ohne das sie ihr Haus

192 Odeonsplatz in München mit Residenz, Feldherrnhalle und Theatinerkirche (Uhrenbild); um 1840; Öl auf Leinwand; 62 x 84; MStM, Gemäldesammlung

offenbar nicht mehr verließ. Es folgte eine Balgerei, die in der »Leipziger Illustrierten Zeitung« besonders dramatisch beschrieben ist: Die Gräfin schlägt dem nächstbesten Passanten ins Gesicht, »dieser schlingt den Arm um ihren Hals, als wolle er sie erdrosseln, und läßt sie in dieser etwas bedenklichen Lage einige Augenblicke, während er ihr die Pistole aus der Hand schlägt«.[50] Vergeblich versuchte sich Lola Montez zunächst ins Palais Dürckheim zur preußischen Gesandtschaft und dann ausgerechnet ins Palais der Grafen Arco am Wittelsbacher Platz zu retten. Daraufhin sei sie »in Todesangst« in die Theatinerkirche geflüchtet, »wo sie sich vor einem Seiten-Altar auf die Knie warf und zu beten schien«.[51] Die Diktion des Stadtchronisten offenbart das generelle Mißtrauen gegenüber einer Ausländerin, die vor einem katholischen Altar nur zu beten scheint. Das Asyl in der Theatinerkirche ist aber in der Tat grotesk: In ihrem geradezu paranoiden Haß auf das Jesuitentum mußte auch die Theatinerkirche für Lola Montez ein Ort des Grauens gewesen sein. Um einer drohenden Lynchjustiz zu entgehen, wurde sie von ausgerückten Kürassieren in die Residenz eskortiert. Der kurze Gang wurde zum Spießrutenlauf. Die Tagesereignisse sind in der »Leipziger Illustrierten Zeitung« ausführlich beschrieben und bebildert [ABB. 193; KAT. NR. 11.21]

Der Vorfall auf dem Odeonsplatz war der vorläufige Höhepunkt einer seit der Beisetzung von Görres nicht mehr abgebrochenen Serie von Krawallen. Sie setzten Ludwig in Zugzwang. »Dieser Unfug wiederholte sich seit 10 bis 12 Tagen bereits mehrmals und ist gestern in einen förmlichen Straßentumult ausgeartet. Es muß mit aller Kraft und nicht allein mit Worten eingeschritten werden«, notierte der König und glaubte, ein probates Mittel auch schon gefunden zu haben: »Es ist daher öffentlich in der Universität

49 Leipziger Illustrierte Zeitung 10/1848, S.151
50 Leipziger Illustrierte Zeitung 10/1848, S.151
51 DESTOUCHES 1848, S.14f.
52 SIGNATE 1994 Bd.6, S.556 (7.2.1848)
53 SIGNATE 1994 Bd.6, S.558 (ohne Datum)
54 Zit.n.: DESTOUCHES 1848, S.29f.; zu Thiersch s.: Heinrich Thiersch, Friedrich Thiersch's Leben, Leipzig 1866

193 Flucht der Lola Montez aus der Theatinerkirche in die Residenz und Massenansammlung am Odeonsplatz am 9. Februar 1848; 1848; Xylographie aus: Leipziger Illustrierte Zeitung 10/1848, MStM, Graphiksammlung

bekannt zu machen, daß bei dem nächsten derartigen weitern Exzesse die Universität bis zum Wintersemester 1848/9 lang geschlossen, und den sämtlichen Studenten dieses Jahr in ihrer Universitäts Laufbahn (auch wenn selbe an andern Universitäten wieder studieren sollten) nicht eingerechnet werden würde, mit Ausnahme jedoch jener ordentlichen Studenten, welche die Rädelsführer dieser fortgesetzten Exzesse zur Anzeige bringen«.[52] Wie ihm die Hetzjagd auf Lola Montez deutlich vor Augen geführt hatte, war der Situation mit Anstiftungen zur Denunziation und bloßen Drohungen nicht mehr Herr zu werden. Am 9. Februar 1848 wurde die Ludwig-Maximilians-Universität geschlossen.

Ans Ministerium für Kirchen- und Schulangelegenheiten ging eine königliche Weisung, die ans Schwarze Brett der Universität geschlagen wurde: »Sogleich ist die Universität für dieses Semester geschlossen und jeder Student, der nicht von hier, hat München bis Uebermorgen 12 Uhr Mittag zu verlassen«.[53] Insgesamt waren in München mehr als 1500 Studenten immatrikuliert. Gut die Hälfte zog vor das Haus des Rektors Friedrich Wilhelm Thiersch (1784–1860) [KAT.NR. 11.24]. Die Studenten sangen »gaudeamus igitur«. Thiersch trat auf den Balkon und versuchte die Kommilitonen kraft seiner Autorität zu beruhigen. Den ausgewiesenen Studenten gab er den Ratschlag mit auf den Weg: »Sagen Sie überall, Sie seyen arme Studenten aus München, die man aus der Stadt gewiesen, aus Gründen, die Sie vor aller Welt aussprechen dürfen«.[54]

Die Schließung der Universität hatte sich zur Regierungszeit Ludwigs schon mehrfach als ein effizientes Druckmittel bewährt. Bereits im Jahr 1830 drohte der König mit dieser Sanktion, nachdem ein nächtlicher Radau als studentisches Revolutionsgebaren interpretiert worden war.[55]

Ein zweites Beispiel gibt die Baugeschichte der Ludwigskirche. Die städtische Finanzierung des Projekts war regelrecht erpreßt worden, indem der König dem Magistrat ankündigte, die Universität nicht nur zu schließen, sondern mitsamt der Residenz nach Landshut zurückzuverlegen.[56] Auch jetzt ließ er den Magistrat wissen, daß er sein »Hoflager woandershin zu verlegen« gedenke, »wenn die Bürger sich nicht ruhig verhalten«.[57] Aus ihrem Exil am Bodensee ließ Lola Montez später verlautbaren, daß ihr der König in kurzer Zeit nachfolgen und dann die Residenz nach Nürnberg verlegen werde.[58] Als leitender Minister versuchte Wallerstein seine Position in dem als verfassungswidrig eingestuften Akt der Universitätsschließung zu rechtfertigen. Seine Argumente werfen ein bezeichnendes Licht auf die Unzulänglichkeit dieser Verfassung insgesamt: »Das temporäre Schließen von Universitäten lag vermöge unserer bisherigen Gesetzgebung in den Befugnissen der Krone; denn die Verfassungsurkunde konzentrierte damals noch alle Regierungsrechte in der Hand des Königs, zog ihnen keine anderen Schranken als jene der textuellen Verfassungsbestimmungen und limitierte die ministerielle Contraaktion auf verfassungsverletzende Akte der königlichen Gewalt [...] Schon einmal war ein weit schärferer Schließungsakt von einem andern Ministerium auch vollzogen worden, ohne daß die so strenge Wahlkammer von 1831 gegen dessen Legalität irgendeine Einwendung erhoben hätte«.[59]

Die Schließung der Universität bedeutete nicht nur einen Prestigeverlust für die Fakultäten, sondern vorab eine massive Einbuße im städtischen Finanzhaushalt. In der Stadtchronik ist eine Adresse überliefert, mit der die Bürgerschaft ihrer wirtschaftlichen Sorge Ausdruck verlieh: »Ein ebenso schwerer als unerwarteter Schlag hat die getreue Bürgerschaft Eurer Majestät Haupt- und Residenzstadt überrascht, mitten in ihren friedlichen Beschäftigungen – Die Nachricht von der plötzlichen Schließung der Ludwig-Maximilians-Universität. Wohl konnte uns nicht unbekannt bleiben, daß unter einem Theile der hiesigen Studentenschaft in jüngster Zeit einige unruhige Auftritte stattgefunden haben, allein weit entfernt, daß die übrige Bevölkerung nur im Mindesten davon berührt worden wäre, so ist vielmehr Thatsache, daß die Mehrzahl der Studenten selbst ein musterhaftes, ruhiges Benehmen auch während der letzten Tage, wie immer bewiesen hat. Und um dieser theilweisen Studenten-Reibungen willen sollte die Universität geschlossen, sollte die gesamte studierende Jugend, auch die gänzlich unbetheiligte Mehrzahl so schwer an Zeit und Geld gestraft werden [...] Mehr als tausend Familien des Königreiches würden den empfindlichsten

194 »Allgemeine Studenten= und Volksbewegung in München am 8., 9., 10., 11. und 12. Februar 1848. Mit einem Bildnisse der Lola Montes, Gräfin v. Landsfeld«; München 1848; MStM, Graphiksammlung

55 Zum studentischen Radau im Jahr 1830 s.: AUSST.KAT. HAMBACH 1982, S.96f., Nr.128 und 129; SCHÜTZ 1987, S.234; AUSST.KAT. MÜNCHEN 1987, S.689f., Nr.11.3.13

56 S.: AUSST.KAT. MÜNCHEN 1987a, S.258

57 SIGNATE 1994 Bd.6, S.559 (10. 2. 1848). Seitz zitiert ein ähnliches Signat an den Innenminister: »Wenn die Bürger nicht ruhig sich verhalten, so zwingen sie mich, mein Hoflager wo andershin zu verlegen. Dieses ist ihnen wissen zu lassen. München, 10. Februar 48. Im Angesicht der Tumulte auf dem Max-Joseph-Platz. Ludwig«; zit.n.: SEITZ 1953, S.37.

58 S.: SEITZ 1953, S.43

59 Zit.n.: SEITZ 1953, S.24

60 Zit.n.: DESTOUCHES 1848, S.21ff.

61 Zum Begriff der »negativen Integration« siehe den Beitrag von Ralf Zerback in diesem Buch.

62 LEUCHTKUGELN 11/1848, S.88

63 DESTOUCHES 1848, S.19

64 Steinsdorf war seit 1837 Zweiter Bürgermeister. Im Revolutionsjahr hatte er die Geschäfte des erkrankten Ersten Bürgermeisters Bauer übernommen, dessen Amt er ab 1854 offiziell bekleidete. Steinsdorf schrieb die Geschichte dieser Tage in einer »Denkschrift« nieder; S.: STEINSDORF 1848.

195 »Der 11. Februar«; 1848; Karikatur aus: Leuchtkugeln. Randzeichnungen zur Geschichte der Gegenwart 11/1848

Schaden dadurch erleiden, insbesondere würden Tausende hiesiger Einwohner von diesem Ereigniße auf das allerschmerzlichste betroffen werden. Nicht zu reden von dem schweren Verluste der den Geschäftsleuten jeder Art darum erwachsen müßte, so wollen wir nur an die hundert armen Familien, welche durch Mieth- und Kostverabreichung an Studierende ein sorgenreiches Dasein fristen, hier erinnern«.[60]
Vor diesem Hintergrund ist zu verstehen, wenn in der Folgezeit bürgerliche Schichten mit den Studenten sympathisierten. Sie bildeten eine gemeinsame Front, die sich als eine Form von »negativer Integration« charakterisieren läßt.[61] Das Zweckbündnis aus Bürgertum und Studentenschaft manifestierte sich in Flugschriften, in denen die Geschehnisse als »Allgemeine Studenten- und Volksbewegung« beschrieben sind [ABB. 194; KAT.NR. 11.25]. Das Gedenkblatt von Gustav Kraus ist bezeichnenderweise »den hochherzigen Thaten der Bürger u. Studenten« gewidmet [ABB. 1; KAT.NR. 11.4]. Anschaulich ist diese Allianz auch in einer Illustration dargestellt, die unter dem Titel »Der 11. Februar« in den »Leuchtkugeln« erschien und auf der ein Student vor verschlossener Tür des Hörsaals steht. Der Schlosser sei schon unterwegs, teilt ihm der Hausmeister mit: »O, dann ist's gut, der wackere Bürgersmann wird schnell Hilfe schaffen und öffnen. Ja, kein Münchener läßt den Studenten sitzen« [ABB. 195].[62]

Bürgermeister und Rat

Nach der Schließung der Universität rückte am 10. Februar 1848 das Rathaus ins Zentrum der Ereignisse: »Ganz unvermuthet versammelten sich gegen 2 Uhr weit mehr als tausend Bürger, darunter die angesehensten Männer der Bürgerschaft im großen Rathaussaale. Um 1 Uhr Mittags schon war der Magistrat und das Gemeinde-Collegium in einer Sitzung im Plenum des Rathhauses versammelt. Von Minute zu Minute wuchs die Anzahl der Bürger: vor dem Rathhause selbst waren mehrere tausend Menschen versammelt«.[63] Man kam überein, in einer Resolution an den König um die Rücknahme der Universitätsschließung zu bitten. Es wurde eine Deputation gebildet, die das Dekret überreichen sollte.
Für die Stadt München war es ein Glücksfall, daß sie in Bürgermeister Kaspar von Steinsdorf (1797–1879) einen taktisch klugen und besonnen agierenden Repräsentanten hatte [ABB. 180; KAT.NR. 11.26].[64] Er nahm die Adresse entgegen und drang auf eine Audienz beim König. Rund 2000 angesehene Bürger begleiteten die Deputation zur Residenz. Über die gesamte Län-

196 Ludwig I. König von Bayern in Uniform; um 1854; Photographie von Franz Hanfstaengl; 27 x 21,6; MStM, Fotomuseum

ge des Max-Joseph-Platzes bezog die Menge in drei Reihen stillschweigend Stellung. Anhaltender Jubel brach aus, als sich die Königin am Fenster zeigte: »Nichts habe sie so gerührt, als unter den Reihen der hier aufgezogenen Bürger so viele Häupter mit ergrautem Haar zu erblicken«.[65] Steinsdorf hätte diesen Auflauf am liebsten verhindert. Er kannte die Mentalität des Königs zu genau, um zu wissen, daß solche Demonstrationen die Verhandlungsposition eher schwächten. Die entscheidende Rückendeckung boten ihm vielmehr die Reichsräte, die der Bürgerschaft ihre Unterstützung versichert hatten.

Die Deputation bestand aus sieben Vertretern. Neben dem Bürgermeister waren dies vier Magistratsräte, namentlich der Jurist Ignaz Klaußner, der Weinhändler Benno Lunglmayer, der Apotheker Ludwig Widnmann und der Kaufmann Franz Lindauer, sowie zwei von den Bürgern benannte Gemeindebevollmächtigte, der Bierbrauer Sedlmayr und Ignaz Zaubzer.[66] Gabriel Sedlmayr d.J. (1807–1874) war einer der potentesten Vertreter der Münchner Wirtschaft.[67]

Ludwig dachte gar nicht daran, diese Deputation zu empfangen. Im Kniefall versuchte ihn Prinzessin Augusta zum Einlenken zu bewegen. Die im Vorzimmer harrende Bürgervertretung hörte den König »in ungewöhnlicher Heftigkeit sprechen und die weinend bittende Stimme der Frau Prinzessin Augusta«. Dann hörte man wieder »eine weinende Frauenstimme, die heftige Stimme des Königs, und das Klirren dessen Säbels auf dem Zimmerboden«.[68] Durch die Vermittlung von Prinz Luitpold, dem Tränen in die Augen geschossen sein sollen, wurde die Deputation schließlich vorgelassen. Den Verlauf der Audienz schildert Steinsdorf in seiner Denkschrift [KAT.NR. 11.27].

Gleich beim Eintritt wurde der Bürgermeister angeherrscht: »Kommt eine Deputation bittlich zu dem König mit 2000 Mann im Rücken?«. Der König lehnte jegliches Zugeständnis kategorisch ab und drohte der Stadt jetzt außerdem, auch die Residenz zu verlegen. Er trug seine Generalsuniform und soll seinen aufgebrachten Worten mit stetigem Säbelklirren Nachdruck verschafft haben. Franz Hanfstaengl hat Ludwig in der Zeit um 1854 in dieser Uniform photographiert [ABB.

196; KAT.NR. 11.28]. In einem cholerischen Anfall entließ der König die Deputation mit den Worten: »Es bleibt dabei, ich lasse mich nicht schrecken; man kann mir mein Leben nehmen, aber meinen Willen nicht. Meinen gefaßten Entschluß werden Sie alsobald durch das Ministerium und schriftlich erhalten«.
Ludwig wußte, daß er einen Fehler gemacht hatte. Er versuchte nun kleinere Zugeständnisse als einen Akt königlicher Gnade darzustellen. Am Abend schickte er Innenminister Berks ins Rathaus, der die königliche Botschaft verlas: »Jetzo, da die Bürger sich ruhig zurückbegeben haben, ist's mein Vorhaben, daß statt erst mit dem Wintersemester bereits mit dem Sommersemester die Universität wieder geöffnet werde, wenn bis dahin Münchens Einwohner sich zu meiner Zufriedenheit benehmen. Das Wohl der Bürger liegt mir am Herzen, das bewies ich seit mehr denn drei und zwanzig Jahren. München den 10. Februar 1848. Ludwig«.[69] Auf solches Feilschen ließen sich die Bürger zur großen Überraschung des Königs aber nicht mehr ein.

Die Belagerung der Barer Straße

Seit der Schließung der Universität und der verordneten Ausweisung der Studenten glich die Barer Straße mit dem Palais der Lola Montez einem militärischen Sperrbezirk. Es ließ sich dennoch nicht verhindern, daß am Morgen des 11. Februar das Palais von einer aufgebrachten Menge belagert wurde. Sie war »mit Latten vom Gartenzaune des Hrn. Grafen von Bassenheim am Karolinenplatze und mit ausgebrochenen Pflastersteinen« bewaffnet.[70] Auch die Polizeidirektion in der Weinstraße befand sich im Belagerungszustand. Aus Brauereiwagen wurden Barrikaden. Um zehn Uhr zerbarsten in der Barer Straße die ersten Fensterscheiben. »Wollt ihr mein Leben, da nehmt es!«, soll Lola Montez tollkühn geschrien haben.[71] Überliefert ist auch ihr Ausruf: »Tödtet mich, wenn ihr Muth habt, hier bin ich!«. Sie war »in einer sehr nachlässigen Toilette« gekleidet, »auf dem Kopfe hatte sie einen schwarzen Blondenaufsatz«.[72]
Die Ausweisung der Gräfin Landsfeld war unvermeidlich. Ludwig hatte gar keine andere Wahl, als der in der ganzen Stadt laut werdenden Forderung nachzugeben. Eine Militäraktion schien aussichtslos. »Die Position an der Barerstrasse sei unhaltbar«, meinte der Innenminister, »und die Gräfin könne eine Stunde nach dem Angriffe eine Leiche sein«.[73] Auch der Polizeidirektor wollte für die Sicherheit der Lola Montez nicht mehr garantieren. Seine Prophezeiung, Ludwig könne bald »ihre Leiche hier vor ihren Fenstern an den Haaren vorbeischleifen« sehen, erinnert an das revolutionäre Paris zur Zeit der Septembermorde 1792, als man der gefangengesetzten Königsfamilie den Kopf der Princesse de Lamballe präsentierte.[74] Lola Montez entkam dem Steinhagel in einer Kutsche, die sie im Eiltempo aus der Stadt brachte [ABB. 4 und 189; KAT.NR. 11.20 und 11.29] Der Kutscher wurde später verprügelt, das Haus wurde sofort gestürmt.
Die Zerstörung von Häusern, in denen ausgemachte Rebellen, Verräter oder überhaupt Staatsfeinde gewohnt hatten, gehörte seit der Frühen Neuzeit zur allerorts gültigen Praxis der Strafjustiz.[75] Gewiß wäre auch das Palais der Lola Montez verwüstet worden, hätte sich König Ludwig in diesem Moment nicht selbst in der Menge gezeigt. »Seine Züge waren bleich, beinahe entstellt«.[76] Er verhinderte die Plünderung des Hauses mit dem lapidaren Hinweis, daß es sich um sein Eigentum handle.[77] Mit seinem Auftritt ist es ihm gelungen, den Aufruhr zu brem-

65 DESTOUCHES 1848, S.25f.
66 S.: STEINSDORF 1848, S.8 und DESTOUCHES 1848, S.24.
67 S.: Fritz Sedlmayr, Die Geschichte der Spatenbrauerei unter Gabriel Sedlmayr dem Älteren und dem Jüngeren 1807–1874 sowie Beiträge zur bayerischen Brauereigeschichte dieser Zeit. II. Theil 1840–1874, Nürnberg 1951, S.198ff.
68 STEINSDORF 1848, S.17
69 Zit.n.: STEINSDORF 1848, S.21. Ein Exemplar dieser Bekanntmachung befindet sich im Stadtarchiv München, BUR, 318.
70 DESCHLER 1848, S.12
71 Zit.n.: Münchener Tagblatt 59/1848, S.277 (28. 2. 1848). Der aus »Dr. Wolf's Annalen« entnommene Artikel beschreibt ausführlich die Flucht der Lola Montez.
72 Leipziger Illustrierte Zeitung 10/1848, S.151
73 STEINSDORF 1848, S.43
74 Zit.n.: KLENZE I/6, fol.98v
75 Beispiele finden sich bei Dietrich Erben, Die Pyramide Ludwigs XIV. in Rom. Ein Schanddenkmal im Dienst diplomatischer Vorherrschaft, in: Römisches Jahrbuch der Bibliotheca Hertziana 31/1996, S.427-458, bes. S.444ff.
76 Leipziger Illustrierte Zeitung 10/1848, S.151
77 S.: SEITZ 1953, S.35

sen. Dabei kam es zu einem denkwürdigen Vorfall: Der König von Bayern wurde bei seinem Erscheinen von einem Pflasterstein getroffen. Noch am Abend schrieb er seiner Geliebten die Zeilen: »Dein Haus war abgeschlossen, aber Leute waren in den Hinterhof eingedrungen und warfen Steine auf die Fenster. Ein nicht direkt auf mich gezielter Stein traf meinen Arm. Es ist aber fast überhaupt nichts. Glaube mir, es wäre süß, für Dich zu leiden ...«.[78]

Ludwig I. war nie Opfer eines Attentats, doch wurden während seiner Regierungszeit erstaunlich häufig Attentatspläne aktenkundig.[79] Ein Wirt aus Memmingen lebte im unerschütterlichen Vorsatz, »den König aus der Welt zu schaffen. Ganz Deutschland, ja Europa jubelt, wenn dieser scheußliche Mensch nicht mehr lebt«.[80] Dies war kein Einzelfall. Im Februar 1847 hatte die Gendarmerie den anonymen Hinweis erhalten, sie solle zu des Königs Rettung eilen, »ein Schuss mit Schiessbaumwolle ist zu seinem Ende bestimmt«.[81]

In der Regel waren solche Verschwörungen zum Königsmord als die irren Auswüchse von Geisteskranken abzutun, die sich schnell aus dem Verkehr ziehen ließen. Weitaus bedenklicher war es, wenn jetzt eine gesichtslose Menge gezielt oder ungezielt Steine nach dem König schmiß. Denn selbst wenn er sich tatsächlich nur einen verirrten Querschläger im Steinhagel eingefangen hatte, ohne ernsthafte Blessuren davonzutragen, so war im eigentlichen Sinn die als unantastbar geltende Königswürde mit einem Mal schmerzlich verletzt und schutzlos einem unkontrollierbaren Mutwillen ausgesetzt. Deshalb fand der keineswegs harmlose Steinwurf durchaus sein behördliches Nachspiel. Nachdem Ludwig hatte miterleben müssen, »wie die Truppen ruhig bey den Angriffen des Hauses sich verhielten«, forderte er in Signaten an das Kriegsministerium, die »da commandirt gewesenen Officiere [...] mit geeigneter Arreststrafe zu belegen«.[82] Als dann zwei Unterleutnants eine Woche Stubenarrest erhielten, schien ihm das »eine gar geringe Arreststrafe« zu sein.[83]

Der Vorfall war in hohem Grad alarmierend. Nachdem Ludwig durch seine Liebesaffäre den Rückhalt von Adel und Klerus eingebüßt, die Studentenschaft gegen sich aufgebracht und durch die leichtfertig verhängten Wirtschaftssanktionen auch den bürgerlichen Stand verprellt hatte, zeigte sich nun, daß er auf die exekutiven Organe seines Staates ebenfalls nicht zählen konnte. »Das Militär versagt den Dienst, da die Soldaten hierzu aufgehetzt werden. Der Verrat ist vollkommen«, notierte der König am 11. Februar.[84] Schon längst hatte sich das Militär zur »Hurengarde« degradiert gesehen.[85]

Das Nachtlager in Schloß Blutenburg

Seit dem 11. Februar, als ihr morgens um halb zehn Uhr Polizeidirektor Marck eröffnet hatte, sie habe binnen einer Stunde die Stadt zu verlassen, war Lola Montez auf der Flucht. Sie wurde über die Vorstadt Au bis Baiersbrunn eskortiert. Graf Arco-Steppberg führte den Troß an. Nachdem Lola Montez aus den Fängen ihrer Bewacher entlassen war, kehrte sie wieder um. Die Schleichwege führten über Großhesselohe nach Schloß Blutenburg. Dort fand sie Unterschlupf für eine bewegte Nacht.

Zur Zeit Ludwigs hatte das an der Würm in Menzing und nahe Nymphenburg gelegene Lustschloß Blutenburg keine Bedeutung im höfischen Leben [ABB. 197; KAT.NR. 11.30 und 11.31].[86] Das Gut war an einen Schankbetrieb mit Branntweinbrennerei verpachtet. Dem Wirt

78 Ludwig I. an Lola Montez, 11. 2. 1848; zit.n.: BW 1995, S.97
79 S.: Elisabeth Droß, Vom Spottgedicht zum Attentat. Angriffe auf König Ludwig I. von Bayern (1825–1848), Frankfurt a.M. 1994 (= Münchner Studien zur neueren und neuesten Geschichte, Bd.11)
80 Zit.n.: DROSS 1994, S.171
81 Zit.n.: RAUH ²1996, S.107
82 SIGNATE 1994 Bd.6, S.562 (18. 2. 1848); s.a.: S.561, Nr. 061/1848 (15. 2. 1848) sowie Nrn. 065 und 071. S.a.: LANKES 1993, S.420
83 SIGNATE 1994 Bd.6, S.563 (20. 2. 1848)
84 Zit.n.: GOLLWITZER ²1987, S.687
85 Zum Militär als »Bordellwächter, Hurengarde, Sündenvertheidiger« s.: KLENZE I/6, fol.8. Als »Hurenwache« wurde das Militär in einem Drohbrief beschimpft; s.: RAUH ²1996, S.112.
86 S.: Johannes Erichsen, Umrisse Blutenburger Geschichte, in: Blutenburg. Beiträge zur Geschichte von Schloß und Hofmark Menzing. Veröffentlichungen zur Bayerischen Geschichte und Kultur 1/83, hrsg. von Claus Grimm, München 1983, S.26-52, bes. S.47
87 S.: FUCHS 1904, S.151, Nr.19 und S.91 (Abb.); BW 1995, S.111 (Abb.); RAUH ²1996, S.186 (Abb.)

197 Blutenburg; 1842; aquarellierte Federzeichnung; 16,1 x 18,9; MStM, Graphiksammlung

soll Lola Montez mit vorgehaltener Pistole entgegengetreten sein, die sie »gleich der Rosa des Räubers Rinaldini« mit sich führte. Sie war kurz vor Mitternacht eingetroffen. Um nicht erkannt zu werden, soll sie sich die Haare gepudert haben. Der Aufenthalt ist in der zeitgenössischen Berichterstattung ausführlich dokumentiert. Es erschienen eine Flugschrift und eine kommentierte Bilderfolge unter dem Titel: »Das Nachtlager in Blutenburg. Romantisches Schauspiel aus dem 19ten Jahrhundert in mehreren Aufzügen« [ABB. 198; KAT.NR. 11.32 und 11.33].

Erzählt wird Lolas Zusammentreffen mit Elias Peißner und seinen »Alemannen«, die sie bereits in der Schänke erwarteten. Angeblich zwang die Gräfin ihren jungen Liebhaber mit Ohrfeigen, sie sofort wieder in die Hauptstadt zurückzuführen. Lieber aber habe sich Peißner umbringen wollen. Um vier Uhr in der Früh bezogen beide ihr gemeinsames Nachtlager. Inzwischen eilte der Wirt nach München und erstattete pflichtschuldig Meldung. Das Versteck flog auf. Im Morgengrauen wurde Lola Montez von der Polizei aufgegriffen, ins nahegelegene Pasing gebracht und in den Zug nach Augsburg gesetzt. Bei ihrer Ergreifung soll sie geschrien haben: »Je veux maintenant la coronne!«. Der Ausruf ist in einer Karikatur aus der lithographischen Folge »Politique consommé« aus dem Jahr 1848 zitiert. Zum Kommentar »Lola's und Beisner's letzte Conferenz in Blutenburg. ›Ich will die Krone. Du wirst Minister!' oder was« ist die Vertriebene zusammen mit ihrem Studenten im Bett dargestellt.[87]

Solche Räuberpistolen dürften die Phantasie des Betrachters am meisten angeregt haben. Das zweifellos größte Interesse an diesem »Romantischen Schauspiel« aber hatte der König. Er erfuhr spätestens von dem Aufenthalt in der Blutenburg, als ihm die Rechnung für das nächtliche Logis zugestellt wurde.[88] Er schrieb an Lola Montez: »Du bist mir eine treue Freundin, aber eine treulose Geliebte. Du kannst Dir nicht vorstellen, was für eine Wirkung es auf die Öffentlichkeit gehabt hat, daß Peißner mitten in der Katastrophennacht vor allen Leuten mit Dir in Blutenburg ins Bett gegangen ist«.[89] Die Beschuldigte sah sich genötigt, zusammen mit den »Alemannen« eine Erklärung abzufassen, die sie in der »Augsburger Allgemeinen Zeitung« veröffentlicht wissen wollte: »Den schmählichen Gerüchten, die über die Flucht der Gräfin von Landsfeld nach Blutenburg verbreitet sind, setze ich die wahre Erklärung des ganzen Ereignisses entgegen. Die Gräfin flüchtete sich nach Groß Hesselohe: Dort nicht in Sicherheit. Man hat bereits dem Wirthe für mehrere 100 fl [bestochen] um ihren Aufenthaltsort zu verrathen. Dann ging sie in Bauerkleidung nach München, und von da nach Blutenburg, wo sie besser in Sicherheit zu sein hoffte, weil sie den Wirth Schäfer schon länger kannte. Auf dem Wege dahin erfährt sie, daß die Allemanen in Blutenburg sind – nämlich durch zwei, die von diesen Studenten nach München geschickt wurden. Aufs Höchste ermattet, in den ärmlichen, beschmutzten Kleidern, in der großen Kälte war kein anderer Ausweg vorhanden. In Blutenburg angelangt, bleibt sie die Nacht hindurch in diesem Ort. Im ersten Stock liegt sie in einem kalten Zimmer auf einem Sofa mit Mänteln bedeckt. Von Zeit zu Zeit schickt die Versammlung der Allemanen einen aus ihrer Mitte ab, um sich nach dem Befinden und Befehlen der Frau Gräfin zu erkundigen, da man Ernst befürchten mußte, sie würde krank. Erbärmlich sind die Beschuldigungen, welche die Menschen gegen eine Dame erheben, die sich in so unglücklicher erbarmungswürdiger Lage befand. Die Wahrheit des Erzählten bezeugen die ganzen versammelten Allemanen mit ihrem Ehrenwort«.[90]

Lola Montez in Lindau

Die Augsburger Bürgerschaft hatte versprochen, den Münchnern bei der Vertreibung der Lola Montez »in großen Massen mit der Eisenbahn« zu Hilfe zu eilen.[91] Jetzt saß die geschaßte Gräfin selbst im Zug nach Augsburg. Im Abteil schrieb sie mit sichtlich nervöser, hochfahrender Schrift: »Mein für immer geliebter Louis, diese Zeilen sind aus der Eisenbahn von Augsburg. Ich bin sehr, sehr unglücklich. Mein Herz ist gebrochen. Ich habe nichts zum Anziehen mit mir, nichts, nichts. Ich bin gezwungen, einen Nachtrock zu tragen. Die Demokratie hat einen großen Sieg errungen« [ABB. 200; KAT.NR. 11.34].[92] In ihrer Begleitung waren zwei Polizisten »zum Schutz und zur Assistenz«.[93] Als im Jahr 1851 die gräflichen »Memoiren« auf den Markt kamen, erschien im »Kladderdatsch« eine Karikatur, auf der Lola Montez vor dem Horizont der Münchner Frauenkirche mit zwei Gendarmen im »Pas de trois« zur Reichsgrenze am Bodensee schreitet.[94] Die Flucht durch das bayerisch-schwäbische Alpenvorland hinterließ in den lokalgeschichtlichen Chroniken zahlreiche Spuren.[95] In Kempten hob »ein murmelndes Geschrei« an, als die skandalöse Ausländerin auf der Durchfahrt die Pferde wechseln ließ.[96] Am Abend des 13. Februar 1848 erreichte Lola Montez Lindau. Sie quartierte sich im ersten Haus am Platz ein, dem »Gasthaus zur Krone«, und blieb dort bis zum 24. Februar. An ihren Aufenthalt erinnert eine Satire »Große Fisch-Debatte im Bodensee, so geschehen, als Gräfin L. in Lindau ankam«,

88 »Ich zahle Deine Rechnungen für Hesselohe und Blutenburg«; Ludwig I. an Lola Montez, 15. 2. 1848; zit.n.: BW 1995, S.104.
89 Ludwig I. an Lola Montez, 18. 2. 1848; zit.n.: BW 1995, S.109
90 Zit.n.: BW 1995, S.117. Den Anschuldigungen hatte Lola Montez schon in einem früheren Brief vorgebaut: »Was Blutenburg betrifft, so ist diese Geschichte viel zu abscheulich und unglaublich, als daß Du sie hättest glauben können. Sie sind wirklich keine guten Intriganten, wenn Sie keine besseren Lügen erzählen können«; Lola Montez aus Lindau an Ludwig I., 22. 2. 1848; zit.n.: BW 1995, S.116.
91 Zit.n.: BLUM 1898, S.117
92 Lola Montez aus Augsburg an Ludwig I., 12.2.1848; zit.n.: BW 1995, S.100
93 Zit.n.: SEITZ 1953, S.36
94 »Lola Montez tanzt ihre Memoiren. (Bavaroise.) ›Einst spielt' ich mit der Krone, mit Scepter und Stern.‹ Finale. Pas de trois. Mit obligater Gensd'armeriebegleitung.«; Karikatur in: Kladderdatsch (Berlin), 26. 10. 1851. Lit.: FUCHS 1904, S.131, Abb.70.
95 S.: Dietmar Nickel, Die Revolution 1848/49 in Augsburg und Bayerisch-Schwaben, Augsburg 1965, bes. S.40-43: »Der Skandal um Lola Montez und ihre Reise durch Schwaben«
96 Zit.n.: NICKEL 1965, S.41f.

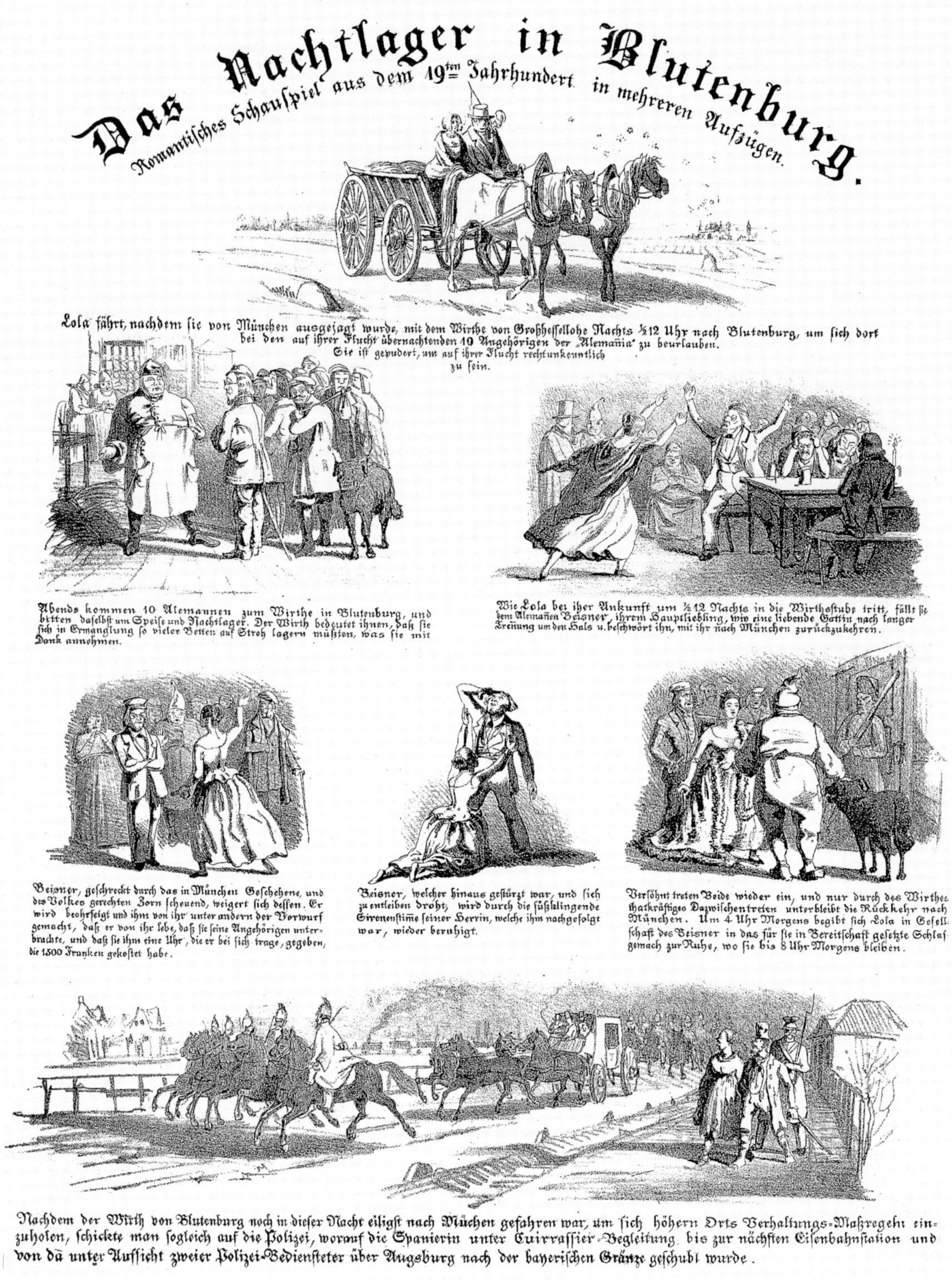

198 »Das Nachtlager in Blutenburg. Romantisches Schauspiel aus dem 19ten Jahrhundert in mehreren Aufzügen.«; 1848; Lithographie; 45 x 33; MStM, Graphiksammlung

199 »Liebesabenteuer im Gebirge« - Satirische Bildfolge auf das geplante Wiedersehen von Ludwig I. und Lola Montez; 1848; Lithographie; 35 x 43,5; MStM, Graphiksammlung

die der »Münchener Punsch« veröffentlichte.[97] Im Gefolge der Lola Montez waren Peißner und zwei weitere »Alemannen«. »Wahrhaftig, sie sind wie die Schweizer Garde von Ludwig XVI.«, schrieb sie an den König, »jeder von ihnen ist bereit, sein Leben für mich zu opfern, und bis zu ihrem Ende haben sie in meinem Haus mit ihren Handlungen ihre Hingabe zu mir gezeigt«.[98] Ludwig hätte diese Zeilen gar nicht wörtlich genug nehmen können. Denn zum Verdruß des eifersüchtigen Peißner kam nun der Student Leibinger in den Genuß, der Gräfin die Lindauer Exilnächte zu verkürzen. Wie ein Lauffeuer zogen sich die Nachrichten über die neue Residentin durchs Allgäu: »Wenn ein bürgerlicher Handwerksbursch sich nicht gleich ausweisen kann, darf er sein müdes Haupt nicht in Lindaus Mauern zur Ruhe legen. Wenn ein armer Allgäuer Bauer mit zu schmalen Radfelgen in die Stadt fährt, dann entgeht er nicht den Augen der strengen Polizei. Wenn aber eine Person wie die Lola, die innerhalb von 24 Stunden das Königreich zu verlassen hat, sich zehn Tage in Lindau aufhält, da sieht die Polizei nichts«.[99] Tatsächlich waren die königstreuen Lindauer besonders darum bemüht, der Mätresse den Aufenthalt so angenehm wie möglich zu bereiten. Sie sollen sogar erwogen haben, »eine Deputation von Bürgern nach München zu schicken, um bei Seiner Majestät das hohe Glück zu erbitten, die Gräfin Landsfeld für immer in Lindau behalten zu dürfen«.[100] Von solchem Loyalitätsbeweis versprach man sich offenbar einen Investitionsschub für den schon lange geplanten Hafenausbau.[101]
Die Flucht endete am 27. Februar fürs erste in Bern. Eigentlich wollte Lola Montez nach Paler-

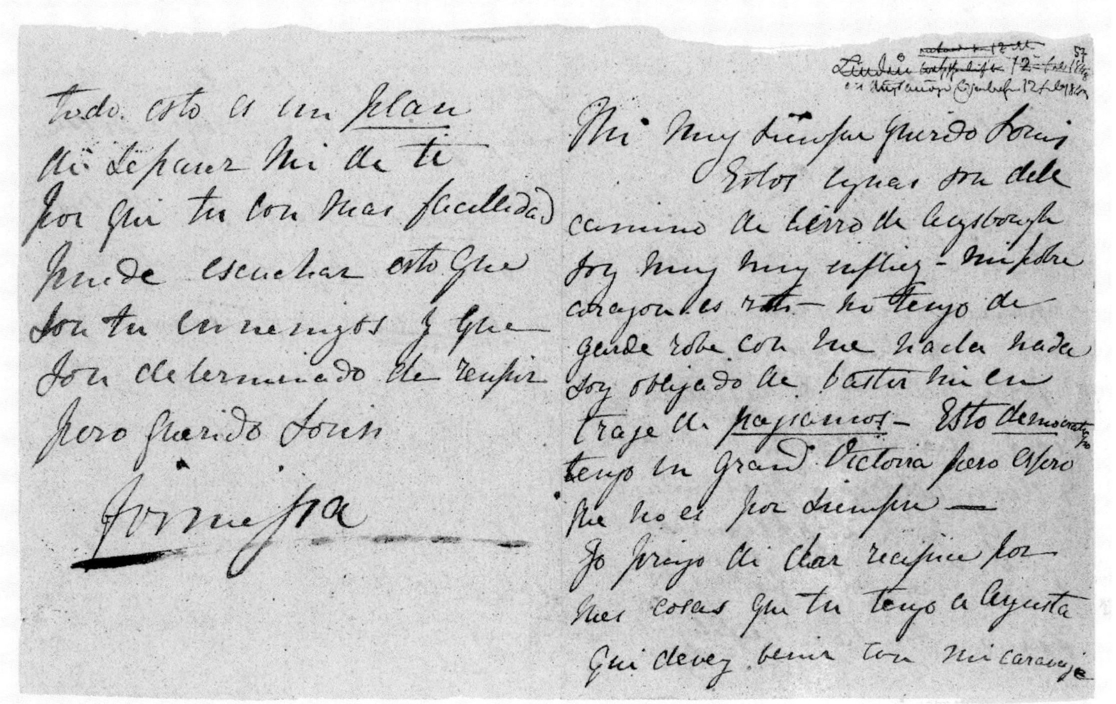

200 Lola Montez an Ludwig I. von Bayern; 12.2.1848; Autograph; München, Bayerische Staatsbibliothek, Ludwig I.-Archiv 34 (Photo: Bayerische Staatsbibliothek)

mo.[102] Ludwig drängte aber darauf, sich am Genfer See einzurichten. Für April plante er ein Wiedersehen in Lausanne. »Dann wird man sehen können, wann Du wieder hier kommen kannst«, schrieb er ihr aus München: »Es ist notwendig, daß die Unruhe sich wieder legt«.[103] Die Bevölkerung wußte von der vorgesehenen, aber nie realisierten Schweizreise des Königs. Das bezeugt die Bildfolge »Liebesabenteuer im Gebirge«, die in München erschien [ABB. 199; KAT. NR. 11.35]. Dort lebte man seit dem »Nachtlager in Blutenburg« in der geradezu panischen Angst, Lola Montez werde wieder zurückkehren. Gerüchte ihrer heimlichen Anwesenheit wurden vor allem in den ersten Märztagen gestreut. Wie ein Phantom wurde Lola Montez an allen Ecken vermutet. Am 18. März wollte man sie im sogenannten Mayerschlößchen von Haidhausen, dann in der Josephsburg in Berg am Laim und bald allerorts in und um München gesehen haben.[104] »Schau nicht um, die Lola geht rum!« orakelte der »Münchener Punsch« am 19. März 1848. Nach der Abdankung des Königs hieß es dann im gleichen Blatt: »München wird nun entschieden ernsthaft. Auch in der vergangenen Woche fand keine Lolasucherei statt«.[105]

Unbegründet waren diese Spekulationen nicht. In Begleitung eines Baron Meller hatte es Lola Montez tatsächlich gewagt, in der Nacht auf den 9. März in München aufzutauchen. Sie war »wie ein Mann bekleidet, damit niemand etwas wissen kann« und versteckte sich im Haus des Tapezierers Krebs in der Wurzerstraße 12.[106] Krebs hatte bei der Ausstattung ihres Palais in der Barer Straße mitgearbeitet [KAT.NR. 5.34]. Lange blieb diese im Grunde sinnlose Nacht- und

97 Münchener Punsch, 27. 2. 1848; s.: PFUNDTNER 1939, S.50
98 Lola Montez aus Lindau an Ludwig I., 14. 2. 1848; zit.n.: BW 1995, S.103
99 Zit.n.: NICKEL 1965, S.42
100 So zumindest in einer wohl höhnisch überzeichneten Meldung der linksliberalen »Kemptner Zeitung« vom 9. 3. 1848; zit.n.: NICKEL 1965, S.42.
101 Den wirtschaftlichen Aufschwung erlebte Lindau seit 1851 unter Maximilian II.; s.: AUSST.KAT. MÜNCHEN 1997, S.166-169, Nr.21.
102 Siehe den Brief der Lola Montez an Ludwig I. vom 14. Februar 1848 in: BW 1995, S.103
103 Ludwig I. an Lola Montez, 12. 2. 1848; zit.n.: BW 1995, S.100
104 Vgl.: SEITZ 1953, S.84
105 Münchener Punsch, 19. 3. 1848, S.32; s.a.: PFUNDTNER 1939, S.50f.
106 Lola Montez aus München an Ludwig I., 8. 3. 1848; zit.n.: BW 1995, S.137

Nebelaktion nicht unbemerkt. Polizisten drangen in das Haus und fanden »die Gräfin unter einem Sopha versteckt«.[107] Sie wurde auf der Polizeiwache in der Weinstraße festgesetzt. Polizeidirektor Marck ließ den König aus dem Bett holen. Ludwig und Lola verbrachten drei gemeinsame Stunden auf der Wache, ehe man sie unter größter Geheimhaltung aus der Stadt schleuste. Am 9. März hat die Gräfin Landsfeld in Landsberg am Lech zu Mittag gegessen.[108] Dann verliert sich ihre Spur. Am 16. März schrieb sie dem König aus Frankfurt am Main.[109] Dort war sie mit Peißner verabredet, was sie dem König natürlich nicht schrieb. Im Rückblick erweist sich das nächtliche Intermezzo auf der Münchner Polizeiwache als der improvisierte Schlußakt einer eineinhalbjährigen Liebesgeschichte. Ludwig hat Lola Montez nie wieder gesehen.

Engelssturz

Die Vertreibung der Lola Montez wurde zum beherrschenden Thema der satirischen Publizistik. Hervorzuheben sind die Bilderbogen »Lola Montez und ihr Anhang« [ABB. 4; KAT.NR. 11.29] oder das Leipziger Blatt »Der Genius der Sittsamkeit verläßt das gelobte Land« [ABB. 5; KAT.NR. 11.36]. Auch der »Neue Speisezettel« hat einen gewissen Humor [KAT.NR. 11.37]. Im Angebot steht zum Beispiel eine »Bayerische Dampfnudel à la sans canons. Für Leute, die das Pulver für eine bessere Sache verschossen haben wollen, als für eine fahrende Theaterprinzeß«. Gehaltvoller als alle diese Satiren, Spottgedichte und Karikaturen ist ein Einblattdruck, der unter dem Titel »Der Engelsturz 11 Febr. 1848« in München erschien [ABB. 201; KAT.NR. 11.38]. Es dürfte sich um eine der meistverbreiteten Karikaturen zu Lola Montez und zum Jahr 1848 überhaupt handeln. Die Darstellung spielt mit einem Thema aus der christlichen Ikonographie. Im Engelssturz kämpft der Erzengel Michael mit Schild und Flammenschwert gegen die abtrünnigen Engel, die unter Führung Luzifers in den Höllenschlund gestoßen werden. Die Verehrung des Drachentöters Michael hatte ihren Höhepunkt im Zeitalter der Gegenreformation, als sich in Rom der Jesuitenorden im Sinne einer *ecclesia militans* formierte. Nördlich der Alpen wurde München mit dem Bau der Michaelskirche seit 1583 zum Zentrum des neugegründeten Ordens. Gerade in Bayern war die Karikatur also leicht verständlich. Das Bildmotiv erinnert an die großen Altargemälde von Peter Paul Rubens in der Alten Pinakothek, namentlich an den »Engelssturz« aus der Hofkirche von Neuburg an der Donau.

Das apokalyptische Thema bildete die Folie für die satirische Auseinandersetzung mit Lolas Vertreibung aus München. Die endzeitliche Scheidung in Gut und Böse machte die Rollenzuweisung einfach. Um den Wittelsbacher Löwen gruppieren sich die Himmelsscharen zu einer wehrhaften Phalanx. Sie schwebt auf einem Strahlenkranz, der aus mit Bajonetten bestückten Gewehrläufen gebildet ist. Es handelt sich überwiegend um säbelrasselnde Studenten und deren Professoren. Durch seine Amtskette ist im Vordergrund Kaspar von Steinsdorf als Bürgermeister ausgewiesen. Neben ihm zieht der Universitätsrektor Friedrich Wilhelm Thiersch seinen Zylinder. Sie repräsentieren das Bündnis von Bürgerschaft und Universität. In der Menge sind auch Vertreter von Klerus und Militär auszumachen. Der Mann mit dem Zylinder und dem Geldsack ist als Max Graf von Arco-Valley zu identifizieren, der den Armen Münchens fünftausend Gulden bei der Vertreibung der Lola Montez gespendet hatte [KAT.NR. 8.6]. Es ist

107 DESTOUCHES 1848, S.75
108 S.: SEITZ 1953, S.81
109 S.: BW 1995, S.151. Unstimmig bleibt, daß ein erster Brief vom Vortag noch aus Bern stammt.

201 »Der Engelsturz 11 Febr. 1848«; 1848; Lithographie von Franz Seitz; 39,2 x 34,3; MStM, Graphiksammlung

eine typische satirische Überzeichnung, daß die Hauptrolle des heerführenden Erzengels ausgerechnet mit Fürst Oettingen-Wallerstein besetzt ist. Der Fürst war seit dem 1. Dezember 1847 der oberste bayerische Minister und maßgeblich an der Vertreibung der Lola Montez beteiligt, doch hätte er sich selbst sicher nicht als den eifernden Glaubensritter betrachtet, der sein Flammenschwert gegen den apokalyptischen Drachen schwingt. Wenn er gegen die Mätresse ins Feld zog, dann mit taktischem Kalkül und der Einsicht, daß sich der Volkszorn zur Durchsetzung eigener politischer Ziele vereinnahmen ließ. Am 9. Februar 1848 hatte er dem König einen Brief geschrieben, in dem er das Unheil ausmalte, das Lola Montez über König und Land bringen werde [KAT.NR. 11.39].

Das Schild des Erzengels zeigt das Münchner Stadtwappen und die Umschrift: »Einigkeit macht stark«. Vom Wappenmönch scheinen magische Kräfte auszugehen, vor denen Lola Montez wehklagend zurückweicht. Sie ist mit Grafenkrone, Schmuck und Ballettschuhen ausstaffiert. Es sind Zeichen ihrer *Superbia*, die sie im apokalyptischen Kontext als die Babylonische Hure erscheinen läßt. »Babylonische Hure« war ein in München verbreitetes Synonym für Lola Montez. Luise von Kobell nannte sie die »Tochter Babels«.[110]

Lola Montez lagert auf den Schultern eines schmerbäuchigen Gendarmen. An dessen Säbel klebt Blut. Gemeint ist Hauptmann von Baur-Breitenfeld, der bei der Ausweisung der Studenten am 10. Februar auf die in Panik auseinandertreibende Schar hatte einschlagen lassen. Der Vorfall ereignete sich vor dem Kultusministerium in der Alten Akademie bei Sankt Michael. Die Studenten hatten sich dort zu einer Sympathiekundgebung für Wallerstein versammelt. Dem »Angriff auf die Studirenten durch die Gendarmerie unter Befehl Hauptmann Bauers« ist in der Bildreportage von Gustav Kraus eine eigene Szene eingeräumt [ABB. 1; KAT.NR. 11.4].[111] Als sich der Hauptmann am 16. Februar genötigt sah, sein Versetzungsgesuch einzureichen, notierte Ludwig: »Einen solchen zuverlässig treuen Mann an der Spitze der Gendarmerie zu sehen, muß man erfreut sein; ich bin es und bin nicht gesonnen, in diese Versetzung einzugehen«.[112] Baur-Breitenfeld war bereits am 10. Februar durch den aus Augsburg beorderten Hauptmann Neumann ersetzt worden.[113]

An Lolas Rocksaum klammert sich Elias Peißner als Führer der »Alemannen«. Seine Kommilitonen zeigen den Paß »nach Leipzig«, wohin einige Studenten tatsächlich geflohen waren. Unter den verrenkten Leibern der Verdammten, die wie gewundene Säulen die Hauptgruppe um Lola flankieren, sind außerdem ein Redakteur vom »Morgenblatt« und der Schokoladenfabrikant Mayerhofer hervorgehoben. Durch Lola Montez war Mayerhofer zum Hoflieferanten geworden.[114] Seine für die Königin bestimmte Schokolade sei aber vergiftet gewesen, weshalb deren Leibarzt ihr »seit Wochen Gegengifte« verschrieben habe.[115] Der Konfiseur war ein täglicher Gast im Palais der Gräfin und dort am Morgen des 11. Februar von den Randalierern gewissermaßen in flagranti ertappt worden. Nachdem er in der Zeit um 1840 mit einer Preismedaille des Polytechnischen Vereins geehrt worden war, wurde er jetzt von seinen aufgebrachten Landsleuten »mit Stein- und Kothwürfen, Fluch und Scheltworten« verfolgt.[116] Er stand sicher ganz oben auf den »Proscriptionslisten«, in denen die Anhänger der Lola Montez erfaßt wurden [KAT.NR. 11.19]. Diese Proskriptionslisten boten die Grundlage, auf der vor allem die »Augsburger Postzeitung« eine gerichtliche Untersuchung gegen die Lolagünstlinge forderte.[117]

110 S.: KOBELL 1894, S.178. Zu Lola Montez als Hure Babylons s.: PULZ 1982, S.312-322
111 Zu den Vorfällen s.a.: DESTOUCHES 1848, S.31f.; DESCHLER 1848, S.10; LANKES 1993, S.419
112 Zit.n.: SEITZ 1953, S.27
113 S.: SEITZ 1953, S.33
114 Zum »Schokoladen-Laden von Mayrhofer«, der sich in der Residenzstraße befand, s.: BW 1995, S.59 (18. 8. 1847)
115 GESANDTSCHAFTSBERICHTE 1941 und 1942, Abt.II, Bd.3, S.519 und Abt.III, Bd.4, S.362
116 KLENZE I/6, fol.101; s.a.: Leipziger Illustrierte Zeitung 10/1848, S.151; zur Preismedaille s.: AUSST.KAT. MÜNCHEN 1987, S.633, Nr.9.3 (MStM, Graphiksammlung, Inv.Nr.: 128/989). Fuchs zitiert ein Spottgedicht, in dem Lolas »geliebter Schokolad'=Wirth« auftritt; s.: FUCHS 1904, S.156f., Nr.36.
117 S.: SEITZ 1953, S.45
118 S.: FUCHS 1904, S.165, Nr.65
119 S.: Münchner Politische Zeitung, 2. 3. 1848; zit.n.: AUSST. KAT. MÜNCHEN 1987, S.723
120 Zit.n.: SEITZ 1953, S.42
121 DESTOUCHES 1848, S.45
122 DESTOUCHES 1848, S.46
123 S. z.B.: KLENZE I/6, fol.86; s.a.: SEITZ 1953, S.48 und GOLLWITZER ^{2}1987, S.703 und 708f.
124 S.: MONTEZ 1986, Bd.2, S.1584f.; KLENZE I/6, fol.80v-81; KAULBACH ^{2}1918, S.235f.; s.a.: BW 1995, S.53f.

Der »Engelsturz« stammt von dem Münchner Maler und Lithographen Franz Seitz (1817 bis 1883). Er war Mitarbeiter der »Fliegenden Blätter« und der Münchner »Leuchtkugeln« und wurde später Kostümbildner am Nationaltheater. In der für die »Fliegenden Blätter« typischen Tonlage sind auch die Verse gehalten, die den Einblattdruck glossieren. Sie parodieren Schillers Gedicht »Das Mädchen aus der Fremde« [KAT.NR. 11.38].[118] Unter dem unmittelbaren Eindruck der Ereignisse war die Karikatur bereits im Februar 1848 in München erschienen. Sie wurde beschlagnahmt und kam am 2. März zum Preis von 12 Kreuzern wieder auf den Markt.[119] Als eine Pendantveröffentlichung ist der »Politische Bilderbogen« zu betrachten [ABB. 176; KAT.NR. 11.48].

Die Märzforderungen

Die Vertreibung der Lola Montez aus München führte zu einer nur kurzzeitigen Beruhigung des Klimas, das von Mißtrauen und Nervosität gekennzeichnet war. In dieser Situation berichtete der preußische Gesandte Graf Bernstorff nach Berlin: »Der König Ludwig ist vollständig aller Achtung, aller Autorität, alles Vertrauens bei seinem Volke entblößt. Er wird allgemein für ganz oder halb wahnsinnig angesehen und es bedürfte nur des geringsten Anstoßes, um ihn zu entthronen [...] Der König ist jeder vernünftigen und ernsten Betrachtung unzugänglich [...] und lebt in einem vollkommenen Traum, denkt und schreibt fortwährend an seine verjagte Geliebte und beschäftigt sich mit Gedanken der Wiedervereinigung auf der einen, der Reaktion und der Rache auf der anderen Seite«.[120] Der Stadtchronist Destouches beobachtete »den König über eine Stunde lang auf der östlichen Altane der Residenz ganz allein auf und ab sich bewegen und mit beiden Händen agieren«.[121]

In dieses Machtvakuum der Monarchie drang in der Nacht auf den 27. Februar die Kunde vom Sturz des Königs von Frankreich. Seit dem 22. Februar herrschte Bürgerkrieg in Paris. Die drei Tage währenden Barrikadenkämpfe wurden zu einem Fanal für die deutschen Kleinstaaten. Vor allem in Baden kam eine revolutionäre Bewegung in Gang, von der man sehr wohl auch in der bayerischen Hauptstadt wußte. »Man hörte hie und da Äußerungen, die man in früheren Zeiten in München nie gehört hätte«, notierte Destouches. Für ihn stand außer Zweifel, »daß eine demokratische und nicht geringe Parthey sich längst gebildet hatte«.[122]

Seit dem 2. März waren an den Straßenecken der ganzen Stadt, besonders aber am Innenministerium Parolen wie »Pereat Berks!« zu lesen. Berks war »Verweser« des Ministeriums des Innern. Bei den Zeitgenossen hieß er schlicht »Lola-Minister« oder »Hurenminister«.[123] Sein Werdegang ist exemplarisch für die Personalpolitik dieser Jahre. Franz Berks hatte sich zunächst als Reisekavalier der Königin hervorgetan. In dieser Funktion bemühte er sich dann auch um die Gunst der Lola Montez. Im Sommer 1847 begleitete er sie als »Reisemarschall« nach Würzburg. Dort kam es zu einem oft kolportierten Skandal.[124] Lola wollte ihren Hund im Garten der Würzburger Residenz ausführen, und als ihr die Schildwache mit dem Hinweis entgegentrat, dies sei verboten, antwortete die mondäne Fremde, sie sei die Mätresse des Königs und niemand habe ihr Befehle zu erteilen. In ihrem Tobsuchtsanfall habe sie dem Posten schließlich einen Kinnhaken versetzt. Ihr loyaler Reisebegleiter Berks wurde kurz darauf zum Staatsrat und dann schließlich zum Innenminister ernannt. Eine anonyme Karikatur mit dem Titel »Auf dem

Weg ins Ministerium« zeigt Lola und Berks in zärtlicher Liebkosung auf einem Sofa.[125]
Die Position des politisch inkompetenten Emporkömmlings war solange gedeckt, wie sich Lola Montez hatte behaupten können. Nach ihrer Vertreibung geriet Berks in der Öffentlichkeit sofort unter Beschuß. Die »Augsburger Postzeitung« schrieb bereits am 14. Februar 1848, »daß nach Räumung des Hauses in der Barerstraße die Stellung des Herrn von Berks unmöglich geworden sei«.[126] Reichsrat Leiningen ließ den König wissen, daß das Vertrauen der Untertanen erschüttert sei, solange eine »Kreatur« wie Berks an seiner Seite stünde.[127] Am 2. März kam es zum Sturm auf das Haus des Ministers, der im Damenstiftsgebäude gegenüber der Staatsbibliothek wohnte: »Abends gegen 8 Uhr wogten ziemlich dichte Menschenmaßen die Ludwigsstraße auf und nieder. Die Laternen am Damenstifte und in deßen Umgebung waren sämtlich ausgelöscht. Kurz nach 8 Uhr begann der tobende Haufe das Pflaster aufzureißen und Steine in zahlloser Menge auf das Thor und die Fenster des Mittelgebäudes zu werfen unter dem ununterbrochenen Ruf ›pereat Berks! Nieder mit Berks!‹. Der Lärm wurde immer toller und nach etwa einer Viertelstunde hatte man das Thor zertrümmert und begann sofort einzudringen, ohne daß bisher bewaffnete Macht dem Treiben Einhalt geboten hätte« [KAT.NR. 11.40].[128]
Berks war »aus Gesundheitsrücksichten« längst abgereist.[129] Angeblich hatte er sich »im Dunkel der Nacht über die Planke des Nachbarhauses« in Sicherheit gebracht.[130] Seinen unrühmlichen Abgang kommentiert der »Politische Bilderbogen« mit einem purzelnden Männchen und dem Vers: »Langsam gehts hinauf zum Gipfel des Bergs-/ Aber kopfüber hinunter – merks!« [ABB. 176; KAT.NR. 11.48]. Zu den zentralen Forderungen der deutschen Märzrevolution gehörten die konstitutionelle Fixierung einer Ministerverantwortlichkeit und die Vereidigung der Exekutive auf die Verfassung. In Bayern hatte es mit Minister Berks und Gendarmeriehauptmann Baur-Breitenfeld zwei Figuren gegeben, mit denen sich die Notwendigkeit solcher Reformen zwingend begründen ließ.
Am 3. März wurde im Rathaus eine eilig improvisierte Resolution formuliert, in der nach dem Vorbild anderer Staaten die Märzforderungen aufgenommen sind.[131] Als maßgebliche Persönlichkeit der Bürgerschaft nennt der Stadtchronist den Kaufmann Michael Rosipal junior.[132] In der wohl eher rhetorischen Erwartung einer militärischen Expansion Frankreichs sah man sich nun »von innen und außen drohenden Gefahren« ausgesetzt, denen allein mit der »Einigkeit der Fürsten und Völker« entgegenzuwirken sei. Eine solche Einigkeit sei aber nur »durch Gewährung von Wünschen« zu garantieren, die »jetzt in aller deutschen Munde« seien.[133] So ging es auch in München um Ministerverantwortlichkeit, die Reform des Polizeigesetzes, die Vereidigung des Heeres auf die Verfassung, die vollständige Abschaffung der Zensur, um Öffentlichkeit und Mündlichkeit der Rechtspflege mit Geschworenengerichten und um die Änderung der Landtagswahlordnung. Insgesamt drängten die Forderungen auf die Konstitutionalisierung der Monarchie und auf die Erweiterung bürgerlicher Rechte. Die Resolution lag im Rathaus zur Unterschrift aus. Nicht nur jeder männliche Einwohner Münchens, sondern jeder bayerische Bürger war zur Unterschrift berechtigt. Innerhalb von nur vier Stunden sollen bereits mehr als 10 000, bald gar 20 000 Unterschriften gesammelt worden sein: »Bürger und Adeliche, Künstler und Gelehrte, wie Advokaten und Staatsdiener betheiligten

125 S.: FUCHS 1904, S.161, Nr.50
126 Zit.n.: SEITZ 1953, S.45
127 »Drangvollere und für die nächste Zukunft bedrohlichere Umstände für das Königtum, und somit für unser ganzes teures Vaterland, als jetzt, haben lange nicht, vielleicht nie bestanden. Gerade in diesem kritischen Zeitpunkte ist das Vertrauen aller Klassen Ihrer Unterthanen in Ew. Majestät auf das tiefste erschüttert. Es ist dieses das wahrhaft hochverräterische Werk jener Kreaturen, welche noch jetzt zwischen Ew. Majestät und Ihr Volk sich drängen; namentlich aber, daß ein Mann, wie Ministerverweser v. Berks, welchen die öffentliche Meinung mit tiefer Verachtung beladet, weil er selbst Jene verraten hat, auf deren Schultern er emporgestiegen ist, Ew. Majestät noch als Ratgeber zur Seite steht. Ew. Majestät sind vollständig über die Ursachen getäuscht, durch welche jene Unzufriedenheit und Erbitterung hervorgerufen worden«; zit.n.: BLUM 1898, S.118.
128 DESTOUCHES 1848, S.47f.
129 DESTOUCHES 1848, S.54
130 BLUM 1898, S.119
131 Die Adresse vom 3. März 1848 ist vollständig aufgeführt bei DESTOUCHES 1848, S.55-59.
132 S.: DESTOUCHES 1848, S.51
133 DESTOUCHES 1848, S.51f.
134 DESTOUCHES 1848, S.53; s.a. die Szene auf dem Blatt von Kraus; KAT.NR.11.5.
135 Zu Leiningen s.: Hermann Nehlsen, Fürst Karl zu Leiningen (1804–1856), in: Gerhard Köbler und Hermann Nehlsen (Hrsg.), Wirkungen europäischer Rechtskultur. Festschrift für Karl Kroeschell, München 1997; s.a.: GOLLWITZER ²1987, S.711

202 »Große Volksbewegung in München am 2ten 3ten und 4ten März 1848.«; 1848; Lithographie; 39,6 x 47,3; MStM, Graphiksammlung

sich daran«.[134] Die prominenteste Unterschrift stammte vom Reichsrat Fürst zu Leiningen.
Karl Friedrich Wilhelm Eurich Fürst zu Leiningen-Hartenburg (1804–1856) wurde nach dem 6. März zum ersten Präsidenten der Reichsratskammer ernannt, eines Gremiums, das dem heutigen – und inzwischen abgeschafften – Senat entsprach [ABB. 182; KAT.NR. 11.41].[135] Über den gesamten Zeitraum der Ereignisse hinweg ist der ungemein einflußreiche Leiningen als der eigentliche Initiator in der politischen Entscheidungsfindung zu betrachten. Er bezog in Briefen an den König zu allen gravierenden Fragen eine eindeutige Position. Zunächst hatte er auf die sofortige Entfernung der Lola Montez gedrängt, dann auf die Entlassung von Berks. Und schließlich war es Leiningen, der dem König jetzt unbedingt dazu riet, die Bürgeradresse vom 3. März entgegenzunehmen: »Ich komme eben vom Rathaus; die Adresse enthält nichts, was dem Königtum in den jetzigen Verhältnissen nicht freudig annehmen könnte; ich habe sie deshalb unterschrieben«.[136] Seitz nannte Leiningen einen »bayerischen Mirabeau«.[137] Für

136 Zit.n.: SEITZ 1953, S.55
137 SEITZ 1953, S.48
138 S.: SEITZ 1953, S.86
139 S.: SEITZ 1953, S.67
140 DESTOUCHES 1848, S.59
141 S.: Oskar Bezzel, Geschichte des kgl. bayerischen Heeres von 1825 bis 1866, München 1931. Zu München als Garnisonsstadt im 19. Jahrhundert s.: LANKES 1993, für die Zeit Ludwigs I. bes. S.30-39. Zur Rolle des Militärs in der Münchner Revolution s.: Jörg Calließ, Militär in der Krise. Die bayerische Armee in der Revolution von 1848/49, Boppard 1976
142 Zit.n.: SEITZ 1953, S.13
143 S.: SEITZ 1953, S.37
144 Zur Geschichte der Münchner Landwehr und ihrer Bedeutung in der Märzrevolution s.: LANKES 1993, S.385-398
145 Zit.n.: STEINSDORF 1848, S.29
146 S.: LANKES 1993, S.418
147 SIGNATE 1994 Bd.6, S.566f. (16. 2. 1848)
148 S.: LANKES 1993, S.37
149 S.: LANKES 1993, S.421
150 S.: SEITZ 1953, S.38. Gelegentlich wird der Kriegsminister von der Mark mit dem Münchner Polizeidirektor Marck verwechselt.
151 Zit.n.: GOLLWITZER 1993, S.517; zu Karl Theodor Fürst von Wrede s.a.: GOLLWITZER ²1987, S.710
152 Zit.n.: SEITZ 1953, S.62
153 Zit.n.: SEITZ 1953, S.68
154 DESTOUCHES 1848, S.66
155 DESTOUCHES 1848, S.61
156 Zit.n.: BLUM 1898, S.120
157 DESTOUCHES 1848, S.61

den König mußte es besonders peinlich sein, daß noch kurz vor seiner Abdankung die Briefe Leiningens veröffentlicht wurden.[138]
Der Magistrat und zwei aus dem Bürgerstand gewählte Vertrauensmänner überreichten die Resolution. Noch am Abend verkündete Wallerstein, daß die Stände zur Prüfung der Resolution vorzeitig einberufen werden. Als Termin wurde der 31. Mai festgesetzt. Die Kammer sollte neu gewählt werden ohne Anwendung des alten Rechts, nach dem unliebsame Kandidaten von vornherein ausgeschlossen werden konnten. Diese Regierungsbekanntmachung wurde allen Hauseigentümern zugestellt.[139]

Der Sturm auf das Zeughaus

»Einer der verhängnisvollsten Tage für München!« – mit seinem Schreckensruf bringt der sonst so zurückhaltende Ulrich von Destouches unmißverständlich zum Ausdruck, daß der 4. März 1848 den Höhepunkt der Münchner Revolution bezeichnete.[140] Es kam zu einem militärischen Schaukampf zwischen Staat und Bürgertum. Bei dem sich anbahnenden Schlagabtausch verwischten sich die Fronten aber bald so sehr, daß in wechselseitiger Verunsicherung niemand mehr wußte, wer als der eigentlich zu bekämpfende Feind zu gelten hatte.
Anfang Februar 1848 waren in München drei Infanterieregimenter mit insgesamt nur 864 Soldaten stationiert.[141] Nach den Vorfällen auf dem Odeonsplatz am 9. Februar wurde die Garnison um 432 Soldaten verstärkt. Berittene Einheiten patrouillierten halbstündig die Stadt. Sie waren als »spanische Reiter« verhöhnt.[142] Am 11. Februar wurde das in Augsburg stationierte Chevaulegers-Regiment per Bahn nach München beordert.[143] Bis zum 4. März 1848 wurde die ursprüngliche Stärke einer Kompanie von 24 auf 80 Soldaten angehoben. Ein Artillerieregiment mit 50 Soldaten pro Kompanie unterstützte die drei Infanterieregimenter. Im Lauf der Verhandlungen mit der Münchner Bürgerschaft war eine beachtliche Massierung der bayerischen Truppen erfolgt.
Im zeitgenössischen Militärwesen war neben der Linie, das heißt neben dem aktiven Heer, die bürgerliche Landwehr maßgeblich.[144] Sie konnte im Bedarfsfall einberufen werden. In der Regierungszeit Ludwigs war das bisher aber immer nur dann geschehen, wenn die festliche Einweihung von neuen Monumentalbauten anstand. Die Landwehr setzte sich aus bürgerlichen Reservisten zusammen. Ihr Kommandant war der Großfabrikant Joseph Anton von Maffei. In der zugespitzten Situation der Märztage lag die Paradoxie darin, daß sich die Landwehr überwiegend aus eben denjenigen Bevölkerungsgruppen rekrutierte, die jetzt rebellierten. So zögerte man in der Residenz lange, die Milizen der Landwehr einzuberufen, weil man nicht sicher war, »welchen Gebrauch sie von den Waffen machen möchten«.[145] Schon bei dem von Lasaulx angezettelten Aufruhr des Jahres 1847 hatte die Landwehr ihren Einsatz gegen die Mitbürger verweigert.[146]
In einem der letzten von den tausenden Anweisungssignaten, die er während seiner Regierungszeit geschrieben hatte, beschäftigte sich der König mit der Frage, ob die Waffenröcke der Artillerie »hinten nicht zu, sondern geschlizt seyn sollen«.[147] Ludwig I. war alles andere als ein Soldatenkönig. Bei seiner Abdankung war die Münchner Garnison hinter den Standard von 1799 zurückgefallen.[148] Der König sah in einem prächtig uniformierten Heer in erster Linie eine Schaurepräsentation, mit der sich bei öffentlichen Anlässen Macht demonstrieren ließ. Tat-

sächlich befanden sich die Kasernen in einem trostlosen Zustand. Seine geradezu aberwitzige Vorstellung von militärischer Logistik bewies Ludwig am 1. März 1848, als er ernsthaft erwog, die gesamte Besatzung der Residenzstadt komplett auswechseln zu lassen.[149] Er hegte seit den Vorfällen in der Barer Straße wohl auch insgeheim die Angst vor einem Militärputsch. Schließlich hatte ihm der Kriegsminister und Generalmajor Heinrich von der Mark (1782 bis 1865) eröffnet, er könne sich nicht mehr für die Armee verbürgen, und wenn der König nicht in die Märzforderungen einwillige, werde er sich im Vorzimmer eine Kugel durch den Kopf schießen.[150] Von der Mark war erst seit dem 30. Januar 1848 im Amt. Sein Vorgänger hatte um den Abschied gebeten, nachdem er von Ludwig zu einer Soirée ins Palais der Gräfin Landsfeld zitiert worden war.

In dieser Situation witterte Karl Theodor Fürst von Wrede die Chance, sich als *hardliner* profilieren zu können. Er war der Sohn des verdienten bayerischen Feldmarschalls Wrede (gest. 1838), dem Ludwig das Standbild in der Feldherrnhalle hatte errichten lassen. Vor den »vulkanischen Affekten und Effekten Wredes« hatte Wallerstein schon früher gewarnt.[151] Die revanchistische Haltung Wredes läßt sich mit dem preußischen Schlagwort vom November 1848 umschreiben: »Gegen Demokraten helfen nur – Soldaten«. Er beschwor den König, »sogleich Truppen kommen zu lassen und die Garnison namhaft zu verstärken. Wenn heute abends die Truppen nicht ernstlich Gebrauch von ihren Waffen zu machen Ordre bekommen, ist alles zu fürchten«.[152] Noch am Tag der Proklamation vom 6. März forderte Wrede: »Jeder Aufruhrversuch muß augenblicklich auf das schärfste und blutigste unterdrückt werden – dann fällt der Mut des Pöbels und der gesunkene Geist der Gut- aber Schwachgesinnten steigt wieder. Dies ist die Meinung eines treuen Bayern, der vielleicht bald, wenn E.M. sie nicht befolgt, als eine Leiche in Ihrer Residenz liegen wird«.[153]

Es ist nicht geklärt, inwieweit der König diesen Vorschlägen zu folgen bereit war; auf dem Gedenkblatt von Kraus wird ihm immerhin unterstellt, er habe »sämtliche Portefeuille in die Hände des Fürsten Wrede« gelegt [KAT.NR. 11.5]. Im Rathaus wußte man in jedem Fall von den geplanten Interventionen des als »Kartätschenminister« verachteten Wrede.[154] Dort wurde seit dem frühen Morgen des 4. März eine neuerliche Resolution diskutiert, mit der der König zur sofortigen Einberufung der Kammer bewogen werden sollte. Während der Sitzung zeichnete sich ab, daß die Furcht vor einem konterrevolutionären Gegenschlag nicht unberechtigt war. Aus der Residenz kam die Nachricht: »Der König hat alles zurückgenommen. Er will von den Bürgern nichts mehr wissen«.[155]

Um 14 Uhr wurde bekannt, daß mit dem sogenannten Generalmarsch die Landwehr mobilisiert worden war. Damit war faktisch der Ausnahmezustand ausgerufen. Zugleich kursierten abenteuerliche Gerüchte: »Die Bauern der Umgegend stehen bewaffnet vor den Thoren, sie wollen die Regierung stürzen und in der Stadt sengen und brennen«.[156] In dieser beidseitigen Bedrohung, nämlich in der Furcht vor einem durch Wrede verantworteten Militärschlag einerseits und andererseits in der Furcht vor anarchischen Zuständen, die randalierende Vertreter einer sozialen Unterschicht aus der Vorstadt Au hätten herbeiführen können, wurde der Entschluß gefaßt, selbst das Zepter in die Hand zu nehmen. Es ertönte der Ruf: »Zu den Waffen! nach dem Zeughaus!«.[157]

Seit dem Ende des 15. Jahrhunderts wurden die Waffen der Stadt im Korn- und Zeughaus sowie

203 *Josef Helldobler: Münchner Zeughaus; um 1840; Aquarell; 33,2 x 23,5; MStM, Graphiksammlung*

204 *Das Münchner Zeughaus; um 1858; Photographie von Heinrich Theodor Hudemann; MStM, Graphiksammlung*

dem östlich angrenzenden Marstall am Jakobsplatz aufbewahrt [ABB. 203 und 204; KAT.NR. 11.43 bis 11.45].[158] Dieses städtische Arsenal ist von den fürstlichen Waffenbeständen zu unterscheiden, die sich bis 1804, beziehungsweise bis 1864 in fünf gesonderten Zeughäusern nahe der Residenz befanden. Das »Korn- und Geschützhaus« blieb in seiner architektonischen Gesamtanlage weitgehend unverändert; heute ist es Sitz des Münchner Stadtmuseums.[159] Die Bezeichnung »Geschützhaus« ist für das 19. Jahrhundert mißverständlich. Zur Zeit Ludwigs war der städtische Artilleriebestand bereits eingeschmolzen. Die einschlägigen Inventare verzeichnen neben Harnischen und Ritterrüstungen in der Hauptsache Stangenwaffen, Blankwaffen und Handfeuerwaffen.[160] Zum größten Teil stammte das Gerät aus der Zeit um 1600 oder war sogar noch spätmittelalterlichen Ursprungs. Die Lagerung des kaum noch tauglichen Arsenals glich damals schon einer eher musealen Präsentation. Man übertreibt nicht, wenn man das Zeughaus als eine Requisitenkammer bezeichnet, die am Faschingssamstag 1848 für eine historistische Maskerade geplündert wurde. Diesen Eindruck hatte wohl auch Destouches, der den Hergang so beschreibt: »Mehr als 2000 Menschen aus allen Schichten der Bewohner Münchens eilten nach dem bürgerlichen Zeughaus am Anger, die vor demselben aufgestellte Abtheilung Militär mußte der anströmenden Menge alsbald weichen, das Zeughaus wurde ohne Blutvergießen erstürmt, die Waffen aller Gattungen aus den Fenstern dem Volke zugeworfen und rasch wurden zwei- bis dreitausend Menschen aus allen Ständen in der buntesten Weise bewaffnet. Auch einige Trommeln und Bürgerfahnen wurden genommen und

158 S.: WACKERNAGEL 1982
159 Zum Bauwerk s.: Norbert Lieb, Das Städtische Korn- und Büchsenhaus, in: WACKERNAGEL 1982, S.41-43
160 »Summarische(r) Inhalt alles derer in dem Stadtzeughaus befindlichen harnisch, Picklhauben, Panzer-Hemden, Schlachtschwerder, Degen, Rapiers, Helleparten« etc. [1798] und »Inventarium des Gemainer Stadt München Zeughauses« [1804]; s.: WACKERNAGEL 1982, S.34
161 DESTOUCHES 1848, S.61f.
162 Zit.n.: WACKERNAGEL 1982, S.34

205 Die Erstürmung des Münchner Zeughauses am 4. März 1848; 1848; Lithographie von Valentin Ruths; 22 x 29; MStM, Graphiksammlung

unter dem dumpfen Trommelschlag der abgespannten alten Trommeln und Voraustragung der zerfezten bayrischen alten Bürgerfahnen zog die bewaffnete Schaar, unter Jubel durch die Stadt nach dem Promenade- und Maximiliansplatz« [KAT.NR.11.67 bis 11.69].[161]

Der Sturm auf das Zeughaus ist auf einigen zeitgenössischen Bildern dargestellt [ABB. 202; KAT.NR. 11.46]. Besonders aufschlußreich ist die Lithographie von Valentin Ruths (1825 bis 1905) [ABB. 205; KAT.NR. 11.47]. Sie zeigt den von Destouches beschriebenen Moment, in dem die Waffen aus den Fenstern geworfen wurden. Auffallend ist die im Vordergrund dargestellte, im Laufschritt nach links eilende Figur mit der Sturmhaube [ABB. 206]. Dieser Birnhelm stammt aus dem späten 16. Jahrhundert und erinnert an ein sogenanntes Schützenhäubl, das sich heute noch in den Zeughausbeständen nachweisen läßt [KAT.NR. 11.49]. Der Mann hat außerdem ein für die Landsknechttruppen typisches Bidenhänder-Schlachtschwert geschultert. Es handelt sich um einen durch seine wellenförmige Klinge gekennzeichneten Flammberg [KAT.NR. 11.54]. Ursprünglich wurde diese Waffe nur bei Paraden oder zu ähnlichen Schaurepräsentationen verwendet. In der Linken führt der Revolutionär ein Gewehr [KAT.NR. 11.65 und 11.66]. Insgesamt war der städtische Bestand an Handfeuerwaffen veraltet und wohl auch nicht immer funktionsfähig. Für die »Gewährschragen« wollte der Magistrat bereits 1799 wegen der »gegenwärtigen geldklemen Zeitumstände« keine Wartungsarbeiten mehr vornehmen.[162]

Auf der Lithographie von Valentin Ruths ist die Menschenmenge überwiegend mit Stangenwaffen wie Piken, Hellebarden und Spontonen

163 S.: DESTOUCHES 1848, S.68
164 S.: LANKES 1993, S.423
165 Offiziell verfügte Ludwig erst am 5. März, »daß bis auf solange ich nicht anders verfüge mein Bruder Karl das Commando über die Truppen hier zu führen habe«; SIGNATE 1994 Bd.6, S.569.
166 Wenn WACKERNAGEL 1982, S.31 konstatiert, daß beim Zeughaussturm 288 Waffen entwendet wurden, darunter u.a. »1 Panzerhemd, 14 ›altdeutsche‹ Degen, 21 Hellebarden sowie 44 Gewehre«, so gibt diese Zahl keinen Aufschluß über das tatsächliche und gewiß viel umfangreichere Kontingent der ausgegeben Waffen. Die Zahl bezieht sich offensichtlich nur auf das Beutegut, das einige Bürger einzubehalten für ratsam hielten.
167 S.: BW 1995, S.132 (4. 3. 1848)
168 Ludwig I. an Lola Montez, 4. 3. 1848; zit.n.: BW 1995, S.133
169 Zu Wallerstein siehe ZUBER 1978 und den Beitrag von Christof Metzger in diesem Band.
170 Die auch als »Märzerlaß« bekannt gewordene Proklamation befindet sich in München, Bayerisches Hauptstaatsarchiv, Abt.I, Verfassungsurkunden; s.: AUSST.KAT. MÜNCHEN 1972, S.495, Nr.1812. Sie wurde im »Regierungsblatt für das Königreich Bayern« 8/6. 3. 1848, Dok.III,2, Sp.105-108 veröffentlicht und wurde mehrfach als Einblattdruck aufgelegt. Zur Proklamation s.: SPINDLER 1974, S.217f.

206 Die Erstürmung des Münchner Zeughauses am 4. März 1848 (Detail); 1848; Lithographie von Valentin Ruths; MStM, Graphiksammlung

207 Karl Prinz von Bayern zu Pferd am Obelisk auf dem Karolinenplatz; 1840; kolorierte Lithographie von Gustav Kraus; 53,2 x 42,8; MStM, Graphiksammlung

gerüstet [KAT.NR. 11.50 bis 11.53]. Aus den aufgebrochenen Fenstern des Marstalls werden alte Säbel und Degen geworfen [KAT.NR. 11.55 bis 11.59]. Das Beutegut aus dem Zeughaus ist auch auf dem satirischen »Bilderbogen« von Franz Seitz dargestellt [ABB. 176; KAT.NR. 11.48]. Es ist aber keine satirische Überzeichnung, wenn sich unter diesen Trophäen neben Bauernwaffen auch Streitkolben und Morgenstern wiederfinden [KAT.NR. 11.62 bis 11.64]. Auch in der Revolution bewahrten die Münchner offensichtlich ihren Sinn für Humor. Es mag ein erstaunlicher Zufall sein, daß sich der Sturm auf das Münchner Zeughaus an einem Faschingssamstag ereignete. Die historische Armierung verlieh dem revolutionären Straßenzug aber auch ohnedem den Charakter einer karnevalistischen Veranstaltung. Wenn der Stadtchronist am 6. März das traditionelle Rosenmontagstreiben am Fischbrunnen vermißte, dann fehlte ihm wohl die Distanz, aus der die bunten Revolutionstage insgesamt als anarchisches Faschingsspektakel erscheinen.[163]

Vom Zeughaus führte der Zug durch die Sendlinger Straße und die Sonnenstraße über den Karlsplatz zum Dultplatz (Maximiliansplatz). Von Sankt Peter läuteten die Sturmglokken. Auch wenn das Signal in die Mittagspause fiel und folglich keinen allzu großen Anklang gefunden haben mag, wie Destouches bemerkte, so war die biedermeierliche Idylle dennoch zerstört, die der Turmwächter auf dem 1843 entstandenen Gemälde von Gustav Seeberger noch seelenruhig überblickte [ABB. 209; KAT.NR. 11.70]. Das bewaffnete Bürgertum hatte das strategische Ziel, sich mit der auf dem Promenadeplatz versammelten Landwehr zu vereinigen. Zwischen den beiden Lagern hatten aber Infanterie und Kürassiere Stellung bezogen [KAT.NR. 11.71 bis 11.73]. Das Militär wurde von einer Einheit mit vier Kanonen des 1. Artillerie-Regiments unterstützt.[164] In dieser entschei-

208 *»Prinz Carl beruhigt die bewaffnete Volksmasse am 4ten März Nachmittags 3 Uhr.«; 1848; kolorierte Lithographie; 28,5 x 38,5; MStM, Graphiksammlung*

denden Phase erschien Prinz Karl auf dem Promenadeplatz.
Karl Prinz von Bayern (1795–1875) war der Bruder des Königs und seit 1841 bayerischer Feldmarschall [ABB. 183 und 207; KAT.NR. 11.74 und 11.75].[165] Als Oberst des 1. Kürassier-Regiments führte er das Oberkommando über das gesamte Militär. Es war »Nachmittags 3 Uhr«, wie auf einer zeitgenössischen Lithographie festgehalten ist, als sich der Wittelsbacher vor das bewaffnete Volk stellte und mit fürstlichem Ehrenwort und »deutschen Brustschlage« beteuerte, daß die Stände zum 16. Mai einberufen werden [ABB. 208; KAT.NR. 11.76]. Man hörte »Vivat«-Rufe. Mit seinem Auftritt hat Prinz Karl den Bürgerkrieg verhindert. Mit erstaunlicher Friedfertigkeit und Umsicht legten die Münchner ihre Waffen nieder und trugen sie wieder ins Zeughaus.[166] Man mag darin einen Akt von bayerischer Bürgerpflicht erkennen.

209 Gustav Seeberger: Der Turmwächter auf dem Petersturm; 1843; Öl auf Leinwand; 58 x 50; MStM, Gemäldesammlung

Die Proklamation vom 6. März 1848

Der König verkannte den Ernst der Lage gänzlich, wenn er glaubte, sich mit der gnädigen Einwilligung zum Ständetag einen politischen Spielraum verschaffen zu können. Vom ersten Termin für den 31. Mai versprach er sich einen Zeitgewinn von drei Monaten.[167] Auch die mit dem Zeughaussturm erzwungene frühere Einberufung für den 16. Mai schien ihm noch ausreichend zu sein, um den Konflikt gewissermaßen aussitzen zu können. Tatsächlich war er damit beschäftigt, sein Wiedersehen mit Lola Montez in der Schweiz zu arrangieren: »Der Plan ist, nach einer kurzen Zeit nur noch die Ausschüsse tagen zu lassen und den Rest zu vertagen. In der Zwischenzeit kann ich in Deine Arme fliegen«.[168] Ludwig zeigte eine Ohnmacht, wie sie in den 23 Jahren seiner bisherigen Regierungszeit beispiellos war.

Auf diesen Augenblick schien Ludwig Fürst von Oettingen-Wallerstein (1791–1870) lange gewartet zu haben [ABB. 29, 181 und 212; KAT.NR. 11.77 bis 11.79].[169] Er nutzte die Gunst der Stunde und verfaßte im Namen des Königs die den Ausgang der Münchner Revolution entscheidende Proklamation vom 6. März 1848 [ABB. 7 und 213; KAT.NR .11.80 bis 11.83].[170] Mit ihr fanden die Märzforderungen in Bayern noch vor den anderen deutschen Staaten Anerkennung. Die Proklamation schuf die Grundlage für eine Verfassungsrevision. Die Konzession schließt mit dem Ausruf: »Bayerns Koenig ist stolz darauf, ein teutscher Mann zu sein. Bayern! Euer Vertrauen wird erwiedert, es wird gerechtfertigt werden! Schaaret Euch um den Thron. Mit Eurem Herrscher vereint, vertreten durch Euere verfassungsmässigen Organe, lasst Uns erwägen, was Uns, was dem gemeinsamen Vaterlande Noth thut. Alles für mein Volk! Alles für Teutschland!«. Außer dem König haben das Schriftstück auch Kronprinz Maximilian und die Prinzen Luitpold, Adalbert und Otto unterzeichnet, so daß das Haus Wittelsbach als Bürge einsteht.

210 »Der 6. Maerz 1848. Ein Glanz= und Jubeltag in Bayerns Geschichte.«; 1848; Lithographie; 47,7 x 40,1; MStM, Graphiksammlung

Die Proklamation des Königs wurde am 6. März um 11 Uhr auf dem Rathaus durch den Ministeri-

171 S.: DESTOUCHES 1848, S.68
172 Zit.n.: SEITZ 1953, S.69 (9. 3. 1848)
173 S.: DESTOUCHES 1848, S.74
174 S.: DESTOUCHES 1848, S.73
175 DESTOUCHES 1848, S.72
176 Zur Rolle Bluntschlis s.: GOLLWITZER ²1987, S.712. Aufschlußreich ist sein Augenzeugenbericht: Johann Caspar Bluntschli, Denkwürdiges aus meinem Leben. Zweiter Teil. Eine deutsche Periode. Erste Hälfte. München 1848–1861, hrsg. von Rudolf Seyerlein, Nördlingen 1884.
177 Zit.n.: SEITZ 1953, S.63
178 S.: DESTOUCHES 1848, S.69
179 Zit.n.: GOLLWITZER ²1987, S.712 (7. 3. 1848)
180 Der bayerische Eilbote, 8. 3 .1848; zit.n.: AUSST.KAT. NÜRNBERG 1986, S.204.
181 »Die erste Tricolore wurde an der Spitze der Feldherrnhalle aufgezogen«; Ludwig I. an Lola Montez, 24. 4. 1848; zit.n.: BW 1995, S.177.

211 Johann Kaspar Bluntschli; 1856; Photographie von Franz Hanfstaengl; 27 x 21,7; MStM, Fotomuseum

212 Ludwig Fürst von Oettingen-Wallerstein; 1856; Lithographie; 38 x 26,5; MStM, Graphiksammlung

alrat Daxenberger verlesen.[171] Eine Stunde später war sie an allen Straßenecken angeschlagen [ABB. 7; KAT.NR. 11.82]. Die »Bayerische Landbötin« berichtete: »Die ersten Exemplare der Proklamation wurden fast mit Lebensgefahr erkämpft; die Glücklichen, die eines errungen hatten, mußten immer wieder und wieder mit erhobener Stimme dem andringenden Volke die Worte des Heiles verkünden; die ältesten Männer sah man wie verjüngt durch die Straßen eilen, nur um die ersten zu sein, die den ihrigen diese Friedensbotschaft brachten, Tränen der reinsten, nie gefühlten Freude flossen von den Wangen all der Frohlockenden, die jetzt das Glück und zugleich den Stolz empfanden, Söhne Bayerns zu sein«.[172] Dem Königshaus wurde endloser Jubel zuteil. Die Bierbrauer stifteten den Soldaten über 2000 Maß Bier.[173] Mit einem Schild »Auch die Armen sollen sich freuen!« sollen zwei Grenadiere innerhalb einer Stunde 989 Gulden und 9 Kreuzer gesammelt haben.[174] Kronprinz Maximilian und Prinz Luitpold ließen sich mit Lebehochs in den Straßen feiern.

Die in der Proklamation vom 6. März 1848 angekündigten Reformen führten sofort zu konkreten Ergebnissen. Noch am selben Tag wurde die Garnison auf die Verfassung vereidigt [ABB. 214; KAT.NR. 11.86]. Die Truppen sprachen auf dem Maximiliansplatz die Formel: »Ich schwöre Treue dem Könige, Gehorsam dem Gesetze und Beobachtung der Staatsverfaßung, so wahr mir Gott helfe und sein heiliges Wort!«.[175] Der Akt ist auf dem Einblattdruck »Der 6. Maerz 1848. Ein Glanz= und Jubeltag in Bayerns Geschichte« dargestellt [ABB. 210; KAT.NR. 11.87]. Zu den Versen »Des Volkes Recht ist anerkannt/ Der Jubel geht durch's ganze Land,/ Und Lieb' und Treu' zieht Herz und Sinn/ Zum Vaterland, zum König

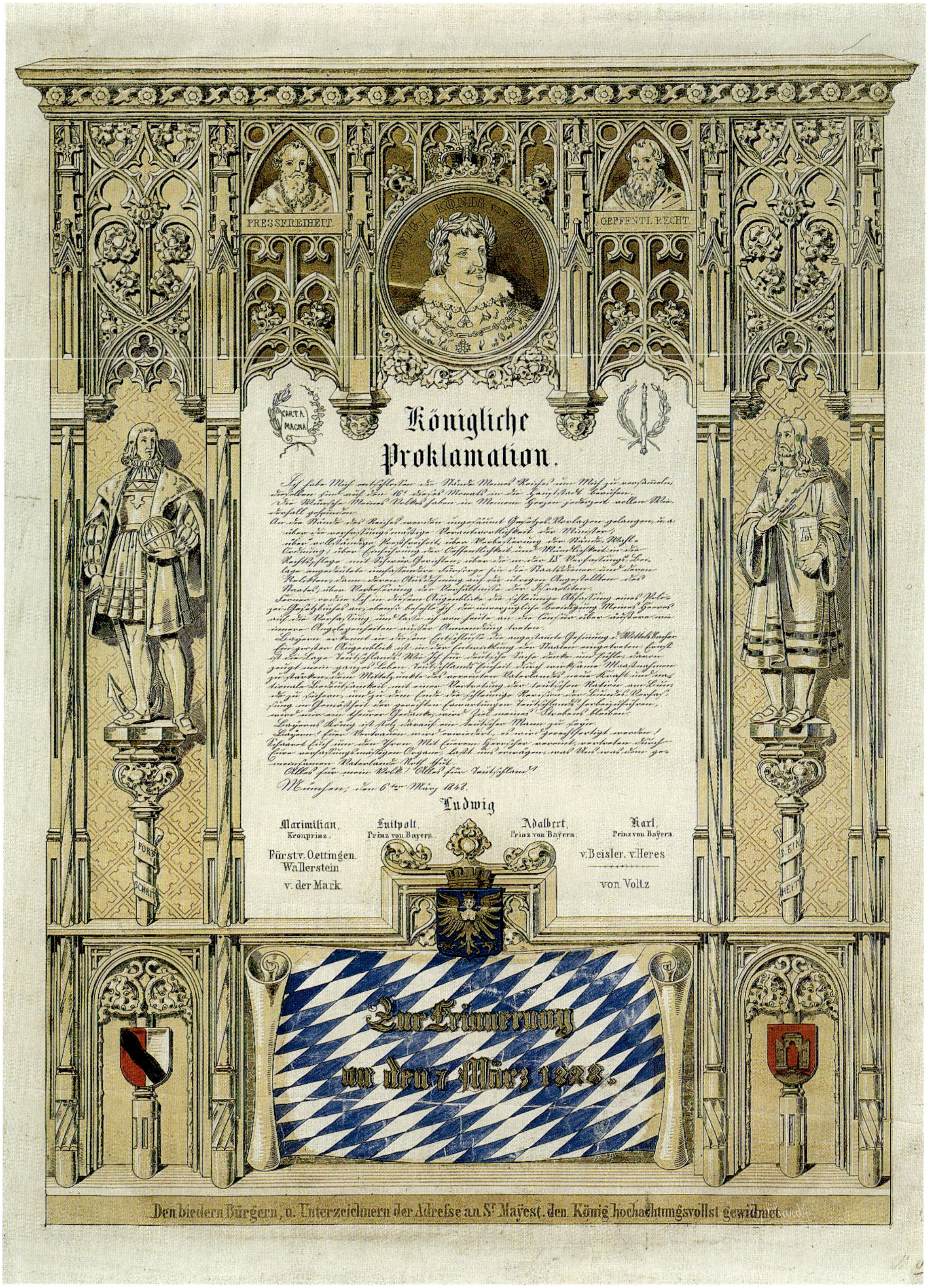

213 Bekanntmachung der königlichen Proklamation vom 6. März 1848: »Zuer Erinnerung an den 7. [!] März 1848. Den biedern Bürgern u. Unterzeichnern der Adreße an Sr. Mayest. den König hochachtungsvollst gewidmet«; 1848; kolorierte Lithographie; 49,3 x 36,4; MStM, Graphiksammlung

214 »6. Merz. Feierliche Beeidigung des gesammten Militair's zur Staats-Verfaßung, auf dem Maximilians-Platze in München«; 1848; Lithographie von Albert Emil Kirchner; 19 x 29; MStM, Graphiksammlung

hin« erscheint im Glanz der aufgehenden Sonne Ludwig I. König von Bayern im vollen Ornat als der das Zepter führende Monarch. Er ist von den Prinzen Maximilian, Luitpold, Adalbert und Otto umgeben.

Der Verfasser der Proklamation vom 6. März 1848 war Ludwig Fürst von Oettingen-Wallerstein. Er war mit der rasch abgefaßten Erklärung anderen Entwürfen zuvorgekommen, die die Vormachtstellung des bayerischen Königs eher gewahrt hätten. An einer solchen Fassung arbeitete zum Beispiel der Schweizer Staatsrechtler Caspar Bluntschli (1808–1881) [ABB. 211; KAT.NR. 11.85].[176] Wallerstein machte keinen Hehl aus seinen demokratischen Anschauungen. Am Tag des Zeughaussturms soll er sich mit den denkwürdigen Worten vor das versammelte Volk gestellt haben: »Wäre ich nicht Minister, so würde ich in Ihren Reihen stehen«.[177] Dem Haus Wittelsbach legte er in einem Brief an Prinz Karl vom 1. Mai 1862 Rechenschaft über seine Rolle in den Revolutionstagen ab [KAT.NR. 11.84]. Seiner Vision einer geeinten Nation hatte er in dem Gedicht »Deutschlands Erwachen« optimistischen Ausdruck verliehen [KAT.NR. 11.93].

Mit der Option auf eine »Vertretung der teutschen Nation am Bunde« wurde die bayerische Proklamation schließlich auch für Preußen und Österreich bedeutsam. Wie bei den Truppen der anderen Mitglieder des Deutschen Bundes legte man nun auch in Bayern die schwarz-rot-goldene Kokarde an [KAT.NR. 11.89 bis 11.92]. Auf einem zeitgenössischen Tschako der Landwehr beispielsweise ist sie zusätzlich zur weißblauen Kokarde montiert [KAT.NR. 11.42]. Die

182 LEUCHTKUGELN 4/1849, S.32. Zu dieser Karikatur siehe den Beitrag von Ulrike Laufer in: AUSST.KAT. MÜNCHEN 1987, S.255-257.
183 Ludwig I. an Lola Montez, 12. 3. 1848; zit.n.: BW 1995, S.139. Die Entlassung war schon lange geplant. Als Geburtstagsgruß an Lola Montez hatte ihr Ludwig bereits am 14. Februar geschrieben: »Für Deinen Geburtstag gebe ich Dir die Nachricht, daß Wallerstein aufhören wird, Premierminister zu sein, wenn die Studenten in die Ferien gehen«; zit.n.: BW 1995, S.101.
184 Zit.n.: SEITZ 1953, S.86

Begeisterung für ein deutsches Nationalparlament war in Bayern aber eine nur flüchtige Erscheinung. Auf der Lithographie zum »Glanz- und Jubeltag« weht von den Türmen der Frauenkirche, vom Alten Peter und von der Heiliggeistkirche nur bayerisches Weißblau [ABB. 210; KAT.NR. 11.87]. Um einem Mißklang vorzubeugen, habe man auf das Anlegen von Trikolorbändern verzichtet.[178] Aufschlußreich ist die Beobachtung des Ministers und Mitunterzeichners der Proklamation Bernhard Ludwig Friedrich von Voltz: »Das Prangen der Nationalfarben von den Türmen und allen Hauptstraßen sowie die gestrige freiwillige Beleuchtung in derselben ist der Ausdruck dieser guten, untrüglichen Stimmung. Das Weiß und Blau, von allen Ständen, von Mann und Frau, Jung und Alt getragen, hat die Dreifarben, die ohnehin nur momentan und bei wenigen vorkommen, verdrängt. Sie sind ganz verschwunden«.[179] Die weißblauen Bandschleifen waren ein »Zeichen brüderlicher Eintracht«.[180] Im April 1848 wurde auf der Feldherrnhalle die deutsche Fahne gehißt.[181] Die wechselnden Stimmungen, die diese Flagge in der Münchner Bevölkerung auslöste, sind Thema einer Karikatur, die 1849 in den »Leuchtkugeln« erschien [ABB. 215].[182]

Mit der Proklamation vom 6. März war der autokratische Regierungsanspruch Ludwigs wie im Handstreich ausgehöhlt. Seine letzten großen Verfügungen waren unverkennbar von Rachemotiven begleitet. Am 11. März 1848 wurde Wallerstein entlassen. Der König schrieb an Lola Montez: »Der Sturz von Prinz Wallerstein war für ihn eine große Überraschung. Für mich war es eine große Freude, ihn fallen zu lassen, nach seinem Verhalten Dir und Berks gegenüber«.[183] Die Entlassung war aber auch im Sinne Leiningens, dem der Minister als »vollkommen abgenutzt und haltungslos« erschienen ist.[184] Der Posten

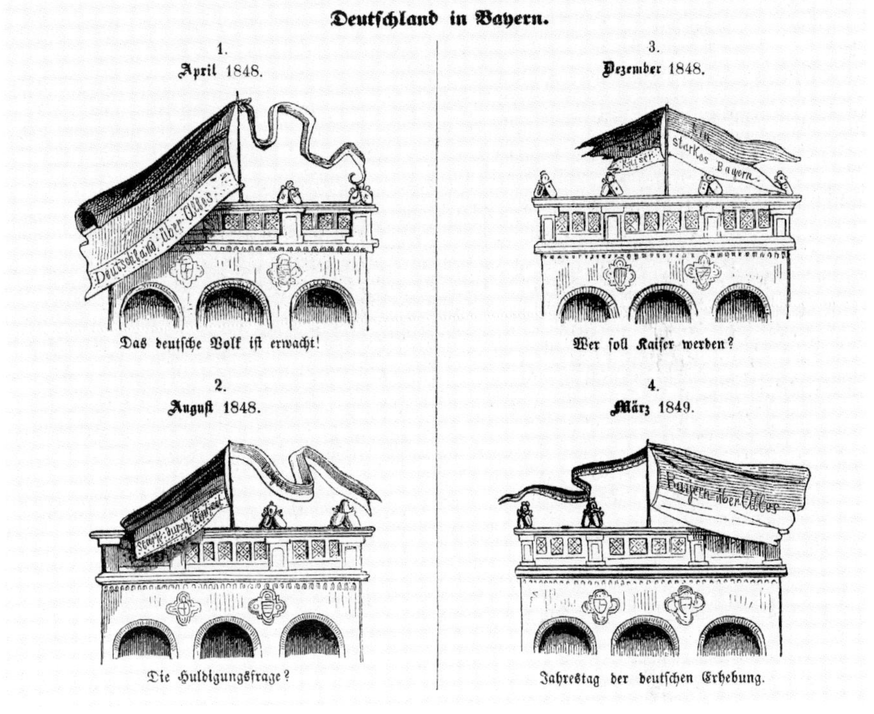

215 »Deutschland in Bayern«; 1849; Karikatur aus: Leuchtkugeln 4/1849

Wallersteins wurde Gottlieb Freiherr von Thon-Dittmer (1802–1853) übertragen. Der Bürgermeister von Regensburg war bereits am 6. März in die zweite Kammer des Landtags berufen worden. Die noch von Wallerstein betriebene Berufung des als liberal einzuschätzenden Politikers zeigt, daß das bis dahin gültige »Ausschließungsrecht« tatsächlich keine Anwendung mehr gefunden hatte. Thon-Dittmer trat am 9. März die Nachfolge des längst abgetauchten Franz von Berks an.[185]

Mit einer seiner ersten Amtshandlungen holte der neue Minister ein gravierendes Versäumnis nach. Am 17. März entzog er Lola Montez das bayerische Indigenat und er schrieb sie zur Fahndung aus [ABB. 174; KAT.NR. 10.15].

Die Mätresse des Königs blieb bis zuletzt ein beherrschender Faktor der Münchner Revolution.

216 *»Münchner Freicorps«; 1848; kolorierte Lithographie von Gustav Kraus; 23,5 x 35; MStM, Graphiksammlung*

Obwohl sie schon längst außer Landes und Reichweite war, wurde ihr immer noch mit täglichen Hausdurchsuchungen nachgespürt. Als ihr tatsächlicher Auftritt in der Nacht auf den 9. März nicht länger geheimgehalten werden konnte, kam es in der Weinstraße zum öffentlichen Aufruhr. Der Sturm auf das Gebäude wurde durch das Eingreifen der sogenannten Freikorps vereitelt. Diese Wehrgruppen hatten sich nach der Proklamation vom 6. März unter vielen Ständen und Schichten gebildet.[186] Es gab ein Freikorps der Studenten, der Künstler, der Staatsdienstaspiranten, der Bürgersöhne, der Turnschüler und auch der polytechnischen Schüler [ABB. 216; KAT.NR. 11.94 bis 11.96]. Von der Regierung wurden diese Organisationen gebilligt: »Je größer die Zahl solcher Körperschaften wird, um so fester wird die Bürgschaft für Aufrechterhaltung der Ruhe und Ordnung«, hieß es in den Ministerien.[187] Schließlich wurden die Freikorps der Landwehr beigeordnet. Zwei Jahre später, 1850, lösten sie sich wieder auf.

Die Bekanntmachung der Märzproklamation hat unter der Bevölkerung eine anhaltende Euphorie gegenüber dem Königshaus ausgelöst. Die Jubelstimmung erinnert an den 17. Juli 1789, als der französische König Louis XVI unter Vivat-Rufen ins revolutionäre Paris eingezogen war und ihm das Volk auf der Place des Victoires sogar ein Standbild hatte errichten wollen. Ludwig konnte der ihm in München nun ähnlich zuteil werdenden Begeisterung nichts abgewinnen. Für den Faschingsdienstag war im Hof- und Nationaltheater ein Maskenball vorgesehen. Der König ließ sich entschuldigen: »Bin wegen Kopfweh nicht einmal an die Tafel gekommen, um so weniger kann ich in's Theater«.[188] Ludwig I. König von Bayern traf ganz persönliche Vorkehrungen für seinen politischen Aschermittwoch.

185 Zu Thon-Dittmer: D. Albrecht, König Ludwig I. und Gottlieb Freiherr von Thon-Dittmer. Eine neue Quelle zum Verhalten des Königs in der Revolution 1848, in: Land und Reich [...]. Festgabe für Max Spindler zum 90. Geburtstag, Bd.III, München 1984, S.59-73; Ursula Finken, Gottlieb Freiherr von Thon-Dittmer 1802–1853. Politische Biographie eines bayerischen Frühliberalen, Kallmünz 1990
186 S.: LANKES 1993, S.394
187 Zit.n.: SEITZ 1953, S.75
188 SIGNATE 1994 Bd.6, S.569 (6. 3. 1848)

XII. Die Abdankung

Am 20. März 1848 gab Ludwig I. König von Bayern seine Abdankung bekannt.[1] Die Entscheidung war bereits am Vorabend gefallen: »In dieser Stunde habe ich abgedankt, freiwillig, ohne daß es jemand vorgeschlagen hätte«.[2] Sein Sohn folgte als Maximilian II. auf dem Thron.
Für die Übergabe der Regierungsgeschäfte zu Lebzeiten hatte Kaiser Karl V. im Jahr 1555 ein weltgeschichtliches Exempel gesetzt. Ludwig war sich dieser Analogie bewußt.[3] Im noch jungen Königreich Bayern gab es aber keinen Präzedenzfall, an dem sich das Protokoll für die Übergabe der Krone an den Thronfolger hätte orientieren können. Wie Karl V. ließ Ludwig die volljährigen Prinzen des Königshauses im Thronsaal der Residenz versammeln und erklärte seinen Verzicht: »Die Königin und die Prinzeßinnen zerfloßen in Thränen. Da König Ludwig unbeugsam auf seinem Entschluße bestand, warf sich der Kronprinz mit den Worten ›So bleibt mir nichts anderes übrig, als um den Segen Euer Majestät zu bitten!‹ dem König zu Füßen. Es war eine erschütternde, in der Geschichte Bayerns ewig denkwürdige Scene«.[4]

»In München ist alles verrückt«

Als am Abend des 5. März 1848 der Kronprinz mit dem »Extrazug aus Würzburg« in der Hauptstadt eintraf, ließ sich bereits ahnen, daß ein Machtwechsel nicht mehr kategorisch auszuschließen war.[5] Noch am selben Tag berichtete Graf Bernsdorff als preußischer Botschafter nach Berlin: »Es liegt nahe, daß es zu einer freiwilligen oder gezwungenen Thronentsagung kommt, vielleicht gar zu einer vollständigen politischen Umwälzung«.[6] Maximilian soll seinem Vater eröffnet haben, daß man ihn nicht mehr als König wünsche und man ihn für einen Narren ansehe.[7]
Schon am 28. Februar wollte Lola Montez gewußt haben, daß ihr Widersacher Wallerstein nach Würzburg gefahren war, um Maximilian die Krone anzubieten. Sie glaubte Ludwig warnen zu müssen: »Unter ihm würde Wallerstein der wirkliche König werden, der wirkliche Metternich«.[8] Ludwig Fürst von Oettingen-Wallerstein hatte mit der von ihm diktierten Proklamation des 6. März 1848 in der Tat die politische Zukunft Ludwigs besiegelt [KAT.NR. 11.82]. Man könnte die Proklamation aber auch als einen Versuch interpretieren, die Krone für Ludwig zu retten. Es war der König selbst, der die ihm auferlegten Bedingungen als eine unzumutbare Einschränkung seiner Entscheidungsgewalt empfand. Eine Restauration seiner uneingeschränkt verstandenen Macht schien ihm nach den demokratischen Zugeständnissen der Proklamation nicht mehr möglich zu sein. Er berief sich nun wiederholt auf die Verfassung von 1818, auf die seine Regierung gegründet sei: »Nach unserer Verfassung, nach welcher das monarchische Prinzip waltet, herrscht und regiert der König, das aber heute nicht mehr, nachdem die Empörung gesiegt«.[9] Zum Jahrestag der Proklamation notierte Ludwig am 6. März 1849, er habe damals »den Forderungen der Revolutionäre nachgegeben, bevor sie mir den Palast angezündet hätten«.[10]
Der Abdankung Ludwigs ging ein zähes Ringen mit sich selbst voraus. Frühere Bekundungen zum Thronverzicht waren sicher nicht ernst zu nehmen und zeugen eher vom Trotz, mit dem der König seine Position erpresserisch festigen und nicht zuletzt auf Lola Montez entschlußfreudigen Eindruck machen wollte, wenn er ihr etwa am 20. Februar 1848 schrieb: »Um Dein Leben zu retten, hätte ich und würde ich auf die Krone verzichten«.[11] Bereits im Oktober 1847 notierte Sulpiz Boisserée, Ludwig habe in einem Sonett an Lola Montez die Alternative ausge-

1 Zur Abdankung s.: GOLLWITZER ²1987, S.706-720; s.a. die Einführung von Ulrike Laufer zur entsprechenden Sektion in: AUSST.KAT. MÜNCHEN 1987, S.726f.
2 Ludwig I. an Lola Montez, 19. 3. 1848; zit.n.: BW 1995, S.144
3 Klenze berichtet, Ludwig habe bereits nach der für ihn enttäuschenden Ständeversammlung des Jahres 1847 mit dem Gedanken gespielt, »dem Beispiel Karl V. zu folgen und sich ganz von den Regierungsgeschäften zurückzuziehen«; KLENZE I/5, fol.49f.
4 DESTOUCHES 1848, S.90
5 DESTOUCHES 1848, S.67
6 Zit.n.: CORTI 1979, S.277
7 S.: GOLLWITZER ²1987, S.717. Zur Rolle des Thronfolgers Maximilian siehe den Beitrag von Achim Sing in diesem Band.
8 Lola Montez an Ludwig I., 28. 2. 1848; zit.n.: BW 1995, S.128f.
9 Zit.n.: CORTI 1979, S.282
10 Ludwig I. an Lola Montez, 6. 3. 1849; zit.n.: BW 1995, S.301
11 Ludwig I. an Lola Montez, 20. 2. 1848; zit.n.: BW 1995, S.115

12 Zit.n.: BOISSERÉE 1985, S.419 (5. 10. 1847)
13 Ludwig I. an Lola Montez, 19. 7. 1847; zit.n.: BW 1995, S.77
14 S.: GOLLWITZER 21987, S.716
15 Ludwig I. an Lola Montez, 17. 3. 1848; zit.n.: BW 1995, S.141
16 Zit.n.: GOLLWITZER 21987, S.717
17 Ludwig I. an Johann Martin von Wagner, 31. 3. 1848; zit.n.: SEITZ 1953, S.85
18 S.: Werner Uhde, Hermann Freiherr von Rothenhan. Eine politische Biographie, München 1933, bes. S.131-143. Die Rolle Rotenhans ist ausführlich gewürdigt bei: GOLLWITZER 21987, S.716f.
19 Zit.n.: UHDE 1933, S.136 (18. 3. 1848)
20 Ludwig I. an Lola Montez, 18. 3. 1848; zit.n.: BW 1995, S.141

217 Ludwig I. König von Bayern; um 1860; Photographie von Joseph Albert; 13,5 x 8,5; Stadtarchiv München (Photo: Stadtarchiv München)

sprochen: »Lieber wollte ich Krone und Zepter niederlegen als Dir zu entsagen!«.[12] Wie sehr ihm allein schon der Gedanke an eine Abdankung zuwider war, hatte er seiner Geliebten aber bereits im Sommer 1847 verdeutlicht: »Ich habe einen gut gemeinten Brief erhalten, in dem mir zur Abdankung geraten worden ist, weil ich dem Volk nicht mehr genügen könne … und nicht mehr fähig wäre, mich beliebt zu machen. Die Krone niederzulegen und im Ruhestand zu leben (so ein Ruhestand wäre der Tod für Deinen Ludwig)! Was wird in diesen Tagen nicht alles geschrieben, was geschieht nicht alles!«[13]
Gegenüber seiner Frau erklärte sich Ludwig noch am 16. März 1848, er werde vielleicht später die Krone niederlegen, augenblicklich offenbare ein solcher Schritt aber nur Mangel an Mut.[14] Bereits der folgende Tag brachte ein Ereignis, das Ludwig an den psychischen Tiefpunkt geführt haben muß. Der neue bayerische Innenminister Thon-Dittmer ließ am 17. März 1848 Lola Montez zur Fahndung ausschreiben [KAT. NR. 10.15]. Unter dem Eindruck dieser Demütigung schrieb Ludwig an seine Geliebte: »Es ist möglich, aber ich kann es jetzt noch nicht sicher sagen, daß ich auf die Krone verzichten werde«.[15] Er war sich wohl schon sicher. Denn in sein Tagebuch notierte er am selben Tag: »Ekel bekam ich, ferner die Krone zu tragen«.[16]
In der Abdankung äußerte sich die Prinzipientreue Ludwigs in letzter Konsequenz: »Habe immer gesagt, wirklich König sein oder die Krone niederlegen«.[17] An der Entscheidungsfindung ließ er Hermann Freiherr von Rothenhan teilhaben.[18] Ludwig wollte kein »Unterschreibkönig« sein, wie er zu Rothenhan sagte. Im Hinblick auf den Prätendenten konstatierte er: »Gebunden und gefesselt an beiden Händen, nein das kann ich nicht. Wer neu beginnt, der kann sich vielleicht darein finden, aber nach 23 Jahren, das geht nicht«.[19] Die Prinzipientreue Ludwigs ließe sich umgekehrt auch als eine fehlende Bereitschaft zum Kompromiß charakterisieren.
»In München ist alles verrückt«, schrieb Ludwig am 18. März 1848 an Lola Montez.[20] Auf einer wohl erst Jahre später entstandenen Karikatur formuliert der König seine Abdankung, während er durch eine Lorgnette auf seine Mätresse starrt [ABB. 219; KAT. NR.12.7]. Mit entblößter Brust und nacktem Bein lockt sie ihn ins Himmelbett. In der Draperie des Betts sind die Initialen »L« für »Ludwig« und »Lola« eingestickt. Das gesamte Arrangement erinnert an das offizielle Staatsporträt des Königs, doch hat er die Herrscherinsignien abgelegt und trägt seine Generalstabsuniform. Er steht zwischen Thron und Bett wie Herkules am Scheideweg: »Wie? Es soll dieses Bein Mich länger nicht erfreun? Nein! ich danke ab!«

Königliches Patent.

Ludwig

von Gottes Gnaden, König von Bayern, Pfalzgraf bei Rhein, Herzog von Bayern, Franken und in Schwaben &c. &c.

Wir haben Uns Allerhöchst bewogen gefunden, zu Unseres geliebten Sohnes, des Kronprinzen Maximilian, Königlichen Hoheit, Gunsten auf Unsere Krone zu verzichten, und fügen mit diesem zugleich zu wissen, daß Wir von nun an die Namens-Titulatur: „König Ludwig" (Majestät), und Unsere vielgeliebte Königliche Gemahlin die Titulatur: „Königin Therese" (Majestät), führen werden. — Vorstehende Unsere Verzichtleistung und Titulatur-Bestimmung ist in Unserem Regierungs-Blatte zur öffentlichen Kenntniß zu bringen.

Gegeben München, den zwanzigsten März des Jahres Eintausend Achthundert und acht und vierzig, im drei und zwanzigsten Unserer Regierung.

Ludwig.

Königliche Worte an die Bayern.

Bayern!

Eine neue Richtung hat begonnen, eine andere als die in der Verfassungs-Urkunde enthaltene, in welcher Ich nun im 23. Jahre geherrscht.

Ich lege die Krone nieder zu Gunsten Meines geliebten Sohnes, des Kronprinzen Maximilian.

Treu der Verfassung regierte Ich; dem Wohle des Volkes war Mein Leben geweyht; — als wenn Ich eines Freystaats Beamter gewesen, so gewissenhaft ging Ich mit dem Staatsgute, mit den Staatsgeldern um. Ich kann Jedem offen in die Augen sehen. — Und nun Meinen tief gefühlten Dank Allen, die Mir anhingen.

Auch vom Throne herabgestiegen, schlägt glühend Mein Herz für Bayern, für Teutschland.

München, den 20. März 1848.

Ludwig.

218 Bekanntmachung der Abdankung von Ludwig I. König von Bayern am 20. März 1848; 1848; Typendruck; 43,5 x 25; Stadtarchiv München, ZS, 446 »Revolution 1848«

219 Ludwig I. König von Bayern schreibt im Beisein der Lola Montez seine Abdankung; um 1854; Lithographie; 36,2 x 26,3; MStM, Graphiksammlung

21 KAULBACH ^{2}1918, S.249

Es steht außer Frage, daß Lola Montez der maßgebliche Auslöser für den politischen Niedergang Ludwigs gewesen ist. Spekulationen darüber, wie sich die bayerische Geschichte des Jahres 1848 zugetragen hätte, wäre Lola Montez nie nach München gekommen, sind dennoch nicht ganz müßig. Vielleicht hätte sich Ludwig weiterhin als regierender König behaupten können, eine konstitutionelle Neuordnung der Monarchie wäre im Königreich Bayern aber unausweichlich geblieben. In Berlin war es am 18. März 1848 zu einer ähnlich bedenklichen Zuspitzung der Lage gekommen. Ein gewaltsamer Sturz Friedrich Wilhelms IV. schien sich anzubahnen. Im Unterschied zu Ludwig ließ der preußische König den Aufstand blutig niederschlagen. Noch im Mai 1848 gingen aber zumindest Gerüchte durch Berlin, daß nach bayerischem Vorbild »der König zugunsten des Prinzen seiner Krone entsagt«.[21]

Neben dem Königreich Preußen orientierte sich der bayerische Blickwinkel am Wiener Kaiserhaus. Einen gewissen Einfluß auf die Entscheidung Ludwigs dürfte deshalb auch die Nachricht vom Rücktritt Metternichs gehabt haben. Klemens Fürst Metternich (1773–1859) symbolisierte wie kein zweiter die restaurative Neuordnung Europas. Auf dem Wiener Kongreß hatte der Haus-, Hof- und Staatskanzler des Kaiserreichs nicht zuletzt auch die Grundlagen für den Fortbestand des Königreichs Bayern gelegt. »Mit Volksrepräsentation im modernen Sinne«, so war seine Überzeugung, »muß jeder Staat zugrunde gehen«. Metternich legte am 13. März 1848 sein Amt nieder und floh aus Wien. Für die Geschichte Europas im 19. Jahrhundert bedeutete der Rücktritt Metternichs eine Zäsur, der im Königreich Bayern die Abdankung Ludwigs entspricht. Als Landesfürst teilte Ludwig sein Schicksal aber nur mit der marginalen Gestalt des Prinzen Heinrich LXXII. aus dem Fürstentum Reuß-Lobenstein-Ebersdorf in Thüringen. Als früherer Liebhaber der Lola Montez wurde dieser Prinz ebenfalls zur Abdankung genötigt. Sein Verhältnis zu dem »Satansweib«, das er im Jahr 1846 noch aus Thüringen ausgewiesen hatte, ist in der Flugschrift »Molla Lontez« beschrieben [KAT.NR. 2.16]. Allein schon die Tatsache, daß es in einem Duodez-Fürstentum einen 72. Hein-

220 Ludwig I. König von Bayern im hohen Alter; um 1865; Photographie; 9,3 x 5,8; Stadtarchiv München (Photo: Stadtarchiv München)

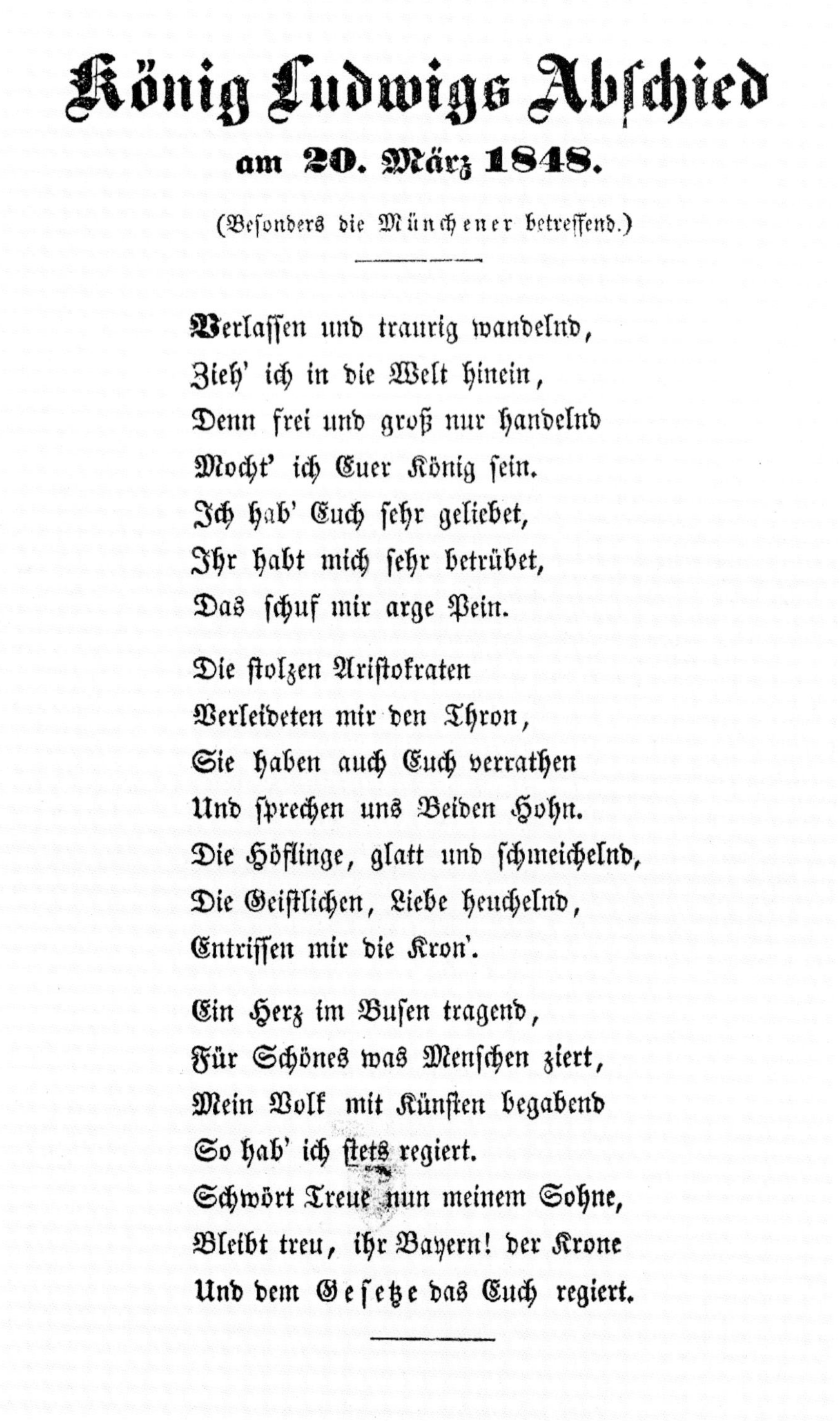
König Ludwigs Abschied
am 20. März 1848.

(Besonders die Münchener betreffend.)

Verlassen und traurig wandelnd,
Zieh' ich in die Welt hinein,
Denn frei und groß nur handelnd
Mocht' ich Euer König sein.
Ich hab' Euch sehr geliebet,
Ihr habt mich sehr betrübet,
Das schuf mir arge Pein.

Die stolzen Aristokraten
Verleideten mir den Thron,
Sie haben auch Euch verrathen
Und sprechen uns Beiden Hohn.
Die Höflinge, glatt und schmeichelnd,
Die Geistlichen, Liebe heuchelnd,
Entrissen mir die Kron'.

Ein Herz im Busen tragend,
Für Schönes was Menschen ziert,
Mein Volk mit Künsten begabend
So hab' ich stets regiert.
Schwört Treue nun meinem Sohne,
Bleibt treu, ihr Bayern! der Krone
Und dem Gesetze das Euch regiert.

221 »König Ludwigs Abschied am 20. März 1848. (Besonders die Münchner betreffend.)«; 1848; Typendruck, 20,3 x 11,8; MStM, Graphiksammlung

rich hatte geben können, führt die Brüchigkeit des Deutschen Fürstenbunds vor Augen. Auch wenn im Herbst 1848 und dann im Lauf des Jahres 1849 neuerlich aufflackernde Tumulte zu beobachten waren, konnte der bayerische Beitrag zur deutschen Revolution von 1848 mit der Abdankung Ludwigs I. und der Inthronisation Maximilians II. als abgeschlossen betrachtet werden.

Das Patent

»Wir haben Uns Allerhöchst bewogen gefunden, zu Unseres geliebten Sohnes, des Kronprinzen Maximilian, Königlichen Hoheit, Gunsten auf Unsere Krone zu verzichten, und fügen mit diesem zugleich zu wissen, daß Wir von nun an die Namens-Titulatur: ›König Ludwig‹ (Majestät), und Unsere vielgeliebte Königliche Gemahlin die Titulatur: ›Königin Therese‹ (Majestät), führen werden. – Vorstehende Unsere Verzichtleistung und Titulatur-Bestimmung ist in Unserem Regierungs-Blatte zur öffentlichen Kenntniß zu bringen. Gegeben München, den zwanzigsten März des Jahres Eintausend Achthundert und acht und vierzig, im drei und zwanzigsten Unserer Regierung. Ludwig«. Das Abdankungspatent vom 20. März 1848 zählt zu den aufsehenerregendsten Bekanntmachungen in der Geschichte des bayerischen Königreichs [ABB.218; KAT. NR.12.3].
Bemerkenswert ist ein persönlicher Zusatz »Königliche Worte an die Bayern«, mit denen Ludwig seine Entscheidung kommentiert: »Bayern! Eine neue Richtung hat begonnen, eine andere als die in der Verfassungs-Urkunde enthaltene, in welcher Ich nun im 23. Jahre geherrscht. Ich lege die Krone nieder zu Gunsten Meines geliebten Sohnes, des Kronprinzen Maximilian. Treu

der Verfassung regierte Ich; dem Wohle des Volkes war Mein Leben geweyht; als wenn Ich eines Freystaats Beamter gewesen, so gewissenhaft ging Ich mit dem Staatsgute, mit den Staatsgeldern um. Ich kann Jedem offen in die Augen sehen. Und nun Meinen tief gefühlten Dank Allen, die Mir anhingen. Auch vom Throne herabgestiegen, schlägt glühend Mein Herz für Bayern, für Deutschland«.

Ludwig hat die Kielfeder, mit der er das Schriftstück unterzeichnet hatte, sorgfältig aufbewahrt [KAT.NR.12.1]. In seinem Aufruf an die Bayern wird die Rechtfertigungshaltung deutlich, in die sich Ludwig offensichtlich gedrängt sah. Anders ist das Insistieren auf seine Verfassungstreue und seine Integrität kaum zu verstehen. Auch setzte er alles daran, die Abdankung als eine freigewählte Entscheidung erscheinen zu lassen: »Niemand ging mich an, der Krone zu entsagen, und von meinem Entschlusse wußte nicht ein einziger Minister«.[22] Zumindest im Moment der Abdankung wollte der König seine Souveränität gewahrt wissen. Sie erscheint als der letzte Akt eines Autokraten und kommt im Grunde einer Kapitulationserklärung gleich. So war es wichtig, daß die Nachricht noch vor Eröffnung der Ständeversammlung bekannt wurde, in der sich der König hätte kaum mehr behaupten können. Karl Fürst zu Leiningen war der Ansicht, die freiwillige Abdankung habe eine gewaltsame Entthronung verhindert.[23]

Die breite Bevölkerung war konsterniert: »Der Eindruck, welchen die Nachricht dieses Ereignißes hervorbrachte, war ein mächtiger und blieb es in gleicher Weise auch dann noch, nachdem man wußte, daß der Rücktritt Königs Ludwig durchaus freywillig war. Man konnte leicht bemerken, wie tief die Liebe zu ihm fast allgemein wurzelte trotz den Stürmen, die in neuerer und neuester Zeit das Verhältnis zwischen ihm und seinem Volke erschütterten. Es wurde heute dem vom Schauplatz scheidenden manche Thräne nachgeweint und die Erschütterung selbst starker Gemüther, bey dem Gedanken, daß jener feste, in manchner Beziehung unbeugsame Charakter zu diesem Schritte sich gedrungen glauben konnte, wird noch lange Zeit gefühlt werden«.[24]

Für Ludwig bedeutete die Abdankung die denkbar größte Niederlage seines Lebens. Noch die im hohen Alter entstandenen Porträts tragen die verbitterten Züge einer nie mehr überwundenen Enttäuschung. Besonders eindringlich wirken die Photographien aus den Jahren nach 1860 [ABB. 217 und 220; KAT.NR. 12.5 und 12.6]. Der merkwürdig berührte Betrachter dieser Aufnahmen blickt in das zerfurchte Gesicht eines alten Menschen, dem die Aura königlicher Repräsentation genommen ist. Eine Statuette von Heinrich Anton Heß zeigt den abgedankten König, der mit auf dem Rücken verschränkten Armen sinnierend voranschreitet [KAT.NR.12.4]. Die Figur scheint die Verse aus einem anonym veröffentlichten Gedicht »König Ludwigs Abschied am 20. März 1848« zu illustrieren [ABB. 221; KAT.NR. 12.8]: »Verlassen und traurig wandelnd, Zieh' ich in die Welt hinein, Denn frei und groß nur handelnd Mocht' ich Euer König sein«.

22 Zit.n.: CORTI 1979, S.282
23 S.: Veit Valentin, Fürst Karl v. Leiningen und das deutsche Einheitsproblem, Stuttgart 1910, S.71; zu Leiningen s.a.: NEHLSEN 1997
24 DESTOUCHES 1848, S.96

KATALOG DER AUSGESTELLTEN EXPONATE

I. DIE AUDIENZ

1.1 **Der Hausrock von Ludwig I. König von Bayern**; um 1810; grün-graues Tuch, Holzknebel und Schnüre; München, Historischer Verein von Oberbayern. Lit.: AUSST.KAT. MÜNCHEN 1987, S.680, Nr.11.1.31 und S.681 (Abb.). [ABB.42]

1.2 **»Schenkungsurkunde. Hausrock Seiner Majestädt Königs Ludwig I. von Bayern. 1870«**; 1870; Autograph; München, Historischer Verein von Oberbayern.

Der Hausrock wurde 1870 von Luitpold Prinz dem Historischen Verein von und für Oberbayern geschenkt. Im Dankesbrief schreibt der Vorstand, der König sei den »polnischen Laibrocke [...] seit länger denn einens halben Jahrhunderts Tag für Tag nach dem Aufstehen und vor dem Schlafengehen zu tragen gewohnt gewesen«. Der Schenkungsurkunde ist ein Kärtchen beigefügt, auf dem der ehemalige Kammerdiener des Königs und der ehemalige Hofsekretär die Authentizität bezeugen:
»Dieser Rock wurde von Sr Majestät dem hochstseligen König Ludwig I von Bayern mehr als sechzig Jahre lang getragen was bezeigt München den 30ten März 1869 Nikolaus Schnegg ehem. Kammerlakay S Majestät des Königs Ludwig I
Der Unterzeichnete bestätigt die eigenhändige Unterschrift des ehem. Kammerlakay Weiland Sr Majestät des Koenigs Ludwig I von Bayern Nikolaus Schnegg mit dem Beyfügen, daß auch ihm bekannt sey, wie S^e^ Majestät der höchstselige Koenig Ludwig I benannten Rock viele, viele Jahre, bis zu seinem Tode, getragen habe. München, den 30ten März 1969. Hofr. Jos. v. Hüther ehem. Hofsekretär Weiland Sr M. des Koenigs Ludwig I.«

1.3 **Kronprinz Ludwig I. von Bayern. Gipsabguß nach der 1821 entstandenen Marmorbüste von Bertel Thorvaldsen**; Höhe 72,5 cm; bez. auf dem Brustband: »Ludwig Kronprinz von Baiern/ Rom den XXIX April MDCCCXXI«; München, Staatliche Antikensammlungen. Lit.: AUSST.KAT. MÜNCHEN 1980, S.405, Nr.1 (mit älterer Literatur).

Die für die Glyptothek bestimmte Büste folgt dem Typus des römischen Feldherrnbildnisses. Eine zweite Fassung von 1829 befindet sich im Thorvaldsen Museum in Kopenhagen; s.: AUSST.KAT. NÜRNBERG 1991, S.652, Nr.81. Das Originalmodell entstand 1818. Johann Baptist Stiglmayer goß die Büste 1821 in Bronze.

1.4 **Ludwig I. König von Bayern tritt die Verfassung mit Füßen**; 1848; Feder und Bleistift; 21 x 13; MStM, Graphiksammlung, Inv.Nr.: M II 573. Lit.: AUSST.KAT. MÜNCHEN 1987, S.734, Nr.12.4.31. [ABB.41]

1.5 bis 1.13 **Memoiren der Lola Montez (Gräfin von Landsfeld), Acht Bände [von neun], Berlin 1851; Druck und Verlag von Carl Schultze's Buchdruckerei. Breite Straße 30**; 1851; Buchdruck, Originaleinband, Buntpapier in türkischen Mustern, Rücken in dunkelrotem Leder mit Golddruck; Oktav; Band 1 fehlt. MStM, Inv.Nr.: P 829. Lit.: FUCHS 1904, S.172, Nr.95; KRISTL 1979, S.18f.; MONTEZ 1986; AUSST.KAT. MÜNCHEN 1987, S.725, Nr.12.3.42; BW 1995, S.361f.

1.14 **Eduard Fuchs, Ein vormärzliches Tanzidyll. Lola Montez in der Karikatur. Mit 90 Illustrationen und Beilagen, Berlin [Erich Frensdorff] o.J. [1904]**. MStM, Sign.: 120 Mon 1905

Eduard Fuchs (1870–1940) war einer der besten Kenner der Lola Montez. Er lebte in den Jahren 1890 bis 1901 in München. In dieser Zeit entstand der auf der eigenen Sammlung basierende Aufsatz »1848 in der Karikatur«, der zunächst in fünf Folgen im »Süddeutschen Postillon« und dann als gleichnamiges Buch bei Maximin Ernst in München erschien. Die Themenstellung konzentrierte sich nicht zuletzt auf Lola Montez. Das Buch »Ein vormärzliches Tanzidyll« folgt einem noch in München veröffentlichten Aufsatz; s.: FUCHS 1898. Ergänzende Funde sind in die zuerst 1909 und zuletzt 1977 aufgelegte »Geschichte der erotischen Kunst« aufgenommen.

1.15 **»Lola-Montez-Vaterunser«**; 1848; Typendruck; 26,2 x 21,6; MStM, Graphiksammlung, Inv.Nr.: P 1617 (5029). Lit.: BLUM 1898, S.112 (Beilage); FUCHS 1904, S.166, Nr.66 und S.56f. (Beilage); PROEBST 1968, S.171, Nr.1617; PULZ 1982, S.308ff. und Abb.1. [ABB.40]

1.16 **»Vaterunser der Lola Montez selber«**; 1848; Typendruck; 26,5 x 21,5; MStM, Graphiksammlung, Inv.Nr.: P 1618 (5030) (auch 35/1574). Lit.: BLUM 1898, S.112 (Beilage); FUCHS 1904, S.166, Nr.67; PROEBST 1968, S.171, Nr.1618; KRISTL 1979, S.56 (Abb.); PULZ 1982, S.308ff. und Abb.2; AUSST.KAT. MÜNCHEN 1987, S.719, Nr.12.3.13. [ABB.8]

1.17 **Lola Montez, der weibliche Dämon aus dem Revolutionsjahr 1848, in: [G. Schauenberg], Zeit-Dokumente zur bayerischen Geschichte, München 1919**. München, Bayerische Staatsbibliothek, Sign.: 2° Bavar. 1627b. Lit.: PULZ 1982, S.326 und Abb.11. [ABB.43]

1.18 **Kalendernotizen einer Köchin zum Aufenthalt der Lola Montez in Nürnberg und Heidelberg**; 1847 bis 1848; Taschenkalender im Duodezformat. Ulm (Privatbesitz).

»Den 22.ten Juny 1847 ist hier [Nürnberg] angekommen die Gräffin Lola Montez, und ist am 23. von hier mit der Eißenbahn nach Bamberg abgereist. Sie hat hier alle unsere Kirchen nebst der Burg besehen und hat sich gegen die Armen mit milden Gaben verewigt. Es hat Ihr hier recht gut gefallen. Die Bamberger haben sich recht unedel gegen Sie betragen. Die Gräfin Landsfeld ist dieser Stadt wieder verlustigt durch die Münchner Unruhen. Sie ist von da verwiesen und ist den 15. Merz 1848 in Heidelberg ankommen und verweilde bis zum letzen abgang der Bahn nach Frankfurth in Hotel Schrieder wo sie erkanndt herumgestoßen, u. mit Koth beworfen u. so weider. Das hochfahrende Wesen dieser modernen Ahasvera, die nirgends eine bleibende Städte findet, war dahin. Sie ergab sich schweigend mit herabrollenden Thränen in ihr Schicksal u. wehrte den Bedienten ab, der den Leuten Vorstellungen machen wollte. Außer diesem wurde sie noch von einem jungen H. begleidet, in dem man einen ehemaligen Münchener Studenten erkennen wolte. – Sie wohnte in der Barerstraße No.7 in München.

Von Feber bis den 6.–9. Merz 1848 gieng die Unruhe in München an. Den 21. Merz 48 Abends 7.Uhr erhielt Nürnberg durch Estaffette aus München die Abdankung König Ludwigs. Den 21. Merz, Morgens 2.Uhr. – Die Abdankung des Königs ist gestern d. 20.ten Abends 6.Uhr zu gunsten des Kronprinzen erfolgt, und soll eine ganz freiwillige gewesen sein. – Es haben auch den 22.ten Merz die hisigen Bürger unter den Waffen den neuen König Dreue geleistet. Den 23.ten auch das königliche Millitär gleichfals. In München wußten Abends den 20.ten wenige Bürger von diesem so hochwichtigen Schritt des Königs wo sich Nachts 11.Uhr einige Gruppen nur vor dem Rathhause gebildet hatten, weil erst in aller Früh es bekant wurde.
Heidelberg den 15. Merz 48. Man ist hier zimmlich unwillig über die grausame behandlung welche Lola Montez von einen wilden Haufen erlitten hat. Niemand wird die Tendenzen u. noch weniger die Lebensweise dieses gesunken Weibes billigen. Allein Mensch bleibt Mensch u. diese haben kein Recht zur Mißhandlung, die sie nur beleidigt hat den 14. Merz geschehen.«

1.19 **Polizeikartenregister der Stadt München**; 1846 bis 1848; Stadtarchiv München, PKR Serie V/58831.

»Nummer:
58831
Name, Stand, Alter, Religion, Wohnort und Gericht oder Land, Beschäftigung, Gefolge, andere Familien-Verhältnisse ec. ec.:
Lola Montes
Künstlerin/ Tänzerin/ von Sevilla in Spanien 24 J. kath.
Legitimations-Urkunde oder sonstige Berufung.:
ohne Paß
Ankunft. Tag. Monat Jahr. woher?
12. Oktb 46 Wien
Zweck des Aufenthaltes.:
Gastvorstellung
Des Fremden Wohnung. Zeit des Ein- und Auszuges. Tag. Monat. Jahr. Straße. Haus-Nummer und Stock. Name des Quartiergebers.
12 Oktb 46 Bayr Hof
21 Okt. 46 Theatinerstr 18 goldnen Hirschen.
13 Merz 47 Theresienstr 8/2 Lüglein Maurerpolier.
28 April 47 M[ax-Vorstadt] Barer 7/1. Eigene Behausung
Erhielt die Aufenthaltskarte am – bis:
15 Oktb 46 15. Novbr 46
Wurde prolongirt am – bis:
20 Nbr 46 20 Dber 46.
21 Dbre 46 21 Jnuar 47.
23 Jnuar 23 Febr 47.
[...] als Grundbesitzerin des Hauses N° 7 in der Barrerstr.
Bemerkungen.
[Keine].«

1.20 **Das Hotel »Zum Bayerischen Hof« am Promenadeplatz in München**; um 1850; Lithographie; 27,9 x 53,4; MStM, Graphiksammlung, Inv.Nr.: Z 1260. Lit.: AUSST.KAT. MÜNCHEN 1992, S.246, Nr.43. [ABB.44]

1.21 **»Plan der königl. Haupt- und Residenzstadt München, mit übersichtlicher Darstellung aller in derselben befindlichen Gasthöfe, Wein- Kaffe= Chocolade= und Methäuser, Bierbrauereien, Saft- Tafern- und Bierwirthschaften.«**; um 1850; Lithographie von Gustav Wenng; 47,2 x 57,5; bez.: »Entworfen und ausgeführt von Gustav Wenng in München. Zweite sehr vermehrte und verbesserte Auflage«; MStM, Graphiksammlung, Inv.Nr.: Z 43. Lit.: AUSST.KAT. MÜNCHEN 1987, S.284, Nr.2.2.5. [ABB.45]

1.22 **Lola Montez, Countess of Landsfeld, The Arts of Beauty; or Secrets of a Lady's Toilet. With Hints to Gentleman on the Art of Fascinating, New York (Dick & Fitzgerald) 1858;** Brunswick (Maine), Bowdoin College Library

II. DIE TÄNZERIN

2.1 Carl von Fischer: **Fassadenaufriß des Königlichen Hof- und Nationaltheaters am Max-Joseph-Platz in München**; 1811; Feder über Bleistift, grau, schwarz und rot laviert; 30 x 54,8; bez. o.m.: »Facade des neuen Königlichen Hoftheaters in München«; MStM, Graphiksammlung, Inv.Nr.: Z 1050. Lit.: Ausst.Kat. »Klassizismus in Bayern, Schwaben und Franken. Architekturzeichnungen 1775–1825«, München 1980, S.274, Nr.64.22 u. S.269 (Abb.); Ausst.Kat. »Carl von Fischer. 1782–1820«, München 1983, S.206, Nr.5.16 u. S.69 (Abb.).

2.2 Carl von Fischer: **Grundriß des Königlichen Hof- und Nationaltheaters am Max-Joseph-Platz in München**; 1811; Feder über Bleistift, grau laviert; 60,5 x 80,7; MStM, Graphiksammlung, Inv.Nr.: Slg. Lang, Mappe VI 57. Lit.: Ausst.Kat. »Klassizismus in Bayern, Schwaben und Franken. Architekturzeichnungen 1775–1825«, München 1980, S.274, Nr.64.23 u. S.271 (Abb.); Ausst.Kat. »Carl von Fischer. 1782–1820«, München 1983, S.207, Nr.5.18. [ABB.48]

2.3 Simon Quaglio: **Der Königsbau der Residenz und der Portikus des Hof- und Nationaltheaters**; um 1832; Feder und Graphit; 27,7 x 55,7; MStM, Graphiksammlung, Inv.Nr.: Z 1049.

Auf der Zeichnung von Simon Quaglio (1795–1878) ist das 1835 vor der Residenz aufgestellte Bronzedenkmal für König Maximilian I. Joseph noch nicht berücksichtigt. Zu einer im Ausschnitt ähnlichen, 1837 entstandenen Darstellung von Heinrich Adam s.: AUSST.KAT. MÜNCHEN 1991, S.31, Nr.11 mit Abb.

2.4 **Becher mit dem Königlichen Hof- und Nationaltheater am Max-Joseph-Platz in München**; um 1825; wohl Bayerischer Wald; farbloses Glas mit Schliff, Gelbätze und Schnitt; Höhe 11,4 cm; MStM, Sammlung Kunsthandwerk, Inv.Nr.: K30-1868. Lit.: AUSST.KAT. MÜNCHEN 1987, S.454, Nr.5.1.182.

2.5 **Jenny Lind**; 1846; kolorierter Kupferstich von Anton Elfinger (»Cajetan«) und Andreas Geiger (1765–1856); 28 x 21; bez.: »Costume Bild. N°. 107.Zur Erinnerung an JENNI LIND die Theaterzeitung ihren verehrlichen Abonnenten.«, »Wien im Bureau der Theaterzeitung, Rauhensteingasse N°. 926.«, u.l.: »Cajetan del.«, u.r.: »And. Geiger«; MStM, Puppentheatermuseum, Sammlung Böhmer. Lit.: AUSST.KAT. MÜNCHEN 1987, S.586, Nr.7.4.37. [ABB.49]

2.6 **Fächer der Jenny Lind**; MStM, Modemuseum, Inv.Nr.: T 84/106.

2.7 **Marie Taglioni als Sylphide**; um 1839; kolorierter Kupferstich von Johann Christian Schoeller (1782–1851) und Andreas Geiger (1765–1856); 22,5 x 17; bez.: »Costume Bild. N°. 67. Marie Taglioni als Sylphide.«, »Wien im Bureau der Theaterzeitung, Rauhensteingasse N°. 926.«, u.l.: »Schoeller del.«, u.r.: »And. Geiger«; MStM, Puppentheatermuseum, Sammlung Böhmer. Lit.: SCHÖNE 1981, S.204, Nr.1044.2; AUSST.KAT. MÜNCHEN 1987, S.586, Nr.7.4.38. [ABB.50]

2.8 **Pfeifenkopf mit Darstellung der Marie Taglioni**; um 1840; Porzellan; MStM, Puppentheatermuseum, Sammlung Böhmer, Inv.Nr.: Ni 478.

2.9 **Fanny Elßler in dem Ballett »Des Malers Traumbild«**; um 1844; kolorierte Lithographie nach Anton Elfinger (»Cajetan«); 23 x 27,5; bez.: »Costume Bild. N° 99. Fanny Elßler in dem Divertissement: ›Des Malers Traumbild‹«, »Wien im Bureau der Theaterzeitung, Rauhensteingasse N°. 926.«, u.l.: »Cajetan del.«, u.m.: »Steindr. des J. Rauch«, u.r.: »Berndt lith.«; MStM, Puppentheatermuseum, Sammlung Böhmer. Lit.: AUSST.KAT. MÜNCHEN 1987, S.588, Nr.7.4.41 u. Abb. [ABB.51]

Die von Anton Elfinger (»Cajetan«) gezeichnete Lithographie folgt einem 1844 entstandenen Ölgemälde aus den Kunstsammlungen der Fürsten von Thurn und Taxis; s.: AUSST.KAT. MÜNCHEN 1987, S.531, Nr.6.3.14 mit Abb. Zu einer 1844 entstandenen Radierung, die Fanny Elßler als eine spanische Tänzerin mit schwarzen Spitzen und Kastagnetten zeigt, s.: AUSST.KAT. MÜNCHEN 1987, S.588.

2.10 **»La Cachucha. Berarbeitet für Klavier. Erinnerungen an Fanny Elsler. Drei Favorit Tänze. Ausgeführt von F. E. Derrou während ihres Aufenthaltes in München [30.10.1844]«**; 1844; Titelblatt mit zwei Seiten Noten; München, Bayerische Staatsbibliothek, Sig. 2 Mus.pr. 2907 Beibd.5

2.11 **Pepita de Oliva**; 1856; Photographie (Albuminpapierkopie) von Franz Hanfstaengl; 27,5 x 21,8; MStM, Fotomuseum, Inv.Nr.: 85/101-29. Prov.: Nachlaß Hanfstaengl; Stiftung Franz Hanfstaengl. Lit.: GEBHARDT 1984, S.262 u. S.19 (Abb.). [ABB.52]

Zu einem Porträtgemälde, das wohl Pepida de Oliva zeigt und sich im Historischen Museum der Pfalz in Speyer befindet, s.: AUSST.KAT. MÜNCHEN 1987, S.718, Nr.12.3.3.

2.12 **Pepita de Oliva tanzt El Olé**; 1853; Lithographie; 44 x 30; bez.: »EL OLÉ. Pepita de Oliva«, u.l.: »Gez. u. lith. v. Bartsch«, u.r.: »Druck v. J. Hesse in Berlin«, unterschrieben: »Leipzig. Verlag u. Eigenthum v. L. Rocca/ Berlin F Sala & C°«; MStM, Graphiksammlung, Inv.Nr.: Z/2775. [ABB.53]

2.13 **Franz Liszt**; um 1858; Photographie (Albuminpapierkopie) von Franz Hanfstaengl; 28,7 x 21,5; MStM, Fotomuseum, Inv.Nr.: 85/101-10. Prov.: Nachlaß Hanfstaengl; Stiftung Franz Hanfstaengl. Lit.: GEBHARDT 1984, S.262 u. S.106 (Abb.). [ABB.57]

2.14 **Programmankündigung für den Schwank »Der Verwunschene Prinz« von Johann von Ploetz am 10. Oktober 1846 im Königlichen Hof- und Nationaltheater in München: »In den beiden Zwischenakten tanzt Demoiselle Lola Montez aus Madrid spanische Tänze im National-**

kostüm«; 1846; Typendruck; 40,7 x 27; MStM, Graphiksammlung, Inv.Nr.: 36/675. [ABB.57]

2.15 **Michael Laroche: Tagebuch eines Tänzers. 1822–1847. Fünfundzwanzig jahre der Kunstleistungen des Michael Laroche K. B. Hofsolotaenzer**; 1847; Autograph; München, Deutsches Theatermuseum, Sign. 2° R 4.

»Lolla Montez, eine spanische Tänzerin, so schlecht wie es keine zweite mehr giebt, aber durch ihr Privatleben berüchtigt g[e]nug betratt unsere Bühne zweimal und wurde ausgezischt u. gerufen, sie trat von der Bühne ab, um im Privatleben eine Rolle zu spielen von der ganz Bayern sowie das Ausland davon spricht«; Laroche 1847, S. VIII.

2.16 **[Eduard Maria Oettinger]: Molla Lontez, Leipzig 1847, Druck und Verlag von Philipp Reclam jun.**; 1847; Flugschrift; München, Bayerische Staatsbibliothek, Sign. 8° Bavar. 1992ⁿ. Lit.: FUCHS 1904, S.163, Nr.58 u. S.31 (Abb.); AUSST.KAT. MÜNCHEN 1987, S.722, Nr.12.3.24c. [ABB.47]

Das Titelblatt mit der kopfstehenden Typographie zeigt Lola als derb verunstaltete Balletteuse. Die Darstellung wurde in einem Münchner »Erinnerungsblatt« aus dem Jahr 1848 aufgegriffen, das in verschiedenen Versionen kursierte; s.: KAT.NR. 11.29. Das Motto »Saltatio est circumferentia Diaboli. St. Augustin« wird im Text kommentiert: »Der heilige Kirchenvater Augustin war einer der ersten, welcher die gefährliche Wirkung des Tanzes erkannt hat. ›Saltatio est diaboli circumferentia‹, sagte er und drückte seine Augen zu, so oft er ein tanzendes Weib sah, weil er fühlte, daß der Reiz derselben der Keuschheit seiner Sinne ein gefahrdrohendes Schach bot«. Als Verfasser ist der mehrfach aus München ausgewiesene Journalist Oettinger anzuführen. Das in der Staatsbibliothek aufbewahrte Exemplar hatte vormals eine Signatur der Remota-Sammlung, in der indizierte Werke unter Verschluß gehalten werden.

2.17 **»Lola Montez, Comtesse de Landsfeld. Ein Pas de deux«**; 1848; Lithographie; 26 x 29; bez. u.l.: »Delaveria del.«, u.m.: »Paris chez le Blanc/ Lola Montez Comtesse de Landsfeld«, u.r.: »de Sorel lith.«; MStM, Graphiksammlung, Inv.Nr.: M II 509. Lit.: FUCHS 1904, S.144, Nr.2 u. S.21 (Abb.); AUSST.KAT. MÜNCHEN 1987, S.719, Nr.12.3.11; BW 1995, S.40 (Abb.); RAUH ²1996, S.93 (Abb.). [ABB.57]

2.18 **»Lola Montez! Phantastische Revue in zehn Bildern« von Günter Pick und Martin Stock. Musik von Jacques Offenbach; Ausstattung Pet Halmen. Balletturaufführung am 18. Juli 1993 in München, Staatstheater am Gärtnerplatz**; Standphotographien von Lioba Schöneck und Charles Tandy mit Rosina Kovacs als Lola Montez. [ABB.56]

III. DIE SPANIERIN

3.1 **Satirische Europakarte »Februar 1848«**; 1848; Lithographie; 28 x 35; MStM, Puppentheatermuseum, Sammlung Böhmer. Lit.: PULZ 1982, S.316 u. Abb.6. [ABB.59]

3.2 **Der bayerische Esel rennt mit der »Spanischen Fliege« gegen eine Mauer**; 1847; Lithographie; 16,5 x 22,5; MStM, Graphiksammlung, Inv.Nr.: M II 511. Lit.: FUCHS 1904, S.145, Nr.6 u. S.28 (Abb.); PULZ 1982, S.322-327 u. Abb.10; AUSST.KAT. MÜNCHEN 1987, S.718, Nr.12.3.6; RAUH ²1996, S.102 (Abb.). [ABB.168]

3.3 **Spanische Fliegen (Canthariden; lat. Lytta vesicatoria fabricius)**; entomologische Präparate und pulverisiertes Cantharidin ($C_{10}H_{12}O_4$); Walter Bock GmbH & Co KG (Einhausen/Bergstraße).

3.4 **Washington Irving: Die Alhambra oder das neue Skizzenbuch, Frankfurt a.M. 1832**; München, Bayerische Staatsbibliothek, Sign.: Hisp. 68r.

3.5 **Erinnerungen aus Spanien von Wilhelm Gail. Nach der Natur und auf Stein gezeichnete Skizzen aus dem Leben in den Provinzen Catalonien, Valencia, Andalusien, Granada und Castilien, mit Fragmenten maurischer und altspanischer Architectur und Veduten nebst erläuternden Auszügen aus dem Tagebuche des Herausgebers, München o.J. [1837]**; 1837; 44 x 34,4; MStM, Graphiksammlung, Inv.Nr.: M II 2927. Lit.: GEBAUER 1996, S.194. [ABB.10 bis 13]

3.6 Fritz Bamberger: **Die Felsenküste von Gibraltar**; 1850; Aquarell; 17,6 x 26,1; MStM, Graphiksammlung, Inv.Nr.: M II 3627. Lit.: REESE 1996, S.40 (Farbabb.). [ABB.14]

3.7 Fritz Bamberger: **Der Puente de Alcantara in Toledo;** 1850; Graphit, gelb laviert; 17,8 x 26,4; bez. u.r.: »Toledo. 1850.«; MStM, Graphiksammlung, Inv.Nr.: M II 3628. Lit.: REESE 1996, S.51 (Abb.). [ABB.15]

3.8 Fritz Bamberger: **Figurenstudien aus Madrid**; 1849; Graphit; 14 x 19; bez. o.r.: »Madrid. 15 Dec. 1849.«; MStM, Graphiksammlung, Inv.Nr.: M II 3625/1. Lit.: REESE 1996, S.27 (Abb.). [ABB.16]

3.9 Fritz Bamberger: **Sierra Nevada**; 1868?; Öl auf Leinwand; 17,5 x 34; MStM, Gemäldesammlung, Inv.Nr.: II/d/146. Lit.: REESE 1996, S.49 (Abb.). [ABB.61]

3.10 **Der Spanienmaler Fritz Bamberger mit Mandoline**; um 1860; Photographie (Albuminpapierkopie) von Ernst Hanfstaengl(?); 17 x 21,5; MStM, Graphiksammlung, Inv.Nr.: M IV 1918. Lit.: REESE 1996, S.6 (Abb.). [ABB.60]

Die Photographie könnte im Münchner Atelier von Franz Hanfstaengl entstanden sein. Sein Sohn Ernst photographierte im Jahr 1860 Wilhelm Busch in einer ähnlichen Pose; s.: GEBHARDT 1984, S.217 (Abb.). Als eine typische Atelierrequisite erscheint die Mandoline auch auf einem etwa zur gleichen Zeit entstandenen Gemälde Corots; s.: Propyläen Kunstgeschichte, Die Kunst des 19. Jahrhunderts, Farbtaf. VII.

3.11 **Adolf Friedrich von Schack, Geschichte der dramatischen Literatur und Kunst in Spanien, 3 Bde., Berlin 1845/1846**; München, Bayerische Staatsbibliothek, Sig.: P. o. hisp. 173 ma 1-3.

3.12 Eduard Gerhardt: **Der Patio de los Leones in der Alhambra in Granada**; 1860; Öl auf Leinwand; 88 x 76,2; bez. u.r.: »Ed. Gerhardt 1860«, rückseitig: »Der Löwenhof auf der Alhambra – Granada im Jahre 1849«. Prov.: 1866 von Schack erworben; München, Bayerische Staatsgemäldesammlungen, Schack-Galerie, Inv.Nr.: 11630. Lit.: Bayerische Staatsgemäldesammlungen, Schack-Galerie, bearb. von Eberhard Ruhmer. Vollständiger Katalog, Textband, München 1969, S.184f. und Tafelband Abb.109.

3.13 **Die Kathedrale von Sevilla**; 1862; Photographie (Albuminpapierkopie) von Charles Clifford; 30,5 x 25,6; Prägestempel »L. Mason Fot. Sevilla«; MStM, Fotomuseum, Ph (S); Prov.: Sammlung Breitenbach.

3.14 **Im Alcázar von Sevilla**; 1862; Photographie (Albuminpapierkopie) von Charles Clifford; 25,9 x 30,5; Prägestempel »L. Mason Fot. Sevilla«; MStM, Fotomuseum, Inv.Nr.: 88/471; Prov.: Sammlung Breitenbach.

3.15 Carl Spitzweg: **Spanisches Ständchen – Serenade aus dem ersten Akt der Oper »Barbier von Sevilla«**; Öl auf Leinwand; 67,8 x 53,3; bez. u.l.: »S«. Prov.: 1864 von Schack erworben; Bayerische Staatsgemäldesammlungen, Schackgalerie, Inv. Nr.: 11560. Lit.: Bayerische Staatsgemäldesammlungen, Schack-Galerie, bearb. von Eberhard Ruhmer. Vollständiger Katalog, Textband, München 1969, S.412-414 und Tafelband Abb.88. [ABB.62]

3.16 **Der Stierkämpfer Francisco Montes (1804–1851)**. Reproduktion nach einer 1836 entstandenen Lithographie von Laujol (Paris) nach einem Gemälde von Cavanna. Aus: Fernando Berckemeyer y Pazos, El arte y los toros. Museo taurino de arte de Lima, Lima 1966, S.79. [ABB.64]

3.17 **Spanischer Kampfstier**; Kopf-Schulter-Präparat. München, Luksch und Hoffmann.

3.18 **Lola Montez als Spanierin**; um 1844; kolorierte Lithographie von Marie Alexandre Alophe (1812–1883) nach Prosper-Guillaume Dartiguenave; 56,3 x 38,3; bez.: »Lola Montez«, »Alophe d'après P. Dartiguenave«, »Imp. Lith. de Cattier à Paris«, »Paris – Goupil Vibert & Cte. Editeurs«, »London E. Gambart. Junin & Co.«; MStM, Graphiksammlung, Inv.Nr.: M II 1067. Lit.: AUSST. KAT. MÜNCHEN 1987, S.718, Nr.12.3.1; RAUH ^{2}1996, S.75. [ABB.65]

Die Lithographie folgt einem nicht mehr nachweisbaren Pastellbildnis. Von der Lithographie existieren Exemplare, die mit »C. W. Müller« signiert sind; MStM, Graphiksammlung, Inv.Nr.: M II 1065.

3.19 **»Sennora Lola Montez«**; nach 1844; Lithographie; 20,2 x 32,5; MStM, Graphiksammlung, Inv.Nr.: 36/593. [ABB.63]

3.20 **»Lola Montez. Erinnerungsblatt. Allen Freunden und Feinden der spanischen Tänzerin gewidmet. – PAS STYRIEN de la LOLA MONTEZ.«**; 1848; Lithographie mit Notensatz; 47,5 x 27,5; unterschrieben: »Verlag bei der St. Georger Buch- und Notendruckerei. Hamburg, Vorstadt St. Georg, Krenzweg No.2.«; MStM, Graphiksammlung, Inv.Nr.: 38/85. [ABB.66]

Die der Darstellung von Dartiguenave folgende Porträtlithographie wird von einer Travestie des Rosenkranzes flankiert:

»Lola Montez, Lola Montez,
Sei gegrüsst mir, edle Dame,
Du die schönste aller Frauen,
Sei gegrüsst mir, o Signora!
Tausendmal in Deutschlands Gauen.

Sei gegrüsst mir, Lola Montez,
Mit den langen schwarzen Haaren,
Die gelockt in Zauberschlingen,
Darin sich schon ach! so viele –
Klein' und grosse Narren fingen.

Lola Montez, Lola Montez,
Mit den wilden Flammenaugen,
Die gleich Pfeilen scharf durchbohren
Jedes Herze, dass wohl Mancher –
Den Verstand darob verloren.

Lola Montez, Lola Montez,
Mit der feingebog'nen Nase;
Ach! wie Viele werden stutzig,
Sehen tragen sie die Nase –
Dich so hoch, so siegestrutzig.

Lola Montez, Lola Montez,
Mit den glühend heissen Lippen,
Ach! wer kann es ihnen wehren,
Wenn in wilder Gluth sie jeden –
Schnurr- und Knebelbart verzehren.

Sei gegrüsst mir, Lola Montez,
Mit den runden, vollen Armen,
Die mit Zaubermacht umschlingen,
Dass mit ihr den Sinnberauschten
Wir vergebens sehen ringen!

Lola Montez, Lola Montez,
Wunderfinger, Zauberstäbchen
Deine Lilienhände zieren,
Die so Manchen an der Nase –
Kreuz und quer durch's Leben führen!

Lola Montez, Lola Montez,
Unerschrock'ne Amazone,
Den Ministern zum Verderben
Und zum Sturz den Professoren –
Wer wagt's noch um dich zu werben?

Lola Montez, Lola Montez,
Hohes Wesen, höh'rer Abkunft,
Mit den stark gestählten Fersen,
Wäre ich der Dichter grösster
Wollt den huldigen in Versen!

Lola Montez, Lola Montez,
Sinken muss ich vor dir nieder,
Um im Staub dich anzubeten – –
Willst du nicht mit deinem kleinen
Fuss mich gnädig niedertreten!?«

3.21 **Carmen. Oper in vier Akten nach einer Novelle des Prosper Mérimée von Henri Meilhac und Ludovic Halévy. Musik von Georges Bizet. Libretto hrsg. von Adolph W. Künast, Wien o.J. [um 1920]**; München, Deutsches Theatermuseum, B 3263.

3.22 **Ballgarderobe im spanischen Stil, in: Le Conseiller des Dames, Paris 1847**; 1847; MStM, Modemuseum. Lit.: Andreas Ley, Carmen, in: Ausst.Kat.: »Anziehungskräfte. Varieté de la mode 1786–1986«, München 1986, S.81; ders., Fächerzeichen. Modebilder aus 200 Jahren – Darstellung und Inhalt, in: Fächer. Kunst und Mode aus fünf Jahrhunderten. Aus den Sammlungen des Bayerischen Nationalmuseums und des Münchner Stadtmuseums, München 1987, S.40f. Abb. [ABB.67]

3.23 **Mandoline**; 1. Hälfte 19. Jahrhundert; Italien oder Süddeutschland; Decke aus Fichte mit ovalem Schalloch; hochgewölbter mandelförmiger Korpus, innen auspapiert; Hals und Wirbelbrett mit Ebenholz und Knochenspänen furniert; vierchörig mit 8 Saiten; 60 x 18 x 17; bez.: »Reparirt Josef Thumhart/ München 18.6 Nr.11 Schäfflerstrasse Nr.11«; MStM, Musikinstrumentensammlung, Inv.Nr.: 40-306. Lit.: AUSST.KAT. MÜNCHEN 1987, S.384, Nr.4.10.13.

3.24 **Siebensaitige Gitarre von Stephan Thumhart**; 1840; Korpus aus Ahorn, Fichte, Saitenhalter aus Ebenholz; 100 x 29 x 9,5; bez.: »Stephan Thumhart/Königl. Hof-Instrumentenmacher München anno 1840/ wohnt im Rosenthal Nr.14«; MStM, Musikinstrumentensammlung, Inv.Nr.: 61-111. Lit.: AUSST.KAT. MÜNCHEN 1987, S.384, Nr.4.10.12.

3.25 **Spanischer Souvenirfächer**; um 1890; MStM, Modemuseum.

3.26 **Tambourin**; um 1950; Privatbesitz.

3.27 **Szenenbild aus »Don Carlos«**; um 1835; kolorierte Lithographie aus dem Verlag Christian Weiss in Würzburg, wohl nach einem Entwurf von Christoph Fries; 42 x 50,6; bez.: »Don Carlos, II. Aufz., VIII. Scene/ Costumes des Herrn und Madame Dahn als Carlos und Eboli/ Neu costumiert unter der Intendanz des Herrn von Küstner«; München, Deutsches Theatermuseum, Inv.Nr.: II 10759. Lit.: Rolf Grashey, Die Familie Dahn und das Münchner Hofschauspiel (1833–1899), Innsbruck 1931 (Diss. München), Abb.8; Günter Schöne und Hellmuth Vriesen, Das Bühnenbild im 19. Jahrhundert, München 1959, Nr.215-219; AUSST.KAT. MÜNCHEN 1987, S.600, Nr.7.5.8.

Das Blatt stammt aus der Sammlung von Bühnenbildern, die unter dem Titel »Souvenir Theatral de Munich« zwischen 1834 und 1838 in Würzburg erschienen. Entwurf und Zeichnung sind dem Costumier Christoph Fries (1788–1857) zuzuschreiben, der von 1820 bis 1857 für die Münchner Bühnen arbeitete; vgl.: Reto Niggl, Biedermeiers Hoftheater München. Kostüme von Christoph Fries 1788–1857, München/Paris 1988, bes. S.15.

3.28 **[Ludwig I. König von Bayern]: »Don Carlos ... de Frederigo Schiller, traducido en prosa de Luis I Rey de Babiera. 1859.«**; 1859; Autograph; München, Bayerische Staatsbibliothek, Ludwig I.-Archiv 19.

Das ungebundene Manuskript hat 562 Seiten im Quartformat. Ludwig übersetzte außerdem seine Denkschrift »Walhallas Genossen« ins Spanische: [Ludwig I. König von Bayern], »Los miembros de Walhala escribido de Luis I Rey de Babiera [...] traduci aleman en español ... 17. Decembre 1849«; München, Bayerische Staatsbibliothek, Ludwig I.-Archiv 25.

3.29 **Leben und Thaten des scharfsinnigen Edlen Don Quixote von la Mancha von Miguel de Cervantes Saavedra. Übersetzt von Ludwig Tieck, Berlin ²1831**. München, Bayerische Staatsbibliothek, Sign.: P. o. hisp. 64d.

3.30 **[Johann D. Wagener]: Diccionario de faltriquera, ó sea portátil Español – Aleman y Aleman-Español por Juan Daniel Wagener. Doctor y Professor. Tomo primero que contiene el Diccionario Español – Aleman aumentado con muchísimas voces importantísimas que no se encuentran en los otros Diccionarios hasta ahora publicados, Berlin MDCCCVIII [1808]; Spanisch-Deutsches und Deutsch-Spanisches Hand-Wörterbuch; von Johann Daniel Wagener, Doctor und Professor. In zwei Bänden. Zweiter Band, welcher dass Deutsch-Spanische Wörterbuch enthält, Berlin 1809**; München, Bayerische Staatsbibliothek, Sign. L. lat. f. 347-1/2.

3.31 **Johann G. Keil, Spanische Sprachlehre für Deutsche Gymnasien und Hochschulen, auch zum Selbstunterricht fuer Studierende, Leipzig 1837**; München, Bayerische Staatsbibliothek, Sign.: L. Cort. f. 3220.

3.32 **Karl Wilhelm von Heideck;** 1831; Lithographie von Franz Hanfstaengl; 29,5 x 22; bez.: »Hanfstaengl f: 1831.«; unterschrieben: »ΚΑΡΟΛΟΣ ΕΙ–ΔΕΚ ΣΤΡΛΤΗΓΟΣ ΜΕΛΟΣ ΤΗΣ ΕΛΛΗΝΙΚΠΣ ΑΝΤΙ–ΒΑΣΙΛΕΙΑΣ/ εν τν εγραπην ιυ τον I. M. ΕΡΜΑΝΝ εισ Μοναχον«; MStM, Graphiksammlung, Inv.Nr.: M II 1195. [ABB.69]

3.33 Karl Wilhelm von Heideck: **Szene aus dem Spanischen Freiheitskrieg der Jahre 1808 bis 1814**; 1842; Öl auf Leinwand; 71 x 91; bez. u.r.: »C. v. Hdk. pt/ 1842«; München, Städtische Galerie im Lenbachhaus, Inv.Nr.: G 10575. Lit.: AUSST. KAT. MÜNCHEN 1987, S.536f., Nr.6.3.22 mit Abb. [ABB.71]

3.34 **Billet der Lola Montez an Karl Wilhelm von Heideck (?)**; um 1847; Autograph im vergoldeten Holzrahmen mit Rundbogenfries; 23,5 x 15,9; München, Stadtbibliothek, Monacensia Sammlung. Lit.: AUSST.KAT. MÜNCHEN 1987, S.719, Nr.12.3.16.

»Aurai-je le plaisir mon cher Monsieur de vous voir ce soir chez moi pour prendre le thé avec votre aimable et charmante fille. Dans l'espérance de vous voir à huit heures Vendredi Lola Montez«.

IV. IM ATELIER

4.1 Georg Dury nach Joseph Stieler: **Lola Montez**; 1848; Öl auf Leinwand; 72,8 x 59,5; bez. rückseitig: »Gräfin Marie von Landsfeld, copiert von Dury 1848 nach einem von Stieler 1847 gemalten Bildnis«; MStM, Gemäldesammlung, Inv.Nr.: 34/312. Lit.: AUSST.KAT. MÜNCHEN 1987, S.719, Nr.12.3.15. [ABB.78]

Das Porträt folgt dem Original von Joseph Stieler: **Lola Montez**; 1847; Öl auf Leinwand; 71,7 x 58,3; bez. rückseitig »Gräfin Maria von Landsfeld geboren in Sevilla 1823 gemalt von J. Stieler 1847«; München, Residenzmuseum, Inv.Nr.: G 406. Lit.: CORTI 1937, Abb.55; HASE 1971, S.152, Nr.314; HOJER [3]1990, S.114-117 mit Farbabb.; BW 1995, Farbabb. S.27; SEYMOUR 1996, S.151 u. Abb. [ABB.72].

Georg Dury trat mehrfach als Kopist Stielers in Erscheinung; s.: HASE 1971, S.127, Nr.88. Für das Porträt der Lola Montez lassen sich mehrere Kopien nachweisen. In seinen privaten Zimmern hatte Ludwig I. eine »Kopie von dem aus der Schönheitsgalerie«; zit.n.: BW 1995, S.327 (1. 7. 1849). Er schrieb an Lola Montez: »Ich habe Dein Portrait von Stieler in voller Größe kopieren lassen, so daß ich es oben in meinen Salons, die du kennst, haben kann, weil ich selbst selten in der Schönheitengalerie bin«; zit.n.: BW 1995, S.245 (10. 10. 1848). Vermutlich handelte es sich dabei um eine eigenhändige Arbeit Stielers. Als der König die Residenz für seinen Sohn räumen mußte, nahm er das Gemälde zusammen mit der Büste von Leeb [KAT.NR.10.1] mit ins Wittelsbacher Palais.

4.2 **Präsentationsstaffelei**; um 1830; Nußbaumfurnier und Nußbaum massiv, verschiedene Hölzer in Nußbaum gebeizt und bemalt; 250 x 70 x 60; bez. auf Klebezettel: »Verlassenschaft W.I.M. d. Königin/ Wittelsbacher Ausgleichsfonds, Dep. N.burg ES Inv.Nr.2«; MStM, Möbelsammlung, Inv.Nr.: 76/1. Lit.: AUSST.KAT. MÜNCHEN 1987, S.335, Nr.4.2.12.12.

4.3 Joseph Stieler: **Selbstbildnis im Alter von 64 Jahren**; 1845; Öl auf Leinwand; 71,5 x 58; bez. rückseitig: »Joseph Stieler geboren 1781 am ersten November von ihm selbst durch zwei Spiegel gemalt anno 1845.«; Privatbesitz. Lit.: HASE 1971, S.142, Nr.288. [ABB.76]

4.4 **Gipsabguß von der rechten Hand Joseph Stielers**; 1845; Gips; Höhe 22 cm; Privatbesitz. [ABB.77]

Der Gipsabguß diente dem Maler als Vorlage für die Darstellung seiner Hand auf dem Selbstporträt aus dem Jahr 1845.

4.5 **Joseph Stieler**; um 1854; Photographie (Albuminpapierkopie) von Franz Hanfstaengl; 22,5 x 16,5; MStM, Fotomuseum, Inv.Nr.: 85/101-10. Prov.: Nachlaß Hanfstaengl; Stiftung Franz Hanfstaengl. Lit.: GEBHARDT 1984, S.264 und S.213 (Abb.). [ABB.74]

4.6 und 4.7 **Collier und Brosche im Rokokostil**; Deutschland, um 1845; Gold, Perlen, Türkis; Collier: 40 cm; Brosche 5 x 4,3 cm; MStM, Modemuseum, Inv.Nr.: A 75/31 und A 75/69. Lit.: AUSST.KAT. MÜNCHEN 1987, S.397, Nr.4.14.6 mit Abb. (mit älterer Literatur).

4.8 Carl Wollenweber: **Ludwig I. König von Bayern**; um 1840; Öl auf Porzellan; 14,5 x 10,8; MStM, Sammlung Kunsthandwerk, Inv.Nr.: 29/719. Lit.: AUSST.KAT. MÜNCHEN 1987, S.680, Nr.11.1.26. und S.17 (Farbabb.); BW 1995, S.32 (Farbabb.). [ABB.80]

4.9 Carl Bucher: **Lola Montez**; um 1847; Gouache; 13,5 x 10,5; Privatbesitz (Landsberg a.L./ Pitzling). Prov.: 57. Münchner Antiquitätenmarkt 1.–9.11.1997 (Ursula Wittmann). [ABB.81]

Zu einer zweiten, ins Oval geschnittenen Version s.: BW 1995, S.24f. (Farbabb.).

4.10 **Porträtphotographie der Lola Montez**; um 1858; Photographie (Albuminpapierkopie); 19 x 12,8; MStM, Fotomuseum, Inv.Nr.: 85/101-278. Prov.: Nachlaß Hanfstaengl; Stiftung Franz Hanfstaengl. Lit.: RAUH [2]1996, S.208 (Abb.). [ABB.73]

Die Photographie wird traditionell, aber fälschlich Franz Hanfstaengl zugeschrieben. Sie folgt einer Stereodaguerreotypie, die um 1858 von der »London Stereoscopic Company« aufgenommenen wurde. Ein Exemplar dieser stereoskopischen Aufnahme befindet sich in New York, New York Library at Lincoln Center, The Billy Rose Theatre Collection; s.: DAY 1981, S.345 und 351 (Abb.17).

4.11 **Porträtphotographie der Lola Montez nach einer von Charles D. Fredericks in New York angefertigten Carte-de-visite**; um 1856; Reproduktion; 9 x 5,5; MStM, Graphiksammlung, Inv.Nr.: 29/458. Lit.: CORTI 1937, Abb.63b; AUSST. KAT. MÜNCHEN 1987, S.725, Nr.12.3.46; HOJER [3]1990, S.27 (Abb.). [ABB.79].

Die Aufnahme folgt einer Carte-de-visite, von der sich ein Exemplar erhalten hat in: Cambridge (Mass.), The Harvard Theatre Collection, Harvard College Library; s.: DAY 1981, S.345 und 350 (Abb.15). Eine um 1852 entstandene Carte-de-visite mit einer Aufnahme der Meade Brothers befindet sich ebenfalls in der Harvard College Library; s.: DAY 1981, S.343, Abb.6 [ABB.82]. Von diesen Photographen stammt außerdem eine um 1858 entstandene Porträtphotographie der Lola Montez (29,3 x 24,3; Cambridge (Mass.), The Harvard Theatre Collection, Harvard College Library); s.: DAY 1981, S.345 und 349 (Abb.14) [ABB.83]. Eine vergleichbare Photographie, auf der Lola Montez ein Buch liest (Salzpapier; 18 x 13) befindet sich in New York, Museum of the City of New York, The Theatre and Music Collection; s.: DAY 1981, S.352, Abb.18. Zum Genre der »Cartes-de-visite«-Photographie s.: HOERNER 1989, S.67-69.

4.12 und 4.13 **Münchner Cartes-de-visite der Kunstanstalt Piloty & Loehle mit dem Porträt der Lola Montez von Joseph Stieler**; nach 1860; 10,6 x 6,2; Stadtarchiv München, Historisches Bildarchiv und MStM, Fotomuseum. Lit.: DAY

1981, S.340, Abb.2; HOERNER 1989, S.67-69. [ABB.87]

4.14 bis 4.51 **Portfolio zur Schönheitsgalerie der Münchner Kunstanstalt von Piloty & Loehle**; um 1855; Mappe mit 36 Lithographien und Stahlstichen und einem zweisprachigen (dt./frz.) Inhaltsverzeichnis; 60 x 45 (Blatt), 24 x 19,5 (Darstellung); MStM, Graphiksammlung, Inv.Nr.: VII/ 344. Prov.: 1926 aus der Slg. Kronprinz Rupprecht von Bayern erworben. [ABB.84]

Das Portfolio hat den Titel: »Schönheiten-Sammlung. Gallerie von sechs und dreissig weiblichen Bildnissen aus verschiedenen Ständen und Nationalitäten im Auftrage Sr. Maj. des Königs Ludwig I. von Bayern nach dem Leben gemalt von dem K. B. Hofmaler Joseph Stieler und im Saalbaue der neuen königlichen Residenz zu München aufgestellt. Mit specieller königlicher Genehmigung theils durch Steinzeichnungen, theils durch den Stahlstich reproducirt und herausgegeben von der Königl. Bayer. Privil. Kunstanstalt von Piloty & Löhle in München«. Es ist 1855 in sechs Lieferungen erschienen. Das zweisprachige Inhaltsverzeichnis ist überschrieben: »Schönheiten-Sammlung Seiner Majestät des Königs Ludwig I. von Bayern« – »Collection de Beautés de Sa Majesté le Roi Louis I. de Bavière«. Die Blätter sind nach diesem Verzeichnis numeriert und mit den Nachweisen des Malers (»Gemalt v. J. Stieler«) und des Stechers, meist Johann Andreas Fleischmann, unterschrieben. Alle Blätter führen den zweisprachigen Nachweis in Deutsch und Französisch: »Das Original befindet sich in der Schönheiten-Sammlung S.M. des Königs Ludwig I von Bayern zu München« und »Verlag der K.B. priv. Kunstanstalt v. Piloty & Loehle in München. Mit gesetzl. Schutze gegen Nachbildung«. Das Titelblatt führt den Nachweis für den Schriftsatz des Deckblatts: »Leipzig, Typographie Giesecke & Devrient«. Der Stahlstich mit dem Porträt der Lola Montez, »Gemalt v. J. Stieler« und »Gestochen von A. Fleischmann«, war als »Blatt XVI.« in der dritten Lieferung enthalten.

4.15 Inhaltsverzeichnis [ABB.85]

4.16 »Marie, Königin von Bayern« (Das entsprechende Gemälde entstand 1845.)

4.17 »Augusta, Kaiserliche Prinzessin und Erzherzogin von Oesterreich, grossherzogliche Prinzessin von Toskana« (1845)

4.18 »Alexandra, Kgl. Prinzessin von Bayern« (1845)

4.19 »Sophie, Erzherzogin von Oesterreich« (1832) [ABB.94]

4.20 »Lady Milbanke« (1844)

4.21 »Katharina Bozzaris« (1831)

4.22 »Amalie Freyin von Krüdener« (1838)

4.23 »Janthe Lady Ellenborough« (1831)

4.24 »Caroline Gräfin von Waldbott-Bassenheim« (1843)

4.25 »Irene Gräfin von Arco-Stepperg« (1834)

4.26 »Rosalie Julie von Bonar« (1840)

4.27 »Amalie von Schintling« (1831)

4.28 »Crescentia Fürstin von Oettingen-Oettingen und Oettingen-Wallerstein« (1833)

4.29 »Isabella Gräfin von Tauffkirchen-Engelburg« (1828)

4.30 »Friedericke Freyin von Gumppenberg« (1843)

4.31 »Maria Gräfin von Landsfeld« (1847) [ABB.86]

4.32 »Charlotte von Hagn« (1828)

4.33 »Cornelia Vetterlein« (1828)

4.34 »Marianne Marquise Florenzi« (1831) [ABB. 93]

4.35 »Caroline Gräfin Holnstein« (1834)

4.36 »Mathilde Freyin von Jordan« (1837)

4.37 »Therese Spence« (1837)

4.38 »Karoline Lizius« (1842)

4.39 »Anna Hillmayr« (1829)

4.40 »Ludovika Freyin von Neubeck« (1839)

4.41 »Elisabeth List« (1842)

4.42 »Maximiliana Borzaga« (1827)

4.43 »Anna R. Kaula« (1829)

4.44 »Augusta Strobel« (1827)

4.45 »Regina Daxenberger« (1829)

4.46 »Lady Jane Erskine« (1837)

4.47 »Wilhelmine Sulzer« (1838)

4.48 »Josepha Conti« (1844)

4.49 »Helena Sedelmayer« (1831) [ABB.90]

4.50 »Antonia Wallinger« (1840)

4.51 »Maria Dietsch« (1850)

4.52 **Lola Montez nach dem Porträt Joseph Stielers**; um 1855; Lithographie; 36 x 28 (Blatt), 28 x 22 (Darstellung); unterschrieben: »Mad.^{e} la Comtesse de Landsfeld.«; »Peint. par. J. Stieler. Lith par Schneider«; MStM, Graphiksammlung, Inv.Nr.: Z 2715. Lit.: FUCHS 1904, S.17, Abb.7.

4.53 **Lola Montez nach dem Porträt Joseph Stielers vor dem Hintergrund der Münchner Frauenkirche**; um 1855; Lithographie; 16 x 20,5; unterschrieben: »Gräfin von Landsfeld«; MStM, Graphiksammlung, Inv.Nr.: M II 1068 (auch Z 2715a). [ABB.88]

4.54 **Lola Montez nach dem Porträt Joseph Stielers im maurischen Rankenwerk mit gräflichem Wappen**; um 1855; Lithographie; 44 x 30;

bez.: »Sennora Lola Montez. Graefin v. Landsfeld.«; MStM, Graphiksammlung, Inv.Nr.: P 646. [ABB.89]

Ausgehend von der Darstellung mit den Türmen der Frauenkirche ist der Gesichtsausdruck noch mehr verzerrt. Bemerkenswert ist die sonst eher seltene Darstellung des gräflichen Wappens. Die Vorlage für die verzerrten, karikaturhaften Porträts könnte eine Bleistiftzeichnung gewesen sein, auf die Fuchs verweist: »Lola Montez. Karikiertes Porträt. Bleistiftzeichnung. In der Sammlung der Münchner Künstlergenossenschaft. Diese wohlgelungene Charge ist nie veröffentlicht worden, es ist eine Karikierung des Stielerschen Bildes der Lola Montez. Der Zeichner bediente sich des Mittels, den Kopf der Lola grotesk zu vergrößern. Im Hintergrunde sieht man zwei bayrische Ulanen und die Münchner Theatinerkirche«; FUCHS 1904, S.147, Nr.11.

4.55 **Die Schöne Münchnerin**; um 1840; kolorierte Lithographie; 53,2 x 68,3; bez.: »Münchener Maedchen (im englischen Garten)/ Jeunes filles de Munich (au Jardin Anglais)«; MStM, Graphiksammlung, Inv.Nr.: Z 2199a. [ABB.91]

Die Darstellung geht auf eine Zeichnung von Carl Engel (1817–1870) zurück; MStM, Graphiksammlung, Inv.Nr.: M II 2514. Entsprechende Lithographien sind bezeichnet: »Nach d. Originale auf Stein gez. v. H. Kohler«; »Gemalt v. C. Engel«; »Gedruckt in d. Kunstanstalt v. Piloty u. Loehle«; MStM , Graphiksammlung, Inv.Nr.: M II 2516. Außerdem gibt es einen Nachdruck, der bezeichnet ist: »Gedr. v. Th. Kammerer.«. Zur starken Verbreitung des Motivs auch auf anderen Bildträgern wie zum Beispiel Pfeifenköpfen s.: AUSST.KAT. MÜNCHEN 1987, S.365, Nr.4.5.7; S.427, Nr.4.20.11 und 4.20.12; S.455, Nr.5.1.190 und 5.1.191.

4.56 **Münchner Riegelhaube**; um 1835; gelbgrundiger Goldbrokat, Goldstickerei, Goldspitze; 15 x 16; MStM, Modemuseum, Inv.Nr.: A 70/82. Lit.: Gislind M. Ritz, Riegelhaube und Kropfkette. Zum Erscheinungsbild der Münchner Bürgertracht um 1800, in: AUSST.KAT. MÜNCHEN 1980 Bd.I, S.326-333; Ulrike Zischka, Von Kopf bis Hut. Das Kopftuch binden – Unter die Haube kommen – Den Hut nehmen, in: AUSST.KAT. MÜNCHEN 1984, S.106-129, bes. S.119f. und 176, Nr.183.

In seinem Reisebuch »Panorama von München« von 1835 beschreibt August Lewald die Münchner Riegelhaube: »Die so sehr beliebte Riegelhaube, die besonders den jungen Münchnerinnen gar zierlich zu Gesichte steht, ist ein ganz eigenthümlicher Kopfputz, der mit keinem andern in Deutschland einige Aehnlichkeit zeigt. Das Häubchen ist flach, und hat einen mäßig gewölbten Deckel, etwa einen Zoll hoch, und nur so groß, um den Zopf, der oben auf dem Scheitel in ein Nest geschlungen wird, zu umfassen und zu bedecken. Das hintere Ende dieses Deckels ist in der Mitte aufgezogen, und durch eine Spange befestigt, so daß an jeder Seite eine kleine Spitze entsteht, die sich horizontal ausstreckt. Während nun das Häubchen unf dem Zopfe sitzt, stehen die beiden Spitzen nach hinten, in freier Luft, und zwar wird die Riegelhaube so getragen, daß man darunter das Haarnest deutlich sieht. Auch dieser provinzielle Kopfputz, der nur in München und seiner nächsten Umgebung angetroffen wird, ist indeß der Mode unterworfen, und hat im Laufe der Zeiten manche Veränderung erleiden müssen. Die älteste Form, die wir noch bei ganz alten Mütterchen, wiewohl selten antreffen, ist die sogenannte ›Zughauben‹ bedeutend größer, und mit einem ziemlich breiten Vorstoße angekraus'ter Spitzen versehen. Vor zehn Jahren noch würden die zierlichsten Bürgermädchen das Riegelhäubchen nicht anders aufgesetzt haben, als tief in den Nakken geschoben, wie es jetzt nur noch ältere Frauen tragen, während die junge Welt es, auf die beschriebene Weise, hoch droben, auf dem Zopfe schwebend, trägt. Auch erfindet die Mode von Zeit zu Zeit andere Muster in der Zeichnung, den Stikkereien u.s.w., die von den eleganten Münchnerinnen genau beobachtet werden müssen. Dieß nennt man: ›es ist ein neuer Riß aufgekommen‹. Wie Otto, König von Griechenland wurde, brachte der schöne ›Ottoriß‹ eine allgemeine Riegelhäubchenreform hervor, und Alles eilte seine alten Häubchen auszubrennen, um sich eine moderne anzuschaffen. Da der Preis einer solchen vier Louisd'ors, auch mehr ist, da man sie von Gold hat, mit ächten Perlen reich gestickt, und der reine Metallbetrag nach dem Brennen nur gering ist, so sieht man leicht ein, daß die Mode so kostspielig wie eine Andere mitzumachen ist. Jüngere Frauenzimmer aus dem Bürgerstande tragen außer der Riegelhaube nichts mehr, was an die altbürgerliche Tracht erinnerte, und kleiden sich im Uebrigen ganz so, wie es die allgemeine Mode verlangt. Zum Unterschiede von andern Damen, nennt man diese daher schlechtweg: ›Riegelhäubchen‹. ›Hast Du das bildhübsche Riegelhäubchen gesehen?‹ kann man oftmals auf Bällen hören, oder: ›ich habe mit einem allerliebsten Riegelhäubchen getanzt, u.s.w.‹«.; LEWALD 1835, S.25-27.

4.57 **»Galerie der ehemaligen ›Münchner Schönheiten‹«**; um 1840; Lithographie; 17,5 x 32; MStM, Graphiksammlung, Inv.Nr.: 31/479. Lit.: AUSST.KAT. MÜNCHEN 1987, S.577, Nr.7.4.16. [ABB.92]

V. DAS PALAIS DER LOLA MONTEZ

5.1 **Plan von München 1837**; 1837; Lithographie; 64,5 x 81; bez.: »Plan der Königl. Haupt- und Residenz-Stadt München im Jahre 1837. Verlag von H. Widmayr in München«; MStM, Graphiksammlung, Inv.Nr.: P 26. [ABB.96]

5.2 **Plan von München 1852**; 1852; Lithographie; 66,5 x 87,5; bez.: »Plan der Königlichen Haupt- und Residenz-Stadt München Im Jahre 1852. Verlag von Mey und Widmayer in Münchchen«; MStM, Graphiksammlung, Inv.Nr.: P 36. [ABB.97]

5.3 Carl August Lebschée: **Haus Barer Straße 7 in der Münchner Maxvorstadt**; 1834; Graphit; 14,2 x 18,6; bez. u.r.: »München 24.4.1834«; MStM, Graphiksammlung, Inv.Nr.: Z 1340. [ABB.99]

5.4 Gustav König: **Das Palais der Lola Montez**; 1848; Graphit; 12,7 x 19,5; bez. o.r.: »No IV.«; MStM, Graphiksammlung, Inv.Nr.: M II 336. Lit.: CORTI 1937, Abb.57b.

5.5 **Das Palais der Lola Montez**; 1848; Lithographie; 9,8 x 16,1; unterschrieben: »Das Haus der Gräfin von Landsfeld in der Barrerstraße in München«; bez. u.l.: »Verlag u. Druck von G.G. Lohse Anst. Dresden«; MStM, Graphiksammlung, Inv. Nr.: Z 1328a. Lit.: AUSST.KAT. MÜNCHEN 1987, S.722, Nr.12.3.26. [ABB.98]

Die Darstellung folgt der Zeichnung von Gustav König (1808–1869) [KAT.NR.5.4]. Das Palais war am 11. Februar 1848 zum Schauplatz von Ereignissen geworden, die König für die Leipziger Illustrierte Zeitung zeichnete [KAT.NR.11.21]. Eine ähnliche Darstellung zeigt das »Gedenkblatt« von Gustav Kraus [KAT.NR.11.4].

5.6 **Das Palais der Lola Montez in der Barer Straße und die Alte Pinakothek**; um 1866; kolorierte Lithographie aus: K. Grünwedel, Spaziergang durch München, Leporello, München um 1866; 13 x 28,6; unterschrieben: »Barrer-Strasse./ Ehemaliges Haus der Lola Montez./ La maison de Lola Montez./ Lola Montez house./ Alte Pinakothek./ Pinacothèque pour les peintures (anciennes)./ Old Pinacotheca.«; MStM, Graphiksammlung, Inv.Nr.: 50/130. [ABB.100]

5.7 **Die Barer Straße in Richtung Karolinenplatz. Im Vordergrund das 1882 aufgestockte Palais der Lola Montez (Barer Straße 19) und das ehemalige Palais des Malers Joseph Stieler (Barerstraße 17)**; um 1910; Photographie von Rehse & Co; ca. 13 x 18; Stadtarchiv München, Photosammlung, Inv.Nr.: Chronik 1914a 38/2. [ABB.117]

5.8 **Die Barer Straße in Richtung Gabelsbergerstraße. Im Vordergrund das 1882 aufgestockte Palais der Lola Montez (Barer Straße 19)**; um 1910; Photographie; ca. 18 x 13; Stadtarchiv München, Photosammlung, Sammlung Pettendorfer, Inv.Nr.: 3543. Lit.: Stadt und Vorstadt. Münchner Architekturen, Situationen und Szenen 1895–1935. Der Norden und Nordwesten, München 1990, S.50, Nr.1/28. [ABB.116]

5.9 **Eingabeplan zum 1882 erfolgten Umbau des ehemaligen Palais der Lola Montez mit Grundrissen, Ansichten, Durchschnitt und Situationsplan (Barer Straße 19)**; 1882; kolorierte Planzeichnung; 63,6 x 97,5; bez.: »Plan über die Erhöhung des zweiten Stockes am Vordergebäude/ ferner: Verlängerung der beiden Flügelbauten im Anwesen des Herrn Max Bullinger Comercienrath Barerstrasse No. 19«; Stadtarchiv München, LBK 1158/1. [ABB.105]

Der Plan wurde im März 1882 eingereicht. Zu diesem Zeitpunkt hatte das Anwesen bereits die Hausnummer 19.

5.10 **Bestätigung des Magistrats der Stadt München vom 11. November 1846 über den Kaufvertrag zum Haus in der Barer Straße 7 für Lola Montez**; 1846; Autograph; München, Bayerische Staatsbibliothek, Ludwig I.-Archiv 39 (unter »Heideck«; 2,4; 11. 1. 1846).

Der Magistrat bestätigt, »daß Maria de los Dolores Miontes genannt Lola Montes für den Ankauf des Hauses Nr 7. in der Barrerstraße von einem Kaufschillinge zu 16000 fl [Gulden] die vorschriftsmässigen Gebühren mit 100 fl d.i. ein Hundert Gulden dießorts richtig bezahlt habe«.

5.11 Franz Jakob Kreuter: **Palais des Malers Joseph Stieler in der ehemaligen Barer Straße 6½. Ausführungsentwurf. Aufriß, Schnitte, Grundrisse**; 1841?; aquarellierte Federzeichnung; 62 x 46; bez. o.l. von späterer Hand: »Stielers-Haus in München Barerstrasse 11 b«; MStM, Graphiksammlung, Inv.Nr.: 30/1815b. Lit.: AUSST.KAT. MÜNCHEN 1987a, S.492f., Nr.174 mit Farbabb. [ABB.101]

5.12 Franz Jakob Kreuter: **Palais des Malers Joseph Karl Stieler in der ehemaligen Barer Straße 6½.**; 1841?; aquarellierte Federzeichnung; 60,5 x 47,2; bez.: »Franz Kreuter Architekt«, o.l.: »Stielers Haus projet rejeté«; MStM, Graphiksammlung, Inv.Nr.: 30/1815/a. [ABB.102]

5.13 Franz Jakob Kreuter: **Palais des Malers Dietrich Monten, seit 1843 des Malers Wilhelm Kaulbach in der ehemaligen Oberen Gartenstraße 16½. Aufriß, Querschnitt, Grundrisse**; um 1841; aquarellierte Federzeichnung; 58 x 44; bez. o.l.: »Montens Haus«, »Kreuter architecte D. Montens Haus in der Gartenstraße in München«; MStM, Graphiksammlung, Inv.Nr.: 30/1819. Lit.: AUSST.KAT. MÜNCHEN 1987a, S.492, Nr.173 mit Farbabb. [ABB.103]

5.14 Joseph Westermayer: **Antikisierende Kaffeekanne mit Deckelknauf als Pinienzapfen und Ausguß als Greifenkopf**; 1835; Silber getrieben, innen vergoldet, gegossener Knauf und Ausguß, Ebenholzgriff; Höhe 27,5 cm, Ø 11 cm; Meisterzeichen: »Mayrhofer« und Münchner Kindl; Beschauzeichen: »m.35«; MStM, Sammlung Kunsthandwerk, Inv.Nr.: 39/995. Lit.: AUSST.KAT. MÜNCHEN 1987, S.402, Nr.4.15.12.

5.15 Joseph Westermayer: **Becher mit Volutenverzierung und Freiherrnkrone mit Wappen**; 1847; Höhe 8,5 cm, Ø 7,3 cm; MStM, Sammlung Kunsthandwerk, Inv.Nr.: 73/790. Lit.: KLEIN 1993, S.164.

5.16 **Der Silberarbeiter Joseph Westermayer im Kreis seiner Familie**; 1847; Öl auf Leinwand; 106 x 87; MStM, Gemäldesammlung, Inv.Nr.: 52/86. Lit.: AUSST.KAT. MÜNCHEN 1987, S.476, Nr.5.2.31 und Abbildung auf dem Umschlag. [ABB.107]

Müller-Meiningen datiert das Gemälde ins Jahr 1847, als Westermayer seinen 50. Geburtstag feierte und nicht zuletzt durch die umfangreichen Bestellungen der Lola Montez auf ein florierendes Geschäft blicken konnte. Die Zuschreibung des Porträts an den Münchner Maler Pankraz Koerle (1823–1875) scheint sich nicht zu bestätigen.

5.17 **»Madame Elegie« – Satirische Darstellung einer emanzipierten Frau im Boudoir**; um 1850; Lithographie; 27,7 x 21,5; bez. o.m.: »Lächerliche Mode«, u.m.: »Madame Elegie«; MStM, Puppentheatermuseum, Sammlung Böhmer. Lit.:

Ausst.Kat. »Karikatur & Satire. Fünf Jahrhunderte Zeitkritik«, München 1992, S.245, Nr.257 mit Abb. (mit älterer Lit.). [ABB.106]

5.18 bis 5.20 Franz Jakob Kreuter: **Wanddekorationen im pompejanischen Stil für das Caféhaus Tambosi**; um 1847; kolorierte Federzeichnungen; 62 x 43,4; 46,1 x 59,7; 47,1 x 60; MStM, Graphiksammlung, Inv.Nr.: 30/1814 a-c. [ABB.104]

Die pompejanische Dekorationsmode steht in Bayern im unmittelbaren Zusammenhang mit dem königlichen Pompejanum in Aschaffenburg:

Friedrich von Gärtner: **Das Pompejanum in Aschaffenburg. Perspektive mit Atrium**; um 1845; aquarellierte Federzeichnung; 54,6 x 42,5. München, Architektursammlung der TUM, Inv.Nr.: Gs 1681. Lit.: AUSST.KAT. MÜNCHEN 1987a, S.244, Nr.42.4 und S.245 (Farbabb); AUSST.KAT. MÜNCHEN 1992, S.344, Nr.6.50 und S.246 (Farbabb.).

Neben dem Dekorationsmaler Joseph Anton Schwarzmann (1806–1890) war im Pompejanum Friedrich Christoph Nilson (1811–1879) tätig. Dieser malte die figürlichen Szenen:

Joseph Anton Schwarzmann: **Entwurf für die Wandmalereien im Triclinium des Aschaffenburger Pompejanums mit Bildern von schwebenden Bachanten, Leda mit ihren Kindern und der Erziehung des Bachus**; 1847; Deckfarben; 12 x 25,6; 23,7 x 25,6; 11,5 x 25,6; aufgezogen auf Papier (39,4 x 52,8); bez. o.l.: »No. VII«, u.r.: »Gesehen Mch 18/5 47 K [Klumpp (Architekt)]«; München, Bayerische Verwaltung der staatlichen Schlösser, Gärten und Seen, Inv.Nr.: AB-P-H-006. Lit.: Ausst. Kat. »Pompeji. Leben und Kunst in den Vesuvstädten«, Essen 1973, S.256, Nr.402; AUSST.KAT. MÜNCHEN 1992, S.344, Nr.6.51 und S.248 (Farbabb.).

5.21 **Palisandertisch mit Arabeskenintarsien**; München, um 1840; Palisanderfurnier, Intarsien aus Ahorn; 78 x 59 x 38. MStM, Möbelsammlung, Inv.Nr.: 48/104. Lit.: AUSST.KAT. MÜNCHEN 1987, S.330, Nr.4.2.10.6; OTTOMEYER 1991, S.188f., Nr.112 mit Abb. [ABB.109]

5.22 **Französische Vorlagestiche für Fauteuils aus Mahagoni und Palisander**; um 1825; kolorierte Lithographie nach M. Jansen für Lemercier (Paris); 25,5 x 33; Stadtarchiv München, Nachlaß Pössenbacher, Inv.Nr.: 48. Lit.: OTTOMEYER 1991, S.21 und 19, Abb.11. [ABB.110]

5.23 **Mitgliedsurkunde des Polytechnischen Vereins für den Schreinermeister Leonhard Glink**; 1841; 46 x 48; bez.: »Der polytechnische Verein für Bayern beurkundet durch dieses Diplom die Aufnahme des Herrn Leonhard Glink Tischlermeisters in München als ordentliches Mitglied, München den 3ten Maerz 1841«; MStM, Graphiksammlung, Inv.Nr.: M II 494. Lit.: AUSST.KAT. MÜNCHEN 1987, S.633, Nr.9.2.

5.24 **Amazonen-Vase**; um 1847; Höhe ca. 40 cm; Genf, Musée d'art et d'histoire, Inv.Nr.: 15006. Prov.: 1847 Sammlung Lola Montez (München); 1937 Sammlung Gustave Revilliod (Genf). [ABB.21]

5.25 **Hydria-Vase**; um 1847; Höhe 56 cm; Genf, Musée d'art et d'histoire, Inv.Nr.: 14991. Prov.: 1847 Sammlung Lola Montez (München); 1937 Sammlung Gustave Revilliod (Genf). [ABB.24 und 25]

Die Vase mit dem Amazonen-Motiv wurde nach dem antiken Vorbild aus der Vasensammlung Ludwigs I. angefertigt (München, Staatliche Antikensammlungen und Glyptothek München, Inv.Nr.: WAF 2423). Die Vase mit der Hydria wurde nach einem antiken Vorbild angefertigt, das sich heute in Sankt Petersburg befindet. Die zwei Vasen stammen aus dem Münchner Palais der Lola Montez und sind seit Ende des 19. Jahrhunderts in Genf nachgewiesen. Zu beiden Fälschungen siehe den Beitrag von Raimund Wünsche.

5.26 bis 5.28 **Photographien des Krokodilwürgers von Johann Leeb in der Aufstellung im Genfer Musée d'art et d'historique** [ABB.111 bis 113]

Der abgebildete Brunnen wurde 1847 im Garten des Münchner Palais der Lola Montez aufgestellt. Der Entwurf stammt von Johann Leeb. Die Bronzefigur wurde von Ferdinand von Miller d.Ä. gegossen. Sie mißt mit Sandsteinsockel ca. 3 Meter. Das Bassin hat einen Durchmesser von ca. 3,60 Meter.

5.29 **Rechnung des Bildhauers Johann Leeb über zwei Brunnen für Lola Montez**; 1847; Autograph; München, Bayerische Staatsbibliothek, Ludwig I.– Archiv 39 (unter »Metzger«, 7,19; 14. 5. 1847).

»Rechnung über zwey Brunnen, welche durch Herrn Profeßor Metzger im Auftrage der Senora Lola Montez für deßen Garten und Hof an den unterzeichneten angefertigt wurden:

Erster Brunnen in Garten,
besteht aus einer Gruppe mit einem Knaben, der einen Crocodill erwürgt von Metall ausgeführt. Selbe steht auf einem von Stein reich verzierten Sokel mit Vier Delphinen versehen, das Ganze erhebt sich in einer Gesamt Hohe von 10 Fuß. Crocodill so wie die Delphinen ergießen durch 13 Waßermündungen, Waßer in das Becken, wovon letzteres 12 Fuß Durchmeßer enthält.
für
das Modell deß Knaben mit dem Crocodill zu modeliren u. in Gyps zu formen
300.–
dieselbe Gruppe in Metall gegoßen u. ciselirt
900.–
das Piedestal mit den Delph: model: u Gyps geformt 200.–
daßelbe samt Stein u. Ausarbeitung
350.–
der unterste okel mit Stein u. Ausarbeitung
150.–
die Steinernen Einfaßung deß Beken's von 36 Fuß Peripherie mit Stein und Ausarbeitung
256.–
Transport 2156.–

Zweyter Brunnen in Hof.
derselbe ist ganz von Sandstein ausgeführt von 7 Schuh hoch u. 3. Schuh breit mit Einem Medusenhaupt, d. den obersten Aufsatzstuk reich verziert.
für Stein u. Ausarbeitung deßselben
250.–
geben zusammen 2406.–

München d. 14. May 1847 unterzeichneter Johannes Leeb Bildhauer«.
Metzger hat die Summe auf 2200 Gulden gedrückt und mit roter Tinte auf der Rechnung vermerkt: »Erkenne wohl den Werth obiger Sume an, hab aber nicht mehr Geld hiezu als 2.200«.

5.30 Johann Leeb: **Entwurf für einen Hirschbrunnen in Schleißheim**; um 1840; Graphit; 31,8 x 52; bez. u.r.: »J. Leeb inv.«; MStM, Graphiksammlung, Inv.Nr.: 38/628.

Zu dem Entwurf existiert eine Planzeichnung mit Grundriß und Querschnitt des Bassins; 59,5 x 38,5; MStM, Graphiksammlung, Inv.Nr.: 36/2337. Die Idee wurde zur Prinzregentenzeit wieder aufgegriffen, als Adolf von Hildebrand den später an den Nymphenburger Kanal verlegten Hubertusbrunnen vor dem Nationalmuseum errichtete; s.: Otto Josef Bistritzki, Brunnen in München. Lebendiges Wasser in einer großen Stadt, München [2]1980, S.50f.

5.31 Johann Leeb: **Entwurf für einen Anadyomenebrunnen im Gasthof des Hotels »Zum Bayerischen Hof« in München**; um 1850; Graphit; 18,5 x 17,5; MStM, Graphiksammlung, Inv.Nr.: 29/904.

5.32 Johann Leeb: **Der Anadyomenebrunnen im Gasthof des Hotels »Zum Bayerischen Hof« in München**; um 1850; Graphit; 39 x 28; bez.: »Anadyomene-Brunnen. Im Gasthof zum Bayer. Hof«; MStM, Graphiksammlung, Inv.Nr.: Z 1423. [ABB.115]

5.33 **Auflistung der Handwerkerrechnungen für den Umbau des Palais der Lola Montez von Eduard Metzger**; 1847; München, Bayerische Staatsbibliothek, Ludwig I.-Archiv 39 (unter »Metzger«, 7,27 [Mai 1847]).

»Zusammenstellung der Bau-Rechnungen auf den Neubau der Senora Lola Montez. (Bezahlte Rechnungen.)

an Kuppelmayer Mauermeister	9433.23
an Hauser Bildhauer und Steinmetz.	8957.–
an Leeb Bildhauer	2200.–
an Kampferseck Numer 1.2.9	2622.14
an Drähne – Schlossermeister	2758.10
an Kölbel – Schlossermeister	1573. 03
an Kübler – Schreinermeister	1077.–
an Hahn – Schreinermeister	487.10
an Schmidt Hafnermeister	1009.–
an Daxenberger Kupferschmied	1405.08
an Ganter Glasermeister	1311.03
an Steigerwald Glashandlung	825.–
an Robert Bronzefabrik	87.–
an Spahn Vergolder	2735.42
an Wagner Maler	1750.–
an Beerwein Brunnenmeister	531.52
an Hirschau (Eisenfabrik Maffei)	200.–
an Wiellenbacher	55.–
an Aichberger, Blitzableiter	97.–
an Feigel, Pflasterermeister	327.36
an Flemmerer Klempnermeister	157.22
an Kaltenecker, Siebmacher	–.30
an Meine Auslagen an Briefporto pp.	

Suma Ausgaben	39.601.13
Empfangen habe ich durch Baron Heidegg	33.000
Von Sr. Majestaet den König	6.600
Einnahmen	39.600

Somit geht 0 von 0 auf.

E. Metzger«.

5.34 **Abrechnung über die Einrichtungskosten des Palais der Lola Montez von Karl Wilhelm von Heideck**; 1847; Autograph; München, Bayerische Staatsbibliothek, Ludwig I.-Archiv 39 (unter Heideck, 38,1; 28. 3. 1847).

»Abrechnung über die Einrichtungskosten

Wagen und Geschirre aus Paris	1917.–
Transport u. Mauthkosten des Hrn. Havard	1000.–
Rechnung der Mam. Schulze für Mobel-Stoffe	653.24
Rechnung Hrn. Schorer und Grettner für dto. und Zugabe	2566.16
2 Rechnungen Tapezierer Krebs	3598.59
2 Rechnungen Schreiner Meister Glink	2194.–
Rechnung Hrn Steigerwald für Glaswaaren	1595.–
Rechnung Hrn Warin für Broncen	790.–
2 Rechnungen Silberarbeiter Mayrhofer	3705.48
Rechnung für ein Fortepiano von Klüh	400.–
2 Rechnungen für Weißzeug von Lindauer	779.07
Rechnung für eine Toilette Marquise aus Paris	328.24
Rechnung Hrn Daxenberger für Küchenkupfer	327.09
Rechnung Hrn Gander für Spiegel	494.–
Rechnung für Verzierungen aus Paris	642.11
Summe	20991.18«.

5.35 **Inventar des Palais der Lola Montez**; 1848; Autograph; München, Bayerische Staatsbibliothek, Ludwig I.-Archiv 39 (unter »Rosmann«, 1,6; 9. 4. 1848).

»Inventar aller Mobilien und Effecten in der Wohnung der Gräfin von Landsfeldt

Erdgeschoß Zimmer Numr: 1.

1. 2 Paar Fenster Vorhänge von rothem Damast, innen mit weißem Seidenfutter.
2. 4 rothseidene Vorhangschnüre mit Quasten.
3. 2 Vorhangstangen von Bronze.
4. 1 Nachtlampe von rothem Glas, mit 3 Stk. Bronze-Ketten.
5. 1 männliche Gyps-Figuren mit 2 Postamenten.
6. 2 weibliche Gyps-Figuren mit 2 Postamenten.
7. 1 Kommodkasten von Nußbaumholz, eingelegt, mit 3 Schubläden, die Beschläge von Bronce.
8. 1 Waschtisch von Mahagoni Holz.
9. 1 Bettlade von Nußbaumholz, politirt.
10. 2 Matrazen.
11. 4 Kopfkissen.
12. 1 Ueberschlag mit Deckel und Rückwand.
13. 1 Schlaf-Fauteuil mit grünem Plisch bezogen.
14. 1 Glockenzug von Wolle gestickt.
15. 1 Fußteppich.

Erdgeschoß Zimmer Nro: 2.

16. 1 Paar Fenster Vorhänge von grünem Plisch.
17. 3 Vorhangschnüre von Seide mit Quasten.
18. 1 Vorhangstange von Bronce.
19. 1 Paar kleine Fenster Vorhänge von gesticktem Moll.
20. 1 Silberkasten von Balisanter Holz, in 10 Abtheilungen, die Rückwand mit Spiegeln.
21. 1 Fußteppich.

Erdgeschoß. Zimmer Nro: 3.

22. 2 Paar Fenster Vorhänge von französischem Wollstoff, mit grünem Taffent gefüttert, nebst Traperien, Franzen und 4 Stück Schlingen mit Quasten.
23. 2 Paar Thür-Vorhänge wie vorstehend mit 4 Holzgallerien.
24. 1 großer Fenster-Vorhänge von Tüll mit Schnüren und
25. 2 kleine eisernen Stangen.
26. 2 gemalte Fenster Rouletten.
27. 1 Sopha mit
28. 6 Sesseln, von französischem Woll-Stoffe.
29. 3 Fauteuills mit grünem Plisch bezogen.
30. 1 runder Tisch von Balisanter Holz
31. 1 Klavier von Balisanter Holz.
32. 1 eiserne Ofenschaufel
33. 1 eiserne Zange.
34. 1 eiserne Schürhacken nebst Halter mit Bronce-Verzierung.
35. 1 Glockenzug, gemalt.
36. 1 kleiner Lüster mit 3 Stück Ketten von Bronce.
37. 1 Ofenschirm mit Bronce-Verzierung.
38. 1 kleiner silberplattirter Eis-Becher.
39. 1 Fußteppich.
40. 1 Tabouret von Balisanter Holz mit grünem Plisch überzogen.
41. 1 Schreibtisch mit 2 Schubladen, von Balisanter Holz.

Erdgeschoß: Zimmer Nro: 4.

42 3 Pr. Fenster-Vorhänge von grünem Plisch mit grünem Taffent gefüttert:
43 3 Traperien und 6 Schlingen mit Quasten.
44 3 Bronze-Gallerien.
45 3 große - und
46 6 kleine - Flügel-Vorhänge von weißem Tüll mit Stangen und Schnüren.
47 3 gemalte Rouletten.
48 1 Ruhe Bett mit
49 8 Sesseln von Balisanter Holz, mit grünem Plisch überzogen.
50 1 großer Lüster von Bronce
51 1 runder Speistisch von Balisanter Holz
52 1 Fußteppich.
53 1 Kasten mit Aufsatz, von Balisanter Holz, die Rückwand mit Spiegel.

Erstes Stockwerk.
Zimmer Nro: 1./ : Spiegel-Cabinet : /

54 2 Paar Fenster Vorhänge von Pers, mit Traperien und Holzgallerien.
55 3 Thür Vorhänge von Pers mit 2 Stück Gallerien.
56 7 Schlingen mit Quasten.
57 1 Glockenzug mit 1 Quasten.
58 2 große Vorhänge von weißem Moll gestickt.
59 4 kleine Vorhänge von weißem Moll gestickt.
60 1 Ruhebett und
61 4 Sessel von Palisander Holz, ebenfalls mit Pers bezogen, und mit Franzen.
62 1 Toilette-Tisch mit Spiegel in vergoldetem Rahmen, mit Tüll und rothem Atlas verziert.

Erstes Stockwerk.
Zimmer Nro: 2 ./ : Waschzimmer : /

63. 1 Paar Fenster Vorhänge mit 1 Traperie von Pers, mit Holzgallerie.
64. 2 Schlingen mit Quasten.
65. 3 Thür-Vorhänge mit 2 Stk. Traperien von Pers, und Holzgallerien, wie oben.
66. 3 Schlingen mit Quasten.
67. 1 großer, weißer Flügel-Vorhang von weißem Moll gestickt.
68. 2 kleine, weiße Flügel-Vorhänge von weißem Moll gestickt.
69. 1 Waschtisch von Balisanterholz, mit Aufsatz, Spiegel und Marmorplatte.
70. 1 großer Waschkasten von Balisanterholz, mit 4 Glasthüren und mit weißem und rothem Moll bespannt.
71. 1 großer Toilette-Kasten mit Spiegel in schwarzem Holz.
72. 1 Nachtlampe von Bronce, mit 3 Stück Ketten.
73. 1 Papierkorb, mit Stramin-Arbeiten bezogen.

Erstes Stockwerk:
Zimmer Nro: 3.

74. 1 Bettlade von schwarzem Holz
75. 2 Matrazen von Roßhaar.
76. 1 rothseidene, abgenähte Bettdecke
77. 2 Kopfkissen von rothem Taffent, mit Flaumen gefüllt.
78. 1 großer, rothseidener Bettvorhang mit Traperien und schwarzen Gallerien, nebst 2 schwarzen Säulen und
79. 2 seidene Schlingen mit Quasten.
80. 1 großer Vorhang von Tüll
81. 2 Paar seidene Fenster-Vorhänge mit Traperien und Gallerien.
82. 1 Couvert Decke von weißem Tüll
83. 2 große Vorhänge von weißem Tüll
84. 4 kleine Vorhänge von weißem Tüll
85. 2 gemalte Rolleaux
86. 4 seidene Thürvorhänge von rothem Taffent mit 2 St. Traperien und Gallerien.
87. 8 Schlingen mit Quasten.
88. 1 Ruhebett von schwarzem Holz mit rothem Seidenzeug bezogen.
89. 4 Sessel von schwarzem Holz mit rothem Seidenzeug bezogen.
90. 1 Fauteuil von schwarzem Holz mit rothem Seidenzeug bezogen.
91. 1 Toilette-Tisch mit Spiegel in vergoldetem Rahmen, die Umfassung hiezu von weißem Tüll und rothem Seidenzeug.
92. 1 Nachttischchen von schwarzem Holz
93. 1 Nachtlampe von Alabaster mit 4 Bronce Ketten zum Ziehen.
94. 1 großer Trumeau-Spiegel.

Erstes Stockwerk.
Zimmer Nro 4. Salon.

95. 3 Paar gelbseidene Fenster Vorhänge mit Traperien und Holzgallerien.
96. 6 Schlingen mit Quasten.
97. 2 Paar Thürvorhänge wie oben, mit Traperien und Holzgallerien.
98. 3 größere weiße Vorhänge von Moll gestickt.
99. 6 kleinere weiße Vorhänge von Moll gestickt.
100. 3 gemalte Rolleaux.
101. 1 großer Wandspiegel
102. 2 großer Trumeaux-Spiegel.
103. 2 Trumeaux-Tischchen mit vergoldetem Gestelle und jeder mit einer kleinen Marmorplatte.
104. 2 Kanapees von schwarzem Holz mit gelbem Seidenzeug bezogen.
105. 6 Sessel von schwarzem Holz mit gelbem Seidenzeug bezogen.
106. 2 Fauteils von schwarzem Holz mit gelbem Seidenzeug bezogen.
107. 1 Ofenschirm mit Vorblech von Messing.
108. 2 Figuren von Porzellan mit kleinen Glasstürzen.
109. 4 Zimmer-Teppiche, verschieden.
110. 1 Bronze-Lüster mit 9 Armen.
111. 1 runder Tisch.
112. 1 Spieltisch von schwarzem Holz.
113. 2 kleine, runde Tischchen, verschieden, nebst
114. 1 rothen Tischdecke mit Franzen.
115. 1 großer Ofenschirm von Balisanter, mit 4 Quasten von grüner Seide und Goldfranzen.
116. 1 kleiner Ofenschirm von Balisanter mit Grafen Wappen, 4 Quasten von Seide und Goldfranzen.

Stiegenhaus

117. 2 kleine Kanapees mit grünem Plisch bezogen
118. 1 Stiegen Hänglampe.
119. 2 Lanzenknechte mit von Gyps.
120. 2 Postamenten hinzu von Gyps.
121. 1 Stiegenteppich mit
122. 27 messingenen Stangeln.

Nebengebäude, links.
Küche.

123. 21 Casserolls, verschiedene, mit Deckel, von Kupfer.
124. 3 Platten, von Kupfer.
125. 2 Backbleche, von Kupfer.
126. 1 Brotreine, von Kupfer.
127. 10 Model, verschiedene, von Kupfer.
128. 6 Model, ganz kleine, von Kupfer.
129. 3 Fleischkessel, verschiedene, von Kupfer.
130. 2 Wasserkannen, von Kupfer.
131. 1 Eymer, von Kupfer.
132. 2 Schneekessel, von Kupfer.
133. 1 Fischwanne,
134. 1 Mörser von Messing.
135. 1 Deckel von Messing.
136. 1 Seicher von Messing.
137. 2 Salzgefäße von Messing.
138. 1 Waage mit Pfundgewicht von Messing.
139. 1 Kaffeemaschine, von Messing.
140. 1 Trichter, von Messing.
141. 1 rundes Blech. von Messing.
142. 5 große Casserolls, von Kupfer und verzinnt,
143. 4 kleine Casserolls von Kupfer und verzinnt, sowie von weißem Blech.
144. 1 Nudelscheerer [?] von Kupfer und verzinnt
145. 1 Fleischgabel, von Kupfer und verzinnt
146. 2 Seicher von Kupfer und verzinnt,
147. 2 verschiedene Löffel, von Kupfer und verzinnt
148. 1 Seifen Behälter, von Kupfer und verzinnt
149. 2 Ausbrenn-Eisen.
150. 1 Theeseicher.
151. 11 Kochlöffel, hölzerne.
152. 1 Kaffeemühle.
153. 3 Küchenlampen.
154. 1 Küchen-Uhr.
155. 1 Reibeisen.
156. 1 Tischmesser
157. 1 Spritze.

Speisekammer.

158. 2 Wasserkaraffen.
159. 6 feine Gläser.
160. 12 Champagner-Gläser.
161. 3 Maschinen zum Gefrorenen.
162. 1 Zuckermesser.
163. 1 Waschpresse für Servietten.

Nebengebäude, links.
Zimmer Nr o: 1. / : Von der Köchin bewohnt : /

164. 1 Bettlade von Kirschbaumholz.
165. 1 Strohsack.
166. 1 Matraze mit Seegras.
167. 2 Federkissen.
168. 1 persene Bettdecke
169. 1 Blumeaux mit Ueberzug.
170. 1 gelbe Ueberleg-Bettdecke
171. 1 Nachttischchen von Fichtenholz.
172. 4 Sessel von Kirschbaumholz, mit Strohsitzen.
173. 1 Tischchen, mit Wachstuch bezogen.
174. 1 Kommode von Fichtenholz, mit 3 Schubladen.
175. 1 Waschtischchen von Nußbaumholz.
176. 2 Fenster Vorhänge von gelbem Merino.
177. 1 kleiner Tischteppich, alt, von roth, gelb und schwarzer Farbe
178. 1 kleiner Spiegel.
179. 1 Leuchter von Messing.

Die Mobiliarschaft dieses Zimmers bleibt hier bis zum erfolgten Verkauf des Hauses.

Nebengebäude.
Zimmer Nr o: 2. : Kammerjungfer Masson : /

180. 1 Bettlade von Fichtenholz.
181. 1 Strohsack.
182. 1 Matraze mit Seegras.
183. 2 Federkissen.
184. 1 Blumeau.
185. 1 persene Bettdecke.
186. 2 Kommoden von Fichtenholz, mit 3 Schubladen.
187. 1 Tischchen.
188. 1 Nachtkästchen.

189. 2 Kleiderschränke von Fichtenholz.
190. 1 Kleiderkasten.
191. 1 kleiner Spiegel.
192. 1 Nachtlampe.
193. 1 Lichtschirm.
194. 1 Briefklappe von Bronce.
195. 1 Waschbecken von Fajence.
196. 1 Wasch Kanne von Fajence.
198. 1 Gebetbuch.
199. 1 kleiner Reinigungs Apparat.
200. 11 kleine Vorhänge von Moll.
201. 2 gelbe Vorhänge.
202. 2 Ueberlagen Bettvorhänge
203. 10 feine Betttücher.
204. 3 ordinäre Betttücher.
205. 4 feine Betttücher mit Spitzen
206. 1 feines Betttuch
207. 5 ordinäre Betttücher
208. 1 feines Betttuch.
209. 1 Bettdecke von weißem Moll.
210. 2 wollene Bettdecken, braun,
211. 3 Bett-Überzüge.
212. 5 Bett-Überzüge.
213. 2 Bett-Überzüge.
214. 1 weiße, gestickte Mollbettdecke.
215. 3 Kissenziechen mit Spitzen.
216. 9 Kissenziechen, ordinäre.
217. 11 Kissenziechen.
218. 4 Polsterziechen.
219. 2 Ziechen von Leinwand.
220. 1 kleiner Rückenpolster
von rothem Sammt.
221. 9 Handtücher.
222. 10 Handtücher., ordinäre.
223. 12 feine Servietten.
224. 8 ordinäre, Servietten.
225. 28 Servietten, mittel,
226. 3 Tafeltücher
227. 7 Tischtücher, ordinär
228. 1 Theetuch.
229. 21 Silbertücher, mittel und schlecht.
230. 20 große Silbertücher.
231. 31 kleine Silbertücher.
232. 2 weiße Sacktücher
233. 2 weiße Sacktücher, von Moll gestickt.
234. 2 Chemisetten
235. 2 Chemisetten
236. 3 Schürzchen.
237. 4 feine Unterröcke.
238. 1 feiner Unterrock von weißem Moll.
239. 2 weiße Piqueè-Unterröcke.
240. 3 Paar frauen-Unterbeinkleider
241. 7 Frauen Hemden.
242. 2 Frauen Hemden.
243. 1 Nachthemd.
244. 2 seidene Frauenkleider,
noch ungefertiget.
245. 1 weiß Cros de Naples Kleid mit Kragen.
246. 1 weiß Crepp-Kleid.
247. 1 schwarz seidene Mantilla.
248. 1 rothe Schärpe.
249. 1 Schlafrock von roth und weißem Atlas.
250. 1 Schlafrock mit rother Seide gefüttert.
251. 1 Schvahl-Schlafrock
252. 1 Schvahl-Schlafrockvon blauer Seide.
253. 1 weiß kasimirener Schlafrock.
254. 1 Schlafrock mit Kragen.
255. 1 Kragen Mantel von Seide.
256. 1 schwarzer Sammtkragen.
257. 2 Kopfputze mit Perlen.
258. 1 Strohhut, mit schwarzen Bändern
259. 5 Frauenhüte von verschiedenen Farben.
260. 3 Häubchen, wovon 2 mit Federn.
261. 7 Paar Brasselettes von Leinwand.
262. 3 Sacktuch-Taschen von Seide.
263. 4 Fächer
264. 2 Fächer
265. 1 Paar gelbseidene Frauenschuhe.
266. 1 Stück feine Leinwand.
267. 1 kleiner Rest Battist.
268. 11 kleine Restchen Battist
269. 3 Haarbürsten.
270. 3 Nähkißchen, verschiedene
271. 3 kleine Etuis.
272. 1 kleines Kästchen, mit Silber,
Perlen und anderen Kleinigkeiten.
273. 1 Früchtenteller, von Porzellan,
grün bemalt.
274. 1 rothes Hundsband.
275. 1 zinnerne Clystierspritze und Reste von
verschiedenen Kleinigkeiten und Stoffen.

Aus der Loge im königl. Hoftheater.

276. 1 Fauteuil, mit rothem Sammt bezogen
277. 1 kleiner Fußteppich.

Nebengebäude, rechts.
Speicher.

278. 6 Bettladen von Fichtenholz
279. 2 Nachttischchen von Fichtenholz
280. 3 Tischchen von Fichtenholz
281. 2 Sessel mit Stroh von Fichtenholz
282. 3 Kommodkästen von Fichtenholz
mittelmäßiges Gut.
283. 5 ausgeleerte Strohsäcke
284. 5 Matrazen mit Seegras.
285. 5 ausgeleerte Strohpolster.
286. 12 Kopfkissen mit Federn.
287. 6 Oberbetten.
288. 1 Pferdgeschirr-Kasten.
289. 1 kleiner Kleiderkasten mit 1 Thüre
290. 1 Pferdgeschirr, ordinär
291. 1 Wagentasche von Leder / In Handen
des Spediteurs : /
292. 1 Damensattel.
293. 1 Reitpeitsche.
294. 1 Vogelorgel.
295. 70 Knöpfe mit Wappen.
296. 2 Spritzkannen.
297. 1 Figur von Metall / : vom Bassin : /
298. 2 kleine, mittlere Fußteppiche :
299. 1 Bedientenrock
300. 1 Paar Bedienten Beinkleider
301. 1 Paar Bedienten Gilet.
302. 1 Paar Bedienten Kamaschen.
303. 1 Waschbecken und von Fajence.
304. 2 Kammergeschirre von Fajence.
305. 6 alte Silbertücher
306. 1 Wasserkessel von Blech.

Nebengebäude, rechts/,
I ter Stock, Zimmer des Bedienten Adam Haller.

307. 1 Kommodkasten von Fichtenholz
mit 3 Schubladen.
308. 1 Kleiderkasten mit einer Thüre.
309. 2 Sessel mit Strohsitz.
310. 2 kleine Tischchen.
311. 1 Bettlade von Fichtenholz.
312. 1 Strohsack.
313. 2 Matrazen mit Seegras.
314. 3 Kopfkissen.
315. 1 Bettdecke.
316. 1 Bett mit Ueberzug

317. 1 kleiner Fußteppich / schlecht : /
318. 1 Leuchter von Messing.
319. 1 kleiner Spiegel.
320. 1 Bild.
321. 1 Nachttischchen
322. 1 Kammergeschirr von Fajence
323. 1 Waschbecken von Fajence
324. 1 Kanne von Fajence
325. 1 silberner Löffel} Beyde Stücke, zum Reisebesteck gehörig
326. 1 Stoppelzieher von Stahl werden dem Spediteur zur richtigen Ueberlieferung eigens verabfolgt.
327. 1 kleiner, gelber Wagenteppich, mit Wolle und Leder gefüttert

Die vorgetragenen Gegenstände in diesem Zimmer bleiben gleichfalls bis zum Verkauf des Hauses hier zurück.

328. 1 alte griechische Vase
329. 1 Bild, verpackt
330. 1 Kiste mit Bildern gepackt
331. Livree für 2 Bediente.

Die Richtigkeit der vorgetragenen Inventar Gegenstände bestätiget:

München, den 9. April 1848.

Der Königliche Burgpfleger.«

VI. DIE AMAZONE

6.1 **Lola Montez im Reitkleid mit Federhut und Peitsche**; um 1845; Lithographie nach Jules Laure; 60 x 43,8; bez.: »LOLA MONTEZ/ Peint d'après nature par Jules Laure./ Imprimerie de Goupil, Vibert et Cie/ Gravé par Hyppolite Garnier/ St. Petersbourg. Publié par Daziaro Frères/ Paris-Goupil, Vibert & Cie, Editeurs, Boulevart Montmartre, 15, & rue d'Enghien, 10./ London – Published by E. Gambart, Junin & Co., 25, Berners St. Oxford St.«; MStM, Graphiksammlung, Inv.Nr.: VIe/159. Lit.: FUCHS 1904, Frontispiz (Abb.); CORTI 1937, Abb.63a; AUSST.KAT. MÜNCHEN 1987, S.725, Nr.12.3.2 (s.a.: Nr.12.3.45); BW 1995, S.17 (Abb.); RAUH ²1996, S.160 (Abb.). [ABB.118]

Die Lithographie folgt einem wohl um 1844 in Paris entstandenen Gemälde von Jules Laure (1806–1861). Es wurde zur Vorlage mehrerer Nachdrukke, auf denen Lola Montez bereits als »Comtesse de Landsfeld« ausgewiesen ist:

Lola Montez im Reitkleid mit Federhut und Peitsche; nach 1847; Lithographie; 35 x 25,8; unterschrieben: »Gräfin Landsfeld«; MStM, Graphiksammlung, Inv.Nr.: 61/667 (auch M II 1064).
Lola Montez im Reitkleid mit Federhut und Peitsche; 1851; Lithographie; 44 x 34,5; bez. u.l.: »Ch. Vogt, Paris 15.7.^bre^ 1851«, u.r.: »Imp. lith de Thierry F^res^, Cité Bergere«.
Bruststück der Lola Montez im Reitkleid; nach 1847; Stahlstich; 17,5 x 11,5; bez. u.r.: »Auguste Hüssener«, unterschrieben: »Gräfin von Landsfeld/ (Lola Montez.)«; MStM, Graphiksammlung, Inv.Nr.: Z 2716 A.

6.2 **Reitgerte**; um 1860; Hirschhornkopf, Glasaugen, Silberbeschlag; 89 cm; Privatbesitz.

6.3 **Die Amazone**; um 1845; Öl auf schwarzem Lackgrund, Pappmaché, wohl Dosendeckel; 7 x 11; MStM, Gemäldesammlung, Inv.Nr.: 85/3. Lit.: AUSST.KAT. MÜNCHEN 1987, S.718, Nr.12.3.7 und S.180 (Farbabb.). [ABB.130]

Die Miniaturmalerei diente wohl als Dosendeckel. Lackdosen mit Malereien in vergleichbarer Technik wurden in der Manufaktur von Johann Heinrich Stobwasser (1740–1829) hergestellt; s.: Detlev Richter, Lackdosen, München 1988.

6.4 **Diana Vernon im Reitkostüm mit Federhut und Reitgerte**; um 1850; Tondruck; 53 x 38; bez.: »Diana Vernon = Lola Montez«, »Grande Etude aux deux crayons N° 62«, u.l.: »Julien«; »Lithographiée parr Julien d'après Decaisne. Paris (M^on^ Aumont) François Delarue. Suee. rue JJ. Rousseau. 10. London pub. by Gambart, Junkl & Co 25 Berners St. Oxf. St. Imp. Lemercier à Paris«; MStM, Graphiksammlung, Inv.Nr.: Re 5318. Lit.: BLUM 1898, S.109 (Ausschnitt). [ABB.119]

6.5 **»Ariadne auf Box«**; 1848; Lithographie; 18 x 24,5; bez u.r.: »Dr. v. L. Blau & Co.«; MStM, Graphiksammlung, Inv.Nr.: 30/402. Lit.: FUCHS 1904, S.145, Nr.7 und S.40ff. (Abb.); AUSST.KAT. MÜNCHEN 1987, S.722, Nr.12.3.19; BW 1995, S.42 (Abb.); RAUH ²1996, S.107 (Abb.). [ABB.120]

Fuchs führt das Blatt unter dem Titel »Ariadne auf Box, aus dem neuen Ballett, oder die Tochter der Wildnis« mit dem Text: »Drei Seelen – und kein Gedanke; – «; »Kein Herz – doch viele Schläge.–«. Mit den gleichen Beschriftungen erschien bei »A. Schäfer, Werderscher Markt, Berlin. Verlag und Eigentum von B.J. Hirsch's Kunstverlagshandlung, Berlin, Niederwallstr.11« eine Variante der Lithographie, auf der die Darstellung des Königs fehlt und stattdessen ein bayerischer Grenzpfahl mit der Aufschrift »Valencia« beigegeben ist; s.: FUCHS 1904, S.146, Nr.8 und S.81 (Abb.); s.a.: Ivan Nagel, Dannecker, die Schöne und das Tier. Zur Lage der Frau um 1800, in: Kunst um 1800 und die Folgen. Werner Hofmann zu Ehren, hrsg. von Chr. Beutler u.a., München 1988, S.114, Abb.6.

6.6 **Ariadne auf dem Panther. Replik nach Johann Heinrich Dannecker auf Stele**; um 1840; Bronze; Höhe 33 cm; Stele aus Obstbaum auf Fichte furniert; 114,5 x 44 x 24; MStM, Möbelsammlung, Sammlung Von Parish. [ABB.121]

Zu Danneckers Skulptur »Ariadne auf dem Panther«, die der Bildhauer 1803 in einem Tonmodell entwarf (Stuttgart, Staatsgalerie, Inv.Nr.: P 554) und bis 1814 in Marmor ausführte (Frankfurt a.M., Liebieghaus-Museum alter Plastik, Inv.Nr.: 1569), s.: Christian von Holst, Johann Heinrich Dannekker. Der Bildhauer, Stuttgart 1987, S.66-70 und 285-294; Ivan Nagel, Johann Heinrich Dannecker. Ariadne auf Naxos. Zur Lage der Frau um 1800, Frankfurt a.M. 1993; zur Rezeption der Skulptur s.: Ausst.Kat. »Ariadne auf dem Panther«, hrsg. von Ellen Kemp, Frankfurt 1979.

6.7 Hermann Mitterer: **Das Isartal mit der Menterschwaige bei München**; um 1810; Öl auf Leinwand; 42,5 x 52; MStM, Gemäldesammlung, Inv.Nr.: II b/2. Lit.: STADTBILD 1990, S.40, Nr.4.13.

6.8 **Ein Damenduell**; 1848; kolorierter Kupferstich von Andreas Geiger (1765–1856) nach Anton Elfinger (»Cajetan«); 21 x 28; bez.: »Satyrisches Bild. N° 85. Emancipation. Ein Damen-Duell«; »Wien im Bureau der Theaterzeitung, Rauhensteingasse N°. 926.«, u.l.: »Cajetan del.«, u.r.: »And. Geiger sc.«; MStM, Puppentheatermuseum, Slg. Böhmer. Lit.: BLUM 1898, S.104 (Abb.); AUSST. KAT. MÜNCHEN 1987, S.579, Nr.7.4.20 mit Abb.; BW 1995, S.211 (Abb.). [ABB.122]

6.9 **Zwei Duellpistolen mit Perkussionsschloß und Zubehör im Kasten**; um 1845; 26 x 44,5 x 6 (geöffnet 30); bez.: »MILLER FA BAADER & SOHN IN MÜNCHEN«; MStM, Inv.Nr.: 28/659. [ABB.123]

In Müllers »Universal-Handbuch von München« aus dem Jahr 1845 ist Baader als königlich privilegierter Hofbüchsenmacher aufgeführt; er »verfertigt alle Gattungen von Scheiben- u. Jagdgewehren, sowie alle Arten von Pistolen nach der neuesten Construktion«; MÜLLER 1845, S.297.

6.10 **Lola Montez mit Zigarette**; Reproduktion nach einer 1852 entstandenen Daguerreotypie von Southworth & Hawes (Boston); 21,6 x 16,5; New York, Metropolitan Museum of Art, Inv.Nr.: 37.14.41. Prov.: 1937 Geschenk von I. N. Phelps Stokes, Edward S. Hawes, Alice Mary Hawes und Marion Augusta Hawes an das Museum. Lit.: Beaumont Newhall, The Daguerreotype in America, New York ²1976, Nr.54 (Abb.); Wolfgang Schivelbusch, Das Paradies, der Geschmack und die Vernunft. Eine Geschichte der Genußmittel, München/Wien 1980, S.136 (Abb.); DAY 1981, S.345 und 346 (Abb.); Rudolf Käs, Die Zigarette – der flüchtige Genuß, in: Aufriß. Schriftenreihe des Centrum Industriekultur 2/1982, S.19f. (mit Abb.); AUSST.KAT. MÜNCHEN 1987, S.725, Nr.12.3.47 und S.184 (Abb.); RAUH ²1996, S.6 (Abb.); SEYMOUR 1996 (Abb.). [ABB.124]

Während der Sitzung im Bostoner Atelier von Albert Sands Southworth (1811–1894) und Josiah Johnson Hawes (1808–1901) war neben dem Bild mit der Zigarette ein weiteres Porträt der Lola Montez entstanden. Diese Daguerreotypie befindet sich heute im Museum of Fine Arts in Boston (Mass.); s.: DAY 1981, S.344, Abb.8.; Laurie A. Baty, »Proud of the Result of may Labor«. Frederick De Bonry Richards (1822–1903), in: The Daguerreian Annual. Official Yearbook of the Daguerreian Society, Pittsburgh 1995, S.240, Abb.16. Die Aufnahme mit der Zigarette diente als Vorlage für ein Gemälde, das 1930 in der Harvard Theatre Collection in Cambridge (Mass.) nachgewiesen und in der Jahresgabe des Kieler Theatermuseums abgebildet wurde; s.: KIEL 1930, Nr.6.

6.11 **Die Raucherin**; um 1840; kolorierter Kupferstich von Andreas Geiger (1765–1856) nach Anton Elfinger (?); 24,5 x 17,5; bez.: »Satyrisches Bild. N° 12. Der Herr: Sie rauchen keine Cigarren mehr? Die Dame: Ich ziehe die Tabackspfeife vor, seit dem jetzt jeder Schuhmachergeselle Havanah-Glimstengel im Munde hat«; »Wien im Bureau der Theaterzeitung, Rauhensteingasse N°. 926.«, u.r.: »And. Geiger sc.«; MStM, Puppentheatermuseum, Sammlung Böhmer. Lit.: AUSST.KAT. MÜNCHEN 1987, S.579, Nr.7.4.21. [ABB.125]

6.12 **Feuerzeug in Form eines Rundtempels**; um 1830; Glas, schwarz gebeiztes Holz, Messing, Bronzebeschläge, Silberappliken; 44,5 x 24,3 x 24,5; MStM, Sammlung Kunsthandwerk, Inv.Nr.: XII/281. Lit.: AUSST.KAT. MÜNCHEN 1987, S.379, Nr.4.9.19.

6.13 **Feuerzeug**; um 1840; MStM, Sammlung Kunsthandwerk, Inv.Nr.: 37/1741. Lit.: AUSST. KAT. MÜNCHEN 1987, S.431, Nr.4.20.41.

6.14 **Pfeifenkopf mit Karikatur auf die neue Mode des Zigarrenrauchens**; um 1845; Porzellan bemalt; Höhe 14 cm; bez.: »Alles raucht Cigarrn!«, »Es rauchen nur Narrn Cigarrn«; MStM, Sammlung Volkskunde, Inv.Nr.: 28/1090. Lit.: AUSST. KAT. MÜNCHEN 1984, S.83f. mit Abb.; AUSST.KAT. MÜNCHEN 1987, S.597, Nr.7.4.1.30 mit Abb.

6.15 **Pfeife und Pfeifenkopf mit einem Porträt von Kronprinz Ludwig von Bayern**; um 1820; Porzellan bemalt (Nymphenburg), Horn gedrechselt; München, Sammlung Ulrich Schneider.

6.16 **»Gestattung des Tabakrauchens in der Haupt- und Residenzstadt München«**; 1847; Amtliche Bekanntmachung in: Königlich Bayerischer Polizey-Anzeiger von München, Nr.47. Sonntag den 20. Juni 1847; München, Bayerische Staatsbibliothek.

»2623. In Folge Entschließung der Kgl. Regierung für Oberbayern Kammer des Innern vom 16. d. Mts. wird bekannt gemacht:
Das bisherige Verbot des Tabakrauchens in den Straßen und auf den Plätzen Münchens ist aufgehoben.
Das Tabakrauchen bleibt nur verboten:
1) in den Straßen und auf den Plätzen um die k. Residenz, also Residenzstraße (vom Postgebäude bis zum Eingange des Hofgartens), Hofgartenstraße, Marstallplatz, Zeughausplatz, Max-Joseph-Platz
2) im Hofgarten und den dortigen Arkaden
3) vor, während und nach der Dultzeit an den Schau- und Kaufmannsbuden auf dem Dultplatz in der ganzen Ausdehnung zwischen den dort aufgestellten Warnungstafeln bis zur jedesmaliger gänzlicher Entfernung der Buden
München den 18. Juni 1847
Königliche Polizey-Direktion München
Mark, k. Polizey-Direktor
v. Reinhardstöttner«.

6.17 **Zigarettenstummel der Lola Montez**; 1848; Reste einer Zigarette in einer Dose aus Schildpatt; 3,7 cm; Dose: Ø 7,5 cm; auf der filterartigen Spitze von der Hand des Maximilian Graf von Arco-Zinneberg bez.: »Spanische Cigarre/ von Lola Montez./ aus ihrem Hause/ am Nachmittage Des/ [...]ten Februar 1848/ als Errinerung genommen«; Schloß Moos. [ABB.126]

6.18 **Maximilian Graf von Arco-Zinneberg im Jagdkostüm**; um 1858; Lithographie von Franz Hanfstaengl; 31,7 x 24,8; bez. u.l.: »Nach einer Photographie v. F. Hanfstaengl, lith. v. demselben. Gedr. b. Hanfstaengl in München.«; MStM, Graphiksammlung, Inv.Nr.: M II 1078. Lit.: GEBHARDT 1984, S.21, 24, 250 und 94 (Abb.). [ABB.127]

Die Lithographie folgt der Aufnahme: **Maximilian Graf von Arco-Zinneberg**; um 1858; Photographie (Albuminpapierkopie) von Franz Hanfstaengl; 28,7 x 14; MStM, Fotomuseum, Inv.Nr.: 85/101-97. Prov.: Nachlaß Hanfstaengl; Stiftung Franz Hanfstaengl.

VII. DIE GELIEBTE

7.1 **Abguß vom Fuß der Venus von Milo**; 1998; Gips; 28 x 24 x 10,5; der Abguß wurde aus Anlaß der Ausstellung von Alfons Neubauer angefertigt. Als Vorlage diente die Figur in der Abgußsammlung der Staatlichen Antikensammlungen München. [ABB.135]

7.2 **»Deine Füße in meinem Mund« – Aus den Briefen von Ludwig I. König von Bayern an Lola Montez.** Zitatsammlung aus dem von Reinhold Rauh und Bruce Seymour edierten Briefwechsel (BW 1995).

»In meinen Träumen küsse ich Deine Zehen und nehme sie in meinem Mund« (21. 2. 1848); BW 1995, S.116. – »Heute nacht habe ich davon geträumt, daß ich Deine Zehen in meinen Mund nehme. Ich träume meine Wünsche« (24. 2. 1848); BW 1995, S.119. – »Letzte Nacht träumte ich davon, Deinen kleinen Fuß in meinem Mund zu haben« (24. 3. 1848); BW 1995, S.158. – »Ich nehme Deine Füße in meinen Mund, wo ich niemals andere gehabt habe. Das wäre abstoßend für mich gewesen, aber nicht bei Deinen« (15. 7. 1848); BW 1995, S.212. – »Nach einem Spaziergang, wenn Deine Füße sauber wie zuvor sind, will ich sie in den Mund nehmen« (27. 7. 1848); BW 1995, S.214. – »In Gedanken nehme ich schon Deine Füße in den Mund, so wie sie nach der langen Reise sind [...]. Ich habe nie den Fuß von jemandem in meinen Mund genommen, und es wäre mir nach einer langen Reise schrecklich« (13. 8. 1848); BW 1995, S.221. – »Ich träumte, daß ich nach meiner Ankunft Deinen Fuß in meinen Mund nahm, Du es aber nicht gemocht hast« (15. 8. 1848); BW 1995, S.221. – »Ich habe mich entschlossen, daß, wenn ich Dich das erste Mal sehe, ich Deine Füße in meinen Mund nehme, ohne Dir Zeit zu geben, sie nach Deiner langen Reise zu waschen. Ich habe das nie gemacht, und ich nehme auch nie einen Fuß in den Mund, auch nicht unmittelbar nachdem er gewaschen ist. Ich habe ausschließlich nur Lolittas Füße in meinen Mund genommen« (9. 9. 1848); BW 1995, S.232. – »Und in der Nacht träumte ich, daß ich Deine Füße in meinen Mund genommen habe, um Dir meine Gefühle zu zeigen« (24. 10. 1848); BW 1995, S.249. – »Letzte Nacht habe ich wieder geträumt, Deine Füße in meinem Mund zu haben, so tief ich konnte« (28. 10. 1848); BW 1995, S.251. – »Ich will Deine Füße in meinen Mund nehmen, sofort, ohne Dir Zeit zu geben, sie zu waschen, nachdem Du von einer Reise zurück bist. Ich habe nie einen Fuß in meinem Mund gehabt, selbst nachdem er gewaschen wurde. Ich hatte nur, ganz exklusiv, die Füße meiner Lolitta in meinem Mund« (19. 11. 1848); BW 1995, S.259.

7.3 **Ludwig I. König von Bayern und Lola Montez im Englischen Garten in München**; 1847; Lithographie; 29 x 23,7; unterschrieben: »Neuestes Blatt aus der Gunst-Geschichte BAYERN'S. (Extra Beilage zur Deutschen Brüsseler Zeitung. Vom 1 April 1847. Je vend separement au prix de 50^{ces} Rue botanique N°. 23, à Bruxelles, au bureau du Journal.«; MStM, Graphiksammlung, Inv.Nr.: 38/86. Lit.: FUCHS 1904, S.143f., Nr.1 und S.39 (Abb.); Hermann Wäscher, Das deutsche illustrierte Flugblatt. Von der Restauration bis zur Gegenwart, Dresden 1956, S.32, Nr.35 und S.35 (Abb.); AUSST.KAT. MÜNCHEN 1987, S.719, Nr.12.3.12; RAUH ^{2}1996, S.113 (Abb.). [ABB.131]

7.4 **Melchior Freiherr von Diepenbrock**; um 1853; Stahlstich von August Friedrich Spieß; 12,5 x 8,2 (Darstellung), 15,5 x 10,5 (Blatt); unterschrieben: »Melchior Freiherr von Diepenbrock./ Kardinal d. heiligen römischen Kirche/ Fürst Bischof von Breslau./ geb. 10. Jan. 1798. gest. 20. Jan. 1853. – Sulzbach in der J.E. von Seidel'schen Buchhandlung«; bez.: »A. Spieß sc:«; MStM, Graphiksammlung, Inv.Nr.: M II 2370. [ABB.132]

7.5 Joseph Bauer nach Joseph Stieler: **Therese Königin von Bayern**; um 1830; Öl auf Leinwand; 88,5 x 68; bez. u.r.: »M. Jos. Bauer/ 183[...]«; MStM, Gemäldesammlung, Inv.Nr.: 69/513.

Das Porträt folgt im Ausschnitt dem Gemälde Stielers; s.: HASE 1971, S.131, Nr.128.

7.6 **Ludwig I. König von Bayern besingt Lola Montez: »Der pensionierte Apoll und die auf Wartegeld gesetzte Terpsichore«**; 1848; Lithographie; 22,7 x 25,5; bez. u.r.: »gedr. b. L. Blau & Co. i Lpzg«; MStM, Graphiksammlung, Inv.Nr.: 30/401. Lit.: BLUM 1898, S.111 (Abb.); FUCHS 1904, S.151, Nr.20 und S.69 (Abb). [ABB.133]

7.7 **Ludwig I. König von Bayern besingt Lola Montez**; 1848; Lithographie; 22 x 25,2; bez. u.r.: »gedr. b. L. Blau & Co. i Lipzg«; MStM, Graphiksammlung, Inv.Nr.: P 1614 (auch M II 510). Lit.: FUCHS 1904 S.151f., Nr.21 und S.61 (Abb.), PROEBST 1968, S.170, Nr.1614; AUSST.KAT. MÜNCHEN 1987, S.722, Nr.12.3.21.; RAUH ^{2}1996, S. 116 (Abb.). [ABB.134]

Das erste Blatt erschien unter dem Titel: »Dem Verdienste seiner Krone. Der pensionierte Apoll und die auf Wartegeld gesetzte Terpsichore« wohl zunächst in Berlin »bei B.J. Hirschs Kunsthandlung in Berlin, Niederwallstr.11«. Auf dieser Version trägt Ludwig einen Lorbeerkranz und auch seine Dichterlyra ist mit Lorbeer bekränzt. Als Entwerfer des Berliner Blatts zeichnet »J. E. H.«. Offensichtlich wurde das Blatt in Leipzig nachgedruckt. Dort erschien auch eine zweite Version, auf der die Attribute Apolls fehlen. Statt dessen ist die Grafenkrone der Lola Montez zur bayerischen Königskrone umgeformt. Fuchs wies die Originalzeichnungen in der Schweiz nach; s.: FUCHS 1904, S.151.

7.8 bis 7.11 **[Ludwig I. König von Bayern:] Gedichte Ludwigs des Ersten, Königs von Bayern, 4 Bde., München 1829–1847**; München, Bayerische Staatsbibliothek, Sign. Rar. 4186/1-4.

Es handelt sich um die handkolorierten Exemplare der Vignettenzeichnerin Catharine Sattler, der Ludwig sein 124. Sonett im 4. Band gewidmet hatte: »CXXIV. Sonett. An Katharina Sattler, geb. Geiger, welche Vignetten zu meinen Gedichten gemalt«; LUDWIG 1847, S.160. Das Vorsatzblatt trägt die Widmungsschriften: »Geschenk Seiner Majestaet des Koenigs Ludwig v. Bayern, mittelst Handbillet d. d. 12ten Maerz 1852.«; »Begebenheiten kommen und vergehen,/ Was uns beglückt wird nicht verzehret,/ In dauerndem Genuße bleibt es stehen./ Was längst gewesen und nie wiederkehret;/ Im Spiegel des Gedächtnißes wir's ehen;/ der Zeit entschwebt's, es unvergänglich währet./ fo. 208.«; »Catharine Sattler geb. Geiger. Mainburg d. 1. Januar 1851.«

Der vierte und letzte Teil der seit 1829 erscheinenden Anthologie enthält zwei auf Lola Montez bezogene Gedichte: »An L***« und »Die Andalusierin«; LUDWIG 1847, S.246 und 268. In den »Memoiren« der Lola Montez ist das Gedicht »Die Andalusierin« nur unter der Zählung »I.« aufgenommen; MONTEZ 1986, Bd.2, S.1440f. In einer Abschrift Klenzes trägt »Die Andalusierin« den Titel »Auf Lola Montez«. Klenze kommentierte die erste Strophe: »Eine Periphrase zu folgendem Verse, welchen ich einst auf d. Abtrittwand einer Dorfschenke fand: Je n'ai pas de fortune et je manque d'ayeux,/ mais je suis brune et j'ai des yeux bleus!/ und wahrlich, schwarzes Haar und blaue Augen scheinen hier zu beweisen, daß man dabei Alles entbehren kann«; KLENZE I/5, Beilage zu fol.50. Das im Gedicht »An L***« gefundene Bild vom Eisen, das durch Hämmern zu Stahl wird, fand dagegen Klenzes Beifall: »Ich habe nie ein beßeres Gedicht des Königs gelesen, denn es war aus dem innersten Seelenzustande hervorgegangen«; KLENZE I/5, fol.50v. Dieses Gedicht wurde 1847 auch in diversen Tageszeitungen abgedruckt; s.: FRÜHWALD 1976, S.143.

An L***

Ich glaube dir, und wenn der Schein auch trüget,
Du bist getreu und du bist immer wahr,
Die Stimme in dem Innern mir nicht lüget,
Sie sagt: dein liebendes Gefühl ist klar.

Und hätt' die Welt sich wider dich verschworen,
Ich trete in die Schranken gegen sie;
Du gehest meinem Herzen nicht verloren,
Du bleibst darin, ich lasse von dir nie.

Ob mich denn nie die Menschen werden kennen ?!
Von dem was mir zu rauben Sie bestrebt,
Vermögend sind sie niemals mich zu trennen,
Es sich mir tiefer in das Herz nur gräbt.

Erhärt' vom Hammerschlage wird das Eisen,
Es bildet selbst das härteste: den Stahl.
Wenn zugesetzt mir wird sie zu entreissen,
Nur fester kettet's mich an meine Wahl.

Entbrennten deine Feinde all' im Grimme,
Du hast doch einen felsenfesten Halt.
Ich folge treue meiner innern Stimme
Unwiderstehlich heiliger Gewalt.

Die Andalusierin

Leuchtend, himmlisch blaue Augen,
Gleich des Südens Aether klar,
Die in Seligkeit uns tauchen,
Weiches, glänzend schwarzes Haar;

Heitern Sinnes, froh und helle
Lebend in der Anmuth hin,
Schlank und zart wie die Gazelle
Ist die Andalusierin.

Stolz und doch zugleich hingebend,
Ohne Rückhalt, Herz für Herz,
In der Liebe Gluten lebend,
höchste Wonne, höchster Schmerz!

Voller Geist, wie voller Leben,
Heft'ger Leidenschaftlichkeit,
Ist dein Wesen, ist dein Streben,
Vom Alltäglichen befreyt.

In dem Süden ist die Liebe,
Da ist Licht und da ist Glut,
Und im stürmischen Getriebe
Strömet der Gefühle Fluth.

Wonnemeer die Seelen trinken
Tönt zur Laute dein Gesang;
Hin zu deinen Füßen Sinken
Machet deiner Stimme Klang.

Auf's entzückendste erscheinest
Du, in zauberischem Glanz,
Hold' und Liebliches vereinest
Reizend, du, in einem Kranz.

7.12 **Sonette Ludwigs I. von Bayern an Lola Montez**; 1847; Handschrift, gebunden in blauem Samt; München, Bayerische Staatsbibliothek, Ludwig I.-Archiv 36. Lit.: FUCHS 1904, S.177f.; MONTEZ 1986, Bd.2, S.1440.

Das Bändchen enthält die Gedichte »Die Andalusierin«, »Der Dichter, L.M. betreffend«, »Auf Lolita«. Alle drei Gedichte sind auch in den »Memoiren« der Lola Montez abgedruckt; s.: MONTEZ 1986, Bd.2, S.1440-1442. Die Gedichte »Die Andalusierin« und »An L***« sind außerdem in den vierten Band der königlichen Gedichtsammlung von 1847 aufgenommen. Die Gedichte »Die Andalusierin«, »Auf Lolita« und »Der Dichter Lola Montez betreffend« sind auch in einer Abschrift Klenzes überliefert; s.: KLENZE I/5, Beilage zu fol.50. Mit dem Vers »In dir, Göttliche, fand ›wahre Liebe‹ im Leben ich nur« ist eine offensichtlich pornographische Karikatur unterschrieben, die den Schlußvers aus dem Gedicht »Auf Lolita« paraphrasiert und auf die Fuchs als eine »perverse Liebesszene zwischen Ludwig und Lola« verweist; FUCHS 1904, S.158, Nr.38.

Auf Lolita

Nicht den Geliebten kannst du betrüben, dir fremd sind die Launen,
Treibst mit dem Liebenden kein quälendes, grausames Spiel.
Selbstsucht kennst du nicht hingebendes, göttliches Wesen;
Gut ist dein liebendes Herz, treu dein wahrhaft Gemüth.
Glücklich willst du den sehn, der dich liebt, dann bist du es selbsten;
Weiß es der Liebende gleich, immer doch hört er's erfreut.

Daß geliebet er wird, daß ewig das Herz ihm gehöret;
Nicht wie's von Andern geschah bis du darüber ihm still.
Auf das Neue sagst du dem Liebenden, daß du ihn liebest;
Dieses Alte ertönt immer beseeligend neu.
Tropfen der Seligkeit in ein Meer von bitterm Leide
Die Italienerinn gab. Seligkeit, Seligkeit nur
Läßest du mich entzückend begeisternd beständich empfinden.
In der Spanierinn fand Liebe im Leben ich nur!–

Der Dichter Lola Montez betreffend

Wie der Liebe Strahlen drangen
Durch des Lebens düstern Grau;
Das Gewölke ist vergangen
Und der Himmel wieder blau.

Laß auf's neu den Dichter schwärmen
Ohne Lieb' erstarrt das Blut,
Laß ihn wieder sich erwärmen
An der Liebe ew'ger Gluth.

Wenn sich still die Tage gleichen,
Wenn das Herz nicht mehr erregt,
Muß die Phantasie entweichen,
Nicht zum Höheren bewegt.

Von der Liebe hochgetragen
Mir des Ird'schen Last entweicht;
Sehe zauberisch es tagen,
Fühl das Leben wieder leicht.

In des Äthers lichter Höhe
Sie verklärt die Seele schwingt;
Athmend in der Liebe Nähe
In die Seligkeit sie dringt.

Im Mai 1851 schrieb Ludwig ein letztes Gedicht »An Lola«. Es ist veröffentlicht u.a. in: BW 1995, S.370.

An Lola

Die Krone habe ich durch Dich verloren,
Ich grolle aber Dir darum noch nicht,
Die Du zu meinem Unglück bist geboren,
Du warst ein ganz verblendend, sengend Licht!

Sei glücklich! dieses rufet meine Seele,
Aus ewig weiter Ferne her Dir nach;
Den Weg des Heiles endlich nun erwähle;
Das Laster bringt Verderben nur und Schmach.

Den besten Freund, der jemals Dir geworden,
Du stießest treulos ihn von Dir,
Verschlossen waren Dir des Glückes Pforten,
Bloß folgend Deiner lüsternen Begier.

Fürs Leben bleiben immer wir geschieden,
Und nie und nimmer sehen wir uns mehr,
Laß mir des Herzens schwer errungnen Frieden,
Das Leben lastet ohne ihn so sehr.

7.13 **Ludwig I. von Bayern an Lola Montez**; 16. bis 18. 6. 1848; Autograph; München, Bayerische Staatsbibliothek, Ludwig I.-Archiv 33, Nr.68 (Beilage). Lit.: BW 1995, S.201f.

»Ich habe Deinen Brief vom 8. dreimal gelesen, und jedesmal habe ich eine Erektion bekommen. Morgen nacht (vom 17. auf den 18.) ist die einzige Nacht, in der ich mit Dir geschlafen habe, und dann wird es ein Jahr her sein, daß ich mit Dir geschlafen habe. Außer einmal, am 1. Dezember, am Nachmittag, als ich in Dir war. Wenn Du diesen Zettel gelesen hast, dann verbrenne ihn sofort. Auch wenn seine Erektionen sehr stark sind, ist Dein Louis seiner Lolitta treu.«; zit.n.: BW 1995, S.202 (18. 6. 1848).

7.14 **Ludwig I. von Bayern an Lola Montez**; 1. bis 4. 12. 1848; Autograph; München, Bayerische Staatsbibliothek, Ludwig I.-Archiv 33 (Nr.123). Lit.: BW 1995, S.267f.

»[...] Es ist ein Jahr vergangen, und ich habe mit keiner Frau geschlafen. Und Du hast in dieser Zeit auch mit keinem Mann geschlafen? Sei ehrlich, sag mir die Wahrheit. Wenn Du es gestehst in der Antwort auf diesen Brief, werde ich nichts beanstanden [...]«; zit.n.: BW 1995, S.267 (2. 12. 1848).

7.15 **Lola Montez an Ludwig I. von Bayern**; 8. 6. 1848; Autograph; München, Bayerische Staatsbibliothek, Ludwig I.-Archiv 34. Lit.: BW 1995, S.199.

»[...] Wie kannst du fragen, ob ich mit dir ›besar‹ will [...] Natürlich will ich, und es gefällt mir, wenn ich daran denke, daß mein geliebter Ludwig mit seiner Lolitta schlafen will [...]«; zit.n.: BW 1995, S.199 (8. 6. 1848).

7.16 **Lola Montez an Ludwig I. von Bayern**; 17. 8. 1848; Autograph; München, Bayerische Staatsbibliothek, Ludwig I.-Archiv 34. Lit.: BW 1995, S.222f. und 194 (Abb.). [ABB.136]

»Ich schicke Dir, mein geliebter Ludwig, einen Kuß meines Mundes [aufgezeichneter Kringel] ich bitte, diesen zu küssen. Er ist der Kuß eines Herzens, das Dir sehr verbunden ist [...]«; zit.n.: BW 1995, S.223 (17. 8. 1848).

7.17 **Ludwig I. von Bayern an Lola Montez**; 29. 8. 1848; Autograph; München, Bayerische Staatsbibliothek, Ludwig I.-Archiv 33 (zwischen Nr.92 und 93). Lit.: BW 1995, S.229.

»[...] Die Zeichnung in Deinem Brief, die Deinen Mund darstellen soll (jedesmal gebe ich ihr einen Kuß), habe ich auf den ersten Blick für Dein cuño gehalten, und mein jarajo begann zu erigieren. So viel Vergnügen mir Dein Mund gegeben hat, so würde mir auch Dein cuño sehr gefallen. Das eine wie das andere küßt Dein treuer Luis« [...]; zit.n.: BW 1995, S.229 (29. 8. 1848).

7.18 **Ludwig I. von Bayern an Lola Montez**; 15. bis 18. 11. 1848; Autograph; München, Bayerische Staatsbibliothek, Ludwig I.-Archiv 33, Nr.118. Lit.: BW 1995, S.256f. und 228 (Abb.). [ABB.137]

»[...] Es wird für Dich interessant sein zu wissen, wieviel ich für Dich in zwei Jahren ausgegeben habe. Ich habe die Auszüge aus meiner Buchhaltung gemacht. Das Verwaltungsjahr hat am 1. Oktober, auch für meine Ausgaben, angefangen. In diesen zwei Jahren 1846/47 und 1847/48 betragen die Ausgaben für Dich, die monatliche Bezahlung, Geschenke, bezahlte Schulden, die Wohnung 158084 Gulden, 16 1/4 Kreuzer. Außerdem habe ich Spraul, Gunther, Ploetz Geld gegeben, und ich habe andere Ausgaben wegen Dir gehabt. Von dieser Summe habe ich in 1846/47 100992,53 3/4 ausgegeben und im Jahre 1847/48 57091,22 1/2. Ich wiederhole, diese außergewöhnlichen Ausgaben kann ich nicht länger machen [...]«; zit.n.: BW 1995, S.257 (18. 11. 1848).

7.19 und 7.20 **Auguste Papon, Lola Montès, Mémoires. Accompagnés de lettres intimes de S. M. le Roi de Bavière et de Lola Montès, avec fac simile, ornés des portraits de S. M. le Roi de Bavière et de Lola Montès, sur originaux donnés par eux à l'auteur. Poésies, documents, politiques et littéraires inédits; Primière Livraison,**

Nyon 1849; Seconde Livraison, Nyon 1849; Buchdruck; 22,5 x 15,5; MStM, Inv.Nr.: 97/104,1-2. Lit.: FUCHS 1904, S.171, Nr.91; MONTEZ 1986, Bd.2, S.1707-1732.

VIII. DIE MÄTRESSE

8.1 **Karl Graf von Seinsheim**; um 1845; Lithographie; 27,8 x 22,4 (Darstellung), 34,2 x 25,2 (Blatt); unterschrieben: »Carl Graf von Seinsheim/ K.B. Kammerherr, Staatsrath im ordentlichen Dienst und Finanzminister, des K.B. Civil-Verdienst-Ordens Commandeur, und des Johanniter-Ordens Ritter etc. etc.«; bez. u.l.: »Nach d. Leben u. auf Stein gez. v. A. Gatterer.«, u.r.: »Gedr. v. J. Lacroix«; MStM, Graphiksammlung, Inv.Nr.: M IV 974. [ABB.138]

8.2 **[George Henry Francis]: Lola Montes und ihre politische Stellung in München. Nach einem englischen Berichte und mit einem Vorwort des deutschen Herausgebers, München 1848, Joh. Deschlersche Offizin**; 1848; Flugschrift; MStM, Graphiksammlung, Inv.Nr.: P 2271. Lit.: FUCHS 1904, S.170, Nr.84; AUSST.KAT. MÜNCHEN 1987, S.722, Nr.12.3.24e.

Die Schrift bringt eine deutsche Übersetzung des Aufsatzes »The King of Bavaria, Munich, and Lola Montez« von George Henry Francis (1817–1866). Der Aufsatz war im Januar 1848 zunächst in »Frazer's Magazine« in London und in »Galignani's Messenger« in Paris erschienen.

8.3 **»Der alte Charon transportirt eine Gesellschaft von Individuen, die sich selbst, überlebt, über den Styx in die Unterwelt«**; 1848; kolorierter Kupferstich von Andreas Geiger (1765–1856) nach Anton Elfinger (»Cajetan«); 20 x 27; bez.: »Satyrisches Bild. N° 109.«, u.l.: »Cajetan del.«, u.r.: »And. Geiger sc.«; unterschrieben: »Wien im Bureau der Theaterzeitung. Rauhensteingasse N° 926.«; Privatbesitz. Lit.: FUCHS 1904, S.153, Nr.28 und S.125 (Abb.); RAUH ²1996, S.142 (Abb.).

Die Karikatur erinnert an die »Dantebarke« von Eugène Delacroix. Anstelle der Hauptgruppe mit Dante und Vergil tritt die rauchende Lola Montez, die einen Jesuiten ohrfeigt.

8.4 **»Lichtbilder durch verstärkten Focus« – Eisele und Beisele betrachten im Fackelschein die Statuen von Martin Luther und Lola Montez als »die neue Pompadour« in der Walhalla**; 1847; Lithographie; 20 x 25; unterschrieben: »1ster Lichtfreund: Doch unerklärlich bleibt mir dieser Zwiespalt der Natur!? – 2ter Lichtfreund: Hier der alte Luther – dort die neue Pompadour!«, bez. u.r.: »Gedr. bei Werner & Co. in Mainz.«; MStM, Graphiksammlung, Inv.Nr.: 30/393. Lit.: FUCHS 1904, S.147, Nr.12 und S.73 (Abb.); AUSST.KAT. MÜNCHEN 1987, S.719, Nr.12.3.14; RAUH ²1996, S.119 (Abb.). [ABB.141]

8.5 **Eisele und Beisele**; um 1850; Papiermaché; Höhe 17,5 und 19 cm; MStM, Sammlung Volkskunde, Inv.Nr.: 33/683 und 33/684. Lit.: AUSST.KAT. MÜNCHEN 1987, S.377, Nr.4.2.13.8 mit Abb.

8.6. **Max Graf von Arco-Valley**; um 1860; Photographie (Albuminpapierkopie) von Franz Hanfstaengl; 28,7 x 14; MStM, Fotomuseum, Inv.Nr.: 85/101-97. Prov.: Nachlaß Hanfstaengl; Stiftung Franz Hanfstaengl. [ABB.142]

8.7 **Leo von Klenze**; 1856; Photographie (Albuminpapierkopie) von Franz Hanfstaengl; 26,3 x 21,2; MStM, Fotomuseum, Inv.Nr.: 85/101-44. Prov.: Nachlaß Hanfstaengl; Stiftung Franz Hanfstaengl. Lit.: GEBHARDT 1984, S.261 und 120 (Abb.). [ABB.143]

IX. KAULBACH MALT LOLA MONTEZ

9.1 Wilhelm von Kaulbach: **Lola Montez im historischen Kostüm**; 1847; Öl auf Leinwand; 242 x 166; MStM, Gemäldesammlung, Inv.Nr.: 89/7. Prov.: 1847 Auftrag Ludwig I. König von Bayern; 1874 Nachlaß Kaulbach; 1895 Privatbesitz (Paris); seit 1898 Privatbesitz (Wien, Sankt Petersburg, Bad Ischl, Graz, München); 1989 Münchner Stadtmuseum. Lit.: Fritz von Ostini, Wilhelm von Kaulbach, Bielefeld und Leipzig 1906, S.110, S.166, Abb.26; KAULBACH ²1918, S.53-55, S.209f., S.227, Abb. n. S.240 und nach S.80; CORTI 1979, S.236 und 241; KRISTL 1979, S.127 und Abb. nach S.24; AUSST.KAT. MÜNCHEN 1987, S.720, Nr.12.3.17 und Farbabb. S.721; BW 1995, S.19 (Abb.); SEYMOUR 1996, Abb. [ABB.146; DETAILABB.149 bis 151, 153]

9.2 **Echtheitszertifikat und Kommentar der Josephine Kaulbach zum Porträt der Lola Montez**; 1895; Autograph; MStM.

»München im September 1895.
Dem Portrait der Lola Montez von meinem Gatten Wilhelm von Kaulbach in den Jahren 1847-48 gemalt, erlaube ich mir einen kurzen Comentar beizufügen.
Den Glanzpunkt im Leben dieser abenteuerlichen Person bildete ihr Aufenthalt in München. Sie war Spanierin von Geburt und hatte versucht auf ihren Kunstreisen als Tänzerin, sich an den Höfen von Berlin, Dresden etc. durch ihre Schönheit und ihr intriguantes Wesen die Gunst hochstehender Persönlichkeiten zu erobern. Als ihr dieß nicht gelang, wandte sie sich nach München, wo sie vor ihrem Erscheinen durch geschickte Reclame in den Zeitungen die Aufmerksamkeit auf sich zu lenken wußte.
Da ihr von der Intendanz des Hoftheaters verweigert wurde hier zu tanzen, wendete sie sich direkt in einer Audienz an König Ludwig, der bei ihrem Anblick so sehr von ihr eingenommen war, daß er den Befehl gab, sie müßte hier am Hoftheater auftreten und sie später dauernd in München zu halten suchte. Ihre Erwartungen waren hochgespannt, ihr Ziel war, sich eine Stellung zu erringen, wie die maitresses an den Höfen der der [!] französischen Könige einnahmen. Doch sie war nich[t] gebildet und nicht klug genug um sich zu sagen daß wir in einer anderen Zeit lebten, daß der Despotismus gebrochen war und daß das Volk geistig gewachsen und selbst zu denken gelernt habe. König Ludwig in seiner Begeisterung für die schöne Spanierin gab Kaulbach den Auftrag sie zu malen. Der Künstler übernahm die Bestellung. Doch war ihm die Persönlichkeit der Lola nicht sympathisch. Sie geberdete sich launisch und verwöhnt und Kaulbach blieb ihr gegenüber kühl. Der König

wohnte allen Sitzungen bei, war ihr bei ihrer Toilette behülflich, kniete an ihrer Seite und wärmte ihr, da es zur Winterszeit war, die Füße mit einem Kohlenbecken. Das Costume wurde in Paris nach Angabe des Künstlers bestellt und mit einem Blick in die Zukunft, wollte er sie darstellen das Schaffot besteigend. Damit war natürlich der König nicht einverstanden und als der Künstler noch die Figur und den Hals mit Schlangen umgürtete und ihr eine Reitpeitsche in die Hand gab, drang der König darauf daß diese Dinge entfernt werden müßten. Doch weitere Conceßionen wollte Kaulbach nicht machen und so blieb das Bild im Atelier und wurde nie abgeliefert. Die Aufregung in München über den Einfluß dieser Frau stieg immer höher. Sie mischte sich in die Politik, hatte jederzeit Zutritt zum König, bekam von ihm ein Haus in der Barrerstraße geschenkt, wurde mit einem eigenen Hofstaat umgeben und legte sich den Namen einer Gräfin Landsberg [!] bei. Wenn sie sich auf der Straße zeigte, war sie nie ohne Begleitung einer Schaar von jungen Studenten die zu ihrem Schutze mit großen Hunden ihr Gefolge bildeten. Sie selbst ging nie ohne Reitpeitsche, mit der sie jeden ihr unliebsamen Blick, jede unehrerbietige Geberde der ihr Begegnenden züchtigte. Die Erbitterung wuchs mit jedem Tag und die Aufregungen des Jahres 1848 mit seinen freiheitlichen Anforderungen an die Regierungen, beschleunigte endlich einen Aufstand der darin gipfelte daß das Volk vor das Haus der Lola zog, mit Steinen das Thor stürmte und sie zwang zu flüchten und vor der Stadt in Pullach in einem Hause Schutz zu suchen. Der König war in größter Erbitterung und verzichtete auf seinen Thron zu Gunsten seines Sohnes Maximilian II. Die Lola flüchtete nach Amerika und ist dort in Noth und Elend gestorben. Der König hat sie nie mehr gesehen und konnte es ihr nicht vergeßen daß sie ihn seine Krone gekostet hatte.
Frau Wilhelm von Kaulbach

Unterzeichnet bestätigt hiemit daß das Portrait: Lola Montez: welches in den Besitz des Herrn Hermann Spitzer übergegangen ist, von der Hand ihres Gatten, des Akademiedirektors Wilhelm von Kaulbach, eigenhändig gemalt ist.

München, 26. September 1895.
Frau Josefine Kaulbach
Direktors Witwe«

9.3 **Das Atelier Wilhelm von Kaulbachs im »Koloßsaal« der Münchner Akademie mit dem Porträt der Lola Montez**; Reproduktion nach: Erinnerungen an Wilhelm von Kaulbach und sein Haus. Mit Briefen und hundertsechzig Abbildungen gesammelt von Josefa Dürck-Kaulbach, München ^{2}1918. [ABB.148]

9.4 **Wilhelm von Kaulbach**; 1857; Photographie (Albuminpapierkopie) von Franz Hanfstaengl; 27 x 21,5; MStM, Fotomuseum, Inv.Nr.: 85/101-71. Prov.: Nachlaß Hanfstaengl; Stiftung Franz Hanfstaengl. Lit.: GEBHARDT 1984, S.261 und 135 (Abb.) (mit Inv.Nr.: 28/1278). [ABB.147]

9.5 Wilhelm von Kaulbach: **Präsentationsskizze zu Ludwig I. König von Bayern als Ritter des Hubertusordens mit Herolden und bayerischen Stammeswappen**; um 1843; Öl auf Leinwand; 61 x 44 (75 x 58,5 m. Rahmen); bez. u.l.: »Kaulbach«; MStM, Gemäldesammlung, Inv.Nr.: 60/373. Lit.: AUSST.KAT. MÜNCHEN 1987, S.676f., Nr.11.1.22 mit Abb. [ABB.159]

9.6 Max Haider nach Joseph Stieler: **Ludwig I. König von Bayern im Krönungsornat**; 1826; Öl auf Leinwand; 250,5 x 173; bez.u.l.: »Max Haider pinx München«; MStM, Gemäldesammlung, Inv.Nr.: II a/35. Lit.: AUSST.KAT. MÜNCHEN 1972, S.478, Nr.1627; AUSST.KAT. MÜNCHEN 1987, S.676, Nr.11.1.21 und S.677 (Abb.). [ABB.145]

Die Kopie des Münchner Malers Max Haider (1807–1873) folgt dem Original von Joseph Stieler: **Ludwig I. König von Bayern im Krönungsornat**; 1825/26; Öl auf Leinwand; 230 x 170; bez. u.r.: »J. Stieler 1826«; München, Bayerische Staatsgemäldesammlungen, Inv.Nr.: 8235. Lit.: HASE 1971, S.131, Nr.123. [ABB.157]

Eine eigenhändige Kopie Stielers, bezeichnet »König Ludwig I. von Bayern geb. 25. July 1786 gemahlt von Stieler 1828 Copie«, befindet sich in Schloß Nymphenburg im Besitz der Bayerischen Schlösserverwaltung (Inv.Nr.: WAF BIa 236); s.: AUSST.KAT. MÜNCHEN 1980 Bd.I, S.715, Nr.1323. Zu einer 1830 von F. Hahn für den Saal des Nürnberger Rathauses gemalten Kopie, die sich heute im Nürnberger Stadtmuseum, Inv.Nr.: Gm 37 befindet, s.: AUSST.KAT. NÜRNBERG 1986, S.26, Nr.4 und S.82 (Farbabb.). Weitere Kopien befinden sich u.a. in Würzburg, Mainfränkisches Museum, in Schloß Aschaffenburg und in Schloß Berchtesgaden (Inv.Nr.: WAF BIa 182). Daneben war das Staatsporträt durch druckgraphische Reproduktionen verbreitet; s. z.B.: MStM, Graphiksammlung, Inv.Nr.: M II 557.

9.7 und 9.8 Franz Zeiler: **Zwei Silberreliefs mit den Porträts von Ludwig I. König von Bayern und von Königin Therese**; vor 1837; Silber, getrieben, Fichtenholzrahmen; je 56,5 x 39; bez. u.r.: »FZ«, u.l.: »88 L«; MStM, Sammlung Kunsthandwerk, Inv.Nr.: Ia/11. Lit.: AUSST.KAT. MÜNCHEN 1987, S.677, Nr.11.1.23 und 678f. (Abb.).

9.9 Franz Xaver Kleiber nach Moritz Kellerhoven: **Maximilian I. Joseph im Krönungsornat**; nach 1818; Öl auf Leinwand; 258 x 197,5; bez. u.r.: »Kleiber pinx.«; MStM, Gemäldesammlung, Inv.Nr.: II a/33. Lit.: AUSST.KAT. MÜNCHEN 1987, S.672, Nr.11.1.2 mit Abb. [ABB.156]

9.10 Max Haider: **Maximilian II. Joseph König von Bayern im Krönungsornat**; 1850; Öl auf Leinwand; 255 x 191,5; bez. u.l.: »Max Haider pinx München 1850.«; MStM, Gemäldesammlung, Inv.Nr.: IIa/34. Lit.: AUSST.KAT. MÜNCHEN 1987, S.737, Nr.12.5.1.1 mit Abb.; BW 1995, S.163 (Abb.); AUSST.KAT. MÜNCHEN 1997, S.406, Nr.Z5. [ABB.158]

X. GRÄFIN VON LANDSFELD

10.1 Johann Leeb: **Bildnisbüste der Lola Montez**; 1848; Abguß nach der Marmorbüste in München, Bayerische Staatsgemäldesammlungen, Inv.Nr.: WAF B 129; Höhe 72 cm; bez.: »Maria Gräfin v. Landsfeld«. Lit.: AUSST.KAT. MÜNCHEN 1972, S.495, Nr.1811; AUSST.KAT. MÜNCHEN 1987, S.718f., Nr.12.3.9 und S.183 (Abb.); BW 1995, S.207 (Abb.). [ABB.161]

Die originale Marmorfassung und der zugehörige Gips gehören zu den Beständen des Wittelsbacher Ausgleichsfonds. Eine dritte Version von Leebs Büste der Lola Montez befindet sich im Kurpfälzischen Museum in Speyer. Der gezeigte Abguß wurde aus Anlaß der Ausstellung im Auftrag des Wittelsbacher Ausgleichsfonds von Alfons Neubauer angefertigt.

10.2 **Indigenatsdekret für Lola Montez vom 28. Februar 1847**; 1847; Doppelblatt, Pergament mit Wachssiegel; 33,3 x 21,1; München, Bayerische Staatsbibliothek, Ludwig I.-Archiv 34, zu: Nr.84. Lit.: BW 1995, S.166 und 41 (Abb.). [ABB.163]

»Ludwig von Gottes Gnaden Koenig von Bayern, Pfalzgraf bey Rhein, Herzog von Bayern, Franken und in Schwaben x.x.
Wir haben Uns nach Vernehmung des Staats-Rathes bewogen gefunden, der Sennora Lola Montes /: Maria de los Dolores Porris y Montez:/ unter Beibehaltung ihrer dermaligen fremden Unterthansrechte das Indigenat des Königreiches tax- und siegelfrey allergnädigst zu ertheilen, und lassen derselben gegenwärtiges von Uns eigenhändig vollzogenes, und mit Unserem größeren geheimen Kanzley-Insiegel versehenes Decret zu ihrer Legitimation hierüber zustellen.
München den 28ten Februar 1847. Ludwig«

10.3 **Otto Graf von Bray-Steinburg;** um 1855; Photographie (Albuminpapierkopie) von Franz Hanfstaengl; 23 x 17,4; MStM, Fotomuseum, Inv. Nr.: 85/101-158. Prov.: Nachlaß Hanfstaengl; Stiftung Franz Hanfstaengl. Lit.: GEBHARDT 1984, S.259.

10.4 **Karl August von Abel**; um 1840; Lithographie; 29,6 x 25 (Darstellung), 44,2 x 36 (Blatt); unterschrieben: »Carl von Abel/ K.B. Staatsminister des Innern etc. etc./ Zu finden Frauenstrasse N.º 5 – 1 St.«, bez. u.l.: »Nach d. Natur auf Stein gez. v. A. Gatterer«, u.r.: »Gedr. v. J. Lacroix in München«; MStM, Graphiksammlung, Inv.Nr.: 61/686. Lit.: KRISTL 1979 (Abb.). [ABB.163]

10.5 Peter von Heß: **Im Vorzimmer des Premierministers Karl August von Abel**; um 1840; Federzeichnung; 21 x 34; bez.: »P. Heß«, »Vorzimmer eines Premierministers«, »Maßmann«; MStM, Graphiksammlung, Inv.Nr.: M II 1259. Lit.: AUSST. KAT. MÜNCHEN 1987, S.710ff., Nr.12.1.7. [ABB. 164]

10.6 **Das Memorandum von Karl August von Abel vom 11. Februar 1847 (Abschrift)**; 1847; Autograph; 35 x 20,5; Stadtarchiv München, ZS 446 (»Revolution 1848«).

Das originale Schriftstück befindet sich in München, Bayerisches Hauptstaatsarchiv, Abt. III: Geheimes Hausarchiv, Nachlaß König Ludwig I., XXII: Abel, Seinsheim, Gumppenberg, Schrenck – Ludwig I. (11. 2. 1847). Eine weitere Abschrift in: München, Bayerisches Hauptstaatsarchiv, StR 887. Auch Klenze besorgte eine Abschrift »jenes ministeriellen Anti-Lola-Manifestes«; s.: KLENZE I/5, fol.87-90. Nachzulesen war das Memorandum auch in der Abhandlung: »Baiern und sein König Ludwig«, in: Die Gegenwart, Bd.1, Leipzig 1848, S.183-202, und schließlich in den »Memoiren« der Lola Montez; s.: MONTEZ 1986, Bd.2, S.1351-1355. Den Wortlaut zitiert HUMMEL 1987, S.526-528.

10.7 **Lola Montez tanzt bayerische Geschichte**; 1847; Lithographie von Wilhelm Starck, gedruckt bei J.G. Fritzsche in Leipzig; 34,4 x 23,5; bez. u.r.: »W. Stck«; MStM, Graphiksammlung, Inv.Nr.: M II 507. Lit.: FUCHS 1904, S.144, Nr.3 und S.33 (Abb.); PULZ 1982, S.316 und Abb.7; AUSST.KAT. MÜNCHEN 1987, S.711, Nr.12.3.5; MLAKAR 1992, S.248, Abb.118. [ABB.165]

10.8 **Brief der Lola Montez an Marie Denker mit dem Wappen der Lola Montez**; 1846; Autograph; München, Bayerische Staatsbibliothek, LA 40.

10.9 **Georg Ludwig von Maurer**; 1836; Lithographie; 36,7 x 27,4; bez.: »Bodmer fecit 1836«, »Gedr. by Hanfstaengl in München«, unterschrieben: »Georg Ludwig von Maurer/ Königl. Bayr. Staatsrath, lebensl. Reichsrath,/ Mitglied der Akademie der Wissenschaften in München, der gel. Societät in Göttingen«; MStM, Graphiksammlung, Inv.Nr.: Z 2745 (auch M II 820). Lit.: KRISTL 1979 (Abb.). [ABB.166]

10.10 **Abschrift des Adelsdiploms für Lola Montez**; 1847; Stadtarchiv München, ZS 446 (»Revolution 1848«; »Urkunde zur Adelserhebung der Maria Gräfin von Landsfeld«).

Die originale Kassette mit dem Adelsdiplom der Gräfin von Landsfeld wird aufbewahrt in München, Bayerisches Hauptstaatsarchiv, Abt. III: Geheimes Hausarchiv, 54/4/32 [ABB.170]. Die Kassette ist aus Holz, Messing und Samt. Sie mißt 8,5 x 42 x 34 Zentimeter; s.: CORTI 1937, Abb.56; AUSST.KAT. MÜNCHEN 1987, S.720f., Nr.12.3.18; SEYMOUR 1996 (Abb.). Das Adelsdiplom ist in den »Memoiren« veröffentlicht, s.: MONTEZ 1986, Bd.2, S.1445f..Der Text der Urkunde lautet im Original:

»Wir Ludwig von Gottes Gnaden König von Bayern, Franken und Schwaben Urkunden und bekennen hiermit, daß Wir beschloßen haben, die aus Spanischem Adel geborene Maria von Porris und Montez/: Lola Montez:/ in den graflichen Stand unter der Benennung einer Gräfin von Landsfeld allergnädigst zu erheben. Indem Wir daher derselben aus königlicher Macht die grafliche Würde Unseres Königreichs mit den damit verbundenen Ehren, Rechten und Vorzügen ertheilen, wollen Wir, daß sie sich des nachbeschriebenen graflichen Wappens bediene, bestehend: aus einem teutschen gevierten Schilde. In einem ersten rothen Felde erscheint ein aufrechtstehendes blankes Schwert mit goldenem Griffe, in dem zweiten blauen ein streitfertiger, gekrönter goldener Löwe, in dem dritten gleichfalls blauen ein silberner links gewendeter Delphin und in dem vierten weißen Felde eine blaßrothe Rose. Auf dem Schilde ruht, mit rechts von blau und Gold, links von roth und Silber abhängenden Helmdecken eine gräfliche mit neun Perlen geschmückte Krone. Kundgethan sei dieses allen Kron- und Reichsbeamten, allen Unseren höheren und niederen Dienern und allen Unseren Unterthanen insgemein, damit sie der Marie Gräfin von Landsfeld nicht nur selbst für gräflich erkennen, sondern ihr auch, wo es ihr Amt oder ihre Pflicht erfordert, dabei hand haben, indem Unser Wille ist, daß jeder der dieser Verleihung entgegen handlen sollte, durch den Fiskal Unserer Krone vor die Gerichte fordert und dort sowohl wegen Verletzung Unserer Befunde, als wegen Mißhemmung wohl erworbener Befugnisse eines Dritten, zu öffentlicher und Privatgenugthuung zugleich ohne alle Nachsicht angehalten werden soll. Zur Bestätigung alles dessen haben Wir eigenhändig Unseren königlichen Namen unterzeichnet und Unser großes Reichssiegel anfügen lassen. So geschehen zu Aschaffenburg den vierzehnten Tag des Monats August nach Christi Unseres Herrn Geburt im Eintausend achthundert sieben und vierzigsten Jahre Unserer Regierung im zwei und zwanzigsten. Ludwig/ v. Maurer – Auf Königlich Allerhöchsten Befehl der geheime Sekretär Gessele Grafen Diplom für die Maria von Porris und Montez/: Lola Montez:/ als Gräfin von Landsfeld.«

10.11 **Gedenkblatt zum Ehrenschild für Kronprinz Maximilian mit 155 Wappen bayerischer Adelsgeschlechter**; 1843; Lithographie mit Tondruck von Franz Seitz nach einer Idee von Franz Graf Pocci; 62,8 x 62,4; bez. u.r.: »Franz Seitz fecit 1843«; MStM, Graphiksammlung, Inv.Nr.: M II 318. Lit.: AUSST.KAT. MÜNCHEN 1987, S.614f., Nr.8.1.7 mit Abb.Abb.; KLEIN 1993, S.26-31, Nr.22. [ABB. 169]

Der silberne Ehrenschild wird in Schloß Hohenschwangau aufbewahrt; Bayerische Verwaltung der Staatlichen Schlösser, Gärten und Seen, Inv.Nr.: WAF, S II a 139. Eine heraldische Auflösung gibt KLEIN 1993, S.29-31.

10.12 **Die Erhebung der Lola Montez zur Gräfin von Landsfeld durch Ludwig.I**; 1847; Lithographie nach Wilhelm Starck; 33,6 x 27,2; bez. u.r.: »à Paris«; MStM, Graphiksammlung, Inv.Nr.: M II 508. Lit.: FUCHS 1904, S.145, Nr.5; KRISTL 1979, S.88f. (Abb.); PULZ 1982, S.325 und Abb.8; AUSST. KAT. MÜNCHEN 1987, S.722, Nr.12.3.20; BW 1995, S.62 (Abb.). [ABB.172]

Das Blatt trägt zwar den Vermerk »à Paris«, dürfte wohl aber in München entstanden sein. Es handelt sich um die Kopie einer in mehreren Versionen verbreiteten Karikatur. Die sauberste Ausführung ist von Wilhelm Starck signiert (»W. Stck«), der auch das Blatt »Lola Montez tanzt bayerische Geschichte« [KAT.NR.10.7] und die »Apotheose Lolas« [KAT.NR.10.13] zeichnete. In der Literatur wird dieser Karikaturist meist als ein »W. Stek« ausgegeben. Starcks Lithographie entstand 1847 in Leipzig und wurde bei I. G. Fritzsche gedruckt; s.: PFUNDTNER 1939, Abb. nach S.7; Hermann Wäscher, Das deutsche illustrierte Flugblatt. Von der Zeit der Restauration bis zur Gegenwart, Dresden 1956, S.32, Nr.36 mit Abb. Außerdem existiert eine gänzlich anonyme Version, die Fuchs als Gegenstück zur Karikatur »Lola Montez tanzt bayerische Geschichte« interpretierte; s.: FUCHS 1904, S.144, Nr.4 und S.49 (Abb.); RAUH ²1996, S.122 (Abb.).

10.13 **Die Apotheose der Lola Montez**; (1847); Lithographie von Wilhelm Starck; 32 x 22,5; bez. u.l.: »W Stck«; MStM, Graphiksammlung, Inv.Nr.: M II 513. Lit.: FUCHS 1904, S.150f., Nr.18 und Abb. n. S.64; KRISTL 1979 (Abb.); AUSST.KAT. MÜNCHEN 1987, S.719, Nr.12.3.10; RAUH ²1996, S.101 (Abb.). [ABB.171]

Über der Silhouette Münchens tragen drei nackte Staatsdiener eine Muschelschale empor, in der die halbnackte Lola Montez wie eine Aphrodite Anadyomene lagert. Mit der Linken schwingt sie gebieterisch die Reitpeitsche. Sie wendet sich zum glatzköpfigen Ludwig, der als geflügelter Amor herbei schwebt und schützend einen Schirm über die Vergötterte hält. Die fettleibigen und unterschiedlich behelmten Gendarmen interpretierte Fuchs als Repräsentanten von Preußen, Reuß und Bayern. In allen drei Staaten hatte Lola Montez Affären mit den jeweiligen Landesfürsten. Über die Szene spannt sich ein Regenbogen mit einem persiflierenden Staatswappen, das einen Jesuiten, den Buchstaben »L« im Lorbeerkranz und einen Berg mit drei Sternen im Schilde führt. Letzteres ist das Wappen von Georg Ludwig Freiherr von Maurer, der in dieser Zeit bayerischer Innenminister war. Das Wappen wird vom Löwen der Wittelsbacher, einem Amorknaben und dem mit eingezogenem Schwanz dargestellten Hund der Lola Montez präsentiert.

10.14 **Deutscher Hofball 1848**; 1848; Lithographie; 31 x 24 (Darstellung), 43 x 30 (Blatt); bez.: »Deutscher Hofball 1848.«, »Druck u Verlag v. Ed. Gust. May in Frankfurt ᵃM«; MStM, Puppentheatermuseum, Sammlung Böhmer. Lit.: FUCHS 1904, S.153, Nr.27 und S.117 (Abb.); BW 1995, S.169 (Abb.). [ABB.173]

10.15 **Bekanntmachung vom 17. März 1848 zum Entzug des Indigenats und zum Haftbefehl der Lola Montez**; 1848; Typendruck; 42 x 22; MStM, Graphiksammlung, Inv.Nr.: 35/2416 (auch P 669). Lit.: PROEBST 1968, S.169, Nr.1603; AUSST.KAT. MÜNCHEN 1987, S.724, Nr.12.3.33; BW 1995, S.142 (Abb.). [ABB.174]

»Wir von Gottes Gnaden König von Bayern ec. ec. finden Uns zu der Erklärung bewogen, daß die Gräfin von Landsfeld das bayerische Indigenat zu besitzen aufgehört hat. München, den 17. März 1848. Ludwig.«
»Seine Majestät der König haben den Polizei-Direktor Mark seiner Stelle zu entheben, und an solche den königlichen Landrichter v. Pechmann wieder zu ernennen geruht. An den Letzteren ist sofort Estaffette mit der Anforderung abgegangen, seinen Posten alsbald anzutreten [...]«.
»In Anbetracht, daß die Gräfin von Landsfeld, welche laut Allerhöchster Entschließung Seiner Majestät des Königs vom heutigen aufgehört hat, das bayerische Indigenat zu besitzen, ihre Versuche nicht aufgiebt die Ruhe der Hauptstadt und des ganzen Landes zu stören, sind unterm heutigen alle Gerichts- und Polizeibehörden des Königreiches angewiesen worden, auf besagte Gräfin zu fahnden, sie überall, wo man sie finden mag, zu Haft zu bringen, und auf die nächste Festung zu verschaffen, um sie sofort der richterlichen Untersuchung zu überweisen. München, den 17. März 1848. Justiz-Ministerium und Ministerium des Innern.«

10.16 **Volksadresse zum Haftbefehl der Lola Montez vom 17. März 1848**; 1848; Typendruck; 45,5 x 38; MStM, Graphiksammlung, Inv.Nr.: 35/ 2415. [ABB.175]

XI. ENGELSSTURZ, STURMGELÄUT UND FASCHING: MÜNCHEN IM MÄRZ 1848

11.1 **Bayerischer Eimer. 60 Maß haltend;** 1829; Bierfaß; bez.: »1829 1 E 3 M«; Höhe 66 cm, Ø 50 cm; MStM, Inv.Nr.: X/27 [A 85/531]. Lit.: AUSST.KAT. MÜNCHEN 1987, S.288, Nr.2.3.8.

11.2 **»Der Bayer zapft an. Erinnerungs-Blatt an den 6. Merz 1848«**; 1848; Lithographie; 36,3 x 28; MStM, Graphiksammlung, Inv.Nr.: P 5053 (auch Z 1890). Lit.: PROEBST 1968, S.169, Nr.1602; AUSST.KAT. NÜRNBERG 1986, S.201, Nr.288. [ABB.178]

11.3 **»Der revolutionaere Bock. oder Die Wirkung der gesteigerten Bockskraft des Schleibinger- und Maderbräubiers in München 1844«**; 1844; Lithographie; 48 x 37; MStM, Graphiksammlung, Inv.Nr.: M II 327. Lit.: AUSST.KAT. MÜNCHEN 1987, S.712, Nr.12.1.9 und S.248 (Abb.). [ABB.179]

11.4 **Gedenkblatt zur Münchner Volksbewegung vom 9. bis 12. Februar 1848**; 1848; Lithographie von Gustav Kraus; zwölf Darstellungen in drei Reihen zu je vier Szenen; 39 x 49; MStM, Graphiksammlung, Inv.Nr.: P 1114 (auch M II 340 und Z 1870). Lit.: PROEBST 1968, S.168, Nr.1592; AUSST.KAT. MÜNCHEN 1972, S.496, Nr.1814; PRESSLER 1977, S.343-346, Nr.549 mit Abb. (mit älterer Literatur); AUSST.KAT. NÜRNBERG 1986, S.198f., Nr.283; AUSST.KAT. MÜNCHEN 1987, S.722, Nr.12.3.25. [ABB.1]

Die Bildreportage ist übertitelt: »Gedenk-Blatt der Volksbewegung in München den 9. 10. 11. 12. Febr. 1848. den hochherzigen Thaten der Bürger u. Studenten gewidmet von G.K.«. Sie wurde bereits am 5. März 1848 in den »Bayerischen Annalen« erwähnt; s.: PRESSLER 1977, S.344. Im gleichen Schema dokumentierte Kraus auch die Ereignisse vom März 1848; s.: KAT.NR.11.5.
Die zwölf Szenen sind kommentiert:
1.: »Auflauf im Hofgarten, wo ein Allemanne gegen einen Studirenten den Dolch zückt.«
2.: »Die Gräfin Landsfeld (Lola Montez) wird bei der Theatiner Kirche in die Enge getrieben.«
3.: »Die Gräfin Landsfeld wird in die Residenz gebracht.«
4.: »Schließung der Universität auf Allerhöchsten k. Befehl.«
5.: »Studenten ziehen von der Universität mit ›Gaudeamus igitur‹ zu Hr. Rector Dr. Thiersch.«
6.: »Rede des Hr. Rectors Dr. Thiersch von seinem Balkon herab.«
7.: »Angriff auf die Studirenten durch die Gendarmerie unter Befehl Hauptmann Bauers.«
8.: »Die Versammlung der Münchner Bürger auf dem Rathhause u. Bildung einer Deputation an Se. Maj. dem Könige.«
9.: »Eine Deputation von 3000 Bürgern Münchens begleitet, hält vor der Residenz u. bringt dem Könige seine Wünsche zu Füssen.«
10.: »Auf dem Rathhause wird der Entschluß Se. Maj. des Königs durch die Entfernung der Lola Montez u. Eröffnung der Universität bekant gemacht.«
11.: »Das Volk in seiner Aufregung stürmt das Palais der Gräfin von Landsfeld (Lola Montez).«
12.: »Gefährliche Fahrt durch das Hofbräuhausgässel in München.«

11.5 **Gedenkblatt zur Münchner Volkserhebung vom 2. bis 6. März 1848**; 1848; Lithographie von Gustav Kraus; zwölf Darstellungen in drei Reihen zu je vier Szenen; 43,4 x 53,6; MStM, Graphiksammlung, Inv.Nr.: P 2632 (auch M II 348). Lit.: PROEBST 1968, S.168, Nr.1593; PRESSLER 1977, S.346-349 mit Abb. und Detailabbn. (mit älterer Literatur und Zuordnungen zum Skizzenmaterial); AUSST.KAT. MÜNCHEN 1987, S.728, Nr.12.4.2. [ABB.2]

Die Bildreportage ist die Fortsetzung zum Blatt mit den Februarereignissen; s.: KAT.NR.11.4. Entgegen der Titelankündigung reicht die Berichterstattung bis zum 6. März. Sie hat den Titel: »Allgemeine politisch=moralische Volkserhebung in München. Am 2. 3. und 4. März 1848. Geschichtlich in Bilder dargestellt und genau übereinstimmend nach Dr. Jos. Hein. Wolfs Beschreibung, lithographirt von G. Kraus«. Kraus bezieht sich auf die Schrift: »Allgemeine politische=moralische Volkserhebung in München am 2., 3. und 4. März 1848. Geschichtlich dargestellt von Dr. J[oseph] H. Wolf. Eigenthum des Dr. Wolf und Buchdrukkers Deschler«. Diese Schrift kostete sechs Kreuzer und wurde im Juli 1848 ausgeliefert. Sie wurde in der Tagespresse annonciert: »Diese Broschüre empfehlen wir allen Jenen, welche eine wahre, getreue und genaue Beschreibung aller Vorfälle, die sich an den in Bayerns Geschichte denkwürdigen Tagen in München zugetragen haben, zu besitzen wünschen. Der äußerst billige Preis macht es Jedermann möglich, sich diese Broschüre anzuschaffen«; Münchener Tagblatt 207/1848, S.1026 (27.7.1848). Von Joseph Wolf stammt außerdem die Schrift: »Geschichtliche Walhalla der großen Fest- und Versöhnungswoche zwischen König und Volk in München, vom 6. – 13. März 1848. Historisch erbaut von Dr. Jos. Wolf. München, Dr. Wolf und Deschler 1848«; s.: FUCHS 1904, S.171, Nr.90. Kraus hat seinen Bilderbogen unterschrieben: »Es Lebe Hoch das treue Bayern und das vereinigte Deutschland!«. Die zwölf Szenen sind kommentiert:
1.: »In der Ludwigstrasse wurde das Damenstiftsgebäude, in welchem Minister von Berks wohnt, am 2ten März, Abends 7. Uhr, von einem Volkshaufen unter großer Katzenmusik demoliert.«
2.: »Um 9 Uhr Abends wurden im Ministerium des Innern auch alle Fenster und Läden eingeworfen.«
3.: »Um 11 Uhr Nachts kam der Volkshaufen auch vor das Regierungs-Gebäude auf dem Schrannenplatze, wo die nämlichen Exzeße verübt wurden.«
4.: »Die Adresse der Bürger am 3. März an seine Majestät den König, wurde vom Volke unterschrieben, und es hatten sich bis 3 Uhr 20,000 Unterschriften gesammelt.«
5.: »Nachdem Seine Majestät der König, die Stände erst auf den 31. Mai einberufen wollte, sanden die Bürger eine zweite Deputation an den König, welche aber nicht ganz gnädig aufgenommen wurde; Seine Majestät übergab sämtliche Portefeuille in die Hände des Fürsten Wrede.«
6.: »Den 4. März um 1 Uhr versammelt sich die Bürgerschaft auf dem Rathhause, und um halb 2 Uhr wurde in allen Gassen der Generalmarsch geschlagen und die Läden geschlossen.«
7.: »Das bürgerliche Zeughaus wird von Studenten, Malern, Polytechnikern u. vom Volke erstürmt; sie zogen mit den Waffen vor's Sendlinger-Thor. Auf dem Marsfelde hatten sich Bauern versammelt.«

8.: »Von da aus ging der Zug um 3 Uhr durch die Sonnenstrasse bis vors Englische Kaffehaus, wo er der Escadron Curaßier u. einer Baterie Kanonen gegenüber stand; hier war die Entscheidung.«
9.: »Seine Durchlaucht der Feldmarschall Prinz Carl stellte endlich durch eindringliche Zureden auf sein fürstliches Ehrenwort mit deutschem Brustschlage, daß der König die Stände auf den 16. März zusammen rufen werde, die Ruhe her.«
10.: »Den 6ten März 1 Uhr wird am Rathhause die Proklamation des Königs bekannt gemacht, welche die freudigste Überraschung im Publikum verbreitete, und überall sah man blau und weiße Cocarden.«
11.: »Abends 4. Uhr mußte auf königl. Befehl das Militair auf dem Maxplatze den Constitutions-Eid schwören, umgeben von einer ungeheuren Volksmenge.«
12.: »Worauf vor der Residenz vorbei marschirt wurde unter andauernden Lebehochruf; Ihre Majestät die Königin, so wie Prinzeßin Luitpold [sic!] hatten von der Residenz herab die Wünsche des Volkes mit angehört.«

11.6 Gustav Kraus: **Aufmarsch des Bürgermilitärs am Marienplatz im März 1848**; 1848; Bleistift; 28,8 x 44,1; MStM, Graphiksammlung, Inv.Nr.: M II 342. Lit.: PRESSLER 1977, S.341, Nr.544.

Das Blatt gehört zu einem Konvolut von Zeichnungen, mit denen Kraus die beiden Bilderbogen zu den Ereignissen vom Februar und März 1848 vorbereitet hatte; s.: KAT.NR.11.4 und 11.5. Die gezeigte Skizze fand jedoch keine graphische Umsetzung. Zum Bilderbogen mit den Februarunruhen haben sich die Vorzeichnungen im Münchner Stadtmuseum erhalten (Graphiksammlung, Inv.Nr.: M II 341). Kraus montierte sie in drei Reihen zu je sieben Szenen. Zu diesen Bleistiftzeichnungen s.: PRESSLER 1977, S.340ff., Nr.543; AUSST.KAT. NÜRNBERG 1986, S.198f., Nr.283.

11.7 **Joseph von Görres;** 1840; Stahlstich; 12,5 x 9 (Darstellung), 18,5 x 12,5 (Blatt); bez.: »J. v. Görres. Ausführung u Stich durch G. J. Manz' Kunstverlag. Eigenthum u. Verlag von G. J. Manz in Regensburg«; MStM, Graphiksammlung, Inv. Nr.: Re 6243. Lit.: PORTMANN-TINGUELY 1993, S.481, Nr. C 18. [ABB.185]

Im Verlag von Joseph Manz in Regensburg ist auch Görres' Alterswerk »Die christliche Mystik« erschienen; s.: KAT.NR.11.9. Eine literarische Porträtskizze gibt August Lewald in seinem »Panorama von München« aus dem Jahr 1835. Damals konnte man Görres regelmäßig im Englischen Garten begegnen: »Sein Schritt war rasch, kurz, fast übereilt. Winter und Sommer trug er plumpe Schuhe, weiße Strümpfe und Pantalons. Einen Pelz, wie man ihn in Polen trägt, wie ein Sack, eine Art von commodem Schlafpelz hatte er an, und einen alten Hut dazu, worunter sich lange Haare zeigten. Der Kopf vorgebeugt, das Gesicht von einem merkwürdigen Ausdrucke, sehr scharfe Augen, welche die Begegnung nicht vermeiden, im Ganzen ein männliches Gesicht, ohne auffallende Spur des Alters. Dieß ist Görres«; LEWALD 1835, S.60f.

11.8 Caspar Heinrich Merz nach Wilhelm von Kaulbach: **Joseph von Görres in ganzer Figur**; um 1840; Bleistift; 50,5 x 29,5; MStM, Graphiksammlung, Inv.Nr.: M II 2594. Lit.: PORTMANN-TINGUELY 1993, S.482, Nr. C 21. [ABB.183]

Die Darstellung zeigt Görres in seinem Münchner Arbeitszimmer und geht auf eine verschollene, wohl um 1840 entstandene Zeichnung von Wilhelm von Kaulbach zurück. Die Pauszeichnung diente Caspar Heinrich Merz als Vorlage für einen Stahlstich, der sich ebenfalls in der Sammlung Maillinger befindet; MStM, Graphiksammlung, Inv.Nr.: M II 676. Im Katalog Maillingers ist vermerkt, daß dieser Abzug ein Unikat sei, weil Kaulbach die Platte abschleifen ließ, nachdem er sich mit Görres verstritten hatte.

11.9 **Johann Joseph von Görres; Die christliche Mystik, Bd.1, Regensburg und Landshut (bei G. Joseph Manz) 1836**; München, Bayerische Staatsbibliothek, ASC. 2124 ha-1.

11.10 **Totenmaske Joseph von Görres'**; 1848; Gipsabguß; 28,5 cm; Marbach, Deutsches Literaturarchiv Marbach, Inv.Nr.: B 74.676n. Lit.: PORTMANN-TINGUELY 1993, S.483, Nr C27. [ABB.186]

11.11 **Gedenkmedaille für Joseph von Görres**; 1848; zweiseitige Bronzeprägung von Carl Radnitzky; 30 mm; Avers: Brustbild im Profil nach recht. Umschrift: »JOS. V. GÖRRES GEB. ZU COBLENZ 25. JAN 1776 T ZU MÜNCHEN 29. JAN. 1848«; bez. u.l.: »C. Radnitzky«. Revers: »UNTER/ DEN BESTEN/ DER BESTEN/ EINER«; MStM, Sammlung Kunsthandwerk, Inv.Nr.: 5495. Lit.: PORTMANN-TINGUELY 1993, S.484, Nr. C 31.

11.12 **Ernst von Lasaulx**; um 1858; Photographie (Albuminpapierkopie) von Franz Hanfstaengl; 27,8 x 22,2; MStM, Fotomuseum, Inv.Nr.: 85/101-49. Prov.: Nachlaß Hanfstaengl; Stiftung Franz Hanfstaengl. Lit.: GEBHARDT 1984, S.261 und 112 (Abb.). [ABB.187]

11.13 Gustav Seeberger: **Das Universitätsforum in München**; 1845; aquarellierte Bleistiftzeichnung; 21 x 33,5; MStM, Graphiksammlung, Inv.Nr.: II e 144. Lit.: AUSST.KAT. MÜNCHEN 1987a, S.354, Nr.108.6 mit Abb. [ABB.190]

Auf der Zeichnung ist das wenig später errichtete Siegestor bereits in die Flucht der Ludwigsstraße projiziert.

11.14 Hans Stubenrauch (1875–1941): **Lola Montez im Kreis der »Alemannen«**; um 1900; Kreide und Gouache; 49,7 x 66,6; München, Sammlung Ulrich Schneider. [ABB.191]

11.15 **Studentenmütze**; um 1830; dunkelgrünes Tuch, gelackte Pappe; 13 cm, Ø 28 cm; MStM, Modemuseum, Inv.Nr.: XII/1352. Lit.: AUSST.KAT. MÜNCHEN 1984, Nr.355; AUSST.KAT. MÜNCHEN 1987, S.667, Nr.10.4.27.

11.16 **Zinnpokal des Korps »Bavaria« (»48er-Pokal«)**; 1848; Zinn; Höhe 38,5 cm, Ø 7,5; bez. o.: »Bavarias frohe Zecher am 23. XI 1848« und 78 Namen von Mitgliedern der Verbindung; München, Historisches Corpsmuseum München. Lit.: AUSST.KAT. MÜNCHEN 1987, S.666, Nr.10.4.15.

11.17 **Conventsbuch des Korps »Bavaria« der Jahre 1841 bis 1849 mit Eintragungen zu den »Alemannen«**; 21 x 17,5; München, Historisches Corpsmuseum München. Lit.: AUSST.KAT. MÜNCHEN 1987, S.670, Nr.10.4.53.

11.18 **Protokoll über den Besuch der Gräfin von Landsfeld in der Gastwirtschaft des Korps »Bavaria«**; 1847; Autograph; München, Historisches Corpsmuseum München.

»Lola Montez Act veranlaßt durch einen nächtlichen Vorfall auf dem Commerchause der Stud. Verbdg. Bavaria am 24. November 1847.
1.) Protokoll abgehalten den 2. Dezember 1847. Franziska Glatt, Schwester der Gastwirtin resp. Kellnerin, gibt auf Ehre und Gewissen an: Am 24 November Abends 9 1/2 Uhr kamen drei schwarz gekleidete, verschleierte Damen in unser Gasthaus und es verlangte die kleinere von diesen dreien, sie wolle den Herrn mit den schönen blauen Augen u. dem Spitz-Bart sprechen u. ich solle sie in das Lokal, wo fraglicher Herr sich in Gesellschaft befinde, hinaufführen. Ich erfüllte [...] ihren Willen, daß ich sie über die Stiege hinauf bei dem Abtritt vorüber in das Vorzimmer des Kneiplokales begleitete. Dort angelangt verweigerte ihr der dienstführende Kellner den Eintritt mit dem Bedeuten, er dürfe Frauenzimmer den Eingang nicht erlauben. Als dadurch dem fraglichen Frauenzimmer nicht möglich wurde, den Herrn mit den blauen Augen zusehen oder zu sprechen, ging selbe, indem sie mir die Hand reichte, wieder über die Stiege hinunter, u. versteckte sich, als sie Leute ihr nachkommen hörte, hinter dem Pfeiler, an dem der Weg zur hinteren Thüre hinausführt, woselbst sie beiläufig 5 oder 6 Minuten mit mir versteckt stand, u. die nachgekommenen vorbeieilen ließ. Noch bemerke ich, daß die eine von den 3 Damen sich auf die zweite Stiege hinaufverfügte und dort versteckt stand, ferner, daß die kleinere der Damen, welche nach dem Herrn gefragt. mehreres mit einer ihrer Begleiterinnen jedoch französisch sprach, was ich nicht verstehen konnte. Erst aus ihren späteren Äußerungen hörte ich, daß diese dann den Namen des verlangten Herrn wußte, indem sie sagte: es solle der Hayder herunter kommen, ich muß ihn sehen, und wenn es mein Leben kostet, wenn ich die ganze Nacht stehen bleiben muß. [...] So eben fällt mir noch ein, daß die kleinere der Damen zu ihrer Begleiterin sagte, als wir im Vorzimmer standen: es ist zu voll, man kann nichts sehen. Ferner fällt mir noch ein, daß als wir über die Stiege hinunter liefen, wir uns, wie schon gesagt, zwar einige Minuten hinter dem Pfeiler versteckten, dann aber den Weg durch die hintere Hausthüre um das Haus herum nahmen, und durch die Schützenstrasse wieder in das Haus gingen u. zwar durch den vorderen Eingang uns begaben. Auf diesen Wege sprach ich mit dieser Dame nichts, als daß sie mich fragte, wo ihre Begleiterinnen waren, und deren eine sie öfters mit dem Namen ›Babette‹ rief. [...] Noch etwas: Als ich von dem Wege um das Haus zurückkam u. auf die Fragen der Corpsburschen Baron von Lobkowitz und Renonceb. Loder antworten wollte, befahl mir meine Schwester, die eben zur Küchenthür hinauskam, sogleich hineinzugehen mit den Worten: ›Geh hinein, du hast nichts zu erzählen, dich geht die Sache nichts an.‹ Noch bemerke ich, daß während ihres beinahe anderthalbstündigen Aufenthaltes vor der Hausthüre die Dame sich öfters veranlaßte, dem Hayder zu sagen, er möge sogleich herunter kommen, u., bevor sie sich entfernte, auch sagte, daß sie ein nächstes Mal wieder kommen werde. Während der vorstehenden Vorgänge waren noch in umserem Gasthause gegenwärtig u. zwar in den unteren Lokalitäten: 1) Roßhaarhändler Huber, der längere Zeit mit den Damen sprach. 2) Student Rieger 3) Student Neidhart welche beide in unserem Hause wohnen. 4) Brigadier Schwarz u. 5) Brigadier Feichter [durchgestrichen]. Auf Vorlesen unterzeichnet: Franziska Glatt.
Fr. Wolf. Senior
Robert Schmid.
Brv Lobkowitz
Hingerl
Stoiber
Hayd

2). Protokoll: abgehalten den 2. Dezember 1847. Auf Vorhalt gibt Madame Hörl auf Ehre und Gewissen über den fraglichen Akt am Abend des 24. Novembers 1847 auf dem Commercehaus der Studenten-Verbindung Bavaria folgendes an: Am bezeichneten Abend kamen in mein Gasthaus drei verschleierte Damen, von denen die kleinere von mir die Kellnerin requirirte, damit diese sie in das Kneiplokal der Studenten führe, um ihren Liebhaber, der ihr entlaufen, zu sehen und zu sprechen, worauf ich der Kellnerin rief, dieses zu thun. Einige Zeit darauf kam Corpsbursch v. Lobkowitz und Renoncebursch Loder in das Fletz über die Stiege herunter, wo ich auch gerade stand, und sagte, es sei so eben mit der Kellnerin im Vorzimmer oben eine nobel gekleidete Dame gewesen, und auf die Frage, ob ich nicht wiße, wer diese Dame sei, antworte ich ihnen mit nein. Zu selben Moment kam zur Thüre herein ein großer Gendarm im Mantel gekleidet, von dem ich später erfuhr, daß es der Brigadier Fischer gewesen sei, ließ den Brigadier Schwarz, der sich in meinem Gastzimmer als Gast befand, herauskommen; sie wechselten einige Worte, und Schwarz ging dann plötzlich fort. Ich weiß, daß die Damen durch die hintere Hausthüre hinaus und um das Haus herum gingen u. sich dann durch die vordere Hausthüre wieder in das Billardzimmer verfügten, woselbst sie äußerten, sie wollten kein Licht haben. Dort verweilten sie einige Zeit, u. ich mit ihnen; ich sprach nicht ein Wort mit ihnen, sie besprachen sich wohl miteinander, jedoch in französischer Mundart u. sehr leise, daß ich nichts von Allem verstehen konnte. Dann gingen sie in den Hof, u. blieben an der Hausthüre stehen. Hierauf kam wieder eine von den Frauenzimmer zur Thüre herein, die kleinere nämlich, und verlangte von mir, ich sollte den Studiosus Hayder herunter kommen laßen, sie hätte ein Wort mit ihm zu sprechen, und ich ging dann die Stiege hinauf, und wollte H. Hayder heraus kommen lassen. Man bedeutete mir, Hayder dürfe und wolle nicht kommen, und sogleich kam Hayder selbst aus dem Kneiplokale heraus, woselbst ich ihm einen Wink gab, herunter zu gehen. Hayder sagte auf meine Frage, wer die Damen wären: ›ich wollte wetten, daß ich es weiß, wer die Damen sind.‹ Ich ging hierauf hinunter, und sagte der Dame, daß der junge Mann, welchen sie wünsche, nicht herunter kommen wolle. Ich schätze die Zeit des Aufenthalts der Damen auf beiläufig anderthalb Stunden. – Hat Ihnen die kleinere Person nicht gesagt, wer sie seien? – Nein. – Würden Sie dieselbe im Falle Wiedersehens wieder erkennen?

– Ja wohl. Noch gebe ich an, daß Sonntags darauf, den 28. November Abends eine von diesen drei Damen in Begleitung eines Gendarms zu mir in mein Haus kam, und sagte, daß ein Gerücht in der Stadt allgemein ginge, als wäre die Gräfin Landsfeld bei mir in meinem Hause gewesen, worauf ich ihr antwortete: ›ich kenne keine Gräfin.‹ Das Frauenzimmer sagte mir hierauf, daß nicht die Gräfin da gewesen sei, sondern sie selbst, und daß sie dem Hayder nur einen Brief habe übergeben wollen, sie hätte Verdruß von der Gräfin, daß das Gerücht sich in der Art verbreite, als wäre die Gräfin selbst dagewesen. Ich weiß noch, daß außer dem Brigadier Fischer noch ein ein anderer Gendarm durch den Hof ging, und daß sich während des Vorfalles folgende Personen im Gastzimmer befanden: 1) Student Krieger welcher mit der fraglichen Person sprach, 2) Roßhaarhändler Huner, der ebenfalls mit ihr sprach, und ihr sagte: Fräulein, Sie haben einen Liebestrank erhalten. Zu einem herumstehenden, den ich nicht mehr weiß, sagte ich: wenn das eine so hohe Dame ist, so könnte er vielleicht sein Glück machen, warum geht er denn nicht herunter. [...] Auf Verlesen unterzeichnet.
Regina Hörl
Vdt. Fr. Wolf, Senior
Robert Schmid
B v Lobkowitz
Hingerl«.

Auf den Vorfall nimmt das »Gedenkbuch des Corps Bavaria« aus dem Jahr 1868 Bezug: »Nur einmal kam diese Tänzerin mit Angehörigen unseres Corps in Berührung, indem sie ein damaliges, später mit Dimission bestraftes Mitglied, das damals durch schöne Körperformen Aufsehen erregte, in ihre Netze zu fangen versuchte, was ihr aber nicht gelang, obgleich sie diesen Corpsburschen beständig verfolgte und sogar einmal den vergeblichen Versuch machte, ihn von der Kneipe im ›Rosengarten‹ weg zu sich zu locken«; Max Weigl, Gedenkbuch des Corps Bavaria an der Universität München zur Feier seines Jubiläums in Landshut 1867, München 1868, S.460.

11.19 **Proskriptionsliste: »Anhänger der Lola Montez«**; 1848; Autograph; München, Historisches Corpsmuseum München. Lit.: KURZ 1908, S.162; AUSST.KAT. MÜNCHEN 1987, S.723f., Nr.12.3.30.

»Anhaenger der Lola Montez.

Allweyer, Oberappell.Ger.Director
Androos, Maler
Anschütz, Maler und Professor
Bauer, durch sie Gendamerie Hauptmann
Bauernfeind, Redacteur des Volksfreundes, nahm zuerst ein Gedicht von Lola in sein Blatt auf.
Berks von, Minister
Bootz, Eisenbahnfunctionär in Nürnberg, Verfasser einiger Gedichte an Lola.
Burdten, durch sie Lieutenant
Curtius Lieutenant durch sie
Curtius Dr. Stabsarzt in Augsburg
Dencker, Schauspielerin (Lola Spitz)
Ehrne-Melchthal, v, (einer ihrer perpetuellen Begleiter, sucht der verdienten Verachtung zu entgehen, indem er bei ihrer Entfernung es den thätigsten Proletariern an Schimpfen und Lärmen gleich that. Uibrigens sehr mente captus.
Filchner, Forstmeister in Eschenbach. nebst Tochter Reist, um Regierungsrath zu werden, eigens zu dem Alemanen Commercs.
Findl, Caffetier. Erhielt zum Geschenk eine Vorstadtmadel.
Gambs, Revierförster (gibt eine große Gesellschaft, schimpft darüber wacker über Lola u. denunzirt alle.
Günther v. Stadtgerichtsrath in München, früher Advokat in Würzburg, wo er das Schoßhündchen der Lola trug.
Haering Friedrich, Actuar im Zeughause (beschützte sie beim Auflaufe in der Theatinerstraße.
Hanis, durch sie Hofpianist. (Lola Spitz)
Heidegg v, (Heidegger) Generalmajor.
Hierl, Professor an der Universität, wohnte dem Alem.Commers bei.
Himelstein, zum Kronprinzen in Würzburg
Hohnstein, Graf in Bayern. Reg.Cadet im Inf. Leibregt, Conkneipant der Alem.
Hopfen, Zolladministrat. Actuar, und
Mayer Angelotte, dessen Geliebte. Er hilft dem Scortum zur Flucht in einen Silberladen am Frauenfriedhof, als sie vom Volke hart bedrängt war. Seit dieser Zeit unter die Zahl ihrer Freunde aufgenommen erlangt er durch sie die 2 malige Reactivirung seiner Concubine der Ang. Mayer, die in früheren Jahren wegen Unsittlichkeit von der Bühne entfernt worden war.
Karwinsky, Baron, Von ihm wurden 10 Visiten-Karten bei Lola gefunden.
Kiliane, Appell.Ger.Director in Bamberg (Sie sind zu alt, um ein junges Mädchen zu befriedigen.)
Kreutzer, Lietenant.
Lammerer, Stud.jur. unter den Alemannen, die ihn später von der Kneipe wiesen.
Mainz, Säckler – zwar sehr unbedeutend – der Biedermann war aber auch auf dem Alemannen Comers.
Maltzahn, Baron, Oberlieut. à la Suite, ist der Biedermann, dem wir Lola's intimere Bekanntschaft mit d. Könige zu danken haben.
Masson, früher Schreiber, durch Lola's Stubenmädchen, seine Schwester, Regierungs Sekretär in Ansbach.
Mattenheimer, durch sie Gallerie Inspector (Handkuß)
Mayrhofer, Chokoladenfabrikant, durch sie ... meister
Mayrhofer, Dr. sein Bruder, Advokat in Kempten, suchte durch Peißners Protection einen anderen Posten u. erhält zur Antwort: ›Es waren schon so viele in dieser Sache bei mir, ich will übrigens sehen, was zu thun ist; ich will sie vermerken‹.
Metzger v. Oberbaurath, nachdem er ihr Haus gebaut, durch sie an Gärtners Stelle.
Mußmann, Vater u. Sohn, letzterer pensionierter Ladendiener, der den Lieutenant verpaßt hat.
Nußbaumer, Lieutenant (zu sehr bekannt)
Ott, Stadtgerichtsrath in Ansbach, ließ sich eigens zum Ehrenmitglied der Alemannen machen um dadurch Landrichter in Beilngries zu werden (auch verpaßt.)
Pappenberger August, wollte nochmals auf Universität, u. zu den Alemannen treten, weil er Vortheile schmeckte.
Pappus-Tratzberg, Baron. Kadet im Topograph. Bureau, hat den Lieutenant verpaßt.
Pauli Dr. prakt. Arzt, will Mediz.rath werden.
Peißner, früher Thürmer in Vilseck, jetzt durch seines Sohnes, des berüchtigten Alemannen-Seniors Protection, Bote im Ministerium des Innern.
Plötz ein sehr mittelmäßiger Literat, berühmt durch die Theevergiftgsgeschichte.
Poissl v. Theaterintendant.
Richard Tenorist u.
Zehetmaier Altistin suchten beide bei einem Theaterscandal durch außerordentl. Kriecherei, Handküssen Lolas Gunst.
Reitmayer, Secretär im Kriegsministerium. Verfas-

ser des Artikels im Landboten über den Alemannen Comers.
Rother Dr. Universitäts Secretärt, war auf dem Alemannen Comers.
Rottmanner, Caffetier.
Schaer, durch sie Regierungsdirektor in Landshut.
Schimen, Porträtmaler.
Seebach, eine ihrer steten Begleiterinnen.
Seefried Baron, Oberlieut. u. ruinirter Theaterunternehmer in Bamberg, nun durch sie Rittmeister u. Flügeladjutant.
Siegel, Hofschauspieler.
Simonie Wilhelm, Theaterintendanturkandidat.
Spraul v. Oberst (Heiratsplan)
Staiga, Polizei Comissär (forderte das Militär zum Gebrauch der Waffen auf.)
Stökel-Heinefelter suchte bekanntlich durch L. Verwendung in M. Engagement.
Ströbel Parapluifabrikant in Baireuth Vater – Sohn – Tochter
Tautphäus Baron, der einzige, der im Museum ihr zur Aufnahme seine Stimme gab.
Thierry, ganze Familie, Tänzerin, Schauspielerin u. Vater.
Weber pens. Lieut. (ausgezeichnet dadurch, daß er in Würzburg von dem Wasser getrunken, in welchem Lola ihre Citronen-hand gewaschen.
Westermayer früher Protocollist in Würzburg, jetzt Stadtgerichtsrath in Kempten
Witzleben v. Junker; u. Bruder sollte mit Peißner auf Pistolen losgehen: er wird aber am anderen Tage aus München entfernt.
Zendner Ritter v. Oberlieut. was er unglücklicher Weise erst in den letzten 8 Tagen ihrer Regierg wurde (ohne zum Hauptmann zu avoncieren)
Ziegler v. Weinhändler in Würzburg, seit 3 Monaten Baron, gab der Lola ein glänzendes Souper
Zündt Baron, Postaccessist u. Hofjunker.

Sehr zweideutig haben sich in den letzten Tagen benommen:

von Maurer Staatsrath
v. Mark Polizeidirector
v. Mangrtl Polizei Commissär.
v. Schacht, Baron, Majort bei der Commandantschaft
von der Mark Kriegsminister trank am 2.Tage nach seiner Ankunft/ Thee bei ihr.

Alemannen

Peißner, Senior aus Vilseck
Beringer von München
Speckner von Stadt Kemnath
Hirschberg Graf von Oberbrütz
Steiner Rechtspraktikant in Herzogenaurach
Schmidt Pharmazeut ebenda
Heger
Fahrenbach
Filchner von Eschenbach
Frank
Herdeis aus Berching
Leibinger – Graf Bassenheim beauftragte seinen Bedienten nach
Papieren zu haschen. B. läßt dies alles in der Schweiz
drucken.«

11.20 **»Gedenkblatt an die Ereignisse des 9ten 10ten 11ten Feb. 1848«**; 1848; Lithographie; 31 x 41,5; MStM, Graphiksammlung, Inv.Nr.: Z 1871. Lit.: FUCHS 1904, S.154, Nr.31f. und Beilage S.128 (Abb.); PROEBST 1968, S.168, Nr.1589; BW 1995 S.94f. (Abb.). [ABB. 189]

11.21 **»Die Ludwigstraße zu München am 9. Februar«**; 1848; Leipziger Illustrierte Zeitung 10/ 1848, S.151-154; Xylographie und Typendruck; 33,5 x 47,8; MStM, Graphiksammlung, Inv.Nr.: 33/ 494. [DETAILABB.188 und 193]

Fünf Illustrationen mit Begleittext zu den Ereignissen vom 9. bis 11. Februar 1848: Massenansammlung vor der Universität; Kniestück der Lola Montez in spanischer Tracht; Porträt von Elias Peißner; Flucht der Lola Montez aus der Theatinerkirche in die Residenz und Massenansammlung am Odeonsplatz; Das Palais in der Barer Straße und Flucht der Lola Montez aus München.

11.22 **Der Odeonsplatz in München mit Residenz, Feldherrnhalle und Theatinerkirche (Uhrenbild)**; um 1840; Öl auf Leinwand; 62 x 84; MStM, Gemäldesammlung, Inv.Nr.: P 11.638. Lit.: STADTBILD 1990, S.111, Nr.7.44. [ABB.192]

11.23 **Der Odeonsplatz in München mit Feldherrnhalle und Theatinerkirche**; um 1856; Photographie (Salzpapierkopie) von Franz Hanfstaengl; 29,9 x 37,1; MStM, Graphiksammlung, Inv.Nr.: II h 635. Lit.: RAUH [2]1996, S.130f. (Abb.). [ABB.3]

11.24 **Friedrich Wilhelm Thiersch**; um 1853; Photographie (Albuminpapierkopie) von Alois Löcherer; 19,5 x 15; München, Bayerische Staatsbibliothek (Photographisches Album der Zeitgenossen).

11.25 **»Allgemeine Studenten= und Volksbewegung in München am 8., 9., 10., 11. und 12. Februar 1848. Mit dem Bildnisse der Lola Montes, Gräfin v. Landsfeld. Druck der Joh. Deschler'schen Officin [München]«**; 1848; Flugschrift; 19 x 12; MStM, Graphiksammlung, Inv.Nr.: M II 1069. [ABB. 194]

Die Schrift ist vollständig in die »Memoiren« der Lola Montez aufgenommen; s.: MONTEZ 1986, Bd.2, S.1626-1637. Das dem Porträt Stielers nachempfundene, in den Gesichtszügen aber deutlich verhärmte Bildnis der Lola Montez ziert zugleich die Schrift »Lola Montes und ihre politische Stellung in München«, die gleichfalls bei Deschler erschien.

11.26 **Kaspar von Steinsdorf**; um 1856; Photographie (Salzpapier) von Franz Hanfstaengl; 21 x 16 (oval); unterschrieben: »Art. photogr. Atelier v. Fr. Hanfstaengl in München«; MStM, Graphiksammlung, Inv.Nr.: VIb 6c. [ABB.180].

Zu einem ähnlichen Porträt Hanfstaengls, auf dem Steinsdorf die Bürgermeisterkette trägt, s.: GEBHARDT 1984, S.264 und 111 (Abb.).

11.27 **Kaspar von Steinsdorf, Der Antheil des Magistrats, der Gemeindebevollmächtigten und der Bürgerschaft Münchens an den Ereignissen des 10. und 11. Februar 1848. Eine Denkschrift für das staedtische Archiv**; 1848; Manuskript; Stadtarchiv München, BUR 1422.

11.28 **Ludwig I. König von Bayern in Uniform**; um 1854; Photographie (Albuminpapierkopie) von Franz Hanfstaengl; 27 x 21,6; bez. u.r.: »Franz Hanfstaengl«; MStM, Fotomuseum, Inv.Nr.: 85/ 101-9. Prov.: Nachlaß Hanfstaengl; Stiftung Franz Hanfstaengl. Lit.: GEBHARDT 1984, S.262 und 210 (Abb.); AUSST.KAT. MÜNCHEN 1987, S.734, Nr.12.4.29 m. Abb; BW 1995, S.47 (Abb.). [ABB. 196]

11.29 **»Erinnerungsblatt an die Ereignisse am 9., 10. und 11. Februar 1848 in München. Lola Montez und ihr Anhang«**; 1848; Lithographie; 45,5 x 31; MStM, Graphiksammlung, Inv.Nr.: P 5034 (auch Z 1873 und M II 334). Lit.: FUCHS 1904, S.154, Nr.33; PROEBST 1968, S.168, Nr.1589; KRISTL 1979 (Abb.). [ABB.4]

Die Szenen sind kommentiert:

»9. Febr. Das allgemein verachtete, weil von der Lola begünstigte Corps der Alemannen wird von den übrigen Studenten mit ›Pereat‹ verfolgt; ein Lolianer zückt einen Dolch auf Mehrere, die Gensdarmerie weigert sich, ihn zu verhaften.
9. Febr. In der Nähe ging indeß Lola mit 2 Begleitern spazieren; vom Volk verspottet, versuchte sie Ohrfeigen auszutheilen, zog eine Pistole, mußte sich jedoch hart bedrängt in die Theatinerkirche flüchten, worauf sie unter Gensdarmerie-Escorte in die Residenz gebracht ward.
10. Febr. Alsbald erschien ein königl. Befehl, die Universität auf 1 Jahr zu schließen, bis zum andern Tag 12 Uhr sollten alle 1600 Studenten die Stadt verlassen. Sie zogen vor das Academiegebäude, wo sich das Cultus = Ministerium befindet, werden aber von einer Compagnie Gensdarmen zu Fuß und zu Pferd eigenmächtig mit blanken Waffen überfallen, wobei mehrere verwundet werden.
10. Febr. Entrüstet hierüber versammelt sich sogleich die Bürgerschaft zu mehreren Tausend, und es wird eine Petition beschlossen, worin um Zurücknahme obiger Maßregel und um Entfernung der Alemannen gebeten wird.
11. Febr. Durch das feste und ruhige Benehmen der Bürger in Verbindung mit dem Adel ward sowohl dieß bewirkt, als auch die Entfernung der Lola, welche binnen einer Stunde die Stadt verlassen mußte, und um 1/2 11 Uhr unter Jubel des Volkes fortjagte; sie übernachtete in Blutenburg, und ward am nächsten Tag unter Polizei=Begleitung bis zur Gränze gebracht.«

11.30 **Schloß Blutenburg**; 1842; aquarellierte Federzeichnung; 16,1 x 18,9; bez. u.r.: »Blutenburg/ L.W[enzl]. den 17t. März 1842«; MStM, Graphiksammlung, Inv.Nr.: 49/95. [ABB.197]

11.31 **Schloß Blutenburg**; 1826; Bleistift; 13,5 x 19,5; bez. u.r.: »3 Aug. 1826 h Steinicken«; MStM, Graphiksammlung, Inv.Nr.: 30/35.

11.32 **»Das Nachtlager in Blutenburg. Romantisches Schauspiel aus dem 19ten Jahrhundert in mehreren Aufzügen.«**; 1848; Lithographie; 50,5 x 33,5; MStM, Graphiksammlung, Inv.Nr.: Z 1874 (auch: P 661 und M II 339). Lit.: FUCHS 1904, S.156, Nr.35; CORTI 1937, Abb.58; PROEBST 1968, S.171, Nr.1616; AUSST.KAT. MÜNCHEN 1987, S.724, Nr.12.3.31 und S.79 (Abb.); 1BW 995, S.47 (Abb.). [ABB.198]

Die Szenen sind kommentiert:

»Lola fährt, nachdem sie von München ausgejagt wurde, mit dem Wirthe von Großhessellohe Nachts $^1/_2$ 12 Uhr nach Blutenburg, um sich dort bei den auf ihrer Flucht übernachtenden 10 Angehörigen der ›Alemannia‹ zu beurlauben. Sie ist gepudert, um auf ihrer Flucht recht unkenntlich zu sein.
Abends kommen 10 Alemannen zum Wirthe in Blutenburg, und bitten daselbst um Speise und Nachtlager. Der Wirth bedeutet ihnen, daß sie sich in Ermanglung so vieler Betten auf Stroh lagern müßten, was sie mit Dank annehmen.
Wie Lola bei ih[r]er Ankunft um $^1/_2$ 12 Nachts in die Wirthsstube tritt, fällt sie dem Alemannen Beisner, ihrem Hauptliebling, wie eine liebende Gattin nach langer Trennung um den Hals u. beschwört ihn, mit ihr nach München zurückzukehren.
Beisner, geschreckt durch das in München Geschehene, und des Volkes gerechten Zorn scheuend, weigert sich dessen. Er wird beohrfeigt und ihm von ihr unter andern der Vorwurf gemacht, daß er von ihr lebe, daß sie seine Angehörigen unterbrachte, und daß sie ihm eine Uhr, die er bei sich trage, gegeben, die 1500 Franken gekostet habe.
Beisner, welcher hinaus gestürzt war, und sich zu entleiben droht, wird durch die süßklingende Sirenenstimme seiner Herrin, welche ihm nachgefolgt war, wieder beruhigt.
Versöhnt treten Beide wieder ein, und nur durch des Wirthes thatkräftiges Dazwischentreten unterbleibt die Rückkehr nach München. Um 4 Uhr Morgens begibt sich Lola in Gesellschaft des Beisner in das für sie in Bereitschaft gesetzte Schlafgemach zur Ruhe, wo sie bis 8 Uhr Morgens bleiben.
Nachdem der Wirth von Blutenburg noch in dieser Nacht eiligst nach Mü[n]chen gefahren war, um sich höhern Orts Verhaltungs-Maßregeln einzuholen, schickte man sogleich auf die Polizei, worauf die Spanierin unter Cuirrassier-Begleitung bis zur nächsten Eisenbahnstation und von da unter Aufsicht zweier Polizei-Bediensteter in Augsburg nach der Bayerischen Gränze geschubt wurde.«

11.33 **[Karl Wilhelm Vogt]: »Das Nachlager in Blutenburg oder der Lola Montez letztes Verweilen in Münchens Nähe. Nach dem Berichte eines beglaubigten Augenzeugen, welcher das Angegebene eidlich zu erhärten bereit ist, aufgezeichnet«**; 1848; Flugschrift; 22 x 13; MStM, Graphiksammlung, Inv.Nr.: M II 339.

Der Einblattdruck erschien als Nachtrag zu der Schrift: »Lola Montez mit ihrem Anhange und Münchens Studenten! Ein dunkler Fleck und ein Glanzpunkt in Baierns Geschichte, Münchens edlen hochherzigen Bürgern und Studenten in tiefgefühlter Verehrung zugeeignet von einem Unpartheischen, München 1848«; s.: FUCHS 1904, S.169f., Nr.83; AUSST.KAT. MÜNCHEN 1987, S.722, Nr.12.3.24g. Als Verfasser ist Karl Wilhelm Vogt zu identifizieren. Vogt war Leiter des »Bayerischen Eilboten«.

11.34 **Lola Montez an Ludwig I. von Bayern**; 12. 2. 1848; Autograph; München, Bayerische Staatsbibliothek, Ludwig I.-Archiv 34. Lit.: BW 1995, S.100. [ABB. 200]

»Augsburg, den 12. Februar 1848 – Mein für immer geliebter Louis, diese Zeilen sind aus der Eisenbahn von Augsburg. Ich bin sehr, sehr unglücklich. Mein Herz ist gebrochen. Ich habe nichts zum Anziehen mit mir, nichts, nichts. Ich bin gezwungen, einen Nachtrock zu tragen. Die Demokratie hat einen großen Sieg errungen, aber hoffentlich nicht für immer [Esto democratiquo tengo un grand Victoria pero espero que no es por siempre]«; zit.n.: BW 1995, S.100.

11.35 **»Liebesabenteuer im Gebirge« – Satirische Bildfolge auf das geplante Wiedersehen von Ludwig I. und Lola Montez**; 1848; Lithographie; 35 x 43,5; bez.: »Das Wiedersehen./ Der Hinterhalt./ Der Angriff./ Der Sieg.«; MStM, Graphiksammlung, Inv.Nr.: P 5040 (auch M IV 818). Lit.: FUCHS 1904, S.150, Nr.15; PROEBST 1968, S.170, Nr.1613; AUSST.KAT. MÜNCHEN 1987, S.725; Nr.12.3.37. [ABB.199]

11.36 **»Der Genius der Sittsamkeit verläßt das gelobte Land« – Karikatur auf die Ausweisung der Lola Montez**; 1848; Lithographie von Wilhelm Starck; 30,5 x 23; sign.: »W.Stck« und bez.: »Der Genius der Sittsamkeit verläßt das gelobte Land und Alle Mannen welche der Tugend und Freiheit anhängen, begleiten sie; dasselbe thun zwei Tugendritter«; MStM, Graphiksammlung, Inv.Nr.: M IV 819. Lit.: FUCHS 1904, S.150, Nr.16 und S.105 (Abb.); Ausst.Kat. »Zopf und Philisterey«, Würzburg 1985, S.115, Nr.219; AUSST.KAT. MÜNCHEN 1987, S.723, Nr.12.3.29; BW 1995, S.106 (Abb.); RAUH [2]1996, S.265 (Abb.). [ABB.5]

Zu früheren Montez-Karikaturen von Wilhelm Starck s.: KAT.NR.10.7, 10.12 und 10.13.

11.37 **»Neuer Speisezettel«**; 1848; Typendruck; 38,5 x 13; MStM, Graphiksammlung, Inv.Nr.: M II 512 (auch: 34/299). Lit.: PULZ 1982, S.319; AUSST.KAT. MÜNCHEN 1987, S.722, Nr.12.3.23; BW 1995, S.107.

11.38 **»Der Engelsturz 11 Febr. 1848«**; 1848; Lithographie von Franz Seitz mit Spottgedicht in sieben Strophen; 39,2 x 34,3 (Darstellung), 49 x 38 (Blatt); MStM, Graphiksammlung, Inv.Nr.: P 5038 (auch Z 1872 und M II 338). Lit.: FUCHS 1904, S.148, Nr.14 und Beilage nach S.64 (Abb.); PROEBST 1968, S.168, Nr.1590f.; Ausst.Kat. »Bild als Waffe«, München 1985, S.421 (Abb.); AUSST. KAT. MÜNCHEN 1987, S.723, Nr.12.3.28; BW 1995, S.87 (Abb.); RAUH [2]1996, S.135 (Abb.). [ABB.201]

Die glossierten Verse sind eine Parodie auf Friedrich Schillers Gedicht »Das Mädchen aus der Fremde«, das zum allgemeinen Bildungsschatz der Zeit gehörte und zum Beispiel von den Brüder Riepenhausen illustriert worden war. Die Parodie erschien in mehreren Versionen auch als Separatdruck; s.: FUCHS 1904, S.165, Nr.65. Die Karikatur kursierte in Versionen, auf denen das Gedicht fehlt. Als Pendantblatt wurde der »Politische Bilderbogen« gehandelt; s.: KAT.NR.11.48.

Friedrich Schiller: Das Mädchen aus der Fremde

In einem Tal bei armen Hirten
Erschien mit jedem jungen Jahr,
Sobald die ersten Lerchen schwirrten,
Ein Mädchen schön und wunderbar.

Sie war nicht in dem Tal geboren,
Man wußte nicht, woher sie kam;
Und schnell war ihre Spur verloren,
Sobald das Mädchen Abschied nahm.

Beseligend war ihre Nähe,
Und alle Herzen wurden weit;
Doch eine Würde, eine Höhe
Entfernte die Vertraulichkeit.

Sie brachte Blumen mit und Früchte,
Gereift auf einer andern Flur,
In einem andern Sonnenlichte,
In einer glücklichern Natur.

Und teilte jedem eine Gabe,
Dem Früchte, jenem Blumen aus;
Der Jüngling und der Greis am Stabe,
Ein jeder ging beschenkt nach Haus.

Willkommen waren alle Gäste;
Doch nahte sich ein liebend Paar,
Dem reichte sie der Gaben beste,
Der Blumen allerschönste dar.

Franz Seitz: Der Engelsturz

In einem Thal bei frommen Hirten
Erschien im letztvergangnen Jahr
Als noch die Fledermäuse schwirrten
Ein Mädchen keck u. sonderbar.

Sie war in Landsfeld nicht geboren
Man wuste wohl, woher sie kam,
Die Jesuiten viel verloren,
Sobald der Abel Abschied nahm.

Bereitpeitschend war ihre Nähe,
Doch manchen that Sie nichts zu leid,
Denn keine Würde, keine Höhe,
Entfernte die Vertraulichkeit.

Sie bracht Spitzen mit u. Kleider
Geborgt auf einer andern Flur,
Von einem gläubigeren Schneider
In der pariser'schen Natur.

Sie theilte Jedem eine Gabe,
Dem Küsse, jenem Schläge aus,
Der Jüngling u. der Greis am Stabe
Ein Jeder ging verblüfft nach Haus

Geprügelt wurden alle Gäste
Doch naht' sich ein Verliebter gar
Dem reichte sie zum Abendfeste
Der Blumen allerschönste dar

Und aus dem Thale dieser Hirten
Entfloh am 11. Februar,
Als stolze Fensterscheiben klirrten
Das Mädchen keck u. sonderbar.

11.39 **Ludwig Fürst von Oettingen-Wallerstein an Ludwig I. König von Bayern**; 9. 2. 1848; Autograph; Schloß Harburg, Fürstlich Oettingen Wallersteinische Sammlungen, Archiv, VIII.6c-98.

»An Seine Majestät den König
München am 9t Februar 1848

Allerdurchl.

Ewp [Euer Majestät] haben mir in dem Lauf des heutigen Tages zwey Allerh. Weisungen in betreff der hiesigen Hochschule zu alsbaldigen Vollzuge u. mit dem Verbote jeglicher Einwendung zugesandt. Ich schrieb früh 6 Befehle augenblicklich aus nicht nur weil in meinen Augen Angesichts ei-

nes Strassenauflaufes Widerstreben Frevel oder Feigheit gewesen wäre, sondern auch u. hauptsächlich weil der Allerh. anberaumt 48stündigen Vollzugstermin Ewp Zeit u. Möglichkeit offenhält, wie i.J. 1830 aber unfehlbar einkommenden Bitten Gehör zu leihen weil aber durch das Ausschreiben die Maaßregel keine unwiderrufliche wurde. Nachdem ich aber die Euer Pflicht ehrlich geübt kann ich auch eine andere nicht unerfüllt lassen.
In [...] Jahren 1832, 1833, 1834, als eine beispiellose politische Aufregung die gesamte Jugend Teutschlands u. namentlich jene der Staaten Ewp. ergriffen hatte, war ich so glücklich die bayerischen Hochschulen ohne Strassentumult ja ohne die geringste Ruhestörung durch die gewaltige Krisis zu führen. Freylich geruhten Ewp damals vor [...] von Verfügungen mein Gutachten zu hören, fraglich war das politische Gift jener Zeit Labetrank gegen jenes das heute von bekannter Seite dem bayerischen Staatskörper künstlich eingegossen wird.
Die von Ewp beschlossene Vorkehrung ist so furchtbar ernst, sie wälzt so namenloses Unglück über Tausend biedere Familien, sie greift so tief in die ganze Zukunft von 1600 Jünglingen, so verwundend in den ohnehin arg erschütterten Erwerb der hiesigen Bürgerschaft, sie vermengt überdieß in so unglaublichen Grad Schuldige mit Schuldlosen daß käme sie für wirklich zum Vollzuge ich an sie und an ihre Folgen namentlich gegenüber des nächsten Landtages nicht ohne Schauder denken könnte. Ich sah sie kommen ich wußte daß und was sie wollte, ich war Zeuge der unerhörten Art, wie sie prodozirt und die noch 100mal unerhörteren in welche Ewp hintergangen wurden.
Das heutige Benehmen der Gräfin v. Landsfeld welche trotz des Ewp gegebenen Versprechens ihr Haus, wohin Allerd. selber sie geleitet hatten, muthwillig wieder verließ um in Mitte der erregten VolksMassen zu treten, diese buchstäblich zu reitzen u. zuletzt eine glänzende Zufluchtstätte in jenen bayerischen Königsburg zu suchen die um ihren Willen mit Truppen abgesperrt werden mußte – hat mir vollends die Augen geöffnet und war meinen Blicken den Abgrund entrollt in welchen Ewp und Bayern absichtlich gerissen werden sollen.
Meine Anhänglichkeit an Ewp ist zu alt u. zu innig, als daß ich zu solchem gewisse [...] mitwirken könnte. Ich vermochte Ewp zu nützen solange es galt zu beschwichtigen u. Bahnen des Friedens zu ebnen. Mein Arm wird leider unbrauchbar gegenüber des Verhängnisses, welches Ewp zu erfassen u. von Gewaltschritt zu Gewaltschritt zu drängen scheint.
Ich bitte Ewp [...] um allergn. Enthebung u. zwar umso mehr, als meine Gesundheit durch die steten schmerzlichen Gemüthsbewegungen ab jüngsten Monate bereits in einer Weise angegriffen ist, welche sie für lange nicht zu widerstehen im Stand wäre.
Diese Zeilen obwohl nicht dienstlich sondern persönlich sind u. bleiben während des ganzen Restes des 48stündigen Vollzugstermines [...] ein Geheimniß.. Nur Ewp kennen sie.
Mögen Ewp mich momentan mißkennen. Die Zeit wird kommen ist vielleicht nahe, wo das ganze Gewebe von Schändlichkeiten u. Lüge, womit man AllerhSie zu umgeben weiß klar vor AllerhIhren Blick liegt, u. dann werden Ewp sehen, daß keiner es wirklicher aufrichtiger u. inniger mit seinem Könige meint, als jener eben in stetsbemühter Treue u. alltiefster Ehrfurcht
erstirbt als

[Ludwig Fürst zu Oettingen-Wallerstein]«

11.40 **»Große Volksbewegung in München am 2ten 3ten und 4ten März 1848.«**; 1848; Lithographie; sechs Darstellungen in zwei Reihen zu je drei Szenen; 39,6 x 47,3; bez. u.r.: »C. Hohfelder« (München); MStM, Graphiksammlung, Inv.Nr.: P 5044 (auch Z 1877). Lit.: PROEBST 1968, S.168f., Nr.1594; AUSST.KAT. MÜNCHEN 1987, S.728, Nr.12.4.3 mit Abb. [ABB.202]

Der dramatisierende Bilderbogen folgt dem von Gustav Kraus vorgegebenen Muster; s.: KAT.NR. 11.4 und 11.5. Die Szenen sind kommentiert:
1.: »Am 2ten März zwischen 10 u. 11 Uhr Nachts versammelte sich am Schrannenplatz eine große Volksmaße. Sie rißen das Pflaster auf u. zertrümmerten unter furchtbarem Geschrei die Läden u. Fenster des k. Regierungsgebäudes«.
2.: »Um 12 Uhr Nachts zog das Volk mit einer Fahne an die k. Hauptwache, u. verrammelte mit umgestürtzten Wägen alle Straßen bis an das Karlsthor. Ein Zivil wurde jedoch mit den Waffen in der Hand vom Militair arretirt«.
3.: »Um 1/2 1 Uhr Nachts wurde im neuen Damenstiftsgebäude in der Ludwigsstraße in welchem Minister v. Berks wohnte – das Hausthor zertrümmert, u. die Fenster sammt den Kreuzstöcken mit Pflastersteinen eingeworfen. Ebenso die Wohnung des Oberkriegskommißärs u. Lolianers Mußinan. Auch 2 Gendarmeriestationen wurden zwischen 1 u. 2 Uhr gänzlich demolirt«.
4.: »Am 3ten März ging eine Volksadreße an den König, man verlangt: ›1. Verantwortlichkeit der Minister. 2. Preßfreiheit, Oeffentlichkeit u. Mündlichkeit. 3. Beeidigung des Militärs auf die Constitution. 4. Sofortiger Landtag 5. Polizei = Gesetz u. 6tes Neues Wahlgesetz‹. Darauf bestimmte Se Majestät daß die Stände bis 31ten Mai einberufen werden sollen, was der Bürgermeister sofort bekannt machte«.
5.: »Am 4ten März Nachmittags 1 Uhr war Volksversammlung im Rathhaus, da man dort aber lange keine k. Entschließung erwarten konnte, stürmte das Volk das Zeughaus, bewaffnete sich, sammt den Studenten, u. zogen mit Fahne u. Spiel auf den Promenadeplatz, wo sie sich den Reihen der Bürger anschloßen«.
6.: »Dort erwartete man in größter Spannung ein k. Resultat. Endlich erschien Se. k. Hoheit der vielgeliebte Prinz Carl in Marschallsuniform zu Pferde, versicherte das Volk, daß am 16ten März schon die Stände einberufen würden. Das Volk zog beruhigt in schönster Ordnung zum Zeughaus, wo es freiwillig die Waffen wieder einlieferte«.

11.41 **Karl Friedrich Wilhelm Eurich Fürst zu Leiningen-Hartenburg**; 1841; Lithographie; 38 x 29; sign.: »Fr Hanfstaengl ft. 1841.«, unterschrieben: »Printed at F. Hanfstaengl's Lithographic Establishment in Dresden.«; MStM, Graphiksammlung, Inv.Nr.: M II 932. Lit.: GEBHARDT 1984, S.249. [ABB.182]

11.42 **Mannschafts-Tschako der Landwehr-Artillerie ohne Pompon mit Kokarde (weißblau) und zusätzlich links montierter Kokarde (schwarz – rot – gold)**; 1821–1848; im Deckel Zettel: »Niederhofer«; MStM, Inv.Nr.: VIIb/87. Prov.: 1927 Konstantin Niederhofer. Aus dem gleichen Besitz stammt ein Tschako des Studenten-Freikorps; s.: KAT.NR.11.96.

11.43 Franz Thurn: **Das Münchner Zeughaus**; 1825; aquarellierte Federzeichnung; 37,5 x 31; MStM, Graphiksammlung, Inv.Nr.: G 70/135. Lit.: Ausst.Kat. »München und Oberbayern. Stadtansichten und Landschaften 1400–1870«, München 1971, S.33, Nr.34.

11.44 Josef Helldobler: **Das Münchner Zeughaus**; um 1840; Aquarell; 33,2 x 23,5; MStM, Graphiksammlung, Inv.Nr.: M II 175. Lit.: AUSST.KAT. MÜNCHEN 1987, S.353, Nr.4.4.25 und S.355 (Farbabb.). [ABB.203]

11.45 **Das Münchner Zeughaus**; um 1858; Photographie (Albuminpapierkopie) von Heinrich Theodor Hudemann; 21,5 x 19,5, im Passepartout: 26 x 23,24; MStM, Graphiksammlung, Inv.Nr.: IIg 9. [ABB.204]

11.46 **»Gedenkblatt an die ewig denkwürdigen Tage in München am 4. und 6. März 1848«**; 1848; Lithographie; 46,9 x 40,5; MStM, Graphiksammlung, Inv.Nr.: P 5004 (auch Z 1882). Lit.: PROEBST 1968, S.169, Nr.1598; AUSST.KAT. MÜNCHEN 1987, S.728, Nr.12.4.7. [ABB.6]

Dargestellt sind drei Szenen: »4. März. Erstürmung des bürgl. Zeughauses durch das aufgeregte Volk, welches auch zugleich in der Peterskirche Sturm läuten ließ.«; »4. März. Verkündung der königl. Entschließung durch Se. k. Hoh. Prinz Carl, wodurch das bewaffnete Volk beruhigt und unter Vivatrufen die Waffen wieder im Zeughause und auf dem Rathhause ablegt und vergnügt auseinander geht.«, »6. März. Feierliche Beeidigung des gesammten Militärs zur Staats-Verfaßung auf dem Maximilians-Platze«.

11.47 **Die Erstürmung des Münchner Zeughauses am 4. März 1848**; 1848; Lithographie von Valentin Ruths; 22 x 29; bez. u.r.: »V.R.«; MStM, Graphiksammlung, Inv.Nr.: Z 1878. Lit.: WACKERNAGEL 1982, S.31 (Abb.); Ausst.Kat. »Zopf und Philisterey«, Würzburg 1985, S.115, Nr.218; AUSST. KAT. MÜNCHEN 1987, S.728, Nr.12.4.5 und S.730 (Abb.). [ABB.205]

11.48 **»Ein politischer Bilderbogen. Es lebe Bayern! Es lebe Deutschland hoch!«**; 1848; Lithographie von Seitz; 48 x 36; MStM, Graphiksammlung, Inv.Nr.: P 5042 (auch Z 1875 und M II 350). Lit.: FUCHS 1904, S.156, Nr.34 und S.97, Abb.52; PROEBST 1968, S.170, Nr.1608; AUSST. KAT. MÜNCHEN 1987, S.728, Nr.12.4.1 und S.729 (Abb.). [ABB.176]

Der Bogen setzt verschiedene Ereignisse der Jahre 1846 bis 1848 in Beziehung, wenn zum Beispiel in der oberen Reihe Lola Montez in die Stadt hinein und dann zum selben Stadttor im Steinhagel wieder hinaus tänzelt. Die zehn Szenen sind von Spruchbändern und Waffentrophäen gerahmt, die im einzelnen sehr genau den mittelalterlichen Waffen aus dem Zeughaus entsprechen. In der »Bayerischen Landbotin« wurde für die Lithographie am 11. März 1848 geworben: »Neue Carricatur über die jüngsten Münchener Ereignisse. In allen Buch- und Kunsthandlungen, sowie auch bei Hofbuchbinder Fuchs ist zu haben: Ein politischer Bilderbogen, Preis 12 kr. Diese Carricatur ist ein Gegenstück zu dem Engelsturz, von welchem ebenfalls in allen Buchhandlungen Exemplare vorräthig sind«; zit.n.: AUSST.KAT. MÜNCHEN 1987, S.728. Auch in stilistischer Hinsicht erweist sich das Blatt als Pendant zum »Engelsturz« von Franz Seitz; s.: KAT.NR.11.38. »Von den moralischen Bilderbogen ist dieser zweifellos sowohl in der Idee wie in der zeichnerischen Durchführung der beste; an spießbürgerlicher Naivität läßt das Blatt freilich nichts zu wünschen übrig«; FUCHS 1904, S.156.

11.49 **Sturmhaube (Birnhelm: »Schützenhäubl«)**; ca. 1580; MStM, Inv.Nr.: 407. Lit.: WAKKERNAGEL 1982, S.166 und Abb.43c.

Stangenwaffen aus dem Münchner Zeughaus

11.50 **Sponton mit Quaste**; um 1700; MStM, Inv.Nr.: XIV/2251.

11.51 **Hellebarde**; MStM, Inv.Nr.: 10497.

11.52 **Hellebarde**; MStM, Inv.Nr.: A 10503.

11.53 **Gardehellebarde**; 17. Jahrhundert; MStM, Inv.Nr.: 1793. Lit.: Wackernagel 1982, S.138, Nr.75a.

Blankwaffen aus dem Münchner Zeughaus

11.54 **Flammberg**; MStM, Standortnr.: 3101. Lit.: Wackernagel 1982, S.138, Ständer 61.

11.55 **Landwehr-Artilleriesäbel mit Gravur: »Für das Vaterland«**; MStM, Inv.Nr.: VIIb/34.35.

11.56 **Jägersäbel**; MStM, Inv.Nr.: VIIb/34.21.

11.57 **Schützensäbel**; MStM, Inv.Nr.: VIIb/34.12. 5.

11.58 und 11.59 **Zwei Reiterdegen**; MStM, Inv. Nr.: 1547 und 5180. Lit.: Wackernagel 1982, S.164f. und Abb.w.

11.60 **Morgenstern**; MStM, Inv.Nr.: A 270.

11.61 **Streitkolben**; 1472; MStM, Inv.Nr.: XIV/1390.

Bauernwaffen aus dem Münchner Zeughaus

11.62 **Hakengabel**; MStM, Inv.Nr.: 1848. Lit.: WACKERNAGEL 1982, S.167.

11.63 **Heudresche**; MStM, Inv.Nr.: 1858.

11.64 **Streitaxt**; MStM, Inv.Nr.: A 5576.

Handfeuerwaffen aus dem Münchner Zeughaus

11.65 **Birschbüchse (Steinschloßgewehr)**; um 1700; Hersteller Johann Steinweg und Josef Sterr (München); MStM, Inv.Nr.: 34/652.

11.66 **Perkussions-Vorderladerzwilling (Zündkapselgewehr)**; um 1848; Hersteller Rieger (München); MStM, Inv.Nr.: 40/632.

Fahnen aus dem Münchner Zeughaus

11.67 **Bayerische Fahne mit weißblauen Rauten**; 19. Jahrhundert; ca. 225 cm; Fahnenblatt 125 x 167; MStM, ohne Inv.Nr.

11.68 **Münchner Bürgerwehrfahne; Spitze mit kurbayerischem Wappen**; 2. Hälfte 18. Jahrhundert; ca 280 cm; Fahnenblatt 160 x 135; MStM, Inv.Nr.: XIV/24.

In einem historistischen Interesse zeichnete im Jahr 1854 Wilhelm Gail verschiedene Waffen im Zeughaus. Dabei entstand auch die Skizze einer Bürgerwehrfahne; 30 x 21; MStM, Graphiksammlung, Inv.Nr.: 34/394/2.

11.69 **Trommel**; um 1820; 39,5 x 39,5 (Durchm.); München, Valentinmusäum, Inv.Nr.: V 3802. Prov.: aus dem Besitz von Bertl Valentin-Böheim. Lit.: Karl Valentin. Volkssänger? Dadaist? Ausstellung zum 100. Geburtstag Karl Valentins, München 1982, S.93.

Auf dem Trommelkörper ist die getriebene Initiale »MJK« (für: König Maximilian I. Joseph) mit Krone erkennbar. Der Trommelreifen ist in den Münchner Farben gelbschwarz bemalt, darunter ist eine weißblaue Bemalung erkennbar. Die Trommel diente Karl Valentin als Requisite bei seinem 1924 uraufgeführten Stück »Die Raubritter vor München«.

11.70 Gustav Seeberger: **Der Turmwächter auf dem Petersturm**; 1843; Öl auf Leinwand; 58 x 50; bez. u.l.: »G. Seeberger. München 1843«; MStM, Gemäldesammlung, Inv.Nr.: 50/234. Lit.: STADTBILD 1990, S.115, Nr.7.61; 1995, S.28 (Farbabb.). [ABB.209]

11.71 und 11.72 **Bayerischer Kürassierhelm und Küraß mit Probeschuß. Brust und Rücken**; Trageweise 1842; Eisenblech mit Messingmontierung, Gußstahl; MStM, Inv.Nr.: W 81/6.

11.73 **Füßiliergewehr (Perkussion) mit Bajonett**; 1. Hälfte 19. Jahrh.; MStM, Inv.Nr.: VIIb/36.

11.74 **Karl Prinz von Bayern**; um 1841; Lithographie; 46 x 35,8 (Darstellung), 56 x 52 (Blatt); bez.: »Carl Koeniglicher Prinz von Bayern, Feldmarschall und General-Inspector der Armee etc. etc. Im höchsten Auftrage S.K.H. des Prinzen unternommen und im Verlag der K.B. Priv. Kunstanstalt von Piloty & Loehle in München. Mit gesetzl. Schutz gegen Nachdruck. Gedr. b. W. Wick.«, »In Stahl gestochen von A. Fleischmann«; MStM, Graphiksammlung, Inv.Nr.: Ia/70. [ABB.183]

11.75 **Karl Prinz von Bayern zu Pferd am Obelisk auf dem Karolinenplatz**; 1840; kolorierte Lithographie von Gustav Kraus; 53,2 x 42,8; bez. u.l.: »G. Kraus 1840«; MStM, Graphiksammlung, Inv. Nr.: P 2664 (auch Ia/69). Lit.: PRESSLER 1977, S.376, Nr.595 m. Abb (seitenverkehrt). [ABB.207]

Prinz Karl (1795–1875) ist als Oberst und Inhaber des 1. Kürassier-Regiments in Parade-Uniform zusammen mit seinem Regiment dargestellt. Er war der fünftgeborene Sohn von König Maximilian I. Joseph und wurde 1841 Feldmarschall von Bayern. Ein früheres Porträt des Prinzen zu Pferd malte Joseph Stieler in Zusammenarbeit mit Albrecht Adam bereits 1817; s.: HASE 1971, S.125, Nr.69. Zu einem weiteren Porträt des Prinzen von Gustav Kraus s.: PRESSLER 1977, S.367, Nr.579.

11.76 **»München. Se. Königl. Hoheit der Prinz Carl beruhigt die bewaffnete Volksmasse am 4.ten März Nachmittags 3 Uhr.«**; 1848; kolorierte Lithographie; 28,5 x 38,5 (Darstellung), 33 x 40 (Blatt); bez. u.m.: »Verlag von J.C. Hochwind« (München); MStM, Graphiksammlung, Inv.Nr.: M IV 773 (auch P 2668 und Z 1879). Lit.: PROEBST 1968, S.169, Nr.1596; AUSST.KAT. MÜNCHEN 1987, S.728, Nr.12.4.4 und S.16 (Abb.); Elfi M. Haller und Christine Götz, Prinz-Carl-Palais. Vom Palais Salabert zum Sitz des Bayerischen Ministerpräsidenten, München 1989, S.61 (Abb.); BW 1995, S.131 (Abb.). [ABB.208]

11.77 Eduard von Heuß: **Ludwig Fürst von Oettingen-Wallerstein**; 1848; Öl auf Leinwand; 110 x 100 mit Rahmen; Schloß Wallerstein. [ABB.29]

11.78 **Ludwig Fürst von Oettingen-Wallerstein**; um 1848; Kreide und Gouache; 48 x 36,5; bez. von späterer Hand: »Fürst Öttingen Wallerstein/ 1848 Staatsminister des Äußern«; MStM, Graphiksammlung, Inv.Nr.: Z 2774. [ABB.181]

11.79 **Ludwig Fürst von Oettingen-Wallerstein**; 1856; Lithographie; 44,3 x 31; MStM, Graphiksammlung, Inv.Nr.: Z 2483. [ABB.212]

11.80 Ludwig Fürst von Oettingen-Wallerstein: **Entwurf zur März-Proklamation**; 1848; Autograph; Schloß Harburg, Fürstlich Oettingen Wallersteinische Sammlungen, Archiv, VIII.6c-11, fol.11.

Der Entwurf stimmt mit der unter dem Namen des Königs veröffentlichten Proklamation wörtlich überein; s.: KAT.NR.11.82. Allein der Satz: »Bayern erkennt in diesem Entschlusse die angestammte Gesinnung der Wittelsbacher!« wurde getilgt.

11.81 Ludwig Fürst von Oettingen-Wallerstein: **Begleitschreiben zum Entwurf der März-Proklamation (Konzept)**; 1848; Autograph; Schloß Harburg, Fürstlich Oettingen Wallersteinische Sammlungen, Archiv, VIII.6c-11, fol.8-9.

11.82 **Bekanntmachung der königlichen Proklamation vom 6. März 1848**; 1848; Buchdruck; 44 x 34; MStM, Graphiksammlung, Inv.Nr.: P 5018. Lit.: PROEBST 1968, S.169, Nr.1600; AUSST.KAT. HAMBACH 1982, S.280, Nr.463; AUSST.KAT. NÜRNBERG 1986, S.199, Nr.284; AUSST.KAT. MÜNCHEN 1987, S.728, Nr.12.4.9 und S.731 (Abb.). [ABB.7]

11.83 **Bekanntmachung der königlichen Proklamation vom 6. März 1848: »Zur Erinnerung an den 7.[!] März 1848. Den biedern Bürgern, u. Unterzeichnern der Adreße an Sr. Mayest. den König hochachtungsvollst gewidmet«**; 1848; kolorierte Lithographie; 49,3 x 36,4; MStM, Graphiksammlung, Inv.Nr.: Z 1883. [ABB.213]

11.84 **Ludwig Fürst von Oettingen-Wallerstein an Karl Prinz von Bayern**; 1. 5. 1862; Autograph; Schloß Harburg, Fürstlich Oettingen Wallersteinische Sammlungen, Archiv, VIII.6c-8, fol.189-192.

Der Brief ist im Anhang wiedergegeben.

11.85 **Johann Kaspar Bluntschli**; 1856; Photographie (Albuminpapierkopie) von Franz Hanfstaengl; 27 x 21,7; MStM, Fotomuseum, Inv.Nr.: 85/101-45. Prov.: Nachlaß Hanfstaengl; Stiftung Franz Hanfstaengl. Lit.: GEBHARDT 1984, S.259 und 133 (Abb.). [ABB.211]

11.86 **»6. Merz. Feierliche Beeidigung des gesammten Militair's zur Staats-Verfaßung, auf dem Maximilians-Platze in München«**; 1848; Lithographie von Albert Emil Kirchner; 19 x 29 (Darstellung), 28 x 42,5 (Blatt); bez. u.r.: »K«; MStM, Graphiksammlung, Inv.Nr.: P 2667. Lit.: PROEBST 1968, S.169, Nr.1601. [ABB.214]

11.87 **»Der 6. Maerz 1848. Ein Glanz= und Jubeltag in Bayerns Geschichte.«**; 1848; Lithographie; 47,7 x 40,1; bez. u.m.: »Lith. Druck u. Eigenthum v. C. Hohfelder.« (München), unterschrieben: »Des Volkes Recht ist anerkannt/ Der Jubel geht durch's ganze Land,/ Und Lieb' und Treu' zieht Herz und Sinn/ Zum Vaterland, zum König hin.«; MStM, Graphiksammlung, Inv.Nr.: 28/298 (auch P 666). Lit.: PROEBST 1968, S.169, Nr.1599; AUSST.KAT. NÜRNBERG 1986, S.199f., Nr.285; AUSST.KAT. MÜNCHEN 1987, S.728, Nr.12.4.8 und S.18 (Abb.). [ABB.210]

11.88 **Gedenkmedaille auf die Märzerrungenschaften**; 1848; Silberprägung von Gottfried Drentwett, Augsburg; Ø 3,8 cm; bez. vorderseitig: »Ludwig I. Koenig von Bayern«, u.l.: »Drentwett«; rückseitig: »Errungenschaften/ des/ bayrisch: Volkes/ den 6 März/ 1848« und »Freie Presse/ Polizei Gesetz/ Öffentl[iche] G[e]r[ichts-] Verf[ahren]/ Verb[esserung der] Israel[itischen] Verh[ä]lt-[nisse]/ Milit[ärische] Beeidig[ung] a[uf] d[ie] Verf[assung]/ Sorge für die Staatsd[iener]/ Wahlreform/ Verant[wortlichkeit der] Minist[er]«; MStM, Sammlung Kunsthandwerk, Inv.Nr.: 1800/308. Lit.: J. Hauser, Münzen und Medaillen der Stadt München, München 1905; AUSST.KAT. NÜRNBERG 1986, S.200f., Nr.287; AUSST.KAT. MÜNCHEN 1987, S.728, Nr.12.4.10.

11.89 bis 11.92 **Vier Kokarden**;1848; MStM.

11.93 Fürst von Oettingen-Wallerstein: **»Deutschlands Erwachen«**; 1848; Autograph; Schloß Harburg, Fürstliche Kunstsammlungen.

Deutschlands Erwachen
23. März 1848

Du richtest dich empor, mein Volk, nach langem Harren,
Verlangest altes Recht – das Recht Ein Volk zu sein;
Der Wächter Schaar erbangt, des Kerkers Pforten knarren,
In deines Grames Nacht bricht milder Sonnenschein.

Ob dieß der letzte Gang? Ob dieß des Sieges Stunde?
Ich zweifle; Deinen Arm lähmt langer Knechtung Macht;
Der Feind im Innern steht mit fremder List im Bunde;
Dich seh ich gläubig flehn, wo arge Tücke wacht.

Dem freien Wesen fremd, wird deine Seele beben;
Eh athmen du gelernt in Gottes frischer Luft
Mag Diplomatenkunst ihr Banner neu erheben;
Mag wieder öffnen der Vereinzlung kalte Gruft.

Doch Eines ist erreicht, es zündet der Gedanke,
Und dieser glimmet fort, ihn tödten Schreiber nicht.
Wie auch die Fessel drückt, wie auch das Hoffen wankte,
Zur Flamme reift er einst; Gott spricht, es werde Licht.

Jahrzehnte sind ein Augenblick im Völkerleben,
Und der Geschicke Gang lenkt keines Menschen Hand;
Noch eine Läut'rungszeit und Siegesgenien schweben;
Europas Herz erwacht; Dir wird ein Vaterland.

Ja deine Fürsten dann, der Täuschung Netz entwunden,
Sie schreiten dir voran, auf lichter Ruhmesbahn;
Was deine Kräfte bannt, hält ihren Sinn gebunden,
Des deutschen Wesens Fluch ist nur der Deutschen Wahn.

11.94 **»Münchner Freicorps«**; 1848; kolorierte Lithographie von Gustav Kraus; 23,5 x 35; bez. u.l.: »G. Kraus«, »Verlag von G. Kraus, Löwenstraße No.19. München«; MStM, Graphiksammlung, Inv.Nr.: Z 1888. Lit.: PRESSLER 1977, S.392, Nr.628 mit Abb.; AUSST.KAT. MÜNCHEN 1987, S.732, Nr.12.4.17 und S.258 (Farbabb). [ABB.216]

Dargestellt sind Repräsentanten der Studenten, Turner, Bürgersöhne, Künstler, Landwehr, Staatsdienstaspiranten und Politechniker. Gustav Kraus war im Freikorps der Künstler engagiert.

11.95 **»Münchner Volksbewaffnung. – Studenten=Freicorps.«**; 1848; kolorierte Lithographie von Julius Adam; 32,5 x 44; MStM, Graphiksammlung, Inv.Nr.: Z 1885. Lit.: AUSST.KAT. MÜNCHEN 1987, S.732, Nr.12.4.15 (mit älterer Literatur).

11.96 **Mannschafts-Tschako des Studenten-Freikorps mit grünem Band, Roßhaarbusch und Kokarde (schwarz – rot – gold)**; 1848; im Deckel Zettel: »Niederhofer«; MStM, Inv.Nr.: VIIb/88. Prov.: 1927 Konstantin Niederhofer.

Der Tschako entspricht der auf dem Blatt von Julius Adam dargestellten Uniformierung; s.: KAT.NR.11.95. Aus dem gleichen Nachlaß stammt ein Helm der Münchner Landwehr; s.: KAT.NR. 11.42.

XII. DIE ABDANKUNG

12.1 **Kielfeder von Ludwig I. König von Bayern**; 1848; Gänsekiel; 26 cm; München, Bayerisches Nationalmuseum, Inv.Nr.: Ren. 6201. Lit.: HAGER 1909, S.172, Nr.2201; AUSST.KAT. MÜNCHEN 1987, S.733, Nr.12.4.24.

Die Feder ist mit der eigenhändigen Notiz versehen: »Mit dieser Feder unterzeichnete Ludwig I. Prinz von Bayern im Jahre 1848 am 6ten Maerz die Proklamation, am 20. des nehmlichen Monats seine an die Bayern gerichtete dessen Kronentsagung begleitenden Worte und diese selbst, was derselbe hiemit schrieb«. Die Feder stammt aus dem Teil des Nachlasses, den Ludwig noch persönlich dem Nationalmuseum übergeben hatte.

12.2 **Stehpult**; um 1820; Kirschbaum, massiv und auf Kiefer furniert, Eisenschlösser mit Messingbeschlägen, Messingknöpfe; 122/122 x 95,5 x 64; MStM, Möbelsammlung, Inv.Nr.: M 84/5. Lit.: AUSST.KAT. MÜNCHEN 1987, S.733, Nr.12.4.23.

12.3 **Bekanntmachung der Abdankung von Ludwig I. König von Bayern am 20. März 1848**; 1848; Typendruck; 40,8 x 21,5; MStM, Graphiksammlung, Inv.Nr.: 35/2417. Lit.: AUSST.KAT. MÜNCHEN 1987, S.734, Nr.12.4.26; BW 1995, S.148 (Abb.). [ABB.218]

Im Unterschied zur Märzproklamation hat Ludwig I. König von Bayern die Bekanntmachung seiner Abdankung selbst verfaßt. Der handschriftliche Entwurf für das Patent befindet sich im Bayerischen Hauptstaatsarchiv München, Abt.III: Geheimes Hausarchiv, XXII 587; s.: AUSST.KAT. MÜNCHEN 1987, S.733, Nr.12.4.25.

12.4 **Der abgedankte Ludwig I. König von Bayern im Gehrock**; um 1888; Bronzeguß (1987) nach einem Gipsmodell (Privatbesitz) von Anton Heinrich Heß; Höhe 50 cm; MStM, Sammlung Kunsthandwerk. Lit.: AUSST.KAT. MÜNCHEN 1987, S.734, Nr.12.4.30.

Die Figur zeigt den alternden Ludwig, der mit auf dem Rücken verschränkten Armen sinnierend voranschreitet. Das aus dem Nachlaß des Künstlers stammende Gipsmodell war wohl zusammen mit einer entsprechenden Marmorbüste anläßlich der III. Internationalen Kunstausstellung im Glaspalast von 1888 entstanden. Für die Marmorbüste war eine Aufstellung in der Ruhmeshalle geplant. Eine Version befand sich im Münchner Kunstverein und gelangte ins Lenbachhaus; s.: Barbara Eschenburg, Figürliche Plastik im Lenbachhaus 1830–1980, hrsg. von Helmut Friedel, München 1997, S.43, Nr.13/2 mit Abb. Eine weitere Version wurde 1910 im Treppenhaus der Alten Pinakothek aufgestellt; München, Bayerische Staatsgemäldesammlungen, Inv.Nr.: B 44; s.: AUSST.KAT. MÜNCHEN 1972, S.495, Nr.1810 und Abb.141. Anton Heß (1838–1909) war Sohn des Malers Heinrich Maria Heß. Die Altersphysiognomie des Königs mit der Geschwulst über dem rechten Auge ist mit ungeschöntem Naturalismus gezeichnet. Die junge Josefa Kaulbach erkannte den alternden König »an seiner Beule auf der Stirn«; s.: KAULBACH ^{2}1918, S.70. Das Aussehen des alten Königs ist auch durch Photographien überliefert; s.: KAT.NR.12.5 und 12.6. Ein entsprechendes Porträtgemälde malte Franz von Lenbach; s.: CORTI 1937, Abb.66; CORTI 1979, Abb.28.

12.5 **Ludwig I. König von Bayern**; um 1860; Photographie von Joseph Albert; 13,5 x 8,5; Stadtarchiv München. Lit.: Richard Bauer, König Ludwig von Bayern – Eine Lebensskizze, in: AUSST.KAT. MÜNCHEN 1980, S.20 (Abb.). [ABB.217]

12.6 **Ludwig I. König von Bayern im hohen Alter**; um 1865; Photographie; 9,3 x 5,8; Stadtarchiv München. Lit.: Richard Bauer, König Ludwig von Bayern – Eine Lebensskizze, in: AUSST.KAT. MÜNCHEN 1980, S.21 (Abb.). [ABB.220]

12.7 **Ludwig I. König von Bayern schreibt im Beisein der Lola Montez seine Abdankung**; um 1854; Lithographie; 36,2 x 26,3; unterschrieben: »Wie? Es soll dieses Bein Mich länger nicht erfreun? Nein! ich danke ab!«; MStM, Graphiksammlung, Inv.Nr.: P 5035. Lit.: FUCHS 1904, S.150, Nr.17 und S.113 (Abb.); PROEBST 1968, S.170f., Nr.1615; AUSST.KAT. MÜNCHEN 1987, S.725, Nr.12.3.35; SEYMOUR 1996 (Abb.). [ABB.219]

Die anonym erschienene Karikatur ist äußerst selten. Sie dürfte erst nach 1848 entstanden sein. Ludwig trägt seine Generalstabsuniform, in der ihn Franz Hanfstaengl um 1854 photographiert hatte; s.: KAT.NR.11.28. Auch die mit einem Vorhang drapierte Säule erinnert an diese Photographie.

12.8 **»König Ludwigs Abschied am 20. März 1848. (Besonders die Münchner betreffend.)«**; 1848; anonymer Typendruck, 20,3 x 11,8; MStM, Graphiksammlung, Inv.Nr.: 34/238. Lit.: FUCHS 1904, Beilage n. S.136; PROEBST 1968, S.169, Nr.1604; AUSST.KAT. MÜNCHEN 1987, S.734, Nr.12.4.27. [ABB.221]

12.9 **Bayerischer Geschichtstaler. Medaille auf die Übergabe der Krone**; 1848; Medaille von Carl Friedrich Voigt (1800–1874); bez. Avers: »LUDWIG I KOENIG VON BAYERN« und »C. VOIGT«, Revers: »LUDWIG I GIEBT DIE KRONE AN SEINEN SOHN MAXIMILIAN AM 20. MAERZ 1848«; MStM, Sammlung Kunsthandwerk, Inv.Nr.: 1393. Lit.: J. Hauser, Münzen und Medaillen der Stadt München, München 1905; REITER 1983, Abb. (Frontispiz).

12.10 Karl Riederer und Max Kornrumpf: **Reiterstatuette Maximilians II.**; 1862; Bronze; Höhe mit Sockel 68 cm (Statuette 37,5 cm); München, Bayerisches Nationalmuseum, Inv.Nr.: L 92/480. Lit.: AUSST.KAT. MÜNCHEN 1997, S.406, Nr. Z7 und S.46 (Abb.).

Ludwig Fürst von Oettingen-Wallerstein an Karl Prinz von Bayern; 1. 5. 1862; Autograph; Schloß Harburg, Fürstlich Oettingen Wallersteinische Sammlungen, Archiv, VIII.6c-8, fol.189-192.

»München 1 Mai 1862.
Prinz Carl v. Bayern
Durchlauchtigster Prinz Gnaedigster Prinz und Herr.
Unter den wenigen Ueberbleibseln einer schöneren Vergangenheit, bewahrte ich bisher als das theuerste Kleinod jene Briefe, womit Euer Königliche Hoheit mich in einer langen Reihe von Jahren zu beglücken geruht. Dieselben waren versiegelt und sollten laut einer auf das Couvert gesetzten bei meinem Ableben zu Höchst Dero Handen zurückgelangen. Da aber vermöge des mir von der Vorsehung beschiedenen harten Looses und zufolge gewiß unverschuldetem Unglücks, wahrscheinlich mein Greisenalter in Wechselhaft – also getrennt von meinen Papieren hinwelken dürfte, und ich nie zugeben werde, daß ein fremdes Auge in diese geheiligten Andenken dringe, so betrachte ich als eine schmerzliche Pflicht des Zartgefühles, dieselben jetzt schon zu den Füssen Euer Königlichen Hoheit niederzulegen.
Zugleich wage ich einer weiteren Pflicht zu genügen, welche mir seit vollen zwölf Jahren centnerschwer auf dem Herzen liegt – der Pflicht nemlich – Euer Königliche Hoheit um gnädigste Verzeihung darob zu bitten, daß der letzte hohe Brief vom 17. Juli 1849 – obwohl selbst Antwort , – meinerseits ohne ehrerbietigste Erwiederung blieb.
Gott weiß es – nicht einem Mangel an Ehrfurcht und Anhänglichkeit entquoll mein Schweigen. Dutzendmale ergriff ich die Feder und stets entfiel sie wieder meiner Hand. Es verhielt sich damit also:
Das Urtheil der Menschen überhaupt war mir damal schon ziemlich gleichgültig geworden. Man hatte mich bereits so sehr an Mißkennung und Verfolgung gewöhnt, daß beinahe Nichts mehr mich überraschte. Aber Ein edler ritterlicher Prinz war, von dem ich dachte, Er durchschaue noch wie einst mein Innerstes, und als vollends dieser langjährige hohe Gönner mich eines Treubruches an Seinem Königlichen Hause, eines a la hausse Spekulierens im Sinne preussischer Herrschergelüste fähig hielt, da wurde ich an mir selbst irr, und verstummte.
Ich hatte Unrecht. Ich hätte reden sollen. Ich konnte es, da Euer Königl. Hoheit HöchstSelbst mir den Anlaß boten, und bei Euer Königl. Hoheit so richtiger und gerechter Würdigung aller Dinge wäre der Erfolg nicht zweifelhaft gewesen. Ich konnte ja Euer Königl. Hoheit durch meine Schriften und sonstige Veröffentlichungen , insbesondere durch meine, mit so großem Erfolge gekrönnte Brochure: ›Die deutsch-österreichische Frage‹: pp dann durch die giftsprühenden Angriffe auf mich aus dem kleindeutschen Lager beweisen, daß vor, während und nach meiner ReichsrathsRede nicht nur die preußische, sondern überhaupt die halbmediatisierende erbkaiserlicher Spitze keinen lebhafteren wirksameren Gegner hatte, als mich; ich konnte darthun, daß auf jene Rede ihrem Kerne nach direkt gegen die preussische Oberhauptschaft gerichtet war; wenige Worte erbetener vertraulicher Unterredung hätten hingereicht, Euer Königliche Hoheit zu überzeugen, daß ich nie wärmer für Bayerns und seines Regentenhauses Macht und Größe wirkte, als gerade in jener ominösen Reichs-Raths-Sitzung; und daß, wenn nicht gewisse Leute, deren Beruf und Handwerk war, mich zu verstehen, mich absichtlich mißverstanden hätten, der Aufstand in der Pfalz unterblieben, die von unserem Könige so lebhaft erstrebte Trias Ihm buchstäblich in die Hand gefallen, Er, unter lautem Beifalle den deutschen Regierungen zu allseitiger Zufriedenheit der Schiedsrichter Deutschlands geworden, und nebstbei all das Unheil vorbeugend beseitigt worden wäre, worüber heute in Deutschland Regenten wie Volk so bitter zu klagen haben. Euer Königl. Hoheit würden überhaupt vermöge Höchst – Ihres angeborenen Scharfblickes schnell erkannt haben, wenn Lügen unbestreitbar auch den Staatsmann entwürdige, so sei hinwider das Kleiden dessen, was er im Gesammtnationalen Interesse zu Gunsten einer Dynastie und eines Landes bezielt in das der öffentlichen Meinung des Augenblicks entsprechende Gewand das A, b, c jener Fertigkeit sei, welche Seine Majestät König Ludwig das Savoir Faire zu nennen pflegt; es sei eine abgedroschene Taktik unglücklicher Politiker, wenn sie eine Sache verpfuscht oder verpaßt haben, die ein Anderer glänzend durchzuführen sicher war, hintenach zu sagen: »es wäre doch nicht gegangen, und wenn ein Reiter mit einem leistungsfähigem Pferde nicht vom Flecke komme,

so beweise dieß nicht gegen Jene, die das Pferd zugeritten u. gesattelt, sondern lediglich gegen die Reitkunst des Steckenbleibenden. Euer Königl. Hoheit hätten endlich schwarz auf weiß die Gewißheit erlangt, daß wahrlich ich nicht a la Hausse speculierte, daß ich vielmehr schon im März 1848 das unfehlbare Scheitern der Bewegung vorhersagte; daß ich von da an diese Ueberzeugung fort und fort, und zwar im stets wachsendem Maase aussprach, und daß ich namentlich in meiner Reichsraths Rede über die Reichsverfassung scharf betonnte: ›Die Regierungen würden ohne allen Zweifel die Oberhand gewinnen‹; so wie auch Hochsdieselben den urkundlichen Beweis erhalten hätten, daß mein Austritt aus dem Reichs-Rathe nicht im entferntesten Zusammenhange mit dem Zwischenfalle stand, worauf Euer Königliche Hoheit gnädigste Zeilen hindeuteten; daß dieser Austritt für den Fall einer Auflösung der Abgeordneten-Kammer schon zu Anfange März 1849 feststand und mehreren Personen mitgetheilt war; daß auf die Nachricht einer an mich abzuordnenden Deputation ich augenblicklich hierher eilte; daß es nicht meine Schuld war, wenn die Deputations Mitglieder, mit denen ich noch als Colege hätte sprechen können, infolge der plötzlich dazwischen gekommenen Kammerauflösung bereits nach allen Richtungen fortwaren; und daß ich dieß um so mehr bedauerte, als das Resultat der Unterredung ein wahrscheinlich von den Veranlaßern nicht Vorherberechnetes gewesen wäre.

Aber Gnädigster Prinz und Herr! denken Sich Euer Königlichen Hoheit damalige Gemüthsstimmung! Fragen Sich HöchstDieselben huldreichst, was ich geleistet, und wie mir von allen Seiten vergolten wurde.

Nicht der Periode von 1846 erwähne ich. Wenn zu jener Zeit mir, dem das allerhöchste Zeugniß »großer Verdienste« zur Seite stand; mir, – der ich nur Eines anzuführen, – unseren Monarchen, allein unter allen constitutionellen Herrschern Europa's, die erbliche Civilliste als freudiges Geschenk der Volksliebe zugebracht hatte, wegen eines, später in die Wolken erhobenen Kammervotums, die Schmach einer Simpliciter Entlaßung, eine sechsjährige Mißhandlung ohne Beispiel, zuletzt sogar das abgetretenwerdenwollen an Preussen zu Theile wurde, so war es ja gerade Euer Königl. Hoheit rührende Theilnahme, welche mich aufrecht erhielt, und für alle Unbill tausendfach entschädigte. Aber von 1846 bis 1849!

Im Jahre 1846 wurde ich bekanntlich, als Strafe für mein neueres Kammerverhalten nach Paris exiliert, und ein von mir in dem Staats-Ministerio des Äußern aufgefundes Papier beweist, daß dieß in der Absicht geschah, mir durch finanziellen Ruin die Wiederkehr zu ferneren Landfragen unmöglich zu machen;. – In diesem meinem Exil nun hatte ich jene, von England ausgebrütete, von Rußland freundlich ignorirte, von Frankreich nicht im Entferntesten geahnte Verschwörung, welche Louis Napoleon von Griechenland bringen sollte. Dieser Entdeckung dankte König Otto die Krone, wahrscheinlich das Leben, nach Ansicht König Louis Phillippe's: »un service immense, qui vous voudra une Dotation magnifique.« Auch gelang mir allein unter allen nicht großmächtlichen Deutschen Diplomaten, die geheimen Abreden und Instruktionen bezüglich der Schweitz zu erfahren und sagten meine Berichte allein den nahen Umsturz in Frankreich und das ephemere Auftauchen der Republik voraus. Mein Lohn war: Enthebung vom Pariser-Posten im Momente der culminirenden rothen Revolution; also totalen Unnwerth aller Luxusartikel; Versteigernmüssen eines ganz neuen Pracht-Etablißements, für welches im Jäner 1848 volle 145000 Frs. geboten waren, um elende 29000 Francs; Verlust meiner in London deponirten, auf 180000 Gulden geschätzten altdeutschen Galerie; kurz, jener finanzielle Untergang, der sich seither hinschleppte, und mich nun, als alten Mann, in den grauenhaftesten Abgrund schleudert.

Ende November 1847, als ein trauriges Verhängniß den großen Geist König Ludwigs in Anspruch nahm und kein Mann vom Gewichte neben dem momentan unvermeidlichen Berk's in das Ministerium treten wollte, während der nahende Weltsturm – wie nie eine energische consequente Politik Bayern erheischte, stellte ich mich aufopfernd vor meinen Monarchen, meine Würde als Edelmann durch Ablehnen jeder Berührung mit der Gräfin Landsfeld wahrend; schirmte nach Kräften Herrn und Land gegen die Folgen einer beispiellosen Lage; hob gleichzeitig Bayerns Stellung nach Aussen sowohl als am Bunde, auf eine nicht geahnte Höhe; löste zuletzt den bösen Zauber friedlich zum großen Verdruße derer, welche es zu einem blutigen Drama bringen wollten. In jenen Märztagen, gelang mir, mittelst einer Proklamation, die mit Ausnahme des, auf dem Verordnungswege geordneten, also stets wieder aufhebbaren VerfaßungsEides der Armee, Nichts war, als das von dem Monarchen längst genehmigte Program unseres Ministeriums, mittelst einer Proklamation, die weniger gab, als seither freiwillig gewährt wurde, eine ernste Bewegung zu dämpfen, den Nachhall der Lolaperiode mit Einem Schlage zu Grabe zu tragen, und meinen Königlichen Herrn mit einer, weit über Bayerns Gränzen hinaus stralenden Glorie zu umgeben, ohne das jungfräuliche Wechselverhältniß zwischen dem bayerischen Volke und seiner bald tausendjährigen Herrscherfamilie ganz unnöthigerweise durch eine Blutlache zu besudeln.

Noch Größeres bezielte ich für Beide. Ich blickte mit Stolz auf meine vollbrachte und vorbereitete Leistungen. Was war abermals mein Lohn? – Am 11. März früh 9 1/4 Uhr wurde ich aus dem Ministerio buchstäblich mit dem Befehle fortgejagt, binnen 7/4 Stunden meine beiden Bureaux geräumt zu haben. Man montierte die Bevölkerung gegen mich in wahrhaft unwürdigem Grade. Selbst die Hofstaller mußten aufregend auf die untern Classen einwirken. Nach Ausbruche des lächerlichen Crawalls vom 16. März beschuldigte man mich, der ich in Ermanglung eines ernannten Ministers des Äussern ab und zuging, und auf Befehl Seiner jetzregierenden Majestät mit der, noch an mich adressierten in goldenen Hirsch wohnenden Abordnung süddeutscher Regierungen zu unterhandeln, den Aufstand organisiert und geleitet zu haben, und beugte nur die Thronentsagung König Ludwigs meiner förmlichen Verhaftung vor. – Und nicht nur die Regierung mißhandelte mich. Die Aristokratie, welche mich während der Lolaperiode, namentlich bei Ausweisung des famosen Polen als ihren Retter gepriesen hatte, stimmte, als sie meiner nicht mehr bedurfte, in die Verfolgung ein. Leiningen und Schweif, erbittert über meine antipreussische Haltung während meines zweiten Ministeriums und nachher, oponierte seiner Seits. Und als endlich der Reichsrath zusammentrat, als ich hoffen durfte, in meiner langjährigen Cooperation einen Schutz gegen solch unverdientes Gebaren zu finden, sah ich mich in der ersten Vorbesprechung bei Havard, dann durch meinen Ausschluß von allen Ausschüssen und Commissionen auch hier als förmlicher Verbrecher und zwar ungehört behandelt. Nach der Thronbesteigung Königs Max intriguirte das März Ministerium resp: dessen Seele, der hysterische mir von jeher grimmfeindliche Lerchenfeld wider mich in einer Weise, deren Details Euer Königliche Hoheit theils Lachen machen, theils entrüsten würden. So die elende Angriffe durch gewisse zur Intimität des Ministers gehörige jüdische Redakteure. So der hochkomische Aktendiebstahl, den ich ausgeführt haben sollte, und von dem dann ein Zwetschgen Ankauf ab Seite des geheimen Registrators Baldauf ergab, daß, als mir der Zutritt zu den Akten Behufs meiner Rechtfertigung gegen jene Angriffe gewährt worden war, man die mir nützlichen Akten in eine Rumpelkammer geworfen hatte, um sie vor mir zu verstecken, und daß eine Ministerialbotenfrau sie als vermeintliche Makulatur an eine Öbstlerlin verkauft hatte. Freiherr von der Pfordten endlich erkor mich förmlich zum Wauwau dessen er bedurfte, um sich wichtig und unentbehrlich zu machen. In der ofterwähnten Reichsrathssitzung that er es klugerweise in sehr bemessenen Formen. Von dem Augenblicke an, wo ich die erste Kammer, in der ich Nichts mehr nützen konnte verließ, um in der zweiten zu Bayerns und der Krone Heil, eine eben so schwierige als opferfreudige Wirksamkeit anzutreten, steigerte er das Spiel bis zur Carikatur. Anfangs ging die Taktik vortrefflich. Jede Pathos-Decharge gegen die Oposition rief in der Majorität einen Sturm von Bravos hervor. Doch Pfordten war nicht staatsmännisch ruhig genug, um zu bemessen, wann eine Waffe anfängt, sich abzunützen. Er wiederholte die Angriffe zu oft; so oft die Wachsfiguren ihm ein Gesicht schnitten, mußte eine gesellschaftrettende Wörterazzia nach unserer Seite die Wachsphisiognomien wieder in freundliche Falten bringen. Er setzte seine Kunststücke fort, als bereits allen Besonnenen klar wurde, daß die eigentliche Oposition, nemlich die von der äussersten Linken scharf geschiedene Linke fest am Throne und der bestehenden Ordnung halte; daß ihr Streben lediglich der legalen Fortbildung und dem Fernhalten jener RückschrittsPolitik gelte, welche ganz Deutschland so saure Früchte trug, deren Folgen insbesondere zu Stunde noch die eiternde Wunde Oesterreichs bilden. Er setzte dieselben fort, als diese Oposition sich längst rühmen durfte, den unstaatsmännischen, jedes Blickes in die Zukunft entbehrenden Reaktions-Projekten und OctroijrungsGelüsten des Ministerpräsidenten einen unübersteiglichen Damm entgegengesetzt und der Regierung wider ihren Willen das gerettet zu haben, dessen sie sich heute mit Recht laut rühmt, das Bayern auch in der That Glanz und Gewicht in ganz Deutschland zuwendet. Er setzte dasselbe sogar unbegreiflicher Weise fort, als die Majorität der Linken durch den Kammerveteranen Thinnes zugerufen hatte: »Wir haben uns gegenseitig kennen und achten gelernt.« Mir, der ich die ganzen Zeit über der wahren Sache von Krone und Volk Dienste geleistet wie Keiner, der ich zu diesem Zwecke kein Opfer gescheut, Mißkennung und Kränkungen aller Art freudig hingenommen, – mir Gerechtigkeit wiederfahren zu lassen, bequemte er sich erst, nachdem dem Ministerio bei den Neuwahlen von 1858/59 wohl das Verhindern meiner Wiederwahl, nicht aber Gleiches bezüglich Lerchenfelds, Hegnenbergs, Lassaulx's pp gelungen war. Den brutalsten Angriffen seiner bisherigen Majorität ausgesetzt, rief er mit en plein salon, vor zahlreichen Zuhörern zu: ›er habe oft gesagt, daß die Linke unter meiner nobeln stets würdigen Führung ihm lieber sei als seine eigene Parthey‹ wobei ich ihn allerdings durch die Frage in bittere Verlegenheit brachte: ›haben Euer Excellenz das auch Seiner Majestät gesagt?‹

Angesichts solcher Antezidentien, gnädigster Prinz und Herr, ist es gewiß verzeihlich wenn ein Mensch am Ende stumpf und resigniert, nach keiner Seite sich zu rechtfertigen versucht. Ich bin nach und nach gewohnt in Bayern dafür zu büssen, daß ich die Dinge vorhersehe, von welchen Andere sich überraschen lassen, und daß ich deßhalb Wege gehe und Rathschläge gebe, deren Richtigkeit man erst einsieht, wenn es zu spät ist.

Auch heute noch äussere ich mich gegen Niemand. Mich widert der Rückblick auf alle diese kleinliche Chicanen bis ins tiefste Mark an. Was im Interesse meiner Ehre gesagt sein muß, wird die Welt, innerhalb jener Schranken, welche dem Ehrenmann in allen Lebenslagen Bedürfniß sind, nach meinem Ableben erfahren.

Selbst gegenüber Seiner Majestät König Ludwig habe ich keine Rechtfertigung versucht. Der allergnädigste Herr glaubt, ich habe muthwillig an ihm gefrevelt, während eine einzige Unterredung Dinge zu seiner Kenntniß gebracht hätte, die Er bestimmt bis zur Stunde für rein unmöglich hält, und während ich ihm hätte beweisen können, nicht nur, daß ich die Treue gegen Ihn bis zum letzten Augenblicke unerschütterlich bewahrt und für Ihn Waffen bereit gestellt hatte, welche Er nicht ahnet, sondern auch, daß seinen Gegnern, namentlich Leiningen und Schweif das Herbeiführen Seiner ThronEntsagung erst möglich schien, als ihnen durch siebente, ja achte Hand gelungen war, meine Entfernung zu erzielen. Aber Seine Majestät König Ludwig bot mit keinen Anlaß, und – aufrichtig gesagt, ich suchte einen solchen nicht.

Anders ist es bei Euer Königlichen Hoheit. Höchst Sie einst mein erhabener Beschützer und Wohlthäter, gewährten mir 1849 die Veranlaßung zum Reden. Ich unterließ es damal aus den angeführten Gründen, trage also heute eine nachträgliche Schuld ab.

Zu theilweiser Bestätigung des hier Gesagten dürfte meine neueste Brochure dienen, zu deren submissester Anfügung mich die so überaus günstige Beurtheilung des offiziösen Blattes unserer Regierung ermuthiget.

Ich bin weit entfernt, Euer Königl. Hoheit eine gnädigste Antwort gewissermaßen abnöthigen zu wollen, mir genügt der Glaube, daß Euer Königliche Hoheit in Höchst Ihrer Herzensgüte mein früheres Schweigen entschuldigen und vielleicht Manches fortan aus einem günstigeren Gesichts-Punkte ansehen werden.

Da ich übrigens wahrscheinlich heute zum letzten male in diesem Leben Gelegenheit finde, zu Euer Königlichen Hoheit zu sprechen, so nehmen Höchstdieselben die Versicherung wohlwollend auf, daß der warme Dank für einstige gnädigste Huld und für so viele Beweise großmüthiger Theilnahme so lebendig in mir bleibt, als die tiefste Ehrfurcht, womit ich erharre

Euer Königlichen Hoheit
unterthänigst gehorsamster
Ludwig Fürst von Oettingen Wallerstein.
München den 1. Mai 1862«.

VERZEICHNIS DER ABGEKÜRZT ZITIERTEN LITERATUR

AUSST.KAT. HAMBACH 1982: »1832–1982. Hambacher Fest. Freiheit und Einheit. Deutschland und Europa«, Hambacher Schloß Neustadt an der Weinstraße 1982

AUSST.KAT. MÜNCHEN 1972: »Bayern. Kunst und Kultur«, München 1972

AUSST.KAT. MÜNCHEN 1980: »Glyptothek München 1830–1980. Jubiläumsausstellung zur Entstehungs- und Baugeschichte«, München 1980

AUSST.KAT. MÜNCHEN 1980 Bd.I: Wittelsbach und Bayern III/1: Krone und Verfassung. König Max I. Joseph und der neue Staat. Beiträge zur Bayerischen Geschichte und Kunst 1799–1825, hrsg. von Hubert Glaser, München 1980 (^{2}1992)

AUSST.KAT. MÜNCHEN 1980 Bd.II: Wittelsbach und Bayern III/2: Krone und Verfassung. König Max I. Joseph und der neue Staat [Katalogband], München 1980

AUSST.KAT. MÜNCHEN 1984: »Von Kopf bis Hut. Kopfbedeckungen aus der Textilsammlung des Münchner Stadtmuseums vom 18. Jahrhundert bis 1984«, München 1984

AUSST.KAT. MÜNCHEN 1985: »Ein griechischer Traum. Leo von Klenze. Der Archäologe«, München 1985

AUSST.KAT. MÜNCHEN 1987: »Biedermeiers Glück und Ende. ...die gestörte Idylle. 1815 bis 1848«, München 1987

AUSST.KAT. MÜNCHEN 1987a: »Romantik und Restauration. Architektur in Bayern zur Zeit Ludwigs I. 1825–1848«, München 1987

AUSST.KAT. MÜNCHEN 1991: »Münchner Biedermeier. Aquarelle aus der Sammlung der Königin Elisabeth von Preußen«, München und Potsdam 1991

AUSST.KAT. MÜNCHEN 1992: »Friedrich von Gärtner. Ein Architektenleben. 1791–1847. Mit den Briefen an Johann Martin von Wagner«, München 1992

AUSST.KAT. MÜNCHEN 1993: »Münchner Goldschmiedekunst. Vom Wandel eines Gewerbes zwischen Handwerk und Industrie (1800–1868)«, München 1993

AUSST.KAT. MÜNCHEN 1994: »Adolf Friedrich Graf von Schack. Kunstsammler, Literat und Reisender«, München 1994

AUSST.KAT. MÜNCHEN 1997: »Zwischen Glaspalast und Maximilianeum. Architektur in Bayern zur Zeit Maximilians II. 1848–1864«, München 1997

AUSST.KAT. NÜRNBERG 1986: »Vorwärts, vorwärts sollst du schauen...«. Geschichte, Politik und Kunst unter Ludwig I., München 1986

AUSST.KAT. NÜRNBERG 1991: »Künstlerleben in Rom. Bertel Thorvaldsen (1770–1844). Der dänische Bildhauer und seine deutschen Freunde«, Nürnberg 1991

BLUM 1898: Hans Blum, Die deutsche Revolution 1848-49. Eine Jubiläumsausgabe für das deutsche Volk, Florenz/Leipzig 1898

BLUNTSCHLI 1884: Johann Caspar Bluntschli, Denkwürdiges aus meinem Leben. Zweiter Teil. Eine deutsche Periode. Erste Hälfte. München 1848–1861, hrsg. von Rudolf Seyerlein, Nördlingen 1884

BOISSERÉE 1985: Sulpiz Boisserée, Tagebücher, hrsg. von Hans-J. Weitz, Bd.IV: 1844–1854, Darmstadt 1985

BRIESEMEISTER 1996: Spanische Kunst in europäischen Reiseberichten – Stationen aus vier Jahrhunderten, in: NOEHLES-DOERK 1996, S.13-32

BRÜGGEMANN 1956: Werner Brüggemann, Die Spanienberichte des 18. und 19. Jahrhunderts und ihre Bedeutung für die Formung und Wandlung des deutschen Spanienbildes, in: Spanische Forschungen der Görresgesellschaft. Gesammelte Aufsätze zur Kulturgeschichte Spaniens 12/1956, S.1-146

BW 1995: Reinhold Rauh und Bruce Seymour (Hrsg.), Ludwig I. und Lola Montez. Der Briefwechsel, München/New York 1995

CARMEN 1993: Prosper Mérimée, Carmen. Novelle. Übersetzung von Wilhelm Geist. Revidiert und mit einem Nachwort von Günter Metken, Stuttgart 1993

CORTI 1937: Egon Caesar Conte Corti, Ludwig I. von Bayern. Ein Ringen um Freiheit, Schönheit und Liebe. Nach dem schriftlichen Nachlaß des Königs und zahllosen sonstigen unveröffentlichten Dokumenten, München 1937

CORTI 1979: Egon Cäsar Conte Corti, Ludwig I. von Bayern, München [7]1979 ([1]1937)

DAY 1981: Diane L. Day, Lola Montez and her American Image, in: History of Photography 5/1981, S.339-353

DESCHLER 1848: Allgemeine Studenten= und Volksbewegung in München am 8., 9., 10., 11. und 12. Februar 1848. Mit dem Bildnisse der Lola Montes, Gräfin v. Landsfeld. Druck der Joh. Deschler'schen Officin, [München] 1848

DESTOUCHES 1848: »Jahr-Buch der Stadt München von 1848. Im Auftrage des Magistrats der kgl. Haupt- und Residenzstadt München von Ulrich v. Destouches« [Stadtarchiv München]

DOEBERL 1931: Michael Doeberl, Entwicklungsgeschichte Bayerns. Dritter Band: Vom Regierungsantritt König Ludwigs I. bis zum Tode König Ludwigs II. mit einem Ausblick auf die innere Entwicklung Bayerns unter dem Prinzregenten Luitpold, hrsg. von Max Spindler, München 1931

DROSS 1994: Elisabeth Droß, Vom Spottgedicht zum Attentat. Angriffe auf König Ludwig I. von Bayern (1825–1848), Frankfurt a.M. 1994 (Münchner Studien zur neueren und neuesten Geschichte, Bd.11)

FINKEN 1990: Ursula Finken, Gottlieb Freiherr von Thon-Dittmer 1802–1853. Politische Biographie eines bayerischen Frühliberalen, Kallmünz 1990 (Regensburger Historische Studien, Bd.13)

FOURNIER 1902: August Fournier, Lola Montez. Ein geheimer Bericht über Bayern im Jahre 1847, in: Deutsche Revue 27/1902, S.214-230

FOURNIER 1912: August Fournier, Lola Montez und der Regierungswechsel in Bayern 1847. Neue Dokumente, in: ders.: Historische Studien und Skizzen, Wien 1912

FRANCIS 1848: George Henry Francis, The King of Bavaria, Munich, and Lola Montez, in: Fraser's Magazine (London) 1/1848 (dt.: »Lola Montes und ihre politische Stellung in München, München 1848)

FRÜHWALD 1976: Wolfgang Frühwald, Der König als Dichter. Zur Absicht und Wirkung der Gedichte Ludwigs des Ersten, Königs von Bayern, in: Deutsche Vierteljahresschrift für Literaturwissenschaft und Geistesgeschichte 50/1976 1/2, S.127-157

FUCHS 1898: Eduard Fuchs, Lola Montez in der Karikatur, in: Zeitschrift für Bücherfreunde. Monatshefte für Bibliophilie und verwandte Interessen 2/1898, S.105-126

FUCHS 1904: Eduard Fuchs, Ein vormärzliches Tanzidyll. Lola Montez in der Karikatur. Mit 90 Illustrationen und Beilagen, Berlin o.J. [1904]

GARCÍA FELGUERA 1991: María de los Santos García Felguera, Viajeros, eruditos y artistas. Los europeos ante la pintura española del Siglo de Oro, Madrid 1991

GEBAUER 1996: Anja Gebauer, Wilhelm Gail und Friedrich Bamberger – Zwei deutsche Maler der Spätromantik erleben Spanien, in: NOEHLES-DOERK 1996, S.187-200

GEBHARDT 1984: Heinz Gebhardt, Franz Hanfstaengl. Von der Lithographie zur Photographie, München 1984 (Ausstellung Münchner Stadtmuseum 1984)

GESANDTSCHAFTSBERICHTE 1941 und 1942: Anton von Chroust (Hrsg.), Gesandtschaftsberichte aus München 1814–1848, 14 Bde., München 1935–1951 [Abt.II: Die Berichte der österreichischen Gesandten, Bd.3 (1941); Abt.III: Die Berichte der preußischen Gesandten, Bd.4 (1942)]

GOLLWITZER [2]1987: Heinz Gollwitzer, Ludwig I. von Bayern. Königtum im Vormärz. Eine politische Biographie, München [2]1987 ([1]1986; [3]1997)

GOLLWITZER 1993: Heinz Gollwitzer, Ein Staatsmann des Vormärz: Karl von Abel. 1788–1859. Beamtenaristokratie – Monarchisches Prinzip – Politischer Katholizismus, Göttingen 1993

GREITNER 1988: Ursula Greitner, Schauspielerinnen. Der theatralische Eintritt der Frau in die Moderne, Bielefeld 1988

HANISCH 1991: Manfred Hanisch, Für Fürst und Vaterland. Legitimitätsstiftung in Bayern zwischen Revolution 1848 und deutscher Einheit, München 1991

HANKEN 1996: Caroline Hanken, Vom König geküßt. Das Leben der großen Mätressen, Berlin 1996

HAGER 1909: Denkmale und Erinnerungen des Hauses Wittelsbach im Bayerischen Nationalmuseum. Hrsg. von der Kgl. Direktion des Bayerischen Nationalmuseums [Georg Hager], München 1909

HASE 1971: Ulrike von Hase, Joseph Stieler 1781–1858. Sein Leben und sein Werk. Kritisches Verzeichnis der Werke, München 1971

HEINE 1978: Heinrich Heine. Historisch-kritische Gesamtausgabe der Werke, hrsg. v. Manfred Windfuhr, Bd.11: Ludwig Börne. Eine Denkschrift und kleinere politische Schriften, bearbeitet von Helmut Koopmann, Hamburg 1978

HEINE 1983: Heinrich Heine. Historisch-kritische Gesamtausgabe der Werke, hrsg. v. Manfred Windfuhr, Bd.2: Neue Gedichte, bearbeitet von Elisabeth Genton, Hamburg 1983

HIMMELHEBER 1988: Georg Himmelheber, Kunst des Biedermeier. 1815–1835. Architektur, Malerei, Plastik, Kunsthandwerk, Musik, Dichtung und Mode, München 1988

HINTERHÄUSER 1979: Hans Hinterhäuser (Hrsg.), Spanien und Europa – Stimmen zu ihrem Verhältnis von der Aufklärung bis zur Gegenwart, München 1979

HOERNER 1989: Ludwig Hoerner, Das Photographische Gewerbe in Deutschland 1839–1914, Düsseldorf 1989

HOFFMEISTER 1976: Gerhart Hoffmeister, Spanien und Deutschland. Geschichte und Dokumentation der literarischen Beziehungen, Berlin 1976

HOJER 31990: Gerhard Hojer, Die Schönheitsgalerie König Ludwigs I., München/Zürich [3]1990 ([1]1979, [4]1996)

HUMMEL 1987: Karl-Joseph Hummel, München in der Revolution von 1848/49, Göttingen 1987 (Schriftenreihe der Historischen Kommission bei der Bayerischen Akademie der Wissenschaften Bd.30)

IDELER 1840: Karl Wilhelm Ideler, Einleitung, in: Dr. E. Fr. Dubois, Hypochondrie und Hysterie, Berlin 1840

KAULBACH [2]1918: Erinnerungen an Wilhelm von Kaulbach und sein Haus. Mit Briefen und hundertsechzig Abbildungen gesammelt von Josefa Dürck-Kaulbach, München [2]1918 ([1]1915)

KESSLER 1939: Hermann Keßler, Politische Bewegung in Nördlingen und dem bayerischen Ries während der deutschen Revolution 1848/49, München 1939

KIEL 1930: Um Lola Montez. Blätter aus dem Kieler Theatermuseum, Kiel 1930 [Jahresgabe 1929 des Theatermuseums in Kiel an die Mitglieder der »Wissenschaftlichen Gesellschaft für Literatur und Theater«]

KLEIN 1993: Matthias Klein, Das Münchner Goldschmiedegewerbe von 1800–1868. Meister – Marken – Materialien, München 1993

KLENZE I/5: Leo von Klenze, »Memorabilien«; München, Bayerische Staatsbibliothek, Klenzeana, I, Bd.5: »V. Band 1846 und 1847«

KLENZE I/6: Leo von Klenze, »Memorabilien«; München, Bayerische Staatsbibliothek, Klenzeana, I, Bd.6: »6. März 1847 bis 1858«

KOBELL 1894: Luise von Kobell, Unter den ersten vier Königen Bayerns, München 1894

KRAUSS-MEYL 1997: Sylvia Krauss-Meyl, Das »Enfant terrible« des Königshauses: Maria Leopoldine, Bayerns letzte Kurfürstin (1776–1848), Regensburg 1997

KRISTL 1979: Wilhelm Lukas Kristl, Lola, Ludwig und der General, Pfaffenhofen 1979

KÜHN 1942: Hofdamen-Briefe um Habsburg und Wittelsbach (1835–1865), hrsg. von R. Kühn, Berlin 1942

KURZ 1908: Ferdinand Kurz, Das Corps Bavaria zu Landshut und München, München 1908

LANKES 1993: Christian Lankes, München als Garnison im 19. Jahrhundert. Die Haupt- und Residenzstadt als Standort der Bayerischen Armee von Kurfürst Max IV. Joseph bis zur Jahrhundertwende, Berlin u.a. 1993

LEUCHTKUGELN: Leuchtkugeln. Randzeichnungen zur Geschichte der Gegenwart, [hrsg.v. A. Ringler u. E. Roller], 8 Bde., München 1847–1851

LEWALD 1835: August Lewald, Panorama von München. Erster Theil, Stuttgart 1835

LMU 1972: L. Boehm u. J. Spörl (Hrsg.), Ludwig-Maximilians-Universität Ingolstadt – Landshut – München 1472–1972, Berlin 1972

LUDWIG 1847: [Ludwig I. König von Bayern], Gedichte Ludwigs des Ersten, Königs von Bayern. Vierter Theil, München 1847

MESSERER 1966: Richard Messerer (Hrsg.), Briefwechsel zwischen Ludwig I. von Bayern und Georg von Dillis 1807–1841, München 1966

MEYER 1852: Das große Conversations-Lexicon für die gebildeten Stände. In Verbindung mit Staatsmännern, Gelehrten, Künstlern und Technikern hrsg. v. J[oseph]. Meyer, Zweiundzwanzigster Band: »Montez, Lola – Naxuana«, Hildburghausen u.a. 1852

MILLER 1904: [Fritz von Miller], Ferdinand von Miller sen. der Erzgießer. Sein Lebensbild dessen Enkeln und Enkelkindern erzählt von Fritz von Miller, München 1904

MLAKAR 1992: Pia und Pino Mlakar, Unsterblicher Theatertanz. 300 Jahre Ballettgeschichte der Oper in München. Bd.I: Von den Anfängen um 1650 bis 1860, Wilhelmshaven 1992

MONTEZ 1858: Lola Montez, Countess of Landsfeld, The Arts of Beauty; or, Secrets of a Lady's Toilet. With Hints to Gentleman on the Art of Fascinating, New York (Dick & Fitzgerald) 1858

MONTEZ 1986: Memoiren der Lola Montez (Gräfin v. Landsfeld). Hrsg. und mit einem Nachwort versehen von Kerstin Wilhelms, 2 Bde., Frankfurt a. M. 1986

MÜLLER 1845: Vincenz Müller, Universal-Handbuch von München, München 1845

NEHLSEN 1997: Hermann Nehlsen, Fürst Karl zu Leiningen (1804–1856), in: Gerhard Köbler und Hermann Nehlsen (Hrsg.), Wirkungen europäischer Rechtskultur. Festschrift für Karl Kroeschell, München 1997

NICKEL 1965: Dietmar Nickel, Die Revolution 1848/49 in Augsburg und Bayerisch-Schwaben, Augsburg 1965

NOEHLES-DOERK 1996: Gisela Noehles-Doerk (Hrsg.), Kunst in Spanien im Blick des Fremden. Reiseerfahrungen vom Mittelalter bis in die Gegenwart, Frankfurt a.M. 1996

OTTOMEYER 1979: Die Kroninsignien des Königreiches Bayern, München 1979

OTTOMEYER 1991: Hans Ottomeyer, Zopf- und Biedermeiermöbel. Katalog der Möbelsammlung des Münchner Stadtmuseums. Unter Mitarbeit von Eva Langenstein, München 1991

PAPON 1849: Auguste Papon, Lola Montès, Mémoires. Accompagnés de lettres intimes de S. M. le Roi de Bavière et de Lola Montès, avec fac simile, ornés des portraits de S. M. le Roi de Bavière et de Lola Montès, sur originaux donnés par eux à l'auteur. Poésies, documents, politiques et littéraires inédits; Primière Livraison, Nyon 1849; Seconde Livraison, Nyon 1849

PFUNDTNER 1939: Fritz Pfundtner, Die Münchener politische Presse im Revolutionsjahr 1848, Würzburg 1939

PORTMANN-TINGUELY 1993: Görres-Bibliographie. Verzeichnis der Schriften von und über Johann Joseph Görres (1776–1848) und Görres-Ikonographie, bearbeitet von Albert Portmann-Tinguely (Joseph Görres Gesammelte Schriften, Ergänzungsband 2), Paderborn u.a. 1993

PRESSLER 1977: Christine Pressler, Gustav Kraus 1804–1852. Monographie und kritischer Katalog, München 1977

PROEBST 1968: München im Bild. Aus der Sammlung Carlo Proebst, hrsg. vom Münchner Stadtmuseum, bearb. von Martha Dreesbach und Margot Pachali, München 1968

PULZ 1982: Waltraud Pulz, Lola-Montez-Darstellungen als Indikator für Sexualstrukturen im bayrischen Alltagsleben der Mitte des 19. Jahrhunderts, in: Oberbayerisches Archiv. Herausgegeben vom Historischen Verein von Oberbayern 107/1982, S.303-330

RAUH ²1996: Reinhold Rauh, Lola Montez. Die königliche Mätresse, München ²1996 (¹1992)

REESE 1996: Beate Reese, Fritz Bamberger (1814–1973). Spanienbilder, Würzburg 1996

REITER 1983: Hermann Reiter, Die Revolution von 1848/49 in Altbayern. Ihre sozialen und mentalen Voraussetzungen und ihr Verlauf, München 1983 (Neue Schriftenreihe des Stadtarchivs München Heft 109)

RIEMANN 1982: Fritz Riemann, Grundformen der Angst, München 1982

SCHMELLER 1956: Johann Andreas Schmeller, Tagebücher, Bd.2: 1801–1852, hrsg. von P. Ruf, München 1956

SCHMELLER 1990: Reinhard Bauer und Ursula Münchhoff (Hrsg.), »Lauter gemähte Wiesen für die Reaktion«. Die erste Hälfte des 19. Jahrhunderts in den Tagebüchern Johann Andreas Schmellers, München/Zürich 1990

SCHOLZ-HÄNSEL 1989: Michael Scholz-Hänsel, »Antiguedades arabes de España«. Wie die einst vertriebenen Mauren Spanien zu einer Wiederentdeckung im 19. Jahrhundert verhalfen, in: Ausst.Kat. »Europa und der Orient 800–1900«, hrsg. von Gereon Sievernich und Hendrik Budde, Berlin 1989, S.368-380

SCHÖNE 1981: Günter Schöne, Porträt-Katalog des Theatermuseums München. Die graphischen Serien, II, Wilhelmshaven 1981

SCHÜTZ 1987: Martin Schütz, Zwischen Freiheit und Zwang – Studentenverbindungen in München, in: AUSST.KAT. MÜNCHEN 1987, S.231-237

SEITZ 1953: Max Seitz, Die Februar- und Märzunruhen in München 1848, in: Oberbayerisches Archiv für vaterländische Geschichte 78/1953, S.1-104

SEYMOUR 1996: Bruce Seymour, Lola Montez. A Life, New Haven/London, 1996 (dt. Ausgabe: Lola Montez. Eine Biographie. Aus dem Amerikanischen von Renate Sandner, Düsseldorf/Zürich 1998)

SIGNATE 1994 Bd.6: Signate König Ludwigs I. Ausgewählt und eingeleitet von Max Spindler, hrsg. von Andreas Kraus. Redaktion: Erwin Riedenauer, Bd.6: 1845–1848, München 1994

SING 1997: Achim Sing, Die Memoiren König Maximilians II. von Bayern 1848–1864, München 1997 (Schriftenreihe zur Bayerischen Landesgeschichte, Bd. 112)

SOEHNER 1963: Bayerische Staatsgemäldesammlungen. Spanische Meister. Vollständiger Katalog, bearb. von Halldor Soehner, München 1963

SPINDLER 1974: Max Spindler, Die Regierungszeit Ludwigs I. (1825–1848), in: Ders. (Hrsg.): Handbuch der bayerischen Geschichte, Bd.IV/1, München 1974, S.89-227

STADTBILD 1990: Stadtbild München. Ansichten, Modelle und Pläne aus fünf Jahrhunderten, hrsg. von Volker Duvigneau, München 1990

STEINSDORF 1848: Kaspar von Steinsdorf, Der Antheil des Magistrats, der Gemeindebevollmächtigten und der Bürgerschaft Münchens an den Ereignissen des 10. und 11. Februar 1848. Eine Denkschrift für das staedtische Archiv [Stadtarchiv München, BUR 1422]

SZASZ 1972: Thomas S. Szasz, Geisteskrankheit – ein moderner Mythos? Grundzüge einer Theorie des persönlichen Verhaltens, Olten/Freiburg 1972

TIETZ 1989: Manfred Tietz (Hrsg.), Das Spanieninteresse im deutschen Sprachraum. Beiträge zur Geschichte der Hispanistik vor 1900, Frankfurt a.M. 1989

UHDE 1933: Werner Uhde, Hermann Freiherr von Rothenhan. Eine politische Biographie, München 1933

URSEL 1973: Ernst Ursel, Die bayerischen Herrscher von Ludwig I. bis Ludwig III. im Urteil der Presse nach ihrem Tode, Diss. München 1973

VALENTA 1991: Reinhard Valenta, Franz von Poccis Münchener Kulturrebellion. Alternatives Theater in der Zeit des bürgerlichen Realismus, München 1991

VARNHAGEN VON ENSE 1990: Karl August Varnhagen von Ense, Werke. Bd.4: Biographien, Aufsätze, Skizzen, Fragmente, hrsg. von Konrad Feilchenfeldt und Ursula Wiedenmann, Frankfurt a.M. 1990

VOLCKAMER 1995: Volker von Volckamer, Fürst Ludwig zu Oettingen-Wallerstein (1791–1870), Minister König Ludwigs, in: ders., Aus dem Land der Grafen und Fürsten zu Oettingen, Wallerstein 1995, S.207-260

WACKERNAGEL 1982: Rudolf H. Wackernagel (Hrsg.), Das Münchner Zeughaus, München/Zürich 1982

WEICH 1991: Horst Weich, Der fremde Blick auf ein fernes Land: Französische Spanienreisende im 19. Jahrhundert, in: Hermann H. Wetzel (Hrsg.), Reisen in den Mittelmeerraum, Passau 1991, S.129-153

WEISS 1983: Otto Weiß, Die Redemptoristen in Bayern (1790–1909). Ein Beitrag zur Geschichte des Ultramontanismus, Sankt Ottilien 1983

WILHELMS 1986: Kerstin Wilhelms, Sie suchen die Lola, in: Memoiren der Lola Montez (Gräfin v. Landsfeld), hrsg. und mit einem Nachwort versehen von Kerstin Wilhelms, 2 Bde., Frankfurt a. M. 1986, Bd.2, S.1835–1889

WILKENS 1994: Manja Wilkens, »... er vergaß sich zuweilen soweit, mich ›die Spanierin‹, ›die Fremde‹, zu nennen!«. Das Bild der spanischen Frau im Frankreich des Zweiten Kaiserreichs: Eine klischeegeschichtliche Untersuchung, Frankfurt a.M. 1994 (Diss. München 1993)

WOLFZETTEL 1991: Friedrich Wolfzettel (Hrsg.), Spanische Wanderungen 1830–1930, Hamburg 1991

ZENGER 1923: Max Zenger, Die Geschichte der Münchner Oper, München 1923

ZERBACK 1997: Ralf Zerback, München und sein Stadtbürgertum. Eine Residenzstadt als Bürgergemeinde. 1780–1870, München 1997

ZIMMERMANN 1984: Florian Zimmermann, Wohnbau in München 1800–1850, München 1984 (Neue Schriftenreihe des Stadtarchivs München Bd.129)

ZUBER 1978: Karl-Heinz Zuber, Der »Fürst Proletarier« Ludwig von Oettingen-Wallerstein (1791–1870). Adeliges Leben und konservative Reformpolitik im konstitutionellen Bayern, München 1978 (Zeitschrift für bayerische Landesgeschichte, Beihefte, Reihe B, Bd.20)

ZUBER 1983: Karl Heinz Zuber, Fürst Ludwig von Oettingen-Wallerstein (1791–1870). Ein Leben im Blickpunkt der Öffentlichkeit, in: Rieser Kulturtage. Dokumentation Bd. IV/1982, Nördlingen 1983, S.288-307

Die Bayerische Staatsbibliothek in München sowie das dort befindliche Ludwig I.-Archiv werden zitiert unter der Sigle BSB bzw. BSB, LA

PERSONENREGISTER

Eine Ausstellung des Münchner Stadtmuseums
vom 13. November 1998 bis 31. Januar 1999

Ausstellung und Katalog
Thomas Weidner

Autoren
Richard Bauer, Karin Hellwig, Christof Metzger, Reinhold Rauh, Bruce Seymour, Achim Sing, Thomas Weidner, Raimund Wünsche, Ralf Zerback
Der Beitrag von Bruce Seymour wurde aus dem Amerikanischen übersetzt von Hubert Roth.

Redaktion
Ulrike Steiner

Objektrecherche
Sabine Gebhardt, Milena Greif, Georg Suttner

Photoarbeiten
Patricia Fliegauf, Dorothee Jordens-Meintker, Julia Köbel, Kerstin Schuhbaum

Soweit nicht anders vermerkt, liegen die Abbildungsrechte beim Münchner Stadtmuseum.

Ausstellungsarchitektur
Michael Hoffer

Leihverkehr
Anne-S. Domm, Irene Schoeller, Milena Greif

Graphikbereitstellung
Josef Hackl

Papierrestaurierung
Johanna Engl, Anne Jacob, Susanne Rödel-Strobel, Michael Zellner

Gemälderestaurierung
Angela Hückel, Monika Bartsch

Textilrestaurierung
Leni Gerg

Metallrestaurierung
Andreas Zangenfeind

Holzrestaurierung
Susanne Schubert

Ausstellungsaufbau
Organisation: Alfred Haas
Bauten/Montage: Peter Armbrüster, Robert Breen, Emin Hacim, Johann Jobb, Willibald Krobath Alois Meindl, Ibrahim Özcan, Raimund Schorer, Anton Tausch
Technik: Emil Baumann
Farbe/Anstrich: Peter Bauer, Bodo Liegmann
Beleuchtung: Christian Gehlhaar, Marcus Gora, Gerhard Hillenbrand
Presse: Gabriele Meise
Schreibarbeiten: Heidi Hameister, Gabriele Luckhardt, Nicole Listl
Koordination: Margarete Gröner

Leihgeber
Brunswick (Maine), Bowdoin College Library
Einhausen/Bergstraße, Walter Bock GmbH & Co. KG
Genf, Musée d'art et d'histoire
Harburg, Fürstlich Oettingen Wallersteinische Sammlungen
Marbach, Deutsches Literaturarchiv Marbach
München, Bayerische Staatsbibliothek
München, Bayerische Staatsgemäldesammlungen, Schack-Galerie
München, Bayerisches Nationalmuseum
München, Deutsches Theatermuseum
München, Firma Luksch und Hoffmann
München, Historisches Corpsmuseum München
München, Historischer Verein von Oberbayern
München, Sammlung Ulrich Schneider
München, Staatliche Antikensammlungen
München, Staatstheater am Gärtnerplatz
München, Stadtarchiv München
München, Stadtbibliothek, Monacensia Sammlung
München, Städtische Galerie im Lenbachhaus
München, Valentinmusäum
New York, Metropolitan Museum of Art
Private Leihgeber

Dank an Margot Attenkofer, Helmut Bauer, Thomas Bodenmüller, Florian Dering, Volker Duvigneau, Dietrich Erben, Bernd E. Ergert, Thomas Eser, Sabine Gebhardt, Norbert Götz, Milena Greif, Josef Hackl, Gunther Joppig, Ulrich Kirstein, Andreas Ley, Jean-Paul Makosi, Eduard Meier, Johanna Müller-Meiningen, Nafrath-Naffziger, Alfons Neubauer, Max Oppel, Ulrich Pohlmann, Helga und Bernhard Schmid, Ulrike von Hase-Schmundt, Martin Schütz, Ulrike Levetzow, Georg Suttner, Michael Teichmann, Ulrich Trüper, Rudolf H. Wackernagel, Ulrike Zischka

Layoutkonzeption
Hagen Nerdinger

Satz, Umbruch und graphische Gestaltung
Michael Bauer, Weißenfeld

Umschlag
Hagen Nerdinger

Gesamtherstellung
Wolf & Sohn, München

Nymphenburger Str.
Marsfeld
Stieg. Pl.
Schleissh.
Kasern Strasse
Pinakothek
Inf. d.L.u. Regim.
K. Glas malerei
Glyptothek
Brienner
Kunstaustelg.
Basilika
Karolin. Platz
Landw. Verein
Max Str.
Mars Str.
Salz Str.
Karl Str.
Botanischer Garten
Sophien Str.
Elisen Str.
Kadetten Cp.
Maximilians Platz
Ottostr.
Eisenbahn Hof
Pschorr Keller
Bayer Strasse
Karls Platz
Karls Th.
Max Burg
Akademie
K.V.
Neuhauser Gasse
Kaufinger
Herzogspit. G.
Lerchen Strasse
Landwehr Str.
Sonnen-Strasse
Graben
H.V.
Sendlinger Str.
H. Geist S.
Anatom.
Gebähr Anstalt
Theresien Wiese
Waisenh.
Sendlinger Thor Platz
Allgem. Krankenh.
Sendlinger Land Str.
Augsb. G.
Spital G.
Ob. Anger
Blumen Str.
Volkstheat.
Isar
Bezirks Kommissariate
(mit Wohnung d. K. Komissärs)
I. Kreuz Viertel
II. Graggenauer V. u. Schönfeld V.dt
III. Anger Viertel.
IV. Hacken Viert. u. Ludwigs Vorst.
V. Max Vorstadt I.